DIX SIÈCLES DE LITTÉRATURE FRANÇAISE

2

XIXe et XXe siècles

par

Pierre Deshusses,
ancien élève de l'École Normale Supérieure
de Saint-Cloud, agrégé de l'Université

Léon Karlson,
ancien élève de l'École Normale Supérieure
de Saint-Cloud, agrégé de l'Université

Paulette Thornander,
professeur certifié de Lettres

Bordas

© Bordas, Paris, 1991

ISBN 2-04-019931-4

PRÉFACE

« Dix siècles de littérature » *présente, à travers une histoire littéraire et des extraits d'œuvre minutieusement choisis, un panorama de la littérature française des origines à nos jours. La progression chronologique a été choisie comme étant la seule à même de donner aux lecteurs les repères nécessaires à toute initiation à la littérature française.*

Du Moyen Age aux années 1990, chaque écrivain est présenté à l'intérieur de son époque. Ainsi, la naissance d'une œuvre littéraire n'est-elle jamais analysée comme un phénomène sans racine et sans postérité, mais comme tributaire d'un environnement historique et sociologique.

Chaque siècle donne lieu à une présentation à la fois claire et synthétique qui fournit au lecteur les éléments nécessaires à la compréhension d'une époque : tableau historique et social, grands courants de pensée — intellectuels, religieux et philosophiques — courants littéraires. Cette présentation est suivie d'une bibliographie critique et d'un tableau chronologique regroupant les principales œuvres littéraires et artistiques françaises ou étrangères.

Les textes ont été choisis de façon à donner de chacune des œuvres étudiées l'image la plus vaste possible afin de ne pas imposer un seul niveau de lecture. Ainsi, à côté de « textes-phares » qui se doivent de figurer dans toute anthologie, se trouvent d'autres extraits, moins connus mais tout aussi significatifs. De nombreuses notes facilitent la compréhension des textes.

On trouvera, précédant chacun des extraits, en plus du titre originel de l'œuvre citée (lorsque celui-ci existe), l'énoncé d'un des thèmes principaux du texte. Ce thème ne doit être considéré que comme une direction de lecture possible.

Une illustration abondante vient en contrepoint des textes et peut donner lieu à un travail pédagogique. Les documents choisis sont tous de la même époque que l'œuvre qu'ils illustrent (sauf pour La Fontaine dont l'œuvre n'a été illustrée qu'à partir du XVIIIᵉ siècle).

Les deux volumes de « Dix siècles de littérature française » ont été conçus, non seulement pour donner à chaque lecteur les principaux éléments nécessaires à la connaissance et à la compréhension de la littérature française mais, surtout, pour lui donner envie d'aller plus loin dans cette connaissance en abordant les œuvres complètes.

LES AUTEURS

Ossian évoque les fantômes au son de la harpe sur les bords du Lora, *toile du baron François Gérard (1805). Kunsthalle, Hambourg.*

LE XIX° SIECLE

Le XIXe est le creuset où se rencontrent le monde ancien qui ne veut pas mourir et le monde moderne qui émerge lentement et crée de nouvelles tensions. En politique, la France hésite sur le choix d'un nouveau régime ; après l'abolition de l'Ancien Régime, il lui faut tout un siècle (un consulat, deux empires, deux royautés et deux républiques) pour s'en tenir définitivement au régime républicain. Dans le domaine social, la bourgeoisie accède finalement aux affaires et obtient ce qu'elle avait revendiqué avec la révolution de 1789 : prendre le pouvoir. Ceci se fait au dépens d'un nouveau groupe social grossi par le développement de l'urbanisation et de l'industrialisation : les ouvriers. Cette division sociale, qui a plusieurs fois éclaté au cours du XIXe siècle en révoltes sanglantes, se reflète, dans le domaine de la pensée, dans l'opposition entre les libéraux attachés à l'ordre républicain et les socialistes partisans de plus d'égalité. Le monde des arts et de la littérature, quant à lui, n'a pas échappé à ces chocs successifs. A partir de 1820, l'effervescence romantique est une réaction à l'ordre napoléonien, admirateur de l'Antiquité. Mais vers 1850, le réalisme, influencé par la rigueur scientifique qui se développe, remplace les états d'âme romantiques ; l'observation du réel remplace l'imagination. A la fin du siècle, le symbolisme prend à son tour ses distances par rapport au réalisme devenu dur ; c'est une nouvelle échappée idéaliste hors des limites de l'espace réel, où l'on retrouve certains accents du romantisme.

VERS LA RÉPUBLIQUE

De Bonaparte à Napoléon (1799-1815)

Les troubles de la Révolution amènent au pouvoir un jeune militaire dur et ambitieux : Bonaparte. En échange de la liberté confisquée, il apporte l'ordre. Profitant de sa gloire militaire et de son immense popularité, Bonaparte renverse, par un coup d'État, le Directoire[1], régime républicain mis en place par la Révolution. D'abord Premier consul, il se fait nommer consul à vie en 1802. C'est pendant cette période de consulat qu'il mène à bien les grands actes de sa politique intérieure : il établit une administration très centralisée, signe avec le pape le Concordat, qui rattache l'Église à l'État et la place sous sa dépendance ; il rédige en outre le Code civil qui réglemente la justice.

En 1804, Bonaparte se fait sacrer empereur par le pape et devient Napoléon 1ᵉʳ. L'empereur se comporte en monarque tout-puissant. Sa police joue un rôle essentiel dans l'élimination des opposants. Autour de sa propre famille, il essaie

Géricault (1791-1824) avait 21 ans lorsqu'il exposa au Salon de 1812 à Paris cet Officier de chasseurs à cheval de la garde impériale chargeant, *dont la vigueur et le dynamisme choquaient les critiques habitués au classicisme de David et de Ingres. Géricault annonce une conception romantique de la peinture, plus intense, plus vibrante, plus colorée. (Musée du Louvre, Paris.)*

même de reconstruire une noblesse pour donner une meilleure assise à son pouvoir. Il crée l'ordre de la Légion d'honneur pour récompenser ses sujets les plus méritants. En politique extérieure, il mène une lutte ininterrompue contre les grandes monarchies d'Europe alliées contre lui (la Prusse, l'Autriche, la Russie, l'Angleterre). Il remporte d'abord d'éclatants succès. En 1805, avec la victoire d'Austerlitz, le pouvoir impérial est à son apogée. Presque toute l'Italie est assujettie et une grande partie de l'Allemagne est réorganisée sous sa protection. En 1806, il décide de faire le blocus de l'Angleterre, mais c'est un échec. En 1808, il veut occuper l'Espagne : nouvel échec. La campagne de Russie, entamée en 1812 pour garder la Pologne contre la volonté du tsar de Russie, se termine par un désastre. Les alliés envahissent la France et entrent dans Paris. Napoléon est contraint d'abdiquer et les Anglais l'exilent à l'île d'Elbe.

Un roi est mis en place sur le trône de France par les vainqueurs. On appelle cette période la Restauration, parce que le nouveau roi, frère de Louis XVI, restaure la dynastie royale des Bourbons. Il prend le nom de Louis XVIII[2]. Les maladresses du début de la Restauration et le prestige dont jouit encore Napoléon ne tardent pas à provoquer un revirement de l'opinion, dont l'exilé de l'île d'Elbe profite avec audace. C'est le fabuleux épisode des Cent-Jours. Le 26 février 1815, Napoléon s'enfuit de son île et débarque sur la côte méditerranéenne, près de Cannes. Il rallie les troupes envoyées pour l'arrêter et gagne Paris, que Louis XVIII vient de fuir. Il reprend le pouvoir mais doit de nouveau affronter la coalition européenne, qui se reforme aussitôt contre lui. Il est vaincu à Waterloo ; la France est envahie pour la seconde fois. Napoléon doit se rendre aux Anglais qui l'exilent cette fois-ci sur l'île de Sainte-Hélène où il meurt en 1821. Louis XVIII peut reprendre le pouvoir.

La Restauration (1815-1830)

La restauration a donné à la France une constitution, la Charte, qui garantit des libertés au peuple ; il s'agit donc d'une monarchie constitutionnelle qui donne satisfaction à la bourgeoisie. Mais la noblesse, stimulée par le retour de la royauté, veut imposer un retour en arrière et rétablir l'Ancien Régime. Louis XVIII, roi modéré, réussit à maintenir l'équilibre. A sa mort, son frère lui succède sous le nom de Charles X. Il se fait sacrer à Reims selon la grande tradition royale de l'Ancien Régime et

---

1. Le pouvoir exécutif était confié à cinq « directeurs » élus pour cinq ans, d'où le terme de Directoire.
2. Il n'y a pas de Louis XVII, par respect pour le fils de Louis XVI, mort pendant la Révolution.

Le 2 mai 1808, le peuple de Madrid se révolte contre les soldats de Napoléon envoyés conquérir l'Espagne. La répression est impitoyable. Dans la nuit du 2 au 3 mai, plus de 400 personnes sont exécutées dans les faubourgs de la capitale. Le 3 mai est devenu pour le peuple espagnol le symbole de la liberté. Goya n'a peint ce tableau que six ans plus tard, après le retour du roi d'Espagne Ferdinand VII sur son trône. Il avait alors 62 ans. C'était une façon pour lui de faire oublier qu'il avait lui aussi éprouvé des sympathies pour les idées nouvelles apportées par les Français et issues de la Révolution. En 1824, il est d'ailleurs contraint de s'exiler en France. Le 3 mai 1808 à Madrid : les exécutions sur le mont du Principe Pio, 1814. (Musée du Prado, Madrid.)

ne respecte plus la constitution, supprimant, entre autres, la liberté de la presse. L'exaspération gagne le peuple et l'insurrection éclate au mois de juillet 1830. Charles X doit abdiquer. Ce roi Bourbon, figé dans le passé, est remplacé par Louis-Philippe, de la maison d'Orléans, roi tout acquis aux idées bourgeoises. C'est le début de la monarchie de Juillet.

La monarchie de Juillet (1830-1848)

L'avènement de Louis-Philippe représente l'établissement véritable de la monarchie constitutionnelle ; il proclame lui-même aux Parisiens : « La Charte sera désormais une vérité. » Son règne est marqué par le développement économique et industriel et par la suprématie politique de la bourgeoisie. Mais le gouvernement, libéral au début, devient de plus en plus conservateur. Des émeutes éclatent ; à Lyon, une insurrection violente des canuts (ouvriers de la soie) est brutalement réprimée. Le roi refusant de modifier la loi électorale dans un sens plus large, les troubles insurrectionnels aboutissent à la Révolution de 1848.

Comme en 1789, les révoltes éclatent d'abord dans les campagnes où les mauvaises récoltes entraînent la famine. Cette misère est commune à toute l'Europe, mais c'est en France qu'elle a les conséquences les plus spectaculaires. Dans les villes industrielles, les ouvriers au chômage prennent la relève des campagnes. La Révolution éclate à Paris. Louis-Philippe s'enfuit en Angleterre. Un gouvernement provisoire est formé,

auquel participe le poète Lamartine, qui fait tout de suite abolir la peine de mort.

Dans l'histoire de France, 1848 marque une étape. Ce n'est plus seulement la reconnaissance des droits de la bourgeoisie, c'est aussi la reconnaissance des droits des ouvriers. Le suffrage universel, le droit au travail, l'école gratuite pour tous sont de brusques conquêtes du peuple en armes, aussi décisives que les conquêtes de 1789, même si elles sont peu après remises en question par les gouvernements qui suivent.

La IIe République : la République des notables [1] (1848-1851)

Les journées de juin 1848, marquées par les révoltes ouvrières, provoquent une réaction de peur et entraînent un retour de l'esprit conservateur. Même le poète Lamartine, généreux et idéaliste, fait charger la troupe contre les émeutiers. Le neveu de Napoléon Ier, qui se prénomme aussi Napoléon, se pose en défenseur de l'ordre et de la stabilité. Il est élu Président de la république. Il déclare à l'Assemblée : « Le nom de Napoléon est à lui seul tout un programme. Il veut dire, à l'intérieur, ordre, autorité, religion et bien-être du peuple ; à l'extérieur, dignité nationale. »

---

1. *Toutes personnes qui occupent une situation sociale importante qui leur confère une certaine autorité dans les affaires publiques. Ce sont les grands bourgeois : banquiers, avocats, notaires, etc.*

Le Second Empire (1851-1871)

Le 2 décembre 1851, Napoléon fait un coup d'État. Il fait arrêter des personnalités républicaines et royalistes et réprime un soulèvement populaire. Il organise ensuite un plébiscite qui ratifie son coup d'État et il devient l'empereur Napoléon III. Le Second Empire est marqué par un gigantesque essor du commerce et de l'industrie, par de grands travaux publics (les grands boulevards à Paris) qui donnent une impression de prospérité malgré la misère des ouvriers. Autoritaire à ses débuts, l'Empire évolue vers un certain libéralisme. Mais la guerre avec la Prusse en 1870 se termine par une défaite totale pour la France ; c'est la capitulation de Sedan qui met fin au règne de Napoléon III. Paris est assiégé par les Prussiens ; la France doit céder l'Alsace-Lorraine à l'Allemagne.

La Commune (18 mars-28 mai 1871)

Exaspéré par les souffrances du siège de Paris maintenant libéré, ayant peur de voir revenir un roi au pouvoir, le peuple parisien s'organise en un gouvernement révolutionnaire : la Commune. L'armée française, dont le commandement s'est retiré à Versailles, se lance à l'assaut de la capitale. La bataille fait rage dans les rues de Paris ; 20 000 hommes sont tués ou fusillés sans jugement ; 13 000 sont condamnés à la déportation. La peur de voir s'installer un gouvernement populaire a rendu la répression impitoyable. Bien que de courte durée, la Commune est dans l'histoire de France un symbole extrêmement important, car elle exprime le désir du peuple de gouverner par lui-même, en dehors de toute doctrine politique.

La IIIᵉ République

Après l'échec de la Commune, il n'y a plus aucun doute sur l'avenir. Le nouveau régime qui s'installe sera conservateur. L'homme qui prend en main les destinées de cette France affaiblie par les guerres extérieures et intérieures s'appelle Thiers. Il cherche à redresser la France en menant une politique à la fois contre la gauche et contre les monarchistes. Plusieurs autres présidents lui succèdent ; la République est désormais bien établie, c'est le régime politique que la France connaît aujourd'hui encore.

C'est pendant cette période que la France acquiert son empire colonial, pour étendre son marché à l'exportation (« la politique coloniale est fille de la politique industrielle » disait le président Jules Ferry). En Afrique, les conquêtes de Madagascar, du Congo et du Tchad succèdent à celle de l'Algérie, du Maroc et de la Tunisie. En Extrême-Orient, les Français s'intéressent à l'Indochine et en font une colonie malgré la résistance des Chinois.

La Commune à Paris : barricade de la chaussée Ménilmontant en mars 1871. (Photo anonyme, Musée Carnavalet, Paris.)

LA DIVISION DE LA SOCIÉTÉ

Le triomphe des bourgeois

Le XIXᵉ siècle voit triompher la bourgeoisie, c'est-à-dire le groupe social qui produit et détient les richesses du pays. L'alliance de la bourgeoisie aux différents régimes qui se succèdent est sans faille, parce que ces régimes sont modérés et représentent ses intérêts. Dès 1795, les banquiers parisiens apportent leur appui à Napoléon Iᵉʳ, contribuant ainsi à la réorganisation financière du pays et en profitant eux-mêmes. Convertis sans hésitation à la Restauration, ils triomphent sans conteste des journées révolutionnaires de 1830, acclamant la venue de Louis-Philippe, fondateur d'une véritable royauté bourgeoise par le style et par l'esprit. Le mot d'ordre du ministre Guizot était d'ailleurs fait pour leur plaire : « Enrichissez-vous ». Sous le Second Empire, le triomphe de la bourgeoisie s'accentue encore. Les banques se multiplient, les financiers deviennent tout-puissants. La société bourgeoise absorbe maintenant presque complètement l'ancienne société aristocratique et les ducs font la cour aux filles de la grande bourgeoisie. La haute société affiche insolemment son goût pour le luxe et les plaisirs. Aux Champs-Élysées, les hôtels particuliers s'ouvrent pour de somptueuses réceptions. Cette époque brillante connaît son apothéose avec l'exposition universelle qui se tient à Paris en 1867. C'est le début de la Belle Époque. Les écrivains d'alors (Flaubert, Gautier, Leconte de Lisle, Baudelaire) ne se reconnaissent pas dans cette toute-puissance de l'argent et, mis à part Mérimée, ils évitent le monde et vivent à l'écart, nourrissant une haine féroce à l'égard des bourgeois.

La misère ouvrière

Si la bourgeoisie est satisfaite d'elle-même, la condition des ouvriers est dramatique. En 1848, un homme gagne 2 francs par jour pour 13 heures de travail, alors qu'un kilo de pain coûte 30 centimes et un costume d'homme 80 francs. A cause de leurs déficiences physiques, 60 % des jeunes ouvriers sont dispensés du service militaire, et l'espérance de vie d'un travailleur d'usine ne dépasse pas 30 ans. L'ouvrier n'a aucune garantie d'emploi, et depuis la terrible répression de la révolte des canuts par l'armée à Lyon, il sait qu'il ne peut compter sur l'État pour le défendre. Quelques lois sont votées par la monarchie de Juillet mais elles restent sans effet. Sous l'action de grèves violentes en 1840, le gouvernement avait, par exemple, étudié un projet de réglementation du travail des enfants, en limitant à huit heures la journée de travail des enfants âgés de huit à douze ans ; mais cette mesure reste lettre morte[1] faute d'une inspection

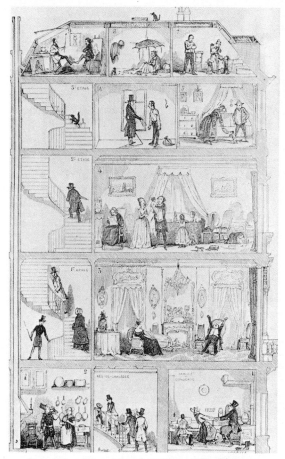

Coupe d'une maison parisienne le 1ᵉʳ janvier 1845. *Lithographie de Bertall (1820-1882) parue dans* L'Illustration *du 11 janvier 1845. Au premier étage habitent les riches bourgeois, et plus on monte, plus les appartements deviennent pauvres. (Bibliothèque Nationale, Paris.)*

du travail efficace et les fils d'ouvriers continuent à travailler douze heures par jour. Bien que leur sort s'améliore un peu sous le Second Empire, ils sont de plus en plus tentés par les doctrines socialisantes et ils s'organisent en « sociétés » toujours plus politisées, qui deviendront les syndicats.

VERS UNE CIVILISATION MODERNE

L'urbanisation

Bien que 69 % des Français soient encore des ruraux à la fin de l'Empire, la civilisation urbaine se développe à grands pas et le monde de la ville — surtout Paris — envahit la littérature (Balzac, Baudelaire, Zola).

1. Reste sans effet.

9

Un grand magasin sous le Second Empire : L'escalier du nouveau Bon Marché en 1870, *gravure de A. Deroy.* (Bibliothèque Nationale, Paris.)

Les grands immeubles se multiplient, l'éclairage des rues s'améliore, le confort quotidien augmente. A Paris, les transformations matérielles sont considérables ; sous le Second Empire, le préfet Haussmann bouleverse le plan de la capitale, détruit les vieilles maisons insalubres et perce deux grands axes, l'un Nord-Sud et l'autre Est-Ouest, qui vont permettre aux Parisiens de mieux circuler mais aussi à la troupe de mieux manœuvrer et de tirer au canon contre des éventuels émeutiers. De grands ensembles architecturaux se réalisent : l'Étoile, les Champs-Élysées. Les bois de Boulogne et de Vincennes sont amenagés. Une innovation marque profondément les mentalités : celle des « grands magasins ». Dans *Au bonheur des dames*, Zola décrit cette croissance irrésistible de ces grands centres qui éliminent peu à peu les petites boutiques. Le Printemps, le Louvre, la Samaritaine, le Bon Marché, la Belle Jardinière sont des créations du Second Empire.

L'ouest et le centre de la capitale, bien dégagés, se transforment en quartiers résidentiels et élégants, tandis que la population ouvrière reflue vers les faubourgs Est et Nord. Ce phénomène de séparation des classes sociales dans les grandes villes (Paris, Lyon, Lille) aboutit à la création d'une « ceinture rouge » autour des agglomérations. Ainsi, les bourgeois aisés et les ouvriers n'ont à peu près plus rien de commun, ni le vêtement, ni l'alimentation, ni le logement, alors que l'analphabétisme recule et que l'instruction primaire se répand.

L'instruction publique

A la différence du XVIᵉ ou du XVIIIᵉ siècle, le XIXᵉ n'a pas lancé de grands idéaux pédagogiques, mais il s'est patiemment attaché aux réalisations concrètes et à l'organisation de l'enseignement pour tous.

L'enseignement secondaire et l'enseignement supérieur ont été structurés sous Napoléon 1ᵉʳ, qui laissait encore le soin de l'enseignement primaire aux écoles religieuses. Sans être vraiment réalisée, la gratuité de l'enseignement est proclamée dès 1848. En 1850, durant le bref intermède de la IIᵉ République, on assiste à un retour en arrière. Le « parti de l'ordre » fait voter la loi Falloux. Attaquée par Victor Hugo, moquée par Flaubert (voir extrait page 106), la loi Falloux place l'école publique sous la coupe de l'Église. Il faut attendre Jules Ferry, ministre de l'Instruction Publique, pour voir se réaliser une véritable réforme démocratique de l'école primaire. Devenue vraiment gratuite en 1881, elle devient laïque et obligatoire en 1882. Jules Ferry modernise ensuite l'enseignement secondaire et crée des lycées de jeunes filles, ce qui est loin de faire l'unanimité à l'époque. En 1880, un journal — le *Gaulois* — prend ainsi position : « Des lycées de jeunes filles ? Pourquoi pas des casernes de jeunes filles ! (...) On croit rêver (...) M. Paul Bert[1] leur prouvera, scalpel[2] en main et tablier au ventre, qu'il n'y a ni Dieu, ni diable, ni devoirs, ni justice, ni vertu, ni choux[3], qu'il n'y a que des sensations, que des jouissances, une République et de la matière. On leur apprendra tout, même la rebellion contre la famille, même l'impureté. Elles n'auront même pas été vierges avant de devenir femmes. »

Pourtant, l'analphabétisme recule. En 1881, un quart des hommes et un tiers de femmes étaient illettrés, principalement dans le Centre et l'Ouest de la France. Dix ans après les lois Ferry, ce ne sont plus que 15 % des hommes et moins de 25 % des femmes ; et encore dix ans plus tard, l'œuvre est pratiquement achevée. La IIIᵉ République a scolarisé le pays.

---

1. *Médecin et homme politique. Il fut ministre de l'Instruction Publique et prit une part considérable à la réforme de l'enseignement.*
2. *Couteau de chirurgien.*
3. *L'usage était de faire croire aux enfants qu'ils naissaient dans les choux.*

Construction de la Tour Eiffel d'après les plans de Gustave Eiffel (1832-1923) pendant les travaux de l'Exposition universelle, le 21 juillet 1888. (Collection Viollet.)

La presse

Les gens qui savent lire sont donc plus nombreux et cela permet à la presse de se développer. Proclamée sous la Révolution dans la Déclaration des droits de l'homme, la liberté de la presse a été considérablement réduite par Napoléon Iᵉʳ, qui n'autorise plus que quatre journaux. Avec la Restauration, la presse connaît une renaissance, mais la vente au numéro n'est pas encore instaurée, il n'y a que des abonnements. Sous la monarchie de Juillet apparaît la presse à bon marché, qui cherche moins à informer qu'a distraire ses lecteurs par des innovations telles que le roman-feuilleton. Le journal *La Presse* publie par épisodes des œuvres de romanciers tels que Balzac, Dumas, Eugène Sue [1], Flaubert. Au début du Second Empire, la presse est étroitement surveillée, mais l'évolution libérale du régime à partir de 1868 lui permet de s'épanouir. D'instrument de distraction, elle devient un instrument d'opposition ; *La Lanterne* est le plus grand journal d'opposition républicaine. Mais c'est véritablement la IIIᵉ République qui marque l'âge d'or de la presse en France avec la loi du 29 juillet 1881 (inchangée jusqu'en 1966) qui abolit la censure et permet à tout citoyen français de fonder un journal.

LES SCIENCES ET LES TECHNIQUES

Les sciences

Dans le domaine des sciences, il n'y a aucune rupture entre le XVIIIᵉ et le XIXᵉ siècle ; leur développement ne fait que s'accentuer. L'effort méthodique entrepris par les encyclopédistes (voir volume 1, page 229) porte ses fruits et l'esprit scientifique se répand.

Le système métrique devient légal dans toute la France dès 1801, supprimant la multitude de mesures existant auparavant. Il devient obligatoire en 1804, facilitant ainsi toutes les mesures de la physique et de la chimie moderne. En sciences naturelles, Lamarck est l'inventeur de la théorie du transformisme que complètera l'Anglais Darwin. En chimie, on progresse dans la définition des corps simples. En médecine, Laennec invente le stéthoscope, qui améliore considérablement l'auscultation. L'invention de la chaudière tubulaire par Seguin augmente énormément le rendement des machines à vapeur déjà utilisées à l'étranger par Fulton sur son bateau et Stephenson sur sa locomotive. Enfin, la découverte de l'électricité fait naître une ère nouvelle et sort le monde de l'obscurité.

Après 1850, il faut surtout retenir trois grands noms : Berthelot, Claude Bernard et Pasteur. Berthelot (1827-1907) est un chimiste, inventeur de synthèses nouvelles. Il explore toutes les voies de la chimie moderne et développe des vues de visionnaire : en l'an 2000, « il n'y aura plus dans le monde ni agriculture, ni pâtres, ni laboureurs ; le problème de l'existence par la culture du sol aura été supprimé par la chimie... Un jour viendra où chacun emportera pour se nourrir sa petite tablette azotée, sa petite motte de matière

---

1. *Eugène Sue (1804-1857) : célèbre pour son roman-feuilleton* Les mystères de Paris, *qui est un modèle du genre par son imagerie simple et forte, inspiré de la grande ville moderne et particulièrement de ses bas-fonds mystérieux.*

grasse, son petit morceau de fécule ou de sucre, un petit flacon d'épices aromatiques, accommodées à son goût personnel : tout cela fabriqué économiquement et en quantités inépuisables par nos usines. »
Claude Bernard (1830-1878) renouvelle la biologie et définit le rôle du foie.
Pasteur (1822-1895) révèle les méfaits des microbes en découvrant la fermentation microscopique, qu'il combat par un procédé auquel on a donné son nom : la pasteurisation. On lui doit aussi le vaccin contre la rage.

Les techniques
Dans le domaine des techniques, la grande révolution est introduite par le chemin de fer. La première ligne est créée en 1831 entre Lyon et Saint-Étienne. Le chemin de fer a d'abord du mal à s'imposer et doit affronter la résistance de toutes les couches de la population ; aussi en 1848 n'existait-il que 4 000 kilomètres de réseau. Son extension est l'œuvre du Second Empire. En 1850, la France a moins de 1 000 locomotives, en 1870 elle en a 5 000 et le réseau ferré est de 17 000 kilomètres. Pour aller de Paris à Marseille il ne faut plus que seize heures de train, alors qu'il fallait une semaine avec la diligence. Des lignes rayonnent sur toute la France à partir de Paris, comme une gigantesque toile d'araignée. Mais le chemin de fer constitue aussi un fait économique. La construction des voies, des machines et des wagons nécessite un immense effort humain et financier, qui stimule l'industrie minière et métallurgique. De son côté, le machinisme industriel décuple le rendement des fabriques. Sous le Second Empire, le nombre des machines à vapeur passe en vingt ans de 5 000 à 28 000.

C'est Niepce qui inventa la photographie mais c'est Daguerre qui perfectionna l'invention et lui assura un succès commercial. Il fallait poser plusieurs minutes pour obtenir une image unique que l'on encadrait ensuite précieusement. (Daguerréotype de Coquet, Bibliothèque Nationale, Paris.)

Une autre révolution est apportée par la photographie. Inventée par Niepce en 1825-1826, elle est adaptée en 1839 par Daguerre, qui lui assure un succès commercial foudroyant : c'est l'époque des daguerréotypes. L'intérêt du public pour un procédé qui permet d'avoir son portrait presque instantanément fait écrire à Baudelaire : « La société immonde se rua, comme un seul Narcisse, pour contempler sa triviale image sur le métal [1]. Une folie, un fanatisme extraordinaire s'empara de tous ces nouveaux adorateurs du soleil ».

LES COURANTS DE PENSÉE

La pensée politique
Mises à part les idées monarchistes de ceux qui veulent revenir à l'Ancien Régime, deux grands courants dominent le siècle : le libéralisme et le socialisme. Le libéralisme est surtout représenté, sous la Restauration, par Constant et Courier. Benjamin Constant (1767-1830) est l'auteur d'un roman romantique : *Adolphe* et d'importantes réflexions sur le théâtre allemand. Sous la Restauration il est l'un des chefs du parti libéral. Ses ouvrages les plus remarquables attaquent Napoléon Ier, ils sont inspirés par le déisme et la liberté de conscience. De 1822 à 1824 il publie un *Commentaire sur l'ouvrage de Filangieri* (l'ouvrage en question est la *Scienza della legislazione*). Paul-Louis Courier (1772-1825) est surtout connu pour ses pamphlets libéraux où il attaque les partisans de l'Ancien Régime.

Le socialisme
C'est une inspiration religieuse qui anime la doctrine sociale de Saint-Simon (1760-1825). Il voit dans la force et la sagesse des industriels les éléments capables de mener à bien une réorganisation de la société. *Le Globe*, journal saint-simonien, a pour devise : « A chacun selon ses capacités, à chaque capacité selon ses œuvres. » L'influence profonde exercée pendant tout le siècle par cette doctrine s'explique par la place accordée à l'industrie, à la nécessité de l'organisation, au vocabulaire même que les marxistes reprendront : « exploitation et organisation », « production et consommation », « bourgeois et prolétaire. »
Louis Blanc, dans *L'organisation du travail* (1841), dénonce la concurrence comme une source de misère et « voit dans la concentration industrielle un bien, à condition qu'elle soit contrôlée par les forces populaires. » Il s'efforce de démocratiser le saint-simonisme : « De chacun selon ses capacités, à chacun suivant ses besoins. »

1. *Les photos se faisaient alors sur des plaques métalliques.*

Fourier est plutôt un rêveur, un extraordinaire créateur d'utopies. Le progrès, estime-t-il, doit permettre de satisfaire toutes les passions, qu'il suffira d'organiser. Pour ce sociologue, la société devrait être fractionnée sur la base des phalanges, constituées de mille adhérents, vivant chacune dans des phalanstères, petit groupe de plusieurs familles. Sa dénonciation de la misère ouvrière lui attire les sympathies de Zola comme d'ailleurs de Marx et d'Engels.

Un autre passionné, Proudhon, se veut le représentant de « ses frères de travail et de misère ». Son essai *Qu'est-ce que la propriété ?* (1840) fait scandale : il y affirme que « la propriété c'est le vol ». Il veut lui aussi transformer la société, sous le signe du socialisme, mais, défenseur des libertés individuelles, il refuse une véritable organisation sociale et ses vues sont condamnées par Marx.

La pensée philosophique

La pensée française de la seconde moitié du XIXᵉ siècle est profondément marquée par ce que l'on appelle le positivisme et l'essor de l'esprit scientiste, qui s'affirment en même temps un peu partout en Europe. Réagissant à l'idéalisme romantique et aux débordements de l'imagination, la philosophie d'Auguste Comte ne veut reposer que « sur les seules données de l'expérience ». Auguste Comte affirme que l'humanité progresse, qu'elle se débarasse peu à peu des croyances irrationnelles pour parvenir à l'état positif. Pour rendre possible ce dernier état, il faut s'en tenir, tant dans le domaine philosophique que dans le domaine des sciences, à l'examen des faits certains et à la méthode expérimentale qui ne cherche pas à établir des explications a priori mais dégage, par l'étude, des lois constantes des phénomènes.

Par extension, le terme de positivisme désigne la foi dans les seules sciences expérimentales et une croyance au progrès scientifique comme facteur essentiel du bonheur humain. Cette théorie a eu des répercussions en littérature sur les œuvres de Flaubert, Zola et Leconte de Lisle.

LES COURANTS LITTÉRAIRES

On peut diviser la littérature du XIXᵉ siècle en trois grands courants :
1800-1850 : le romantisme (de 1800 à 1820 : préromantisme)
1850-1880 : le réalisme (en prose) et le Parnasse (en poésie)
1880-1890 : le symbolisme
Il faut remarquer que seul le romantisme marque une étape fondamentale dans l'histoire des lettres. Les autres doctrines littéraires, réalisme et symbolisme, en subissent par réaction une influence indéniable.

Le romantisme

Le romantisme s'ouvre par une période de préparation, le préromantisme. Les initiateurs en sont Mme de Staël, qui est le centre d'un foyer intellectuel actif et qui fait découvrir le romantisme allemand à la France, et Chateaubriand. En 1820, la publication des *Méditations poétiques* de Lamartine marque l'avènement de la nouvelle école, à une époque où déjà le romantisme prend fin en Angleterre et en Allemagne. Ce retard n'a rien de surprenant : à l'inverse de ces deux pays, la France possède une longue tradition classique avec laquelle il lui a fallu rompre.

A l'origine, les romantiques français sont très divisés. Les uns, comme Vigny et Hugo, sont conservateurs en politique et en religion. Les autres, écrivains et artistes libéraux (Stendhal, Mérimée), se méfient du lyrisme sentimental et mystique. Ils aiment les personnalités fortes, les sentiments violents, la « couleur locale ». L'invraisemblance psychologique les choque. Ils préfèrent la prose à la poésie. En décembre 1827, Victor Hugo publie la *Préface de Cromwell*, œuvre retentissante, qui traduit les aspirations de tous ceux qui veulent se libérer du classicisme. Son évolution vers le libéralisme lui permet de rallier toute la jeunesse romantique. Il devient le chef de file d'un groupe qui comprend Vigny, Balzac, Sainte-Beuve, Gautier, Mérimée, Nerval, Musset. La représentation du drame romantique d'Hugo *Hernani* (1830) oppose partisans et adversaires de la nouvelle école, et assure le triomphe du romantisme.

Le romantique : *lithographie satirique de Mantoux et Cheyere, 1824. (Bibliothèque Nationale, Paris.)*

On a donné les définitions les plus diverses du romantisme, qui représente un esprit et un style assez complexes. On peut cependant en cerner les caractères essentiels :

— Il renonce à l'imitation des Anciens chère aux classiques.

— Il abandonne la mythologie et revient au merveilleux chrétien et à la Bible ; il exalte le Moyen Âge et l'histoire nationale.

— A l'imitation des Anciens, il substitue l'imitation des littératures étrangères, surtout celles du Nord (Angleterre et Allemagne).

— La raison n'est plus à la mode, c'est l'imagination et la sensibilité qui deviennent les qualités dominantes. L'imagination, condamnée depuis Montaigne comme « maîtresse d'erreur et de fausseté », retrouve sa place.

— La nature, ignorée par les classiques, devient un des thèmes constants du romantisme. L'écrivain en associe l'évocation à ses sentiments.

— Le poète romantique reste seul juge de son inspiration et de son art : la littérature devient personnelle et individuelle.

— Réforme du style : le vocabulaire poétique est élargi par la suppression de la distinction traditionnelle entre termes nobles et termes roturiers ; on substitue les mots exacts aux périphrases, les termes concrets aux expressions générales et abstraites.

Le mouvement de cosmopolitisme littéraire enclenché au XVIIIᵉ siècle continue à se développer à la faveur des guerres et de l'émigration. C'est toujours la littérature anglaise qui retient le plus l'attention des Français. Shakespeare est opposé à Racine. Walter Scott et Byron jouissent d'un immense prestige. Malgré les efforts de Mme de Staël, les Français ne se familiarisent que lentement avec la littérature allemande, à l'exception de Schiller. Le renom de Goethe est considérable, mais en dehors de *Werther*, on connaît encore mal son œuvre. Comme tous les écrivains, les romantiques se sentent attirés par l'Italie. Malgré la longueur du trajet (il faut 28 jours pour aller de Paris à Rome), beaucoup de Français entreprennent le voyage. Chateaubriand, Stendhal, Lamartine, George Sand, Musset ont séjourné en Italie. Sous leur plume, certains noms de grands écrivains italiens reviennent souvent : Dante, Pétrarque, Boccace, Manzoni. De plus, l'agitation politique qui règne en Italie, les complots qui s'y trament, la vie des sociétés secrètes excitent les imaginations.

Ce tableau fit scandale au Salon de 1819 à Paris. Géricault, qui avait alors 27 ans, avait délibérément choisi la provocation pour forcer la célébrité : peindre Le radeau de la Méduse : *l'incompétence de son capitaine avait fait s'échouer la* Méduse *sur des récifs au large du Sénégal, en 1816. Trois ans plus tard, le scandale était encore présent dans tous les esprits. Cette toile monumentale (4,91 m × 7,16 m) est moins marquée par le réalisme que par la recherche de l'effet et du pathétique. Très différente de l'académisme statique de l'époque, cette toile annonce les audaces de Delacroix (1799-1863), peintre typiquement romantique. (Musée du Louvre, Paris.)*

Le réalisme

Vers 1850, ce n'est plus la littérature qui régit l'opinion, mais la science. Les causes de ce changement doivent être recherchées dans les progrès de la science et des techniques et dans l'élaboration de la doctrine positiviste. Cette poussée de scientisme (qui est « la science hors de son domaine ») produit en littérature le réalisme, ou naturalisme. Ce mouvement est aussi une réaction contre le romantisme : les gens sont fatigués des exagérations sentimentales et des épanchements du moi. Le réalisme exige l'impersonnalité, l'objectivité. C'est en quelque sorte un retour à la raison classique. Mais les classiques décrivaient la nature humaine en général et certains personnages choisis ; les réalistes transcrivent le plus fidèlement possible la réalité sous tous ses aspects.

L'attitude réaliste se caractérise d'abord par le souci du document, de l'histoire réelle, du fait vrai. *Madame Bovary* se veut un document sur la province, *Salammbô* sur Carthage, *L'éducation sentimentale* sur une génération perdue. « Il faut traiter l'âme humaine avec l'impartialité des sciences physiques. » L'écrivain réaliste, avant de commencer à écrire, se doit d'amasser des notes et des documents, et l'imagination perd sa place première. Ce sont les enquêtes qui fournissent l'essentiel de l'*Assommoir*, de *Germinal* et de l'*Argent*.

Le souci du document transforme le roman (comme d'ailleurs la poésie parnassienne) en une succession de tableaux : « La littérature... sera surtout exposante, ce qui ne veut pas dire didactique, il faut faire des tableaux, montrer la nature telle qu'elle est, mais des tableaux complets, peindre le dessous et le dessus. » (Flaubert, lettre à Louis Colet, avril 1853). Il reste cependant que ni *Madame Bovary*, ni *Le rouge et le noir* ne peuvent se réduire aux simples faits divers qui les ont engendrés.

Le Parnasse

Le mot « réalisme » ne s'applique qu'à la prose ; la poésie de cette époque est représentée par un groupe de poètes qui prônent l'impartialité en art : les parnassiens[1]. L'inspirateur des parnassiens est Théophile Gautier (1811-1872), le tenant de « l'art pour l'art ». Poète d'abord romantique, il prend ses distances en 1852 par rapport à l'école romantique dans un recueil poétique appelé *Émaux et camées*. Gautier est le trait d'union entre le romantisme et le Parnasse. Il affirme la nécessité des règles poétiques (comme Boileau au XVIIe siècle) et insiste sur l'importance de la forme, qui ne doit pas être relâchée, mais ferme et solide, pour assurer à l'œuvre sa durée. Comme le réalisme en prose, la poésie parnassienne a pour base une documentation rigoureuse. Elle tend d'ordinaire à représenter le passé avec une précision sévère. Ses deux principaux représentants sont Leconte de Lisle et Heredia. On peut résumer ainsi les principaux caractères de l'école parnassienne :

— refus du sentiment : le poète ne doit pas chanter son « moi » ;

— culte de la forme : le poète ne doit pas se fier à l'inspiration mais travailler la forme ;

— admiration des types de beautés impassibles, comme en fournissent l'antiquité grecque et hindoue ;

— confiance dans la science moderne, qui ouvre à l'imagination un champ d'investigation bien supérieur à celui des sentiments.

Malgré l'opposition des manifestes d'école, il n'y a pas de cassure brutale entre le romantisme et le Parnasse dans les œuvres. Il y a toujours une parenté dans le choix des thèmes, et si l'expression pure des sentiments est désormais bannie, une vive sensibilité reste toujours sous-jacente.

Le symbolisme

Le symbolisme est une réaction contre le naturalisme, jugé trop proche de la réalité. Il représente une nouvelle évasion de la poésie vers le monde des idées, une sorte de retour au romantisme. Pourtant, à la différence du romantisme, le symbolisme soutient que l'homme ne peut communiquer ni avec la nature, ni avec les autres hommes, ni avec Dieu. Il s'agit alors, par un effort de tous nos sens, de transcender cette réalité et de découvrir un monde plus vrai que celui dans lequel nous vivons. Cette recherche d'une vérité supérieure est menée à bien par une véritable dévotion à la Beauté, qui libère le poète du vulgaire et du commun. Ce culte de la Beauté existe déjà chez les parnassiens, mais chez les symbolistes, il n'est plus seulement un garde-fou[2] contre les effusions, un moyen de garder ses distances par rapport aux sentiments, il représente une marche quasi mystique vers un autre monde, une quête. Les principales caractéristiques du symbolisme sont les suivantes :

— Le poète symboliste a une conception très exigeante de la poésie qui n'est pas un divertissement mais une quête, pour exprimer les sens mystérieux du monde.

— La poésie symboliste n'est pas instinctive mais intellectuelle. Ce caractère intellectuel peut aller jusqu'à l'hermétisme.

— Les poètes symbolistes évitent les descriptions. Pour respecter le mystère, le poète n'utilise pas

---

1. *Le parnasse est le nom d'une montagne en Grèce, séjour d'Apollon, dieu de la beauté. Le choix de ce terme indique que la beauté n'est pas accessible à tout le monde, et qu'il faut se donner de la peine pour y arriver.*
2. *Protection.*

les mots pour ce qu'ils signifient mais pour ce qu'ils suggèrent. Les symboles assurent la correspondance entre le monde visible et le monde invisible, plus vrai, plus pur.
— Musicalité : dans la recherche de l'harmonie universelle, la musique des mots a une place privilégiée.
Cette recherche exacerbée [1] de l'idéalité conduit peu à peu Mallarmé, le plus pur poète symboliste, à l'impossibilité d'écrire, puisque chaque poème, déjà entaché de matérialité de par l'usage des mots, est une sorte de trahison à cet idéal. Se rattachent au mouvement symboliste Baudelaire, qui en est l'initiateur, Rimbaud et Verlaine.

LES GENRES LITTÉRAIRES

La poésie

Le romantisme amorce une révolution poétique sans pourtant la mener à bien. Son mérite est d'avoir redonné à la poésie le goût de l'expérience et de l'aventure, qui s'était égaré dans la convention depuis la fin du XVIᵉ siècle. Les romantiques refusent de considérer la poésie comme un genre indépendant, ils la considèrent plutôt comme une manière de sentir. En vertu de ce réajustement, la poésie cesse alors d'être liée exclusivement à une forme (la poésie en vers) pour s'installer aussi dans la prose : romans de Lamartine, Musset, Vigny, Hugo [2] ; récits de Nerval ; poèmes en prose de Baudelaire. Mais cette manière de sentir n'engendre pas chez les romantiques une nouvelle manière d'écrire, et Lamartine traduit encore ses sentiments dans le langage poétique du XVIIIᵉ siècle.
Vers 1850, la poésie réagit contre les abus de l'effusion romantique. Dans *Émaux et camées*, Théophile Gautier introduit une poésie de pure virtuosité et de beauté gratuite que l'on appelle « l'art pour l'art ». Cette poésie trouve sa perfection dans les poèmes minutieusement ciselés de Heredia : *Les trophées*. Leconte de Lisle reprend cette théorie de « l'art pour l'art » en l'intégrant au naturalisme et à l'esprit positif, très en vogue à l'époque. Seul son sentiment tragique du destin de l'homme le sauve d'une poésie stérile et froide à force de se vouloir impassible.
Mallarmé tente de créer une nouvelle poésie, difficile, fondée sur la suggestion. Cette tentative aboutit à une impasse. La poésie revit avec ceux qu'on appelle les « poètes maudits » : Verlaine, Rimbaud et surtout Baudelaire. Refusant de s'intégrer à une école, Baudelaire recherche par la poésie, et l'insolite [3] dans la poésie, un « paradis de l'âme », dont les paradis artificiels [4] ne sont qu'une approximation. Et pendant tout le siècle, la poésie française conserve sa tête de file : Victor Hugo. Par sa personnalité, sa fécondité

et sa générosité, il fait figure de géant, maîtrisant tous les genres.

Le théâtre

Après une éclipse de tout un siècle, la tragédie, qui a connu ses heures de gloire au XVIIᵉ siècle, réapparaît sous la forme du drame romantique. Car au XIXᵉ siècle, seuls les romantiques ont écrit pour le théâtre. Le drame romantique se distingue de la tragédie classique par sa prétention à être un théâtre total qui puisse rendre compte de la diversité de la vie. Il supprime les contraintes des trois unités (lieu, temps, action ; voir volume 1 p. 135). Les romantiques cherchent à « faire vrai » et abandonnent l'Antiquité pour revenir au présent ou à l'histoire nationale. Ils cherchent aussi à impressionner, à choquer en utilisant tous les moyens du répertoire. Mais voulant évoquer trop de choses à la fois, le théâtre romantique s'est étouffé lui-même. Seuls cinq drames nous sont restés et continuent à être joués : *Ruy Blas* de Victor Hugo ; *Chatterton* de Vigny ; *Les Caprices de Marianne*, *On ne badine pas avec l'amour* et *Lorenzaccio* de Musset.

Le roman

Le XVIIIᵉ siècle a été le siècle du roman, avec l'événement littéraire représenté par *La nouvelle Héloïse* de Rousseau. Par l'intermédiaire de ses héros, Rousseau parlait à ses lecteurs d'amour, de sagesse et de bonheur. Ce livre eut un immense succès. L'engouement pour le roman ne cesse de s'amplifier après la Révolution Française avec l'apparition d'un public avide de lectures. Au début du XIXᵉ siècle, il y a énormément de romans en circulation dont les auteurs ne sont pas tous passés à la postérité (romans noirs, romans sentimentaux) et chacun de ces romans offre des caractères si contradictoires qu'il est difficile de définir le genre romanesque. Les meilleurs romans d'alors, entre 1800 et 1820, sont ceux qui échappent aux conventions de l'époque ; ce sont *René* et *Atala* de Chateaubriand, *Corinne* de Madame de Staël, *Adolphe* de Benjamin Constant.
C'est l'Écossais Walter Scott qui lance véritablement le roman du XIXᵉ siècle. Ses romans historiques (*Ivanhöe*, *Quentin Durward*) donnent l'exemple d'une structure romanesque solide avec exposition, crise et dénouement [5]. Jusqu'en

---

1. Poussée au paroxysme, poussée à l'extrême.
2. « Des romans de Lamartine, de Musset, de Vigny, de Hugo, on doit dire qu'ils sont des romans de poètes, en ce sens que le lyrisme des passions vécues et l'imagination créatrice de symboles expressifs les dominent, comme ils dominent la poésie romantique. » Gaëtan Picon.
3. « Le beau est toujours bizarre » Baudelaire.
4. Baudelaire prenait parfois de la drogue.
5. Ces trois parties forment la charpente traditionnelle des récits :
Exposition : début où sont présentés les personnages.
Crise : moment où les problèmes deviennent dramatiques.
Dénouement : solution du problème.

1830, aucun écrivain en France n'est plus célèbre que Walter Scott. L'imagination retrouve ses droits dans ses romans, et au lieu d'accumuler les tableaux de façon linéaire et sans grande rigueur comme dans les fades romans de la Restauration, il fait converger les épisodes pour faire progresser l'action et intensifier l'effet dramatique. A sa suite, ce sont Stendhal et Balzac qui inventent les structures du roman moderne, puis Flaubert. Dans le sillage de Walter Scott, soucieux de faire revivre le passé, les grands romanciers français s'attachent à faire revivre leur époque et la décrivent avec minutie. Tandis qu'ils s'attachent à la description de la vie sociale, d'autres déjà s'intéressent à la vie intérieure, à la vie profonde de la conscience (Nerval, Lautréamont) et annoncent les préoccupations du XXᵉ siècle.

BIBLIOGRAPHIE

Histoire : Pierre Miquel, *Histoire de la France*, Paris, Fayard, 1976 (ouvrage clair).
Étude d'ensemble sur la littérature
H. Clouard, *Histoire de la littérature française du symbolisme à nos jours*, Paris, 1962, 2 vol.
Michel Raimond, *Le roman depuis la révolution*, Paris, Armand Colin, Coll. « U », 1971 (ouvrage clair).
Henri Lemaître, *La poésie depuis Baudelaire*, Paris, Armand Colin, Coll. « U », 1965.

Marthe Robert, *Roman des origines et origines du roman*, Paris, Grasset, 1972 (excellente étude sur le roman, sans pédantisme).
Max Milner et Claude Pichois, *Littérature française*, tome 7 : « De Chateaubriand à Baudelaire (1820-1869) », Paris, Arthaud, 1983.
Le romantisme
R. Bray, *Chronologie du romantisme*, Paris, Nizet, 1932.
A. Beguin, *L'âme romantique et le rêve*, Paris, José Corti, 1963 (un classique sur la sensibilité romantique européenne).
J. Bousquet, *Les thèmes du rêve dans la littérature romantique : France, Angleterre, Allemagne*, Études de littérature étrangère et comparée, Paris, Didier, 1964.
J.L. Saulnier, *La littérature française du siècle romantique*, Paris, PUF, Coll. « Que sais-je ? » n° 156, 1964.
Ph. Van Thieghem, *Le romantisme français*, Paris, PUF, « Que sais-je ? » n° 123, 1966.
Karl Petit, *Le livre d'or du romantisme*, Paris, Marabout, 1968 (bonne anthologie thématique du romantisme européen).
Philippe Sellier, *Le mythe du héros*, Paris, Bordas, Coll. « Connaissance », 1971 (contient un long chapitre sur le XIXᵉ siècle ; clair, précis et plaisant).
Le réalisme
René Dumesnil, *Le Réalisme et le Naturalisme*, Paris, Del Duca, 1962.
Émile Zola, *Du roman* (sur Stendhal, Flaubert et les Goncourt). Présentation de Henri Mitterrand, PUF collection « Le regard littéraire » n° 31, Paris, 1989.
Le symbolisme
A.M. Schmidt, *La littérature symboliste*, Paris, PUF, Coll. « Que sais-je ? » n° 82, 1963 (cet ouvrage ne concerne pas uniquement la poésie symboliste).
P. Martino, *Parnasse et symbolisme*, Paris, Armand Colin, 1964.

La grande course au clocher académique : l'empressement des écrivains pour recevoir les honneurs de l'Académie. On reconnaît, de gauche à droite : Alfred de Vigny, Victor Hugo (« pape littéraire », selon la légende), Alexandre Dumas en costume d'Antony et Balzac (« le plus fécond de nos romanciers soutenu et couronné par des femmes de quarante ans »). Lithographie de G. Grandville, 1839. (Bibliothèque Nationale, Paris.)

LE XIXᵉ SIÈCLE - CHRONOLOGIE

	Histoire et sciences	Littérature française	Littérature étrangère	Arts
1799	Coup d'État du 18 Brumaire (Napoléon)		Hölderlin : *Hyperion* (Allemagne)	
1800	Fondation de la Banque de France	Mme de Staël : *De la littérature*	Novalis : *Hymnes à la nuit* (Allemagne) Schiller : *Wallenstein* (Allemagne)	
1801		Chateaubriand : *Atala*		Beethoven : *Sonate au clair de lune*
1802	Bonaparte, consul à vie	Chateaubriand : *Le génie du christianisme*		
1803		*Naissance de Mérimée, d'A. Dumas*		
1804	Code civil Sacre de Napoléon 1ᵉʳ	Chateaubriand : *René*	Schiller : *Guillaume Tell* (Allemagne)	Beethoven : *Eroïca*
1805	Victoire d'Austerlitz			Beethoven : *Fidelio*
1807			Fichte : *Discours à la nation allemande* (All.)	Canova : *Pauline Borghese*
1808			Goethe : *Faust I* (Allemagne)	Beethoven : *La pastorale*
1809	Wagram	Chateaubriand : *Les martyrs*	Goethe : *Les affinités électives* (Allemagne)	Beethoven : *L'empereur*
1810		Mme de Staël : *De l'Allemagne*	Walter Scott : *La dame du lac* (Angleterre)	
1811				Paganini : *Concerto en ré pour violon*
1812	Campagne de Russie			
1814	Abdication de Napoléon			Ingres : *La grande odalisque*
1815	Les Cent-Jours, Waterloo			
1816	Louis XVIII devient roi : début de la Restauration			
1818			Mary Shelley : *Frankenstein* (Angleterre)	
1819				Gericault : *Le radeau de la Méduse*
1820		Lamartine : *Méditations poétiques*	Walter Scott : *Ivanhoé* (Angleterre)	
1821	Mort de Napoléon			
1822		*Naissance de Baudelaire et Flaubert*		
1823			W. Scott : *Quentin Durward* (Angleterre)	
1824	Mort de Louis XVIII	Hugo : *Odes et Ballades*	Byron : *Don Juan* (Angleterre)	
1825	Sacre de Charles X			
1826	Niepce : première photographie	Vigny : *Poèmes antiques et modernes, Cinq-Mars*	F. Cooper : *Le dernier des Mohicans* (Amérique)	Mendelssohn : *Le songe d'une nuit d'été*
1827		Hugo : *Cromwell* et préface Nerval : traduction de *Faust*	Manzoni : *Les fiancés* (Italie)	Mort de Beethoven
1828	Première locomotive (Stephenson)			Berlioz : *1ᵉʳ concert*
1829		Balzac : *Les Chouans* Vigny : *Othello*	Goethe : *Les années de voyage de W. Meister* (Allemagne)	Rossini : *Guillaume Tell*
1830	Louis-Philippe devient roi, début de la monarchie de Juillet	Hugo : *Hernani* Stendhal : *Le rouge et le noir* Lamartine : *Harmonies poétique et religieuses*		Berlioz : *Symphonie fantastique*

	Histoire et sciences	Littérature française	Littérature étrangère	Arts
1831	Révolte des ouvriers de la soie (canuts) à Lyon	Hugo : *Notre-Dame de Paris*	Goethe : *Faust II* (Allemagne)	Delacroix : *La liberté guidant le peuple*
1832		Vigny : *Stello*		
1833		Balzac : *Eugénie Grandet ; Le père Goriot*	Silvio Pellico : *Mes prisons* (Italie)	Chopin : *Trois Nocturnes*
1834		Musset : *Lorenzaccio, Les caprices de Marianne*		
1835		Musset : *Les nuits ; Les confessions d'un enfant du siècle* Vigny : *Chatterton ; Servitude et grandeur militaires*	Andersen : *Contes* (Danemark) Büchner : *Woyzeck* (Allemagne)	Bellini : *La Norma*
1836		Lamartine : *Jocelyn*		Chopin : *Grande polonaise*
1837		Mérimée : *La Vénus d'Ille*	Dickens : *Oliver Twist* (Angleterre)	
1838		Hugo : *Ruy Blas*		
1839	Photographie : invention du daguerréotype	Stendhal : *La chartreuse de Parme*		
1840		Proudhon : *Qu'est-ce que la propriété ?* Mérimée : *Colomba*	E. Poe : *Histoires extraordinaires* (États-Unis)	Schubert : *Lieder*
1841		Chateaubriand : achèvement des *Mémoires d'outre-tombe*		Tombeau de Napoléon aux Invalides
1842		Auguste Comte : *Cours de philosophie positive*		Rossini : *Stabat mater*
1843	Première machine à écrire (Foucault)	Balzac : *Les illusions perdues* (fin)		
1844	Le Maroc reconnaît les frontières de l'Algérie française	Dumas : *Les trois mousquetaires ; Le comte de Monte Cristo*	Zorilla : *Don Juan Tenorio* (Espagne)	
1845		Dumas : *Vingt ans après* Mérimée : *Carmen*		Wagner : *Tannhäuser*
1847			Emily Brontë : *Les Hauts de Hurlevent* (Angleterre)	Verdi : *Macbeth*
1848	Révolution de février Chute de la royauté IIᵉ République	Dumas : *La dame aux camélias* Mort de Chateaubriand	Marx/Engels : *Manifeste du Parti communiste* (Allemagne)	
1849		Flaubert : *La tentation de St Antoine*	Dickens : *David Copperfield* (Angleterre)	
1850	Loi Falloux : L'école publique est placée sous l'autorité morale de l'Église	A. Comte : *Système de Philosophie positive*		Wagner : *Lohengrin*
1851	Coup d'État du 2 décembre		Ruskin : *Les pierres de Venise* (Angleterre) Beecher Stowe : *La case de l'oncle Tom* (États-Unis)	Verdi : *Rigoletto*
1852		Leconte de Lisle : *Poèmes antiques*		
1853		Hugo : *Les châtiments* Nerval : *Sylvie*		Verdi : *La Traviata*
1854	Guerre contre la Russie (Crimée)	Musset : *Contes* Nerval : *Les filles du feu*		Brahms : *1ᵉʳ concerto pour piano* Aménagement de l'Étoile à Paris
1855	Création des grands magasins à Paris	Nerval : *Aurélia*		Verdi : *Les vêpres siciliennes*
1856	Fin de la guerre de Crimée	Hugo : *Les contemplations*		

	Histoire et sciences	Littérature française	Littérature étrangère	Arts
1857	Chemins de fer Paris Lyon-Méditerranée	Baudelaire : *Les fleurs du mal* Flaubert : *Madame Bovary*		
1859	Division de Paris en 20 arrondissements Campagne de Napoléon III en Italie Les Français occupent Saïgon 1859-70 : unité italienne	Hugo : *La légende des siècles*	Darwin : *L'origine des espèces* (Angleterre)	Gounod : *Faust* Wagner : *Tristan et Isolde*
1860	Le Piémont cède la Savoie et Nice à la France	Baudelaire : *Les paradis artificiels*		
1861				Construction de l'opéra par Garnier
1862		Flaubert : *Salammbô* Hugo : *Les misérables* Leconte de Lisle : *Poèmes barbares*		Ingres : *Le bain turc*
1863		Mort de Vigny		Manet : *Déjeuner sur l'herbe ; Olympia*
1064	Droit de grève accordé aux ouvriers Premières voitures à moteur à essence			
1865			Tolstoï : *Guerre et Paix* (Russie)	
1866	Premières photographies en couleurs	Verlaine : *Poèmes saturniens*	Dostoievski : *Crime et châtiment* (Russie)	
1867			Marx : *Le capital (I)* (Allemagne)	
1869		Flaubert : *L'éducation sentimentale* Baudelaire : *Le spleen de Paris* Lautréamont : *Les chants de Maldoror*		
1870	Guerre contre la Prusse ; défaite de Sedan			
1871	La Commune à Paris	Rimbaud : *Le bateau ivre ; La lettre du voyant* Zola : début des *Rougon-Macquart*		Verdi : *Aïda*
1872		Daudet : *Tartarin de Tarascon*		Bizet : *L'Arlésienne*
1873		Rimbaud : *Une saison en enfer* Zola : *Le ventre de Paris*		
1874		Hugo : *Quatre-vingt-treize*		Saint-Säens : *Danse macabre* 1ʳᵉ exposition « Impressionniste »
1875	Constitution de la IIIᵉ République			Bizet : *Carmen*
1876		Mallarmé : *L'après-midi d'un faune*	Tolstoï : *Anna Karenine* (Russie)	
1877		Flaubert : *3 contes* Zola : *L'assommoir*		G. Moreau : *Salomé*
1879		Zola : *Nana*	Dostoievski : *Les frères Karamazov* (Russie)	
1881	Lois scolaires de Jules Ferry	Flaubert : *Bouvard et pécuchet* (posthume)		
1882	Enseignement primaire obligatoire		Nietzsche : *Le gai-savoir* (Allemagne)	

	Histoire et sciences	Littérature française	Littérature étrangère	Arts
1883		Maupassant : *Une vie*	Nietzsche : *Ainsi parlait Zarathoustra*	Wagner : *Parsifal*
1884		Huysmans : *A rebours* Leconte de Lisle : *Poèmes tragiques*		
1885	Vaccins de Pasteur	Mort de Victor Hugo		Cézanne : *Les joueurs de cartes*
1886		Rimbaud : *Illuminations*		
1887		Zola : *La terre* Mallarmé : *Poésies* Maupassant : *Le Horla*		Gabriel Fauré : *Requiem* Verdi : *Othello*
1888		Verlaine : *Amour*		Mahler : *Symphonie Nᵒ 1*
1889	Construction de la tour Eiffel pour l'exposition universelle		D'Annunzio (Ital.) : *L'enfant de volupté*	
1890		Zola : *La bête humaine*		
1891		Zola : *L'argent*	Oscar Wilde : *Le portrait de Dorian Gray*	
1892	La journée de travail des hommes est fixée à 12 heures et celle des femmes à 11 heures		Hauptmann : *Les tisserands* (Allemagne) C. Doyle : *Les aventures de Sherlock Holmes* (Angleterre)	Monet : *Cathédrale de Rouen* Tchaïkovski : *Le Casse-Noisette*
1893	Premier Salon de l'Automobile	Heredia : *Les trophées*		
1894	Condamnation de Dreyfus	Stendhal : *Lucien Leuwen*	Kipling : *Le livre de la jungle* (Angleterre) D'Annunzio (Italie) : *Le triomphe de la mort*	Debussy : *Prélude à l'après-midi d'un faune* Dvorak : *Symphonie du Nouveau Monde*
1895	Fondation du syndicat C.G.T. (Confédération générale du Travail) Premier film par Louis Lumière	Gide : *Paludes*	Wedeking : *Lulu* (Allemagne)	E. Munch : *Le Cri*
1896		Alfred Jarry : *Ubu roi* Paul Valéry : *La soirée avec Monsieur Teste*	Tchekhov : *La mouette* H.G. Wells (Angl.) : *L'Ile du Dr Moreau*	Puccini : *La Bohème*
1897	1897-1899 : Affaire Dreyfus	Barrès : *Les Déracinés* Gide : *Les Nourritures terrestres*	H.G. Wells (Angl.) : *L'Homme invisible, La Guerre des mondes*	
1898			Naissance d'Hemingway Svevo (Ital.) : *Senilità*	Rodin : *Balzac* Cézanne : *La Montagne Sainte-Victoire* Gauguin : *Le Cheval blanc*
1899		Mallarmé : *Poésies complètes*	Tchekhov : *Oncle Vania*	Maurice Ravel : *Pavane pour une infante défunte* Monet : *Le Bassin aux Nymphéas*
1900	Exposition universelle de Paris	E. Rostand : *L'Aiglon* Valéry : *Album de vers anciens*	Freud (Autr.) : *L'interprétation des rêves* D'Annunzio (Ital.) : *Le Feu*	Puccini : *La Tosca*

CHATEAUBRIAND (1768-1848)

Ayant grandi à la fin du XVIIIᵉ siècle et ayant commencé à écrire au début du XIXᵉ, Chateaubriand jette un pont entre deux époques. « Je me suis rencontré entre deux siècles, comme au confluent de deux fleuves ; j'ai plongé dans leurs eaux troublées, m'éloignant à regret du vieux rivage où j'étais né, nageant avec espérance vers une rive inconnue. » Son œuvre immense est le premier maillon de la littérature romantique, qui ignore l'Antiquité, redécouvre l'histoire chrétienne et accorde une place importante à la nature.

LA VIE

François René de Chateaubriand est né en Bretagne, à Saint-Malo. Il appartient à une famille de noblesse ancienne. Il a longuement évoqué dans son œuvre son enfance au bord de la mer, mais aussi l'atmosphère familiale au château de Combourg où il vit, en été, entre un père, sévère et taciturne, une mère, soumise et profondément religieuse, et sa sœur Lucile, enfant sensible, étrange et exaltée.

Il se destine à une carrière d'officier de marine. Sous la Révolution, il quitte Paris. En 1791, il entreprend un voyage en Amérique. A la nouvelle de l'arrestation de Louis XVI, il rentre et s'engage dans l'armée des princes émigrés. Blessé, il s'exile alors en Angleterre de 1793 à 1800. C'est à cette époque que commence sa carrière littéraire avec l'*Essai sur les révolutions* et *Le génie du christianisme*, qu'il publie en 1802. Cette œuvre lui vaut la faveur de Napoléon, qui cherche à donner à son pouvoir l'appui de la religion ; il est alors nommé secrétaire d'ambassade à Rome.

En mars 1804, apprenant la nouvelle de l'exécution du duc d'Enghien, accusé de complot contre Napoléon, il démissionne et se joint à l'opposition royaliste. Après un voyage en Orient (1806-1807), il s'établit près de Paris, dans la Vallée aux Loups, où il se consacre à son œuvre littéraire. En 1811, il est élu à l'Académie française, mais son discours, qui contient un vibrant éloge de la liberté, est interdit.

Portrait de Chateaubriand en 1811 par Girodet. (Musée National du Château de Versailles.)

Sous la Restauration (1814-1830), il commence une carrière diplomatique et politique. Attaché à la monarchie légitime, il renonce à ses titres, lorsque Louis Philippe, qu'il considère comme un usurpateur[1], monte sur le trône. A partir de 1830, il mène une vie plus retirée, toute entière tournée vers la littérature. Il meurt en 1848 et est enterré, selon son vœu à Saint-Malo, face à la mer. Considéré comme le plus grand écrivain de son temps (le jeune Hugo dira : « Je veux être Chateaubriand ou rien »), il apparaît dans son œuvre comme un homme insatisfait, tourmenté et mélancolique.

1. *Personne qui prend le pouvoir de façon illégitime.*

PRINCIPALES ŒUVRES

L'essai sur les révolutions (1797)

Dans cet ouvrage, écrit pendant les années d'exil, Chateaubriand se propose de rechercher les rapports entre les révolutions anciennes (les révolutions républicaines de la Grèce par exemple) et la Révolution française.

Atala (1801)

Atala est un épisode du *Génie du christianisme*, publié séparément. Inspirée par son voyage en Amérique, cette nouvelle connaît un succès prodigieux.

Le héros de l'histoire est un Indien, le vieux Chactas de la tribu des Natchez, qui raconte au Français René les aventures de sa jeunesse : prisonnier d'une tribu ennemie, il allait être brûlé vif, quand il est sauvé par une jeune chrétienne de la tribu, Atala. Ils s'enfuient dans la forêt et rencontrent un missionnaire à qui Chactas demande de l'initier à la religion chrétienne et de les marier. Mais Atala, que sa mère mourante a consacrée à la Vierge, ne peut trahir son vœu. Désespérée, elle s'empoisonne.

Le roman illustre la thèse de l'harmonie de la religion chrétienne avec la nature et les passions du cœur humain. Quant au personnage d'Atala, il représente le drame de la religion mal comprise.

Le génie du christianisme (publié en 1802)

Dans cette œuvre, consacrée à l'apologie du christianisme, Chateaubriand combat l'esprit des philosophes du XVIIIe siècle, qui avait jeté le discrédit sur la religion, et il tente de mettre en lumière la beauté et la vérité du christianisme.

La première partie est consacrée à une réflexion sur l'existence de Dieu, l'immortalité de l'âme, l'étude des Écritures et des dogmes de l'Église. La deuxième partie comporte une étude comparée des œuvres d'art inspirées par la pensée chrétienne et de celles inspirées par la mythologie. Il conclut que, loin d'étouffer la pensée, comme l'ont dit les Encyclopédistes, le christianisme a inspiré les grands écrivains, philosophes, peintres et sculpteurs. Cette partie contient un roman, *René*. La troisième partie est un ouvrage de critique consacré aux chefs-d'œuvre de l'art chrétien ; elle est illustrée par *Atala*. Dans la dernière partie, il s'attache à tout ce qui concerne le culte religieux (église, ornements, chants religieux, etc.) Enfin, il montre le rôle humanitaire de l'Église pour conclure que le christianisme a sauvé le monde de la barbarie au moment de la chute de l'Empire romain.

René (publié à part avec Atala en 1805)

René fait aux Indiens Natchez qui l'ont accueilli, le récit de sa jeunesse oisive et désabusée et de l'étrange amour qu'il a inspiré à sa sœur, Amélie, qui s'est punie elle-même en entrant dans un couvent.

René est un être passionné, tourmenté, qui pense que rien dans la réalité ne peut répondre à « l'infini de son aspiration ». Il ne croit pas au bonheur et pense que la vie n'a pas de sens. Pour échapper à l'ennui, il a fait de longs voyages, recherché des sensations étranges, mais partout, il n'a vu que le néant et il est hanté par l'idée du suicide. Le père missionnaire qui écoute son récit condamne ces « inutiles rêveries » et leur oppose la grandeur de la vie chrétienne. Mais cette leçon de morale est passée inaperçue et toute une génération de jeunes gens s'est plue à s'identifier au héros de Chateaubriand, et a cultivé ces états d'âme passionnés et ce goût morbide du désespoir, devenu « le mal du siècle »[1].

Les martyrs (1809)

Chateaubriand explique dans sa préface qu'il veut prouver par un exemple que le merveilleux chrétien peut égaler la beauté du merveilleux mythologique. Sa thèse est illustrée par un récit épique dont l'action se déroule au IIIe siècle, au temps des persécutions de l'empereur Dioclétien, et qui raconte les amours de la jeune païenne Cymodocée et du chrétien Eudore. A la fin, Cymodocée qui s'est fait baptiser, meurt en martyre avec Eudore.

Le voyage en Amérique (1827)

C'est le journal de son voyage en Amérique. La partie consacrée aux mœurs des Indiens a beaucoup vieilli, mais les passages où on le sent vibrer au contact de cette nature grandiose et sauvage peuvent encore nous émouvoir.

Les mémoires d'outre-tombe (œuvre écrite de 1811 à 1846 et publiée en 1848)

Cet ouvrage suffirait à faire connaître Chateaubriand. Il raconte son enfance, ses voyages, sa vie politique ; il dépeint des paysages, il fait des portraits d'hommes célèbres, évoque les événements historiques de son temps. Publiées d'abord dans la presse, les *Mémoires* furent accueillies avec froideur : elles blessaient beaucoup d'amours-propres et furent considérées comme un monument qu'il élevait à sa propre gloire. De nos jours, au contraire, elle est considérée comme son œuvre la plus vivante, celle où il atteint la pleine maîtrise de son art.

---

1. Incapacité de s'adapter à une époque qui n'offre plus de grand idéaux.

Le château de Combourg *dans la campagne bretonne où Chateaubriand passa une partie de son enfance. Lithographie de Eugène Ciceri. (Bibliothèque Nationale, Paris.)*

LA PENSÉE DE CHATEAUBRIAND

La pensée politique

L'idée de liberté est à la base de la pensée politique de Chateaubriand, et s'il a été un opposant au régime de Napoléon Ier et à la Restauration, c'est parce que ces régimes ne respectaient pas les libertés. Pourtant, l'idéal politique de Chateaubriand n'est pas républicain, mais monarchiste ; la république lui semble en effet prématurée. Il a d'ailleurs défini lui-même sa position dans une formule brève : « Républicain par nature, monarchiste par raison, bourbonniste [1] par honneur. » La monarchie est le seul régime qui, dans l'état actuel de la société, lui semble pouvoir concilier l'ordre avec la liberté.

La religion

Chateaubriand a été le défenseur du christianisme, il a contribué à le réhabiliter mais il l'a aimé surtout en esthète, pour les œuvres d'art qu'il a inspirées. Dans sa vie, il a surtout trouvé Dieu dans la nature, à la manière déiste de Rousseau, plus que dans la pratique religieuse.

1. Les Bourbons sont une dynastie de rois de France à laquelle appartient Louis XVIII.
2. Ardeur des sentiments religieux.

La nature

Elle occupe une grande place dans l'œuvre de Chateaubriand. Il a décrit les paysages les plus variés, découverts au cours de ses voyages (l'Amérique, l'Orient). La nature, oubliée au XVIIIe siècle, devient profondément vivante avec lui. Il l'associe à ses sentiments, l'interroge. Dans sa recherche d'une correspondance avec ses états d'âme, il a une préférence pour les paysages grandioses et tourmentés : l'océan, les chutes du Niagara, la forêt américaine, les orages... Cette façon de sentir et d'aimer la nature a créé une mode et a inspiré les poètes romantiques (Lamartine en particulier).

L'esthétique

Chateaubriand pense que l'écrivain doit répondre aux attentes de son temps. Convaincu que la mythologie antique ne répond plus aux besoins du lecteur français du XIXe siècle, il cherche à raviver l'intérêt pour les œuvres d'art du Moyen Age, dédaignées depuis la Renaissance. Il montre en particulier les beautés de l'architecture gothique développée en harmonie avec la pensée chrétienne et les paysages de France (voir extrait page 26). Il applique cette idée essentielle d'harmonie à la critique littéraire en replaçant l'œuvre dans son contexte, la civilisation et les mœurs dont elle est l'expression. En cela, il est novateur et son influence sur la critique littéraire a été profonde et durable.

L'ART

Chateaubriand a écrit : « Il ne faut présenter au monde que ce qui est beau. » La passion, l'intensité, l'harmonie et l'élévation d'âme semblent être pour lui les éléments essentiels de la beauté. Quand il peint l'amour, il peint la passion tragique, et les martyrs chrétiens sont bien l'expression de cette ferveur[2]. Il n'a point que des êtres de génie ou d'une grande noblesse de pensée et d'âme : l'obsession du suicide chez *René* n'est pas la conséquence d'une déchéance morale mais l'exigence d'un être d'exception qui aspire à l'infini et à la perfection. Les paysages qu'il décrit font la synthèse de ces éléments : intensité, grandeur, harmonie. Il peint les couleurs chaudes, la lumière violente de l'Orient, les paysages grandioses de l'Amérique, les éléments déchaînés : l'harmonie apparaît dans la composition du tableau lui-même et dans sa correspondance avec les états d'âme du poète.

Le style de Chateaubriand se caractérise surtout par l'ampleur des phrases, l'harmonie du rythme, les images somptueuses.

BIBLIOGRAPHIE
P. Moreau, *Chateaubriand,* Hatier 1967
J.-P. Richard, *Paysage de Chateaubriand,* Seuil 1967
A. Vial, *Chateaubriand et le temps perdu,* Christian Bourgois éditeur, Collection 10-18, 1971.

RENÉ

Figure d'une génération tourmentée

Dans René, *Chateaubriand s'est peint lui-même mais il a aussi dépeint l'état d'âme de toute une génération qui se croyait maudite. Comme le* Werther *de Goethe,* René *est le type même du héros romantique torturé qui se croit marqué par la mort : « J'ai coûté la vie à ma mère en venant au monde ». Rien ne peut l'apaiser et le spectacle de la nature même ne fait qu'accentuer sa tristesse.*

Le jour je m'égarais sur de grandes bruyères [1] terminées par des forêts. Qu'il fallait peu de chose à ma rêverie : une feuille séchée que le vent chassait devant moi, une cabane dont la fumée s'élevait dans la cime dépouillée des arbres, la mousse qui tremblait ; au souffle du nord sur le tronc d'un chêne, une roche écartée [2] ; un étang désert où le jonc flétri [3] murmurait ! Le clocher du hameau [4], s'élevant au loin dans la vallée, a souvent attiré mes regards ; souvent j'ai suivi des yeux les oiseaux de passage qui volaient au-dessus de ma tête. Je me figurais les bords ignorés, les climats lointains où ils se rendent ; j'aurais voulu être sur leurs ailes. Un secret instinct me tourmentait ; je sentais que je n'étais moi-même qu'un voyageur ; mais une voix du ciel semblait me dire : « Homme, la saison de ta migration n'est pas encore venue ; attends que le vent de la mort se lève, alors tu déploieras ton vol [5] vers ces régions inconnues que ton cœur demande. »

Levez-vous vite, orages désirés, qui devez emporter René dans les espaces d'une autre vie ! Ainsi disant [6], je marchais à grands pas, le visage enflammé, le vent sifflant dans ma chevelure, ne sentant ni pluie, ni frimas [7], enchanté, tourmenté, et comme possédé par le démon de mon cœur.

La nuit, lorsque l'aquilon [8] ébranlait ma chaumière, que les pluies tombaient en torrent sur mon toit, qu'à travers ma fenêtre, je voyais la lune sillonner les nuages amoncelés, comme un pâle vaisseau qui laboure les vagues, il me semblait que la vie redoublait au fond de mon cœur, que j'aurais eu la puissance de créer des mondes. Ah ! si j'avais pu faire partager à une autre les transports que j'éprouvais ! O Dieu ! si tu m'avais donné une femme selon mes désirs ; si, comme notre premier père, tu m'eusses amené par la main une Ève tirée de moi-même... Beauté céleste, je me serais prosterné devant toi ; puis, te prenant dans mes bras, j'aurais prié l'Éternel de te donner le reste de ma vie.

Hélas ! j'étais seul, seul sur la terre ! Une langueur [9] secrète s'emparait de mon corps. Ce dégoût de la vie que j'avais ressenti dès mon enfance, revenait avec une force nouvelle. Bientôt mon cœur ne fournit plus d'aliment à ma pensée, et je ne m'apercevais de mon existence que par un profond sentiment d'ennui.

Je luttai quelque temps contre mon mal, mais avec indifférence et sans avoir la ferme résolution de le vaincre. Enfin, ne pouvant trouver de remède à cette étrange blessure de mon cœur, qui n'était nulle part et qui était partout, je résolus de quitter la vie.

René

1. Landes couvertes de bruyères.
2. À l'écart.
3. Fané, séché.
4. Petit village.
5. Tu prendras ton envol.
6. Tout en me disant ceci.
7. Froid (le frimas).
8. Vent du Nord froid et violent.
9. Mélancolie, tristesse.

LE GÉNIE DU CHRISTIANISME

Réhabilitation du gothique

La troisième partie du Génie du christianisme *est consacrée aux beaux-arts et à la littérature. Dans le livre I, Chateaubriand étudie successivement la musique, la peinture, la sculpture et l'architecture. Si l'auteur ne se révèle pas un très bon critique d'art, il a le mérite de réhabiliter l'art du Moyen Âge, méprisé depuis des siècles. Plus tard, Victor Hugo mettra à son tour les cathédrales médiévales à l'honneur dans* Notre-Dame de Paris.

1. Conçu.
2. Partie supérieure d'une colonne.
3. Figuier originaire d'Égypte.

Les forêts ont été les premiers temples de la Divinité, et les hommes ont pris dans les forêts la première idée de l'architecture. Cet art a donc dû varier selon les climats. Les Grecs ont tourné [1] l'élégante colonne corinthienne avec son chapiteau [2] de feuilles sur le modèle du palmier. Les énormes piliers du vieux style égyptien représentent le sycomore [3], le figuier oriental, le bananier et la plupart des arbres gigantesques de l'Afrique et de l'Asie.

Moine en prière dans une église en ruines *(1824) par Charles-Marie Bouton. Le romantisme s'est moins inté-ressé à l'Antiquité qu'au passé national et c'est lui qui a réhabilité l'art gothique du Moyen Age. (Musée municipal de Saint-Lô.)*

Les forêts des Gaules ont passé à leur tour dans les temples de nos pères, et nos bois de chênes [4] ont ainsi maintenu leur origine sacrée. Ces voûtes ciselées [5] en feuillages, ces jambages, qui appuient les murs et finissent brusquement comme des troncs brisés, la fraîcheur des voûtes, les ténèbres du sanctuaire, les ailes obscures, les passages secrets, les portes abaissées, tout retrace les labyrinthes des bois dans l'église gothique ; tout en fait sentir la religieuse horreur [6], les mystères de la divinité. Les deux tours hautaines plantées à l'entrée de l'édifice surmontent les ormes et les ifs [7] du cimetière, et font un effet pittoresque sur l'azur du ciel. Tantôt le jour naissant illumine leurs têtes jumelles, tantôt elles paraissent couronnées d'un chapiteau de nuages, ou grossies dans une atmosphère vaporeuse. Les oiseaux eux-mêmes semblent s'y méprendre et les adopter pour les arbres de leurs forêts : des corneilles [8] voltigent autour de leurs faîtes et se perchent sur leurs galeries. Mais tout à coup des rumeurs confuses s'échappent de la cime de ces tours et en chassent les oiseaux effrayés. L'architecte chrétien, non content de bâtir des forêts, a voulu, pour ainsi dire, en imiter les murmures [9], et au moyen de l'orgue et du bronze suspendu [10] il a attaché au temple gothique jusqu'au bruit des vents et des tonnerres, qui roulent dans la profondeur des bois. Les siècles, évoqués par ces sons religieux, font sortir leurs antiques voix du sein des pierres, et soupirent dans la vaste basilique : le sanctuaire mugit comme l'antre [11] de l'ancienne Sibylle [12], et, tandis que l'airain se balance avec fracas sur votre tête, les souterrains voûtés de la mort se taisent profondément sous vos pieds.

Le génie du christianisme
Troisième partie, I, 8.

4. Allusion au culte du chêne dans la religion gauloise.
5. Finement travaillées.
6. Aspect des choses qui provoque un saisissement respectueux.
7. Deux espèces d'arbres.
8. Sortes de corbeaux.
9. Ici, bruits forts et grondants.
10. Des cloches.
11. Caverne, grotte.
12. Prophétesse qui rendait des oracles dans une grotte près de Naples.

MÉMOIRES D'OUTRE-TOMBE

Lucidité de la réflexion

La clairvoyance dont fait preuve Chateaubriand dans cette méditation historique s'explique en partie par son recul : il ne commence à écrire sur la période 1800-1828 qu'en 1834. Après avoir servi Napoléon dans différentes fonctions aux Affaires étrangères, Chateaubriand entre, à partir de 1804, dans l'opposition, accusant le régime de tyrannie et d'abus de pouvoir. Après l'épisode des Cent Jours (voir page 6) il se réfugie avec la cour de Louis XVIII à Gand, en Belgique, lorsqu'un jour de 1815...

Le 18 juin 1815, vers midi, je sortis de Gand par la porte de Bruxelles ; j'allais seul achever ma promenade sur la grande route. J'avais emporté les *Commentaires de César* [1] et je cheminais [2] lentement, plongé dans ma lecture. J'étais déjà à plus d'une lieue de la ville, lorsque je crus ouïr [3] un roulement sourd : je m'arrêtai, regardai le ciel assez chargé de nuées, délibérant en moi-même si je continuerais d'aller en avant, ou si je me rapprocherais de Gand dans la crainte d'un orage. Je prêtai l'oreille ; je n'entendis plus que le cri d'une poule d'eau dans les joncs et le son d'une

1. Commentaires sur la guerre des Gaules (52 av. J.-C.).
2. Marchais.
3. Entendre.

horloge de village. Je poursuivis ma route : je n'avais pas fait trente pas
que le roulement recommença, tantôt bref, tantôt long, et à intervalles
inégaux ; quelquefois il n'était sensible que par une trépidation[4] de l'air,
laquelle se communiquait à la terre sur ces plaines immenses, tant il était
éloigné. Ces détonations moins vastes, moins onduleuses, moins liées
ensemble que celles de la foudre, firent naître dans mon esprit l'idée d'un
combat. Je me trouvais devant un peuplier planté à l'angle d'un champ de
houblon[5]. Je traversai le chemin et je m'appuyai debout contre le tronc de
l'arbre, le visage tourné du côté de Bruxelles. Un vent du sud s'étant levé
m'apporta plus distinctement le bruit de l'artillerie. Cette grande bataille,
encore sans nom, dont j'écoutais les échos au pied d'un peuplier, et dont
une horloge de village venait de sonner les funérailles inconnues, était la
bataille de Waterloo !

Auditeur silencieux et solitaire du formidable arrêt des destinées, j'aurais
été moins ému si je m'étais trouvé dans la mêlée : le péril, le feu, la cohue
de la mort ne m'eussent pas laissé le temps de méditer ; mais seul sous un
arbre, dans la campagne de Gand, comme le berger des troupeaux qui
paissaient[6] autour de moi, le poids des réflexions m'accablait : Quel était
ce combat ? Était-il définitif ? Napoléon était-il là en personne ? Le monde,
comme la robe du Christ[7], était-il jeté au sort ? Succès ou revers de l'une
ou l'autre armée, quelle serait la conséquence de l'événement pour les
peuples, liberté ou esclavage ? Mais quel sang coulait ! chaque bruit parvenu
à mon oreille n'était-il pas le dernier soupir d'un Français ? Était-ce un
nouveau Crécy, un nouveau Poitiers, un nouvel Azincourt[8], dont allaient
jouir les plus implacables ennemis de la France ? S'ils triomphaient, notre
gloire n'était-elle pas perdue ? Si Napoléon l'emportait, que devenait notre
liberté ? Bien qu'un succès de Napoléon m'ouvrît un exil éternel, la patrie
l'emportait dans ce moment dans mon cœur ; mes vœux étaient pour
l'oppresseur de la France, s'il devait, en sauvant notre honneur, nous
arracher à la domination étrangère.

Wellington[9] triomphait-il ? La légitimité[10] rentrerait donc dans Paris
derrière ces uniformes rouges qui venaient de reteindre leur pourpre au
sang des Français ! La royauté aurait donc pour carrosses de son sacre les
chariots d'ambulance remplis de nos grenadiers[11] mutilés ! Que sera-ce
qu'une restauration[12] accomplie sous de tels auspices ?... Ce n'est là qu'une
bien petite partie des idées qui me tourmentaient. Chaque coup de canon
me donnait une secousse et doublait le battement de mon cœur.

Mémoires d'outre-tombe,
Livre VI.

---

4. Vibration.
5. Plante grimpante qui sert à aromatiser la bière.
6. Imparfait du verbe *paître* (manger, pour les animaux herbivores).
7. Après la crucifixion, les soldats tirent au sort la robe du Christ.
8. Crécy (1346), Poitiers (1356) et Azincourt (1415) : trois défaites infligées aux Français par les Anglais pendant la guerre de Cent Ans.
9. Général en chef des armées anglaises.
10. La royauté légitime ; ici : les Bourbons dont fait partie Louis XVIII (voir page 6).
11. Soldats de Napoléon.
12. La restauration des Bourbons, le retour des Bourbons sur le trône (voir page 6).

LAMARTINE (1790-1869)

Lamartine est le poète de la rêverie et de l'émotion. Malgré l'ampleur de son œuvre, il est surtout connu pour une série de grands poèmes appelés Les méditations *et inspirés par une forme idéalisée de l'amour.*

Portrait de Lamartine en 1839 par Henri Decaisne. (Musée Lamartine, Mâcon.)

LA VIE

Alphonse de Lamartine est né à Mâcon, d'une famille de petite noblesse. Il est élevé au milieu de ses cinq sœurs par une mère qui fut l'une des femmes les plus distinguées de son temps par l'intelligence et par le cœur. Après ses études, il mène une vie désœuvrée et facile. Il éduque sa sensibilité à la lecture de Rousseau, Bernardin de Saint-Pierre, Chateaubriand, Byron et Petrarque.

Il voyage beaucoup et fait un bref séjour dans l'armée. A vingt-six ans, il s'éprend de la femme d'un savant célèbre. Elle est gravement malade et se soigne dans une station thermale des Alpes, à Aix-les-Bains. Lorsqu'elle meurt, un an plus tard, l'amour et la douleur lui inspirent un recueil de poèmes qui sont restés parmi les plus célèbres de toute son œuvre : *Les méditations*.

Lamartine a été un personnage sentimental et rêveur, doué d'une grande générosité de sentiments : amour, pitié et humanité.

PRINCIPALES ŒUVRES

Œuvres poétiques

— *Les méditations* (1820-1823) : écrites sous le coup d'une grande douleur, elles contiennent les poèmes les plus connus et les plus caractéristiques de Lamartine (voir extrait page 31).

— *Les harmonies poétiques et religieuses* (1830).

— *Jocelyn* (1836) : ce n'est que le fragment de ce qui devait être une immense épopée en vers. Lamartine y raconte sous une forme romancée l'histoire d'un prêtre qu'il dit avoir connu. Le jeune Jocelyn entre au séminaire pour laisser à sa sœur l'héritage familial. Les massacres de la Révolution l'obligent à se réfugier dans une grotte des Alpes. Il y recueille l'enfant d'un noble menacé. L'enfant est une jeune fille, Laurence, dont il ne tarde pas à tomber amoureux. Jocelyn met un terme à cet amour pourtant très pur en décidant de se faire prêtre pour mieux aider les autres. Devenu le curé d'un petit village de campagne, Valneige, il mène une vie ascétique, toute entière tournée vers les autres. Un jour, il est appelé aupès d'une voyageuse mourante. Il reconnaît Laurence. Les chapitres suivants manquent, sauf la fin, qui raconte la mort de Jocelyn.

Œuvres en prose

— *Le voyage en Orient* (1835) : c'est le récit du voyage (Syrie, Palestine, Constantinople), qu'il fit avec sa femme et sa fille, qui mourut là-bas.

— *L'histoire des Girondins* (1847) : ce livre tient à la fois de l'histoire et du roman. Il raconte différents épisodes de la Révolution française. Lamartine le destinait à l'éducation du peuple ; il eut à l'époque un succès foudroyant.

— *Confidences, Graziella, Raphaël, Les nouvelles confidences :* récits autobiographiques romancés.

— *Cours familier de littérature* (1856-1869) : ces 28 volumes se proposent de diffuser dans le peuple la connaissance des chefs-d'œuvre de la littérature universelle.

Enfin, il nous reste de Lamartine, qui a voulu jouer un rôle politique pendant la Révolution de 1848, un grand nombre de discours dont le plus célèbre fut prononcé à l'Hôtel de Ville de Paris, pour convaincre le peuple de renoncer au drapeau rouge de la révolution et de conserver le drapeau tricolore.

INSPIRATION

La poésie de Lamartine est plus tendre que passionnée. Quatre éléments essentiels dominent l'inspiration poétique de Lamartine.

L'amour

La rencontre avec Elvire à Aix-les-Bains a été l'éblouissement de sa vie. Cet amour n'est pas l'exaltation du plaisir, mais il est fait de contemplation et d'adoration. L'amour qu'il exprime pour Elvire dans *Les méditations* est comparable à celui de Dante pour Béatrice ou de Petrarque pour Laure ; l'être aimé devient un reflet de la beauté suprême.

Mais au milieu du bonheur naît l'inquiétude que tout pourrait soudain se rompre ; aussi faut-il se hâter de profiter de l'heure présente [1] :

« Aimons donc, aimons donc ! de l'heure fugitive,
Hâtons-nous, jouissons ! » *(Le lac).*

La tristesse

Après la mort d'Elvire, le poète reste seul. Désespéré, il est accablé par une sensation de vide :

« Mon cœur lassé de tout, même de l'espérance,
N'ira plus de ses vœux importuner le sort. »
(Le vallon).

De même, la tristesse du père qui a perdu sa fille a aussi été une source d'inspiration.

La nature

Mais le désespoir du poète trouve une consolation dans la nature. Lamartine a puisé dans ses souvenirs d'enfance le goût des spectacles champêtres et de la vie rustique. La nature n'est jamais indifférente aux souffrances du poète ; elle est là aux heures de joie comme aux heures de peine :

« Mais la nature est là qui t'invite et qui t'aime :
Plonge-toi dans son sein qu'elle t'ouvre toujours. »
(Le vallon).

Plutôt que des scènes précises, Lamartine aime décrire des paysages vastes et imprécis, le calme du soir, la lumière d'un clair de lune. Il note les grands traits qui contribuent à créer une atmosphère, sans entrer dans les détails d'une description.

La religion

Dieu est l'aboutissement de la sensibilité de Lamartine. Le poète vient à lui par le chemin de l'amour, car l'amour terrestre, en dévoilant des infinis, est une étape vers l'amour divin. Il vient aussi à lui par les spectacles grandioses qu'offre la nature au poète et qui évoquent la gloire divine. Et malgré certains mouvements de désespoir, il fait finalement confiance à Dieu et à l'ordre du monde, montrant ainsi la force de son optimisme, qui est une des constantes de son caractère :

« Tout est bien ; tout est bon ; tout est grand
[à sa place. »
(L'homme).

LE STYLE

Lamartine compose avec clarté et élégance, sans difficultés apparentes : « Le bon public croit que j'ai passé trente années de ma vie à aligner des rimes et à contempler les étoiles ; je n'y ai pas employé trente mois, et la poésie n'a été pour moi que ce qu'est la prière, le plus beau et le plus intense des actes de la pensée, mais le plus court et celui qui dérobe le moins de temps au travail du jour. La poésie, c'est le chant intérieur. » Cette facilité dans la composition donne beaucoup de charme à ses vers qui coulent avec harmonie, dans une mélodie de sentiments, de mélancolie et de mystères grandioses. C'est le style romantique par excellence, fait d'impressions diffuses, mais incapable de rigueur descriptive et de précision, ce qui entraîne parfois la monotonie.

---

1. *Le thème du temps qui passe est cher à tous les poètes, on le trouve déjà au XVIe siècle chez Ronsard.*

De Lamartine, on retient beaucoup plus la poésie que la prose et beaucoup plus ses poèmes d'amour que ses épopées. Sa poésie met en valeur les plus généreux sentiments humains et les plus subtiles émotions ressenties au contact de la nature. Lamartine demeure présent parce que sa poésie, bien que traditionnelle dans la forme, sait encore transmettre l'émotion et la générosité.

BIBLIOGRAPHIE
A. de Luppe, *Les travaux et les jours d'Alphonse de Lamartine*, Albin Michel, 1942.
M.-F. Guyard, *Lamartine*, Éditions Universitaires, 1956.
Lamartine, le livre du centenaire, présenté par P. Viallaneix, Flammarion, 1971.

MÉDITATIONS

L'amour et la nature

A Aix-les-Bains, près du lac du Bourget, Lamartine a fait la connaissance de celle qu'il appelle Elvire. L'année suivante, il revient dans ce paysage qui a été témoin de leur bonheur, mais cette fois il est seul. La jeune femme n'a pu venir, elle est malade et va bientôt mourir. Le battement régulier des flots sur la rive du lac ravive le souvenir des jours heureux mais évoque aussi la fuite du temps. Rien ne dure, pas même les choses les plus pures.
Le lac est le poème le plus célèbre des Méditations. Il est devenu en France une sorte de symbole littéraire de la fusion romantique entre nature et sentiments.

Le lac : *planche gravée par Alexandre de Bar pour l'illustration du poème de Lamartine (1860). (Bibliothèque Nationale, Paris.)*

LAMARTINE

LE LAC

Ainsi, toujours poussés vers de nouveaux rivages,
Dans la nuit éternelle emportés sans retour,
Ne pourrons-nous jamais sur l'océan des âges
    Jeter l'ancre un seul jour ?

Ô lac ! l'année à peine a fini sa carrière [1],
Et près des flots chéris qu'elle devait revoir,
Regarde ! je viens seul m'asseoir sur cette pierre
    Où tu la vis s'asseoir !

Tu mugissais ainsi sous ces roches profondes,
10 Ainsi tu te brisais sur leurs flancs déchirés,
Ainsi le vent jetait l'écume de tes ondes
    Sur ses pieds adorés.

Un soir, t'en souvient-il [2] ? nous voguions en silence ;
On n'entendait au loin, sur l'onde et sous les cieux,
Que le bruit des rameurs qui frappaient en cadence [3]
    Tes flots harmonieux.

Tout à coup des accents inconnus à la terre
Du rivage charmé [4] frappèrent les échos :
Le flot fut attentif, et la voix qui m'est chère
20   Laissa tomber ces mots :

« Ô temps ! suspends ton vol, et vous, heures propices !
    Suspendez votre cours :
Laissez-nous savourer les rapides délices
    Des plus beaux de nos jours !

« Assez de malheureux ici-bas vous implorent, [5]
    Coulez, coulez pour eux ;
Prenez avec leurs jours les soins [6] qui les dévorent,
    Oubliez les heureux.

« Mais je demande en vain quelques moments encore,
30   Le temps m'échappe et fuit ;
Je dis à cette nuit : "Sois plus lente" ; et l'aurore
    Va dissiper [7] la nuit.

« Aimons donc, aimons donc ! de l'heure fugitive,
    Hâtons-nous, jouissons !
L'homme n'a point de port, le temps n'a point de rive ;
    Il coule, et nous passons ! »

Temps jaloux [8], se peut-il que ces moments d'ivresse,
Où l'amour à longs flots nous verse le bonheur,
S'envolent loin de nous de [9] la même vitesse
40   Que les jours de malheur ?

1. Durée, temps. Ici : l'année s'est à peine achevée.
2. Te souviens-tu ?
3. Selon le rythme régulier des coups de rame.
4. Envoûté, ensorcelé.
5. Supplient.
6. Soucis, tourments.
7. Chasser.
8. Qui n'accorde que chichement ses dons (cf vers 43-44)
9. A la même vitesse.

Eh quoi ! n'en pourrons-nous fixer au moins la trace ?
Quoi ! passés pour jamais ! quoi ! tout entiers perdus !
Ce temps qui les donna, ce temps qui les efface,
        Ne nous les rendra plus !

Éternité, néant, passé, sombres abîmes,
Que faites-vous des jours que vous engloutissez ?
Parlez : nous rendrez-vous ces extases sublimes
        Que vous nous ravissez ?

Ô lac ! rochers muets ! grottes ! forêt obscure !
50   Vous, que le temps épargne [10] ou qu'il peut rajeunir,
Gardez de cette nuit, gardez, belle nature,
        Au moins le souvenir !

Qu'il soit dans ton repos, qu'il soit dans tes orages,
Beau lac, et dans l'aspect de tes riants coteaux [11],
Et dans ces noirs sapins, et dans ces rocs sauvages
        Qui pendent sur tes eaux.

Qu'il soit dans le zéphyr [12] qui frémit et qui passe,
Dans les bruits de tes bords par tes bords répétés,
Dans l'astre au front d'argent [13] qui blanchit ta surface
60   De ses molles clartés.

Que le vent qui gémit, le roseau qui soupire,
Que les parfums légers de ton air embaumé,
Que tout ce qu'on entend, l'on voit ou l'on respire,
        Tout dise : Ils ont aimé !

Méditations poétiques, X.

10. Ne vieillit pas.
11. Versant d'une colline.
12. Vent doux et agréablement léger.
13. Métaphore désignant la lune.

HARMONIES POÉTIQUES ET RELIGIEUSES

L'amour de la terre natale

Bien que les Harmonies poétiques et religieuses *publiées en 1830 élargissent l'inspiration lamartinienne vers le mysticisme et la métaphysique, certains poèmes du recueil rappellent encore le ton intimiste et lyrique qui a fait le succès des* Méditations *(1820). Ainsi en est-il du texte que Lamartine consacre au village de son enfance. Jeune attaché d'ambassade « exilé » à Florence, Lamartine trouve dans l'évocation du pays natal, du terroir, une consolation à ses doutes et ses angoisses. La nature (Milly est un petit village niché dans les vignes du Mâconnais) semble pouvoir offrir une solution apaisante.*

Habitation de Monsieur de Lamartine à Milly *dans le Mâconnais, au nord de Lyon. (Bibliothèque Nationale, Paris.)*

MILLY

Pourquoi le prononcer, ce nom de la patrie [1] ?
Dans son brillant exil [2] mon cœur en a frémi ;
Il résonne de loin dans mon âme attendrie
Comme les pas connus ou la voix d'un ami.

Montagnes, que voilait le brouillard de l'automne,
Vallons, que tapissait le givre [3] du matin,
Saules, dont l'émondeur [4] effeuillait la couronne,
Vieilles tours, que le soir dorait dans le lointain,

Murs noircis par les ans, coteaux, sentier rapide,
10 Fontaine, où les pasteurs accroupis tour à tour
Attendaient goutte à goutte une eau rare et limpide,
Et, leur urne [5] à la main, s'entretenaient du jour [6],

Chaumière [7], où du foyer étincelait la flamme,
Toit, que le pèlerin [8] aimait à voir fumer,
Objets inanimés, avez-vous donc une âme,
Qui s'attache à notre âme et la force d'aimer [9] ?

Début de « Milly » (poème de 318 vers)
Harmonies poétiques et religieuses.

1. Il s'agit de la « petite patrie », en l'occurrence Milly.
2. Florence, où il était en fonction.
3. Très fine couche de glace.
4. Celui qui émonde, qui débarrasse les arbres des branches mortes. On dit aussi élaguer.
5. Récipient.
6. Des nouvelles du jour.
7. Sa maison de Milly, qui ressemble cependant plus à une riche maison bourgeoise qu'à une chaumière.
8. Le voyageur.
9. Et la force à vous aimer.

VIGNY (1797-1863)

Vigny appartient à la génération romantique, mais il occupe une place à part parce qu'il est le seul à avoir essayé de créer une œuvre impersonnelle, dégagée des sentiments. Si Lamartine et Musset sont des poètes de cœur, Vigny ressemble davantage à un poète-philosophe.

Portrait d'Alfred de Vigny, photographie anonyme.

LA VIE

Après ses études, Alfred de Vigny entre dans l'armée. N'y trouvant pas la réponse à ses aspirations, il démissionne. Ami de Victor Hugo, il fréquente les milieux littéraires romantiques.

Poète, il est aussi auteur dramatique ; son drame *Chatterton* obtient un réel succès. Mais Vigny n'atteint pas la célébrité de Hugo ou Lamartine, car il est un homme austère, inaccessible, hautain parfois, et ces traits de caractères se reflètent dans son œuvre.

Après la mort de sa mère et la rupture de sa liaison amoureuse avec la belle actrice Marie Dorval, il rompt avec les mondanités parisiennes et se retire dans son château de province. C'est dans sa « tour d'ivoire » qu'il écrit ses plus grands poèmes. Il meurt à l'âge de 66 ans, dans l'amertume d'une vie qu'il croyait manquée.

PRINCIPALES ŒUVRES

Poésies

— *Poèmes antiques et modernes* (1822-1826).
— *Les destinées* : quatre de ces onze poèmes ne sont parus qu'à titre posthume, en 1864. Ce recueil s'ouvre par un poème appelé *Les destinées*, qui tend à affirmer que chaque être, chaque action sont déterminés à jamais par les destinées. L'homme croit être libre, mais en fait il ne s'appartient pas, il est dirigé par des forces qu'il ne maîtrise pas. *Les destinées* sont le recueil le plus fameux de Vigny.

Théâtre

— *Othello* (1829) : c'est une adaptation en trois actes et en vers d'une œuvre de Shakespeare.
— *Chatterton* (1835) : c'est la pièce la plus connue de Vigny. Chatterton est un jeune poète exalté. Pour sortir de sa misère, il sollicite un emploi. On lui offre une place de valet. Humilié et désespéré, il se tue. La femme qui l'aimait ne peut survivre à cette mort et se tue à son tour. L'action est réduite au minimum et rappelle en cela les drames de Racine ; Vigny disait lui-même : « C'est l'histoire d'un homme qui a écrit une lettre le matin et qui attend la réponse jusqu'au soir ; elle arrive et le tue. »

Romans

— *Cinq-Mars* (1826) : un jeune noble, Cinq-Mars, voulant se rendre digne d'une dame, accomplit des exploits héroïques. Ceux-ci lui valent la faveur du roi Louis XIII. Cinq-Mars tente de renverser Richelieu avec l'appui des Espagnols. Mais Richelieu reprend son ascendant

La scène finale de Chatterton d'Alfred de Vigny. Chatterton (joué par Jean-Louis Hourdin) s'empoisonne avec de l'opium pour ne plus devoir supporter le mépris des bourgeois insensibles. Mise en scène de Jean Jourdheuil, Théâtre national de Strasbourg (1977).

Le poète constate la solitude de l'homme, mais il n'attend rien ni de Dieu, qui reste muet aux appels des hommes (« le silence éternel de la divinité ») ni de la nature (« on me dit une mère et je suis une tombe »). L'univers semble être la proie d'un destin inflexible et aveugle qui fait souffrir l'humanité. Le regard froidement lucide que le poète jette ainsi sur la misère de la condition humaine le rapproche des existentialistes du XXᵉ siècle (voir p. 310).

Vigny adopte une attitude de résignation sans colère, qui lui fait apparaître comme vaine toute forme d'action et d'engagement. Pourtant, retiré dans sa « tour d'ivoire », le poète ne se désintéresse pas du sort des autres hommes. Il pense que l'esprit, l'idée apporteront un jour une consolation à ceux qui souffrent. Il pense que seuls les progrès de l'intelligence seront capables de sauver le monde, même si le chemin doit être long : ce sera le triomphe de l'esprit pur. Partie d'un pessimisme total, la méditation de Vigny s'achève dans une espérance.

LE STYLE

Vigny n'affecte pas la nonchalance de Lamartine. Il a beaucoup travaillé son style, qui est remarquable par la fermeté de la pensée et de l'expression. Pour donner corps à sa pensée dans un genre où l'abstraction du discours philosophique n'est pas permis, Vigny a utilisé le symbole ; dans *La mort du loup* par exemple (voir extrait page 38), le loup devient le symbole du stoïcisme. Vigny excelle aussi par l'énergie sobre de ses sentences morales :

« A voir ce que l'on fut sur terre et ce
[qu'on laisse,
Seul le silence est grand ; tout le reste
[est faiblesse »

sur le roi ; Cinq-Mars est capturé et on lui tranche la tête à Lyon. On retrouve dans ce récit tiré d'un fait véridique l'héroïsme de certains personnages du début du XVIIᵉ siècle.

— *Stello* (1832) : c'est un roman sur la solitude des poètes et l'incompréhension dont ils souffrent.

— *Servitude et grandeur militaires* (1835) : cette œuvre raconte trois histoires de soldats où l'honneur et le devoir conduisent parfois au drame.

LA PENSÉE

A l'inverse de ses contemporains, Vigny pense que la poésie ne doit pas être l'expression des sentiments mais doit se mettre au service de l'idée. De toute son œuvre, mais surtout de ses poèmes, se dégage une doctrine cohérente que l'on peut résumer en trois mots : stoïcisme, pessimisme et bonté.

Vigny n'a pas été gâté par la vie. Son caractère naturellement sombre l'a éloigné encore davantage des épanchements du cœur, et sa poésie n'est pas aussi « aimable » que celle de Lamartine, par exemple. Il éveille encore de l'intérêt par l'originalité de sa position : résister au désespoir absolu, prendre en compte la souffrance des autres aussi, par le recours au courage et à une morale de l'honneur.

BIBLIOGRAPHIE
P. Germain, *L'imagination d'Alfred de Vigny*, Corti, 1962.
P. Viallaneix, *Vigny par lui-même*, Seuil, 1964.
M. Eigeldinger, *Alfred de Vigny*, Seghers, 1965.

POÈMES ANTIQUES ET MODERNES

La résurgence du passé national

Ce n'est plus dans l'Antiquité que les romantiques cherchent des thèmes poétiques, mais dans le passé national. Le Moyen Âge et ses chevaliers offrent des sujets privilégiés. Le point de départ présent de l'évocation du passé est donné par le son mélancolique du cor d'un chasseur dans les bois, qui provoque une association d'idées avec l'épisode de Roland dans les Pyrénées (vol. 1, page 20).

Un épisode glorieux du passé national redécouvert par les romantiques : Paysage - Mort de Roland en 778 *par Michallon (1819). (Musée du Louvre, Paris.)*

LE COR
J'aime le son du cor, le soir, au fond des bois,
Soit qu'il chante les pleurs de la biche aux abois [1],
Ou l'adieu du chasseur que l'écho faible accueille,
Et que le vent du nord porte de feuille en feuille.

Que de fois, seul, dans l'ombre à minuit demeuré,
J'ai souri de l'entendre, et plus souvent pleuré !
Car je croyais ouïr [2] de ces bruits prophétiques
Qui précédaient la mort des Paladins [3] antiques.

O montagnes d'azur ! ô pays adoré !
10 Rocs de la Frazona [4], cirque du Marboré [4],
Cascades qui tombez des neiges entraînées,
Sources, gaves [5], ruisseaux, torrents des Pyrénées ;

1. Être aux abois : être dans une situation désespérée. Ce terme vient du vocabulaire de la chasse.
2. Entendre.
3. A l'origine : seigneur qui vivait dans le palais de Charlemagne ; puis, chevalier courageux.
4. Massif des Pyrénées.
5. Torrents (dans les Pyrénées).

37

Monts gelés et fleuris, trône des deux saisons,
Dont le front est de glace et le pied de gazons !
C'est là qu'il faut s'asseoir, c'est là qu'il faut entendre.
Les airs lointains d'un cor mélancolique et tendre.

Souvent un voyageur, lorsque l'air est sans bruit,
De cette voix d'airain [6] fait retentir la nuit ;
A ses chants cadencés autour de lui se mêle
20 L'harmonieux grelot du jeune agneau qui bêle.

Une biche attentive, au lieu de se cacher,
Se suspend immobile au sommet du rocher,
Et la cascade unit, dans une chute immense,
Son éternelle plainte aux chants de la romance.

Ames des Chevaliers, revenez-vous encor ?
Est-ce vous qui parlez avec la voix du cor ?
Roncevaux ! Roncevaux ! [7] dans ta sombre vallée
L'ombre du grand Roland n'est donc pas consolée !

6. De cuivre, ici : le son du cor.
7. Lieu où fut tué Roland. La chanson de Roland (voir Tome 1 p. 21) n'a été découverte et publiée qu'en 1837. Vigny ne connaissait que la tradition populaire.

Poèmes antiques et modernes,
1825 (Première partie d'un poème en 4 parties).

LES DESTINÉES

Une leçon de stoïcisme

Un loup poursuivi par des chasseurs sait qu'il va mourir et pourtant il ne fuit pas. Il fait courageusement face à son destin. Le poète en tire une leçon morale sur ce que devrait être l'attitude de l'homme courageux face à la mort qui nous attend tous. Dès les premiers vers, Vigny suggère une atmosphère de drame et de sang.

LA MORT DU LOUP

I

Les nuages couraient sur la lune enflammée
Comme sur l'incendie on voit fuir la fumée,
Et les bois étaient noirs jusques à l'horizon.
Nous marchions, sans parler, dans l'humide gazon
Dans la bruyère épaisse, et dans les hautes brandes [1]
Lorsque, sous des sapins pareils à ceux des Landes [2],
Nous avons aperçu les grands ongles marqués
Par les loups voyageurs que nous avions traqués [3].
Nous avons écouté, retenant notre haleine
10 Et le pas suspendu [4]. — Ni le bois ni la plaine
Ne poussait un soupir dans les airs ; seulement

1. Ensemble de plantes qu'on trouve dans les forêts de pins.
2. Grande région forestière dans le sud-ouest de la France.
3. Poursuivis, chassés.
4. Arrêtant nos pas.

La girouette[5] en deuil criait au firmament ;
Car le vent, élevé bien au-dessus des terres,
N'effleurait de ses pieds que les tours solitaires,
Et les chênes d'en bas, contre les rocs penchés,
Sur leurs coudes semblaient endormis et couchés.
Rien ne bruissait[6] donc, lorsque, baissant la tête,
Le plus vieux des chasseurs qui s'étaient mis en quête[7]
A regardé le sable en s'y couchant ; bientôt,
20 Lui que jamais ici l'on ne vit en défaut[8],
A déclaré tout bas que ces marques récentes
Annonçaient la démarche et les griffes puissantes
De deux grands loups-cerviers et de deux louveteaux[9].
Nous avons tous alors préparé nos couteaux
Et, cachant nos fusils et leurs lueurs trop blanches,
Nous allions pas à pas en écartant les branches.
Trois s'arrêtent, et moi, cherchant ce qu'ils voyaient,
J'aperçois tout à coup deux yeux qui flamboyaient[10],
Et je vois au delà quatre formes légères
30 Qui dansaient sous la lune au milieu des bruyères,
Comme font chaque jour, à grand bruit sous nos yeux,
Quand le maître revient, les lévriers[11] joyeux.
Leur forme était semblable et semblable la danse ;
Mais les enfants du Loup se jouaient en silence,
Sachant bien qu'à deux pas, ne dormant qu'à demi,
Se couche dans ses murs l'homme, leur ennemi.
Le père était debout, et plus loin, contre un arbre,
Sa louve[12] reposait, comme celle de marbre
Qu'adoraient les Romains, et dont les flancs velus
40 Couvaient[13] les demi-dieux Rémus[14] et Romulus[14].
Le Loup vient et s'assied, les deux jambes dressées,
Par leurs ongles crochus dans le sable enfoncées.
Il s'est jugé perdu, puisqu'il était surpris,
Sa retraite coupée et tous ses chemins pris ;
Alors il a saisi, dans sa gueule brûlante,
Du chien le plus hardi la gorge pantelante[15],
Et n'a pas desserré ses mâchoires de fer,
Malgré nos coups de feu, qui traversaient sa chair,
Et nos couteaux aigus qui, comme des tenailles[16],
50 Se croisaient en plongeant dans ses larges entrailles,
Jusqu'au dernier moment où le chien étranglé,
Mort longtemps avant lui, sous ses pieds a roulé.
Le Loup le quitte alors et puis il nous regarde.
Les couteaux lui restaient au flanc jusqu'à la garde[17],
Le clouaient au gazon tout baigné dans son sang ;
Nos fusils l'entouraient en sinistre croissant
Il nous regarde encore, ensuite il se recouche,
Tout en léchant le sang répandu sur sa bouche,
Et, sans daigner[18] savoir comment il a péri,
60 Refermant ses grands yeux, meurt sans jeter un cri.

5. Oiseau de nuit.
6. Rien ne faisait de bruit.
7. En chasse.
8. Qui ne s'est jamais trompé.
9. Petits du loup.
10. Brillaient comme des flammes.
11. Race de chiens, très rapides à la course.
12. Féminin de loup.
13. Abritaient, protégeaient.
14. Les fondateurs de Rome.
15. Haletant, qui respire avec peine.
16. Des pinces.
17. Jusqu'au manche (la lame n'est plus visible).
18. Sans vouloir, sans accepter.

VIGNY

II

J'ai reposé mon front sur mon fusil sans poudre,
Me prenant à penser, et n'ai pu me résoudre
A poursuivre sa Louve et ses fils, qui, tous trois
Avaient voulu l'attendre, et, comme je le crois,
Sans ses deux louveteaux, la belle et sombre veuve
Ne l'eût pas laissé seul subir la grande épreuve ;
Mais son devoir était de les sauver, afin
De pouvoir leur apprendre à bien souffrir la faim,
A ne jamais entrer dans le pacte [19] des villes
70 Que l'homme a fait avec les animaux serviles [20]
Qui chassent devant lui, pour avoir le coucher [21],
Les premiers possesseurs du bois et du rocher.

III

Hélas ! ai-je pensé, malgré ce grand nom d'Hommes,
Que j'ai honte de nous, débiles [22] que nous sommes !
Comment on doit quitter la vie et tous ses maux,
C'est vous qui le savez, sublimes animaux.
A voir ce que l'on fut sur terre et ce qu'on laisse,
Seul le silence est grand ; tout le reste est faiblesse.
— Ah ! je t'ai bien compris, sauvage voyageur,
80 Et ton dernier regard m'est allé jusqu'au cœur.
Il disait : « Si tu peux, fais que ton âme arrive,
A force de rester studieuse et pensive,
Jusqu'à ce haut degré de stoïque fierté
Où, naissant dans les bois, j'ai tout d'abord monté.
Gémir, pleurer, prier, est également lâche.
Fais énergiquement ta longue et lourde tâche.
Dans la voie où le sort a voulu t'appeler,
Puis après, comme moi, souffre et meurs sans parler ».

La mort du Loup, 1838,
Les destinées.

19. Les animaux domestiques ont signé une sorte de contrat avec les hommes.
20. Esclaves.
21. Pour avoir un endroit où dormir.
22. Faibles, lâches.

VICTOR HUGO (1802-1885)

Victor Hugo peut être considéré comme le plus grand des écrivains du XIXe siècle. C'est un artiste complet qui a créé une œuvre abondante dans tous les genres : poésie, théâtre, roman. C'est aussi un poète engagé, un homme politique libéral qui s'est mis aux services des grandes idées humanitaires.

LA VIE

Les débuts

Fils d'un commandant qui deviendra général, Victor Hugo naît à Besançon en 1802 (« Ce siècle avait deux ans » écrira-t-il plus tard). Sa jeunesse est entrecoupée de nombreux voyages à travers l'Europe, ainsi le veut la carrière d'un militaire de métier. Le jeune Hugo prépare l'École Polytechnique, mais ses premiers succès littéraires lui font oublier ce projet. Il veut « être Chateaubriand ou rien ».

Le romantisme

Victor Hugo prend nettement position en faveur du romantisme et contre le classicisme dans la préface de son drame *Cromwell* (1827). Il devient le chef de file de l'école romantique et triomphe avec son drame *Hernani*. Lors de la première représentation devant le public de la Comédie-Française, partisan du classicisme, les jeunes défenseurs du romantisme forcent le succès par leurs applaudissements. Ils livrent ainsi chaque soir ce que l'on a appelé « la bataille d'Hernani ».

Succès littéraires et échecs personnels

Victor Hugo connaît alors une intense activité littéraire dans tous les genres. En 1841, il entre à l'Académie française. Cette période féconde est pourtant assombrie par des chagrins personnels. Son ménage est brisé par la trahison de son ami Saint-Beuve [1]. Quelques années plus tard, il perd sa fille aînée Léopoldine, qui se noie accidentellement. C'est un choc terrible. Il cesse un temps d'écrire et se lance dans la vie publique.

Portrait de Hugo à Jersey en 1853. (Maison de Victor Hugo, Paris.)

L'homme politique. L'exil

Victor Hugo est un libéral qui se méfie au début des idées républicaines et socialistes. Élu député, il commence par soutenir la candidature à la présidence de la république du prince Louis-Napoléon. Mais il ne tarde pas à changer de camp et à devenir un opposant de celui qu'il considère comme un tyran. Il fuit alors en Belgique, puis à Jersey et Guernesey [2], où il s'installe. Pendant quinze ans, Hugo restera en exil, écrivant des satires contre celui qu'il appelle « Napoléon le petit ». Mais c'est aussi l'époque où il produit ses plus grandes œuvres : *Les contemplations, La légende des siècles* et *Les misérables*.

1. *Écrivain devenu célèbre par ses activités de critique littéraire. Il a renouvelé le genre de la critique en insistant sur la biographie des auteurs.*
2. *Petites îles anglaises au large de la Normandie.*

41

Le retour et la gloire

Victor Hugo est triomphalement accueilli lorsqu'il rentre en France en 1870, à la chute de l'Empire. Il tente de participer activement à la vie publique mais, déçu par le nouveau gouvernement, il se retire à nouveau à Guernesey. A sa mort en 1885, la République lui fait des funérailles nationales et il est enterré au Panthéon.

L'HOMME

Victor Hugo avait une très forte personnalité et il était pleinement conscient de son génie. Il en tirait un orgueil que beaucoup de critiques ont jugé excessif. Il faut reconnaître que Hugo a toujours recherché les distinctions : entrer à l'Académie française lui apparaissait comme une nécessité. Il s'est également plu dans le rôle de chef de file de l'école romantique, puis dans celui d'opposant à Napoléon III. Toutefois, sa fierté ne le poussait pas à écraser les autres mais bien plutôt à les protéger et à les guider. Victor Hugo aimait jouer les patriarches tout-puissants.

PRINCIPALES ŒUVRES

Poésie lyrique

— *Odes et ballades* (1826)
— *Les Orientales* (1829)
— *Les feuilles d'automne* (1831)
— *Les chants du crépuscule* (1835)
— *Les voix intérieures* (1837)
— *Les rayons et les ombres* (1840)
— *Les contemplations* (1856) : Victor Hugo a défini ainsi son plus important recueil poétique : « Les mémoires d'une âme. » Les six livres qui le constituent sont divisés en deux parties, la séparation étant marquée par la mort de sa fille Léopoldine. Ce journal poétique raconte les étapes de la pensée morale et philosophique de Hugo.
— *Les chansons des rues et des bois* (1865)
— *L'année terrible* (1871)
— *L'art d'être grand-père* (1877)
— *Les quatre vents de l'esprit* (1881)

Poésie satirique

— *Les châtiments* (1853) : c'est un recueil de sept livres, où le poète exprime avec une extrême puissance sa haine de Napoléon III. Il annonce aussi les grands poèmes épiques de Victor Hugo.

Poésie épique

— *La légende des siècles* (1859, 1876, 1883) : c'est le seul vrai poème épique de la littérature française. Hugo n'a pas écrit un poème suivi, à l'exemple de l'*Iliade,* mais il a composé des épisodes détachés racontant l'histoire de l'humanité. Le dénominateur commun entre ces différents récits historiques ou légendaires est la marche de l'humanité vers un idéal de justice et de paix.

Théâtre

— *Cromwell* (1827) : ce drame en vers qui évoque les pièces de Shakespeare est surtout important par sa préface, qui constitue le manifeste du théâtre romantique. Hugo y affirme la supériorité du « drame », synthèse entre la tragédie et la comédie.
— *Hernani* (1830) : la première représentation a donné lieu à un vrai scandale, tant le public traditionnel était choqué par la pièce. Le roi d'Espagne Don Carlos, le vieux Don Ruy Gomez et le bandit Hernani aiment la même femme, Doña Sol qui, elle, n'aime que ce dernier. Hernani tente de l'enlever mais échoue et doit se réfugier chez Don Ruy qui le protège du roi ; en échange, Hernani lui promet de lui donner sa vie quand il la demandera. Don Carlos, nommé empereur, pardonne à son rival Hernani, qui reprend son vrai nom, Don Juan d'Aragon, et peut épouser Doña Sol. Mais le bonheur ne dure pas : le soir même du mariage, le vieux Don Ruy vient rappeler à Hernani sa promesse. Hernani s'empoisonne avec Doña Sol. Don Ruy se suicide alors à son tour.
— *Ruy Blas* (1838) : pour se venger de la reine d'Espagne, Don Salluste utilise l'amour qu'éprouve pour elle son valet Ruy Blas. Il fait passer celui-ci pour Don Cesar, un noble disparu. Ruy Blas plaît à la reine et devient ministre. Don Salluste veut alors provoquer un scandale en montrant que la reine recherche la compagnie d'un valet. A cette fin, il invite la reine et Ruy Blas dans une demeure secrète, où il révèle à la reine que Ruy Blas n'est qu'un valet. Celui-ci alors le tue puis se suicide sous les yeux de la reine.
— *Les Burgraves* (1849).

Romans

— *Notre-Dame de Paris* (1831) : ce roman fait revivre le Paris du XVe siècle, sous Louis XI. Il a pour figure principale la cathédrale de Paris. Le sinistre Frollo éprouve une passion folle pour la belle bohémienne Esmeralda, qui le repousse. Il se venge en la faisant accuser d'un meurtre qu'il a commis. Pour la protéger, Quasimodo, le sonneur de cloches de Notre-Dame, colosse difforme, borgne et sourd, entraîne Esmeralda dans la catédrale. Inquiets, les amis d'Esmeralda essaient en vain de la délivrer. Par la faute de Frollo, Esmeralda est arrêtée et pendue. Quasimodo le tue alors et va mourir sur le corps de la bohémienne qu'il aimait.
— *Les misérables* (1862) : grand roman social, *Les misérables* ont eu un retentissement considérable sur toutes les couches de la population.

Portrait de Cécile d'Aubray en Cosette par Étienne Carjat, dans une représentation des Misérables au théâtre de la porte Saint-Martin, le 28 mars 1878. Carjat était avec Nadar l'un des plus grands photographes de son temps. (Bibliothèque Nationale, Paris.)

L'histoire a inspiré de nombreux cinéastes. L'ancien galérien Jean Valjean est ramené dans le droit chemin par la bonté d'un évêque. Valjean s'enrichit peu à peu grâce à son travail et mène une vie honnête sous de faux noms, pour échapper à la poursuite acharnée de l'inspecteur de police Javert. Il consacre sa vie à éduquer et à faire le bonheur d'une orpheline, appelée Cosette, qu'il a arrachée des mains des méchants Thénardier. Après toute une série d'événements, il finit par permettre le mariage de Cosette et il meurt heureux. Autour de l'intrigue se greffent des descriptions du Paris du XIXᵉ siècle, de ses quartiers populaires, de ses journées tragiques (barricades de 1830), des pages d'histoire (Waterloo) et des études de mœurs.
— *Les travailleurs de la mer* (1866) : nous y voyons l'homme lutter non plus contre la société mais contre l'océan pour essayer de renflouer[1] un bateau.
— *Quatre-vingt-treize* (1874) : Victor Hugo décrit un épisode de la guerre civile en Vendée pendant la Révolution.

LES GRANDES PRÉOCCUPATIONS

Fonction du poète

Pour Victor Hugo, le poète, au sens large du terme c'est-à-dire le créateur d'une œuvre (quel que soit le genre considéré), a une véritable fonction sociale, une mission éducative. Victor Hugo en arrive à considérer que le poète doit être un guide de l'humanité, un « mage ». La magie qu'il exerce est celle des mots. Pour Hugo, ils sont comparables à des êtres animés, comme les véhicules d'une pensée qui va de l'homme vers Dieu. Celui qui maîtrise les mots est par conséquent un être exceptionnel qui peut voir plus loin que les autres mortels et leur dire où se trouve la vérité.

Les problèmes métaphysiques

L'homme cherche avec angoisse la solution de l'énigme de sa destinée. Hugo explique qu'il faut croire à un Dieu, distinct du monde (Hugo n'est pas panthéiste[2]) et mystérieux. Il faut lui garder notre confiance, même si la Providence frappe parfois durement, comme elle a frappé le poète avec la mort de sa fille. Il pense
« Que la création est une grande roue
qui ne peut se mouvoir sans écraser quelqu'un »
Les contemplations, « A Villequier ».
Et la mort, même si elle est une douloureuse réalité pour ceux qui restent, est l'aube d'une nouvelle vie :
« Ne dites pas mourir : dites naître »
Les contemplations, « Ce que c'est que la mort ».

Les problèmes sociaux

Le sort de la société fut la grande préoccupation de Victor Hugo dans la seconde moitié de sa vie. Dans *Les contemplations*, il donne sa vision de l'humanité : si elle souffre de son imperfection, c'est parce qu'elle est faite de matière. Elle doit s'en libérer pour rejoindre le monde de l'esprit. Toute l'histoire des hommes est celle de ce combat entre le mal et le bien, l'obscurité et la lumière. Victor Hugo, qui croit au progrès et à la liberté, est animé par la conviction que les forces du bien triompheront. Le progrès le plus immédiat à réaliser est d'améliorer la condition des plus défavorisés. Il faut cesser de les mépriser, les aider et surtout les instruire. Jean Valjean, ancien forçat, est l'illustration parfaite de cette théorie : le criminel pessimiste et amer à cause de la méchanceté des hommes connaît le salut grâce à la générosité d'un homme d'église. On reconnaît là les idées généreuses de la génération de 1848, dont faisait aussi partie Lamartine.

LE DRAMATURGE ET LE ROMANCIER

Hugo a permis le triomphe du théâtre romantique, en imposant la rupture avec les règles classiques.

1. Remettre à flot.
2. Théorie selon laquelle Dieu est présent en toute chose (du grec pan : tout et théos : dieu).

L'auteur dramatique doit pratiquer le mélange d'éléments sublimes et d'éléments grotesques ; il doit renoncer aux unités classiques de temps et de lieu tout en conservant l'unité d'action ; il doit se soucier de donner des détails pittoresques caractéristiques du pays où se déroule l'action. Hugo a aussi présenté un nouveau type de héros, dominé par la fatalité. Les personnages des drames hugoliens éprouvent des sentiments violents ; leurs caractères s'en trouvent simplifiés à l'extrême, car le héros est soit bon soit mauvais, sans souci de nuances. Les nombreuses intrigues sont le plus souvent empruntées à l'histoire, mais revues et corrigées par l'imagination de l'auteur. Dans l'ensemble, ses pièces sont plutôt sombres et finissent mal. Le théâtre de Hugo a été beaucoup contesté pour ses invraisemblances et surtout son rythme très vif. Les scènes d'action se succèdent très rapidement ; beaucoup de procédés empruntés au mélodrame [1] rendent parfois l'intrigue difficile à suivre : enlèvements, meurtres, etc. Certaines pièces, comme *Cromwell*, sont tout simplement injouables. Hugo a plus marqué l'histoire du théâtre par ses prises de position que par ses réalisations.

L'œuvre romanesque de Hugo est très variée. Cette grande richesse et son inspiration souvent populaire lui ont assuré une grande célébrité auprès d'un large public. Ses romans historiques et épiques sont foisonnants et parfois emphatiques. Il y prend presque systématiquement la défense des pauvres gens.

LE POÈTE

Victor Hugo est surtout un grand poète. A ses débuts, il se contente d'imiter le lyrisme de Lamartine et son inspiration est souvent dictée par la mode du moment, comme en témoigne son engouement pour la Grèce et l'Orient dans *Les orientales* qui, avec les *Odes et ballades* sont des recueils d'études. A partir des *Feuilles d'automne* (1831), le lyrisme de Hugo se développe dans toute son ampleur. Le but du poète est de « devenir l'écho sonore » de toutes les aspirations et de toutes les sensations de son époque.

D'après lui, notre vie a trois aspects : le foyer, le champ et la rue : « Le foyer qui est notre cœur même, le champ où la nature nous parle, la rue où tempête, à travers les coups de fouet des partis, cet embarras de charrettes qu'on appelle les événements politiques » (préface des *Voix intérieures*). C'est cette triple voix qu'il se charge de faire entendre. Son lyrisme célèbre la poésie du foyer, avec la famille et la patrie, la poésie de la nature, comme Chateaubriand et Lamartine, la poésie des événements, en donnant une grande place à l'actualité.

Dans sa poésie satirique, qui s'exprime dans *Les châtiments*, il s'en prend à Napoléon III, indigne successeur de Napoléon Ier.

Le but de sa poésie épique représentée par *La légende des siècles* est double : il veut peindre l'humanité à ses différents âges et montrer « l'homme montant des ténèbres à l'idéal ». Victor Hugo y raconte l'histoire vue à travers l'imagination populaire ou la sienne. Le merveilleux y trouve naturellement sa place : Roland prend un chêne pour bâton (*Le mariage de Roland*) ; Charlemagne, dressé sur ses étriers, fait frissonner toute son armée (*Aymerillot*). Le lecteur accepte les inventions du poète, parce qu'il est baigné dans l'atmosphère ainsi créée. L'évocation de l'ambiance est assez précise pour créer l'illusion, et assez discrète pour ne pas faire disparaître la poésie.

L'ART DE HUGO

Un art de l'image

Hugo était très réceptif aux images et il était doué d'une incroyable mémoire visuelle. Il a d'ailleurs laissé un grand nombre de dessins représentant des lieux vus ou imaginés. De là, tant de précision pittoresque dans ses évocations et ses descriptions. L'image emplit complètement la pensée du poète et c'est par un quasi-automatisme que l'idée se transforme chez lui en image. Elle sert à mieux faire saisir une abstraction comme le fameux vers où Hugo exprime le

Hugo nous a laissé un grand nombre de dessins qui restituent la sensibilité romantique. Ecce (1854). (Musée du Louvre, Cabinet des dessins, Paris.)

---

1. *Drame populaire marqué par des actions incroyables, des situations compliquées et des caractères exagérés.*

remords de Caïn :

« L'œil était dans la tombe et regardait Caïn » (voir extrait page 51). L'image sert aussi à exprimer des notions indicibles comme l'Infini, le Temps et l'Éternité. Inversement, l'image se transforme aussi en idée : il voit une chouette clouée sur une porte et il songe à toutes les persécutions injustes (*Les contemplations*, « La chouette »). C'est pourquoi l'œuvre de Hugo contient tant de poèmes symboliques, c'est-à-dire d'images développées : le génie est un cheval fougueux qui emporte un captif attaché sur son dos (*Les orientales*, « Mazeppa ») ; le progrès est comme un ballon qui s'élève (*La légende des siècles*, « Plein ciel »).

La musicalité

Victor Hugo utilise la rime avec beaucoup de sûreté, recourant aux formes les plus variées, en fonction de ce qu'il désire exprimer. La rime est « riche »[1] par exemple, si Hugo veut donner une impression de grandeur épique :
« Les champs n'étaient point noirs, les cieux
[n'étaient pas mornes
Non, le jour rayonnait dans un azur sans bornes »
La tristesse d'Olympio.
Elle est plus souvent « pauvre » quand Victor Hugo évoque l'intimité.
On trouve chez lui les types les plus variés de strophes et de vers. Victor Hugo utilise souvent l'alexandrin, mais le mêle parfois à l'octosyllabe ou à d'autres types de vers. Dans *Les contemplations*, il n'est pas rare de voir alterner les vers de douze et de six pieds.

1. *Rime portant sur une syllabe entière, et non pas seulement sur la dernière voyelle.*
2. *Après s'être un peu estompée, la renommée de Hugo trouve de nouveau un large écho. A ce propos la phrase de Gide est célèbre : quand on lui a demandé qui était le plus grand poète français, il a répondu : « Victor Hugo, hélas ! ».*

Enfin, c'est en modifiant la coupe de l'alexandrin (appelée césure) qu'il obtient des effets rythmiques décisifs.

Le vocabulaire

Loin d'être limité à la seule langue noble et classique, Hugo recourt avec un égal talent au langage populaire. Dans *Les misérables*, il met en scène plusieurs pages de dialogue entre bandits s'exprimant en argot parisien. Dans *Les travailleurs de la mer* il utilise toute une série de termes très techniques relatifs aux navires.

Structure

Victor Hugo a toujours solidement charpenté ses œuvres. Ce souci est particulièrement sensible dans les poésies. *Les contemplations*, par exemple, sont divisées en deux parties de trois livres d'une longueur sensiblement égale, séparés par les poèmes sur la mort de sa fille. Ce type de construction précise se retrouve à l'intérieur des textes mêmes.

Par la variété de son talent, par son énergie créatrice et par son engagement dans la vie politique, Victor Hugo fait figure de monument du XIXe siècle. Son œuvre a marqué de son empreinte tous les genres[2]. Contesté par certains à cause d'une certaine emphase et de certaines outrances littéraires, il reste quand même l'un des rares poètes à avoir connu, plus que la gloire, la popularité.

BIBLIOGRAPHIE
H. Guillemin, *Victor Hugo par lui-même*, Seuil, 1951.
J.-B. Barrere, *La fantaisie de Victor Hugo*, Corti, 1949 à 1960.
P. Albony, *La création mythologique chez Victor Hugo*, Corti, 1964.

LES ORIENTALES

La liberté de l'imagination

Ce poème fait allusion à un supplice oriental que les Turcs ont appliqué aux Grecs révoltés. Les condamnés à mort étaient enfermés vivants dans des sacs, puis jetés à la mer. A ceux qui s'étonnent que la poésie puisse traiter un tel sujet, il écrit dans la préface de l'édition originale : « ... il n'y a en poésie ni bons ni mauvais sujets, mais de bons et de mauvais poètes ; tout relève de l'art ; tout a droit de cité en poésie... Examinons comment vous avez travaillé, non sur quoi et pourquoi ».

CLAIR DE LUNE

La lune était sereine et jouait sur les flots.
La fenêtre enfin libre est ouverte à la brise,
La sultane regarde, et la mer qui se brise,
Là-bas, d'un flot d'argent brode les noirs îlots.

De ses doigts en vibrant s'échappe la guitare.
Elle écoute... Un bruit sourd frappe les sourds échos.
Est-ce un lourd vaisseau turc qui vient des eaux de Cos [1],
Battant l'archipel grec de sa rame tartare [2] ?

Sont-ce des cormorans [3] qui plongent tour à tour,
10 Et coupent l'eau, qui roule en perles sur leur aile ?
Est-ce un djinn [4] qui là-haut siffle d'une voix grêle,
Et jette dans la mer les créneaux de la tour ?

Qui trouble ainsi les flots près du sérail [5] des femmes ?
Ni le noir cormoran, sur la vague bercé,
Ni les pierres du mur, ni le bruit cadencé [6]
Du lourd vaisseau, rampant sur l'onde avec des rames.

Ce sont des sacs pesants, d'où partent des sanglots.
On verrait, en sondant la mer qui les promène,
Se mouvoir dans leurs flancs comme une forme humaine...
20 La lune était sereine et jouait sur les flots.

Les orientales
recueil de 41 poèmes, 1829, X.

1. Ile grecque proche de la côte d'Asie Mineure.
2. Orientale, ici : turque.
3. Oiseaux de mer.
4. Génie de la mythologie arabe.
5. Harem.
6. Rythmé.

Fantômes : *aquarelle de Louis Boulanger (1806-1885) pour l'illustration des* Orientales. *(Maison de Victor Hugo, Paris.)*

NOTRE-DAME DE PARIS

L'exécution du traître

*Frollo, dignitaire écclésiastique, est amoureux de la bohémienne Esmeralda mais
n'en est pas aimé. Jaloux, il tue son rival, le capitaine Phœbus, et laisse accuser
Esmeralda, qui est condamnée à être pendue. Quasimodo, qui lui aussi aimait
la belle bohémienne en secret, précipite Frollo du haut de la cathédrale. Hugo
retarde la moment de la chute fatale pour accroître la tension dramatique.*

L'archidiacre, voyant que tous ses soubresauts [1] ne servaient qu'à ébranler
le fragile point d'appui qui lui restait, avait pris le parti de ne plus remuer.
Il était là, embrassant la gouttière, respirant à peine, ne bougeant plus,
n'ayant plus d'autres mouvements que cette convulsion machinale du ventre
qu'on éprouve dans les rêves quand on croit se sentir tomber. Ses yeux fixes
étaient ouverts d'une manière maladive et étonnée. Peu à peu cependant,
il perdait du terrain, ses doigts glissaient sur la gouttière, il sentait de plus
en plus la faiblesse de ses bras et la pesanteur de son corps, la courbure du
plomb qui le soutenait s'inclinait à tout moment d'un cran vers l'abîme. Il
10 voyait au-dessous de lui, chose affreuse, le toit de Saint-Jean-le-Rond petit
comme une carte ployée en deux. Il regardait l'une après l'autre les
impassibles sculptures de la tour, comme lui suspendues sur le précipice,
mais sans terreur pour elles ni pitié pour lui. Tout était de pierre autour de
lui : devant ses yeux, les monstres béants [2] ; au-dessous, tout au fond, dans
la place, le pavé ; au-dessus de sa tête, Quasimodo qui pleurait.
Il y avait dans le Parvis quelques groupes de braves curieux qui cherchaient
tranquillement à deviner quel pouvait être le fou qui s'amusait d'une si
étrange manière. Le prêtre leur entendait dire, car leur voix arrivait jusqu'à
lui, claire et grêle : — Mais il va se rompre le cou !
20 Quasimodo pleurait.
Enfin l'archidiacre, écumant de rage [3] et d'épouvante, comprit que tout
était inutile. Il rassembla pourtant tout ce qui lui restait de force pour un
dernier effort. Il se roidit [4] sur la gouttière, repoussa le mur de ses deux
genoux, s'accrocha des mains à une fente des pierres, et parvint à regrimper
d'un pied peut-être ; mais cette commotion fit ployer brusquement le bec
de plomb sur lequel il s'appuyait. Du même coup la soutane s'éventra.
Alors sentant tout manquer sous lui, n'ayant plus que ses mains roidies et
défaillantes qui tinssent à quelque chose, l'infortuné ferma les yeux et lâcha
la gouttière. Il tomba.
30 Quasimodo le regarda tomber.
Une chute de si haut est rarement perpendiculaire. L'archidiacre lancé
dans l'espace tomba d'abord la tête en bas et les deux mains étendues, puis
il fit plusieurs tours sur lui-même. Le vent le poussa sur le toit d'une maison
où le malheureux commença à se briser. Cependant il n'était pas mort
quand il y arriva. Le sonneur le vit essayer encore de se retenir au pignon [5]
avec les ongles. Mais le plan était trop incliné, et il n'avait plus de force. Il
glissa rapidement sur le toit comme une tuile qui se détache, et alla rebondir
sur le pavé. Là, il ne remua plus.

1. Agitation, ici : ses efforts
pour se redresser.
2. Grands ouverts. Ici, il
s'agit des gueules des monstres.
3. Ayant la bouche couverte
de bave.
4. Se raidit.
5. Partie du toit.

Notre-Dame de Paris, Livre onzième, II 1831.

LES CONTEMPLATIONS

Vision du temps passé

Les contemplations (1856) sont un immense recueil de poèmes regroupés en deux volumes. « Vingt-cinq années sont dans ces deux volumes... L'auteur a laissé, pour ainsi dire, ce livre se faire en lui. La vie, en filtrant goutte à goutte les événements et les souffrances, l'a déposé dans son cœur. » Aurore est le premier livre du premier volume intitulé Autrefois (1830-1843). Il chante rétrospectivement les images frémissantes de l'amour, de l'enfance, de la nature.

VIEILLE CHANSON DU JEUNE TEMPS
Je ne songeais pas à Rose
Rose au bois vint avec moi
Nous parlions de quelque chose
Mais je ne sais plus de quoi.

J'étais froid comme les marbres ;
Je marchais à pas distraits ;
Je parlais des fleurs, des arbres,
Son œil semblait dire : « Après ? »

La rosée offrait ses perles,
10 Le taillis [1] ses parasols ;
J'allais, j'écoutais les merles,
Et Rose les rossignols.

Moi, seize ans, et l'air morose[2],
Elle vingt ; ses yeux brillaient.
Les rossignols chantaient Rose
Et les merles me sifflaient.

Rose, droite sur ses hanches,
Leva son beau bras tremblant
Pour prendre une mûre [4] aux branches ;
20 Je ne vis pas son bras blanc.

Une eau courait, fraîche et creuse,
Sur les mousses de velours ;
Et la nature amoureuse
Dormait dans les grands bois sourds.

Rose défit sa chaussure,
Et mit, d'un air ingénu,
Son petit pied dans l'eau pure ;
Je ne vis pas son pied nu.

1. Forêt de petits arbres.
2. Triste.
3. Le merle est un oiseau siffleur. « Siffler quelqu'un » veut dire, le désapprouver.
4. Baie noire que l'on trouve dans les buissons.

Je ne savais que lui dire ;
30 Je la suivais dans le bois
La voyant parfois sourire
Et soupirer quelquefois.

Je ne vis qu'elle était belle
Qu'en sortant des grands bois sourds.
« Soit ; n'y pensons plus ! » dit-elle.
Depuis, j'y pense toujours.

Les contemplations,
Livre premier, *Aurore* XIX, Paris, juin 1831.

LES CHÂTIMENTS

Le goût de la lutte

Il s'agit d'un poème en forme de profession de foi, où Hugo expose sa conception de la vie. Hugo n'a jamais fait partie de ces romantiques tourmentés par le « mal du siècle » (voir page 13) qui se consument dans la mélancolie.

Ceux qui vivent, ce sont ceux qui luttent, ce sont
Ceux dont un dessein [1] ferme emplit l'âme et le front,
Ceux qui d'un haut destin gravissent l'âpre cime,
Ceux qui marchent pensifs, épris [2] d'un but sublime,
Ayant devant les yeux, sans cesse, nuit et jour,
Ou quelque saint labeur [3] ou quelque grand amour.
C'est le prophète saint prosterné devant l'arche [4],
C'est le travailleur, pâtre, ouvrier, patriarche,
Ceux dont le cœur est bon, ceux dont les jours sont pleins.
10 Ceux-là vivent, Seigneur ! les autres, je les plains.
Car de son vague ennui le néant les enivre,
Car le plus lourd fardeau [5], c'est d'exister sans vivre.

1. Un projet, un objectif.
2. Passionnés par...
3. Travail qui leur est sacré.
4. L'arche d'alliance : coffret qui renfermait les lois de Moïse.
5. La plus lourde charge.

Les châtiments,
Livre IV, IX, début d'un poème de 44 vers, écrit en 1848.

Une fresque historique

Victor Hugo s'est souvent inspiré de l'épopée napoléonienne. Il fait revivre dans ce passage, qu'il est intéressant de comparer avec le texte de Chateaubriand sur le même sujet (voir extrait page 27), la bataille de Waterloo, ultime défaite de Napoléon. La charge de la garde impériale en est l'épisode le plus dramatique. Ce poème, qui fait partie des Châtiments, a pour titre Expiation : *Napoléon doit expier le coup d'État du 18 brumaire qui l'a porté illégalement au pouvoir.*

L'EXPIATION

Le soir tombait : la lutte était ardente et noire .
Il avait l'offensive et presque la victoire ;
Il tenait Wellington [1] acculé sur un bois.
Sa lunette [2] à la main, il observait parfois
Le centre du combat, point obscur où tressaille
La mêlée, effroyable et vivante broussaille,
Et parfois l'horizon, sombre comme la mer.
Soudain, joyeux, il dit : « Grouchy [3] ! » — C'était Blücher [4] !
L'espoir changea de camp, le combat changea d'âme,
10 La mêlée en hurlant grandit comme une flamme.
La batterie anglaise écrasa nos carrés [5].
La plaine, où frissonnaient les drapeaux déchirés
Ne fut plus, dans les cris des mourants qu'on égorge,
Qu'un gouffre flamboyant, rouge comme une forge ;
Gouffre où les régiments, comme des pans de murs [6]
Tombaient ; où se couchaient, comme des épis mûrs,
Les hauts tambours-majors aux panaches énormes ;
Où l'on entrevoyait des blessures difformes !
Carnage affreux ! moment fatal ! L'homme inquiet
20 Sentit que la bataille entre ses mains pliait.
Derrière un mamelon [7] la garde [8] était massée,
La garde, espoir suprême et suprême pensée.
« Allons ! faites donner la garde ! » cria-t-il.
Et lanciers, grenadiers aux guêtres de coutil [9],
Dragons que Rome eût pris pour des légionnaires,
Cuirassiers, canonniers qui traînaient des tonnerres,
Portant le noir colback [10] ou le casque poli ;
Tous, ceux de Friedland [11] et ceux de Rivoli [11],
Comprenant qu'ils allaient mourir dans cette fête,
30 Saluèrent leur dieu, debout dans la tempête.
Leur bouche, d'un seul cri, dit : Vive l'Empereur !
Puis, à pas lents, musique en tête, sans fureur,
Tranquille, souriant à la mitraille anglaise,
La garde impériale entra dans la fournaise.
Hélas ! Napoléon sur sa garde penché,
Regardait et, sitôt qu'ils avaient débouché
Sous les sombres canons crachant des jets de soufre,
Voyait, l'un après l'autre, en cet horrible gouffre,
Fondre ces régiments de granit et d'acier,
40 Comme fond une cire au souffle d'un brasier.
Ils allaient, l'arme au bras, front haut, graves, stoïques.
Pas un ne recula. Dormez, morts héroïques !
Le reste de l'armée hésitait sous leurs coups
Et regardait mourir la garde — C'est alors
Qu'élevant tout à coup sa voie désespérée,
La Déroute, géante à la face effarée,
Qui, pâle épouvantant les plus fins bataillons,

1. Général en chef des armées anglaises.
2. Longue vue.
3. Général français qui devait venir avec des renforts.
4. Général prussien qui avait déjà plusieurs fois combattu contre Napoléon.
5. Formation de soldats en position de défense.
6. Morceaux de murs.
7. Une colline.
8. La garde impériale composée de soldats d'élite.
9. Grosse étoffe blanche.
10. Bonnet militaire à poils.
11. Batailles napoléoniennes.

Changeant subitement les drapeaux en haillons,
A de certains moments, spectre fait de fumées,
50 Se lève grandissante au milieu des armées,
La Déroute apparut au soldat qui s'émeut,
Et se tordant les bras, cria : Sauve qui peut !

Les châtiments,
Livre V, XIII, L'*Expiation*, Poème de 386 vers (vers 81 à 132) écrit en 1852.

LA LÉGENDE DES SIÈCLES

Un exemple de poésie épique

Victor Hugo reprend ici le thème biblique du meurtre d'Abel par Caïn pour illustrer la force de la conscience et du remords. Il choisit pour cela le symbole de l'œil divin qui poursuit Caïn malgré tous les obstacles matériels. La puissance de suggestion de Hugo s'exprime à merveille ; l'alexandrin fournit le rythme idéal de la fuite éperdue d'abord, puis de la constance du remords. On remarquera le retour obsessionnel du thème de l'œil qui trouve son point culminant dans le dernier vers.

LA CONSCIENCE

Lorsque avec ses enfant vêtus de peaux de bêtes,
Échevelé [1], livide [2] au milieu des tempêtes,
Caïn se fut enfui de devant Jéhovah,
Comme le soir tombait, l'homme sombre arriva
Au bas d'une montagne en une grande plaine ;
Sa femme fatiguée et ses fils hors d'haleine
Lui dirent : « Couchons-nous sur la terre, et dormons. »
Caïn, ne dormant pas, songeait au pied des monts.
Ayant levé la tête, au fond des cieux funèbres,
10 Il vit un œil, tout grand ouvert dans les ténèbres,
Et qui le regardait dans l'ombre fixement.
« Je suis trop près », dit-il avec un trembement.
Il réveilla ses fils dormant, sa femme lasse [3],
Et se remit à fuir sinistre dans l'espace.
Il marcha trente jours, il marcha trente nuits.
Il allait, muet, pâle et frémissant aux bruits,
Furtif [4] sans regarder derrière lui, sans trêve [5],
Sans repos, sans sommeil ; il atteignit la grève [6]
Des mers dans le pays qui fut depuis Assur [7].
20 « Arrêtons-nous, dit-il, car cet asile est sûr.
Restons-y. Nous avons du monde atteint les bornes. »

1. Les cheveux en désordre.
2. Pâle.
3. Fatiguée.
4. Qui cherche à échapper à l'attention de quelqu'un.
5. Sans repos.
6. La plage.
7. La plus ancienne capitale de l'Assyrie.

Et, comme il s'asseyait, il vit dans les cieux mornes
L'œil à la même place au fond de l'horizon.
Alors il tressaillit en proie au noir frisson.
« Cachez-moi ! » cria-t-il ; et, le doigt sur la bouche,
Tous ses fils regardaient trembler l'aïeul farouche.
Caïen dit à Jabel, père de ceux qui vont
Sous des tentes de poil dans le désert profond :
« Étends de ce côté la toile de la tente. »
30 Et l'on développa la muraille flottante ;
Et, quand on l'eut fixée avec des poids de plomb :
« Vous ne voyez plus rien ? » dit Tsilla, l'enfant blond,
La fille de ses fils, douce comme l'aurore ;
Et Caïn répondit : « Je vois cet œil encore ! »
Jubal, père de ceux qui passent dans les bourgs
Soufflant dans des clairons et frappant des tambours,
Cria : « Je saurai bien construire une barrière. »
Il fit un mur de bronze et mit Caïn derrière.
Et Caïn dit : « Cet œil me regarde toujours ! »
40 Hénoch dit : « Il faut faire une enceinte de tours
Si terrible, que rien ne puisse approcher d'elle.
Bâtissons une ville avec sa citadelle,
Bâtissons une ville, et nous la fermerons. »
Alors Tubalcaïn, père des forgerons,
Construisit une ville énorme et surhumaine.
Pendant qu'il travaillait, ses frères, dans la plaine,
Chassaient les fils d'Énos et les enfants de Seth ;
Et l'on crevait les yeux à quiconque passait ;
Et, le soir, on lançait des flèches aux étoiles.
50 Le granit remplaça la tente aux murs de toiles,
On lia chaque bloc avec des nœuds de fer,
Et la ville semblait une ville d'enfer ;
L'ombre des tours faisait la nuit dans les campagnes ;
Ils donnèrent aux murs l'épaisseur des montagnes ;
Sur la porte on grava : « Défense à Dieu d'entrer. »
Quand ils eurent fini de clore [8] et de murer,
On mit l'aïeul au centre en une tour de pierre ;
Et lui restait lugubre [9] et hagard [10] « O mon père !
L'œil a-t-il disparu ? » dit en tremblant Tsilla.
60 Et Caïn répondit : « Non, il est toujours là. »
Alors il dit : « Je veux habiter sous la terre
Comme dans son sépulcre [11] un homme solitaire ;
Rien ne me verra plus, je ne verrai plus rien. »
On fit donc une fosse, et Caïn dit « C'est bien ! »
Puis descendit seul sous cette voûte sombre.
Quand il se fut assis sur sa chaise dans l'ombre
Et qu'on eut sur son front fermé le souterrain,
L'œil était dans la tombe et regardait Caïn.

8. Fermer.
9. Sinistre.
10. Troublé.
11. La tombe.

La légende des siècles,
D'Eve à Jésus, II, La Conscience (extrait).

LES MISÉRABLES

Hugo, défenseur des opprimés

L'auteur raconte l'histoire du « crime » de Jean Valjean : il a volé un pain pour ses frères et sœurs affamés. Dès le début, Hugo met la misère au premier plan. L'intransigeance d'une société injuste endurcit les hommes. Or justement le propos de Hugo est de montrer que le rachat est possible, même pour un être qui a aussi cruellement souffert que Valjean. Le style est volontiers imagé (« dans ce cœur il y avait une plaie, il y eut une cicatrice »), la psychologie n'est pas très élaborée mais la dénonciation de l'injustice est rigoureuse.

Un dimanche soir, Maubert Isabeau, boulanger sur la place de l'église, à Faverolles, se disposait à se coucher, lorsqu'il entendit un coup violent dans la devanture grillée et vitrée de sa boutique. Il arriva à temps pour voir un bras passé à travers un trou fait d'un coup de poing dans la grille et dans la vitre. Le bras saisit un pain et l'emporta. Isabeau sortit en hâte ; le voleur s'enfuyait à toutes jambes ; Isabeau courut après lui et l'arrêta. Le voleur avait jeté le pain, mais il avait encore le bras ensanglanté. C'était Jean Valjean.

Ceci se passait en 1795. Jean Valjean fut traduit devant les tribunaux[1] du
10 temps « pour vol avec effraction[2] la nuit dans une maison habitée ». Il avait un fusil dont il se servait mieux que tireur au monde, il était quelque peu braconnier ; ce qui lui nuisit. Il y a contre les braconniers[3] un préjugé légitime. Le braconnier, de même que le contrebandier[4], côtoie de fort près le brigand. Pourtant, disons-le en passant, il y a encore un abîme entre ces races d'hommes et le hideux[5] assassin des villes. Le braconnier vit dans la forêt ; le contrebandier vit dans la montagne ou sur la mer. Les villes font des hommes féroces, parce qu'elles font des hommes corrompus. La montagne, la mer, la forêt, font des hommes sauvages. Elles développent le côté farouche, mais souvent sans détruire le côté humain.

20 Jean Valjean fut déclaré coupable.

Il partit pour Toulon. Il y arriva après un voyage de vingt-sept jours, sur une charrette, la chaîne au cou. A Toulon, il fut revêtu de la casaque[6] rouge. Tout s'effaça de ce qui avait été sa vie, jusqu'à son nom ; il ne fut même plus Jean Valjean ; il fut le numéro 24 601. Que devint la sœur ? Que devinrent les sept enfants ? Qui est-ce qui s'occupe de cela ? Que devient la poignée de feuilles du jeune arbre scié par le pied ?

C'est toujours la même histoire. Ces pauvres êtres vivants, ces créatures de Dieu, sans appui désormais, sans guide, sans asile, s'en allèrent au hasard, qui sait même ? chacun de leur côté peut-être, et s'enfoncèrent peu à peu
30 dans cette froide brume où s'engloutissent les destinées solitaires, mornes ténèbres où disparaissent successivement tant de têtes infortunées dans la sombre marche du genre humain. Ils quittèrent le pays. Le clocher de ce qui avait été leur village les oublia ; la borne de ce qui avait été leur champ les oublia ; après quelques années de séjour au bagne, Jean Valjean lui-même les oublia. Dans ce cœur où il y avait eu une plaie, il y eut une cicatrice. Voilà tout. A peine, pendant tout le temps qu'il passa à Toulon,

1. Fut jugé.
2. Action de démolir une porte pour pénétrer dans un lieu.
3. Personne qui chasse sans permis.
4. Personne qui se livre au trafic de marchandises.
5. Très laid.
6. Veste rouge qui signalait que son porteur était un criminel.

entendit-il parler une seule fois de sa sœur. C'était, je crois, vers la fin de la quatrième année de sa captivité. Je ne sais plus par quelle voie ce renseignement lui parvint. Quelqu'un, qui les avait connus au pays, avait
40 vu sa sœur. Elle était à Paris. Elle habitait une pauvre rue près Saint-Sulpice, la rue du Ceindre. Elle n'avait plus avec elle qu'un enfant, un petit garçon, le dernier. Où étaient les six autres ? Elle ne le savait peut-être pas elle-même. Tous les matins elle allait à une imprimerie rue du Sabot, n° 3, où elle était plieuse et brocheuse[7]. Il fallait être là à six heures du matin, bien avant le jour l'hiver. Dans la maison de l'imprimerie il y avait une école, elle menait à cette école son petit garçon qui avait sept ans. Seulement, comme elle entrait à l'imprimerie à six heures et que l'école n'ouvrait qu'à sept, il fallait que l'enfant attendît dans la cour que l'école ouvrît, une heure ; l'hiver, une heure de nuit en plein air. On ne
50 voulait pas que l'enfant entrât dans l'imprimerie, parce qu'il gênait, disait-on. Les ouvriers voyaient le matin en passant ce pauvre petit être assis sur le pavé, tombant de sommeil, et souvent endormi dans l'ombre, accroupi et plié sur son panier. Quand il pleuvait, une vieille femme, la portière, en avait pitié ; elle le recueillait dans son bouge[8] où il n'y avait qu'un grabat[9], un rouet[10] et deux chaises de bois, et le petit dormait là dans un coin, se serrant contre le chat pour avoir moins froid. A sept heures, l'école ouvrait et il y entrait. Voilà ce qu'on dit à Jean Valjean. On l'en entretint un jour ; ce fut un moment, un éclair, comme une fenêtre brusquement ouverte sur la destinée de ces êtres qu'il avait aimés, puis tout se referma ; il n'en
60 entendit plus parler, et ce fut pour jamais. Plus rien n'arriva d'eux à lui ; jamais il ne les rencontra, et, dans la suite de cette douloureuse histoire, on ne les retrouvera plus.

Les misérables, I, livre 2
1862.

7. Femme qui tisse la toile servant à coller ensemble les pages d'un livre.
8. Logement misérable.
9. Lit en mauvais état.
10. Instrument servant à filer la laine.

Le drame dans le récit

Pendant les émeutes de juin 1832, les insurgés commencent à manquer de munitions. Le jeune Gavroche quitte la protection des barricades pour aller chercher des cartouches. La description de Victor Hugo ne manque pas d'humour (« on me tue mes morts ») mais devient pathétique et même sentimentale à la fin.

Il rampait à plat ventre, galopait à quatre pattes, prenait son panier aux dents, se tordait, glissait, ondulait, serpentait d'un mort à l'autre, et vidait la giberne ou la cartouchière comme un singe ouvre une noix.
De la barricade, dont il était encore assez près, on n'osait lui crier de revenir, de peur d'appeler l'attention sur lui.
Sur un cadavre, qui était un caporal, il trouva une poire à poudre.
— Pour la soif, dit-il, en la mettant dans sa poche.
A force d'aller en avant, il parvint au point où le brouillard de la fusillade devenait transparent.
10 Si bien que les tirailleurs de la ligne rangés et à l'affût derrière leur levée de pavés, et les tirailleurs de la banlieue massés à l'angle de la rue, se montrèrent soudainement quelque chose qui remuait dans la fumée.

Gavroche à la barricade. *Peinture de Adolphe Léon Willette (1857-1926). (Maison de Victor Hugo, Paris.)*

Au moment où Gavroche débarrassait de ses cartouches un sergent gisant près d'une borne, une balle frappa le cadavre.

— Fichtre ! fit Gavroche. Voilà, qu'on me tue mes morts.

Une deuxième balle fit étinceler le pavé à côté de lui. Une troisième renversa son panier.

Gavroche regarda, et vit que cela venait de la banlieue.

Il se dressa tout droit, debout, les cheveux au vent, les mains sur les
20 hanches, l'œil fixé sur les gardes nationaux qui tiraient, et il chanta :

> On est laid à Nanterre,
> C'est la faute à Voltaire,
> Et bête à Palaiseau,
> C'est la faute à Rousseau.

Puis il ramassa son panier, y remit, sans en perdre une seule, les cartouches qui en étaient tombées, et, avançant vers la fusillade, alla dépouiller une autre giberne. Là une quatrième balle le manqua encore. Gavroche chanta :

> Je ne suis pas notaire,
> C'est la faute à Voltaire,
30 > Je suis petit oiseau,
> C'est la faute à Rousseau.

Une cinquième balle ne réussit qu'à tirer de lui un troisième couplet :

> Joie est mon caractère,
> C'est la faute à Voltaire,
> Misère est mon trousseau,
> C'est la faute à Rousseau.

Cela continua ainsi quelque temps.

Le spectacle était épouvantable et charmant. Gavroche, fusillé, taquinait la fusillade. Il avait l'air de s'amuser beaucoup. C'était le moineau becquetant les chasseurs. Il répondait à chaque décharge par un couplet. On le visait sans cesse, on le manquait toujours. Les gardes nationaux et les soldats riaient en l'ajustant. Il se couchait, puis se redressait, s'effaçait dans un coin de porte, puis bondissait, disparaissait, reparaissait, se sauvait, revenait, riposait à la mitraille par des pieds de nez, et cependant pillait les cartouches, vidait les gibernes et remplissait son panier. Les insurgés, haletants d'anxiété, le suivaient des yeux. La barricade tremblait ; lui, il chantait. Ce n'était pas un enfant, ce n'était pas un homme, c'était un étrange gamin fée. On eût dit le nain invulnérable de la mêlée. Les balles couraient après lui, il était plus leste qu'elles. Il jouait on ne sait quel effrayant jeu de cache-cache avec la mort ; chaque fois que la face camarde du spectre s'approchait ; le gamin lui donnait une pichenette.

Une balle pourtant, mieux ajustée ou plus traître que les autres, finit par atteindre l'enfant feu follet[1]. On vit Gavroche chanceler, puis il s'affaissa. Toute la barricade poussa un cri ; mais il y avait de l'Antée[2] dans ce pygmée ; pour le gamin toucher le pavé, c'est comme pour le géant toucher la terre ; Gavroche n'était tombé que pour se redresser ; il resta assis sur son séant, un long filet de sang rayait son visage, il éleva ses deux bras en l'air, regarda du côté d'où était venu le coup, et se mit à chanter :

> Je suis tombé par terre,
> C'est la faute à Voltaire,
> Le nez dans le ruisseau,
> C'est la faute à...

Il n'acheva point. Une seconde balle du même tireur l'arrêta court. Cette fois il s'abattit la face contre le pavé, et ne remua plus. Cette petite grande âme venait de s'envoler.

1. Flamme fugitive qu'on voit parfois se former au-dessus des marais.
2. Chaque fois que ce géant touchait terre, il reprenait des forces. Hercule le tua en le soulevant et l'étouffant en l'air.

Les misérables, V, livre 1
1862.

MUSSET (1810-1857)

Poète et homme de théâtre, Musset est l'enfant terrible du romantisme. Esprit indépendant et fantasque, il est l'auteur d'une poésie très personnelle, surtout inspirée par la passion amoureuse.

Portrait de Musset (1841) par Eugène Lami. (Musée Carnavalet, Paris).

Mais il ne tarde pas à rompre avec l'école romantique qui lui paraît trop artificielle. Il ne veut dorénavant être que lui-même et ne pas être obligé de renier son goût pour l'esprit classique (Molière, La Fontaine) que réprouvent les romantiques.

C'est alors qu'il fait la connaissance d'une femme : George Sand[1]. Ils partent ensemble pour l'Italie, mais se brouillent et se séparent. Cette crise difficile à surmonter fait, d'après ses propres paroles, « de l'enfant un homme » ; elle lui inspire ses plus beaux vers, réunis dans *Les nuits* (voir extrait page 59). Sa production littéraire ne se limite pourtant pas à la poésie ; il écrit aussi plusieurs pièces de théâtre.

À partir de 1841, Musset, qui n'a pourtant que trente et un ans, n'écrit presque plus rien. La vie déréglée de noctambule[2] qu'il mène l'épuise rapidement. Il ne tarde pas à sombrer dans la misère et l'oubli. Quand il meurt en 1857, il y a à peine trente personnes pour suivre son enterrement.

PRINCIPALES ŒUVRES

Poésies

— *Contes d'Espagne et d'Italie* (1830) : œuvre de jeunesse regroupant quinze poèmes.

— *Les nuits* regroupent quatre grands poèmes. *La nuit de mai* (1835) est pleine du souvenir de sa liaison avec George Sand. *La nuit de décembre* (1835) montre la solitude du poète qui confie son chagrin à un personnage qui lui ressemble « comme un frère » : son double. *La nuit d'août* (1836) est un hymne au plaisir. Dans *La nuit d'octobre* (1837), la Muse exhorte le poète à

LA VIE

Né dans une famille d'artistes, Musset connaît très tôt le succès. Dès 14 ans, il écrit des poésies et se fait remarquer dans les milieux littéraires romantiques. À 20 ans, il fait paraître son premier recueil de vers : *Contes d'Espagne et d'Italie*, qui décrivent de manière très colorée deux pays où le jeune homme n'a pourtant jamais mis les pieds. On le considère comme un enfant prodige.

1. *Pseudonyme de Marie-Aurore Dupin, femme-écrivain (1804-1876). Elle est surtout connue pour ses romans (*La mare au diable*, 1846 ; *La petite Fadette*, 1849).*
2. *Quelqu'un qui vit la nuit.*

continuer à écrire malgré son chagrin en lui montrant que la douleur peut être une source d'inspiration.

Théâtre
— *Les caprices de Marianne* : comédie en deux actes et en prose, 1833.
— *On ne badine pas avec l'amour* : comédie en trois actes et en prose, 1834 (voir extrait page 60).
— *Lorenzaccio* : drame en cinq actes et en prose, 1834.

Roman
— *Les confessions d'un enfant du siècle* (1836) : il analyse dans cette œuvre son propre désarroi intellectuel et moral, et définit par là le fameux « mal du siècle » romantique, cette incapacité du poète malheureux à s'adapter à son époque.
— différents contes et nouvelles.

LE POÈTE DE LA PASSION

Musset a fait ses débuts en poésie en s'amusant à imiter la tournure d'esprit des romantiques, mais il compose ses plus beaux poèmes après s'être détaché de leur influence, lorsqu'il chante avec sincérité les amours dont il a souffert.

La crise
Les nuits racontent les différentes étapes d'une crise sentimentale. Il essaie de sortir de cette crise par l'écriture, convaincu que le rôle du poète est de souffrir et de décrire cette souffrance, parce qu'il en est plus capable que les autres. Finalement, l'apaisement arrive dans *La nuit d'octobre* :
« Le mal dont j'ai souffert s'est enfui comme
[un rêve.
Je n'en puis comparer le lointain souvenir
Qu'à ces brouillards légers que l'aurore soulève
Et qu'avec la rosée on voit s'évanouir. »

L'éternité de l'amour
Cette crise sentimentale n'a pas dégoûté Musset de l'amour. Il y voit même la seule chose durable sur cette terre. L'amour est aussi une force qui laisse deviner qu'il existe sûrement quelque chose d'infini dans le monde, qui nous rapproche ainsi de Dieu : l'amour comme médiateur du divin.

Les bienfaits de la douleur
« Les plus désespérés sont les chants les
[plus beaux,
Et j'en sais d'immortels qui sont de purs
[sanglots. »

L'amour et ses chagrins, loin de tarir l'inspiration du poète, lui inspirent ses plus beaux vers comme une source féconde. Les épreuves forment le caractère et épurent le génie du poète :
« L'homme est un apprenti, la douleur est
[son maître,
Et nul ne se connaît tant qu'il n'a pas souffert. »
(Nuit d'octobre)
Musset tire du plaisir de la blessure elle-même ; quand il va revoir les lieux où il a aimé, il ne devient pas amer, mais il en rapporte cette conviction que le souvenir d'une heure d'amour vaut bien toutes les richesses du monde :
« Je me dis seulement : À cette heure, en ce lieu,
Un jour je fus aimé, j'aimais, elle était belle.
J'enfouis ce trésor dans mon âme immortelle,
Et je l'emporte à Dieu. »   *(Le souvenir)*

L'ART

Pas plus que Lamartine, Musset n'est un artiste appliqué. Si cette spontanéité entraîne parfois des négligences de style (rimes pauvres par exemple : aujourd'hui/ici ; détourna/tomba), elle engendre surtout la souplesse et l'aisance, qui sont les qualités premières de Musset, poète de la sincérité. Non sans raison, il a conscience de posséder un don poétique (« Il m'est permis de m'exprimer dans une langue que le premier venu ne parle pas ») et ce don lui permet parfois les plus belles images, telle celle-ci : « les épaules d'argent de la nuit qui frissonne. »

Parce qu'il sait se donner et s'abandonner, à l'inverse d'un Vigny qui prône la retenue, Musset charme et séduit. Bien qu'il soit un personnage typiquement romantique par son style de vie et son tempérament, il a su être un poète indépendant et spontané. On ne lit plus guère de lui aujourd'hui que *Les nuits,* mais il reste l'auteur dramatique de cette époque le plus joué à l'heure actuelle.

BIBLIOGRAPHIE
Ph. Van Tieghem, *Musset, l'homme et l'œuvre*, Hatier, 1945.
J. Pommier, *Variétés sur Alfred de Musset et son théâtre*, Nouvelle Édition Nizet, 1966.

LES NUITS

Souffrance et inspiration poétique

Depuis sa rupture avec George Sand en Italie, Musset n'avait rien écrit. Au printemps 1835, il sent renaître en lui l'envie d'écrire. Il compose alors ce dialogue entre le poète, encore mal guéri de sa peine, et la Muse, qui l'exhorte à reprendre la plume et à retrouver le goût de vivre : la douleur est source de poésie et la poésie est consolatrice. Dans l'extrait du poème que nous donnons ici, Musset, qui fait parler la Muse, reprend le symbole du pélican qui donne sa vie pour ses enfants.

La nuit de mai : *aquarelle d'Eugène Lami pour illustrer le poème de Musset (Musée National du château de Malmaison).*

LA NUIT DE MAI

Rien ne nous rend si grands qu'une grande douleur.
Mais, pour en être atteint [1], ne crois pas, ô poète,
Que ta voix ici-bas doive rester muette.
Les plus désespérés sont les chants les plus beaux,
Et j'en sais d'immortels qui sont de purs sanglots.
Lorsque le pélican, lassé d'un long voyage,
Dans les brouillards du soir retourne à ses roseaux,
Ses petits affamés courent sur le rivage
En le voyant au loin s'abattre sur les eaux.
10 Déjà, croyant saisir et partager leur proie,
Ils courent à leur père avec des cris de joie
En secouant leurs becs sur leurs goîtres [2] hideux [3].
Lui, gagnant à pas lents une roche élevée,
De son aile pendante abritant sa couvée [4],

1. Bien que tu en sois atteint.
2. Sorte de poche située sous le bec du pélican.
3. Laid, affreux.
4. Sa couvée.

59

Pêcheur mélancolique, il regarde les cieux.
Le sang coule à longs flots de sa poitrine ouverte ;
En vain il a des mers fouillé la profondeur [5] :
L'Océan était vide et la plage déserte ;
Pour toute nourriture il apporte son cœur.
20 Sombre et silencieux, étendu sur la pierre,
Partageant à ses fils ses entrailles [6] de père,
Dans son amour sublime il berce [7] sa douleur,
Et, regardant couler sa sanglante mamelle,
Sur son festin [8] de mort il s'affaisse [9] et chancelle [10],
Ivre de volupté, de tendresse et d'horreur.
Mais parfois, au milieu du divin sacrifice,
Fatigué de mourir dans un trop long supplice,
Il craint que ses enfants ne le laissent vivant ;
Alors il se soulève, ouvre son aile au vent,
30 Et, se frappant le cœur avec un cri sauvage,
Il pousse dans la nuit un si funèbre adieu,
Que les oiseaux des mers désertent le rivage,
Et que le voyageur attardé sur la plage,
Sentant passer la mort, se recommande à Dieu.
Poète, c'est ainsi que font les grands poètes.
Ils laissent s'égayer [11] ceux qui vivent un temps ;
Mais les festins humains qu'ils servent à leurs fêtes
Ressemblent la plupart à ceux des pélicans.
Quand ils parlent ainsi d'espérances trompées,
40 De tristesse et d'oubli, d'amour et de malheur,
Ce n'est pas un concert à dilater [12] le cœur.
Leurs déclamations [13] sont comme des épées :
Elles tracent dans l'air un cercle éblouissant,
Mais il y pend toujours quelque goutte de sang.

5. Il a cherché sans succès de la nourriture.
6. Ses organes internes.
7. Il endure, il supporte.
8. Repas.
9. S'écroule, tombe à terre.
10. Perd son équilibre.
11. S'amuser, être gai.
12. Accroître, grandir. Ici : contenter, être heureux.
13. Paroles solennelles. N'a rien de péjoratif ici.

Nuit de mai,
Vers 148 à 191.

ON NE BADINE PAS AVEC L'AMOUR

Dénouement tragique

Perdican a 21 ans ; Camille en a 18. Ils sont cousins germains et amis d'enfance. Perdican est très amoureux de sa cousine, mais l'éducation religieuse de celle-ci la fait se méfier de l'amour et des hommes[1].

PERDICAN. — Orgueil, le plus fatal des conseillers humains [1], qu'es-tu venu faire entre cette fille et moi ? La voilà pâle et effrayée, qui presse sur les dalles [2] insensibles son cœur et son visage. Elle aurait pu m'aimer, et nous étions nés l'un pour l'autre ; qu'es-tu venu faire sur nos lèvres, orgueil, lorsque nos mains allaient se joindre ?

CAMILLE. — Qui m'a suivie ? Qui parle sous cette voûte ? Est-ce toi, Perdican ?

PERDICAN. — Insensés que nous sommes ! nous nous aimons. Quel songe avons-nous fait, Camille ? Quelles vaines paroles, quelles misérables folies ont passé comme un vent funeste entre nous deux ? Lequel de nous a voulu tromper l'autre ? Hélas ! cette vie est elle-même un si pénible rêve ! pourquoi encore y mêler les nôtres ! O mon Dieu, le bonheur est une perle si rare dans cet océan d'ici-bas ! Tu nous l'avais donné, pêcheur céleste, tu l'avais tiré pour nous des profondeurs de l'abîme, cet inestimable joyau [3] ; et nous, comme des enfants gâtés que nous sommes, nous en avons fait un jouet. Le vert sentier qui nous amenait l'un vers l'autre avait une pente si douce, il était entouré de buissons si fleuris, il se perdait dans un si tranquille horizon ! Il a bien fallu que la vanité, le bavardage et la colère vinssent [4] jeter leurs rochers informes sur cette route céleste, qui nous aurait conduits à toi dans un baiser ! Il a bien fallu que nous nous fissions [5] du mal, car nous sommes des hommes. O insensés ! nous nous aimons. *(Il la prend dans ses bras.)*

CAMILLE. — Oui, nous nous aimons, Perdican ; laisse-moi le sentir sur ton cœur. Ce Dieu qui nous regarde ne s'en offensera pas ; il veut bien que je t'aime ; il y a quinze ans qu'il le sait.

PERDICAN. — Chère créature, tu es à moi ! *(Il l'embrasse ; on entend un grand cri derrière l'autel.)*

CAMILLE. — C'est la voix de ma sœur de lait [6].

PERDICAN. — Comment est-elle ici ? Je l'avais laissée dans l'escalier lorsque tu m'as fait rappeler. Il faut donc qu'elle m'ait suivi sans que je m'en sois aperçu.

CAMILLE. — Entrons dans cette galerie, c'est là qu'on a crié.

PERDICAN. — Je ne sais ce que j'éprouve ; il me semble que mes mains sont couvertes de sang.

CAMILLE. — La pauvre enfant nous a sans doute épiés [7], elle s'est encore évanouie ; viens, portons-lui secours ; hélas ! tout cela est cruel.

PERDICAN. — Non, en vérité, je n'entrerai pas ; je sens un froid mortel qui me paralyse. Vas-y, Camille, et tâche de la ramener. *(Camille sort.)* Je vous en supplie, mon Dieu ! ne faites pas de moi un meurtrier ! Vous voyez ce qui se passe ; nous sommes deux enfants insensés, et nous avons joué avec la vie et la mort ; mais notre cœur est pur ; ne tuez pas Rosette, Dieu juste ! Je lui trouverai un mari, je réparerai ma faute ; elle est jeune, elle sera riche, elle sera heureuse ; ne faites pas cela, ô Dieu ! vous pouvez bénir encore quatre de vos enfants. Eh bien ! Camille, qu'y a-t-il ? *(Camille rentre.)*

CAMILLE. — Elle est morte ! Adieu, Perdican !

On ne badine pas avec l'amour, acte III, scène 8.

1. Par dépit, Perdican a fait la cour à une jeune fille du village, Rosette. Cette amourette ne laisse pas Camille indifférente, et elle comprend qu'elle aime aussi Perdican. Elle lui demande de venir dans sa chambre dans l'espoir d'obtenir une déclaration d'amour, tandis qu'elle a caché Rosette derrière un rideau. En entendant Perdican dire à Camille qu'il l'aime, Rosette s'évanouit et Camille reproche à Perdican de ne pas avoir été honnête envers Rosette à qui il avait donné sa parole. Furieux, Perdican décide de se marier avec Rosette. Camille ne sait plus quoi faire ; désemparée, elle va dans la chapelle où Perdican ne tarde pas à la rejoindre.
2. Sur le sol dallé de la chapelle.
3. Bijou.
4. Subjonctif imparfait du verbe venir.
5. Subjonctif imparfait du verbe faire.
6. Il s'agit de Rosette.
7. Écoutés.

NERVAL (1808-1855)

Familier du romantisme allemand, Nerval est le seul romantique français à avoir accordé une place aussi grande au rêve et à l'irrationnel. Entre sa vie tourmentée et son œuvre aux accents mystérieux et mystiques, il existe une fusion qui donne à l'ensemble une intensité bouleversante. Nerval ouvre la voie à l'analyse psychanalytique et au surréalisme du XXᵉ siècle.

La rue de la Vieille lanterne à Paris, où l'on retrouva Nerval pendu. Aquarelle anonyme (Musée Carnavalet, Paris).

LA VIE

Gérard de Nerval (Gérard Labrunie de son vrai nom) naît à Paris en 1808, mais il passe ses premières années dans le Valois[1]. Ce pays prend pour lui une valeur presque mythique. Au charme de la nature se mêle dans son esprit le

souvenir des chansons et légendes populaires et celui de ses premières amours.

En 1827, il se fait connaître par une traduction du *Faust* de Goethe, qui devient le livre favori du romantisme. Fasciné par le théâtre, Nerval devient critique d'art dramatique et écrit plusieurs pièces dont certaines sont jouées à l'époque, sans obtenir un grand succès. Il s'éprend de l'actrice-cantatrice Jenny Colon qui devient pour lui l'objet d'un véritable culte ; elle est évoquée dans son œuvre sous le nom d'Aurélia.

En 1841, il est atteint pour la première fois de troubles mentaux et doit être soigné dans une maison de santé. Il se rétablit mais est ébranlé par la mort de Jenny Colon en 1842. Au cours d'un voyage en Orient de 1843 à 1844, il commence à se passionner pour les religions orientales et les sciences occultes. A partir de 1851, ses périodes de maladie, pendant lesquelles il est soigné dans une clinique psychiatrique, alternent avec des périodes de lucidité. Un matin de janvier 1855, on le retrouve pendu dans la rue de la Vieille-Lanterne, à Paris.

PRINCIPALES ŒUVRES

Nerval a écrit : « Je suis du nombre des écrivains dont la vie tient intimement aux ouvrages qui les ont fait connaître. » Ces récits ne sont donc pas seulement autobiographiques, ils ont aidé Nerval à vivre, ils sont un effort de l'écrivain pour retrouver l'unité de son être.

Les filles du feu (1854)

C'est un recueil de nouvelles dont la plus intéressante est intitulée *Sylvie* (1853). Nerval l'a écrite

1. *Région proche de Paris, traversée par l'Oise.*

On retrouve la fraîcheur de Sylvie dans cette tête d'enfant, Tête d'enfant avec fleurs *(1897). Lithographie d'Odilon Redon (1840-1916). (Bibliothèque Nationale, Paris).*

au moment où il cherchait à se libérer de ses inquiétudes en se plongeant dans ses souvenirs, comme pour dominer le temps qui fuit. L'auteur y évoque le charme du Valois, la vie simple à la campagne, des souvenirs d'enfance et surtout trois figures féminines : Sylvie, Adrienne et Aurélie. Bien que très différentes, chacune incarne à sa façon l'amour auquel aspire Nerval, et chaque fois c'est un échec parce que ces amours sont plus rêvées que réelles. Proust définissait cette nouvelle comme « le rêve d'un rêve ».

Les chimères (1853)

C'est un recueil de douze sonnets qui marquent encore la quête d'un inaccessible absolu. Ces poèmes sont difficiles car ils contiennent beaucoup d'allusions à la mythologie, à la réincarnation et à la Bible. Nerval ne les a pas écrits pour répondre à l'attente d'un public mais pour fixer ses « chimères », nées, entre autres, de ses déceptions sentimentales.

Aurélia (1854-1855)

Ce qui devait devenir *Aurélia* a été commencé sur les conseils du médecin qui soignait Nerval pour ses troubles mentaux. L'écriture devait servir de thérapie. C'est en fait l'histoire de sa vie intérieure depuis sa rupture avec Jenny Colon. Nerval y évoque ses amours, ses malheurs, ses réflexions. Il exprime un sentiment de culpabilité sans fondement, son angoisse du

châtiment, son espoir de rédemption. *Aurélia* est un témoignage étonnant d'un esprit lucide sur sa propre folie, c'est une œuvre bouleversante de sincérité et un admirable exemple de prose poétique.

LA PENSÉE

La pensée de Nerval oscille entre deux pôles : tantôt il perçoit le réel avec beaucoup d'acuité et de précision, tantôt le réel finit par ne plus avoir de signification pour lui. Cette vision très juste, très sensible de la réalité, il en donne des preuves dans ses critiques d'art dramatique, dans ses traductions du *Faust* au sujet desquelles Goethe lui écrivait : « Je ne me suis jamais si bien compris qu'en vous lisant ».

Mais la part accordée à la rêverie est très importante chez Nerval. Les souvenirs d'enfance, les femmes qui l'ont ému ou qu'il a aimées deviennent obsessionnelles. Le culte du passé témoigne d'un refus de la fuite du temps, de la nostalgie de ce qui n'est plus, d'un rejet de la mort, du néant et explique l'attirance de Nerval pour les religions orientales, avec leurs croyances en la réincarnation, la transmigration des âmes. Il s'intéresse aussi aux sciences occultes qui prétendent donner les moyens d'entrer en communication avec « l'au-delà ». Nerval a écrit : « le rêve est une seconde vie ». Il pense qu'un lien existe entre nos rêves et la vie éveillée, et il va connaître ce qu'il appelle « l'épanchement du songe dans la réalité ». Dans *Aurélia*, on trouve le récit de ses hallucinations où la magie, les croyances religieuses, ses cauchemars, ses phantasmes ont leur part. Réfléchissant sur cette expérience, il sait qu'il s'agit d'un état maladif mais il écrit aussi : « il me semblait tout savoir, tout comprendre, l'imagination m'apportait des délices infinies ; en recouvrant ce que les hommes appellent la raison, faudra-t-il regretter de les avoir perdues ? ».

Il est étonnant de voir comment Nerval maîtrise ses hallucinations pour en donner un récit clair.

LA POÉSIE

Qu'elle soit traduite en vers ou en prose, la poésie de Nerval est un moyen de fixer les images de ses rêves.

Sylvie

Ce qui frappe dans *Sylvie*, c'est un charme plein de douceur, la limpidité de la langue, les tableaux pleins de fraîcheur qui s'estompent parfois dans la brume légère de la rêverie.

Les chimères

Il est difficile d'analyser *Les chimères*, mais les vers invitent au recueillement, comme une incantation dont le sens resterait caché. Leur beauté tient aussi à leur pureté et à leur musicalité.

« Je pense à toi Myrtho, divine enchanteresse
Au Pausilippe altier, de mille feux brillant. »

Aurélia

Nerval a réussi, dans *Aurélia*, à peindre ses rêves et ses hallucinations et aussi à suggérer l'impression qu'il en ressentait. « ... Elle entoura gracieusement de son bras nu une longue tige de rose trémière [1], puis elle se mit à grandir sous un clair rayon de lumière, de telle sorte que peu à peu, le jardin prenait sa forme et les parterres et les arbres devenaient les rosaces et les festons [2] de ses vêtements, tandis que sa figure et ses bras imprimaient leurs contours aux nuages pourprés [3] du ciel. »

Ailleurs, c'est une angoisse terrible qui se

1. *Variété de plante à grandes fleurs colorées.*
2. *Guirlandes, broderies.*
3. *Rouges.*
4. *Variétés de plantes.*

dégage d'un paysage tourmenté, baigné d'une lumière d'aube glacée : « Du sein de l'argile encore molle, s'élevaient des palmiers gigantesques, des euphorbes [4] vénéneux et des acanthes [4] tortillées autour des cactus. Les figures des rochers s'élançaient comme des squelettes de cette ébauche de création... »

À l'aide des mots, Nerval parvient à recréer l'univers fantastique dans lequel il s'est aventuré et perdu.

Dans ce début du XIXe siècle où s'épanouit le romantisme, l'art de Nerval annonce la poésie symboliste et surréaliste. Cependant, son œuvre est particulièrement émouvante parce qu'elle ne procède pas d'une réflexion esthétique mais d'une expérience tragique.

BIBLIOGRAPHIE
L. Cellier, *De Sylvie à Aurélia,* Minard, 1970.
R. Jean, *Nerval par lui-même,* Seuil, 1964.
J.-P. Richard, *Poésie et profondeur,* Seuil, 1955.
J. Richer, *Nerval, expérience et création,* Hachette, 1963.

ODELETTES

Envoûtement d'un paysage intérieur

Ce poème, légèrement antérieur aux Chimères, *marque une étape importante dans la poétique nervalienne, dans la mesure où il associe étroitement des sensations extérieures à des images intérieures. On a pu dire qu'il s'agissait là d'« un rêve décrit » (A. Rousseau).*

1. Rossini (1786-1868) : compositeur d'opéras italien qui a notamment composé *Le barbier de Séville.* Sa musique était très appréciée des romantiques.
2. Mozart (1756-1791) : le plus connu des musiciens autrichiens.
3. Weber (1786-1826) : musicien allemand très brillant. Nerval demande de prononcer *Wèbre* pour conserver la rime avec *funèbre.*
4. Roi de France du début du XVIIe siècle. C'est l'époque des mousquetaires et l'apogée de la noblesse.
5. Le soleil couchant.
6. Entouré.

FANTAISIE

Il est un air pour qui je donnerais
Tout Rossini [1], tout Mozart [2] et tout Weber [3],
Un air très vieux, languissant et funèbre,
Qui pour moi seul a des charmes secrets !

Or, chaque fois que je viens à l'entendre,
De deux cents ans mon âme rajeunit...
C'est sous Louis treize [4], et je crois voir s'étendre
Un coteau vert, que le couchant [5] jaunit ;

Puis un château de brique à coins de pierre,
10   Aux vitraux teints de rougeâtres couleurs,
Ceint [6] de grands parcs, avec une rivière
Baignant ses pieds, qui coule entre des fleurs ;

Puis une dame, à sa haute fenêtre,
Blonde aux yeux noirs, en ses habits anciens,
Que, dans une autre existence peut-être,
J'ai déjà vue... et dont je me souviens !

Odelettes, 1832.

LES CHIMÈRES

La quête de l'identité

Ce sonnet ouvre le recueil des Chimères. *Dans cette recherche de son identité profonde, à travers les allusions et les symboles, le poète joue sur une double thématique : celle de l'ombre et celle de la lumière. Nerval essaie de se situer entre ces deux éléments, par une affirmation d'abord (vers 1), par une interrogation ensuite (vers 9).*

El Desdichado *est une composition énigmatique où l'on retrouve des symboles alchimiques et des images venues du tarot, comme la tour et le soleil. Jeu de tarots de Fratelli Armanino (1887). (Bibliothèque Nationale, Paris.)*

1. Mot espagnol : homme victime d'un destin fatal.
2. Au sens d'« habitant de la nuit ».
3. Nerval se sentait affectivement veuf de Jenny Colon qu'il aimait.
4. Ce vers fait allusion à la généalogie que Nerval s'est inventée. « Tour abolie » signifie « noblesse déchue ».
5. L'étoile représente chez Nerval la pureté de la femme inaccessible.
6. Instrument de musique à corde du Moyen Age, qui est devenu chez les poètes le symbole de la création poétique.
7. Nerval a été profondément impressionné par le tableau de Dürer *Mélancolie.*
8. Allusion à la jeune Anglaise qui, en 1834, l'arracha à ses tentations de suicide.
9. Promontoire rocheux dans la baie de Naples.

EL DESDICHADO [1]
Je suis le ténébreux [2] — le veuf [3] - l'inconsolé,
Le prince d'Aquitaine à la tour abolie [4] :
Ma seule *étoile* [5] est morte — et mon luth [6] constellé
Porte le *soleil* noir de la *Mélancolie* [7].

Dans la nuit du tombeau, toi qui m'as consolé [8],
Rends-moi le Pausilippe [9] et la mer d'Italie,

La *fleur* qui plaisait tant à mon cœur désolé,
Et la treille où le pampre à la rose s'allie.

Suis-je Amour ou Phébus [10] ?... Lusignan [11] ou Biron [12] ?
Mon front est rouge encor du baiser de la reine ;
J'ai rêvé dans la grotte où nage la sirène...

Et j'ai deux fois vainqueur traversé [13] l'Achéron [14] :
Modulant tour à tour sur la lyre d'Orphée
Les soupirs de la sainte [15] et les cris de la fée [16].

Les chimères, 1853.

10. Autre mot pour désigner Apollon, dieu de la poésie.
11. Époux de la fée Mélusine qu'il trouva un jour dans son bain sous sa forme vraie : un serpent.
12. Un ami du roi Henri IV.
13. Ces deux traversées sont les crises de folies de 1841 et 1853.
14. Le fleuve des Enfers.
15. Il s'agit d'Adrienne, morte religieusement.
16. L'actrice Jenny Colon, la *fée* du théâtre.

LES FILLES DU FEU

La désillusion devant la réalité

Sylvie est la deuxième nouvelle du recueil intitulé Les filles du feu. « Sylvie, c'est l'histoire d'un homme qui se trompe dans sa recherche de l'idéal. Son erreur n'est pas dans l'idéal ; elle est dans les moyens et dans les voies » (Georges Poulet, Trois essais de mythologie romantique). Le narrateur est attiré par trois femmes très différentes : l'actrice Aurélie, la blonde et pure Adrienne, et Sylvie, la petite paysanne. Il ne peut se décider entre cette triple incarnation de l'idéal, et rêve d'une fusion des trois héroïnes. Mais ce qui, dans un premier temps paraît possible dans la rêverie nocturne se révèle impossible dans la réalité. Sylvie, la première, lui échappe, parce qu'il n'a pas su se décider, parce qu'il a rêvé son amour plutôt que de le vivre. Le jour qui se lève à Loisy annonce la fin de la rêverie, le premier échec.*

LE BAL DE LOISY

Je suis entré au bal de Loisy à cette heure mélancolique et douce encore où les lumières pâlissent et tremblent aux approches du jour. Les tilleuls, assombris par en bas, prenaient à leurs cimes une teinte bleuâtre. La flûte champêtre ne luttait plus si vivement avec les trilles du rossignol. Tout le monde était pâle, et dans les groupes dégarnis j'eus peine à rencontrer des figures connues. Enfin j'aperçus la grande Lise, une amie de Sylvie. Elle m'embrassa. « Il y a longtemps qu'on ne t'a vu, Parisien ! dit-elle. — Oh ! oui, longtemps. — Et tu arrives à cette heure-ci ? — Par la poste. — Et pas trop vite ! — Je voulais voir Sylvie ; est-elle encore au bal ? — Elle ne sort qu'au matin ; elle aime tant à danser. »

En un instant, j'étais à ses côtés. Sa figure était fatiguée ; cependant son œil noir brillait toujours du sourire athénien d'autrefois. Un jeune homme se tenait près d'elle. Elle lui fit signe qu'elle renonçait à la contredanse [1] suivante. Il se retira en saluant.

Le jour commençait à se faire. Nous sortîmes du bal, nous tenant par la main. Les fleurs de la chevelure de Sylvie se penchaient dans ses cheveux

1. Danse où les couples de danseurs se font face.

dénoués ; le bouquet de son corsage s'effeuillait aussi sur les dentelles fripées[2], savant ouvrage de sa main. Je lui offris de l'accompagner chez elle. Il faisait grand jour, mais le temps était sombre. La Thève[3]
20 bruissait à notre gauche, laissant à ses coudes des remous d'eau stagnante où s'épanouissaient les nénuphars jaunes et blancs, où éclatait comme des pâquerettes la frêle broderie des étoiles d'eau. Les plaines étaient couvertes de javelles[4] et de meules de foin, dont l'odeur me portait à la tête sans m'enivrer, comme faisait autrefois la fraîche senteur des bois et des halliers[5] d'épines fleuries.

Nous n'eûmes pas l'idée de les traverser de nouveau. — Sylvie, lui dis-je, vous ne m'aimez plus ! — Elle soupira. — Mon ami, me dit-elle, il faut se faire une raison ; les choses ne vont pas comme nous voulons dans la vie. Vous m'avez parlé autrefois de *La nouvelle Héloïse*[6], je l'ai lue, et j'ai
30 frémi en tombant d'abord sur cette phrase : « Toute jeune fille qui lira ce livre est perdue. » Cependant j'ai passé outre, me fiant sur[7] ma raison. Vous souvenez-vous du jour où nous avons revêtu les habits de noces de la tante ?... Les gravures du livre présentaient aussi les amoureux sous de vieux costumes du temps passé, de sorte que pour moi vous étiez Saint-Preux, et je me retrouvais dans Julie[8]. Ah ! que n'êtes-vous revenu alors ! Mais vous étiez, disait-on, en Italie. Vous en avez vu là de bien plus jolies que moi ! — Aucune, Sylvie, qui ait votre regard et les traits purs de votre visage. Vous êtes une nymphe antique que vous ignorez. D'ailleurs, les bois de cette contrée[9] sont aussi beaux que ceux de la campagne romaine. Il y
40 a là-bas des masses de granit non moins sublimes, et une cascade qui tombe du haut des rochers comme celle de Terni. Je n'ai rien vu là-bas que je puisse regretter ici. — Et à Paris ? dit-elle. — A Paris...

Je secouai la tête sans répondre.

Tout à coup je pensai à l'image vaine qui m'avait égaré si longtemps.

— Sylvie, dis-je, arrêtons-nous ici, le voulez-vous ?

Je me jetai à ses pieds ; je confessai en pleurant à chaudes larmes mes irrésolutions, mes caprices ; j'évoquai le spectre funeste qui traversait ma vie.

— Sauvez-moi ! ajoutai-je, je reviens à vous pour toujours.

50 Elle tourna vers moi ses regards attendris...

En ce moment, notre entretien fut interrompu par de violents éclats de rire. C'était le frère de Sylvie qui nous rejoignait avec cette bonne gaieté rustique, suite obligée d'une nuit de fête, que des rafraîchissements nombreux avaient développée outre mesure. Il appelait le galant[10] du bal, perdu au loin dans les buissons d'épines et qui ne tarda pas à nous rejoindre. Ce garçon n'était guère plus solide sur ses pieds que son compagnon, il paraissait plus embarrassé encore de la présence d'un Parisien que de celle de Sylvie. Sa figure candide, sa déférence mêlée d'embarras m'empêchaient de lui en vouloir d'avoir été le danseur pour lequel on était resté si tard à la fête. Je
60 le jugeais peu dangereux.

— Il faut rentrer à la maison, dit Sylvie à son frère. A tantôt ! me dit-elle en me tendant la joue.

L'amoureux ne s'offensa pas.

Sylvie,
chapitre VIII (intégral).

2. Froissées.
3. Petite rivière du Valois qui revient plusieurs fois dans *Les filles du feu.*
4. Gerbes, bottes de foin ou de paille.
5. Groupes de buissons serrés et touffus.
6. Roman de Jean-Jacques Rousseau sur la passion (voir volume 1, page 276 et extraits pages 283 à 285).
7. Me fiant à. Faisant confiance à.
8. Saint-Preux et Julie sont les deux héros de *La nouvelle Héloïse.*
9. Région, endroit.
10. Le jeune paysan qui fait la cour à Sylvie.

Questions et recherches

FIGURE D'UNE GÉNÉRATION TOURMENTÉE (P. 25)

1. Qu'y a-t-il de commun entre les objets qui alimentent la rêverie de René ?
2. Pourquoi le clocher, puis les oiseaux de passage attiraient-ils ses regards ?
3. Qu'appelle pour lui la migration des oiseaux ?
4. Que traduit l'invocation du deuxième paragraphe ?
5. Quel est l'état d'esprit de René ?
6. Quel est le décor de la partie nocturne ?
7. Quel besoin éprouve René ? Quel sentiment l'envahit ?
8. A quelle résolution est-il conduit ?

RÉHABILITATION DU GOTHIQUE (P. 26)

1. Comment l'architecture subit-elle l'influence du climat ?
2. Par quelles comparaisons ou images Chateaubriand décrit-il la beauté des églises gothiques ?
3. Etudiez la construction de la phrase : « Ces voûtes ciselées... la divinité » Quelle impression en résulte ?
4. Chateaubriand parle de « tours hautaines » et non pas hautes, distinguez la différence de sens.
5. « des vents et des tonnerres » : pourquoi le pluriel ?
6. Quel symbole développe l'antithèse de la fin ?
7. Par quel procédé l'auteur nous fait-il participer à son interprétation ?

LUCIDITÉ DE LA RÉFLEXION (P. 27)

1. L'art du récit, comment est ménagée une progression crescendo ou descrescendo ?
2. Justifiez la place du mot Waterloo.
3. Comment se fait la transition ?
Quels problèmes se posent à Chateaubriand ?
4. Comment le vocabulaire, les images, la forme des phrases donnent de la force à ces méditations ?

L'AMOUR ET LA NATURE (P. 31)

1. Indiquez le mouvement lyrique du poème.
2. La strophe du prélude : quelle métaphore classique est utilisée ?
3. Quel sentiment fait naître l'interrogation ?

4. L'évocation du bonheur passé par l'association de la nature et du souvenir. Montrez que le lac joue le rôle de témoin et de confident.
5. Quels éléments s'associent pour idéaliser la promenade nocturne ?
6. La prière d'Elvire : quel en est le sens ? Quelle métaphore retrouve-t-on ?
7. Quelle est la valeur des impératifs ?
8. L'inquiétude du poète, par quels procédés est-elle soulignée ?
9. Quelle constatation fait-il ?
10. L'invocation à la Nature : quel est le thème exposé dans la 1re strophe ?
11. Pourquoi la nature peut-elle se faire gardienne du souvenir ? A quoi est-elle opposée ?
12. Que traduit le rythme coupé des vers 49 et 51 ?
13. Comment l'ardeur du souhait est-elle exprimée ensuite ?
14. Montrez que le poète fait appel à des sensations de plus en plus ténues.
15. Quels sont les différents thèmes abordés dans ce poème ? (Rapprochez de Rousseau : Douleurs et douceurs de la vertu, volume I, p. 284)

L'AMOUR DE LA TERRE NATALE (P. 33)

1re strophe 1. Par quoi débute le poème ? Que désigne la patrie ? Le brillant exil ? Valeur de « ce » au lieu de « le » ?
2. Quelle progression y a-t-il de « frémi » à « attendrie » ?
3. Que traduisent les comparaisons ?
Les trois strophes suivantes — L'évocation du pays natal.
4. Combien y a-t-il de phrases dans ces trois strophes ?
5. Quel est le procédé employé dans chaque vers ?
6. Montrez que le cadre se resserre peu à peu.
7. Dans quelle expression sont rassemblés tous les noms qui avaient été mis en relief ?
8. Qu'est-ce qui donne sa force émotionnelle à l'interrogation finale ?
Rapprochez de du Bellay : Volume I, p. 91 — (thème commun et situation parallèle des deux poètes quand ils écrivent ces vers, en poste diplomatique, l'un à Rome, l'autre à Florence).

LA RÉSURGENCE DU PASSÉ NATIONAL (P. 37)

1re strophe

1. Quel est le point de départ de la rêverie ?
2. Quelle impression donnent l'heure, le lieu, la légende ?
3. Quel est l'effet musical des vers 3 et 4 ?

2e strophe

4. Quelle est la résonance mystérieuse des bruits réels ?
5. Quelle est l'allusion des « bruits prophétiques » ?

3e strophe

6. Quel est le ton général des strophes 3 et 4 ?
7. Expliquez : montagnes d'azur.
8. Etudiez l'effet du fracas des sonorités dans les vers 2 - 3 - 4.

4e strophe

9. Expliquez « trône des deux saisons » (vers 14).
10. Comment est assurée la liaison entre le son du cor et le paysage ?
11. Etudiez la musique du vers 16.

5e strophe

12. Quelles sont les deux évocations musicales de cette strophe ?
13. Appréciez l'image visuelle et l'image sonore.

6e strophe

14. Comment, la fusion annoncée dans la 4e strophe est-elle pleinement réalisée ?

7e strophe

15. Que permet cette fois la liaison entre la voix du cor et le paysage ?
16. Pourquoi est-il plus suggestif d'interroger que d'affirmer ?

UNE LEÇON DE STOÏCISME (P. 38)

I — 1. Le cadre (1-16) — Montrez qu'il s'agit d'un paysage immense et tragique, et quelle impression s'en dégage ?
2. La découverte du loup (17-40). Qu'éprouvent et que font les chasseurs ? Quel tableau découvrent-ils ?
3. La mort du loup (41-60). De quelles qualités fait preuve cet animal en face des chasseurs ? Comment est traduit l'acharnement ? Comment est exprimée la fierté méprisante du loup ?

II — L'émotion du poète — Que fait-il ? Que pense-t-il ?

III — La méditation.

1. Quelle opposition est établie dans les deux premiers vers ?
2. Pourquoi « ce grand nom d'Hommes » ?
3. Quelle leçon nous donnent les animaux ?
4. Que traduisent chacune des trois attitudes : gémir, pleurer, prier ?
5. Que symbolise le loup ?
6. Relevez les mots et les sentiments qui permettent de relier les passages I et III.

LA LIBERTÉ DE L'IMAGINATION (P. 45)

1. Sur quelle antithèse est bâti le poème ?
2. Montrez l'habileté de sa composition dramatique.
3. A quoi nous invite la première strophe ?
4. Comment la surprise de la sultane devient-elle de l'inquiétude ?
5. Comment l'auteur suggère-t-il la vérité sans la préciser ?
6. Quel effet produit la reprise du premier vers à la fin ?

L'EXÉCUTION DU TRAÎTRE (P. 47)

1. Comment Victor Hugo détaille-t-il l'exécution ?
2. Quel est l'effet produit ?
3. Continuez à suivre le drame et montrez comment la tension s'accroît.

VISION DU TEMPS PASSÉ (P. 48)

Une chanson par le rythme impair des vers.
1. Rapprochez le premier et le dernier vers.
2. Qu'est-ce qui marque l'indifférence du jeune garçon ?
3. Rose était-elle dans le même état d'esprit ?

LE GOÛT DE LA LUTTE (P. 49)

1. Analysez la composition de ce morceau.
2. Montrez la force de la conclusion.

UNE FRESQUE HISTORIQUE (P. 49)

1. Quel est le contraste dramatique des vers 1 à 8 ?
2. A quoi conduit la transition du vers 9 ?
3. Comment est souligné l'héroïsme de la garde ?
4. Quel effet produit la personnification de la Déroute ?

UN EXEMPLE DE POÉSIE ÉPIQUE (P. 51)

1. On peut diviser le morceau en trois parties (1-11, 12-23, 24-34). Qu'évoquent-elles successivement (épouvante, efforts, vanité) ?
2. Par quelle formule se terminent-elles chacune ?
3. Quelle sorte d'humanité évoquent les deux premiers vers ? Le troisième ?
4. Que symbolise cet œil ? Par quel moyen Caïn pense-t-il lui échapper ?
5. Quels détails donnent un caractère surhumain à cette fuite ?
6. Suivre la progression des moyens de protection ; comment en est marquée, chaque fois, la vanité dérisoire ?
7. Que personnifie Caïn ? Pourquoi son tremblement est-il reporté sur Tsilla ?
8. Relevez des effets de rythme dans les vers (exemples : enjambement 4-5 6-7, coupure 10).

HUGO, DÉFENSEUR DES OPPRIMÉS (P. 53)

1. Sur quel ton sont rapportés les faits à l'origine de la condamnation ?
2. Comment Hugo rend-il son récit émouvant ?

LE DRAME DANS LE RÉCIT (P. 54)

1. Comment est peinte l'agilité de Gavroche ?
2. Quel est le caractère de Gavroche (devenu le type du gamin de Paris) ?
3. Comment ce caractère se manifeste-t-il par ses paroles ou ses attitudes ?
4. Relevez et commentez des effets d'antithèses.

SOUFFRANCE ET INSPIRATION POÉTIQUE (P. 59)

1. Quel est le principe posé par la Muse ?
2. Comment la douleur peut-elle avoir un rôle moral ?
3. Dans quel autre domaine peut-elle agir ?
4. Que symbolise le pélican ?
5. Quelles expressions montrent qu'il est pénétré de la sainteté de son rôle ?
6. A quelle idée implicite s'oppose « ceux qui vivent un temps » ?
7. D'où vient la vraie poésie ?

DÉNOUEMENT TRAGIQUE (P. 60)

1. Qu'éprouve Perdican ?
2. Que traduisent les paroles de Camille ? Les interrogations et les exclamations de Perdican ?
3. Comment la fin de la scène illustre-t-elle le titre de la pièce ?

ENVOÛTEMENT D'UN PAYSAGE INTÉRIEUR (P. 64)

1. Quelle impression se dégage de ce poème ?
2. Pourquoi le titre : Fantaisie ?
3. « Un air » est répété deux fois, peut-on l'identifier ?
4. Pourtant qu'est-ce qui montre son importance pour l'auteur ? Quel effet produit cet air ?
5. La vision se précise : quel est l'effet des enjambements (vers 7-8 - vers 11-12), de l'expression « grands parcs » au pluriel ?
6. Que symbolise la « dame, à sa haute fenêtre » ?

LA QUÊTE DE L'IDENTITÉ (P. 65)

1. Quel sentiment traduit le premier vers ? Comment le rythme lui donne-t-il sa force ?
2. Deuxième quatrain : comment le poète essaie-t-il d'échapper à son désespoir actuel ?
Quel paysage évoque-t-il ?
3. Rapprochez le vers 9 du vers 1 : sens et forme.
4. De quelle expérience le poète nous fait-il part dans les deux tercets ?
5. Quelle impression générale donne ce poème ? Pourquoi ?

LA DÉSILLUSION DEVANT LA RÉALITÉ (P. 66)

1. A quel moment le narrateur arrive-t-il au bal ?
2. Pourquoi est-il déçu ?
3. Devant son reproche comment se justifie Sylvie ?
4. Pourtant qu'avait-elle imaginé en faisant la lecture suggérée ?
5. Que pense-t-elle maintenant ?
6. Quel est le contraste entre la fin du dialogue et la scène qui l'interrompt ?
7. Le narrateur a-t-il perdu tout espoir ?

BALZAC (1799-1850)

Honoré de Balzac est le romancier français le plus productif du XIXᵉ siècle. Il veut rénover la conception du roman en lui donnant le caractère d'une étude presque scientifique de la société. Aucune analyse du genre romanesque ne peut négliger l'apport de Balzac.

LA VIE

Honoré de Balzac est né à Tours où son père est administrateur de l'hospice. A 18 ans, Honoré poursuit ses études à Paris. Il devient clerc chez un avoué, suit parallèlement des cours à la Sorbonne et commence à se passionner pour la philosophie. Se sentant une vocation littéraire, Balzac s'installe dans une mansarde à Paris et va tenter de faire une carrière d'écrivain. Sa première œuvre, *Cromwell*, une tragédie en vers, est un échec. Balzac doit rentrer chez ses parents.

Pourtant il n'abandonne pas. Entre 1821 et 1825, il ne cesse d'écrire, essayant les différents genres littéraires. En 1822, il fait la connaissance de Mme de Berny, femme nettement plus âgée que lui, qui l'aidera beaucoup.

Portrait de Balzac à 26 ans par A. Dévéria (Maison de Balzac, Paris).

Ses œuvres passent néanmoins inaperçues et Balzac tente sa chance dans les affaires. Il devient d'abord associé d'un libraire et rachète ensuite une imprimerie à Paris. Ce métier lui permet de s'introduire dans les milieux des écrivains et des éditeurs, mais au bout de trois ans, il fait faillite et est gravement endetté. Après cette ruine financière, Balzac écrit par nécessité. En 1829 paraissent la *Physiologie du mariage* et les *Chouans* (roman historique) qui débutent sa carrière. Poussé par des inspirations littéraires mais aussi par un besoin d'argent chronique, Balzac va publier pendant les 20 années suivantes 90 romans et nouvelles, 30 contes et cinq pièces de théâtre.

Ce travailleur acharné se plaît aussi en société, fréquente les salons littéraires et voyage. En 1832, il commence une longue correspondance avec une Polonaise, la comtesse Hanska ; il la rejoint à l'étranger et l'épouse en 1850, malgré sa maladie qui l'affaiblit déjà. Il meurt en 1850, épuisé par un travail littéraire trop intense.

PRINCIPALES ŒUVRES

Balzac a créé un univers de personnages qu'il voulait organiser pour brosser un tableau complet et fidèle de son époque. Il fait alors revenir dans ses romans des personnages déjà présentés auparavant. C'est dans *Le père Goriot* qu'il a, pour la première fois, recours à cette méthode. En 1837, Balzac commence à parler de ses *Études sociales*, vaste cycle de romans, qui deviendra par la suite *La comédie humaine*. Ce tableau complet de la société française comprend trois séries :

Les études analytiques

Une seule œuvre est importante : *La physiologie du mariage* (1829).

Les études philosophiques

Balzac était convaincu qu'une vie vouée à la passion, au plaisir, à une occupation intellectuelle intense ravageait l'homme autant que le vice et la douleur. Chacun doit donc choisir entre une vie frénétique et passionnante qui l'use et une vie calme qui l'ennuie mais ménage ses forces. D'ailleurs, Balzac faisait partie du premier groupe, il fut lui aussi victime de ce « ravage de la pensée ».

Cette idée est exprimée dans les romans *La peau de chagrin* (1831) et *La recherche de l'absolu* (1834), deux contes assez courts, et dans *Louis Lambert* (1832) et *Séraphita* (1855), romans mystiques.

Balzac lui-même était partagé entre la confiance dans le progrès et un penchant très net pour l'occultisme et le mystère. Il croyait à l'existence de forces surnaturelles, à la télépathie et rêvait de pouvoir les contrôler. Fortement influencé par les idées de Swedenborg[1], il n'a pas eu l'impression que la foi catholique était incompatible avec son goût du suprasensible. Les études philosophiques sont donc dans une large mesure autobiographiques.

Les études de mœurs

Ce sont des œuvres plus réalistes où la description du détail joue un rôle essentiel. Les études de mœurs sont divisées en différentes « scènes » selon le lieu de l'action.

Scènes de la vie privée
Le père Goriot (1834)
Scènes de la vie de province
Eugénie Grandet (1833)
Illusion perdue (1837-1843)
Ursule Mirouët (1841)
Scènes de la vie parisienne
Splendeurs et misères des courtisanes (1839)
Le cousin Pons (1847)
La cousine Bette (1846)
Ces deux ouvrages sont parus sous le titre de « Les parents pauvres ».
Scènes de la vie politique
Une ténébreuse affaire (1841)
Un épisode sous la terreur (1830)
Z. Marcas (1840)
Le député d'Arcis (1847)
Scènes de la vie militaire
Les chouans (1829)
Une passion dans le désert (1830)
Scènes de la vie de campagne
Le médecin de campagne (1833)
Le curé de village (1839)
Le lys dans la vallée (1835)

La comédie humaine est un ensemble de thèmes et de genres littéraires très varié, mais bien composé. Balzac a été partisan des idées de Geoffroy-Saint-Hilaire, naturaliste qui trouve un point commun entre animaux et hommes : « le créateur ne s'est servi que d'un seul patron pour tous les êtres organisés ». Ses recherches sur l'anatomie l'avaient amené à penser qu'il existe un plan unique d'organisation des êtres vivants. Cette idée avait séduit Balzac. *La comédie humaine* essaie donc de classifier, de ranger les personnages comme les espèces animales. Ces catégories sont données par le lieu d'habitation, le milieu ou le métier.

LE RÉALISME

Dans un premier temps, l'œuvre de Balzac est centrée autour de thèmes mystiques : les personnages rêvent de se rapprocher de Dieu, de l'Absolu. Balzac se tourne ensuite vers une conception réaliste de l'art littéraire et constate que « les détails constitueront désormais le mérite des ouvrages improprement appelés romans ». Le réalisme demande une bonne dose d'imagination et des dons d'observation particuliers. C'est là que réside le talent de Balzac.

LE CADRE

Dans l'œuvre de Balzac, le cadre est toujours nommé et même minutieusement décrit. Souvent l'action se déroule dans des petites villes de province où la mesquinerie et les rivalités entre personnes sont sournoises et cachées. Les romans qui se déroulent à Paris nous introduisent dans les milieux du pouvoir, du capitalisme et de la presse où les intrigues, la corruption sont à l'ordre du jour. Que ce soit la province avec ses paysages ou la capitale, la description que Balzac fait du décor est d'une précision extrême. On sait que Balzac ne se contentait pas de prospecter les lieux, il a aussi consulté des plans de ville, analysé des documents géographiques.

LES PERSONNAGES

La description des lieux crée ainsi une atmosphère particulière qui sera confirmée par l'apparition des personnages. Balzac ne fait pas commencer l'action avant d'avoir rendu transparents le caractère et les habitudes des personnages.

Chacun de ces types est un représentant très particulier d'un milieu, d'une couche sociale, d'un groupe professionnel. Chacun porte les traits communs du milieu, chacun est personnalisé par des défauts, des manies, des tics.

Ce qui caractérise les personnages de Balzac, c'est leur extraordinaire vitalité et la fixation de leur esprit sur une idée obsessionnelle. Cette vitalité est le plus souvent négative, quand il

---

1. *Emmanuel Swedenborg (1688-1772) : savant et théologien suédois, il affirme la possibilité d'une connaissance des réalités suprasensibles qu'il oppose à la connaissance scientifique.*

s'agit de l'ambition démesurée de Rastignac par exemple. Mais il arrive que les personnages de Balzac soient bons : le cousin Pons est animé d'une telle bonté qu'il ne remarque même pas le mépris dont il est l'objet.

Les êtres sans personnalité nettement tranchée sont rejetés au second plan et ont le même rang que des éléments de décor. Balzac privilégie donc nettement les personnages qui sont dans une certaine mesure ses propres doubles.

LA VISION DU MONDE

Dans l'ensemble, la vision balzacienne du monde est pessimiste. Ses héros incarnent rarement la vertu et la bonté. Le monde selon Balzac est celui du crime, il fait un portrait sombre de l'époque comprise entre la Révolution de 1789 et la monarchie de Juillet.

C'est aussi un portrait très complet qui couvre toute la hiérarchie sociale, de la petite bourgeoisie provinciale aux grands milieux d'affaires parisiens, en passant par l'armée. Il s'attaque en particulier au journalisme (milieu que Balzac a connu lorsqu'il était libraire et imprimeur) et à la bureaucratie.

Les représentants de ces diverses couches sociales sont tous plus ou moins corrompus par la soif de pouvoir et surtout par l'argent. Balzac lui-même a toute sa vie souffert de difficultés financières.

LE STYLE

Le style de Balzac est, pour une grande part, descriptif. Convaincu qu'il existe des relations imperceptibles entre les êtres et la matière, Balzac décrit avec une extrême minutie dans le détail : la phrase est donc longue, la syntaxe souvent complexe. C'est justement cette longueur qui constitue l'inconvénient le plus grave : le lecteur risque d'être bloqué par l'accumulation de notations sur un lieu et sur une personne avant de pouvoir se plonger dans l'action.

Le langage de Balzac est à la hauteur de ses ambitions. Le vocabulaire est très vivant et coloré. Vautrin ne s'exprime pas comme le père Goriot, les soldats comme des Chouans et les paysans utilisent les mots de leur univers quotidien.

Malheureusement, Balzac a dû pratiquer une littérature qu'il qualifiait d'« alimentaire », c'est-à-dire qu'il devait écrire des romans pour avoir de quoi survivre matériellement : la qualité du style s'en ressent et plus d'un passage est maladroit ou lourdement exprimé. On peut même découvrir des fautes de français chez Balzac.

Il reste que l'œuvre romanesque de Balzac est animée par une extraordinaire puissance dans l'expression et les idées.

Le banquier, caricature de Daumier. Lithographie faisant partie des Types français publiés dans le journal satirique Le Charivari en 1835. Depuis le début du siècle les artistes se sentent exclus d'une société qui pense de plus en plus à l'argent (Bibliothèque Nationale, Paris).

Honoré de Balzac a donné au roman ses lettres de noblesse. Il a développé l'art de la description par un souci scrupuleux de détail. Travailleur infatigable, Balzac a brossé un tableau complet de la société de son temps. Persuadé qu'il existe des êtres animés par une volonté de puissance et une énergie vitale hors du commun, il a marqué La comédie humaine de ses convictions philosophiques. Il a montré la voie à tous les romanciers qui l'ont suivi ; au XIXe siècle, le roman réaliste s'inspire de lui ; au XXe siècle, Nathalie Sarraute part de la conception balzacienne pour définir le Nouveau Roman.

BIBLIOGRAPHIE

J.-H. Donnard, Les réalités économiques et sociales dans la Comédie humaine, Colin, 1961.
A. Wurmser, La comédie inhumaine, Gallimard, 1964.
A. Maurois, Prométhée ou la vie de Balzac, Hachette, 1965.
P. Barberis, Balzac et le mal du siècle, Gallimard, 1970.
Nicole Mozet, Balzac au pluriel, PUF Collection Quadrige, 1990.

LE PÈRE GORIOT

L'art de la description réaliste

Une veuve, madame Vauquer, tient depuis 40 ans, dans une petite rue du quartier latin, une pension. Après en avoir décrit l'extérieur, le petit jardin et le salon, Balzac passe à la description de la salle à manger.

Le père Goriot : *L'action se déroule à Paris en 1819 et débute dans la « pension bourgeoise » de Madame Vauquer. Le hasard y a conduit les gens les plus divers : Eugène de Rastignac, jeune provincial ambitieux ; le père Goriot, ancien fabricant de vermicelle ; Vautrin, Poiret, etc. gravure d'après Eugène Abot, 1885 (Bibliothèque Nationale, Paris).*

1. La saleté.
2. Entourée.
3. Meubles pour ranger la vaisselle.
4. Ronds de fer-blanc auxquels on a donné, par procédé chimique, une apparence moirée, c'est-à-dire avec des reflets.
5. On y fabriquait de la vaisselle ordinaire.
6. Avec des taches de vin.
7. Qui n'ont de place nulle part.
8. Hospices où les recueillaient les malades que l'on ne pouvait guérir (incurables).
9. Pendule murale.

Cette salle, entièrement boisée, fut jadis peinte en une couleur indistincte aujourd'hui, qui forme un fond sur lequel la crasse[1] a imprimé ses couches de manière à y dessiner des figures bizarres. Elle est plaquée[2] de buffets[3] gluants sur lesquels sont des carafes échancrées, ternies, des ronds de moiré métallique[4], des piles d'assiettes en porcelaine épaisse à bords bleus, fabriquées à Tournai[5]. Dans un angle est placée une boîte à cases numérotées qui sert à garder les serviettes, ou tachées ou vineuses[6], de chaque pensionnaire. Il s'y rencontre de ces meubles indestructibles, proscrits partout[7], mais placés là comme le sont les débris de la civilisation aux
10 Incurables[8]. Vous y verriez un baromètre à capucin qui sort quand il pleut, des gravures exécrables qui ôtent l'appétit, toutes encadrées en bois verni à filets dorés ; un cartel[9] en écaille incrustée de cuivre ; un poêle vert, des quinquets d'Argand[10] où la poussière se combine avec l'huile, une longue table couverte en toile cirée assez grasse pour qu'un facétieux externe[11] y écrive son nom en se servant de son doigt comme de style[12],

des chaises estropiées [13], de petits paillassons piteux en sparterie [14] qui se déroule toujours sans se perdre jamais, puis des chaufferettes misérables à trous cassés, à charnières défaites, dont le bois se carbonise. Pour expliquer combien ce mobilier est vieux, crevassé, pourri, tremblant, rongé, manchot,
20 borgne, invalide, expirant, il faudrait en faire une description qui retarderait trop l'intérêt de cette histoire, et que les gens pressés ne pardonneraient pas. Le carreau rouge est plein de vallées produites par le frottement ou par les mises en couleur. Enfin, là règne la misère sans poésie ; une misère économe, concentrée, râpée. Si elle n'a pas de fange encore, elle a des taches ; si elle n'a ni trous ni haillons, elle va tomber en pourriture.

Cette pièce est dans tout son lustre au moment où, vers sept heures du matin, le chat de madame Vauquer précède sa maîtresse, saute sur les buffets, y flaire le lait que contiennent plusieurs jattes couvertes d'assiettes, et fait entendre son *rourou* matinal. Bientôt, la veuve se montre, attifée [15]
30 de son bonnet de tulle sous lequel pend un tour de faux cheveux mal mis ; elle marche en traînassant ses pantoufles grimacées [16]. Sa face vieillotte, grassouillette, du milieu de laquelle sort un nez à bec de perroquet ; ses petites mains potelées [17], sa personne dodue comme un rat d'église [18], son corsage trop plein et qui flotte, sont en harmonie avec cette salle où suinte le malheur, où s'est blottie la spéculation [19], et dont madame Vauquer respire l'air chaudement fétide sans être écœurée. Sa figure fraîche comme une première gelée d'automne, ses yeux ridés, dont l'expression passe du sourire prescrit aux danseuses à l'amer renfrognement de l'escompteur [20], enfin toute sa personne explique la pension, comme la pension implique sa
40 personne.

Le père Goriot, 1834.

10. Lampes à huile inventées par le physicien Argand et perfectionnées par le pharmacien Quinquet. Un quinquet désigne généralement une petit lampe.
11. Pensionnaire qui ne couche pas à la pension et qui aime faire des farces (« facétieux »).
12. Poinçon pour écrire.
13. Abîmées.
14. Fibre végétale.
15. Coiffée de...
16. Toutes plissées.
17. Grasses.
18. Dévot ou employé d'église.
19. La spéculation mentale : allusion à un jeune locataire ambitieux.
20. Usurier.

Une scène à effet

Le père Goriot est un ancien fabricant de pâtes qui s'est peu à peu dépouillé de sa fortune en faveur de ses deux filles, Anastasie et Delphine, qu'il aime de façon excessive. Lorsqu'il leur a tout donné, les filles se désintéressent complètement de leur père. Le passage cité raconte la mort du père Goriot dans sa chambre de la pension Vauquer. Il réclame une dernière fois ses filles qui ne viendront pas.

« Je veux mes filles ! je les ai faites, elles sont à moi, dit-il en se dressant sur son séant [1], en montrant à Eugène une tête dont les cheveux blancs étaient épars et qui menaçait par tout ce qui pouvait exprimer la menace.

— Allons, lui dit Eugène, recouchez-vous, mon bon père Goriot, je vais leur écrire. Aussitôt que Bianchon sera de retour, j'irai si elles ne viennent pas.

— Si elles ne viennent pas ? répéta le vieillard en sanglotant. Mais je serai mort, mort dans un accès de rage, de rage ! La rage me gagne ! En ce moment, je vois ma vie entière. Je suis dupe [2] ! elles ne m'aiment pas, elles
10 ne m'ont jamais aimé ! cela est clair. Si elles ne sont pas venues, elles ne viendront pas. Plus elles auront tardé, moins elles se décideront à me faire cette joie. Je les connais. Elles n'ont jamais su rien deviner de mes chagrins, de mes douleurs, de mes besoins, elles ne devineront pas plus ma mort ;

1. En se mettant en position assise.
2. Je suis trompé ; ses filles ingrates ont trompé ses sentiments.

elles ne sont seulement pas dans le secret de ma tendresse. Oui, je le vois, pour elles, l'habitude de m'ouvrir les entrailles a ôté du prix à tout ce que je faisais. Elles auraient demandé à me crever les yeux, je leur aurais dit : « Crevez-les ! » Je suis trop bête. Elles croient que tous les pères sont comme le leur. Il faut toujours se faire valoir. Leurs enfants me vengeront. Mais c'est dans leur intérêt de venir ici. Prévenez-les donc qu'elles
20 compromettent leur agonie. Elles commettent tous les crimes en un seul. Mais allez donc, dites-leur donc que, ne pas venir, c'est un parricide[3] ! Elles en ont assez commis sans ajouter celui-là. Criez donc comme moi : « Hé, Nasie[4] ! hé, Delphine ! venez à votre père qui a été si bon pour vous et qui souffre ! » Rien, personne. Mourrai-je donc comme un chien ? Voilà ma récompense, l'abandon. Ce sont des infâmes, des scélérates ; je les abomine[5], je les maudis ; je me relèverai, la nuit, de mon cercueil pour les remaudire, car enfin, mes amis, ai-je tort ? elles se conduisent bien mal ! hein ? Qu'est-ce que je dis ? Ne m'avez-vous pas averti que Delphine est là ? C'est la meilleure des deux. Vous êtes mon fils, Eugène, vous ! aimez-
30 la, soyez un père pour elle. L'autre est bien malheureuse. Et leurs fortunes ! Ah ! mon Dieu ! J'expire, je souffre un peu trop ! Coupez-moi la tête, laissez-moi seulement le cœur.
— Christophe[6], allez chercher Bianchon, s'écria Eugène, épouvanté du caractère que prenaient les plaintes et les cris du vieillard, et ramenez-moi un cabriolet.
Je vais aller chercher vos filles, mon bon père Goriot, je vous les ramènerai.
— De force, de force ! Demandez la garde[7], la ligne[8], tout ! tout, dit-il en jetant à Eugène un dernier regard où brilla la raison. Dites au gouvernement, au procureur du roi, qu'on me les amène, je le veux !

Le père Goriot, 1834.

3. Meurtre d'un père.
4. Sa fille, Anastasie.
5. Je les ai en horreur.
6. Domestique de la pension Vauquer.
7. La garde à cheval.
8. L'infanterie de ligne.

EUGÉNIE GRANDET

Portrait de l'avarice

Le père d'Eugénie incarne pour Balzac l'avarice humaine mais il est aussi révélateur de la puissance de l'argent au XIXe siècle. Eugénie vit sous la tyrannie de son père qui lui offre pour chaque anniversaire une pièce d'or. Or Eugénie, séduite par le charme de son cousin Charles, lui a donné cet or. Le texte commence alors que le père demande à Eugénie de lui montrer ses pièces.

Que dis-tu, fifille[1] ? Lève donc le nez. Allons, va le chercher, le mignon[2]. Tu devrais me baiser sur les yeux pour te dire ainsi des secrets et des mystères de vie et de mort pour les écus. Vraiment les écus vivent et grouillent[3] comme des hommes : ça va, ça vient, ça sue, ça produit.
Eugénie se leva, mais, après avoir fait quelques pas vers la porte, elle se retourna brusquement, regarda son père en face et lui dit : « Je n'ai plus *mon* or. »

1. Diminutif affectueux de fille.
2. Gentil, charmant ; désigne ici le trésor d'Eugénie.
3. Bougent, remuent.

Ma mère souffre beaucoup. Voyez ; ne la tuez pas.

— Tu n'as plus ton or ! s'écria Grandet en se dressant sur ses jarrets [4] comme un cheval qui entend tirer le canon à dix pas de lui.

10 — Non, je ne l'ai plus.

— Tu te trompes, Eugénie.

— Non.

— Par la serpette [5] de mon père !

Quand le tonnelier [6] jurait ainsi, les planchers tremblaient.

— Bon saint bon Dieu ! voilà madame qui pâlit, cria Nanon.

— Grandet, ta colère me fera mourir, dit la pauvre femme.

— Ta, ta, ta, ta, vous autres, vous ne mourez jamais dans votre famille !

— Eugénie, qu'avez-vous fait de vos pièces ? cria-t-il en fondant [7] sur elle.

— Monsieur, dit la fille aux genoux de madame Grandet, ma mère souffre

20 beaucoup. Voyez, ne la tuez pas.

Grandet fut épouvanté de la pâleur répandue sur le teint de sa femme, naguère si jaune.

— Nanon, venez m'aider à me coucher, dit la mère d'une voix faible. Je meurs.

Aussitôt Nanon donna le bras à sa maîtresse, autant en fit Eugénie, et ce ne fut pas sans des peines infinies qu'elles purent la monter chez elle, car elle tombait en défaillance de marche en marche. Grandet resta seul.

4. Parties des jambes situées sous les genoux.
5. Petite serpe, outil utilisé pour couper.
6. Marchand ou fabricant de tonneaux.
7. En s'élançant vers elle.

Néanmoins, quelques moments après, il monta sept ou huit marches, et cria : « Eugénie, quand votre mère sera couchée, vous descendrez. »

30 — Oui, mon père.

Elle ne tarda pas à venir, après avoir rassuré sa mère.

— Ma fille, lui dit Grandet, vous allez me dire où est votre trésor.

— Mon père, si vous me faites des présents dont je ne sois pas maîtresse, reprenez-les, répondit froidement Eugénie, en cherchant le napoléon sur la cheminée et le lui présentant.

Grandet saisit vivement le napoléon et le coula dans son gousset.

— Je crois bien que je ne te donnerai plus rien. Pas seulement ça ! dit-il en faisant claquer l'ongle de son pouce sous sa maîtresse dent. Vous méprisez donc votre père, vous n'avez donc pas confiance en lui, vous ne savez donc
40 pas ce que c'est qu'un père. S'il n'est pas tout pour vous, il n'est rien. Où est votre or ?

— Mon père, je vous aime et vous respecte, malgré votre colère ; mais je vous ferai humblement observer que j'ai vingt-deux ans. Vous m'avez assez souvent dit que je suis majeure, pour que je le sache. J'ai fait de mon argent ce qu'il m'a plu d'en faire, et soyez sûr qu'il est bien placé...

— Où ?

— C'est un secret inviolable, dit-elle. N'avez-vous pas vos secrets ?

— Ne suis-je pas le chef de ma famille, ne puis-je avoir mes affaires ?

— C'est aussi mon affaire.

50 — Cette affaire doit être mauvaise, si vous ne pouvez pas la dire à votre père, mademoiselle Grandet.

— Elle est excellente, et je ne puis pas la dire à mon père.

— Au moins quand avez-vous donné votre or ? Eugénie fit un signe de tête négatif. — Vous l'aviez encore le jour de votre fête, hein ? Eugénie, devenue aussi rusée par amour que son père l'était par avarice, réitéra [8] le même signe de tête. — Mais l'on n'a jamais vu pareil entêtement, ni vol pareil, dit Grandet d'une voix qui alla *crescendo* et qui fit graduellement retentir la maison. Comment ! ici, dans ma propre maison, chez moi, quelqu'un aura pris ton or ! le seul or qu'il y avait ! et je ne saurai pas
60 qui ? L'or est une chose chère. Les plus honnêtes filles peuvent faire des fautes, donner je ne sais quoi, cela se voit chez les grands seigneurs et même chez les bourgeois, mais donner de l'or, car vous l'avez donné à quelqu'un, hein ? Eugénie fut impassible [9]. A-t-on vu pareille fille ! Est-ce moi qui suis votre père ? Si vous l'avez placé, vous en avez un reçu...

— Étais-je libre, oui ou non, d'en faire ce que bon me semblait ? Était-ce à moi ?

— Mais tu es un enfant.

— Majeure.

Abasourdi par la logique de sa fille, Grandet pâlit, trépigna [10], jura ; puis trouvant enfin des paroles, il cria : « Maudit serpent de fille ! ah ! mauvaise
70 graine, tu sais bien que je t'aime, et tu en abuses. Elle égorge son père ! Pardieu, tu auras jeté notre fortune aux pieds de ce va-nu-pieds [11] qui a des bottes de maroquin [12]. Par la serpette de mon père, je ne peux pas te déshériter, nom d'un tonneau ! mais je te maudis, toi, ton cousin, et tes enfants !

Eugénie Grandet, 1833.

8. Recommença.
9. Immobile, qui ne montre aucun sentiment.
10. Frappa du pied contre terre (en signe de colère).
11. Miséreux.
12. Peau de chèvre.

Le pessimisme de Balzac

À son retour des Indes, Charles, le cousin d'Eugénie, devenu riche lui aussi, se détourne d'elle. La déception pousse Eugénie à accepter le mariage avec le président Cruchot de Bonfons, un fils de notaire. Celui-ci meurt très tôt lui laissant une immense fortune. Eugénie mène pourtant une vie modeste, consacrant son argent aux œuvres de charité. Balzac mêle les notations psychologiques et les détails physiques dans ce portrait d'Eugénie, qui termine le roman.

Madame de Bonfons fut veuve à trente-trois ans, riche de huit cent mille livres de rente, encore belle, mais comme une femme est belle à près de quarante ans. Son visage est blanc, reposé, calme. Sa voix est douce et recueillie, ses manières sont simples. Elle a toutes les noblesses de la douleur, la sainteté d'une personne qui n'a pas souillé son âme au contact du monde, mais aussi la roideur de la vieille fille et les habitudes mesquines[1] que donne l'existence étroite de la province. Malgré ses huit cent mille livres de rente, elle vit comme avait vécu la pauvre Eugénie Grandet, n'allume le feu de sa chambre qu'aux jours où jadis son père lui permettait d'allumer
10 le foyer de la salle, et l'éteint conformément au programme en vigueur dans ses jeunes années. Elle est toujours vêtue comme l'était sa mère. La maison de Saumur, maison sans soleil, sans chaleur, sans cesse ombragée, mélancolique, est l'image de sa vie. Elle accumule soigneusement ses revenus, et peut-être semblerait-elle parcimonieuse[2] si elle ne démentait la médisance par un noble emploi de sa fortune. De pieuses et charitables fondations, un hospice pour la vieillesse et des écoles chrétiennes pour les enfants, une bibliothèque publique richement dotée, témoignent chaque année contre l'avarice que lui reprochent certaines personnes. Les églises de Saumur lui doivent quelques embellissements. Madame de Bonfons que,
20 par raillerie, on appelle *mademoiselle*, inspire généralement un religieux respect. Ce noble cœur, qui ne battait que pour les sentiments les plus tendres, devait donc être soumis aux calculs de l'intérêt humain. L'argent devait communiquer ses teintes froides à cette vie céleste, et donner de la défiance pour les sentiments à une femme qui était tout sentiment.

— Il n'y a que toi qui m'aimes, disait-elle à Nanon.

La main de cette femme panse[3] les plaies secrètes de toutes les familles. Eugénie marche au ciel accompagnée d'un cortège de bienfaits. La grandeur de son âme amoindrit les petitesses de son éducation et les coutumes de sa vie première. Telle est l'histoire de cette femme qui n'est pas du monde au
30 milieu du monde, qui, faite pour être magnifiquement épouse et mère, n'a ni mari, ni enfants, ni famille.

Eugénie Grandet, 1833.

1. Ici, avares, très économes.
2. Qui a un sens exagéré de l'économie.
3. Soigne.

STENDHAL (1783-1842)

Épris de gloire, Stendhal mène d'abord une vie riche en voyages et en aventures, il ne se lance qu'assez tard dans la carrière littéraire. Romantique lucide et même réaliste, il nous présente dans ses romans des héros poussés par l'ambition et un individualisme forcené. La précision de ses analyses psychologiques a moins pour base l'attention aux autres qu'à lui-même.

LA VIE

Un enfant du XVIIIe siècle

Henri Beyle, dit Stendhal, naît à Grenoble, dans les Alpes, en 1783, dans une famille bourgeoise à l'esprit rétrograde. Son enfance n'est pas heureuse. Il perd sa mère assez tôt et se révolte contre sa famille. Ce refus de la cellule familiale se traduira plus tard par un rejet de deux autres institutions : la religion et la monarchie. De 1796 à 1799, il poursuit des études de mathématiques qu'il abandonne avant l'examen, rêvant d'une vie passionnée et agitée.

La carrière militaire

En 1800, il est sous-lieutenant dans l'armée d'Italie. La beauté de ce pays le marque profondément ; quant à sa carrière militaire, c'est l'échec. Il s'ennuie et en 1802, il s'installe à Paris où il projette « d'écrire des comédies comme Molière ». En effet, c'est à cette époque qu'il se lance dans les activités d'écrivain ; il rédige notamment son *Journal* (à partir de 1801). Le succès ne venant pas, Stendhal regagne l'armée en 1806 en tant qu'intendant ; il découvre ainsi l'Allemagne, l'Autriche, la Saxe et la Russie. Sa carrière militaire prend fin avec la chute de Napoléon en 1814.

La passion pour l'Italie, sa vraie patrie

Le jeune homme se rappelle alors sa fascination pour Milan et s'y installe pour se vouer à la littérature. L'essai *Rome, Naples et Florence* (1817) est la première œuvre signée de son nom d'artiste : Stendhal. En 1821, la police italienne commence à voir en lui un citoyen suspect.

Portrait de Stendhal à l'âge de 57 ans par Södermark (1840). (Musée National du château de Versailles).

Dans l'attente de la gloire

Stendhal regagne Paris où il essaie de briller dans les salons littéraires et de mener une vie d'artiste. En 1822, il publie *De l'amour*, un essai qui laisse deviner l'influence des idéologues[1]. Parallèlement, il se sent attiré par l'art romantique et écrit : *Racine et Shakespeare* (1823). Son premier roman d'analyse, *Armance*, reste méconnu. C'est sa deuxième tentative dans ce

---

1. *Groupe de philosophes français (XVIIIe-XIXe) qui accorde une grande importance à l'analyse psychologique.*

genre nouveau qui, avec *Le rouge et le noir*, lui apporte la gloire.

Entre-temps, étant donné sa situation financière modeste, il est obligé de retourner en Italie. Il est nommé consul de Trieste mais son libéralisme politique (carbonarisme) le rend suspect et il est envoyé à Civita Vecchia (États de l'Église) avec les mêmes fonctions. En 1834, il écrit son roman *Lucien Leuwen*, œuvre qui reste inachevée. En 1836, ayant obtenu un congé, il rentre à Paris où il écrit *La chartreuse de Parme*. Son congé terminé, il regagne Civita Vecchia et commence son dernier roman, *Lamiel*. Il meurt en 1842 à Paris d'une crise d'apoplexie.

L'HOMME

Comme les principales œuvres de Stendhal sont en grande partie autobiographiques il est relativement facile de juger le caractère de Henri Beyle.

Dans la *Vie de Henri Brulard*, souvenirs posthumes, il nous apprend que la nature lui a donné des « nerfs délicats et la peau sensible d'une femme ». La mort précoce de sa mère et l'éducation rude et autoritaire de son père ont éveillé en lui une passion pour la tendresse et une sorte de romantisme. Cette sensibilité liée à un tempérament passionné trouve son épanouissement au contact de la musique de Cimerosa et de Mozart, ainsi qu'au théâtre. Mais Stendhal n'est pas seulement un être passionné, c'est aussi un penseur qui a un penchant pour les analyses, les explications psychologiques. Il déteste les comportements artificiels, les conventions, qui sont pour lui synonymes de la bêtise de la société monarchique. Cet amour de la franchise n'empêche pas Stendhal de cacher ses sentiments romantiques sous des dehors virils et froids.

PRINCIPALES ŒUVRES

Rome, Naples et Florence (1817)

Ce sont des impressions très personnelles de son séjour en Italie. Pour la première fois, il signe du nom de Stendhal.

De l'amour (1822)

Le premier volume est une approche très scientifique de l'amour. Stendhal distingue quatre sortes d'amour possibles : l'amour « passion », l'amour « goût », l'amour « physique » et l'amour « vanité ». L'éveil de l'amour comporte sept phases, dont la plus importante est la « cristallisation ». Comme une branche d'arbre que l'on jette dans les mines de sel à Salzbourg et à laquelle s'accrochent des milliers de cristaux, celui qui aime attribue mille qualités à l'être aimé.

Le deuxième volume est un tableau de l'amour selon la mentalité et le tempérament de chaque peuple.

Racine et Shakespeare (1823, édition complémentaire en 1825)

Dans les 55 pages de cet essai critique, Stendhal se prononce sur l'art de la tragédie de Racine. Il considère que les comédies de Molière ont perdu de leur intérêt et il cherche une nouvelle définition du rire. Dans la troisième partie, il nous explique sa conception personnalisée du romantisme.

Armance (1827)

Première tentative d'écriture d'un roman d'analyse, qui reste un échec.

Le rouge et le noir (1830)

Monsieur de Rênal, maire de Verrières, petite ville de province, engage pour l'éducation de ses enfants un jeune précepteur, Julien Sorel. Celui-ci, qui admire Napoléon, hésite entre une carrière dans l'armée (symbolisée par le rouge à cause de l'uniforme) ou dans l'église (le noir). Cette dernière étant plus prometteuse, l'ambitieux Julien s'y engage.

Par désir de conquête, il tente de séduire Mme de Rênal et y parvient. Pour éviter le scandale, il doit partir au séminaire de Besançon. Un hasard le fait nommer secrétaire du marquis de La Mole à Paris. Julien méprise ce milieu aristocratique et par vengeance, il séduit Mathilde, la fille du marquis. Mme de Rênal le dénonce alors dans une lettre comme un dangereux séducteur. Blessé dans son orgueil, Julien retourne à Verrières et tire deux coups de feu sur Mme de Rênal. Condamné à mort, il

Le rouge et le noir : Julien Sorel arrive comme précepteur chez les Rênal. Il ne tardera pas à faire la conquête de la maîtresse de maison. Vignette d'Henri-Joseph Dubouchet, 1884 (Bibliothèque Nationale, Paris).

Paysage stendhalien : Villa Melzi et Bellaggio *au bord du lac du Côme. Gravure d'après un dessin de Johann Jakob Wetzel (Bibliothèque Nationale, Paris).*

est décapité. Mme de Rênal meurt trois jours après lui.

Lucien Leuwen (1834-1894)

Roman inachevé, publié en 1890, qui décrit sans détours la société corrompue de l'après-Révolution sous Louis-Philippe. C'est l'argent, c'est-à-dire la bourgeoisie riche, qui règne sur le pays. Stendhal exprime ici tout son mépris et sa profonde déception face au nouveau régime politique. Cette satire est néanmoins écrite avec beaucoup d'humour.

La chartreuse de Parme (1839)

Fabrice del Dongo, jeune noble milanais, a combattu dans les rangs de l'armée napoléonienne. Après la défaite de Waterloo, la duchesse Sanseverina, sa tante, le protège contre le comte Mosca et use de toute son influence pour lui ouvrir une carrière ecclésiastique. Fabrice pourrait ainsi devenir archevêque de Parme mais les ennemis du comte Mosca le retiennent prisonnier dans une forteresse. C'est là qu'il rencontre la fille du gouverneur, Clélia Conti, dont il tombe éperdument amoureux. La duchesse le sauve une deuxième fois : elle fait empoisonner le prince de Parme et Fabrice peut s'enfuir de prison. Sous le nouveau gouvernement, rien ne semble empêcher sa carrière mais le destin est contre lui : lors de la naissance de son fils, Clélia meurt et Fabrice se retire dans la Chartreuse de Parme où il vivra encore un an avant de mourir.

L'Italie est pour Stendhal le pays de la liberté, de l'héroïsme ; néanmoins, dans le portrait qu'il nous brosse, critique et admiration sont mêlées : c'est l'intrigue, la corruption qui règnent dans cette petite cour. D'un autre côté, il admire chez les Italiens leur fierté, la résistance qu'ils témoignent face à l'occupation par Napoléon.

Lamiel (1889)

Roman inachevé.

LA PENSÉE

Stendhal est toujours à la recherche du bonheur et en fait même un devoir, pour lui-même comme pour ses héros. Cette attitude qu'on appelle épicurisme nécessite forcément une concentration sur le « moi », un certain égotisme. L'égotisme est une tendance parfois excessive à ne parler que de soi, à décrire et analyser ses états d'âme. Cette attitude implique une sincérité totale envers soi-même. L'âme qui cherche la gloire et l'amour est au centre de toute action. Pour surmonter obstacles et difficultés, le héros doit faire preuve d'une énergie peu commune, la « vertu » (Stendhal utilisait le terme italien de *virtù*). Ces idées sont proches du romantisme mais Stendhal en modifie la définition : bien qu'étant à la recherche de l'amour, de la passion, il reste lucide, réaliste, refusant de se laisser emporter par les émotions. Il faut voir là l'influence des idéologues. D'après ses propres termes, « trop de sensibilité empêche de juger ».

ART ET STYLE

Marqué par l'influence des écrivains romantiques, Stendhal utilise comme matière première de ses romans des événements qu'il a lui-même vécus. Il s'identifie à ses héros, à leurs rêves de puissance, à leurs ambitions. Mais, il ne faut pas voir en Stendhal un romancier romantique : il a au contraire attaché beaucoup d'importance à la vraisemblance de ses romans. Le cadre historique est souvent très précis, c'est ainsi que Stendhal évoque la Restauration (de la royauté) en France. Le cadre géographique est tout aussi exactement représenté ; quand Stendhal décrit les paysages et sites italiens dans *La Chartreuse de Parme*, le lecteur sent bien que l'auteur connaissait ce pays.

Stendhal est donc hanté par le souci du réalisme et par là il montre la voie aux romanciers qui le suivront. Le style de Stendhal est le résultat d'une intéressante synthèse : une grande simpli-cité d'une part que Stendhal obtenait, à l'en croire, en lisant des pages du Code civil. Une grande spontanéité d'autre part puisque Stendhal travaillait très vite et modifiait rarement ce qu'il avait écrit ; il estimait en effet que l'expression immédiate et première est forcément la meilleure.

Stendhal est un romancier sans indulgence pour les mœurs de son époque. Ses romans sont peuplés de héros ambitieux animés par une énergie peu commune : ils sont constamment à la recherche, à « la chasse » au bonheur. Stendhal impose une conception très exigeante du roman, caractérisée par la vraisemblance des faits racontés, la finesse de l'analyse psychologique et un style très pur.

BIBLIOGRAPHIE
C. Roy, *Stendhal par lui-même*, Le Seuil, 1951.
G. Blin, *Stendhal et les problèmes du roman. Stendhal et les problèmes de la personnalité*, Corti, 1959.
P.-G. Castex, « *Le rouge et le noir* », Commentaire, Sedes, 1967.
V. del Litto, *La vie intellectuelle de Stendhal*, P.U.F., 1959.
A. Martineau, *L'œuvre de Stendhal*, Albin Michel, 1955.

LE ROUGE ET LE NOIR

L'énergie d'un ambitieux

Julien Sorel, fils de paysans, est engagé comme précepteur chez les Rênal. Il rêve de sortir de sa condition, et pour se prouver à lui-même son énergie, il entreprend de séduire la douce madame de Rênal. Celle-ci, délaissée par un mari violent et trop occupé, est déjà à demi conquise par la jeunesse et le caractère de Julien. Nous sommes en été, monsieur de Rênal est absent, seule la meilleure amie de madame de Rênal est là. Julien a décidé que ce soir il prendrait la main de madame de Rênal dans la sienne.

Le soleil en baissant, et rapprochant le moment décisif, fit battre le cœur de Julien d'une façon singulière. La nuit vint. Il observa, avec une joie qui lui ôta un poids immense de dessus la poitrine, qu'elle serait fort obscure. Le ciel chargé de gros nuages, promenés par un vent très chaud, semblait annoncer une tempête. Les deux amies se promenèrent fort tard. Tout ce qu'elles faisaient ce soir-là semblait singulier à Julien. Elles jouissaient de ce temps, qui, pour certaines âmes délicates, semble augmenter le plaisir d'aimer.

On s'assit enfin, Mme de Rênal à côté de Julien, et Mme Derville près de son amie. Préoccupé de ce qu'il allait tenter, Julien ne trouvait rien à dire. La conversation languissait [1].

10

1. Les sujets de conversations devenaient rares.

Serai-je aussi tremblant, et malheureux au premier duel qui me viendra ? se dit Julien, car il avait trop de méfiance et de lui et des autres, pour ne pas voir l'état de son âme.

Dans sa mortelle angoisse, tous les dangers lui eussent semblé préférables. Que de fois ne désira-t-il pas voir survenir à Mme de Rênal quelque affaire qui l'obligeât de rentrer à la maison et de quitter le jardin ! La violence que Julien était obligé de se faire était trop forte pour que sa voix ne fût pas profondément altérée[2] ; bientôt la voix de Mme de Rênal devint
20 tremblante aussi, mais Julien ne s'en aperçut point. L'affreux combat que le devoir livrait à la timidité était trop pénible pour qu'il fût en état de rien observer hors lui-même[3]. Neuf heures trois quarts venaient de sonner à l'horloge du château, sans qu'il eût encore rien osé. Julien, indigné de sa lâcheté, se dit : Au moment précis où dix heures sonneront, j'exécuterai ce que, pendant toute la journée, je me suis promis de faire ce soir, ou je monterai chez moi me brûler la cervelle[4].

Après un dernier moment d'attente et d'anxiété, pendant lequel l'excès de l'émotion mettait Julien comme hors de lui, dix heures sonnèrent à l'horloge qui était au-dessus de sa tête. Chaque coup de cette cloche fatale retentissait
30 dans sa poitrine, et y causait comme un mouvement physique.

Enfin, comme le dernier coup de dix heures retentissait encore, il étendit la main et prit celle de Mme de Rênal, qui la retira aussitôt. Julien, sans trop savoir ce qu'il faisait, la saisit de nouveau. Quoique bien ému lui-même, il fut frappé de la froideur glaciale de la main qu'il prenait ; il la serrait avec une force convulsive ; on fit un dernier effort pour la lui ôter, mais enfin cette main lui resta.

Son âme fut inondée de bonheur, non qu'il aimât madame de Rênal, mais un affreux supplice venait de cesser.

2. Modifiée.
3. Si ce n'est lui-même.
4. Me tirer une balle dans la tête.

Le rouge et le noir,
Première partie, chapitre IX.

LA CHARTREUSE DE PARME

Un héros stendhalien

Fabrice del Dongo, jeune aristocrate italien, est un fervent admirateur de Napoléon. Il rejoint l'armée que reforme l'empereur sitôt rentré de l'exil de l'île d'Elbe. Fabrice est transporté de joie à la pensée de pouvoir assister à la bataille de Waterloo. Dans cette scène, il vient d'acheter un cheval et se joint à un groupe de cavaliers français. On peut comparer cette scène avec la méditation historique de Chateaubriand (voir extrait p. 27) et le poème de Hugo (voir extrait p. 50) sur le même thème.

Retraite du bataillon sacré à Waterloo. L'épopée napoléonienne a marqué toute une génération d'artistes et d'écrivains. Lithographie de Auguste Raffet (1885). (Bibliothèque Nationale, Paris).

Nous avouerons que notre héros était fort peu héros en ce moment. Toutefois la peur ne venait chez lui qu'en seconde ligne ; il était surtout scandalisé de ce bruit qui lui faisait mal aux oreilles. L'escorte prit le galop ; on traversait une grande pièce de terre labourée, située au-delà du canal, et ce champ était jonché[1] de cadavres.

— Les habits rouges[2] ! les habits rouges ! criaient avec joie les hussards de l'escorte. Et d'abord Fabrice ne comprenait pas ; enfin il remarqua qu'en effet presque tous les cadavres étaient vêtus de rouge. Une circonstance lui donna un frisson d'horreur : il remarqua que beaucoup de ces malheureux
10 habits rouges vivaient encore ; ils criaient évidemment pour demander du secours, et personne ne s'arrêtait pour leur en donner. Notre héros, fort humain, se donnait toutes les peines du monde pour que son cheval ne mît les pieds sur aucun habit rouge. L'escorte s'arrêta ; Fabrice, qui ne faisait pas assez attention à son devoir de soldat, galopait toujours en regardant un malheureux blessé.

— Veux-tu bien t'arrêter, blanc-bec ! lui cria le maréchal des logis. Fabrice s'aperçut qu'il était à vingt pas sur la droite en avant des généraux, et précisément du côté où ils regardaient avec leurs lorgnettes[3]. En revenant se ranger à la queue des autres hussards restés à quelques pas en arrière, il vit
20 le plus gros de ces généraux qui parlait à son voisin, général aussi, d'un

1. Recouvert.
2. Les fantassins anglais.
3. Lunettes d'approche.

air d'autorité et presque de réprimande ; il jurait. Fabrice ne put retenir sa curiosité ; et, malgré le conseil de ne point parler, à lui donné par son amie la geôlière[3], il arrangea une petite phrase bien française, bien correcte, et dit à son voisin :

— Quel est-il ce général qui *gourmande*[4] son voisin ?

— Pardi[5], c'est le maréchal !

— Quel maréchal ?

— Le maréchal Ney, bêta[6] ! Ah ça ! où as-tu servi jusqu'ici ?

Fabrice, quoique fort susceptible, ne songea point à se fâcher de l'injure ;
30 il contemplait, perdu dans une admiration enfantine, ce fameux prince de la Moskowa[7], le brave des braves[8].

Tout à coup on partit au grand galop. Quelques instants après, Fabrice vit, à vingt pas en avant, une terre labourée qui était remuée d'une façon singulière. Le fond des sillons était plein d'eau, et la terre fort humide qui formait la crête de ces sillons volait en petits fragments noirs lancés à trois ou quatre pieds de haut. Fabrice remarqua en passant cet effet singulier ; puis sa pensée se remit à songer à la gloire du maréchal. Il entendit un cri auprès de lui : c'étaient deux hussards qui tombaient atteints par des boulets ; et, lorsqu'il les regarda, ils étaient déjà à vingt pas de l'escorte.
40 Ce qui lui sembla horrible, ce fut un cheval tout sanglant qui se débattait sur la terre labourée, en engageant ses pieds dans ses propres entrailles : il voulait suivre les autres. Le sang coulait dans la boue.

— Ah ! m'y voilà donc enfin au feu[9] ! se dit-il. J'ai vu le feu ! se répétait-il avec satisfaction. Me voici un vrai militaire. A ce moment l'escorte allait ventre à terre[10], et notre héros comprit que c'étaient les boulets qui faisaient voler la terre de toutes parts.

Le maréchal s'arrêta et regarda de nouveau avec sa lorgnette. Fabrice, cette fois, put le voir tout à son aise ; il le trouva très blond, avec une grosse tête rouge. Nous n'avons point des figures comme celle-là en Italie,
50 se dit-il. Jamais, moi qui suis si pâle et qui ai des cheveux châtains[11], je ne serai comme ça, ajouta-t-il avec tristesse. Pour lui ces paroles voulaient dire : Jamais je ne serai un héros. Il regarda les hussards ; à l'exception d'un seul, tous avaient des moustaches jaunes. Si Fabrice regardait les hussards de l'escorte[12], tous le regardaient aussi. Ce regard le fit rougir, et, pour finir son embarras, il tourna la tête vers l'ennemi. C'étaient des lignes fort étendues d'hommes rouges, mais ce qui l'étonna fort, ces hommes lui semblaient tout petits. Leurs longues files, qui étaient des régiments ou des divisions, ne lui paraissaient pas plus hautes que des haies[13]. Une ligne de cavaliers rouges trottait pour se rapprocher du chemin en contrebas[14]
60 que le maréchal et l'escorte s'étaient mis à suivre au petit pas, pataugeant[15] dans la boue. La fumée empêchait de rien distinguer du côté vers lequel on s'avançait ; l'on voyait quelquefois des hommes au galop se détacher sur cette fumée blanche.

Tout à coup, du côté de l'ennemi, Fabrice vit quatre hommes qui arrivaient ventre à terre. Ah ! nous sommes attaqués, se dit-il ; puis il vit deux de ces hommes parler au maréchal. Un des généraux de la suite de ce dernier partit au galop du côté de l'ennemi, suivi de deux hussards de l'escorte et des quatre hommes qui venaient d'arriver. Après un petit canal que tout le monde passa, Fabrice se trouva à côté d'un maréchal des logis[16] qui avait

3. Femme de gardien de prison.
4. Fait des reproches sévères.
5. (familier) : bien sûr, naturellement.
6. (familier) : homme stupide.
7. Napoléon Ier avait créé une noblesse d'Empire non héréditaire en récompense de services civils ou militaires. C'est ainsi que Ney avait été nommé prince de la Moskowa, du nom de la bataille où il s'était illustré en 1812.
8. Le maréchal Ney avait une grande réputation de bravoure.
9. Au milieu de la bataille.
10. Très vite.
11. Brun clair.
12. Troupe qui accompagne quelqu'un.
13. Clôtures de branchages.
14. A un niveau inférieur.
15. Progressant dans une eau mêlée de boue.
16. Grade militaire.

70 l'air fort bon enfant [17]. Il faut que je parle à celui-là, se dit-il, peut-être ils cesseront de me regarder. Il médita longtemps.

— Monsieur, c'est la première fois que j'assiste à la bataille, dit-il enfin au maréchal des logis ; mais ceci est-il une véritable bataille ?

— Un peu. Mais vous, qui êtes-vous ?

— Je suis frère de la femme d'un capitaine.

— Et comment l'appelez-vous, ce capitaine ?

Notre héros fut terriblement embarrassé ; il n'avait point prévu cette question. Par bonheur le maréchal et l'escorte repartaient au galop. Quel nom français dirai-je ? pensait-il. Enfin il se rappela le nom du maître de 80 l'hôtel où il avait logé à Paris ; il rapprocha son cheval de celui du maréchal des logis et lui cria de toutes ses forces :

— Le capitaine Meunier ! L'autre, entendant mal à cause du roulement du canon, lui répondit : — Ah ! le capitaine Teulier ? Eh bien, il a été tué. Bravo ! se dit Fabrice. Le capitaine Teulier, il faut faire l'affligé. — Ah, mon Dieu ! cria-t-il ; et il prit une mine piteuse [18]. On était sorti du chemin en contrebas, on traversait un petit pré ; on allait ventre à terre [19], les boulets arrivaient de nouveau, le maréchal se porta vers une division de cavalerie. L'escorte se trouvait au milieu de cadavres et de blessés ; mais ce spectacle ne faisait déjà plus autant d'impression sur notre 90 héros ; il avait autre chose à penser.

Pendant que l'escorte était arrêtée, il aperçut la petite voiture d'une cantinière [20], et sa tendresse pour ce corps respectable l'emportant sur tout, il partit au galop pour la rejoindre.

— Restez donc, s [21]... ! lui cria le maréchal des logis.

Que peut-il me faire ici ? pensa Fabrice. Et il continua de galoper vers la cantinière. En donnant de l'éperon [22] à son cheval, il avait eu quelque espoir que c'était sa bonne cantinière du matin ; les chevaux et les petites charrettes se ressemblaient fort, mais la propriétaire était tout autre, et notre héros lui trouva l'air fort méchant. Comme il l'abordait, Fabrice 100 l'entendit qui disait : Il était pourtant bien bel homme ! Un fort vilain spectacle attendait là le nouveau soldat : on coupait la cuisse à un cuirassier, beau jeune homme de cinq pieds dix pouces. Fabrice ferma les yeux et but coup sur coup quatre verres d'eau-de-vie [23].

— Comme tu y vas, gringalet [24] ! s'écria la cantinière. L'eau-de-vie lui donna une idée : il faut que j'achète la bienveillance de mes camarades les hussards de l'escorte.

— Donnez-moi le reste de la bouteille, dit-il à la vivandière [25].

— Mais sais-tu, répondit-elle, que ce reste-là coûte dix francs, un jour comme aujourd'hui ?

110 Comme il regagnait l'escorte au galop :

— Ah ! tu nous rapportes la goutte [26] ! s'écria le maréchal des logis ; c'est pour ça que tu désertais ? Donne.

La chartreuse de Parme, chapitre 3.

17. De bon caractère.
18. Qui fait pitié, triste.
19. Très vite.
20. Femme qui tient une cantine, qui donne à manger aux soldats.
21. Première lettre d'une injure.
22. Poussant son cheval à aller plus vite.
23. Alcool très fort, à base de fruits.
24. Petit homme maigre et faible.
25. Cantinière.
26. Ici : l'alcool.

MÉRIMÉE (1803-1870)

Mérimée utilise les mêmes procédés littéraires que son ami Stendhal (justesse de l'observation, sobriété et précision dans la forme) dans un genre qui n'est pas le roman, mais celui, plus concis, de la nouvelle. Il marque l'évolution du romantisme vers le réalisme impersonnel.

LA VIE

Fils d'artistes, Prosper Mérimée connaît une jeunesse de dilettante, et se mêle à la vie mondaine. Sa distinction contraste avec l'exubérance d'un Balzac. Devenu avocat, il se lie d'amitié avec Stendhal et ses premières pièces lui valent une réputation d'écrivain à la mode. En 1830, il parcourt l'Espagne, qui l'enchante. A son retour, il entre dans la haute administration du gouvernement de Louis Philippe.

Il subit la révolution de 1848, plus qu'il ne l'encourage, et se rallie à Napoléon III. Familier de la cour parce qu'il connaît bien l'impératrice Eugénie, d'origine espagnole, il refuse pourtant un poste de ministre. Il meurt à Cannes, en 1870, avec la chute du Second Empire.

PRINCIPALES ŒUVRES

Chronique du règne de Charles IX (1829)
Roman historique.

Mateo Falcone (nouvelle, 1829)
Un homme a pris le maquis pour échapper à la justice. Il se réfugie chez Mateo Falcone. Mais le fils de Mateo, un enfant de dix ans, alléché par la récompense offerte, dévoile aux soldats la cachette du fugitif. Respectant la loi corse de l'honneur, Mateo punit son propre fils (voir extrait page 89).

La Vénus d'Ille (nouvelle, 1837)
Un jeune Catalan est assassiné de façon inexplicable le soir de son mariage (voir extrait page 91).

Colomba (nouvelle, 1840)

Le lieutenant della Rebbia, rentrant en Corse après une longue absence, retrouve sa sœur Colomba. Elle lui apprend que leur père a été tué deux ans plus tôt par les frères Barricini. Le frère ne veut pas d'une vendetta, alors que Colomba ne pense qu'à venger son père. Elle

La scène finale de Mateo Falcone. *Gravure d'Adolphe Gery-Bichard d'après un dessin de Luc-Olivier Merson (Bibliothèque Nationale, Paris).*

crée une situation tellement tendue qu'elle finit par obliger son frère à tuer les frères Barricini.

Carmen (nouvelle, 1845)

C'est l'œuvre de Mérimée la plus populaire, surtout par son adaptation pour le théâtre, l'opéra et le cinéma.

Un honnête garçon qui sert comme brigadier dans un régiment de dragons à Séville tombe amoureux de la gitane Carmen. Pour elle, il faillit à son devoir, devient voleur et meurtrier. Carmen lui ayant préféré un certain Lucas, rencontré lors d'un combat de taureau, il la poignarde, puis se livre à la justice.

L'HOMME

Mérimée s'intéresse à tout : archéologie, histoire ancienne et moderne, langues, littérature, etc. Il a le goût du détail et il se documente méthodiquement avant d'écrire une nouvelle.

Sa devise était : « Souviens-toi de te méfier ». Elle traduit non seulement ses scrupules de savant mais aussi la fierté de son caractère. Il apparaissait à beaucoup comme un personnage froid et distant, sans aucune spontanéité, attentif à se maîtriser et à ne montrer aucune faiblesse.

Sa correspondance nous livre aussi un homme tout différent. Sous des dehors désinvoltes et narquois, il n'est pas insensible à la passion, et la rupture avec la femme qu'il aime tarit son inspiration pendant près de 20 ans. Il est aussi très fidèle en amitié et éprouve presque de la tendresse pour l'impératrice Eugénie. Il dit lui-même : « A mon avis, il vaut mieux aimer trop que pas assez ».

LE NOUVELLISTE

Bien qu'il ait écrit des œuvres appartenant à tous les genres littéraires, c'est par ses nouvelles que Mérimée nous intéresse encore aujourd'hui.

Romantique

Comme les autres écrivains romantiques, Mérimée aime les personnages fougueux et passionnés, les individualités fortes, comme on en trouve en Espagne ou en Corse. Il affectionne « les histoires de crimes bien noires et bien belles » et ses sujets de nouvelles sont presque toujours tragiques.

Classique

Comme dans l'art classique des grandes tragédies, les dénouements sont la conséquence logique des caractères, exceptionnels sans doute, mais toujours vraisemblables. A la différence des héros romantiques, les héros de Mérimée ignorent les explosions lyriques. Ils sont implacables avec sérénité, comme dans le dialogue final de Mateo Falcone entre le père et le fils (voir extrait p. 89).

Réaliste

Mérimée a horreur du bavardage sentimental romantique et des grandes fresques historiques à la Chateaubriand ; ce qui l'intéresse, c'est l'anecdote, le fait vrai qu'il expose avec une grande sobriété. Les descriptions ne comportent que quelques lignes très évocatrices. Quand il entre dans le fantastique et l'invraisemblable, comme dans La Vénus d'Ille, il observe toujours la vraisemblance des détails pour tromper l'esprit critique : « Lorsqu'on raconte quelque chose de surnaturel, dit-il, on ne saurait trop multiplier les détails de réalité matérielle ».

BIBLIOGRAPHIE
Marquis de Luppé, *Mérimée*, Albin Michel, Paris, 1949.
Pierre Trahard, *Prosper Mérimée et l'art de la nouvelle*, Nizet, 1952.
R. Baschet, *Du romantisme au Second Empire. Mérimée*, Nouvelles Éditions latines, Paris, 1959.

MATEO FALCONE

On ne badine pas avec l'honneur

Le fils de Mateo Falcone a trahi les règles de l'hospitalité en livrant aux gendarmes un bandit qui s'était réfugié chez son père. Pour cela il doit payer. La scène se passe en Corse.

« Femme, dit-il, cet enfant est-il de moi ? »

Les joues brunes de Giuseppa devinrent d'un rouge de brique.

« Que dis-tu, Mateo ? Et sais-tu bien à qui tu parles ?

— Eh bien ! cet enfant est le premier de sa race qui ait fait une trahison. »

Les sanglots et les hoquets de Fortunato redoublèrent, et Falcone tenait ses yeux de lynx toujours attachés sur lui. Enfin, il frappa la terre de la crosse [1] de son fusil, puis le rejeta sur son épaule et reprit le chemin du maquis en criant à Fortunato de le suivre. L'enfant obéit. Giuseppa courut après Mateo et lui saisit le bras.

10 « C'est ton fils, lui dit-elle d'une voix tremblante en attachant ses yeux noirs sur ceux de son mari, comme pour lire ce qui se passait dans son âme.

— Laisse-moi, répondit Mateo : je suis son père. »

Giuseppa embrassa son fils et entra en pleurant dans sa cabane. Elle se jeta à genoux devant une image de la Vierge et pria avec ferveur. Cependant Falcone marcha quelque deux cents pas dans le sentier et ne s'arrêta que dans un petit ravin où il descendit. Il sonda la terre avec la crosse de son fusil et la trouva molle et facile à creuser. L'endroit lui parut convenable pour son dessein.

20 « Fortunato, va auprès de cette grosse pierre. »

L'enfant fit ce qu'il lui demandait, puis il s'agenouilla.

« Dis tes prières.

— Mon père, mon père, ne me tuez pas.

— Dis tes prières ! » répéta Mateo d'une voix terrible.

L'enfant tout en balbutiant et en sanglotant, récita le *Pater* et le *Credo*. Le père, d'une voix forte, répondait *Amen !* à la fin de chaque prière.

« Sont-ce là toutes les prières que tu sais ?

— Mon père, je sais encore l'*Ave Maria* et la litanie que ma tante m'a apprise.

30 — Elle est bien longue, n'importe. »

L'enfant acheva la litanie d'une voix éteinte.

« As-tu fini ?

— Oh ! mon père, grâce ! Pardonnez-moi ! Je ne le ferai plus ! Je prierai tant mon cousin le caporal qu'on fera grâce au Gianetto [2] ! » Il parlait encore ; Mateo avait armé son fusil et le couchait en joue [3] en lui disant : « Que Dieu te pardonne ! ».

L'enfant fit un effort désespéré pour se relever et embrasser les genoux de son père ; mais il n'en eut pas le temps. Mateo fit feu, et Fortunato tomba roide [4] mort.

40 Sans jeter un coup d'œil sur le cadavre, Mateo reprit le chemin de sa maison pour aller chercher une bêche afin d'enterrer son fils. Il avait fait à peine quelques pas qu'il rencontra Giuseppa, qui accourait, alarmée du coup de feu.

« Qu'as-tu fait ? s'écria-t-elle.

— Justice.

— Où est-il ?

— Dans le ravin. Je vais l'enterrer. Il est mort en chrétien ; je lui ferai chanter une messe. Qu'on dise à mon gendre Tiodoro Bianchi de venir demeurer avec nous. »

Mateo Falcone.

1. La partie en bois du fusil.
2. Le bandit que Mateo Falcone avait caché.
3. Visait.
4. Raide.

LA VÉNUS D'ILLE

Le fantastique dans la nouvelle

En tournée dans le Roussillon, le narrateur rend visite à monsieur de Peyrehorade, antiquaire à Ille. Sur le point de marier son fils, l'antiquaire l'invite à la cérémonie du lendemain et lui raconte qu'il vient de découvrir dans son jardin une statue romaine représentant Vénus. Au matin de la cérémonie, le fils Peyrehorade joue au jeu de paume [1]. Gêné par l'anneau de diamants qu'il devait offrir à sa fiancée, il le glisse par jeu au doigt de la statue. Lorsque plus tard, il veut le reprendre, la chose est impossible, et il confie au narrateur : « Elle (la statue) a serré le doigt ». Sans doute une hallucination due au vin, pense le narrateur. Tard dans la soirée, celui-ci rejoint sa chambre. Le sommeil est long à venir.

Je dormis mal et me réveillai plusieurs fois. Il pouvait être cinq heures du matin, et j'étais éveillé depuis plus de vingt minutes lorsque le coq chanta. Le jour allait se lever. Alors j'entendis distinctement les mêmes pas lourds [2], le même craquement de l'escalier que j'avais entendus avant de m'endormir. Cela me parut singulier. J'essayai, en bâillant, de deviner pourquoi M. Alphonse se levait si matin. Je n'imaginais rien de vraisemblable. J'allais refermer les yeux lorsque mon attention fut de nouveau excitée par des trépignements [3] étranges auxquels se mêlèrent bientôt le tintement des sonnettes et le bruit de portes qui s'ouvraient avec fracas, puis je distinguai
10 des cris confus.

Mon ivrogne aura mis le feu quelque part ! pensais-je en sautant à bas de mon lit.

Je m'habillai rapidement et j'entrai dans le corridor. De l'extrémité opposée partaient des cris et des lamentations, et une voix déchirante dominait toutes les autres : « Mon fils, mon fils ! » Il était évident qu'un malheur était arrivé à M. Alphonse. Je courus à la chambre nuptiale : elle était pleine de monde. Le premier spectacle qui frappa ma vue fut le jeune homme à demi-vêtu, étendu en travers sur le lit dont le bois était brisé. Il était livide, sans mouvement. Sa mère pleurait et criait à côté de lui. M. de
20 Peyrehorade s'agitait, lui frottait les tempes avec de l'eau de Cologne [4] ou lui mettait des sels [5] sous le nez. Hélas ! depuis longtemps son fils était mort. Sur un canapé, à l'autre bout de la chambre, était la mariée, en proie à d'horribles convulsions. Elle poussait des cris inarticulés, et deux robustes servantes avaient toutes les peines du monde à la contenir.

« Mon Dieu ! m'écriai-je, qu'est-il donc arrivé ? »

Je m'approchai du lit et soulevai le corps du malheureux jeune homme ; il était déjà raide et froid. Ses dents serrées et sa figure noircie exprimaient les plus affreuses angoisses. Il paraissait assez que sa mort avait été violente et son agonie terrible. Nulle trace de sang cependant sur ses habits. J'écartai
30 sa chemise et vis sur sa poitrine une empreinte livide [6] qui se prolongeait sur les côtes et le dos. On eût dit qu'il avait été étreint [7] dans un cercle de fer. Mon pied posa sur quelque chose de dur qui se trouvait sur le tapis ; je me baissai et vis la bague de diamants.

La Vénus d'Ille, 1837.

1. Sorte de tennis.
2. Au milieu de la nuit, il avait entendu des pas lourds qui montaient l'escalier.
3. Trépigner : frapper du pied par terre à plusieurs reprises.
4. Lotion à base d'alcool parfumé. Son application externe sert à stimuler la circulation.
5. Servaient à ranimer les personnes évanouies.
6. Blanche.
7. Serré.

DUMAS (1802-1870)

Dumas est l'un des premiers auteurs dramatiques romantiques à ravir la scène aux classiques. C'est aussi un romancier très fécond (plus de 250 volumes). C'est lui qui a ouvert la voie au genre du roman-feuilleton ou roman par épisodes.

LA VIE

Fils d'un général d'Empire, d'origine créole [1], Alexandre Dumas [2] passe son enfance à Villers-Cotterêts. A 20 ans, il se rend à Paris et débute modestement comme employé de bureau. Il prend goût au théâtre et devient un lecteur passionné de Shakespeare, Byron, Walter Scott et Schiller.

En 1829, son drame *Henri III et sa cour* est donné à la Comédie Française. C'est la gloire pour Alexandre Dumas mais c'est en même temps une révolution littéraire : pour la première fois un ouvrage romantique est joué sur scène.

Après ce succès, Dumas n'arrête pas de composer des œuvres qui lui valent une grande renommée : sa pièce *La tour de Nesle* tient pendant 800 représentations. Dumas gagne des sommes immenses qu'il dépense au même rythme. Il suit de plus en plus le goût de l'époque, s'entoure d'une équipe de collaborateurs et se met à écrire des romans destinés à un grand public, édités pour la plupart sous forme de « feuilletons ». Dumas réussit ainsi des romans qui sont devenus de vrais triomphes populaires : *Les trois mousquetaires, Le comte de Monte-Cristo.*

En 1851, Dumas, criblé de dettes, doit s'enfuir à Bruxelles où il écrit ses *Mémoires.* Au bout de trois ans, il retourne à Paris et essaie de renouer avec le succès. Il ne sait pas que les goûts ont changé : le romantisme a fait place au réalisme. Vers la fin de sa vie, Dumas suit Garibaldi en Italie. Il meurt en 1870 sans avoir retrouvé sa célébrité.

PRINCIPALES ŒUVRES

Alexandre Dumas a été un écrivain extraordinai-

Alexandre Dumas père. Photo de Nadar (de son vrai nom Gaspard-Félix Tournachon), un des plus grands photographes de l'époque, qui fit de nombreux portraits d'artistes. Collection Sirot-Angel.

rement fécond. De la masse abondante de sa production littéraire, il faut surtout retenir les ouvrages suivants :

Henri III et sa cour
(drame en 5 actes et en prose, 1829)
Drame d'amour, première pièce romantique.

Antony
(drame en 5 actes et en prose, 1831)
Adèle d'Hervey retrouve par hasard l'amant de sa jeunesse, Antony, qui l'avait quittée trois ans auparavant. Elle apprend que ses origines illégitimes étaient le motif de son départ. De nouveau elle cède à son charme et envisage de s'enfuir avec Antony et de quitter son mari, un colonel. Antony est sur le point de convaincre Adèle, quand le colonel entre en scène. Pour

---

1. *Personne de race blanche, née dans les Antilles.*
2. *Il s'agit d'Alexandre Dumas père. Son fils (1824-1895), portait le même prénom. Il a surtout été rendu célèbre par son roman La dame aux camélias.*

sauver Adèle du déshonneur, Antony la poignarde, ouvre la porte à son mari et dit : « Elle me résistait, je l'ai assassinée. »

La Tour de Nesle (drame, 1832)

Les trois mousquetaires (1844)

D'Artagnan, Athos, Porthos et Aramis, les mousquetaires [1] du roi, s'opposent aux menées du cardinal de Richelieu et d'une redoutable aventurière, Milady de Winter, ancienne épouse d'Aramis. Leurs aventures sanglantes finissent dans la concorde : d'Artagnan se réconcilie avec le cardinal et devient lieutenant des mousquetaires, Athos se retire à la campagne, Porthos épouse sa bien-aimée, Aramis devient abbé.

Le comte de Monte-Cristo (1844-1845)

S'étant trop approché de l'île d'Elbe [2], le capitaine Edmond Dantès est accusé d'être partisan de Napoléon. Il est emprisonné au château d'If où il apprend de son coprisonnier, l'abbé Faria, que des trésors gisent dans une cave de l'île de Monte-Cristo. Dantès s'échappe de prison, découvre le trésor et devient un homme riche.

---

1. Cavaliers du roi portant une arme à feu appelée mousquet.
2. C'est sur cette île que Napoléon a été exilé la première fois.

Il s'appelle dorénavant le comte de Monte-Cristo, se venge de ses ennemis et sur son voilier, il prend le large avec Haydée, sa fiancée.

Les Mohicans de Paris (1854)

Roman portant sur la vie des basses couches de la population parisienne.

LE STYLE

Les qualités de l'œuvre de Dumas sont contestées : la critique lui reproche un style négligé dans des ouvrages rédigés trop rapidement, des histoires qu'il rend invraisemblables, en accumulant les aventures et les rebondissements. Il est vrai que les actions spectaculaires s'enchaînent à un rythme époustouflant. Mais les aventures sont racontées avec un tel entrain et une telle fraîcheur qu'ils font pardonner les quelques inexactitudes dans le style et la composition. Dumas entraîne ses lecteurs dans un monde héroïque où, après de nombreuses luttes et péripéties, tout le monde trouve son bonheur.

BIBLIOGRAPHIE

R. Gaillard, *Alexandre Dumas père*, Calmann-Lévy, 1953.
M. Bouvier-Ajam, *Dumas, ou cent ans après*, E.F.R., 1972.
I. Jan, *Dumas romancier*, Éditions ouvrières, 1973.

LES TROIS MOUSQUETAIRES

Un roman d'aventure

Milady est une dangereuse intrigante. Elle vient d'empoisonner la femme que d'Artagnan aimait. Les mousquetaires se lancent à sa poursuite et la surprennent le soir dans une maison isolée où elle s'était réfugiée. Ils la jugent pour ses forfaits et la condamnent à mort.

---

1. Il s'agit du bourreau de Lille dont le frère est mort à cause de Milady.
2. Athos avait épousé Milady sans savoir qu'elle était déshonorée par une flétrissure (un signe au fer rouge) qui marquait les criminels.

— Allons, continua Athos, bourreau, fais ton devoir.

— Volontiers, Monseigneur, dit le bourreau [1] car aussi vrai que je suis bon catholique, je crois fermement être juste en accomplissant ma fonction sur cette femme.

— C'est bien.

Athos fit un pas vers Milady.

— Je vous pardonne, dit-il, le mal que vous m'avez fait ; je vous pardonne mon avenir brisé, mon honneur perdu, mon amour souillé et mon salut à jamais compromis par le désespoir où vous m'avez jeté. [2] Mourez en paix.

10 Lord de Winter s'avança à son tour.

— Je vous pardonne, dit-il, l'empoisonnement de mon frère, l'assassinat de

Sa Grâce lord Buckingham ; je vous pardonne la mort du pauvre Felton, je vous pardonne vos tentatives sur ma personne. Mourez en paix.

— Et moi, dit d'Artagnan, pardonnez-moi, Madame, d'avoir, par une fourberie indigne d'un gentilhomme, provoqué votre colère ; et ,en échange, je vous pardonne le meurtre de ma pauvre amie et vos vengeances cruelles pour moi, je vous pardonne et je pleure sur vous. Mourez en paix.

— *I am lost !* murmura en anglais Milady. *I must die.*

Alors elle se releva d'elle-même, jeta tout autour d'elle un de ces regards
20 clairs qui semblaient jaillir d'un œil de flamme.

Elle ne vit rien.

Elle écouta et n'entendit rien.

Elle n'avait autour d'elle que des ennemis.

— Où vais-je mourir ? dit-elle.

— Sur l'autre rive, répondit le bourreau.

Alors il la fit entrer dans la barque, et, comme il allait y mettre le pied, Athos lui remit une somme d'argent.

— Tenez, dit-il, voici le prix de l'exécution ; que l'on voie bien que nous agissons en juges.

30 — C'est bien, dit le bourreau ; et que maintenant, à son tour, cette femme sache que je n'accomplis pas mon métier, mais mon devoir.

Et il jeta l'argent dans la rivière.

Le bateau s'éloigna vers la rive gauche de la Lys, emportant la coupable et l'exécuteur ; tous les autres demeurèrent sur la rive droite, où ils étaient tombés à genoux.

Le bateau glissait lentement le long de la corde[4] du bac, sous le reflet d'un nuage pâle qui surplombait l'eau en ce moment.

On le vit aborder sur l'autre rive ; les personnages se dessinaient en noir sur l'horizon rougeâtre.

40 Milady, pendant le trajet, était parvenue à détacher la corde qui liait ses pieds : en arrivant sur le rivage, elle sauta légèrement à terre et prit la fuite.

Mais le sol était humide ; en arrivant au haut du talus, elle glissa et tomba sur ses genoux.

Une idée superstitieuse la frappa sans doute ; elle comprit que le ciel lui refusait son secours et resta dans l'attitude où elle se trouvait, la tête inclinée et les mains jointes.

Alors on vit, de l'autre rive, le bourreau lever lentement ses deux bras, un rayon de lune se refléta sur la lame de sa large épée, les deux bras
50 retombèrent ; on entendit le sifflement du cimeterre[4] et le cri de la victime, puis une masse tronquée[5] s'affaissa[6] sous le coup.

Alors le bourreau détacha son manteau rouge, l'étendit à terre, y coucha le corps, y jeta la tête, le noua par les quatre coins, le chargea sur son épaule et remonta dans le bateau.

Arrivé au milieu de la Lys, il arrêta la barque, et suspendant son fardeau au-dessus de la rivière :

— Laissez passer la justice de Dieu ! cria-t-il à haute voix.

Et il laissa tomber le cadavre au plus profond de l'eau, qui se referma sur lui.

Les trois mousquetaires, chapitre LXVI.

3. Pour ne pas être emporté par le courant de la rivière, le bac est relié à une corde tendue par dessus la rivière.
4. Le sabre.
5. Coupée.
6. Tomba.

LES PARNASSIENS (1850-1890)

Le Parnasse[1], *en poésie, répond au réalisme qui s'affirme dans le roman et dans d'autres domaines littéraires. Comme le réalisme, ce mouvement est marqué par l'influence générale de l'esprit positiviste proclamé par Auguste Comte, et qui s'en tient à l'étude rigoureuse des faits. Chez les poètes parnassiens, le moi disparaît, le cœur cesse de s'épancher, la sensibilité s'efface. La forme seule et le culte du Beau se trouvent à l'honneur. L'Antiquité, dont s'étaient détournés les romantiques, connaît un renouveau d'intérêt. Le Parnasse représente une sorte de résurgence de l'esprit classique épris de rigueur et de raison. Les deux poètes les plus importants du Parnasse sont Leconte de Lisle et Heredia.*

LECONTE DE LISLE (1818-1894)

LA VIE

Il est né à l'île de la Réunion. En 1848, il se fait remarquer par l'ardeur de ses idées républicaines et milite en faveur de l'abolition de l'esclavage. Le coup d'État du futur Napoléon III en 1851 lui ôte ses illusions sur la possibilité d'éduquer le peuple.

Il se laisse gagner par le pessimisme et renonce à l'action politique pour se consacrer entièrement à la littérature. Il regroupe autour de lui un cercle d'amis et d'admirateurs : les parnassiens. En 1886, il succède à Victor Hugo à l'Académie française.

PRINCIPALES ŒUVRES

Poèmes antiques (1852)

L'inspiration de ce recueil de poèmes se partage entre l'antiquité grecque et l'antiquité hindoue.

Poèmes barbares (1862-1878)

La tentative d'évasion de Leconte de Lisle hors de son temps, due à ses déceptions politiques, le conduit à évoquer la chute des grandes civilisations (égyptienne, perse, arabe, scandinave) mieux connues depuis peu grâce aux travaux des linguistes et des archéologues. Dans l'histoire religieuse de l'humanité, le poète ne trouve que fanatisme et barbarie, ce qui accentue encore son pessimisme. Seul rayon de soleil dans cette œuvre, la partie où le poète nous parle de la femme qu'il a aimée, moment rare chez un poète parnassien.

Poèmes tragiques (1884)

Ce recueil, surtout constitué de légendes recueillies dans l'histoire des différentes civilisations, met en évidence la cruauté des hommes et le fanatisme des religions. Le ton est parfois très violent, comme dans cette définition du Moyen Age, en opposition complète à celle donnée par les romantiques qui appréciaient cette période : « Hideux siècle de foi, de lèpre et de famine. »

LA PENSÉE

Pessimisme

L'échec de la Révolution de 1848 et les excès de la Commune remplissent Leconte de Lisle d'amertume. L'alliance de l'Église avec l'Empire le dresse contre la religion chrétienne ; il se

1. *Sommet montagneux en Grèce consacré à Apollon et à ses Muses.*

laisse entraîner par le grand courant rationaliste qui traverse le XIXᵉ siècle. Il dénonce l'oppression exercée par le christianisme, la cruauté de Jéhovah qui s'est moqué de l'homme, sa créature, incarnée par « Quaïn », meurtrier irresponsable, représentant d'une humanité maudite.

Son pessimisme, accru par de nombreuses déceptions personnelles, fait de lui un adepte de la philosophie hindoue. Il pense que tout est illusion, écoulement sans fin. Rien ne s'arrête, rien ne dure, sauf la mort. Il ne reste au sage qu'à souhaiter « la suprême et morne volupté » de l'anéantissement final :

« Que ne puis-je, couché sous le chiendent [1]
[amer,
Chair inerte, vouée au temps qui la dévore,
M'engloutir dans la nuit qui n'aura pas d'aurore,
Au grondement immense de la mer ! »

(Poèmes tragiques, Si l'aurore...)

Culte de la Beauté

Dans ce monde moderne dépravé et voué à la science, il ne faut plus compter sur le retour des vertus antiques, ni sur un progrès illusoire de l'humanité. Seul demeure intact l'idéal de l'Art :

« La mort peut disperser les univers tremblants
Mais la Beauté flamboie et tout renaît en elle,
Et les mondes encor roulent sous ses pieds
[blancs. »
(Hypatie)

---

1. *Mauvaise herbe.*
2. *Leconte de Lisle était un helléniste érudit qui faisait des traduction du grec pour vivre.*
3. *Apparaît, se manifeste.*

L'inspiration de cet Art ne vient pas de l'expression des sentiments, comme chez Musset, ni de la confiance dans la nature comme la pratiquait Lamartine (Leconte de Lisle écrit : « La nature se rit des souffrances humaines ») mais de l'évocation du passé de cette terre de beauté que fut la Grèce antique [2].

L'ART

La poésie de Leconte de Lisle apparaît à beaucoup froide comme du marbre ; en effet, l'émotion affleure [3] rarement dans ses vers. La caractéristique la plus marquante de sa poésie est la précision dans l'évocation des civilisations passées et dans les descriptions ; il aime semer ses vers de noms étrangers et de mots savants. Sa poésie manque parfois de naturel. En artiste très exigeant, il s'impose des contraintes, que révèle la tension glacée des vers essayant de recréer une beauté pure et intemporelle, idéale. Tourmenté par le destin final des hommes, il laisse parfois échapper de ses vers des accents touchants qui rejoignent nos préoccupations modernes sur le sens de la vie.

BIBLIOGRAPHIE
A. Cassagne, *La théorie de l'art pour l'art en France, chez les derniers romantiques et les premiers réalistes,* Hermann, 1959.
P. Flottes, *Leconte de Lisle,* Hatier, 1954.
J.-M. Priou, *Leconte de Lisle,* Seghers, 1966.

L'Antiquité et la nature impassible, deux thèmes des poésies de Leconte de Lisle, sont évoquées dans ce tableau d'Edward Lear : Coucher de soleil sur l'île de Philae *(en Égypte). (Musée Condé, château de Chantilly).*

POÈMES ANTIQUES

La poésie impersonnelle

Il est remarquable que dans ce poème sur l'été il n'y ait aucune touche personnelle de la part du poète, aucune allusion à un souvenir ou à un sentiment. Pour mesurer l'étendue qui sépare les parnassiens des romantiques, on peut comparer ce poème avec Le lac de Lamartine (voir extrait page 32).

MIDI

Midi, roi des étés, épandu sur la plaine,
Tombe en nappes d'argent des hauteurs du ciel bleu.
Tout se tait. L'air flamboie et brûle sans haleine ;
La terre est assoupie en sa robe de feu.

L'étendue est immense et les champs n'ont point d'ombre,
Et la source est tarie où buvaient les troupeaux ;
La lointaine forêt, dont la lisière [1] est sombre,
Dort là-bas, immobile, en un pesant repos.

Seuls les grands blés mûris, tels qu'une mer dorée,
10 Se déroulent au loin, dédaigneux du sommeil ;
Pacifiques enfants de la terre sacrée,
Ils épuisent sans peur la coupe du soleil.

Parfois, comme un soupir de leur âme brûlante,
Du sein des épis lourds qui murmurent entre eux,
Une ondulation majestueuse et lente
S'éveille et va mourir à l'horizon poudreux.

Non loin, quelques bœufs blancs, couchés parmi les herbes,
Bavent avec lenteur sur leurs fanons [2] épais,
Et suivent de leurs yeux languissants et superbes
20 Le songe intérieur qu'ils n'achèvent jamais.

Poèmes antiques, 1852.

1. Le bord de la forêt.
2. Repli de la peau qui pend sous le cou des bœufs.

POÈMES BARBARES

L'invective du poète

A partir du milieu du siècle environ, les écrivains et les poètes se sont de moins en moins mêlés à la vie publique. Ils ne se sentaient aucune affinité avec cette bourgeoisie montante, ce monde des affaires, cette souveraineté tapageuse de l'argent. Leconte de Lisle, dont la philosophie incline de plus en plus vers le pessimisme, s'en prend ici à ces gens sans idéal, sans rêve, motivés uniquement par le profit.

AUX MODERNES
Vous vivez lâchement, sans rêve, sans dessein,
Plus vieux, plus décrépits [1] que la terre inféconde,
Châtrés dès le berceau par le siècle assassin
De toute passion vigoureuse et profonde.

Votre cervelle est vide autant que votre sein,
Et vous avez souillé ce misérable monde
D'un sang si corrompu, d'un souffle si malsain,
Que la mort germe seule en cette boue immonde.

Hommes, tueurs de Dieux, les temps ne sont pas loin
10 Où, sur un grand tas d'or vautrés dans quelque coin,
Ayant rongé le sol nourricier jusqu'aux roches,

Ne sachant faire rien ni des jours ni des nuits,
Noyés dans le néant des suprêmes ennuis,
Vous mourrez bêtement [2] en emplissant vos poches.

Poème LXXIX, *Poèmes barbares*, 1872.

1. Usés.
2. Stupidement, mais aussi comme des bêtes.

HEREDIA (1842-1905)

Le disciple préféré de Leconte de Lisle fut José Maria de Heredia. Né à Cuba, élevé en France, il a la même conception poétique que son maître, sans en avoir le pessimisme.
Heredia fit tenir l'essentiel de son œuvre dans un recueil : *Les trophées*. Ce recueil comprend 122 poèmes dont 118 sonnets de quatorze vers chacun. Il se divise en six groupes de poèmes :
— *La Grèce et la Sicile*, avec l'évocation d'Hercule et des Centaures.
— *Rome et les Barbares.*

— *Le Moyen Age et la Renaissance ;* le fameux poème *Les conquérants* fait partie de ce groupe.
— *L'Orient et les tropiques* où l'auteur évoque le cadre de son enfance, la luxuriance de la végétation, la mer, les récifs de coraux où, d'un coup de nageoire, un poisson fait « courir un frisson d'or, de nacre et d'émeraude ».
— *La nature et le rêve* : peinture de sites avec un très bel ensemble consacré à la Bretagne.
— *Les conquérants de l'or* : un long récit épique sur les conquérants.

Heredia ne développe pas de philosophie ; c'est un amoureux de la nature, un admirateur de la force, un nostalgique des grandes conquêtes humaines [1]. Ses vers sont le reflet éblouissant de l'apparence des choses, mais ne vont pas au-delà ; et s'ils ne nous émeuvent pas, ils nous fascinent encore comme peuvent fasciner de très beaux objets richement et finement ciselés. Outre le choix des détails suggestifs, le secret de son art est de stimuler l'imagination du lecteur par un dernier vers particulièrement bien choisi, comme l'évocation de ces navigateurs en route pour l'Amérique et qui voient surgir « du fond de l'Océan des étoiles nouvelles ».

1. Ses ancêtres ont participé à la conquête de l'Amérique.

BIBLIOGRAPHIE
M. Ibrovac *José-Maria de Heredia*, Les Presses françaises, 1923.

LES TROPHÉES

Une somptueuse immobilité

En dépit du titre du poème (Vitrail), ce n'est pas un vitrail qui est ici décrit. Le regard sur cet objet, cette sorte de fenêtre qui laisse pénétrer la lumière dans l'église, devient prétexte à l'évocation d'une époque et d'une civilisation : le Moyen Age. L'abondance des substantifs, le petit nombre de verbes donnent à ce poème une apparence de richesse, de luxe dans le détail, mais aussi de complète immobilité.

1. Grande fenêtre ornée de vitraux (pluriel de vitrail).
2. La nacre : matière brillante qui tapisse l'intérieur de certains coquillages.
3. Geste par lequel le prêtre, de sa main droite, bénit les fidèles.
4. Ornements qui surmontent la partie supérieure d'un casque. C'était une marque de noblesse.
5. Coiffures en forme de capuchon.
6. L'épée.
7. Faucon de grande taille.
8. Oiseau de proie.
9. Actuellement Istanbul.
10. Ville du Moyen-Orient connue pendant les croisades.
11. Près de... ; à côté de...
12. Chaussures à longues pointes, très à la mode au Moyen Age.

VITRAIL

Cette verrière [1] a vu dames et hauts barons
Étincelants d'azur, d'or, de flamme et de nacre [2],
Incliner, sous la dextre auguste qui consacre [3],
L'orgueil de leurs cimiers [4] et de leurs chaperons [5],

Lorsqu'ils allaient, au bruit du cor ou des clairons,
Ayant le glaive [6] au poing, le gerfaut [7] ou le sacre [8],
Vers la plaine ou le bois, Byzance [9] ou Saint-Jean d'Acre [10],
Partir pour la croisade ou le vol des hérons.

Aujourd'hui, les seigneurs auprès des châtelaines,
Avec le lévrier à [11] leurs longues poulaines [12],
S'allongent aux carreaux de marbre blanc et noir ;

Ils gisent là sans voix, sans geste et sans ouïe,
Et de leurs yeux de pierre ils regardent sans voir
La rose du vitrail toujours épanouie.

Les trophées
« Le Moyen Age et la Renaissance ».

FLAUBERT (1821-1880)

Balzac et Mérimée ont apporté le réalisme dans le roman et la nouvelle. Flaubert a continué dans ce sens en cherchant à atteindre la perfection dans la forme. Il a soumis son écriture aux contraintes d'un style impeccable et d'une objectivité rigoureuse.

Portrait de Flaubert vers 45 ans, par P.-F. Eugène Giraud (Musée National du château de Versailles).

LA VIE

Gustave Flaubert est né à Rouen, en Normandie, où son père était chirurgien. Élève au collège de la ville, il s'intoxique de lectures romantiques et une femme qu'il rencontra, adolescent, à Trouville au bord de la mer, représentera à jamais pour lui le visage de l'amour.

Sa famille lui fait commencer des études de droit qui ne l'intéressent pas. Il a déjà le goût d'écrire ; il part pour Paris. En 1844, les premières atteintes d'une maladie nerveuse l'amènent à se retirer dans une propriété de famille au bord de la Seine. C'est là qu'il va travailler toute sa vie à polir et repolir son œuvre. Quelques voyages lointains (Corse, Italie, Égypte, Palestine, Grèce) interrompent son travail acharné d'écrivain.

La vie lui apporte plus de déceptions que de joies. Après la publication de *Madame Bovary*, il est poursuivi par les tribunaux pour immoralité ; il n'est acquitté que de justesse. *L'éducation sentimentale*, livre auquel il a travaillé de nombreuses années, n'obtient aucun succès. Il dépense sa fortune à essayer d'empêcher sa famille de tomber dans la faillite. La femme qui est le grand amour de sa vie et qu'il ne peut épouser, devient folle et est internée dans un asile. Parmi ses amis fidèles, on compte Zola, Daudet et Maupassant. Finalement, il meurt à 59 ans, épuisé par le travail auquel il vouait une véritable religion.

L'HOMME

« Il y a en moi deux bonshommes distincts, un qui est épris de gueulades, de lyrisme, de grands vols d'aigle, de toutes les sonorités de la phrase et des sommets de l'idée ; un autre qui creuse et qui fouille le vrai tant qu'il peut, qui aime à accuser le petit fait aussi puissamment que le grand, qui voudrait vous faire sentir presque matériellement les choses qu'il reproduit. » (*Correspondance,* janvier 1852)

Il y a en effet deux personnages dans Flaubert, l'un contaminé par le romantisme du temps de sa jeunesse, l'autre épris par réaction d'exactitude et d'objectivité. S'il est devenu l'ennemi impitoyable de la sottise prétentieuse qui se cache parfois derrière les aspirations romantiques, il conserve pourtant du romantisme l'enthousiasme de l'imagination et du cœur, un penchant pour le lyrisme, la haine de la médio-

Madame Bovary *dans la pharmacie de monsieur Homais, qui personnifie la médiocrité bourgeoise et la sottise de ceux qui croient tout savoir. Gravure d'A. de Richemont, 1906 (Bibliothèque Nationale, Paris).*

crité et surtout le mépris du bourgeois qu'il définit comme « quiconque pense bassement ».

PRINCIPALES ŒUVRES

Madame Bovary (1857)
Pour échapper à son milieu campagnard, une jeune fille, Emma, a épousé un médecin qui est pourtant de condition modeste et sans grand avenir. De tempérament romantique, la jeune femme tente de s'évader du milieu étouffant où elle doit vivre. Elle s'égare dans des aventures amoureuses et ne rencontre que la déception et le vide. Elle contracte des dettes à l'insu de son mari. Sa situation devient intenable. Elle dérobe du poison chez le pharmacien du village et se suicide.

Salammbô (1862)
Ayant fait la paix avec Rome, Carthage refuse de payer ses mercenaires. Ils font alors le siège de la ville. L'un des chefs des mercenaires réussit même à s'introduire dans la ville et à dérober un voile sacré, dont la garde a été confiée à la prêtresse Salammbô, fille du chef Carthaginois Hamilcar. Salammbô réussit à reprendre le voile ; la révolte est finalement écrasée et le chef des mercenaires est tué. Salammbô ne peut

survivre à la mort de cet ennemi qu'elle aimait secrètement.

L'éducation sentimentale (1869)
La première ébauche de ce roman date de 1863. D'abord conçu comme un récit autobiographique retraçant le grand amour de sa vie, il s'est peu à peu élargi au point de retracer la vie de toute une époque.
Frédéric Moreau est un jeune parisien oisif. Un jour, il rencontre madame Arnoux dont il tombe amoureux. Mais ses sentiments se dispersent, tout comme la conduite de sa vie. Tout en cherchant à faire carrière et en dépit de ses aventures amoureuses, il garde toujours au fond de lui le souvenir de cette femme exquise et pure. De nombreuses années plus tard, il la revoit ; leur entrevue est poignante de tristesse et de banalité, la tristesse et la banalité de ceux qui n'ont rien su faire de leur vie et qui le savent.

La tentation de saint Antoine (1856-1874)
S'inspirant d'une toile du peintre flamand Bruegel, Flaubert montre le saint sollicité par de troublantes visions.

Trois contes (1877)
Ils ont pour titres : *Un cœur simple, La légende de saint Julien l'hospitalier, Herodias.*

Bouvard et Pécuchet (1881)
Ce récit inachevé voulait montrer la bêtise humaine dans toute son étendue. Deux employés de bureau arrivés à la retraite cherchent à organiser rationnellement leur existence. Ayant échoué, ils retournent à leur bureau.

SON RÉALISME

Quel que soit le sujet qu'aborde Flaubert (sentimental, historique, ironique), on y reconnaît toujours la même précision scrupuleuse.

Le réalisme bourgeois
Par une accumulation de détails et de remarques justes, Flaubert s'attache à reproduire le pittoresque du milieu qu'il dépeint. Son ambition est de donner « la sensation presque matérielle des choses ». Dans *Madame Bovary* le pharmacien est décrit de la façon suivante : « Un homme à pantoufles de peau verte, quelque peu marqué de la petite vérole et coiffé d'un bonnet de velours à glands d'or, se chauffait le dos contre la cheminée. Sa figure n'exprimait rien que la satisfaction de soi-même et il avait l'air aussi calme dans la vie que le chardonneret suspendu au-dessus de sa tête dans une cage d'osier. »
Les caractères sont aussi analysés minutieuse-

ment, par touches successives qui complètent les portraits au fil des pages. Flaubert présente Emma Bovary comme une victime de son esprit romanesque et de ses rêveries inutiles : « Elle aurait voulu vivre dans quelque vieux manoir, comme ces châtelaines au long corsage, qui, sous le trèfle des ogives, passaient leurs jours, le coude sur la pierre et le menton dans la main, à regarder venir du fond de la campagne un cavalier à plume blanche qui galope sur un cheval noir. » (*Madame Bovary,* chapitre 6.)

A force de vérité, ses personnages deviennent des types : madame Bovary, la déracinée qui s'ennuie et qui rêve ; monsieur Bovary, le mari médiocre et borné ; Homais le pharmacien, bourgeois primaire et agressif ; Frédéric Moreau, le jeune homme insignifiant ; Bouvard et Pécuchet, des prétentieux grotesques, etc.

Le réalisme historique

Dans *Salammbô*, l'observation d'après nature est remplacée par une documentation très fouillée. Tel un archéologue, Flaubert s'attache à reproduire la civilisation carthaginoise dans de grandes scènes (batailles, banquets, sacrifices religieux) merveilleusement construites. Le passé ressuscite devant nous avec ses spectacles, ses bruits, ses odeurs, ainsi dans ce festin des soldats : « Ils se lançaient par-dessus les tables, les escabeaux d'ivoire et les spatules d'or. Ils avalaient à pleine gorge tous les vins grecs qui sont dans des outres, les vins de Campanie enfermés dans des amphores, les vins des Cantabres que l'on apporte dans des tonneaux, et les vins de jujubier, de cinnamome et de lotus.

Il y en avait des flaques par terre où l'on glissait. La fumée des viandes montait dans les feuillages avec la vapeur des haleines. On entendait à la fois le claquement des mâchoires, le bruit des paroles, des chansons, des coupes, le fracas des vases campaniens qui s'écroulaient en mille morceaux, ou le son limpide d'un grand plat d'argent. »

Le réalisme du style

C'est un style de la vérité ; l'habileté de l'artiste se laisse voir dans le choix des détails et la fidélité du rendu. Chacun de ses romans est composé comme une succession de tableaux. Ses scrupules d'écrivain sont extrêmes et il passe son temps à corriger la moindre nuance, usant ses forces à ce travail. Son style impeccable est d'une rare plénitude et ne laisse que rarement voir tous les efforts qu'il a coûtés. Tout ce travail est motivé par l'ambition de Flaubert d'écrire « non pour le lecteur d'aujourd'hui, mais pour tous les lecteurs qui pourront se présenter tant que la langue vivra. »

Flaubert donne l'exemple d'une imagination très riche, constamment retenue et disciplinée par le souci de l'exactitude aussi bien dans le fond que dans la forme. Ce souci de la perfection en a fait le maître du roman réaliste et son influence est considérable sur la littérature française dont il représente encore aujourd'hui un des sommets.

BIBLIOGRAPHIE
A. Thibaudet, *Gustave Flaubert*, Gallimard, 1968.
J.-P. Richard, *La création de la forme chez Flaubert*, Seuil, 1970.

MADAME BOVARY

Flaubert s'efface devant son personnage

Madame Bovary raconte l'histoire d'une jeune provinciale, Emma, qui épouse un médecin de village pour échapper à la vie de la ferme. Mais la vie que son mari lui offre ne correspond pas à ce dont elle avait rêvé. Un jour, elle et son mari, le docteur Charles Bovary, ont la chance d'être invités à un grand bal au château de Vaubyessard. Pour une journée, les rêves d'Emma deviennent réalité : elle peut enfin côtoyer des gens distingués. Dans cette scène, tout est vu à travers les yeux d'Emma, naïfs et émerveillés, un peu anxieux aussi. Mais une fois que le bal est terminé, l'enchantement prend fin et Emma est de nouveau rejetée hors du monde auquel elle voudrait pourtant tellement s'intégrer.

Rêve de bal, *lithographie de A. Dévéria. Madame Bovary a passé sa vie à rêver d'une existence brillante et exaltante sans jamais pouvoir l'atteindre. (Bibliothèque Nationale, Paris).*

A trois pas d'Emma, un cavalier en habit bleu causait Italie avec une jeune femme pâle, portant une parure[1] de perles. Ils vantaient[2] la grosseur des piliers de Saint-Pierre, Tivoli, le Vésuve, Castellamare[3] et les Cassines[4], les roses de Gênes, le Colisée au clair au lune. Emma écoutait de son autre oreille une conversation pleine de mots qu'elle ne comprenait pas. On entourait un tout jeune homme qui avait battu, la semaine d'avant, *Miss Arabelle* et *Romulus*[5], et gagné deux mille louis à sauter un fossé, en Angleterre. L'un se plaignait de ses coureurs qui engraissaient[6] ; un autre, des fautes d'impression qui avaient dénaturé[7] le nom de son cheval.

10   L'air du bal était lourd ; les lampes pâlissaient. On refluait[8] dans la salle de billard. Un domestique monta sur une chaise et cassa deux vitres ; au bruit des éclats de verre, madame Bovary tourna la tête et aperçut dans le jardin, contre les carreaux, des faces de paysans qui regardaient. Alors le souvenir des Bertaux lui arriva. Elle revit la ferme, la mare bourbeuse[9], son père en blouse[10] sous les pommiers, et elle se revit elle-même, comme autrefois, écrémant[11] avec son doigt les terrines[12] de lait dans la laiterie. Mais, aux fulgurations[13] de l'heure présente, sa vie passée, si nette jusqu'alors, s'évanouissait tout entière, et elle doutait presque de l'avoir vécue. Elle était là ; puis autour du bal, il n'y avait plus que de l'ombre

1. Garniture, ornement.
2. Disaient leur admiration pour.
3. Station thermale à proximité denaples.
4. Promenade célèbre à Rome.
5. Noms de chevaux de course.
6. Prenaient du poids.
7. Déformé, transformé.
8. Retournait.
9. Pleine de boue.
10. Tablier, habit de paysan.
11. Enlevant la crème.
12. Récipients en terre.
13. Éclats.

20 étalée sur tout le reste. Elle mangeait alors une glace au marasquin[14] qu'elle tenait de la main gauche dans une coquille de vermeil[15], et fermait à demi les yeux, la cuiller entre les dents.

Une dame, près d'elle, laissa tomber son éventail. Un danseur passait.

— Que vous seriez bon, monsieur, dit la dame, de vouloir bien ramasser mon éventail, qui est derrière ce canapé !

Le monsieur s'inclina, et, pendant qu'il faisait le mouvement d'étendre son bras, Emma vit la main de la jeune dame qui jetait dans son chapeau quelque chose de blanc, plié en triangle. Le monsieur, ramenant l'éventail, l'offrit à la dame, respectueusement ; elle le remercia d'un signe de tête et 30 se mit à respirer son bouquet.

Après le souper, où il y eut beaucoup de vins d'Espagne et de vins du Rhin, des potages à la bisque[16] et au lait d'amandes, des puddings à la Trafalgar et toutes sortes de viandes froides avec des gelées alentour qui tremblaient dans les plats, les voitures, les unes après les autres commencèrent à s'en aller. En écartant du coin le rideau de mousseline[17], on voyait glisser dans l'ombre la lumière de leurs lanternes. Les banquettes s'éclaircirent ; quelques joueurs restaient encore ; les musiciens rafraîchissaient, sur leur langue, le bout de leurs doigts ; Charles dormait à demi, le dos appuyé contre une porte.

40 A trois heures du matin, le cotillon[18] commença. Emma ne savait pas valser. Tout le monde valsait, mademoiselle d'Andervilliers elle-même et la Marquise ; il n'y avait plus que les hôtes du château, une douzaine de personnes à peu près.

Cependant, un des valseurs, qu'on appelait familièrement *Vicomte*, et dont le gilet très ouvert semblait moulé sur la poitrine, vint une seconde fois encore inviter madame Bovary, l'assurant qu'il la guiderait et qu'elle s'en tirerait bien.

Ils commencèrent lentement, puis allèrent plus vite. Ils tournaient : tout tournait autour d'eux, les lampes, les meubles, les lambris[19], et le parquet, 50 comme un disque sur un pivot[20]. En passant auprès des portes, la robe d'Emma, par le bas, s'ériflait[21] au pantalon ; leurs jambes entraient l'une dans l'autre ; il baissait ses regards vers elle, elle levait les siens vers lui ; une torpeur[22] la prenait, elle s'arrêta. Ils repartirent ; et, d'un mouvement plus rapide, le Vicomte, l'entraînant, disparut avec elle jusqu'au bout de la galerie, où, haletante, elle faillit tomber, et, un instant, s'appuya la tête sur sa poitrine. Et puis, tournant toujours, mais plus doucement, il la reconduisit à sa place ; elle se renversa contre la muraille et mit la main devant ses yeux.

Quand elle les rouvrit, au milieu du salon, une dame assise sur un tabouret 60 avait devant elle trois valseurs agenouillés. Elle choisit le Vicomte, et le violon recommença.

On les regardait. Ils passaient et revenaient, elle immobile du corps et le menton baissé, et lui toujours dans sa même pose, la taille cambrée, le coude arrondi, la bouche en avant. Elle savait valser, celle-là ! Ils continuèrent longtemps et fatiguèrent tous les autres.

On causa quelques minutes encore, et, après les adieux ou plutôt le bonjour, les hôtes du château s'allèrent coucher.

Charles se traînait à la rampe[23], les genoux lui rentraient dans le corps. Il

14. Liqueur de cerises de Marasca.
15. Coupe d'argent doré.
16. Potage aux crustacés.
17. Tissu léger.
18. Danse accompagnée de jeux.
19. Revêtement de bois couvrant les murs.
20. Pièce cylindrique pouvant se tourner.
21. Provincialisme : s'accrochait.
22. Engourdissement, assoupissement.
23. Balustrade servant d'appui le long d'un escalier.

avait passé cinq heures de suite, tout debout devant les tables, à regarder
jouer au whist [24], sans y rien comprendre. Aussi poussa-t-il un grand soupir
de satisfaction lorsqu'il eut retiré ses bottes.

Emma mit un châle [25] sur ses épaules, ouvrit la fenêtre et s'accouda.

La nuit était noire. Quelques gouttes de pluie tombaient. Elle aspira le
vent humide qui lui rafraîchissait les paupières. La musique du bal
bourdonnait [26] encore à ses oreilles, et elle faisait des efforts pour se tenir
éveillée, afin de prolonger l'illusion de cette vie luxueuse qu'il lui faudrait
tout à l'heure abandonner.

Le petit jour parut. Elle regarda les fenêtres du château, longuement,
tâchant de deviner quelles étaient les chambres de tous ceux qu'elle avait
remarqués la veille. Elle aurait voulu savoir leurs existences, y pénétrer, s'y
confondre.

24. Jeu de cartes.
25. Grande pièce de laine ou de soie que les femmes portent sur les épaules.
26. Résonnait, faisait un bruit sourd et continu.

Madame Bovary,
première partie, VIII.

L'ÉDUCATION SENTIMENTALE

La rencontre d'après Flaubert

La rencontre de deux personnages est toujours un moment délicat et excitant pour un auteur, surtout lorsqu'il s'agit d'une rencontre amoureuse. Créer une attirance entre deux personnages inventés, c'est mettre son art à l'épreuve et voir jusqu'à quel point on est capable de simuler la vie. L'extrait ci-dessous est tiré des premières pages du roman L'éducation sentimentale. Frédéric Moreau, le jeune héros, rencontre pour la première fois madame Arnoux, sur un bateau.

Frédéric, pour rejoindre sa place, poussa la grille des Premières [1], dérangea
deux chasseurs avec leurs chiens.

Ce fut comme une apparition :

Elle était assise, au milieu du banc, toute seule ; ou du moins il ne distingua
personne, dans l'éblouissement [2] que lui envoyèrent ses yeux. En même
temps qu'il passait, elle leva la tête ; il fléchit [3] involontairement les
épaules ; et, quand il se fut mis plus loin, du même côté, il la regarda.

Elle avait un large chapeau de paille, avec des rubans roses qui palpitaient [4]
au vent, derrière elle. Ses bandeaux noirs, contournant la pointe de ses
grands sourcils, descendaient très bas et semblaient presser amoureusement
l'ovale de sa figure. Sa robe de mousseline claire, tachetée de petits pois, se
répandait à plis nombreux. Elle était en train de broder [5] quelque chose ;
et son nez droit, son menton, toute sa personne se découpait [6] sur le fond
de l'air bleu.

Comme elle gardait la même attitude, il fit plusieurs tours de droite et de
gauche pour dissimuler sa manœuvre ; puis il se planta tout près de son
ombrelle [7], posée contre le banc, et il affectait [8] d'observer une chaloupe [9]
sur la rivière.

1. Il s'agit de la première classe.
2. L'éclat.
3. Plia, courba.
4. Bougeaient, frémissaient.
5. Coudre en exécutant des motifs décoratifs.
6. Se détachait, était net.
7. Sorte de parapluie, mais pour protéger du soleil.
8. Faisait semblant.
9. Petit barque.

Jamais il n'avait vu cette splendeur de sa peau brune, la séduction de sa
20 taille, ni cette finesse des doigts que la lumière traversait. Il considérait son
panier à ouvrage [10] avec ébahissement [11], comme une chose extraordinaire.
Quels étaient son nom, sa demeure, sa vie, son passé ? Il souhaitait connaître
les meubles de sa chambre, toutes les robes qu'elle avait portées, les gens
qu'elle fréquentait ; et le désir de la possession physique même disparaissait
sous une envie plus profonde, dans une curiosité douloureuse qui n'avait
pas de limites.

Une négresse, coiffée d'un foulard, se présenta, en tenant par la main une
petite fille, déjà grande. L'enfant, dont les yeux roulaient [12] des larmes,
venait de s'éveiller. Elle la prit sur ses genoux : « Mademoiselle n'était pas
30 sage, quoiqu'elle eût sept ans bientôt ; sa mère ne l'aimerait plus ; on lui
pardonnait trop de caprices [13] ». Et Frédéric se réjouissait d'entendre ces
choses, comme s'il eût fait une découverte, une acquisition.

Il la supposait d'origine andalouse, créole [14] peut-être ; elle avait ramené
des îles cette négresse avec elle ?

Cependant, un long châle à bandes violettes était placé derrière son dos,
sur le bordage de cuivre. Elle avait dû, bien des fois, au milieu de la mer,
durant les soirs humides, en envelopper sa taille, s'en couvrir les pieds,
dormir dedans ! Mais, entraîné par les franges, il glissait peu à peu, il
allait tomber dans l'eau ; Frédéric fit un bond et le rattrapa. Elle lui dit :
40 — Je vous remercie, monsieur.

Leurs yeux se rencontrèrent.

— Ma femme, es-tu prête ? cria le sieur Arnoux, apparaissant dans le
capot [15] de l'escalier.

L'éducation sentimentale.

10. Panier contenant le fil,
l'aiguille, les ciseaux...
11. Avec un vif étonnement.
12. Étaient emplis de.
13. Décisions soudaines,
irréfléchies, changeantes.
14. Personne de race blanche née aux Antilles.
15. Pièce de toile protégeant
de la pluie.

BOUVARD ET PÉCUCHET

L'école entre l'instituteur et le curé

*Sous la IIe République, la loi Falloux (voir p. 10), votée par le « parti de
l'ordre », place l'enseignement primaire sous la tutelle de l'Église. Dans l'histoire
de l'école en France, ce n'est qu'une des nombreuses péripéties entre les
partisans d'un enseignement exclusivement laïc et ceux qui soutiennent une
école confessionnelle.*

*Cette page de Flaubert nous montre l'impuissance et le désespoir d'un instituteur
de village, Alexandre Petit, face à l'abbé Jeufroy à qui la loi Falloux donne tout
pouvoir.*

Sur le seuil, la robe noire du curé parut.

Ayant salué vivement la compagnie, il aborda l'instituteur, et lui dit presque
à voix basse :

— « Notre affaire de Saint-Joseph, où en est-elle ?

— « Ils n'ont rien donné ! » reprit le maître d'école.

— « C'est de votre faute ! »

— « J'ai fait ce que j'ai pu ! »

— « Ah ! — vraiment ? »

Bouvard et Pécuchet [1] se levèrent par discrétion. Petit les fit se rasseoir ; et s'adressant au curé :

— « Est-ce tout ? »

L'abbé Jeufroy hésita ; — puis, avec un sourire qui tempérait [2] sa réprimande [3] :

— « On trouve que vous négligez un peu l'histoire sainte. »

— « Oh ! l'histoire sainte ! » reprit Bouvard.

— « Que lui reprochez-vous, monsieur ? »

— « Moi ? rien ! Seulement il y a peut-être des choses plus utiles que l'anecdote de Jonas et les rois d'Israël ! »

— « Libre à vous ! » répliqua sèchement le prêtre — et sans souci des étrangers [4], ou à cause d'eux : « L'heure du catéchisme est trop courte ! »

Petit leva les épaules.

— « Faites attention. Vous perdrez vos pensionnaires ! »

Les dix francs par mois de ses élèves étaient le meilleur de sa place. Mais la soutane [5] l'exaspérait.

— « Tant pis, vengez-vous ! »

— « Un homme de mon caractère ne se venge pas ! » dit le prêtre, sans s'émouvoir. « Seulement, — je vous rappelle que la loi du 15 mars [6] nous attribue la surveillance de l'instruction primaire. »

— « Eh ! je le sais bien ! » s'écria l'instituteur. Elle appartient même aux colonels de gendarmerie ! Pourquoi pas au garde-champêtre ! ce serait complet ! »

Et il s'affaissa sur l'escabeau, mordant son poing, retenant sa colère, suffoqué par le sentiment de son impuissance.

L'ecclésiastique le toucha légèrement sur l'épaule.

« Je n'ai pas voulu vous affliger, mon ami ! Calmez-vous ! Un peu de raison ! Voilà Pâques bientôt ; j'espère que vous donnerez l'exemple, — en communiant avec les autres. »

— « Ah c'est trop fort ! moi ! moi ! me soumettre à de pareilles bêtises ! »

Devant ce blasphème [7] le curé pâlit. Ses prunelles fulguraient [8]. Sa mâchoire tremblait. — « Taisez-vous, malheureux ! taisez-vous !

Et c'est sa femme qui soigne les linges de l'église ! »

— « Eh bien ? quoi ? Qu'a-t-elle fait ? »

— « Elle manque toujours la messe ! — Comme vous, d'ailleurs ! ».

— « Eh ! on ne renvoie pas un maître d'école, pour ça ! »

— « On peut le déplacer ! »

Le prêtre ne parla plus. Il était au fond de la pièce, dans l'ombre. Petit, la tête sur la poitrine, songeait.

Bouvard et Pécuchet, 1881
(posthume), chapitre VI.

1. Les deux héros de l'histoire.
2. Adoucissait.
3. Son reproche.
4. Bouvard et Pécuchet.
5. Métaphore pour désigner le curé. La soutane est la robe noire des curés.
6. La loi Falloux a été votée le 15 mars 1850.
7. Parole qui outrage la religion.
8. Brillaient comme si elles lançaient des éclairs.

ZOLA (1840-1902)

Zola est le principal représentant du naturalisme en France. Le naturalisme est une tendance extrême du réalisme (Flaubert) ; elle s'attache à décrire spécialement les « basses classes » de la société et prétend appliquer au roman les méthodes des sciences expérimentales.

Émile Zola, en père de famille.

LA VIE

Né à Paris d'un père italien, Émile Zola grandit à Aix-en-Provence et y commence ses études pour les continuer à Paris. Il échoue au baccalauréat et est contraint d'accepter des travaux dans les docks et dans une grande librairie parisienne. Zola se sent à cette époque proche du romantisme et se lance dans le journalisme. Les idées de Taine[1] et de Claude Bernard (voir p. 11) le rapprochent du réalisme. Dans *Thérèse Raquin*, on devine les premiers accents naturalistes. C'est à partir de 1868 qu'il va entièrement se tourner vers le naturalisme. Comme Balzac dans *La comédie humaine*, il commence un cycle de romans racontant les événements et les problèmes que connaît une famille française sous le second Empire. Zola travaille avec une régularité exemplaire et produit un roman par an. Le 7e volume des *Rougon-Macquart*, *L'assommoir*, qui fait scandale par la description crue des milieux travailleurs le rend célèbre. Zola est dorénavant le maître de l'école naturaliste.

Il atteint le sommet de sa carrière avec *Germinal*, qui décrit minutieusement l'univers des mineurs. Il est de plus en plus attiré par le socialisme. Au moment de l'affaire Dreyfus, il prend violemment parti pour ce dernier dans son article «J'accuse». Condamné à un an de prison, il s'exile en Angleterre. A son retour, en 1899, il entame un autre cycle d'ouvrages où il fait part de son idéal humanitaire. En 1902, il meurt asphyxié au cours d'un accident suspect, avant d'avoir pu terminer sa dernière œuvre. La même année il s'était vu refuser le premier prix Nobel de littérature pour avoir écrit un roman *(Nana)* jugé trop choquant pour la morale publique.

---

1. Taine (1828-1893) : critique littéraire, philosophe et historien ; il essaie d'expliquer la création littéraire par les influences géographiques, sociales et historiques auxquelles est soumis l'écrivain.

PRINCIPALES ŒUVRES

Thérèse Raquin (1867)

C'est le premier roman qui décrit les hommes comme des « brutes » agissant par impulsion, par instinct, « dépourvus de libre arbitre, entraînés à chaque acte de leur vie par les fatalités de leurs chairs ».

Les Rougon-Macquart (1871-1893)

Ce cycle en vingt volumes rappelle *La comédie humaine* de Balzac. Il a pour sous-titre *Histoire naturelle et sociale d'une famille sous le Second Empire*. Zola y fait apparaître plus de mille personnages. Il crée un univers composé de milieux très divers. Les romans les plus remarqués sont les suivants :

L'assommoir (1877)

C'est l'histoire d'un ouvrier qui devient alcoolique (il est « assommé » par l'alcool, d'où le titre). Mais c'est surtout un tableau du milieu ouvrier brossé sans complaisance. Zola a le courage de mettre dans la bouche du peuple le langage du peuple, audace qui fait scandale dans les milieux littéraires.

Nana (1879)

Ce roman, qui raconte l'histoire d'une courtisane, fit scandale à sa parution.

Germinal (1885)

Sous la direction d'Étienne Lantier, les ouvriers d'une mine du nord de la France se mettent en grève. Poussés par la faim, ils deviennent violents et la grève dégénère. Un anarchiste russe commet un attentat ; les mineurs sont bloqués au fond de la mine. Lantier voit mourir près de lui la fille qu'il aime. Au bout de quelques jours les mineurs survivants sont sauvés. Lantier a compris que la lutte des classes doit s'organiser et il va tenter d'entamer une action plus raisonnée pour faire triompher la justice.

La terre (1887)

La parution de ce roman qui dépeint la vie des paysans provoque la protestation de quelques disciples de Zola. Ils l'accusent d'être l'auteur d'une « littérature putride »[1].

La bête humaine (1890)

Un chauffeur de locomotive, Jacques Lantier, est victime de sa jalousie qui le pousse au meurtre.

Le roman expérimental (1880)

Expression d'une doctrine qui compare le roman-cier naturaliste à un expérimentateur dégageant les lois de la nature. C'est l'influence de Claude Bernard qui a inspiré à Zola cette conception scientifique, analytique de la littérature.

LA DIVERSITÉ DES IDÉES

Le naturaliste

Zola a subi l'influence de Taine et appliqué les conceptions naturalistes à la littérature. L'homme est soumis au déterminisme : l'hérédité, le milieu social, l'époque sont primordiaux dans la formation de son caractère. Ainsi, la pure physiologie, l'instinct dominent la psychologie. C'est l'interaction des cinq sens et du milieu naturel qui guide l'homme. Cette base théorique peut expliquer les portraits crus et presque vulgaires que peint Zola. Il s'excuse lui-même quand il parle de ses descriptions trop franches : « … mes personnages ne sont pas mauvais, ils ne sont qu'ignorants et gâtés par le milieu de rude besogne et de misère où ils vivent ». La peinture des caractères n'est pas toujours très nuancée chez Zola. Il se contente de donner une vague idée des personnages. Il brille par contre dans la description de la foule, d'un groupe animé par le même idéal.

Caricature d'A. Robida illustrant l'inauguration de la statue d'Émile Zola le 7 février 1880 et le triomphe du naturalisme (Bibliothèque des arts décoratifs, Paris).

---

1. Qui répand la pourriture morale.

Le scientifique

Zola s'est appuyé sur une autre théorie : il croit aux thèses du physiologiste Claude Bernard et adapte celles-ci à la littérature. Comme un expérimentateur en médecine, il se donne pour tâche d'étudier le « mécanisme des faits », d'arriver à la connaissance de l'homme. Il modifie au fur et à mesure les conditions dans lesquelles se déroule « l'expérience », « sans jamais s'écarter des lois de la nature », pour pouvoir dégager une règle de comportement générale. Comme il y a une biologie expérimentale, il y aurait donc un roman expérimental, que Zola présente dans sa doctrine de 1880. Le caractère largement documentaire de son œuvre romanesque confirme dans un premier temps les ambitions scientifiques de Zola : les milieux ouvriers, les conditions de travail, la vie quotidienne des mineurs sont exceptionnellement bien décrits, ce sont des témoignages uniques de cette époque. Mais Zola trahit parfois son projet de littérature scientifique : pour provoquer des émotions chez le lecteur, il est amené à grossir des événements, à exagérer des situations, à dramatiser.

Le romancier épique

On aurait donc tort de se laisser tromper par les allures scientifiques que se donne Zola. En effet, ses expériences étaient bien superficielles ; ainsi, pour écrire *La terre*, Zola s'est à peine déplacé, se contentant de consulter des ouvrages spécialisés. De plus, ces théories rigides et doctrinaires n'entraînent pas forcément la création de chefs-d'œuvre.

Sans son imagination et sa veine épique, Zola n'aurait pas créé un univers de personnages si varié, si coloré. C'est surtout la force d'expression de son langage qui fait son génie. Dans les descriptions du milieu, il n'insiste pas, comme Balzac, sur le détail mais brosse un tableau d'ensemble propre à rendre une atmosphère.

La forme

C'est sans doute l'aspect le plus controversé de ses romans. Ses adversaires lui ont reproché son langage cru, qui ne craint pas les expressions argotiques. En effet, Zola adapte en tous points la langue de ses personnages à leur catégorie sociale. Voici ce qu'il répond à ses adversaires : « La forme seule a effaré[1]. On s'est fâché contre les mots. Mon crime est d'avoir eu la curiosité littéraire de ramasser et de couler dans un moule très travaillé le langage du peuple. Ah ! La forme, là est le grand crime ! Des dictionnaires de cette langue existent pourtant, les lettrés l'étudient et jouissent de sa verdeur, de l'imprévu et de la force de ses images. Elle est un régal pour les grammairiens fureteurs[2]. C'est une œuvre de vérité, le premier roman sur le peuple, qui ne mente pas et qui ait l'odeur du peuple ».

1. *Seule la forme a choqué, blessé le sens artistique.*
2. *A l'esprit curieux.*

BIBLIOGRAPHIE
C. Beuchat, *Histoire du naturalisme français*, Buchet-Chastel, 1949.
J. Boric, *Zola et les mythes*, 1971.
J.H. Bornecque et P. Cogny, *Réalisme et naturalisme*, Documents France, Hachette, 1963.
P. Cogny, *Le naturalisme*, « Què-sais-je », 604 P.U.F., 1963.
G. Robert, *Émile Zola*, Belles Lettres, 1952.

GERMINAL

Le sort des opprimés

Après la répression sanglante d'une grève de mineurs, le travail reprend. C'est alors qu'un anarchiste russe provoque un sabotage qui tue ou retient prisonniers dans les galeries de nombreux mineurs. Errant au fond de la mine à la recherche d'une issue, Étienne Lantier et Catherine Maheu font une rencontre inattendue.

1. Va te faire fiche (argot) ici : cela n'a plus aucune importance.
2. Cheminée d'aération.

« Bon ! dit-il, je sais où nous sommes. Nom de Dieu ! nous étions dans le vrai chemin ; mais va te faire fiche[1], maintenant !... Écoute, allons tout droit, nous grimperons par la cheminée[2]. »

La mine au XIXᵉ siècle. Peinture de Jean-Paul Laurens (1904) : Les mineurs.

Le flot[3] battait leur poitrine, ils marchaient très lentement. Tant qu'ils auraient de la lumière, ils ne désespéreraient pas ; et ils soufflèrent l'une des lampes, pour en économiser l'huile, avec la pensée de la vider dans l'autre. Ils atteignaient la cheminée, lorsqu'un bruit, derrière eux, les fit se retourner. Étaient-ce donc les camarades, barrés à leur tour, qui revenaient ? Un souffle ronflait au loin, ils ne s'expliquaient pas cette tempête qui se

10 rapprochait, dans un éclaboussement d'écume. Et ils crièrent, quand ils virent une masse géante, blanchâtre, sortir de l'ombre et lutter pour les rejoindre, entre les boisages trop étroits, où elle s'écrasait.

C'était Bataille. En partant de l'accrochage, il avait galopé le long des galeries noires, éperdument. Il semblait connaître son chemin, dans cette ville souterraine, qu'il habitait depuis onze années ; et ses yeux voyaient clair, au fond de l'éternelle nuit où il avait vécu. Il galopait, il galopait, pliant la tête, ramassant les pieds, filant par ces boyaux[4] minces de la terre, emplis de son grand corps. Les rues se succédaient, les carrefours ouvraient leur fourche, sans qu'il hésitât. Où allait-il ? là-bas peut-être, à

20 cette vision de sa jeunesse, au moulin où il était né, sur le bord de la Scarpe, au souvenir confus du soleil, brûlant en l'air comme une grosse lampe. Il voulait vivre, sa mémoire de bête s'éveillait, l'envie de respirer encore l'air des plaines le poussait droit devant lui, jusqu'à ce qu'il eût découvert le trou, la sortie sous le ciel chaud, dans la lumière. Et une révolte emportait sa résignation ancienne, cette fosse l'assassinait, après l'avoir aveuglé.

3. Après l'explosion, la mine se remplit d'eau.
4. Passages, chemins étroits.

L'eau qui le poursuivait, le fouettait aux cuisses, le mordait à la croupe [5]. Mais, à mesure qu'il s'enfonçait, les galeries devenaient plus étroites, abaissant le toit, renflant le mur. Il galopait quand même, il s'écorchait,
30 laissait aux boisages des lambeaux de ses membres. De toutes parts, la mine semblait se resserrer sur lui, pour le prendre et l'étouffer.

Alors, Étienne et Catherine, comme il arrivait près d'eux, l'aperçurent qui s'étranglait entre les roches. Il avait buté [6], il s'était cassé les deux jambes de devant. D'un dernier effort, il se traîna quelques mètres ; mais ses flancs ne passaient plus, il restait enveloppé, garrotté [7] par la terre. Et sa tête saignante s'allongea, chercha encore une fente, de ses gros yeux troubles. L'eau le recouvrait rapidement, il se mit à hennir [8], du râle prolongé, atroce, dont les autres chevaux étaient morts déjà, dans l'écurie. Ce fut une agonie effroyable, cette vieille bête, fracassée, immobilisée, se débattant
40 à cette profondeur, loin du jour. Son cri de détresse ne cessait pas, le flot noyait sa crinière, qu'il le poussait plus rauque [9], de sa bouche tendue et grande ouverte. Il y eut un dernier ronflement, le bruit sourd d'un tonneau qui s'emplit. Puis un grand silence tomba.

Germinal, 1885

5. Partie postérieure d'un animal.
6. S'était heurté à un obstacle.
7. Bloqué.
8. Crier (en parlant d'un cheval).
9. Rude, enroué(e), se dit d'une voix ou d'un cri.

L'angoisse devant la mort

Dans cette scène, le héros, Étienne Lantier, est bloqué avec Catherine, la jeune fille qu'il aime. Pendant que l'eau monte, menaçant de les noyer, ils s'avouent l'un l'autre leur amour. Des querelles de jalousie et des malentendus les avaient longtemps éloignés l'un de l'autre. La situation dramatique où ils se trouvent semble tout clarifier en un tragique paradoxe : ils s'aiment mais ils semblent condamnés à mourir.

« Ah ! mon Dieu ! emmène-moi, sanglotait Catherine. Ah ! mon Dieu ! j'ai peur, je ne veux pas mourir... Emmène-moi ! emmène-moi ! »
Elle avait vu la mort. Le puits écroulé, la fosse inondée, rien ne lui avait soufflé à la face cette épouvante, cette clameur de Bataille agonisant. Et elle l'entendait toujours, ses oreilles en bourdonnaient, toute sa chair en frissonnait.
« Emmène-moi ! emmène-moi ! »
Étienne l'avait saisie et l'emportait. D'ailleurs, il était grand temps, ils montèrent dans la cheminée, trempés jusqu'aux épaules. Lui, devait l'aider,
10 car elle n'avait plus la force de s'accrocher aux bois. A trois reprises, il crut qu'elle lui échappait, qu'elle retombait dans la mer profonde, dont la marée grondait derrière eux. Cependant, ils purent respirer quelques minutes, quand ils eurent rencontré la première voie, libre encore. L'eau reparut, il fallut se hisser [1] de nouveau. Et, durant des heures, cette montée continua, la crue les chassait de voie en voie, les obligeait à s'élever toujours. Dans la sixième, un répit [2] les enfiévra [3] d'espoir, il leur semblait que le niveau demeurait stationnaire. Mais une hausse plus forte se déclara, ils durent grimper à la septième, puis à la huitième. Une seule restait, et quand ils y furent, ils regardèrent anxieusement chaque centimètre que l'eau gagnait.
20 Si elle ne s'arrêtait pas, ils allaient donc mourir, comme le vieux cheval, écrasés contre le toit, la gorge emplie par le flot ?

1. S'élever.
2. Moment de pause.
3. Donna la fièvre.

Des éboulements retentissaient à chaque instant. La mine entière était ébranlée, d'entrailles trop grêles [4], éclatant de la coulée [5] énorme qui la gorgeait [6]. Au bout des galeries, l'air refoulé s'amassait, se comprimait, partait en explosions formidables, parmi les roches fendues et les terrains bouleversés. C'était le terrifiant vacarme des cataclysmes intérieurs, un coin de la bataille ancienne lorsque les déluges retournaient la terre, en abîmant les montagnes sous les plaines.

4. Fragiles.
5. Ici, écoulement d'une masse d'eau mélangée à la boue.
6. Remplissait.
7. Ici : répétait sans cesse.

30 Et Catherine, secouée, étourdie de cet effondrement continu, joignait les mains, bégayait [7] les même mots, sans relâche :

« Je ne veux pas mourir... Je ne veux pas mourir... »

Germinal, 1885.

LA TERRE

Le cycle éternel de la nature

Dans cette scène finale de La terre, Jean, l'étranger, fait le bilan de son séjour dans la ferme de Beauce. Il choisit de s'en aller, convaincu de son impuissance face aux escrocs qui lui ont enlevé sa part d'héritage. Il fait néanmoins l'apologie de la terre, comme force de la permanence, au-delà des vils soucis et des instincts humains.

Jean était seul. Au loin, de la Borderie [1] dévorée, ne montaient plus que de grandes fumées rousses, tourbillonnantes qui jetaient des ombres de nuages au travers des labours [2], sur les semeurs épars [3]. Et, lentement, il ramena les yeux à ses pieds, il regarda les bosses [4] de terre fraîche, sous lesquelles Françoise et le vieux Fouan dormaient. Ses colères du matin, son dégoût des gens et des choses s'en allaient, dans un profond apaisement. Il se sentait, malgré lui, peut-être à cause du tiède soleil, envahi de douceur et d'espoir.

Eh ! oui, son maître Hourdequin s'était fait bien du mauvais sang [5] avec
10 les inventions nouvelles, n'avait pas tiré grand-chose de bon des machines, des engrais [6], de toute cette science si mal employée encore. Puis, la Cognette était venue l'achever ; lui aussi dormait au cimetière ; et rien ne restait de la ferme, dont le vent emportait les cendres. Mais, qu'importait ! les murs pouvaient brûler, on ne brûlerait pas la terre. Toujours la terre, la nourrice, serait là, qui nourrirait ceux qui l'ensemenceraient [7]. Elle avait l'espace et le temps, elle donnait tout de même du blé, en attendant qu'on sût lui en faire donner davantage.

1. C'est le nom de la ferme où Jean travaillait.
2. Terres cultivées.
3. Clairsemés, répartis dans l'espace.
4. Les tombes de sa femme, Françoise, assassinée et de Fouan, le propriétaire, tué lui aussi, par ses propres enfants.
5. S'était inquiété.
6. Substances utilisées pour rendre fertile la terre.
7. Mettraient de la semence, planteraient.
8. Plantes à épines.
9. Mourir (argot).

C'était comme ces histoires de révolution, ces bouleversements politiques qu'on annonçait. Le sol, disait-on, passerait en d'autres mains, les moissons
20 des pays de là-bas viendraient écraser les nôtres, il n'y aurait plus que des ronces [8] dans nos champs. Et après ? est-ce qu'on peut faire du tort à la terre ? Elle appartiendra quand même à quelqu'un, qui sera bien forcé de la cultiver pour ne pas crever [9] de faim. Si, pendant des années, les mauvaises herbes y poussaient, ça la reposerait, elle en redeviendrait jeune

et féconde. La terre n'entre pas dans nos querelles d'insectes rageurs, elle ne s'occupe pas plus de nous que des fourmis, la grande travailleuse, éternellement à sa besogne.

Il y avait aussi la douleur, le sang, les larmes, tout ce qu'on souffre et tout ce qui révolte, Françoise tuée, Fouan tué, les coquins [10] triomphants, la vermine [11] sanguinaire et puante des villages déshonorant et rongeant la terre. Seulement, est-ce qu'on sait ? De même que la gelée qui brûle les moissons, la grêle qui les hache, la foudre qui les verse, sont nécessaires peut-être, il est possible qu'il faille du sang et des larmes pour que le monde marche. Qu'est-ce que notre malheur pèse, dans la grande mécanique des étoiles et du soleil ? Il se moque bien de nous, le bon Dieu ! Nous n'avons notre pain que par un duel terrible et de chaque jour. Et la terre seule demeure l'immortelle, la mère d'où nous sortons et où nous retournons, elle qu'on aime jusqu'au crime, qui refait continuellement de la vie pour son but ignoré, même avec nos abominations et nos misères.

Longtemps, cette rêvasserie confuse, mal formulée, roula dans le crâne de Jean. Mais un clairon sonna au loin, le clairon des pompiers de Bazoches-le-Doyen qui arrivaient au pas de course, trop tard. Et, à cet appel, brusquement, il se redressa. C'était la guerre passant dans la fumée, avec ses chevaux, ses canons, sa clameur de massacre. Une émotion l'étranglait ! Ah ! bon sang ! puisqu'il n'avait plus le cœur à la travailler, il la défendrait, la vieille terre de France !

Il partait, lorsque, une dernière fois, il promena ses regards des deux fosses, vierges d'herbe, aux labours sans fins de la Beauce, que les semeurs emplissaient de leur geste continu. Des morts, des semences, et le pain poussait de la terre.

La terre, 1887.

10. Personnes sans honneur, malhonnêtes (il s'agit ici des enfants de Fouan).
11. Insecte nuisible, ici, individu méchant.

Couverture pour l'œuvre de Zola La terre, *édition Marpon et Flammarion (Bibliothèque Nationale, Paris).*

LES CONTEURS

La période réaliste de la seconde moitié du siècle ne compte pas que des romanciers (Balzac, Flaubert, Zola). Elle est illustrée par deux grands conteurs : Guy de Maupassant et Alphonse Daudet. Le réalisme dans les contes est sensiblement différent du réalisme dans les romans : pas de grandes descriptions, pas de longues fresques sociales mais des détails précis et concrets, des traits caractéristiques et sobres.

MAUPASSANT (1850-1893)

LA VIE

Né en Normandie près de Dieppe, Maupassant vit ses jeunes années au bord de la mer, seul avec sa mère séparée de son mari. Pendant la guerre de 1870, Maupassant s'engage comme garde mobile [1] et assiste à la débâcle de l'armée française. De 1871 à 1880, il occupe de petits emplois dans différents ministères, tout en apprenant le métier d'écrivain auprès de Flaubert, ami d'enfance de sa mère. C'est une nouvelle, *Boule de Suif*, qui lui vaut ses premiers succès. De 1880 à 1891, il publie environ 300 nouvelles et contes réunis en 18 volumes, ainsi que six romans.
Mais la santé de Maupassant se détériore malgré une constitution apparemment robuste, et son équilibre intellectuel s'en trouve affecté. Des hallucinations accompagnent ses angoisses. Après un suicide manqué, il est interné dans une maison de santé où il meurt fou à l'âge de 43 ans.

PRINCIPALES ŒUVRES

Les contes

L'inspiration est d'abord sarcastique (*La maison Tellier*, 1881 ; *Contes de la bécasse*, 1883). Elle devient ensuite moins fermée à l'émotion et à la sympathie pour le genre humain, dont il perçoit la misère (*Miss Harriet*, 1884 ; *Yvette*, 1885). Et bientôt perce l'angoisse, une sorte d'épouvante sans nom (*Le Horla*, 1886 ; *La nuit*, 1887 ; *Qui sait ?*, 1890).

Photo anonyme montrant Guy de Maupassant, debout à gauche, à l'âge de 38 ans. Collection René Jacques.

1. *La garde mobile était une formation composée de jeunes gens qui ne faisaient pas leur service militaire.*

comme « ignorant de ce qu'il fait », il attaque la religion comme une duperie ; quant à l'homme, c'est une bête à peine supérieure aux autres. La vie sociale est le royaume de la bêtise, quant à l'amour ou l'amitié, ce ne sont que des leurres, incapables de tirer l'homme de sa solitude existentielle. Ce refus généralisé de toute espérance se reflète dans ses contes. Il peint souvent des obsédés, des névrosés (voir nouvelle page 117). Il semble hanté par un mystère qu'il ne comprend pas.

ESTHÉTIQUE

Son esthétique est plus nuancée que la doctrine naturaliste. Il s'oppose aux théories des réalistes et des naturalistes qui prétendent exprimer une vérité unique et entière. Selon lui, il est inutile d'« énumérer les multitudes d'incidents insignifiants qui emplissent notre vie ». L'artiste doit exprimer « une vérité choisie et expressive » qui ne peut donc pas être impartiale. Il est d'ailleurs fatal que la réalité apparaisse à chaque écrivain sous un jour différent puisque chaque être se fait une idée différente de la vie. Il est inutile d'étaler une lourde documentation pour essayer de faire vrai puisque de toute façon l'objectivité est impossible. Il est préférable d'écrire de façon à ce que le lecteur ait une compréhension immédiate du texte.

L'ART DU CONTEUR

Plus que ses romans, ce sont ses contes qui illustrent ses préoccupations esthétiques : simplicité, équilibre, concision. Maupassant fixe d'abord un décor, en quelques touches rapides. Il campe ensuite ses personnages par quelques traits, quelques mots, quelques manies. Puis il entame le récit. D'abord banal, le fait divers devient bientôt, par quelque incident imprévu, un drame. La technique de Maupassant, d'une sûreté étonnante, est éblouissante.

Aquarelle pour l'illustration de Boule de Suif, la nouvelle qui fit connaître Maupassant. C'est l'histoire d'une jeune femme qui, pendant l'occupation allemande de 1871, est la victime de l'hypocrisie des bien-pensants (Bibliothèque Nationale, Paris).

Les romans

Les trois principaux sont :
— *Une vie* (1883) : c'est l'histoire d'une femme qui a rêvé de bonheur et qui ne connaît que des déceptions. L'histoire se passe en Normandie et rappelle *Une histoire simple* de Flaubert.
— *Bel Ami* (1885) : les succès d'un arriviste vulgaire et la tragédie d'une femme qui, l'âge venant, se sent de moins en moins désirable.
— *Pierre et Jean* (1888) : un ancien scandale qui resurgit met une famille bourgeoise en face de problèmes déchirants. Un fils devient le juge de sa propre mère.

VISION DU MONDE

Maupassant est une nature foncièrement pessimiste. Il nie la providence, considère Dieu

BIBLIOGRAPHIE
A. Vial, *Guy de Maupassant et l'art du roman*, Nizet, 1954.
P.-G. Castex, *Le conte fantastique en France*, Corti, 1962.

CONTES ET NOUVELLES

Le fanatisme meurtrier

Le saut du berger n'est pas un conte fantastique. C'est plutôt une légende locale (nous sommes en Normandie) partie peut-être d'un fait divers, mais amplifiée jusqu'aux dimensions d'un mythe. On y trouve l'opposition implacable entre les forces de vie et les forces de mort, dans un décor agité par la violence des éléments naturels (le vent et la tempête). Sous les apparences d'un conte naturaliste, c'est la tragédie de l'amour refusé que nous lisons ici. (Nous donnons ici le texte dans son intégralité.)

LE SAUT DU BERGER

De Dieppe au Havre, la côte présente une falaise ininterrompue, haute de cent mètres environ, et droite comme une muraille. De place en place, cette grande ligne de rochers blancs s'abaisse brusquement, et une petite vallée étroite, aux pentes rapides couvertes de gazon ras et de joncs marins, descend du plateau cultivé vers une plage de galet où elle aboutit par un ravin semblable au lit d'un torrent. La nature a fait ces vallées, les pluies d'orage les ont terminées par ces ravins, entaillant ce qui restait de falaise, creusant jusqu'à la mer le lit des eaux qui sert de passage aux hommes.

Quelquefois un village est blotti dans ces vallons, où s'engouffre le vent du large.

10 J'ai passé l'été dans une de ces échancrures de la côte, logé chez un paysan, dont la maison, tournée vers les flots, me laissait voir de ma fenêtre un grand triangle d'eau bleue encadrée par les pentes vertes du val, et tachée parfois de voiles blanches passant au loin dans un coup de soleil.

Le chemin allant vers la mer suivait le fond de la gorge, et brusquement s'enfonçait entre deux parois de marne[1], devenait une sorte d'ornière profonde, avant de déboucher sur une belle nappe de cailloux roulés, arrondis et polis par la séculaire[2] caresse des vagues.

Ce passage encaissé s'appelle le « Saut du Berger ».

20 Voici le drame qui l'a fait ainsi nommer :

On raconte qu'autrefois ce village était gouverné[3] par un jeune prêtre austère et violent. Il était sorti du séminaire plein de haine pour ceux qui vivent selon les lois naturelles et non suivant celles de son Dieu. D'une inflexible sévérité pour lui-même, il se montra pour les autres d'une implacable intolérance ; une chose surtout le soulevait de colère et de dégoût : l'amour. S'il eût vécu dans les villes, au milieu des civilisés et des raffinés qui dissimulent derrière les voiles délicats du sentiment et de la tendresse, les actes brutaux que la nature commande, s'il eût confessé dans l'ombre des grandes nefs élégantes les pécheresses parfumées dont les fautes semblent adoucies par la grâce de la chute et l'enveloppement d'idéal autour du baiser matériel, il n'aurait pas senti peut-être ces révoltes folles, ces fureurs désordonnées qu'il avait en face de l'accouplement malpropre des loqueteux[4] dans la boue d'un fossé ou sur la paille d'une grange.

Il les assimilait aux brutes, ces gens-là qui ne connaissaient point l'amour, et qui s'unissaient seulement à la façon des animaux ; et il les haïssait pour

1. Mélange matériel d'argile et de calcaire.
2. Qui dure depuis des siècles.
3. Était mené par ; subissait l'influence de.
4. Pauvres gens vêtus de haillons.

117

la grossièreté de leur âme, pour le sale assouvissement de leur instinct, pour la gaieté répugnante des vieux qui parlaient encore de ces immondes [5] plaisirs.

Peut-être aussi était-il, malgré lui, torturé par l'angoisse d'appétits inapaisés et sourdement travaillé par la lutte de son corps révolté contre un esprit despotique et chaste.

Mais tout ce qui touchait à la chair l'indignait, le jetait hors de lui ; et ses sermons violents, pleins de menaces et d'allusions furieuses, faisaient ricaner les filles et les gars qui se coulaient des regards en dessous à travers l'église ; tandis que les fermiers en blouse bleue et les fermières en mante [6] noire se disaient au sortir de la messe, en retournant vers la masure dont la cheminée jetait sur le ciel un filet de fumée bleue : « I' ne plaisante pas là-dessus, m'sieu le curé. »

Une fois même et pour rien il s'emporta jusqu'à perdre la raison. Il allait voir une malade. Or, dès qu'il eut pénétré dans la cour de la ferme, il aperçut un tas d'enfants, ceux de la maison et ceux des voisins, attroupés autour de la niche du chien. Ils regardaient curieusement quelque chose, immobiles, avec une attention concentrée et muette. Le prêtre s'approcha. C'était la chienne qui mettait bas [7]. Devant sa niche, cinq petits grouillaient autour de la mère qui les léchait avec tendresse, et, au moment où le curé allongeait sa tête par-dessus celles des enfants, un sixième petit toutou [8] parut. Tous les galopins [9] alors, saisis de joie, se mirent à crier en battant des mains : « En v'là encore un, en v'là encore un ! » C'était un jeu pour eux, un jeu naturel où rien d'impur n'entrait ; ils contemplaient cette naissance comme ils auraient regardé tomber des pommes. Mais l'homme à la robe noire fut crispé d'indignation, et la tête perdue, levant son grand parapluie bleu, il se mit à battre les enfants. Ils s'enfuirent à toutes jambes. Alors lui, se trouvant seul en face de la chienne en gésine [10], frappa sur elle à tour de bras. Enchaînée elle ne pouvait s'enfuir, et comme elle se débattait en gémissant, il monta dessus, l'écrasant sous ses pieds, lui fit mettre au monde un dernier petit, et il l'acheva à coups de talon. Puis il laissa le corps saignant au milieu des nouveau-nés, piaulants [11] et lourds, qui cherchaient déjà les mamelles.

Il faisait de longues courses, solitairement, à grands pas, avec un air sauvage.

Or, comme il revenait d'une promenade éloignée, un soir du mois de mai, et qu'il suivait la falaise en regagnant le village, un grain [12] furieux l'assaillit. Aucune maison en vue, partout la côte nue que l'averse criblait de flèches d'eau.

La mer houleuse roulait ses écumes ; et les gros nuages sombres accouraient de l'horizon avec des redoublements de pluie. Le vent sifflait, couchait les jeunes récoltes, et secouait l'abbé ruisselant, collait à ses jambes la soutane traversée, emplissait de bruit ses oreilles et son cœur exalté de tumulte.

Il se découvrit, tendant son front à l'orage, et peu à peu il approchait de la descente sur le pays. Mais une telle rafale l'atteignit qu'il ne pouvait plus avancer, et soudain, il aperçut auprès d'un parc à moutons la hutte ambulante d'un berger.

C'était un abri, il y courut.

Les chiens fouettés par l'ouragan ne remuèrent pas à son approche ; et il

5. Dégoûtants.
6. Manteau de femme très simple, large et sans manches.
7. Mettait ses petits au monde.
8. Petit chien.
9. Enfants.
10. En train de mettre au monde ses petits.
11. Criant.
12. Brusques coups de vent accompagnés souvent de pluie.

parvint jusqu'à la cabane en bois, sorte de niche perchée sur des roues, que les gardiens de troupeaux traînent, pendant l'été, de pâturage en pâturage. Au-dessus d'un escabeau, la porte basse était ouverte, laissant voir la paille du dedans.

Le prêtre allait entrer quand il aperçut dans l'ombre un couple amoureux
90 qui s'étreignait. Alors, brusquement, il ferma l'auvent [13] et l'accrocha ; puis, s'attelant aux brancards [14], courbant sa taille maigre, tirant comme un cheval, et haletant sous sa robe de drap trempée, il courut, entraînant vers la pente rapide, la pente mortelle, les jeunes gens surpris enlacés, qui heurtaient la cloison du poing, croyant sans doute à quelque farce d'un passant.

Lorsqu'il fut au haut de la descente, il lâcha la légère demeure, qui se mit à rouler sur la côte inclinée.

Elle précipitait sa course, emportée follement, allant toujours plus vite, sautant, trébuchant comme une bête, battant la terre de ses brancards.

100 Un vieux mendiant blotti dans un fossé la vit passer, d'un élan, sur sa tête et il entendit des cris affreux poussés dans le coffre de bois.

Tout à coup elle perdit une roue arrachée d'un choc, s'abattit sur le flanc, et se remit à dévaler comme une boule, comme une maison déracinée dégringolerait du sommet d'un mont, puis, arrivant au rebord du dernier ravin, elle bondit en décrivant une courbe et, tombant au fond, s'y creva comme un œuf.

On les ramassa l'un et l'autre, les amoureux, broyés, pilés, tous les membres rompus, mais étreints, toujours, les bras liés aux cous dans l'épouvante comme pour le plaisir.

110 Le curé refusa l'entrée de l'église à leurs cadavres et sa bénédiction à leurs cercueils.

Et le dimanche, au prône [15], il parla avec emportement du septième commandement de Dieu, menaçant les amoureux d'un bras vengeur et mystérieux, et citant l'exemple terrible des deux malheureux tués dans leur péché.

Comme il sortait de l'église, deux gendarmes l'arrêtèrent.

Un douanier gîté [16] dans son trou de garde avait vu. Il fut condamné aux travaux forcés.

Et le paysan dont je tiens cette histoire ajouta gravement :
120 « Je l'ai connu, moi, Monsieur. C'était un rude homme tout de même, mais il n'aimait pas la bagatelle [17] ».

Le saut du berger,
(première parution : 1882)

13. Ici : la porte.
14. Barre de bois d'une charrette entre lesquelles on place l'animal qui va la tirer.
15. Discours du curé à la messe du dimanche.
16. Caché.
17. Avec un article indéfini, une bagatelle : chose de peu de prix ou de peu d'importance. Avec un article défini, la bagatelle : nom donné familièrement à l'amour physique pour ne pas le nommer.

DAUDET (1840-1897)

Portrait d'Alphonse Daudet par Nadar (de son vrai nom Félix Tournachon).

LA VIE ET L'ŒUVRE

Alphonse Daudet, né à Nîmes, dans le Midi de la France, fait ses études dans un lycée de Lyon. La ruine de ses parents, négociants en soieries, le contraint à gagner sa vie très tôt. Après avoir été surveillant dans un lycée de province, il « monte » à Paris rejoindre son frère aîné et se lance dans la littérature. Il obtient le succès avec *Le petit Chose* (1868) où il fait revivre ses souvenirs d'écolier. Il devient vraiment célèbre avec un recueil de contes *Les lettres de mon moulin* (1869) inspiré par sa Provence natale.

Suivent *Les contes du lundi* (1873) inspirés en grande partie par la guerre franco-allemande et l'épisode de la Commune. Après un roman héroï-comique *Tartarin de Tarascon* (1872) qui raconte les aventures d'un fanfaron[1] méridional, Daudet se lance dans le roman réaliste. Il s'intéresse surtout à la peinture des mœurs contemporaines : *Jack* (1876) raconte l'histoire d'un jeune ouvrier qui se tue au travail ; *Le nabab* (1877) décrit le monde des affaires et de la politique ; *L'immortel*[2] (1890) dépeint les coulisses de l'Académie.

LE TALENT DE DAUDET

L'art de Daudet s'apparente sans conteste au réalisme. Ses contes et ses romans reposent sur une observation minutieuse de la vie au jour le jour. Mais au lieu de procéder par enquête méthodique et « scientifique », il fait davantage confiance à ses impressions et aux sensations que lui offrent les circonstances. Il dit d'ailleurs de lui-même qu'il est « une machine à sentir ». Il ne se prétend pas objectif, il regarde la vie avec ironie, sympathie et sensibilité. Il définit son art comme « un singulier mélange de fantaisies et de réalités ».

1. Qui se vante exagérément de sa bravoure, réelle ou supposée.
2. Nom donné aux Académiciens.

LES CONTES DU LUNDI

L'enfance

Daudet a passé une partie de son enfance à Lyon où ses parents avaient un commerce de soie. L'histoire que nous citons a des reflets autobiographiques. Au lieu d'aller à l'école, le jeune garçon passe sa journée sur une barque avec un marinier. Mais lorsqu'il revient, l'heure de la sortie de l'école est depuis longtemps dépassée, et il doit chaque fois inventer un mensonge pour ne pas se faire gronder par ses parents.

Le terrible, par exemple, c'était le retour, la rentrée. J'avais beau revenir à toutes rames, j'arrivais toujours trop tard, longtemps après la sortie des classes. L'impression du jour qui tombe, les premiers becs de gaz[1] dans le brouillard, la retraite, tout augmentait mes transes[2], mon remords. Les gens qui passaient, rentrant chez eux bien tranquilles, me faisaient envie ; et je courais la tête lourde, pleine de soleil et d'eau, avec des ronflements

1. Les lanternes à gaz pour éclairer les rues.
2. Mon angoisse.

120

de coquillages au fond des oreilles, et déjà sur la figure le rouge du mensonge que j'allais dire.

Car il en fallait un chaque fois pour faire tête à ce terrible « d'où viens-tu ? » qui m'attendait en travers de la porte. C'est cet interrogatoire de
10 l'arrivée qui m'épouvantait le plus. Je devais répondre là, sur le palier, au pied levé[3], avoir toujours une histoire prête, quelque chose à dire, et de si étonnant, de si renversant, que la surprise coupât court[4] à toutes les questions. Cela me donnait le temps d'entrer, de reprendre haleine ; et pour en arriver là, rien ne me coûtait. J'inventais des sinistres, des révolutions, des choses terribles, tout un côté de la ville qui brûlait, le pont du chemin de fer s'écroulant dans la rivière. Mais ce que je trouvai encore de plus fort, le voici :

Ce soir-là, j'arrivai très en retard. Ma mère qui m'attendait depuis une grande heure, guettait, debout en haut de l'escalier.

20 « D'où viens-tu ? » me cria-t-elle.

Dites-moi ce qu'il peut tenir de diableries[5] dans une tête d'enfant. Je n'avais rien trouvé, rien préparé. J'étais venu trop vite... Tout à coup il me passa une idée folle. Je savais la chère femme très pieuse[6], catholique enragée comme une Romaine, et je lui répondis dans tout l'essoufflement d'une grande émotion :

« O maman... Si vous saviez !...

— Quoi donc ?... Qu'est-ce qu'il y a encore ?...

— Le pape est mort.

— Le pape est mort !... » fit la pauvre mère, et elle s'appuya toute pâle
30 contre la muraille. Je passai vite dans ma chambre, un peu effrayé de mon succès et de l'énormité du mensonge ; pourtant, j'eus le courage de le soutenir jusqu'au bout.

Je me souviens d'une soirée funèbre et douce ; le père très grave, la mère atterrée[7]... On causait bas autour de la table. Moi, je baissais les yeux mais mon escapade[8] s'était si bien perdue dans la désolation générale que personne n'y pensait plus.

Chacun citait à l'envi[9] quelque trait de vertu de ce pauvre Pie IX ; puis, peu à peu, la conversation s'égarait à travers l'histoire des papes. Tante Rose parla de Pie VII, qu'elle se souvenait très bien d'avoir vu passer dans
40 le Midi, au fond d'une chaise de poste[10], entre des gendarmes. On rappela la fameuse scène avec l'empereur[11] : *Commediante !... tragediante !...*
C'était bien la centième fois que je l'entendais raconter, cette terrible scène, toujours avec les mêmes intonations, les mêmes gestes, et ce stéréotype des traditions de famille qu'on se lègue et qui restent là, puériles et locales, comme des histoires de couvent.

C'est égal, jamais elle ne m'avait paru si intéressante.

Je l'écoutais avec des soupirs hypocrites, des questions, un air de faux intérêt, et tout le temps je me disais :

« Demain matin, en apprenant que le pape n'est pas mort, ils seront si
50 contents que personne n'aura le courage de me gronder. »

Tout en pensant à cela, mes yeux se fermaient malgré moi, et j'avais des visions de petits bateaux peints en bleu, avec des coins de Saône[12] alourdis par la chaleur, et de grandes pattes d'argyronètes[13] courant dans tous les sens et rayant l'eau vitreuse, comme des pointes de diamant.

Les contes du lundi, 1873.

3. Sans attendre.
4. Empêchât.
5. Bizarreries.
6. Très croyante.
7. Bouleversée.
8. Ma sortie.
9. En cherchant à rivaliser avec l'autre.
10. Voiture à cheval.
11. Napoléon Ier.
12. L'une des rivières qui passe à Lyon. L'autre est le Rhône.
13. Araignées aquatiques.

Questions et recherches

L'ART DE LA DESCRIPTION RÉALISTE (P. 74)

1. Quel est le caractère commun à tous les objets énumérés ?
2. Quel effet produit l'accumulation des adjectifs à la fin de la description ?
3. La description minutieuse retarde-t-elle l'intérêt de l'histoire ou a-t-elle un rôle utile ?
4. Que veut montrer Balzac en faisant le portrait de Madame Vauquer ?

UNE SCÈNE À EFFET (P. 75)

1. Quelle est l'idée fixe du père Goriot (l. 1-8) ?
2. Montrez sa lucidité (l. 8-14).
3. Quel tort se reconnaît-il (l. 14-19) ?
4. Comment le mouvement du style traduit-il la passion et le délire du vieillard ?

PORTRAIT DE L'AVARICE (P. 76)

1. Sur quel ton Grandet s'adresse-t-il à sa fille ?
2. Quelle est la valeur du possessif « mon » dans la réponse d'Eugénie ?
3. Quels sentiments successifs s'emparent de Grandet ?
4. Qu'arrive-t-il à Madame Grandet ?
5. Eugénie tient tête à son père, montrez sa maîtrise d'elle-même, son opposition à la colère grandissante de son père et sa logique.

LE PESSIMISME DE BALZAC (P. 79)

1. Pourquoi Madame de Bonfons n'a-t-elle pas changé ses habitudes de vie ?
2. Quelle phrase exprime la même idée que celle qui est illustrée dans le texte P. 74 à propos de la pension Vauquer et du portrait de Madame Vauquer ?
3. Comment se manifeste le pessimisme de Balzac ?

L'ÉNERGIE D'UN AMBITIEUX (P. 83)

1. Le décor : est-il en harmonie avec les états d'âme des personnages ?
2. Comment est exprimée l'angoisse de Julien ? Suivez son développement, son effort de volonté.
3. Pour quelle raison prend-il la main de Madame de Rénal ?

UN HÉROS STENDHALIEN (P. 84)

1. Montrez que ce récit est établi suivant les impressions de Fabrice qui découvre ce qu'est une bataille.
2. Que nous apprend-il sur le caractère de Fabrice ?
3. Qu'est-ce qui fait l'humour de ce récit ?

ON NE BADINE PAS AVEC L'HONNEUR (P. 89)

1. Peut-on dès le début deviner ce qui va se passer ?
2. Montrez, en relevant les détails, le conflit pathétique chez Mateo : attachement au fils et soumission au code du pays, devoir accompli en refoulant son désespoir.

LE FANTASTIQUE DANS LA NOUVELLE (P. 91)

1. Qu'entend le narrateur ?
2. Quelle question se pose-t-il ?
3. Quels nouveaux bruits l'inquiètent ?
4. Quel spectacle découvre-t-il ?
5. Montrez l'intérêt dramatique de cette page.
6. Pourquoi peut-on parler de fantastique ?

UN ROMAN D'AVENTURE (P. 93)

1. Quelle est l'atmosphère générale de cette page ?
2. Quel est l'effet produit par les déclarations des trois hommes et la triple répétition de la petite phrase finale ?
3. Qu'ajoute le geste théâtral du bourreau avec l'argent ?
4. Comment l'auteur prolonge-t-il l'attente de l'exécution ?

LA POÉSIE IMPERSONNELLE (P. 97)

1. Midi : quelles sensations caractérisent ce moment ?
2. Quelle impression nous est communiquée ?
3. Relevez des effets de rythme et de sonorité.
4. Qu'évoque la deuxième strophe ?
5. Dans la troisième strophe, les blés sont personnifiés, montrez qu'ils ne participent pas à l'assoupissement général.

6. Quatrième strophe : l'ondulation n'est donc pas un effet de la brise mais un signe de vie, montrez-le.

7. Que traduit le rythme remarquable des vers 15-16 ?

8. Cinquième strophe, un pâturage : les bœufs donnent l'impression d'une vie physique et d'une vie intérieure, comment ?

L'INVECTIVE DU POÈTE (P. 98)

1. Quel reproche Leconte de Lisle fait-il aux modernes ?

2. Qui est responsable de cette situation ?

3. En retour quelle est l'influence de ces gens ?

4. Montrez la force de l'apostrophe dans le premier tercet.

5. Quelle est la caractéristique de ces modernes qui explique tout ce qui précède ?

6. Commentez les deux derniers vers.

UNE SOMPTUEUSE IMMOBILITÉ (P. 99)

1. Quelles sont les deux parties du sonnet ?

2. Quelle scène caractéristique du Moyen Age évoque le premier quatrain ?

3. Quelle est l'assistance ? Comment est rendue sa magnificence ? son attitude à la fois plastique et morale ?

4. Le deuxième quatrain entremêle deux occupations des seigneurs, lesquelles ? Quel effet produit le mouvement de va-et-vient entre les deux thèmes ?

5. Le premier tercet : le ton et le rythme se transforment, quelle nouvelle impression nous est donnée ?

6. Dans le deuxième tercet, comment est soulignée l'absence de vie ?

7. Le dernier vers est à rapprocher du premier, pourquoi ? Quel est le symbole ainsi mis en valeur ?

FLAUBERT S'EFFACE (P. 102)

1. Emma écoute deux conversations à la fois, pourquoi ?

2. Quels en sont les sujets ?

3. Quel souvenir lui revient ? Qu'en résulte-t-il sur son état d'âme ?

4. De quelle scène est-elle témoin ?

5. Quel effet lui produit la valse ?

6. Dans quel état d'esprit se retrouve-t-elle à la fin du bal ?

LA RENCONTRE D'APRÈS FLAUBERT (P. 105)

1. Quelle expression caractérise l'impression de Frédéric ?

2. Montrez que l'ordre du portrait suit un plan méthodique, attentif et détaillé.

3. Quelle curiosité s'empare de Frédéric ?

4. Comment l'apparition de la négresse et de la petite fille met en branle son imagination ?

L'ÉCOLE ENTRE L'INSTITUTEUR ET LE CURÉ (P. 106)

1. Quelles sont les remarques du curé ?

2. Comment se manifestent l'impuissance et le désespoir de l'instituteur en face du prêtre ?

LE SORT DES OPPRIMÉS (P. 110)

Analysez les procédés qui rendent ce passage dramatique.

L'ANGOISSE DEVANT LA MORT (P. 112)

1. Comment se manifeste l'angoisse de Catherine ?

2. Quels sont les deux dangers de plus en plus effrayants qui poursuivent Étienne et Catherine ?

LE CYCLE ÉTERNEL DE LA NATURE (P. 113)

1. Quelle idée la ferme brûlée fait-elle naître par contraste dans l'esprit de Jean (l. 1-17) ?

2. Quel raisonnement en découle (l. 8-27) ?

3. Comment la méditation s'élargit-elle encore (l. 28-39) ? Quelle décision s'impose alors à Jean ?

LE FANATISME MEURTRIER (P. 117)

1. Quel procédé utilise Maupassant pour introduire son récit ?

2. Quelle était l'idée dominante du prêtre ?

3. Quelle scène illustre sa hantise ?

4. Qu'est-ce qui rend la scène criminelle particulièrement dramatique ?

L'ENFANCE (P. 120)

1. Dans quel état d'esprit l'enfant arrive-t-il à la maison ?

2. Qu'a-t-il l'habitude de faire pour masquer sa culpabilité ? Sur quel sentiment joue-t-il ce soir-là ?

3. Qu'en résulte-t-il dans la famille ?

BAUDELAIRE (1821-1867)

Baudelaire a conquis le public moderne grâce à un recueil de poèmes vraiment original : Les fleurs du mal. *Dans son acharnement à vouloir mettre à nu le mal, c'est-à-dire les faiblesses et les turpitudes de ce monde, il donne « à la poésie un frisson nouveau » (Victor Hugo). Déchiré mais lucide, il cherche par l'imagination un passage entre le réel et le surréel, refuge ultime et fragile du poète.*

LA VIE

Baudelaire est né à Paris en 1821. Son enfance a été marquée par la mort de son père en 1827, et surtout ses conséquences. L'année suivante, en effet, sa mère se remarie avec un officier ; cet homme autoritaire et rigide l'éloigne de sa mère et devient très vite pour Charles Baudelaire un ennemi.

A partir de 1839, Baudelaire commence sa carrière d'écrivain. Il fréquente des hommes de lettres (Nerval, Balzac) et mène à Paris une vie de plaisirs et d'insouciance qui paraît scandaleuse à son beau-père. En 1841, il s'embarque pour un long voyage vers les Indes, mais, pris de nostalgie, il revient au bout de dix mois, sans être parvenu à destination. Ce voyage pourtant éveille en lui l'amour de la mer et de l'exotisme, qui vont enrichir son inspiration.

A son retour, il demande sa part de l'héritage paternel pour vivre comme il l'entend. Il devient un dandy[1] parisien et se lie avec Jeanne Duval, une jeune mulâtresse qui restera sa compagne jusqu'à sa mort, en dépit des crises qui secouent leur liaison. En 1844, sa famille, alarmée par les dépenses du jeune homme qui a alors 23 ans, lui impose un conseil judiciaire qui limite l'argent qu'il peut toucher régulièrement : désormais, il va vivre misérablement.

Baudelaire se consacre d'abord à la critique d'art ; les articles regroupés forment *Les salons.* En 1848, il participe aux émeutes parisiennes et s'enthousiasme pour la Révolution. Mais son engagement est de courte durée. Il revient à la littérature, découvre l'auteur américain Edgar Poe qu'il commence à traduire. Quelques poèmes

Portrait de Baudelaire par Nadar, l'un des meilleurs photographes de l'époque.

sont publiés dans différentes revues ; la passion que lui inspire une dame du monde, madame Sabatier, stimule son activité poétique. En 1857 paraissent *Les fleurs du mal.* Le livre est en partie condamné pour « outrage à la morale publique et aux bonnes mœurs ».

En dépit de la célébrité qui s'installe, il mène une vie précaire, vivant de traductions et de travaux de commande. Il continue néanmoins à écrire des poèmes utilisant parfois comme stimulants l'opium et le haschich. Il se raidit contre les déceptions : « Plus je suis malheureux, plus mon orgueil augmente ». En 1864, il s'installe en Belgique, résolu à préparer un retour glorieux en France ; mais il végète à Bruxelles. Terrassé par une crise cardiaque, il est ramené

1. *Homme qui aime s'habiller de façon très élégante.*

à Paris. Atteint de paralysie et de troubles du langage, il meurt à l'âge de 46 ans.

PRINCIPALES ŒUVRES

Salon de 1845 et Salon de 1846

Le premier de ces ouvrages est une sorte de catalogue descriptif. Le second contient trois chapitres généraux sur l'art (la critique, le romantisme, la couleur) et une longue étude sur l'œuvre du peintre Delacroix, que Baudelaire admire.

Les fleurs du mal

Ce recueil connut deux éditions du vivant de l'auteur : celle de 1857 avec 101 poèmes et celle de 1861 avec 127 poèmes. Baudelaire a mis beaucoup de soin à structurer son recueil : « Le seul éloge que je sollicite pour ce livre est qu'on reconnaisse qu'il n'est pas un pur album et qu'il a un commencement et une fin ». L'ouvrage est divisé en six parties qui sont les étapes d'une progression.

— *Spleen et idéal* (85 premiers poèmes) : le poète se sent pris entre la misère et l'angoisse d'un côté, c'est le spleen, et l'aspiration vers un absolu, un idéal de l'autre. C'est la tragique dualité de l'artiste qui est ici exprimée.

— *Tableaux parisiens* (poèmes 86 à 103), *Le vin* (poèmes 104 à 108), *Fleurs du mal* (poèmes 109 à 117) : dans ces trois parties, Baudelaire décrit ses tentatives désespérées pour échapper au spleen en profitant de tout ce que la ville peut offrir, en s'enivrant ou se livrant au vice. C'est la période des paradis artificiels. Mais toutes ces tentatives échouent.

— *La révolte* (poèmes 118 à 120) : le poète se livre à Satan comme à un ultime recours :
« O Satan, prends pitié de ma longue misère ! ».
Mais la révolte se révèle vaine à son tour et Baudelaire ne fait pas une apologie de l'enfer qui marquerait finalement le terme de sa quête. L'unique porte de sortie reste alors la mort.

— *La mort* (poèmes 121 à 127) : c'est la sixième et dernière partie ; 25 poèmes nouveaux y prennent place dans l'édition posthume de 1868. Seule la mort, parce qu'elle est inconnue, peut tout promettre et peut-être résoudre les contradictions du poète. C'est une solution possible, et c'est aussi pourquoi le poète, malgré sa misère et son déchirement ne s'est pas suicidé : la vie permet au poète de rêver un au-delà (« Enfer ou Ciel, qu'importe ? ») qui apporterait une libération.

Le spleen de Paris (1869)

Sous ce titre sont groupés cinquante « petits poèmes en prose » dont beaucoup sont parus dans diverses revues poétiques. Baudelaire définit le genre de la façon suivante : « Une prose poétique, musicale, sans rythme et sans rime, assez souple et assez heurtée pour s'adapter aux mouvements lyriques de l'âme, aux ondulations de la rêverie, aux soubresauts de la conscience. »

L'art romantique (1869)

C'est un recueil d'articles sur des sujets littéraires et artistiques.

LE DÉCHIREMENT DU POÈTE

Baudelaire n'a pas été un homme heureux. Il a souffert du remariage de sa mère, de la pauvreté, de la solitude et, à la fin de sa vie, de la maladie. Toutes ces misères expliquent la profondeur de son « spleen ». Le spleen baudelairien n'est pas la mélancolie de Lamartine, le pessimisme de Vigny ou de Leconte de Lisle (voir pages 36 et 92), c'est un état presque maladif, plus qu'une difficulté à vivre, une difficulté à exister. Souffrant d'être incompris, de se voir refuser la gloire littéraire qu'il sait mériter, conscient de faire partie de la génération des « poètes maudits » (avec Verlaine et Rimbaud), il accentue volontairement son drame et s'abandonne à tous les désordres avec une sorte de frénésie du désespoir. Par cette fuite en avant, il donne l'impression de vouloir retrouver une dignité dans la douleur et le vice. Pourtant, cette marche forcée vers Satan ne l'empêche pas de se sentir fortement attiré vers le bien.

Élevé dans la religion catholique, Baudelaire ne s'est jamais débarrassé de ses rêves de pureté et d'idéal. Il garde la nostalgie de la vertu. Ce besoin d'harmonie et de plénitude qui le hante aboutit à une sublimation des sentiments amoureux ; son adoration pour la belle madame Sabatier touche au mysticisme : « Soyez mon ange gardien, ma muse et ma madone, et conduisez-moi dans les routes du Beau ». Car l'art lui apparaît comme le plus sûr moyen d'atteindre à l'idéal. Plongeant ses racines dans la tristesse de l'artiste, l'art le met en relation avec un au-delà d'une pureté minérale (voir poème page 130), unique consolation du poète.

LA MODERNITÉ POÉTIQUE

C'est vers 1845 que Baudelaire commence vraiment à écrire. Cette date est importante car elle marque la mise en question du romantisme par les adeptes du formalisme. Situé à la croisée des chemins, Baudelaire va profiter des deux influences pour ensuite s'engager dans sa propre voie.

Lecteur enthousiaste de Chateaubriand, de Hugo et de Sainte-Beuve, Baudelaire n'a jamais cessé d'admirer le romantisme. Il y a entre lui et ce courant littéraire une véritable affinité psychologique ; le vague à l'âme des écrivains du début du siècle, la révolte ou le mysticisme de la génération de 1830, le sens du mystère d'un

Victor Hugo se retrouvent dans le tempérament sombre et tourmenté de Charles Baudelaire. Mais malgré ces affinités, il dénonce très tôt les erreurs et les insuffisances auxquelles entraîne le romantisme et qu'il retrouve chez Musset, qu'il déteste : pur épanchement lyrique, goût de l'analyse personnelle, abandon à la facilité, négligence de style. C'est pourquoi il est sensible aux arguments de Théophile Gautier qui prône un retour à la rigueur formelle, vers 1845.

Les théories formalistes de l'Art pour l'Art et du Parnasse séduisent le poète : restaurer le culte de la Beauté pure, privilégier le travail sur la forme. Au contact de ces poètes (Gautier, Leconte de Lisle), Baudelaire acquiert une rigueur et une technique que l'on retrouve dans *Les fleurs du mal*. Mais le poète n'adhère pas à toutes les propositions de cette école ; il se méfie de l'aspect matérialiste et scientiste (voir page 15) qui recouvre les productions de la deuxième moitié du siècle : « S'environner exclusivement des séductions de l'art physique, c'est créer de grandes chances de perdition ».

Baudelaire a la conviction qu'il ne peut y avoir de profondeur sans émotion, ni de métier sans « tempérament ». Bien que Baudelaire dédie *Les fleurs du mal* à Théophile Gautier, il faut savoir que de plus en plus de choses les séparent et que ce recueil poétique est loin de relever exclusivement des théories formalistes de l'Art pour l'Art. Baudelaire inaugure ce qu'il appelle la « modernité poétique ». C'est une troisième voie entre le romantisme et le formalisme ; c'est un romantisme maîtrisé, un nouveau langage appliqué aux émotions. C'est par ce mariage de la rigueur et de la sensibilité que Baudelaire a inauguré la poésie moderne.

L'ART DE BAUDELAIRE

Dans le domaine du vocabulaire et de la métrique, Baudelaire reste un classique. Il admire toujours Malherbe (voir volume 1, p. 129) et son « vers symétrique et carré de mélodie ». Il pratique volontiers l'alexandrin et affectionne le sonnet qui avait été délaissé par les romantiques. La modernité du style de Baudelaire transparaît essentiellement dans ses images, qui sont d'une originalité, d'une densité extraordinaires. Elles se font harmonies, correspondances, comparaisons, symboles. Nourries de l'imagination du poète, elles permettent de réconcilier les contraires, d'abolir les contradictions, d'extraire la beauté de la laideur, la pureté du vice, de créer « un monde nouveau ».

BIBLIOGRAPHIE
J. Prévost, *Baudelaire,* Gallimard, 1953.
M. Raymond, *De Baudelaire au surréalisme*, Corti, 1962.
M.-A. Ruff, *L'esprit du mal et l'esthétique baudelairienne*, Colin, 1955.
J.-P. Sartre, *Baudelaire,* Gallimard, coll. « Idées », 1963.

Portrait de madame Sabatier, qui fut la protectrice de Baudelaire (dessin au crayon de C.-F. Jalabert. (Collection particulière, Paris).

LES FLEURS DU MAL

Le poète incompris

L'albatros est un oiseau de mer fait pour les grands espaces. Il symbolise ici le poète qui aspire à un monde pur et infini mais qui, sur terre, se sent prisonnier et incompris.

L'ALBATROS

Souvent, pour s'amuser, les hommes d'équipage
Prennent des albatros, vastes oiseaux des mers,
Qui suivent, indolents compagnons de voyage,
Le navire glissant sur les gouffres [1] amers.

A peine les ont-ils déposés sur les planches [2],
Que ces rois de l'azur, maladroits et honteux,
Laissent piteusement [3] leurs grandes ailes blanches
Comme des avirons [4] traîner à côté d'eux.

Ce voyageur ailé, comme il est gauche et veule [5] !
10   Lui, naguère si beau, qu'il est comique et laid !
L'un agace son bec avec un brûle-gueule [6],
L'autre mime, en boitant, l'infirme qui volait !

Le Poète est semblable au prince des nuées
Qui hante la tempête et se rit de l'archer ;
Exilé sur le sol au milieu des huées,
Ses ailes de géant l'empêchent de marcher.

Les fleurs du mal, II. Spleen et idéal.

1. Les eaux profondes.
2. Les planches du pont du bateau.
3. D'un air malheureux qui éveille la pitié.
4. Des rames.
5. Qui n'a aucune vigueur.
6. Une pipe courte.

Vers la plénitude

Le poète compare l'effort qu'il fait pour échapper au réel à un mouvement vers le haut, vers des régions plus pures, où tout n'est qu'esprit, plénitude et harmonie. Mais le poème est ici davantage une espérance, une volonté d'échapper à la matière que la description d'un état idéal déjà atteint.

ÉLÉVATION

Au-dessus des étangs, au-dessus des vallées,
Des montagnes, des bois, des nuages, des mers,
Par delà le soleil, par delà les éthers [1],
Par delà les confins des sphères étoilées,

Mon esprit, tu te meus avec agilité,
Et, comme un bon nageur qui se pâme [2] dans l'onde,
Tu sillonnes gaiement l'immensité profonde
Avec une indicible [3] et mâle volupté.

1. Les airs.
2. Qui est comme paralysé par une sensation agréable.
3. Qui ne peut être dite.

Envole-toi bien loin de ces miasmes [4] morbides [5] ;
10 Va te purifier dans l'air supérieur,
Et bois, comme une pure et divine liqueur,
Le feu clair qui remplit les espaces limpides.

Derrière les ennuis et les vastes chagrins
Qui chargent de leur poids l'existence brumeuse,
Heureux celui qui peut d'une aile vigoureuse,
S'élancer vers les champs lumineux et sereins ;

Celui dont les pensers, comme des alouettes [6],
Vers les cieux le matin prennent un libre essor,
— Qui plane sur la vie, et comprend sans effort
Le langage des fleurs et des choses muettes !

Les fleurs du mal, III, Spleen et idéal.

4. Matières impures ou en décomposition et qui peuvent provoquer des maladies.
5. Malsains ; « miasmes morbides » : le réel, le monde étroit des mesquineries où le poète n'est pas compris.
6. Oiseaux qui s'élancent très haut. Ils symbolisent souvent dans la littérature européenne l'élan spirituel du poète vers des régions supérieures.

Aquarelle (1896) pour l'illustration de Spleen et Idéal, *par Carlos Schwabe (Collection privée).*

Un monde à déchiffrer

Aussi pénible que soit le monde, Baudelaire ne désespère pas car il aperçoit une possibilité de salut en affirmant « l'universelle analogie » du monde réel et du monde surréel. Derrière la médiocrité, il y a un idéal à conquérir, derrière la souffrance, il y a un bonheur possible. La mission du poète consiste justement à établir des relations, même fragiles, des « correspondances » entre ces deux faces de l'univers. Pour établir ces correspondances, Baudelaire se sert de l'imagination. « L'imagination n'est pas la fantaisie ; elle n'est pas non plus la sensibilité, bien qu'il soit difficile de concevoir un homme imaginatif qui ne serait pas sensible. L'imagination est une faculté quasi-divine qui perçoit tout d'abord, en dehors des méthodes philosophiques, les rapports intimes et secrets des choses, les correspondances et les analogies... » (Notes nouvelles sur Edgar Poe)

CORRESPONDANCES

La Nature est un temple où de vivants piliers
Laissent parfois sortir de confuses[1] paroles ;
L'homme y passe à travers des forêts de symboles
Qui l'observent avec des regards familiers.

Comme de longs échos qui de loin se confondent
Dans une ténébreuse[2] et profonde unité,
Vaste comme la nuit et comme la clarté,
Les parfums, les couleurs et les sons se répondent.

Il est des parfums frais comme des chairs d'enfants,
10 Doux comme les hautbois[3], verts comme les prairies,
— Et d'autres, corrompus, riches et triomphants,

Ayant l'expansion des choses infinies,
Comme l'ambre[4], le musc[5], le benjoin[6] et l'encens
Qui chantent les transports de l'esprit et des sens.

1. Indistinctes.
2. Obscure, mystérieuse.
3. Instrument de musique à vent.
4. Parfum très précieux.
5. Substance d'origine animale, très parfumée.
6. Substance aromatique et résineuse utilisée en parfumerie.

Les fleurs du mal, IV.
Spleen et idéal.

La communauté de l'exil

Ce n'est pas seulement un tableau pittoresque que nous livre ici Baudelaire. Il y a une affinité profonde entre ces éternels voyageurs que sont les bohémiens et l'errance du poète qui ne se sent bien nulle part et qui rêve toujours d'ailleurs.

BOHÉMIENS EN VOYAGE

1. Les bohémiens passent pour connaître l'avenir.
2. Nom donné aux enfants des animaux.
3. Le sein maternel.

La tribu prophétique[1] aux prunelles ardentes
Hier s'est mise en route, emportant ses petits[2]
Sur son dos, ou livrant à leurs fiers appétits
Le trésor toujours prêt des mamelles[3] pendantes.

Les hommes vont à pied sous leurs armes luisantes
Le long des chariots où les leurs sont blottis,
Promenant sur le ciel des yeux appesantis
Par le morne regret des chimères [4] absentes.

Au fond de son réduit sablonneux, le grillon [5]
10 Les regardant passer, redouble sa chanson ;
Cybèle [6], qui les aime, augmente ses verdures,

Fait couler le rocher et fleurir le désert [7]
Devant ces voyageurs, pour lesquels est ouvert
L'empire familier des ténèbres futures.

Les fleurs du mal, XIII.
Spleen et idéal.

4. Imagination, rêves, songes.
5. Sa chanson peut passer pour un écho de la musique tzigane.
6. Nom païen de la nature.
7. Comme les Hébreux en exil qui sont nourris de la manne du ciel et pour qui Moïse fait jaillir l'eau du rocher.

La tentation de l'Art pour l'Art

Baudelaire admire Hugo et quelques autres grands poètes romantiques, mais il se méfie du romantisme en général qui dégénère dans le flou et le vague. Cette réaction de méfiance le conduit à se rapprocher pendant un temps, jusque vers 1848, de Théophile Gautier, à qui d'ailleurs il dédie Les fleurs du mal. *Le poète Théophile Gautier en effet, après s'être réclamé du romantisme, prend ses distances et affirme la nécessité d'une poésie débarrassée des états d'âmes et des approximations ; il exige de la poésie rigueur et pureté dans la forme. C'est cette tendance que l'on appelle « l'Art pour l'Art (voir page 15). Le poème de Baudelaire* La beauté *est marquée par ce souci de la perfection formelle et de la virtuosité technique, à tel point que le vers 7 pourrait servir d'en-tête aux mouvements de l'Art pour l'Art et du Parnasse.*

LA BEAUTÉ

Je suis belle, ô mortels ! comme un rêve de pierre,
Et mon sein, où chacun s'est meurtri tour à tour,
Est fait pour inspirer au poète un amour
Éternel et muet ainsi que la matière.

Je trône dans l'azur comme un sphinx incompris ;
J'unis un cœur de neige à la blancheur des cygnes ;
Je hais le mouvement qui déplace les lignes,
Et jamais je ne pleure et jamais je ne ris.

Les poètes, devant mes grandes attitudes,
10 Que j'ai l'air d'emprunter aux plus fiers monuments,
Consumeront leurs jours en d'austères études ;

Car j'ai, pour fasciner ces dociles amants,
De purs miroirs qui font toutes choses plus belles :
Mes yeux, mes larges yeux aux clartés éternelles !

Les fleurs du Mal,
XVII.

La fragilité de la plénitude

Bien que trop souvent accablé par la pesanteur du monde et par l'incompréhension qui l'entoure, Baudelaire connaît pourtant parfois des instants d'harmonie. Le calme du soir, lorsque l'agitation du monde s'est apaisée, est un moment propice à cette harmonie, ce recueillement. Mais cet état de grâce est fragile et fugace. Il n'a pas vraiment de réalité matérielle, il est de l'ordre du souvenir et de l'imaginaire, presque un mirage.

Dans la forme, le poème est ce que l'on appelle un « pantoun », genre imité de certaines poésies orientales. Le deuxième et le quatrième vers de chaque quatrain sont repris dans le premier et le troisième vers du quatrain suivant.

HARMONIE DU SOIR
Voici venir les temps où vibrant sur sa tige
Chaque fleur s'évapore ainsi qu'un encensoir [1] ;
Les sons et les parfums tournent dans l'air du soir ;
Valse mélancolique et langoureux vertige !

Chaque fleur s'évapore ainsi qu'un encensoir ;
Le violon frémit comme un cœur qu'on afflige [2] ;
Valse mélancolique et langoureux vertige !
Le ciel est triste et beau comme un grand reposoir [3].

Le violon frémit comme un cœur qu'on afflige,
10 Un cœur tendre, qui hait le néant vaste et noir !
Le ciel est triste et beau comme un grand reposoir ;
Le soleil s'est noyé dans son sang qui se fige [4].

Un cœur tendre, qui hait le néant vaste et noir,
Du passé lumineux recueille tout vestige !
Le soleil s'est noyé dans son sang qui se fige...
Ton souvenir en moi luit comme un ostensoir [5] !

Les fleurs du mal, Spleen et idéal, XLVII.

1. Récipient suspendu au bout d'une chaînette et dans lequel on brûle de l'encens.
2. Peine.
3. Sorte d'autel sur lequel le prêtre dépose le Saint-Sacrement.
4. Qui ne bouge plus.
5. Pièce d'orfèvrerie qui contient l'hostie consacrée.

Le charme d'un ailleurs

Le thème du voyage apparaît constamment lié chez Baudelaire au thème de la femme. Si le poète semble prendre l'initiative de l'invite, c'est bien la femme qui offre, par son corps et par ses charmes, tous les prétextes à l'évasion désirée. Un parfum, un geste, un soupir suffisent à déclencher une rêverie du voyage qui semble d'ailleurs se suffire à elle-même. Plus que la réalité d'un itinéraire, Baudelaire paraît se contenter du rêve d'un départ. Pour une rare fois dans les Fleurs du mal, le poète donne l'impression d'avoir atteint le calme et la satisfaction.

L'INVITATION AU VOYAGE

Mon enfant, ma sœur [1],
Songe à la douceur
D'aller là-bas vivre ensemble !
Aimer à loisir,
Aimer et mourir
Au pays qui te ressemble !
Les soleils mouillés
De ces ciels [2] brouillés
Pour mon esprit [3] ont les charmes
10   Si mystérieux
De tes traîtres yeux,
Brillant à travers leurs larmes.

Là, tout n'est qu'ordre et beauté,
Luxe, calme et volupté.

Des meubles luisants,
Polis par les ans,
Décoreraient notre chambre ;
Les plus rares fleurs
Mêlant leurs odeurs
20 Aux vagues senteurs de l'ambre [4],
Les riches plafonds,
Les miroirs profonds,
La splendeur orientale,
Tout y parlerait
A l'âme en secret
Sa douce langue natale [5].

Là, tout n'est qu'ordre et beauté,
Luxe, calme et volupté.

Vois sur ces canaux
30   Dormir ces vaisseaux
Dont l'humeur est vagabonde ;
C'est pour assouvir
Ton moindre désir
Qu'ils viennent du bout du monde.
— Les soleils couchants
Revêtent les champs,
Les canaux, la ville entière,
D'hyacinthe [6] et d'or ;
Le monde s'endort
40 Dans une chaude lumière.

Là, tout n'est qu'ordre et beauté,
Luxe, calme et volupté.

1. Pour Baudelaire, la femme aimée est une « sœur d'élection ».
2. Pluriel de ciel dans le langage technique des peintres.
3. C'est l'esprit qui perçoit les correspondances.
4. Parfum exotique.
5. Nostalgie de la « patrie idéale ».
6. Pierre dure dont la couleur varie du rouge au brun.

Les fleurs du mal, Spleen et idéal, LIII.

Un gouffre d'angoisse

Le spleen de Baudelaire se définit principalement comme une profonde dépression qui affecte l'être tout entier : ennui, désespoir, angoisse. Baudelaire a placé à la suite quatre poèmes qui dégagent cette impression d'écrasement qui s'oppose à tout élan de l'âme. Ils portent tous les quatre le même titre monotone : Spleen. Nous donnons ici le quatrième.

SPLEEN
Quand le ciel bas et lourd pèse comme un couvercle
Sur l'esprit gémissant en proie aux longs ennuis,
Et que de l'horizon embrassant tout le cercle
Il nous verse un jour noir plus triste que les nuits ;

Quand la pluie étalant ses immenses traînées
10 D'une vaste prison imite les barreaux,
Et qu'un peuple muet d'infâmes araignées
Vient tendre ses filets au fond de nos cerveaux,

Quand la terre est changée en un cachot humide,
Où l'Espérance, comme une chauve-souris,
S'en va battant les murs de son aile timide
Et se cognant la tête à des plafonds pourris ;

Des cloches tout à coup sautent avec furie
Et lancent vers le ciel un affreux hurlement,
Ainsi que des esprit errants et sans patrie
Qui se mettent à geindre [1] opiniâtrement.

— Et de longs corbillards, sans tambours ni musique,
Défilent lentement dans mon âme ; l'Espoir,
Vaincu, pleure, et l'Angoisse atroce, despotique,
Sur mon crâne incliné plante son drapeau noir.

1. Gémir.

Les fleurs du mal, LXXVIII.
Spleen et idéal.

Réconciliation dans l'au-delà

La sixième et dernière partie des Fleurs du mal *est consacrée à la mort ; elle est introduite par un tryptique très significatif composé de trois sonnets juxtaposés :* La mort des amants, La mort des pauvres *et* La mort des artistes. *Chacun offre une variation sur la réconciliation avec l'existence terrestre ; ce qu'il n'a pas été possible d'atteindre sur terre, il sera possible de l'obtenir dans l'au-delà. Ainsi dans* La mort des amants, *Baudelaire, amant malheureux, imagine un monde où les données du réel sont renversées, où la fidélité et l'union remplacent la trahison et la discorde.*

BAUDELAIRE

LA MORT DES AMANTS

Nous aurons des lits pleins d'odeurs légères,
Des divans profonds comme des tombeaux,
Et d'étranges fleurs sur des étagères,
Écloses pour nous sous des cieux plus beaux.

Usant à l'envi [1] leurs chaleurs dernières,
Nos deux cœurs seront deux vastes flambeaux,
Qui réfléchiront leurs doubles lumières
Dans nos deux esprits, ces miroirs jumeaux.

Un soir fait de rose et de bleu mystique,
10 Nous échangerons un éclair unique,
Comme un long sanglot, tout chargé d'adieux ;

Et plus tard un Ange, entr'ouvrant les portes,
Viendra ranimer, fidèle et joyeux,
Les miroirs ternis et les flammes mortes.

1. Autant l'un que l'autre.

Les fleurs du mal,
CXXI, La mort.

Illustration de La mort des amants *par Armand Rassenfosse (1899). (Bibliothèque Nationale, Paris).*

LE SPLEEN DE PARIS

Variations sur le désir d'évasion

Les poèmes en prose ne sont pas les brouillons de poèmes en vers. Ils sont le résultat d'une intention très précise qui est de créer une prose « musicale, sans rythme et sans rime, assez souple et assez heurtée pour s'adapter aux mouvements lyriques de l'âme, aux ondulations de la rêverie, aux soubresauts de la conscience ». Les deux poèmes cités reprennent deux thèmes éminemment baudelairiens, le voyage et l'ivresse.

I. L'ÉTRANGER

Qui aimes-tu le mieux, homme énigmatique, dis ? ton père, ta mère, ta sœur ou ton frère ?

— Je n'ai ni père, ni mère, ni sœur, ni frère.

— Tes amis ?

— Vous vous servez là d'une parole dont le sens m'est resté jusqu'à ce jour inconnu.

— Ta patrie ?

— J'ignore sous quelle latitude elle est située.

— La beauté ?

10 — Je l'aimerais volontiers, déesse et immortelle.

— L'or ?

— Je le hais comme vous haïssez Dieu.

— Eh ! qu'aimes-tu donc, extraordinaire étranger ?

— J'aime les nuages... les nuages qui passent... là-bas... là-bas... les merveilleux nuages !

Août 1862

XXXIII. ENIVREZ-VOUS

Il faut être toujours ivre. Tout est là : c'est l'unique question. Pour ne pas sentir l'horrible fardeau du Temps qui brise vos épaules et vous penche vers la terre, il faut vous enivrer sans trêve.

Mais de quoi ? De vin, de poésie ou de vertu, à votre guise. Mais enivrez-vous.

Et si quelquefois, sur les marches d'un palais, sur l'herbe verte d'un fossé, dans la solitude morne de votre chambre, vous vous réveillez, l'ivresse déjà diminuée ou disparue, demandez au vent, à la vague, à l'étoile, à l'oiseau, à l'horloge, à tout ce qui fuit, à tout ce qui gémit, à tout ce qui roule, à

10 tout ce qui chante, à tout ce qui parle, demandez quelle heure il est ; et le vent, la vague, l'étoile, l'oiseau, l'horloge, vous répondront : « Il est l'heure de s'enivrer ! Pour n'être pas les esclaves martyrisés du Temps, enivrez-vous ; enivrez-vous sans cesse ! De vin, de poésie ou de vertu, à votre guise. »

Le spleen de Paris ou
Petits poèmes en prose, Février 1864.

VERLAINE (1844-1896)

Paul Verlaine tient une place à part dans la poésie du XIXe siècle, par la sincérité de son lyrisme et le caractère très personnel de son œuvre. On a dit que le vers de Verlaine chantait plus et mieux qu'aucun autre et que « c'est définitivement à partir de Baudelaire et de Verlaine... que s'opère définitivement la liaison entre poésie et musique. » (Cl. Cuénot).

LA VIE

Paul Verlaine naît en 1844 à Metz où il passe son enfance. Il fait ses études à Paris où il réussit au baccalauréat et trouve un emploi à l'Hôtel de Ville (mairie de Paris). Il fréquente les salons et cafés littéraires de la capitale et fait la connaissance de nombreux poètes célèbres de son époque. Ces rencontres l'incitent à composer lui aussi des vers.

Verlaine est d'un caractère timide et apeuré, et cette faiblesse est aggravée par des deuils familiaux : il se tourne alors vers la boisson. La rencontre de Mathilde Maute, puis leur mariage en 1870 le détournent un temps de l'alcool.

C'est alors que Verlaine croise le chemin d'Arthur Rimbaud dont il tombe littéralement amoureux. Il abandonne sa femme pour suivre Rimbaud en Angleterre et en Belgique. Mais les relations entre ces deux hommes trop différents sont orageuses : en 1873, Verlaine blesse Rimbaud avec un revolver et est condamné à deux ans de prison.

Paul Verlaine au café Procope (voir volume I, page 230) à Paris (Bibliothèque Nationale, Paris).

Il y compose des poèmes emplis de mysticisme. Verlaine prend de bonnes résolutions mais il ne les tient pas : il recommence à boire sitôt sorti de prison. Sa misère matérielle et physique devient de plus en plus profonde. Pourtant, sa valeur poétique commence à être reconnue et elle lui vaut des appuis : en 1894, il est couronné « Prince des poètes » et se voit doté d'une pension. Cela n'empêche pas Verlaine de tomber dans la misère la plus totale. Il meurt en 1896 à Paris.

L'ŒUVRE

Poèmes saturniens (1866)
Dans son premier recueil, Verlaine pratique une poésie proche des parnassiens (voir p. 95), une poésie faite d'un travail sérieux sur des rythmes, recherchant uniquement l'esthétisme. Toutefois, le titre même suggère que certains poèmes sont plus personnels et concernent Verlaine en personne : en effet, il est du signe astrologique de Saturne. Or selon une croyance ancienne, les êtres nés sous ce signe sont destinés à connaître dans leur vie beaucoup de souffrances.

Fêtes galantes (1869)
Les poèmes de ce recueil ont pour point de départ des tableaux des peintres français Watteau et Fragonard (voir volume 1, p. 222 et p. 232) : ils sont peuplés de bergères, de marquis et autres créatures de fantaisie évoluant dans un milieu frivole et campagnard.

La bonne chanson (1870)
Verlaine devient très personnel dans ces poèmes où il décrit ses espoirs mais aussi ses inquiétudes face au mariage dans lequel il va s'engager avec Mathilde.

Romances sans paroles (1874)
Ces poèmes ont été écrits en 1872 et 1873 à l'époque où Verlaine avait déjà suivi Rimbaud. L'influence de ce dernier est sensible dans ce recueil qui montre le déséquilibre et les angoisses de Verlaine. Comme le titre l'indique, la musicalité des poèmes était pour Verlaine plus importante que les « paroles », c'est-à-dire le sens des mots.

Sagesse (1881)
Ce recueil a été rédigé en prison par Verlaine alors qu'il venait d'apprendre (en 1874) que sa femme demandait le divorce (prononcé en 1885). Verlaine est pris de remords, il regrette sa vie passée et se convertit à une vie plus religieuse et morale. Certains poèmes laissent toutefois deviner la fragilité de ce nouvel équilibre et annoncent la rechute.

Jadis et naguère (1884)
Il s'agit d'un recueil très disparate, dans lequel Verlaine fait entrer, à côté de pièces récentes, des poésies composées il y a plus de quinze ans. On y trouve le meilleur et le pire. Il faut surtout attacher de l'importance au poème intitulé « L'art poétique » (voir p. 142).

Amour (1888), Parallèlement (1889), Bonheur et Chansons pour elle (1891)
Ces derniers recueils montrent l'hésitation de Verlaine entre foi et sensualité : les deux premiers sont plutôt mystiques et moraux, les deux derniers étant nettement sensuels et même charnels.

LA THÉMATIQUE

Les thèmes de la poésie de Verlaine correspondent aux deux aspects essentiels de son caractère : tantôt Verlaine décrit les sources de plaisir qu'on peut trouver dans l'alcool et l'amour, tantôt il se prend à rêver d'un bonheur calme et pur, et même de la paix retrouvée dans la prière. Dans les deux cas, Verlaine est sincère, et cela donne à son œuvre un accent tout personnel et humain. Le déchirement intérieur de Verlaine est assombri par la superstition du poète qui, toute sa vie, s'est cru maudit :
    « Les Saturniens doivent souffrir...
    Leur plan de vie étant dessiné ligne à ligne
    Par la logique d'une Influence maligne »
confie-t-il dans « Les sages d'autrefois » (un des *Poèmes saturniens*).

L'ART POÉTIQUE

L'art poétique, poème composé par Verlaine en 1874, a été considéré par les symbolistes comme leur manifeste. Pourtant, Verlaine s'est toujours défendu d'appartenir à aucune école, affirmant au contraire son indépendance. Ce poème condamne la rhétorique gratuite et glorifie au contraire la musicalité. Verlaine ne s'engage d'ailleurs pas aussi loin que son ami Rimbaud dans une poésie fondée sur les forces de l'inconscient. Si Verlaine est original, c'est parce qu'il se sert des formes poétiques de son temps et les déforme en fonction de ses besoins. Il n'apporte rien de vraiment nouveau en ce sens.
La poésie de Verlaine est avant tout musique. Elle a du reste inspiré de grands compositeurs français comme Debussy et Fauré. Pour obtenir les effets voulus, Verlaine travaille de façon très concentrée sur les rythmes et la rime : il utilise souvent un vers qu'il a lui-même appelé impair. Il remplace l'alexandrin classique de douze pieds

par un vers de onze ou treize pieds, plus « aérien » à son avis. La légèreté est d'ailleurs un des objectifs de Verlaine, qui veut créer selon sa formule originale « une poésie soluble dans l'air ». Il reprend plusieurs fois dans un même poème les mêmes sonorités pour créer l'effet d'un refrain, et dans le choix de ses titres, il veille à utiliser le plus souvent possible des termes techniques empruntés au langage de la musique.

Poète déchiré, Paul Verlaine a su rendre dans son œuvre essentiellement lyrique les nuances les plus délicates de l'âme humaine. La technique poétique de Verlaine n'est pas neuve, car elle reste dans le cadre des moyens d'expression existants. Elle ouvre néanmoins la voie à la poésie symboliste car elle a renforcé le pouvoir de suggestion d'une poésie centrée sur la musicalité.

BIBLIOGRAPHIE
A. Adam, *Verlaine*, Hatier, 1953.
O. Nadal, *Paul Verlaine*, Mercure de France, 1961.

POÈMES SATURNIENS

La recherche de l'âme-sœur

Verlaine reprend la forme classique du sonnet pour exprimer le mystère et le charme de cette femme imaginaire. Ce rêve illustre bien l'état d'esprit de Verlaine : c'est une fantaisie nocturne mais c'est aussi le reflet d'une obsession, son désir permanent de paix et de pureté. Par les coupures aménagées dans l'alexandrin et par la reprise de termes (pour elle), Verlaine obtient des effets musicaux subtils.

MON RÊVE FAMILIER

Je fais souvent ce rêve étrange et pénétrant
D'une femme inconnue, et que j'aime, et qui m'aime,
Et qui n'est, chaque fois, ni tout à fait la même
Ni tout à fait une autre, et m'aime et me comprend.

Car elle me comprend, et mon cœur, transparent
Pour elle seule, hélas ! cesse d'être un problème
Pour elle seule, et les moiteurs [1] de mon front blême [2],
Elle seule les sait rafraîchir, en pleurant.

Est-elle brune, blonde ou rousse ? — Je l'ignore.
10 Son nom ? Je me souviens qu'il est doux et sonore
Comme ceux des aimés que la Vie exila.

1. La sueur.
2. Pâle.
3. Le timbre, la mélodie de la voix.

Son regard est pareil au regard des statues,
Et, pour sa voix, lointaine, et calme, et grave, elle a
L'inflexion [3] des voix chères qui se sont tues.

Poèmes saturniens, Mélancholia, VI.

La science des rythmes

C'est le plus connu de tous les poèmes de Verlaine. Toute l'angoisse qui le poursuivit sa vie durant y est contenue. Il traduit ce sentiment qu'il a d'être le jouet du destin par l'alternance des vers courts de 3 et 4 pieds. Les rimes ont ainsi un effet obsédant qui évoque la tristesse et l'inquiétude de Verlaine.

CHANSON D'AUTOMNE

Les sanglots longs
Des violons
De l'automne
Blessent mon cœur
D'une langueur
Monotone.

Tout suffocant [1]
Et blême, quand
Sonne l'heure,

10 Je me souviens
De nos jours anciens
Et je pleure ;

Et je m'en vais
Au vent mauvais
Qui m'emporte
Deçà, delà,
Pareil à la
Feuille morte.

1. Qui étouffe, qui sanglote (orthographe libre de Verlaine, pour « suffoquant »).

Poèmes saturniens, Paysages tristes, V.

Verlaine dans un paysage automnal par Cazals. Sanguine pour le poème Chanson d'automne *(Bibliothèque Nationale, Paris).*

ROMANCES SANS PAROLES

Mélodie mélancolique

Ce poème a été mis en musique par Debussy. Par le jeu des sonorités (eur, puis on et eine) et la brièveté du mètre [1], le poète parvient à suggérer sa détresse intérieure. Ce poème, précédé d'une épigraphe de Rimbaud (qui ne renvoie à aucun texte connu), est l'un des plus typiques de Verlaine.

Il pleut doucement sur la ville
Arthur Rimbaud

1. Vers défini selon le nombre de pieds.
2. Abattement, dépression.

Il pleure dans mon cœur
Comme il pleut sur la ville ;
Quelle est cette langueur [2]
Qui pénètre mon cœur ?

Ô bruit doux de la pluie
Par terre et sur les toits !
Pour un cœur qui s'ennuie
Ô le chant de la pluie !

Il pleure sans raison
10 Dans ce cœur qui s'écœure [3]
Quoi ! nulle trahison ?...
Ce deuil est sans raison.

C'est bien la pire peine
De ne savoir pourquoi
Sans amour et sans haine
Mon cœur a tant de peine.

3. Se dégoûte.

Romances sans paroles,
Ariettes oubliées, III.

SAGESSE

La mauvaise étoile

Ce poème décrit la dépression de Verlaine après sa condamnation à deux ans de prison. Le poète s'y compare à Gaspard Hauser, un enfant trouvé en Allemagne au XIXe siècle, rejeté sa vie durant et finalement assassiné en 1833. Verlaine en fait le symbole de l'homme né sous une mauvaise étoile. C'est Gaspard Hauser qui chante dans ce poème. (Ce poème a été mis en musique par Georges Moustaki.)

Je suis venu, calme orphelin [1],
Riche de mes seuls yeux tranquilles,
Vers les hommes des grandes villes :
Ils ne m'ont pas trouvé malin.

A vingt ans un trouble nouveau
Sous le nom d'amoureuses flammes
M'a fait trouver belles les femmes :
Elles ne m'ont pas trouvé beau.

Bien que sans patrie et sans roi
10 Et très brave ne l'étant guère,
J'ai voulu mourir à la guerre :
La mort n'a pas voulu de moi.

Suis-je né trop tôt ou trop tard ?
Qu'est-ce que je fais en ce monde ?
Ô vous tous, ma peine est profonde :
Priez pour le pauvre Gaspard !

1. Qui n'a plus ni père ni mère.

Sagesse, livre III, 4.

De l'évocation à la réflexion

Ce poème écrit lui aussi durant le séjour de Verlaine en prison montre avec éclat l'art de la simplicité chez le poète. Il parvient à rendre son état d'esprit en utilisant les sonorités des mots (tinte-plainte) et la ponctuation (le ciel est, par-dessus...).

> Le ciel est, par-dessus le toit,
> Si bleu, si calme !
> Un arbre, par-dessus le toit,
> Berce sa palme.
>
> La cloche, dans le ciel qu'on voit,
> Doucement tinte.
> Un oiseau sur l'arbre qu'on voit
> Chante sa plainte.
>
> Mon Dieu, mon Dieu, la vie est là,
> 10 Simple et tranquille.
> Cette paisible rumeur-là
> Vient de la ville.
>
> — Qu'as-tu fait, ô toi que voilà
> Pleurant sans cesse,
> Dis, qu'as-tu fait, toi que voilà,
> De ta jeunesse ?

Sagesse, livre III, 6.

Illustration pour Sagesse *par Maurice Denis. Gravure sur bois (1911). (Bibliothèque Nationale, Paris).*

JADIS ET NAGUÈRE

La fin de l'espérance

Le soir n'annonce ni l'harmonie, ni la plénitude. Il est le présage de quelque chose d'effrayant dont il faut se méfier.

CIRCONSPECTION [1]
Donne ta main, retiens ton souffle, asseyons-nous
Sous cet arbre géant où vient mourir la brise
En soupirs inégaux sous la ramure [2] grise
Que caresse le clair de lune blême et doux.

Immobiles, baissons nos yeux vers nos genoux.
Ne pensons pas, rêvons. Laissons faire à leur guise
Le bonheur qui s'enfuit et l'amour qui s'épuise,
Et nos cheveux frôlés par l'aile des hiboux.

Oublions d'espérer. Discrète et contenue,
10 Que l'âme de chacun de nous deux continue
Ce calme et cette mort sereine du soleil.

Restons silencieux parmi la paix nocturne :
Il n'est pas bon d'aller troubler dans son sommeil
La nature, ce dieu féroce et taciturne.

1. Réserve, prudence.
2. Les branches.

Jadis et Naguère, Jadis.

Divorce entre poésie et rhétorique

Ce poème définit certaines des conceptions poétiques de Verlaine. Il y attaque entre autres les partisans de la rime, qu'il considère pourtant comme un mal nécessaire, puisqu'il ne s'en détachera jamais.

ART POÉTIQUE
De la musique avant toute chose,
Et pour cela préfère l'Impair [1]
Plus vague et plus soluble dans l'air,
Sans rien en lui qui pèse ou qui pose.

Il faut aussi que tu n'ailles point
Choisir tes mots sans quelque méprise :
Rien de plus cher que la chanson grise
Où l'Indécis au Précis se joint.

1. Le vers impair, de 3, 5, 11 ou 13 pieds, fréquent chez Verlaine, qui rompt avec l'harmonie paire de l'alexandrin par exemple (12 pieds).

C'est des beaux yeux derrière des voiles,
10 C'est le grand jour tremblant de midi,
C'est, par un ciel d'automne attiédi,
Le bleu fouillis des claires étoiles !

Car nous voulons la Nuance encor,
Pas la Couleur, rien que la Nuance !
Oh ! la Nuance seule fiance [2]
Le rêve au rêve et la flûte au cor !

Fuis du plus loin la Pointe assassine,
L'esprit cruel et le Rire impur,
Qui font pleurer les yeux de l'Azur,
20 Et tout cet ail de basse cuisine !

Prends l'éloquence et tords-lui son cou !
Tu feras bien, en train d'énergie,
De rendre un peu la Rime assagie [3] :
Si l'on n'y veille, elle ira jusqu'où ?

Ô qui dira les torts de la Rime !
Quel enfant sourd ou quel nègre fou
Nous a forgé ce bijou d'un sou
Qui sonne creux et faux sous la lime ?

De la musique encore et toujours !
30 Que ton vers soit la chose envolée
Qu'on sent qui fuit d'une âme en allée
Vers d'autres cieux à d'autres amours.

Que ton vers soit la bonne aventure
Éparse [4] au vent crispé du matin
Qui va fleurant [5] la menthe et le thym...
Et tout le reste est littérature.

2. Unit, fait la synthèse.
3. Rendue sage.
4. Répandue, semée.
5. Sentant, parfumée au.

Jadis et Naguère, Naguère.

Ne fronce plus ces sourcils-ci,
Calla, ni cette bouche-ci,
Laisse-moi puiser tous tes baumes,
Picina, sucrés, salés, poivrés,
Et laisse-moi boire, poivrés,
Salés, sucrés, tes sacrés baumes.

Lithographie de Pierre Bonnard (1867-1947) pour illustrer Parallèlement, *un recueil de trois poèmes où Verlaine évoque essentiellement sa vie en prison (Bibliothèque Nationale, Paris).*

RIMBAUD (1854-1891)

Rimbaud s'est voulu un poète exceptionnel, à l'égal d'un dieu. Il a consacré l'enthousiasme de sa jeunesse à essayer de créer une poésie libre et sauvage où les barrières entre le réel et l'imaginaire, entre les objets, les rêves et les sensations n'existeraient plus. Puis brusquement, à l'âge de vingt ans, il arrête définitivement d'écrire et se transforme en aventurier.

LA VIE

Arthur Rimbaud naît à Charleville, petite ville des Ardennes, triste et morne, qui lui a inspiré la haine de l'univers étriqué de la province. Il est élevé par une mère qui applique les principes de la morale chrétienne avec une telle dureté qu'elle suscite ses premières révoltes. D'enfant sage, il devient fugueur.

D'une intelligence brillante et précoce, il cherche déjà de nouvelles voies poétiques. En septembre 1871, Verlaine, à qui il a envoyé ses poèmes, l'invite à venir le rejoindre à Paris. C'est un événement important que cette rencontre de deux pensées, de deux univers poétiques ; elle va bouleverser leur existence. Verlaine introduit Rimbaud, plus jeune que lui, dans les cercles littéraires de la capitale. Par sa grossièreté, sa brutalité, son génie, il choque et fascine tout à la fois. En retour, Rimbaud n'éprouve que mépris pour ces artistes dont les œuvres trop conformistes ne correspondent en rien à l'idée élevée qu'il se fait de la poésie et du poète, « voleur de feu ». Même Baudelaire ne trouve pas grâce à ses yeux.

Verlaine abandonne ensuite sa femme pour suivre Rimbaud en Belgique et en Angleterre. Leur existence est souvent misérable, leurs relations souvent orageuses. L'exaltation poétique est exacerbée par l'alcool et la drogue, et le 23 juillet 1873 Verlaine blesse son compagnon d'un coup de feu. Après leur rupture, Rimbaud écrit *Une saison en enfer*, qui est une sorte de compte rendu poétique de cet échec. Après les *Illuminations*, écrites en 1874, où il décrit ses hallucinations, il cesse définitivement d'écrire.

Il vit désormais loin de l'Europe, se consacrant à des commerces qui l'entraînent dans de longs voyages jusqu'en Éthiopie. A Paris, il est considéré comme le père du symbolisme, mais cette gloire n'intéresse plus l'aventurier qu'il est devenu. Blessé au genou, il doit rentrer en France. Il est amputé d'une jambe et meurt peu après à l'hôpital de Marseille, à l'âge de trente-sept ans.

Arthur Rimbaud à l'âge de 18 ans. Caricature par Paul Verlaine, 1872 (Musée Rimbaud, Charleville).

PRINCIPALES ŒUVRES

Poésies (1891)

Ces pièces regroupent les premiers essais poétiques de Rimbaud, écrits entre 1869 et 1872. Le poète se contente d'abord d'imiter les parnassiens ; les vers sont sages et conformistes et n'obtiennent aucun succès. Puis la révolte éclate *(Les pauvres à l'église, L'orgie parisienne...).* Dans une troisième phase, il cherche à fixer l'ineffable ; le poème de ce cycle, de loin le plus connu, est *Le bateau ivre.*

Une saison en enfer (1873)

C'est un court recueil en prose où sont insérées quelques pièces en vers. Nous y voyons que le drame intérieur de Rimbaud est moins d'ordre passionnel que d'ordre métaphysique ; face à ce monde qui le dégoûte, il essaye d'en composer un autre : « J'ai essayé d'inventer de nouvelles fleurs, de nouveaux astres... J'ai cru conquérir des pouvoirs surnaturels ». Cet effort surhumain, Rimbaud doit finalement en comprendre l'échec : « Je ne pouvais pas continuer : c'était mal ».

Illuminations (1874, publié par Verlaine en 1886)

Illuminations a un double sens : il veut dire révélation spirituelle et illustration verbale. C'est un recueil de poèmes en prose regroupés sous quarante-deux titres. C'est ici que Rimbaud atteint le sommet de son ambition poétique : essayer de créer, par le pouvoir des mots, une existence nouvelle.

LES THÈMES

Les thèmes abordés par Rimbaud sont multiples. Il décrit avec une sobre émotion la souffrance humaine : la misère dans *Les effarés,* la guerre dans *Le dormeur du val.* Son ton se fait cruellement ironique pour décrire les bourgeois ou ses petites amoureuses qu'il qualifie de « laiderons ». A cette poésie descriptive s'ajoute une poésie plus intime où il traduit ses sensations : *Ma bohème, Roman.* Sa propre aventure spirituelle et esthétique lui inspire *Le bateau ivre, Les voyelles* et le recueil *Une saison en enfer,* dans lequel il cite certains de ses poèmes pour illustrer sa pensée.

LA PENSÉE

La poésie de Rimbaud montre que la révolte a grondé en lui dès l'enfance. Révolte contre sa mère, contre la religion (« Christ, O Christ, éternel voleur des énergies »), contre la guerre. Cependant, Rimbaud n'est pas nihiliste ; il est porteur d'un espoir, d'un rêve, d'un idéal, qu'il pressent dans la nature, où il retrouve innocence, pureté et liberté. Ce déchirement entre le dégoût du monde et l'aspiration à un autre monde aboutit au printemps 1871 à une crise et une révélation. Dans une suite de lettres adressées à un ami, il tente de définir ce qu'il appelle « la philosophie du voyant », le voyant étant le poète. « Je dis qu'il faut être voyant, se faire voyant » écrit Rimbaud. La voyance est une communication directe avec l'au-delà, et le poète doit arriver à ce qu'il nomme l'inconnu, la vraie vie. Pour y parvenir, Rimbaud s'applique à « un long, immense et raisonné dérèglement de tous les sens ». Il recherche toutes les formes d'amour, de souffrance, de folie. L'alcool et les drogues favorisent les vertiges et les hallucinations de cette entreprise. Très absolu dans sa quête, il est, par contrecoup, très critique vis-à-vis des autres poètes. Il fait une réserve pour Hugo et Baudelaire, dont les œuvres révèlent qu'ils ont été des voyants, mais impuissants à se dégager des contraintes esthétiques traditionnelles. Car l'aventure de Rimbaud est aussi une aventure du langage.

LE LANGAGE POÉTIQUE

Le style de Rimbaud a évolué avec sa pensée. Dans ses premiers poèmes, on peut encore reconnaître l'influence de Victor Hugo et des parnassiens, plus tard celle de Baudelaire. Très tôt cependant, il s'en dégage une puissante originalité : une langue simple et franche, vigoureuse, des formules pleines d'une ironie cruelle et un art suggérant de manière subtile des sensations quasi-indéfinissables. La poésie de Rimbaud est beaucoup moins musicale que celle de Verlaine ; Rimbaud est essentiellement un visionnaire et à partir de 1871, il va encore amplifier la puissance de ses images, qui fait l'essentiel de son art.

A partir du moment où il se reconnaît voyant, Rimbaud renonce à la versification. Il passe du vers libéré (l'assonance [1] remplace peu à peu la rime), au vers libre et enfin au poème en prose. Cette liberté prise avec les règles poétiques lui permet de développer des images très puissantes comme dans les *Illuminations,* car le langage devient un outil de dépassement pour atteindre l'inconnu : « Donc le poète est vraiment voleur de feu... Il devra faire sentir, palper, écouter ses inventions ; si ce qu'il rapporte de là-bas a forme, il donne forme ; si c'est informe, il donne de l'informe. Trouver une langue ; du reste toute parole étant idée, le temps d'un langage universel viendra... Cette langue sera de l'âme pour l'âme, résumant tout, parfums, sons, cou-

---

1. *Répétition à la fin de deux vers du même son, de la même voyelle accentuée. Ex. : le son on dans ombre et répondre.*

leurs, de la pensée accrochant la pensée et tirant. » On est loin de la recherche de la beauté formelle vantée par les parnassiens. Le langage de Rimbaud est sauvage parce qu'il n'obéit qu'au moi profond du poète. L'exemple de ce langage absolument neuf, intuitif, beaucoup moins intellectuel que celui de Mallarmé qui recherchait lui aussi un absolu (voir page 155) a bouleversé toutes les techniques du style.

BIBLIOGRAPHIE
S. Briet, *Rimbaud notre prochain,* Nouvelles Éditions latines, 1956.
Y. Bonnefoy, *Rimbaud par lui-même,* Seuil, 1967.
Ewid Starkie, *Rimbaud,* Flammarion.
Jacques Rivière, *Rimbaud,* Gallimard.
Alain Borer, *Rimbaud en Abyssinie,* Seuil, 1984.

Rimbaud blessé par Verlaine *par Jef Rosman. La violence n'était pas absente de la liaison entre les deux poètes (Collection Henri Matarasso).*

POÉSIES

Les premiers troubles de l'amour

La légèreté de la jeunesse dont parle ici Rimbaud est curieusement démentie par la lucidité et l'ironie du poète.

ROMAN

I

On n'est pas sérieux, quand on a dix-sept ans.
— Un beau soir, foin[1] des bocks[2] et de la limonade,
Des cafés tapageurs[3] aux lustres éclatants !
— On va sous les tilleuls verts de la promenade.

Les tilleuls sentent bon dans les bons soirs de juin !
L'air est parfois si doux, qu'on ferme la paupière ;
Le vent chargé de bruits, — la ville n'est pas loin, —
A des parfums de vigne et des parfums de bière...

II

— Voilà qu'on aperçoit un tout petit chiffon
10   D'azur sombre, encadré d'une petite branche,
Piqué d'une mauvaise étoile, qui se fond
Avec de doux frissons, petite et toute blanche...

Nuit de juin ! Dix-sept ans ! — On se laisse griser[4].
La sève est du champagne et vous monte à la tête...
On divague[5] ; on se sent aux lèvres un baiser
Qui palpite là, comme une petite bête...

III

Le cœur fou Robinsonne[6] à travers les romans,
— Lorsque, dans la clarté d'un pâle réverbère[7],
Passe une demoiselle aux petits airs charmants,
20   Sous l'ombre du faux col effrayant de son père...

Et, comme elle vous trouve immensément naïf,
Tout en faisant trotter ses petites bottines,
Elle se tourne, alerte et d'un mouvement vif...
— Sur vos lèvres alors meurent les cavatines[8]...

IV

Vous êtes amoureux. Loué jusqu'au mois d'août.
Vous êtes amoureux. — Vos sonnets La font rire.

1. Assez des...
2. Les bocks de bière.
3. Bruyants.
4. Enivrer.
5. On devient déraisonnable, on n'a plus les idées claires.
6. Formation d'un mot à partir du héros de D. Defoe, Robinson Crusoe ; ici : vagabonde, erre à l'aventure.
7. Lanterne pour éclairer les rues.
8. Petits airs de musique.

Tous vos amis s'en vont, vous êtes *mauvais goût*.
— Puis l'adorée, un soir, a daigné vous écrire... !

— Ce soir-là,... — vous rentrez aux cafés éclatants,
30 Vous demandez des bocks ou de la limonade...
— On n'est pas sérieux, quand on a dix-sept ans
Et qu'on a des tilleuls verts sur la promenade.

29 septembre 1870.

Virtuosité poétique

Rimbaud n'a vraisemblablement pas pu voir le soldat qu'il nous décrit car il n'était pas dans la zone des combats (guerre de 1870). L'évocation d'un mort étendu dans la nature est d'ailleurs un thème littéraire traité par plusieurs écrivains et poètes de l'époque ; mais Rimbaud est le seul à évoquer un soldat tué à la guerre. Comme un peintre, il saisit la lumière, la nuance des couleurs, et avec sobriété il traduit son émotion.

LE DORMEUR DU VAL
C'est un trou de verdure où chante une rivière
Accrochant follement aux herbes des haillons
D'argent[1] ; où le soleil, de la montagne fière,
Luit : c'est un petit val qui mousse[2] de rayons.

Un soldat jeune, bouche ouverte, tête nue,
Et la nuque baignant dans le frais cresson[3] bleu,
Dort ; il est étendu dans l'herbe, sous la nue,
Pâle dans son lit vert où la lumière pleut.

Les pieds dans les glaïeuls[4], il dort. Souriant comme
10 Sourirait un enfant malade, il fait un somme :
Nature, berce-le chaudement : il a froid.

Les parfums ne font pas frissonner sa narine ;
Il dort dans le soleil, la main sur sa poitrine
Tranquille. Il a deux trous rouges au côté droit.

Octobre 1870.

1. Les haillons d'argent désignent les jeux de lumière dans l'herbe mouillée.
2. Déborde ; est rempli.
3. Plante poussant en terrain très humide.
4. Variété de fleurs jaunes appelées dans les Ardennes « glaïeuls des marais ».

Ironie poétique

Rimbaud évoque peut-être une fugue qu'il fit étant enfant, mais aussi les nombreuses promenades qu'il faisait dans la campagne autour de Charleville. Malgré le manque de sérieux affiché de ce poème (voir sous-titre), Rimbaud y montre sa sensibilité aux correspondances.

MA BOHÈME (Fantaisie)
Je m'en allais, les poings dans mes poches crevées ;
Mon paletot [1] aussi devenait idéal ;
J'allais sous le ciel, Muse ! et j'étais ton féal [2] ;
Oh ! là ! là ! que d'amours splendides j'ai rêvées !

Mon unique culotte avait un large trou.
— Petit-Poucet [3] rêveur, j'égrenais [4] dans ma course
Des rimes. Mon auberge était à la Grande-Ourse [5]
— Mes étoiles au ciel avaient un doux frou-frou [6]

Et je les écoutais, assis au bord des routes,
10 Ces bons soirs de septembre où je sentais des gouttes
De rosée à mon front, comme un vin de vigueur [7],

Où, rimant au milieu des ombres fantastiques,
Comme des lyres, je tirais les élastiques
De mes souliers blessés, un pied près de mon cœur !

1. Ma veste.
2. Subordonné, vassal, ami fidèle.
3. Allusion à une histoire d'enfants où un petit garçon, nommé Petit-Poucet, sème des cailloux blancs dans la forêt pour retrouver son chemin.
4. Semais un à un comme des grains.
5. Constellation. Cela signifie qu'il dort à la belle étoile.
6. Bruit léger d'un froissement d'étoffe.
7. Vin fort qui monte à la tête.

UNE SAISON EN ENFER

Défi poétique

Alchimie du verbe est le récit d'une expérience poétique où alternent les pièces en vers et les morceaux en prose. Nous donnons ici un extrait du début. Les premiers paragraphes évoquent rapidement les étapes qui mènent le poète à une crise décisive. Rimbaud a l'ambition de créer un langage qui procède directement des sensations et non plus, comme dans la poésie antérieure, des idées et des sentiments. Cette expérience poétique était devenue pour Rimbaud un véritable mode de pensée et de vie (voir fin du texte).
Mais à l'époque où il écrit Alchimie du verbe, Rimbaud condamne sévèrement cette expérience poétique où il s'est égaré. En effet, le dernier vers de l'ensemble est celui-ci : « Cela s'est passé. Je sais aujourd'hui saluer la beauté. » Un brouillon de Rimbaud permet même de préciser le sens de cette formule : « Je hais maintenant les élans mystiques et les bizarreries de style. »

ALCHIMIE DU VERBE
À moi. L'histoire d'une de mes folies.

Depuis longtemps je me vantais de posséder tous les paysages possibles, et trouvais dérisoires [1] les célébrités de la peinture et de la poésie moderne.

J'aimais les peintures idiotes, dessus de portes, décors, toiles de saltimbanques, enseignes, enluminures [2] populaires ; la littérature démodée, latin d'église, livres érotiques sans orthographe, romans de nos aïeules, contes de fées, petits livres de l'enfance, opéras vieux, refrains niais [3], rythmes naïfs.

Je rêvais croisades, voyages de découvertes dont on n'a pas de relations,

1. Ridicules.
2. Décorations d'un livre.
3. Simples et un peu bêtes.

républiques sans histoires, guerres de religion étouffées, révolutions de
10 mœurs, déplacements de races et de continents : je croyais à tous les
enchantements.

J'inventai la couleur des voyelles ! — *A* noir, *E* blanc, *I* rouge, *O* bleu,
U vert [4]. — Je réglai la forme et le mouvement [5] de chaque consonne, et,
avec des rythmes instinctifs, je me flattai d'inventer un verbe [6] poétique
accessible, un jour ou l'autre, à tous les sens. Je réservais la traduction.

Ce fut d'abord une étude. J'écrivais des silences, des nuits, je notais
l'inexprimable. Je fixais des vertiges.

Loin des oiseaux, des troupeaux, des villageoises,
Que buvais-je, à genoux dans cette bruyère
20 Entourée de tendres bois de noisetiers,
Dans un brouillard d'après-midi tiède et vert ?

Que pouvais-je boire dans cette jeune Oise [7],
— Ormeaux sans voix, gazon sans fleurs, ciel couvert ! —
Boire à ces gourdes jaunes, loin de ma case [8]
Chérie ? Quelque liqueur d'or qui fait suer.

Je faisais une louche [9] enseigne d'auberge.
— Un orage vint chasser le ciel. Au soir
L'eau des bois se perdait sur les sables vierges,
Le vent de Dieu jetait des glaçons aux mares ;

30 Pleurant, je voyais de l'or — et ne pus boire. —

A quatre heures du matin, l'été,
Le sommeil d'amour dure encore.
Sous les bocages s'évapore
        L'odeur du soir fêté.

Là-bas, dans leur vaste chantier
Au soleil des Hespérides,
Déjà s'agitent — en bras de chemise —
        Les Charpentiers.

Dans leurs Déserts de mousse, tranquilles,
40 Ils préparent les lambris précieux
            Où la ville
        Peindra de faux cieux.

Ô, pour ces Ouvriers charmants
Sujets d'un roi de Babylone,
Vénus ! quitte un instant les Amants
        Dont l'âme est en couronne.

Ô Reine des Bergers,
Porte aux travailleurs l'eau-de-vie,

4. Allusion à un sonnet de 1872 qui fait partie des *Poésies*.
5. Le mouvement des lèvres quand on la prononce.
6. Une langue.
7. Rivière affluent de la Seine.
8. Maison simple.
9. Bizarre, suspecte.

Que leurs forces soient en paix
50   En attendant le bain dans la mer à midi.

La vieillerie poétique [10] avait une bonne part dans mon alchimie du verbe. Je m'habituai à l'hallucination simple : je voyais très franchement une mosquée à la place d'une usine, une école de tambours faite par des anges, des calèches sur les routes du ciel, un salon au fond d'un lac ; les monstres, les mystères ; un titre de vaudeville [11] dressait des épouvantes devant moi. Puis j'expliquai mes sophismes [12] magiques avec l'hallucination des mots ! Je finis par trouver sacré le désordre de mon esprit. J'étais oisif, en proie à une lourde fièvre : j'enviais la félicité des bêtes, — les chenilles, qui représentent l'innocence des limbes, les taupes, le sommeil de la virginité ! (...)

10. La poésie traditionnelle, descriptive ou sentimentale.
11. Comédie légère sur un sujet futile.
12. Faux raisonnements qui ont l'apparence de la logique.

Une saison en enfer,
Délires II, « Alchimie du verbe ».

ILLUMINATIONS

La nature merveilleuse

Ce morceau de prose poétique est plein de sensualité, de l'élan fou de la jeunesse. Rimbaud réussit à fixer la lumière de l'aube dans la nature qui s'éveille.

AUBE
J'ai embrassé l'aube d'été.

Rien ne bougeait encore au front des palais. L'eau était morte. Les camps d'ombres ne quittaient pas la route du bois. J'ai marché, réveillant les haleines vives et tièdes et les pierreries regardèrent, et les ailes se levèrent sans bruit.

La première entreprise fut, dans le sentier déjà empli de frais et blêmes éclats, une fleur qui me dit son nom.

Je ris au *wasserfall*[1] blond qui s'échevela à travers les sapins : à la cime argentée je reconnus la déesse [2].

10 Alors je levai un à un les voiles. Dans l'allée, en agitant les bras. Par la plaine, où je l'ai dénoncée au coq. A la grand'ville, elle fuyait parmi les clochers et les dômes ; et courant comme un mendiant sur les quais de marbre, je la chassais.

En haut de la route, près d'un bois de lauriers, je l'ai entourée avec ses voiles amassés, et j'ai senti un peu son immense corps. L'aube et l'enfant [3] tombèrent au bas du bois.
Au réveil, il était midi.

1. Mot allemand : chute d'eau, cascade. Rimbaud fit un séjour en Allemagne en 1875.
2. Il s'agit de l'aube d'été, de la nature dans toute sa splendeur lumineuse.
3. Rimbaud s'est souvent désigné comme « l'enfant ».

Illuminations.

LAUTRÉAMONT (1846-1870)

Poète-adolescent, Lautréamont meurt à vingt-quatre ans en laissant une œuvre déconcertante : Les chants de Maldoror. Génie inclassable échappant à toutes les écoles, il est resté inconnu pendant près d'un demi-siècle, avant d'être célébré par les poètes modernes comme un précurseur. Les surréalistes notamment se sont réclamés de lui.

LA VIE

Nous ignorons presque tout de sa vie. De son vrai nom Isidore Ducasse, il naît à Montevideo en Uruguay, dans une famille française. Il part en France faire ses études, mais pendant deux ans, on perd complètement sa trace. Il reparaît à Paris vers l'automne de 1867. En 1868 est publié à Paris, sans nom d'auteur, le *Chant premier* des futurs *Chants de Maldoror*. Le manuscrit complet de l'œuvre est ensuite imprimé à Bruxelles, mais l'éditeur, effrayé par sa propre audace, en suspend au dernier moment la diffusion. Ducasse prend alors le pseudonyme de Lautréamont, en souvenir d'un héros de roman d'Eugène Sue[1], Latréaumont, sorte de géant malfaisant et cynique. En avril 1870 paraissent deux fascicules intitulés *Poésies*. Quand il meurt, malade, en novembre de la même année dans un petit logement du faubourg Montmartre à Paris, Lautréamont est encore inconnu de ses contemporains. Pourtant son message préfigure la poésie moderne.

LES CHANTS DE MALDOROR

Le contenu

Les *Chants de Maldoror* sont un grand poème en prose de soixante strophes divisées en six chants. On sait que depuis le romantisme, la poésie s'insinue partout et n'a plus besoin de la forme versifiée pour s'affirmer comme telle (voir page 16). Le héros, Maldoror, a été bon pendant ses premières années, pour s'apercevoir ensuite qu'il agissait contre nature et qu'il était né méchant. Il regrette d'être le fils de l'homme

et de la femme et aurait préféré naître de l'accouplement de la femelle du requin et du tigre : « Je ne serais pas si méchant ». Dès lors, il se lance dans des entreprises cruelles qui confirment que le mal est partout : « J'ai fait un pacte avec la prostitution afin de semer le désordre dans les familles » (Chant I). Maldoror ne respecte que l'Océan, éternel et violent, incapable d'être dominé. L'obsession du mal, les meurtres, les cruautés, les blasphèmes se succèdent dans cette œuvre comme dans un gigantesque chaos. On a l'impression d'être en face d'une délirante épopée de la haine qui prendrait le contre-pied de la Bible. Or curieusement, Lautréamont prétend avec ses *Chants* célébrer le bien.

Le dessein de Lautréamont

« J'ai chanté le mal comme ont fait Mickiewickz, Byron, Milton, Southey, A. de Musset, Baudelaire, etc. Naturellement, j'ai un peu exagéré le diapason pour faire du nouveau dans le sens de cette littérature sublime qui ne chante le désespoir que pour opprimer le lecteur, et lui faire désirer le bien comme remède. Ainsi donc, c'est toujours le bien qu'on chante en somme, seulement par une méthode plus philosophique et moins naïve que l'ancienne école, dont Victor Hugo et quelques autres sont les seuls représentants qui soient encore vivants » (*Lettre à l'éditeur,* 23 octobre 1869). A en croire Lautréamont, il ne chanterait la haine que pour provoquer chez le lecteur un mouvement de répulsion. Quelques mois d'ailleurs avant la parution de sa

---

1. Eugène Sue (1804-1857), auteur des Mystères de Paris, roman à succès sur les bas-fonds de Paris.

deuxième œuvre, *Poésies*, il écrit qu'il a désormais « changé de méthode, pour ne chanter exclusivement que l'espoir, l'espérance, le calme, le bonheur, le devoir » (*Lettre* du 12 mars 1870). Faut-il donc admettre que le choix du mal dans les *Chants de Maldoror* n'est en fait qu'une question de méthode ? Il est difficile de le croire, étant donné la violence du texte ; les déclarations d'intention de l'auteur sur son œuvre ne la délivrent pas d'une de ses caractéristiques essentielles : l'ambiguïté [1].

La forme

Cette ambiguïté sur le fond se retrouve naturellement dans la forme. En dressant la liste des auteurs mentionnés dans les *Chants*, on peut se faire une idée de la vaste culture du jeune poète. Il connaît bien les classiques grecs et latins, les auteurs de son temps, bien qu'il ne les ait jamais rencontrés personnellement ; il connaît bien la Bible aussi, mais l'originalité de sa culture vient surtout de sa bonne connaissance des lettres anglaises : Shakespeare, Milton, Southey, Shelley, Byron. Or, Lautréamont fait un usage très parodique de sa culture, inversant les citations, brouillant les styles, passant indifféremment de l'épique au dramatique, du grotesque au lyrique. Dans cette somme de caricatures, de cocasserie et de délire, il est impossible de faire la part du sérieux. L'esprit de dérision soutenu par une très forte imagination semble bien être la caractéristique principale de cette œuvre.

C'est d'ailleurs pour cette raison que les surréalistes, qui s'amuseront à pourfendre ce que les autres honoraient, l'ont salué comme un des leurs, « un dynamiteur archangélique » (Julien Gracq).

BIBLIOGRAPHIE
G. Bachelard, *Lautréamont*, Corti, 1949.
M. Blanchot, *Lautréamont et Sade*, Éditions de minuit, 1949.
J. Lefrère, *Le visage de Lautréamont*, Pierre Horay, 1978.

1. *On trouve déjà la même ambiguïté dans* Les liaisons dangereuses *de Laclos, qui prétendait peindre le mal pour mieux exhorter à la vertu (voir volume 1, page 312).*

LES CHANTS DE MALDOROR

Une poésie de la révolte

La poésie du refus inauguré par Baudelaire ouvre naturellement sur la révolte. Le mythe du poète révolté sera l'un des plus puissants de la littérature du XXᵉ siècle (voir Artaud page 267). Au XIXᵉ siècle, il est déjà incarné par le personnage de Lautréamont-Maldoror, qui fonde son projet poétique sur une décision de révolte absolue.

On ne me verra pas, à mon heure dernière (j'écris ceci sur mon lit de mort), entouré de prêtres. Je veux mourir, bercé par la vague de la mer tempétueuse [1], ou debout sur la montagne... les yeux en haut, non : je sais que mon anéantissement sera complet. D'ailleurs, je n'aurais pas de grâce à espérer. Qui ouvre la porte de ma chambre funéraire ? J'avais dit que personne n'entrât. Qui que vous soyez, éloignez-vous ; mais, si vous croyez apercevoir quelque marque de douleur ou de crainte sur mon visage d'hyène [2] (j'use de cette comparaison, quoique l'hyène soit plus belle que moi, et plus agréable à voir), soyez détrompé : qu'il s'approche. Nous sommes dans une nuit d'hiver, alors que les éléments s'entre-choquent de toutes parts, que l'homme a peur, et que l'adolescent médite quelque crime

1. Emploi rare : où il y a souvent des tempêtes.
2. Animal carnassier se nourrissant surtout de charognes (cadavres).

10

sur un de ses amis, s'il est ce que je fus dans ma jeunesse. Que le vent, dont les sifflements plaintifs attristent l'humanité, depuis que le vent, l'humanité existent, quelques moments avant l'agonie dernière, me porte sur les os de ses ailes, à travers le monde, impatient de ma mort. Je jouirai encore, en secret, des exemples nombreux de la méchanceté humaine (un frère, sans être vu, aime à voir les actes de ses frères). L'aigle, le corbeau, l'immortel pélican, le canard sauvage, la grue[3] voyageuse, éveillés, grelottant de froid, me verront passer à la lueur des éclairs, spectre[4]

20 horrible et content. Ils ne sauront ce que cela signifie. Sur la terre, la vipère, l'œil gros du crapaud, le tigre, l'éléphant ; dans la mer, la baleine, le requin, le marteau, l'informe raie[5], la dent du phoque polaire, se demanderont quelle est cette dérogation[6] à la loi de la nature. L'homme, tremblant, collera son front contre la terre, au milieu de ses gémissements. « Oui, je vous surpasse tous par ma cruauté innée[7], cruauté qu'il n'a pas dépendu de moi d'effacer. Est-ce pour ce motif que vous vous montrez devant moi dans cette prosternation ? ou bien, est-ce parce que vous me voyez parcourir, phénomène nouveau, comme une comète effrayante, l'espace ensanglanté ? (Il me tombe une pluie de sang de mon vaste corps,

30 pareil à un nuage noirâtre que pousse l'ouragan devant soi.) Ne craignez rien, enfants, je ne veux pas vous maudire. Le mal que vous m'avez fait est trop grand, trop grand le mal que je vous ai fait, pour qu'il soit volontaire. Vous autres, vous avez marché dans votre voie, moi, dans la mienne, pareilles toutes les deux, toutes les deux perverses. Nécessairement, nous avons dû nous rencontrer, dans cette similitude[8] de caractère ; le choc qui en est résulté nous a été réciproquement fatal. » Alors, les hommes relèveront peu à eu la tête, en reprenant courage, pour voir celui qui parle ainsi, allongeant le cou comme l'escargot. Tout à coup, leur visage brûlant, décomposé, montrant les plus terribles passions, grimacera de telle manière

40 que les loups auront peur. Ils se dresseront à la fois comme un ressort immense. Quelles imprécations ! quels déchirements de voix ! Ils m'ont reconnu. Voilà que les animaux de la terre se réunissent aux hommes, font entendre leurs bizarres clameurs[9]. Plus de haine réciproque ; les deux haines sont tournées contre l'ennemi commun, moi ; on se rapproche par un assentiment[10] universel. Vents, qui me soutenez, élevez-moi plus haut ; je crains la perfidie[11]. Oui, disparaissons peu à peu de leurs yeux, témoin, une fois de plus, des conséquences des passions, complètement satisfait... Je te remercie, ô rhinolophe[12], de m'avoir réveillé avec le mouvement de tes ailes, toi, dont le nez est surmonté d'une crête en forme de fer à cheval :

50 je m'aperçois, en effet, que ce n'était malheureusement qu'une maladie passagère, et je me sens avec dégoût renaître à la vie. Les uns disent que tu arrivais vers moi pour me sucer le peu de sang qui se trouve dans mon corps : pourquoi cette hypothèse n'est-elle pas la réalité !

Les chants de Maldoror
Poème en prose en six chants, 1869
Chant premier

3. Grand oiseau migrateur.
4. Fantôme.
5. Grand poisson plat.
6. Exception.
7. Que je possède depuis ma naissance.
8. Ressemblance.
9. Cris.
10. Consentement, accord, approbation.
11. Traîtrise.
12. Sorte de chauve-souris.

MALLARMÉ (1842-1898)

Pour Mallarmé la poésie est recherche de l'absolu ; c'est une sorte de liturgie nécessitant le mystère. Il éprouve le besoin d'écrire une poésie purement intellectuelle, réservée aux initiés et inaccessible au premier venu ; on appelle cela une poésie hermétique ou la recherche d'une poésie pure. Les poètes symbolistes ont admiré Mallarmé comme un maître.

Portrait de Mallarmé par Paul Gauguin (eau-forte-1891). (Bibliothèque Nationale, Paris).

LA VIE

La vie de Stéphane Mallarmé n'est pas agitée par de grands événements. Il est d'abord professeur d'anglais en province puis à Paris, en 1871. Il enseigne dans plusieurs lycées sans jamais vraiment s'intéresser à son métier qui trouble sa méditation poétique. Car pour lui, la vraie vie est ailleurs, dans la recherche d'une poésie pure. A dix-huit ans, il a été ébloui par la lecture de Baudelaire, qui n'a cessé de le marquer.

Fuyant ce qui est commun et facile, il n'obtient jamais de succès populaire et n'est célèbre que parmi les écrivains d'avant-garde. Dans son modeste appartement parisien il tient salon et reçoit chaque mardi quelques amis choisis. De 1885 à 1894, les « mardis » de Mallarmé attirent les poètes symbolistes et des écrivains plus jeunes tels que Claudel, Gide, Valéry. La recherche de la perfection paralyse de plus en plus son écriture, et lorsqu'il meurt en 1898, son œuvre reste très mince.

PRINCIPALES ŒUVRES

Collaboration à la revue « Le Parnasse contemporain » (1866)

Mallarmé publie dans cette revue 10 poèmes dont les plus remarquables (*Les fenêtres, L'azur, Brise marine*) attestent de l'influence baudelairienne sur le poète. Ils expriment le dégoût du réel et le besoin d'un idéal inaccessible. Il y publie aussi le fragment d'une tragédie, *Hérodiade*.

L'après-midi d'un faune

Ce long poème fut constamment remanié de 1865 à 1876. Un faune[1] se réveille un après-midi d'été. Il se demande s'il a réellement vu les nymphes dont les images le hantent ou s'il ne s'agit que d'un rêve. Puis il se rendort.

Le tombeau d'Edgar Poe (sonnet, 1877)

1. *Divinité champêtre de la mythologie ayant une tête humaine et des pieds de chèvre.*

Prose pour Des Esseintes [1] (1877)

Ces vers obscurs laissent entrevoir l'art poétique mystérieux de Mallarmé.

Le vierge, le vivace... (sonnet, 1885)

Image d'un cygne pris par les glaces. Cette image symbolise l'inspiration poétique entravée par la difficulté d'échapper à la matière et ne parvenant pas à se dégager de la froide stérilité devant la feuille blanche.

Un coup de dés jamais n'abolira le hasard (poème en prose, 1897)

Ce poème difficile inaugure une nouvelle disposition typographique qui en accroît encore l'étrangeté.

LA POÉSIE DE MALLARMÉ

Les interrogations

Très tôt, Mallarmé a été obsédé par la réflexion sur la poésie. Il se sent poète, mais en même temps il se sent incapable d'écrire des poésies. Cette contradiction ne provient pas d'une faiblesse mais au contraire d'une très grande exigence. Pour Mallarmé, la poésie n'est pas un passe-temps, mais un don total de soi. Or, il ne semble plus possible de continuer à écrire la poésie comme avant et de se contenter de répéter sous d'autres formes, plus ou moins habiles, ce que les grands maîtres de la poésie ont déjà écrit. Il sent que la grande tradition poétique qui commence à la Renaissance doit maintenant être rompue. Car, qu'a fait la poésie jusqu'à présent ? Elle s'est chargée de transposer la réalité sous des formes agréables ou insolites, selon des formes déterminées (rondeau, sonnet, ballade...). Or Mallarmé refuse le lyrisme comme enjolivement d'une réalité : « A quoi bon la merveille de transposer un fait de nature en sa presque disparition vibratoire selon le jeu de la parole, cependant, si ce n'est pour qu'en émane, sans la gêne d'un proche ou d'un concret rappel, la notion pure ? » (*Avant dire* au *Traité du verbe* de René Ghil [2], 1886).

Les intentions

De la pureté avant toute chose, voilà ce que veut Mallarmé. Pour aller de l'avant, il est inutile de continuer à faire des variations poétiques sur des thèmes connus, il faut travailler sur le langage, utiliser le langage, non plus comme un moyen (de rendre compte d'une réalité) mais comme une fin. Mallarmé ne veut pas faire coïncider la parole avec une réalité extérieure et utiliser les mots comme de simples courroies de transmission, si décoratives soient-elles, mais il veut faire valoir les mots par leur seule présence et leur seule force : « Je dis : une fleur ! et (...) musicalement se lève, idée même et suave, l'absence de tous bouquets ». Chaque parole du poète ne sert plus à désigner mais à refaire chaque fois « un mot total, neuf, étranger à la langue ». L'ambition de Mallarmé est de sortir du langage considéré comme simple monnaie d'échange pour « donner un sens plus pur aux mots de la tribu ».

Les réalisations

Mallarmé cherche à réaliser son ambition d'atteindre la pureté (l'Azur) en peignant non plus les choses mais les effets qu'elles produisent : « Les parnassiens traitent encore leurs sujets à la façon des vieux philosophes et des vieux rhéteurs [3], en présentant des objets directement. Je pense qu'il faut, au contraire, qu'il n'y ait qu'allusion (...). Nommer un objet, c'est supprimer les trois quarts de la jouissance du poème qui est faite de deviner peu à peu : le suggérer, voilà le rêve. C'est le parfait usage de ce mystère qui constitue le symbole : évoquer petit à petit un objet pour montrer un état d'âme, ou, inversement, choisir un objet et en dégager un état d'âme, par une série de déchiffrements ». (Réponse à une enquête parue dans l'*Écho de Paris*, 1891). L'essentiel de la poésie de Mallarmé est défini dans ce passage ; la poésie, source de plaisir, est mystère, dévoilement infiniment lent, déchiffrement, absence des choses. De là l'impression que la poésie de Mallarmé est faite de fuites et de grandes plages vides. De là aussi le manque d'évidence de ses poèmes, leur caractère obscur et hermétique, qui s'accentue au fil des années. Cette quête de l'absolu nécessite un travail acharné de la part du poète qui refuse toute improvisation. Mais la voie reste étroite, car cette recherche de l'essentiel risque de déboucher sur le néant à force de vouloir éliminer le monde réel, et, sauf à ne rien dire, le poète est bien obligé d'utiliser des mots, même s'il les désincarne au maximum. Mallarmé met alors l'accent sur la musicalité des mots, car la musique est encore la seule présence que laisse subsister cette recherche de la pureté. La musique a en effet l'avantage de suggérer, sans rien dire, sans bavardage : « Dans le poème (...) les mots se reflètent les uns sur les autres jusqu'à paraître ne plus avoir leur couleur propre, mais n'être que les transitions d'une gamme ». (Lettre à François Coppée, 1866). La nostalgie de ne pas pouvoir faire avec les mots ce que l'on peut produire avec la musique a hanté de plus en

---

1. *Des Esseintes est le héros d'un roman de Huysmans :* A rebours.
2. *Poète, ami de Mallarmé.*
3. *Orateurs ou écrivains sacrifiant la vérité à l'art du discours, à l'effet à produire.*

plus le poète qui avait peut-être le secret désir d'être le musicien du langage. Sa dernière œuvre (*Un coup de dés...*) inaugure d'ailleurs une nouvelle typographie comme si le poète voulait placer les mots comme des notes sur une partition. Mais cette ultime tentative pour échapper au langage conventionnel fait ensuite place au silence, accomplissement et évanouissement de sa poésie.

L'ART DE MALLARMÉ

Dislocation de la phrase

Mallarmé conserve les vers réguliers (sauf dans *Un coup de dés...*) et adopte même volontiers le cadre strict du sonnet, mais il se livre à un travail de désarticulation de la phrase à l'intérieur de ces cadres d'apparence classique. Il disloque la syntaxe en écartant le verbe du sujet, l'infinitif de l'auxiliaire, en opérant des renversements ou des ellipses[1]. De ce fait l'approche d'un poème de Mallarmé est toujours surprenante parce que l'on n'y reconnaît pas d'emblée les schémas grammaticaux habituels.

Les mots

Les mots ainsi changés de leur place habituelle baignent dans une sorte d'isolement qui leur donne une charge nouvelle, surprenante. D'au-

1. *Sous-entendus.*
2. *Composition instrumentale ou vocale à sept parties.*
3. *Ancien instrument de musique à cordes.*

tant plus que Mallarmé affectionne les mots rares aux sonorités étranges (septuor[2], mandore[3], etc). Ce choix n'est pas fait dans un souci d'érudition. Parce qu'ils sont souvent inconnus, ces mots ont l'avantage de ne pas évoquer tout de suite un objet dans l'esprit du lecteur ou de l'auditeur et d'exister par les seuls rapports musicaux qu'ils entretiennent entre eux.

En fixant pour but à la poésie d'évoquer les choses par la seule magie des mots, Mallarmé a enseigné le mépris de l'art trop facile et répétitif. Il a ainsi retrouvé le chemin de l'hermétisme inauguré par Maurice Scève au XVIe siècle (voir volume 1, p. 83). L'obscurité qui en découle nécessairement a rebuté beaucoup de lecteurs. Pourtant, même si Mallarmé n'est pas parvenu, à l'égal d'un dieu, à refaire le monde par la seule force de la poésie, il a laissé d'admirables vers d'une fascinante beauté musicale. Il a aussi introduit, pour la première fois de façon systématique, une rupture dans la tradition poétique française en faisant s'interroger la poésie sur elle-même et sur la valeur de son langage. A ce titre, Mallarmé est l'initiateur de la poésie moderne.

BIBLIOGRAPHIE
G. Michaud, *Mallarmé*, Hatier, 1953.
J.-P. Richard, *L'univers imaginaire de Mallarmé*, Gallimard, 1962.
Ch. Mauron, *Mallarmé par lui-même*, Seuil, 1964.
Mallarmé l'obscur, Corti, 1968.

POÉSIES

La tentation de l'idéal

Ces vers manifestent l'influence baudelairienne des Fleurs du mal. *Mais on y trouve aussi les idées chères à Mallarmé, qui veut atteindre les régions immortelles de l'idée pure. Le poème évoque la tentation du départ et de la fuite vers des régions prometteuses. L'accent du premier vers rappelle le mythe de Faust qui, lassé par les lectures qui ne lui ont rien apporté, veut chercher ailleurs la vérité.*

MALLARMÉ

BRISE MARINE

La chair est triste, hélas ! et j'ai lu tous les livres.
Fuir ! là-bas fuir ! Je sens que des oiseaux sont ivres
D'être parmi l'écume inconnue et les cieux !
Rien, ni les vieux jardins reflétés par les yeux
Ne retiendra ce cœur qui dans la mer se trempe,
O nuits ! ni la clarté déserte de ma lampe [1]
Sur le vide papier que la blancheur [2] défend
Et ni la jeune femme allaitant son enfant [3].
Je partirai ! Steamer [4] balançant ta mâture,
10 Lève l'ancre pour une exotique nature !

Un Ennui, désolé par les cruels espoirs,
Croit encore à l'adieu suprême des mouchoirs !
Et, peut-être, les mâts, invitant les orages,
Sont-ils de ceux qu'un vent penche sur les naufrages [5]
Perdus, sans mâts, sans mâts, ni fertiles îlots.
Mais, ô mon cœur, entends le chant des matelots.

1. Allusion aux longues nuits de travail du poète.
2. La page blanche est le symbole de la difficulté d'écriture.
3. Ceci évoque les liens familiaux.
4. Navire.
5. Les risques de l'aventure poétique.

L'angoisse de la stérilité

Ce poème date vraisemblablement de 1885. Ici, le poète n'a pas voulu fuir son foyer comme il le rêvait dans Brise marine *(voir ci-dessus). Il s'identifie au cygne prisonnier d'un lac gelé, double blancheur glaciale rappelant celle de la page blanche devant l'écrivain.*

Le vierge, le vivace et le bel aujourd'hui
Va-t-il nous [1] déchirer avec un coup d'aile ivre
Ce lac dur oublié que hante sous le givre
Le transparent glacier des vols qui n'ont pas fui ! [2]

Un cygne d'autrefois se souvient que c'est lui
Magnifique mais qui sans espoir se délivre
Pour n'avoir pas chanté la région où vivre
Quand du stérile hiver a resplendi l'ennui.

Tout son col secouera cette blanche agonie
10 Par l'espace [3] infligée à l'oiseau qui le nie,
Mais non l'horreur du sol où le plumage est pris.

Fantôme qu'à ce lieu son pur éclat assigne,
Il s'immobilise au songe froid de mépris
Que vêt [4] parmi l'exil inutile le Cygne.

1. « Nous » familier exprimant l'impatience.
2. Les projets qui n'ont pas été réalisés.
3. L'espace hante l'esprit du poète qui essaie de s'en délivrer en le niant.
4. Emploi rare au sens de « revêt ».

Questions et recherches

LE POÈTE INCOMPRIS
(P. 127)

1. Quelle est l'idée générale du poème ? Le plan ?
2. Relevez les périphrases désignant l'albatros, quel est leur but ?
3. Quelle image donne la première strophe ? Quel est l'effet produit par le rythme des deux derniers vers ?
4. Quel contraste est introduit par la deuxième strophe ?
5. A quoi peuvent correspondre les exclamations de la troisième strophe ?
6. Comment est exprimée la déchéance de l'oiseau ? Par quoi est-elle aggravée ?
7. Comment la quatrième strophe introduit-elle un effet de surprise ?
8. Quand se manifeste le mieux la souveraine aisance du « prince des nuées » ?
9. Quelle est la seule patrie du poète exilé ? D'où provient sa faiblesse ?
10. Quelles sont les idées de Baudelaire sur le poète ?

VERS LA PLÉNITUDE (P. 128)

1. Quelle est l'impression donnée par la première strophe ? Par quels moyens ?
2. A qui s'adresse le poète ? Qu'éprouve-t-il ?
3. Quel état d'allègement et de purification souhaite-t-il atteindre ?
4. A quoi s'opposent « les champs lumineux et sereins » ? Quelle est la valeur symbolique de cette opposition ?
5. Que procure « l'essor des pensers » ?

UN MONDE À DÉCHIFFRER
(P. 129)

1. Quelle vision de la nature a le poète ?
2. Quelles correspondances plus précises sont indiquées dans la deuxième strophe ?
3. Lesquelles sont établies dans le premier tercet ?
4. Comment s'élargissent-elles dans le dernier tercet ?

LA COMMUNAUTÉ DE L'EXIL
(P. 129)

1. Les bohémiens sont présentés comme un peuple à la fois illuminé et animal, quelles expressions le montrent ?
2. Comment la nature manifeste-t-elle sa sympathie ?

LA TENTATION DE L'ART POUR L'ART (P. 130)

1. Quels sont les caractères dont se réclame la Beauté ?
2. Comment sont-ils exprimés, en particulier par le rythme et les sonorités ?

LA FRAGILITÉ DE LA PLÉNITUDE
(P. 131)

1. La sensation de valse et de vertige est surtout donnée par la construction. Comment sont repris les vers d'une strophe à l'autre ?
2. Qu'est-ce qui donne à l'ensemble un certain caractère religieux ?
3. Comment se réalise l'union du spectacle de la nature et de l'état d'âme du poète ?
4. Relevez des effets d'allitération ou d'harmonie imitative.

LE CHARME D'UN AILLEURS
(P. 131)

1. Comment le rythme et les sonorités traduisent-ils la douceur de l'invitation ?
2. Quelle correspondance est établie par l'esprit entre le paysage et la femme ?
3. S'agit-il d'un pays réel ?
4. Quelle est la valeur des mots du refrain ?
5. Qu'évoque la deuxième strophe ? Quels éléments correspondent aux termes du refrain ?
6. Comment se justifie l'emploi du conditionnel ?
7. La troisième strophe : commentez « vois ». Dans quelle atmosphère s'achève le poème ?

UN GOUFFRE D'ANGOISSE
(P. 133)

1. Quelle est la composition du poème ? Montrez la progression dramatique, l'explosion et l'abattement.
2. Quelle impression est donnée dès le premier vers et développée dans les trois suivants.
3. Quels mots et quelles images des strophes suivantes accentuent l'impression de la première ?
4. Comment la quatrième strophe donne-t-elle l'impression d'une explosion ? D'une crise ?
5. Étudiez l'état d'esprit du poète dans la dernière strophe.

RÉCONCILIATION DANS L'AU-DELÀ (P. 133)

1. Quels termes du premier quatrain unissent l'amour et la mort ?
2. Dans le deuxième quatrain, quelles expressions évoquent la communion ?
3. Comment est réalisée la fusion dans le premier tercet ?
4. Quel est le rôle de l'Ange ?
5. Quelle est l'idée illustrée par ce sonnet ?
6. Quel est le rythme des vers et quelle impression donne-t-il ?

VARIATIONS SUR LE DÉSIR D'ÉVASION (P. 135)

L'étranger
1. Quelles sont les deux expressions qui caractérisent l'étranger ?
2. A quoi est-il étranger ? Étudiez la sécheresse du dialogue.
3. Quelle est son aspiration ?
Enivrez-vous
1. Soulignez le ton catégorique des deux premières phrases ; comment l'affirmation est-elle justifiée ?
2. Le poète apostrophant le lecteur lui suggère une question ; que penser de la réponse ?
3. Qu'est-ce qui fait le lyrisme du dernier paragraphe ?
4. Par le refrain, que veut rendre sensible l'auteur ?

LA RECHERCHE DE L'ÂME-SŒUR (P. 138)

1. Importance du titre et du premier vers ?
2. Quel est le rôle de cette « femme inconnue » ?
3. Dans la deuxième strophe, quelle répétition souligne le caractère exceptionnel de sa compréhension ?
4. Comment les deux tercets accentuent-ils l'impression de rêve ?
5. Sens de la périphrase du vers 11 ?
6. Étudiez la musicalité de ce sonnet.

LA SCIENCE DES RYTHMES (P. 139)

1. Quelle impression donne cette poésie ?
2. Verlaine a suggéré son état d'âme par les mots, les sonorités, les rythmes, les coupes, montrez-le.

MÉLODIE MÉLANCOLIQUE (P. 139)

1. Quelle impression donne la lecture de ce poème ?
2. La première strophe débute par une comparaison, comment est-elle renforcée ?
3. Pourquoi le poète s'interroge-t-il ?
4. Dans la deuxième strophe quel est l'effet du bruit de la pluie ?
5. Quel effet produit la rime intérieure du vers 10 ?
6. Quel est l'état d'âme de Verlaine ?
7. Étudiez la musique : rimes, sonorités.

LA MAUVAISE ÉTOILE (P. 140)

1. A quel bilan désenchanté se livre l'auteur ? Comment se termine chacune des trois premières strophes ?
2. Quelle est la conclusion ?

DE L'ÉVOCATION À LA RÉFLEXION (P. 141)

1. Quelles sont les sensations évoquées dans les deux premières strophes ?
2. Comment le choix des mots donne-t-il une impression de simplicité et de paix ?
3. Dans la troisième strophe, quel effet produit le redoublement de l'imploration ?
4. Comment l'interrogation finale est-elle renforcée ? (suivre son mouvement ascendant).
5. Y a-t-il une réponse ? (Comparez avec Villon I page 52).

LA FIN DE L'ESPÉRANCE (P. 142)

1. Quel est le décor de la première strophe et son atmosphère ?
2. Quelles constatations font les deux personnages ?
3. Quel est l'état d'âme conseillé ? Pourquoi ?

DIVORCE ENTRE POÉSIE ET RHÉTORIQUE (P. 142)

1. Que recommande Verlaine ? Que déconseille-t-il ?
2. Donne-t-il lui-même l'exemple ?
3. Comparez avec Baudelaire, la Beauté page 130.

LES PREMIERS TROUBLES DE L'AMOUR (P. 147)

1. Suivre la progression du sentiment à travers les quatre parties du texte.
2. Quel est l'effet produit par la reprise des termes de la première strophe dans la dernière ?

VIRTUOSITÉ POÉTIQUE (P. 148)

1. Le cadre : impression produite ?
2. Le dormeur : quels termes peuvent laisser croire que ce jeune soldat n'est qu'endormi ?
3. Quelles expressions donnent le pressentiment qu'il est mort ?
4. Comment le délicieux tableau se change-t-il en scène d'horreur ?
5. Montrez l'adaptation du style au sujet.

IRONIE POÉTIQUE (P. 148)

1. Quelle est l'attitude du garçon au départ ? N'est-ce pas révélateur de ses dispositions d'esprit ?
2. Quel contraste se produit entre les vers 3 et 4 ?
3. Quelles sont les richesses de ce vagabond ?
4. Dans la dernière strophe, dégagez le mélange d'exaltation et de raillerie.

DÉFI POÉTIQUE (P. 149)

1. Quelle était l'ambition de Rimbaud ? Relevez une phrase qui l'exprime.
2. Comment avait-il commencé à la réaliser ?
3. Quels exemples fournit-il ?
4. Comment juge-t-il aujourd'hui cette tentative ?

LA NATURE MERVEILLEUSE (P. 151)

1. Le récit d'une course matinale : quelle est la double idée de « embrassé » ?
2. Qu'est-ce qui caractérise la vision du monde de Rimbaud ?
3. Comment donne-t-il l'impression d'un réveil progressif, de l'immobilité au mouvement vif ?

UNE POÉSIE DE LA RÉVOLTE (P. 153)

1. Quelle atmosphère est créée dès le début ?
2. Quel souhait formule l'auteur dans la nuit d'hiver ? Pourquoi ?
3. Sous la forme d'un spectre, que va-t-il susciter chez les animaux ? Chez l'homme ?
4. Que se passera-t-il lorsqu'il aura été reconnu ?
5. Il s'agissait d'une hallucination, par qui a-t-il été réveillé ? Quel sentiment éprouve-t-il ?

LA TENTATION DE L'IDÉAL (P. 157)

1. Que symbolisent la chair et les livres ?
2. Quel besoin s'empare du poète ?
3. Quelles attaches, matérielles, intellectuelles, sentimentales, va-t-il briser ?
4. Sait-il où il va ? Mesure-t-il les dangers ?
5. Que symbolise le dernier vers ?

L'ANGOISSE DE LA STÉRILITÉ (P. 158)

1. Le poète impuissant se compare au cygne prisonnier de la glace : quel espoir se manifeste dans la première strophe ? Que représentent « les vols qui n'ont pas fui » ?
2. Deuxième strophe : de quelle faute s'agit-il pour le cygne et pour le poète ?
3. Dans les deux tercets, comment sont exprimées l'impuissance et la douleur qui en résulte ?
4. Étudiez l'effet du son « i » utilisé à la rime et dans les vers.

LE XX° SIECLE

Faute du recul nécessaire, il paraît difficile de caractériser notre siècle avec objectivité. Les grandes coupures marquées par les deux guerres mondiales servent toutefois de points de repère commodes dans le panorama historique. Quant aux idées, elles s'enchaînent et se heurtent dans un tourbillon de courants reflétant la complexité de la pensée contemporaine. La littérature et les arts, avec notamment l'apparition du cinéma, se font l'écho des angoisses et des interrogations de ce siècle. Pourtant, des voix se sont élevées, des chemins ont été tracés qui témoignent de la vitalité de la réflexion et de l'écriture dans une France de plus en plus ouverte sur l'extérieur.

HISTOIRE :
LA PONCTUATION
DES DEUX GUERRES

Les quatre-vingts années écoulées du XXᵉ siècle
se divisent en trois étapes :
— Avant 1914, l'histoire de la France est essentiellement celle de ses problèmes intérieurs.
— De 1914 à 1945, les crises internationales
d'ordre économique (grande crise) et politique
(montée du fascisme) et surtout les deux grandes
guerres traumatisent le pays.
— Depuis la fin de la Seconde Guerre mondiale,
la séparation du monde en deux blocs politiques
et militaires interdit tout repli sur soi et force la
France, comme tous les autres pays de l'Europe,
à une confrontation incessante avec l'extérieur.

Avant 1914 : la fin de la Belle Époque

La France paraît florissante dans les premières
années du XXᵉ siècle. C'est encore ce que l'on
appelle la Belle Époque, période de réussite que
souligne bien l'Exposition Universelle de Paris
en 1900. Mais une grave crise politique ébranle
soudain la sérénité de la Troisième République [1]

*Caricature illustrant les conflits provoqués par l'affaire
Dreyfus. Dessin de Pépin en couverture du journal Le Grelot
(30 janvier 1898). (Bibliothèque Nationale, Paris).*

L'affaire Dreyfus-Esterhazy à la Chambre... à coucher.

*Jean Jaurès haranguant la foule au Pré Saint-Gervais à
Paris, le 25 mai 1913, au cours d'une manifestation contre
la « loi des trois ans » qui devait porter la durée du service
militaire à 3 ans.*

et révèle en fait des divisions profondes au sein
de la société : c'est l'affaire Dreyfus. Le scandale
éclate lorsqu'on accuse un officier israélite
nommé Dreyfus d'avoir vendu des documents
militaires aux services d'espionnage allemands.
Dreyfus est condamné, dégradé et déporté à
l'île du Diable, au large de la Guyane. Sa
condamnation déchaîne une violente crise qui
divise la France. D'un côté il y a les « dreyfu-
sards » qui sont convaincus de l'innocence de
Dreyfus et qui regroupent, à peu de choses près,
les forces de gauche ; parmi eux, on trouve
l'écrivain Zola, qui fait sensation en publiant une
lettre ouverte dans le journal *L'Aurore*, intitulée
« J'accuse », où il attaque ceux qui ont condamné
hâtivement l'officier. De l'autre côté il y a les
« anti-dreyfusards », nationalistes, parfois sincè-
rement convaincus, mais très souvent aussi racistes et antisémites [2]. Finalement, le procès doit
être révisé. Dreyfus est d'abord gracié puis
définitivement acquitté en 1906. Ce qui aurait
pu n'être qu'un tragique fait divers devient

1. *Née en 1875, après la défaite française contre la Prusse,
elle se termine en 1945 lorsque la France, désorganisée par
la guerre, doit se donner une nouvelle constitution.*
2. *Hostiles aux Juifs.*

révélateur de tout un climat de violence qui va empoisonner la société française jusqu'à la guerre.

La gauche prend ses distances vis-à-vis de la droite et de l'Église. La radicalisation de la vie publique aboutit à la séparation de l'Église et de l'État en 1905. L'année précédente, en 1904, les socialistes français se sont regroupés au sein de la S.F.I.O., la Section Française de l'Internationale Ouvrière, qui lutte pour une meilleure justice sociale et contre le nationalisme guerrier. Son principal représentant est Jean Jaurès. Des divergences d'opinion entraînent une division de la S.F.I.O. d'où va naître en 1920 le Parti Communiste Français qui, à l'inverse des socialistes, est favorable aux thèses de Lénine sur la manière de promouvoir la révolution hors de Russie. Pendant ce temps, les premiers problèmes extérieurs se font sentir, l'Allemagne s'en prenant aux colonies françaises. Un état d'esprit patriotique se développe, enflammé par la course aux armements que le socialiste Jaurès, idéaliste et généreux, essaie en vain d'arrêter : en 1914, il est assassiné par un nationaliste. Quelques mois après, la guerre éclate.

De 1914 à 1945 : d'une guerre à l'autre

L'ensemble des forces de gauche abandonne le pacifisme et se mobilise pour défendre la patrie en danger. Le conflit touche toute l'Europe, une partie de l'Afrique et, avec l'entrée en guerre des États-Unis, il devient mondial. L'importance du nombre des victimes et des destructions lui vaut le nom de « Grande Guerre ». La France en sort victorieuse mais brisée. La reconstruction s'organise, d'abord sous un gouvernement de droite (Le Bloc National) puis sous un gouvernement de gauche. C'est alors qu'en 1929, une crise économique sans précédent provoque des catastrophes à l'échelon international ; partie des États-Unis, elle gagne bientôt toute l'Europe. En France, les forces de gauche s'unissent et réalisent en 1936 un gouvernement de Front Populaire, sous la direction du socialiste Léon Blum. Il prend des mesures sociales très importantes, comme les premiers congés payés par exemple, mais la menace d'une nouvelle guerre met fin à cette expérience de gauche. En Allemagne et en Italie, des mouvements d'extrême droite se développent, favorisés par la misère grandissante du peuple frappé par la crise. La paix est menacée. Voulant aussi prendre sa revanche après l'humiliante défaite de 1918 et le traité de Versailles dont les conditions étaient insupportables pour son économie, l'Allemagne d'Hitler entre en guerre contre la France.

Le 10 mai 1940, la France est envahie à l'Est par une armée allemande beaucoup mieux équipée. La défense française est balayée. Quelques semaines après, le 17 juin, le président du Conseil, le maréchal Pétain, demande l'armistice aux Allemands. Le lendemain, un général de l'armée française réfugié à Londres, le général de Gaulle, lance à la radio un appel aux Français pour les exhorter à continuer le combat. C'est le fameux appel du 18 juin. L'armistice entre quand même en application le 25 juin et la France est coupée en deux zones : celle du Sud, dite « zone libre » est le siège du gouvernement du maréchal Pétain, qui possède les pleins pouvoirs. Celle du Nord est occupée par les Allemands. Dans la population française, les réactions sont diverses. Certains Français essaient de profiter de l'occupation et pactisent avec les Allemands ; on les appelle les collaborateurs (ou « collabos ») ; ils seront durement châtiés après la guerre. Certains autres Français essaient de résister à l'occupant avec des moyens de fortune ; ce sont les résistants. Organisés en petits groupes, ils ne peuvent mener des actions de grande envergure mais organisent une guerilla incessante contre les armées allemandes. Ils s'en prennent aussi aux collaborateurs. Ces opérations de harcèlement veulent démontrer que la France n'accepte pas l'occupation. Mais

La guerre de 1914/1918 : combat dans l'Argonne (dans l'est de la France) en juin 1915. Une tranchée encombrée de blessés et de morts après une attaque.

toute la France ne se divise pas en résistants et collaborateurs. La réalité d'alors était beaucoup plus nuancée : il y a les millions de Français qui essayent de s'adapter, de vivre ou de survivre en attendant des jours meilleurs, sans lâcheté ni héroïsme.

Après 1945 : la IVᵉ et la Vᵉ République

Après la Libération, de Gaulle forme un gouvernement provisoire. Mais après cette longue période de privations, les intérêts à défendre sont si nombreux et les partis si indisciplinés qu'il est impossible de dégager une ligne d'action qui suscite l'approbation de tous. De Gaulle démissionne en mettant en garde le pays contre le chaos où risque de le mener l'absence de politique suivie. La IVᵉ République commence officiellement en 1947 ; avec l'aide américaine, le gouvernement s'attache à la reconstruction du pays et s'intéresse à la construction d'une Europe unie. Mais des difficultés financières (inflation), l'instabilité ministérielle et surtout les problèmes dans les colonies mettent la IVᵉ République en danger. Après la sévère défaite de Diên-Biên-Phu en 1954, où pour la première fois dans

De Gaulle en Irlande (1969). Il fut le premier président de la Vᵉ République (née en 1958).

l'histoire une armée occidentale est battue par une armée du Tiers monde, la France doit se retirer de l'Indochine. Puis commence la douloureuse guerre d'Algérie.

La Vᵉ République est fondée en 1958 par le général De Gaulle, rappelé au pouvoir alors que les gouvernements successifs de la IVᵉ République ont fait la preuve de leur impuissance à résoudre le problème de la décolonisation. La nouvelle Constitution que De Gaulle fait adopter renforce les pouvoirs de la fonction présidentielle, à laquelle il accède lui-même. En 1962, il accorde l'indépendance à l'Algérie et fait modifier la Constitution par voie de référendum afin de permettre l'élection du président de la République au suffrage universel. Animé par sa foi dans la grandeur de la France, il met en place une politique d'indépendance nationale qui le conduit à prendre ses distances vis-à-vis des blocs (de l'Ouest et de l'Est) et à doter la France de sa propre force de dissuasion nucléaire. Sur le plan économique, cette politique se traduit par un effort en vue de stabiliser le franc et d'accroître les investissements industriels. Réélu en 1965, De Gaulle ne peut toutefois éviter l'aggravation d'une crise de confiance qui, se greffant sur la crise de société dont souffrent toutes les démocraties occidentales, et dont les évènements de mai 1968 expriment l'acuité, l'amène à quitter définitivement le pouvoir en 1969.

Son successeur est un de ses anciens Premiers ministres, Georges Pompidou, qui poursuit dans la voie d'une industrialisation intensive sans pour autant apaiser le malaise social auquel elle donne lieu.

Lorsqu'il meurt subitement en 1974, sa succession fait l'objet d'une lutte électorale serrée entre François Mitterrand, candidat unique des partis de gauche, et Valéry Giscard d'Estaing, qui incarne le libéralisme à la française. Ce dernier l'emporte par une courte majorité et met en œuvre tout un ensemble de réformes qui ne parviennent pourtant pas à satisfaire le dessein présidentiel de « décrispation » de la vie politique française. La bipolarisation droite-gauche est immuable, et les deux gouvernements qui se succèdent jusqu'en 1981, dans un contexte certes rendu difficile par les deux « chocs pétroliers », ne réussissent pas davantage à juguler l'inflation et le chômage. Giscard d'Estaing sera battu pour un second mandat par François Mitterrand, qui devient ainsi le premier président socialiste de la Vᵉ République, s'appuyant sur une forte majorité parlementaire. Extension du secteur public par les nationalisations, nouveaux droits des salariés et décentralisation administrative figurent parmi les axes de la nouvelle politique. A l'« état de grâce » qui en marque les débuts succède une période de reflux qui permet à l'opposition parlementaire de redevenir majoritaire en 1986. La France entre alors dans une ère inédite de « cohabitation » avec un président et un

Une image de la révolte des étudiants à Paris en mai 1968. Ces événements qui surprirent tout le monde furent la marque d'une profonde crise de civilisation.

Premier ministre d'opinion contraire. Elle débouche, aux élections présidentielles de 1988, sur une nette victoire de François Mitterrand, qui, même en l'absence de majorité absolue à l'Assemblée nationale, peut nommer cette fois un Premier ministre socialiste.

SOCIÉTÉ

La population

Déjà en baisse avant 1914, la population française connaît après la Première Guerre mondiale un grave déficit en hommes, alors que, paradoxalement, elle est marquée par un net vieillissement. Au lendemain de la Seconde Guerre mondiale, qui a provoqué une nouvelle saignée démographique[1], le niveau de la population se rétablit et, jusqu'en 1974, celle-ci augmente fortement sous l'effet du « baby-boom » puis de l'immigration. Ensuite, le rythme de croissance devient presque nul, et la France, avec 56 millions d'habitants en 1989 (dont 7% d'étrangers), ne se classe qu'au quatrième rang en Europe (toutefois, un Européen sur six est français). Même si la natalité s'y comporte plutôt mieux que dans les pays voisins, les jeunes représentent encore moins d'un tiers de la population totale.

Les structures sociales

Avec l'essor de l'industrialisation en France, la classe sociale qui s'est le plus accrue au début du XXᵉ siècle est la classe ouvrière. Ce phénomène est allé de pair avec un dépeuplement progressif des campagnes, l'« exode rural » se faisant au bénéfice des régions industrielles et des grandes villes. Il s'est poursuivi au lendemain de la Seconde Guerre mondiale, donnant naissance à une prolifération de banlieues résidentielles. Aujourd'hui, trois Français sur quatre sont des citadins, qui occupent en majorité des emplois tertiaires. L'élévation générale du niveau des études et l'amélioration concomitante du niveau de vie ont grossi les effectifs des classes moyennes, qui regroupent désormais 60% de la population et avec lesquelles la France est entrée dans la société de consommation. Une telle évolution a modifié sensiblement les comportements culturels. Les travailleurs immigrés, pour leur part, connaissent encore certaines difficultés d'intégration.

L'économie française

La France a connu trois grandes phases de croissance économique : la première commence au XIXᵉ siècle, mais est interrompue par la Grande Guerre ; la deuxième va de 1920 à la crise économique mondiale de 1929 ; la troisième est celle des « Trente Glorieuses », de 1945 à la crise qu'engendrent les deux « chocs pétroliers » au milieu des années 70 et qui, ajoutant ses effets à ceux des mutations que connaît le secteur industriel afin d'accroître sa compétitivité sur le plan international, se traduit par un taux de chômage élevé (encore 10% de la population active en 1989). Mais, possédant la cinquième industrie mondiale, la France dispose d'atouts pour affronter le futur marché unique européen.

LE TOURBILLON DES IDÉES

Au culte exagéré de la science et de la raison qui caractérise la fin du XIXᵉ siècle succède au début du XXᵉ siècle une réaction contraire. Le choc des deux guerres casse ce mécanisme d'action-réaction et provoque un vrai tourbillon d'idées et de tendances. La pensée française de la fin du siècle est prise d'un vertige qui alimente son angoisse.

La crise du rationalisme

A la fin du XIXᵉ siècle, la foi dans le progrès humain et la raison semblait inébranlable. L'Exposition Universelle de 1889 à Paris et le développement formidable de la presse en étaient des manifestations caractéristiques.

1. *Perte grave en population qui affecte la vie de la nation, comme un individu privé d'une partie de son sang.*

Pourtant, il faut bien constater qu'au début du XXᵉ siècle, un certain pessimisme fait son apparition. On met en doute la toute-puissance de l'analyse logique, l'intellect n'est plus considéré comme la seule force active de l'esprit humain. Cette réaction se précise sous la forme de deux courants de pensée : le renouveau du christianisme et du patriotisme d'une part, et le développement de la psychanalyse de l'autre.

— *La foi et le patriotisme :* une des conséquence de l'affaire Dreyfus est d'avoir uni dans le même camp (celui des anti-dreyfusards) les défenseurs de la foi et ceux de la patrie. La notion de laïcité[1] instituée par la République conteste l'Église en tant qu'institution : celle-ci se sépare dès lors de la République et, paradoxalement, le clergé français est plus libre qu'avant. Un nouveau christianisme se développe, qui cherche avant tout à réaliser l'union entre les hommes. Dans la seconde moitié du XXᵉ siècle, le christianisme devient plus intellectuel et humaniste à la fois : des penseurs comme Emmanuel Mounier insistent sur l'idée de liberté et de créativité de la personne (d'où le nom de « personnalisme » donné à ce courant) ; des personnalités comme Pierre Teilhard de Chardin réfléchissent à une nouvelle définition du chrétien et affichent leur optimisme pour l'avenir, tout en essayant de concilier les théories scientifiques de l'évolution avec le christianisme.

Le nationalisme est né de l'humiliation de la défaite française de 1870. Le culte de la patrie joue le rôle d'une religion nouvelle. Des hommes comme Maurice Barrès l'expriment dans leur œuvre. Les deux guerres mondiales sont chacune précédées d'une vague de patriotisme. Même les mouvements et partis de gauche, pourtant pacifistes par vocation, y sont sensibles. La Première Guerre mondiale commence dans un climat d'exaltation : tout le monde veut aller « à Berlin ! », prendre sa revanche.

La Seconde Guerre mondiale déchire les nationalistes ; certains pensent que collaborer avec l'occupant allemand est une manière de respecter la patrie (comme le suggère la devise politique du régime du maréchal Pétain : Travail-Famille-Patrie). D'autres estiment au contraire que l'intérêt de la patrie est dans la résistance : Malraux et surtout le général de Gaulle sont de ceux-là.

— *La psychanalyse :* la réaction contre les excès du scientisme[2] favorise le développement des idées lancées par les poètes symbolistes de la fin du XIXᵉ siècle. Ce mouvement prend une tournure philosophique avec l'œuvre de Bergson qui affirme la supériorité de l'énergie vitale et de l'intuition sur l'intellect. Mais c'est de l'étranger que vient l'attaque la plus radicale contre les théories rationalistes : les travaux du psychiatre viennois Sigmund Freud commencent à être connus. Dorénavant, plus aucune analyse, ni littéraire ni scientifique, ne peut passer sous silence le rôle de l'inconscient qui semble pouvoir guider les hommes à leur insu. André Breton prend connaissance de la méthode freudienne et entrevoit la possibilité d'en faire profiter la littérature : il lance le mouvement surréaliste.

Les idéologies d'après-guerre

Le choc des deux guerres et la profonde modification des conditions de vie ont favorisé ou donné naissance à trois courants de pensée : le communisme, le scepticisme et un nouvel humanisme.

— *Le communisme :* comme le communisme européen, le communisme français est influencé à l'origine par le modèle soviétique, mais ce sont les durs conflits sociaux des années 20 et la lutte contre les mouvements fascistes[3] qui favorisent son expansion en France. Lorsqu'en 1941, après l'entrée en guerre de l'Allemagne contre l'Union soviétique, le Parti communiste s'engage dans la résistance, il est déjà fortement structuré. Son efficacité et le dévouement de ses membres forcent un moment l'admiration de ses adversaires politiques. Au sortir de la guerre, aucun gouvernement ne peut plus ignorer les communistes. Mais le communisme est avant tout une idéologie élaborée à partir d'un système philosophique, le marxisme : il prévoit le remplacement de la société capitaliste par une société socialiste, où les moyens de production seraient mis en commun, le prolétariat prenant le pouvoir au terme d'une lutte des classes. Cependant c'est plus par idéalisme que par idéologie que la plupart des intellectuels français s'attachent au Parti communiste ou y adhèrent : André Gide en est une illustration éclatante. Ils en prennent leurs distances dès que le communisme leur paraît trop dogmatique. Il le sera de 1947 (date où le parti est contraint de quitter le gouvernement) jusqu'en 1956, après l'ère stalinienne[4]. La rigueur du communisme de cette époque heurte les intellectuels. Rares sont ceux qui, comme Aragon, restent jusqu'au bout fidèles à l'idéologie communiste.

— *Le scepticisme :* il est le reflet du trouble jeté par les guerres et la division du monde. Cette attitude philosophique prend deux formes opposées : les uns se résignent à une vision absurde et nihiliste[5] du monde, les autres s'efforcent de

---

1. *Principe selon lequel l'État ne s'occupe pas de questions religieuses et l'Église ne s'occupe pas de questions politiques. La loi de séparation de l'Église et de l'État l'a institué en France en 1905.*
2. *Foi dans le progrès de et par la science.*
3. *En Espagne en particulier ; de nombreux Français participent à la lutte armée contre Franco qui finit par l'emporter en 1937 et par établir sa dictature.*
4. *La dictature de Staline (1879-1953) est marquée sur le plan international par une guerre idéologique entre l'URSS et les États-Unis, appelée la « guerre froide ».*
5. *Attitude de l'esprit qui doute et qui nie tout (du latin nihil).*

réagir en se livrant à une analyse critique rigoureuse.

Le surnom donné à la Première Guerre mondiale en 1918 est révélateur de la mentalité française, devenue pacifiste : c'était la « der des der » (la dernière de toutes les guerres). Or, 20 ans plus tard, survient une guerre plus meurtrière encore. Beaucoup commencent à douter du bon sens de l'homme. La conférence de Yalta[1] en 1945 n'arrange rien. Mais il y a pire : la révélation en cette même année 1945 de l'existence des camps de concentration et du massacre des Juifs remet en cause l'idée même de civilisation. Cette barbarie n'est pas la spécialité des Allemands : en 1945 encore (et cela donne à cette année sa valeur symbolique de date partageant le siècle en deux), le monde découvre avec horreur l'enfer atomique d'Hiroshima, puis de Nagasaki. Dès lors, pour une partie de la classe intellectuelle (en France et dans le monde), une seule certitude subsiste : ce monde est absurde, la vie humaine n'a aucun sens. Ce nihilisme trouve son expression en littérature mais aussi dans les autres formes d'art (musique, peinture). Il est renforcé par les théories scientifiques du relativisme, lancées par le savant Einstein. Cependant, si tout est relatif, tout n'est pas nécessairement négatif, pensent certains.

— *Le nouvel humanisme* : il prend des formes diverses dont l'existentialisme est la plus connue. Selon cette philosophie, l'existence humaine est un fait indémontrable mais absolu, qui ne saurait être réduit à des systèmes de pensée. Pour justifier cette existence, lui donner un sens, l'homme doit s'engager, prendre des responsabilités. Les principaux représentants de l'existentialisme en France sont Sartre et Camus. Ils sont fortement influencés par les philosophes étrangers, Kierkegaard et Heidegger, mais ne reprennent pas la coloration chrétienne de leurs théories. Pour Sartre, les valeurs anciennes sont détruites ou ont échoué, mais il est du devoir de chacun d'en trouver de nouvelles.

Sartre lie son système de pensée existentielle au marxisme ; quand celui-ci échoue, après la découverte des massacres staliniens, l'existentialisme perd lui aussi de sa force.

— *Le structuralisme* : cette théorie qui connaît un succès prodigieux est moins une philosophie qu'une méthode de pensée. Son point de départ est linguistique : il s'agit de dégager et d'analyser les structures plus que les idées et les contenus. En linguistique, le structuralisme distingue le *signifié* (ce que veut dire un auteur) du *signifiant* (les moyens qui lui servent à le dire). Le structuralisme est l'étude des différentes relations entre ces deux éléments. Très rapidement, cette méthode d'investigation dépasse le cadre de la langue et s'intéresse à tous les domaines de la pensée (économie, science, sociologie). Un de

ses maîtres les plus réputés est l'ethnologue[2], Claude Lévi-Strauss. Le structuralisme est également appliqué à la littérature et donne naissance à la Nouvelle Critique : celle-ci refuse d'analyser l'œuvre d'un écrivain comme la conséquence logique d'une série d'événements mais recherche des structures, des éléments ou des termes qui reviennent souvent ; pour la Nouvelle Critique, il est moins important de savoir si Racine a suivi les débats théologiques des jansénistes de Port-Royal que de chercher à savoir combien de fois il emploie le mot « Dieu » et dans quel sens, ce qui serait bien plus révélateur.

La pensée française se cherche en cette fin de siècle. Après les chocs violents de l'histoire, il lui faut assimiler ceux de la technologie : énergie nucléaire, électronique, informatique, astronautique, et les nouveaux modes de communication.

LA LITTÉRATURE

Alain-Fournier jeune, auteur du Grand Meaulnes.

Le roman

Avant 1914, la division de la France en une droite et une gauche est particulièrement sensible dans le roman. Dans le camp de la droite conservatrice, on trouve Maurice Barrès. Pour lui, l'individu ne peut rester intact que s'il respecte les valeurs familiales, patriotiques et religieuses ;

---

1. *Staline (URSS), Churchill (Angleterre) et Roosevelt (USA) se rencontrent dans cette ville russe pour décider de la conduite à suivre quand la guerre sera finie (nous ne sommes qu'en février 1945). La conséquence la plus visible est la division du monde en deux blocs idéologiques.*
2. *Qui étudie les caractères spécifiques d'un groupe d'êtres humains vivant dans une zone précise.*

sinon c'est un déraciné (un de ses plus fameux romans s'appelle d'ailleurs *Les déracinés*). Le camp du progrès compte des écrivains libéraux et critiques comme Anatole France, ennemi de tous les fanatismes (religieux ou politiques [1]), mais surtout l'idéaliste Romain Rolland, dont toute l'œuvre essaie de proposer de nouveaux modèles d'humanité. Il crée avec *Jean-Christophe* (1912) le genre du roman-fleuve [2]. Juste avant la guerre, paraît *Le grand Meaulnes* d'Alain-Fournier ; ce roman isolé, qui décrit des souvenirs et des nostalgies d'enfance, est très remarqué et continue à être beaucoup lu.

La guerre terminée, le public se montre avide de lectures, principalement de romans. Les années vingt voient un déferlement de talents : certains n'ont qu'un succès passager, d'autres influenceront la production littéraire pendant près d'un demi-siècle. Bizarrement, les événements historiques n'ont pas eu d'influence immédiate sur la littérature, et le roman du début des années vingt est plus psychologique que politique. L'immensité de l'œuvre de Proust apparaît au public ; *A la recherche du temps perdu* se propose d'étudier l'influence du temps sur l'affectivité humaine. Avec *Les faux-monnayeurs* (1926), Gide parachève son œuvre commencée en 1897. Tous les grands romanciers qui s'imposent au cours des années vingt, tant en France (Proust et Gide) qu'à l'étranger (Thomas Mann, Virginia Woolf, plus tard Kafka et Faulkner) s'efforcent de modifier les formes romanesques héritées du XIX⁰ siècle, et principalement du réalisme. Ils brisent la linéarité et la chronologie du récit, multiplient les points de vue à l'intérieur de l'œuvre en renonçant au locuteur unique et tout-puissant. Ils sont suivis par d'autres, comme Max Jacob, Blaise Cendrars et Giraudoux, surtout connu plus tard pour son théâtre. Tous ces écrivains imposent une nouvelle attitude du romancier devant son monde, en rupture avec l'objectivité naturaliste. Le jeune Raymond Radiguet, génie précoce mort à vingt ans, connaît un succès fulgurant avec deux romans psychologiques, *Le diable au corps,* écrit à seize ans, et *Le bal du comte d'Orgel,* publié en 1924. Quant aux surréalistes, ils mettent non seulement en doute la façon d'aborder la réalité, mais aussi la nature même de cette réalité. Leurs récits brefs sont peu connus à l'exception de *Nadja* d'André Breton.

Vers 1930, la crise économique et l'inquiétude politique poussent les romanciers à écrire de grandes fresques à arrière-fond historique ; on appelle ces récits des romans-fleuves, tels ceux de Jules Romains, Georges Duhamel, Roger Martin du Gard, et aussi Louis Aragon (pour ses fresques ouvriéristes). Mais ce sont les romans sur la « condition humaine » de Malraux, Céline et Bernanos qui mettent le plus en évidence

Micheline Presle et Gérard Philipe dans Le diable au corps *(1947), film d'Autant-Lara tiré du roman du même nom et écrit par Raymond Radiguet.*

l'inquiétude de cette époque. Ce qui passe au premier plan, c'est le contenu et non la structure du livre, redevenue traditionnelle. Ces romans d'aventure, où s'exprime avec de plus en plus d'insistance le sentiment du vide, seront relayés après la guerre par les romans dits existentialistes de Camus, Sartre et Simone de Beauvoir. Parallèlement, il existe aussi dans les années trente des romans d'aventure qui expriment au contraire une certaine confiance dans la vie ; ce sont les romans de Jules Romains, Aragon, Giono, Bosco, Saint-Exupéry.

Après 1950, et par réaction aux obsessions métaphysiques ou didactiques du roman existentialiste, se manifeste un nouvel intérêt pour les problèmes de la structure narrative. On appelle cette tendance « le nouveau roman » ; Nathalie Sarraute, Alain Robbe-Grillet et Michel Butor en sont les représentants les plus connus. Ces romanciers dégagent des procédés techniques inédits et les mettent systématiquement en pratique dans leurs propres œuvres. Pourtant ils ne rejettent pas la forme romanesque en bloc et

---

1. Dans L'île des pingouins *(1908), il fait une violente satire de l'histoire des Français (les pingouins), parodiant notamment la fameuse affaire Dreyfus.*
2. *Roman très long avec de nombreux personnages, et étalé sur plusieurs générations.*

font volontiers référence à certains de leurs prédécesseurs, comme Balzac ou Flaubert. Le nouveau roman devient une mode et les imitations plus ou moins habiles abondent. En marge de ces débats théoriques apparaît une nouvelle génération de romanciers qui s'imposent comme de grands écrivains : Marguerite Duras, Marguerite Yourcenar, Jean-Marie Le Clézio et Michel Tournier.

La poésie

Au début du XXᵉ siècle, le chef de file de l'avant-garde poétique est sans conteste Apollinaire, mort en 1916. A sa suite, Max Jacob, Pierre Reverdy, Blaise Cendrars veulent faire entrer la poésie française dans l'aventure moderniste du XXᵉ siècle et l'arracher à l'hermétisme des symbolistes du XIXᵉ siècle.

Vers 1925, trois poètes publient leurs premiers recueils : Pierre-Jean Jouve, Saint-John Perse et Jules Supervielle. Jouve et Supervielle n'arrêteront pas d'écrire tandis qu'après *Anabase* (1924), Perse restera silencieux jusqu'en 1942, en raison de ses différentes fonctions diplomatiques. Ensuite il deviendra, en une vingtaine d'années, un auteur majeur de l'époque.

Dans la même période, entre 1920 et 1930, apparaît la poésie surréaliste, glorifiant l'imagination et rejetant toute règle et toute valeur. Les surréalistes de la première heure s'appellent Breton, Éluard, Aragon, Desnos, Peret, et un peu plus tard Char ; ensuite chacun évoluera à sa manière. Plus indépendants par rapport aux mots d'ordre surréalistes apparaissent Artaud, Queneau et le très populaire Jacques Prévert, tandis qu'Henri Michaux et Francis Ponge annoncent une poésie vraiment novatrice. Mais jusqu'à la Seconde Guerre mondiale, les deux grandes figures de la poésie classique française restent pour les contemporains Claudel et Valéry, l'un héritier de Hugo et de Rimbaud, l'autre de Baudelaire et de Mallarmé.

Après 1950, le panorama poétique est moins bien dessiné, même si de grands auteurs comme Perse, Char, Michaux et Ponge continuent à écrire et apparaissent comme des phares. Dans son *Dictionnaire de la poésie française contemporaine* (1968), Jean Rousselot recense 749 poètes vivants, mais aucune classification n'est possible. Avec Pierre Seghers, on peut dire que d'un côté il y a ceux qui travaillent sur le fonctionnement du langage, influencés en cela par la linguistique et le structuralisme (Marcelin Pleynet, Pierre Oster, Denis Roche) et ceux qui reprennent à leur compte l'expérience poétique traditionnelle fondée sur les sentiments et les impressions. Un point commun rassemble pourtant beaucoup de poètes d'aujourd'hui : Prévert mis à part (mais il est mort en 1977) la poésie française s'adresse de plus en plus à un public

d'initiés. Souvent hermétique, elle perd de plus en plus contact avec le quotidien. Le poète Alain Bosquet s'insurge d'ailleurs contre cette tendance dans son recueil *150 sonnets pour une fin du monde* (1980).

Le théâtre

Avant 1914, le théâtre ne manifeste pas de grandes exigences. Il faut cependant citer Edmond Rostand dont la comédie *Cyrano de Bergerac* remporte un vif succès et est encore jouée régulièrement. La plupart des auteurs de théâtre sont rassemblés à Paris et écrivent des pièces pour amuser le public. Au-dessus de la médiocrité générale, deux dramaturges se détachent : Georges Courteline et Alfred Jarry. Le premier ridiculise la bêtise du Français moyen, les absurdités de l'administration, les incohérences de la justice et les outrances de l'armée. Le second est l'auteur d'une comédie très symbolique et farfelue qui dénonce la dictature en général *(Ubu roi)*. Le seul auteur remarquable, le seul qui annonce un renouvellement est Paul Claudel (également poète). Dans ses pièces d'avant-guerre, il affirme l'existence de liens secrets entre Dieu et l'homme.

Après la Première Guerre mondiale, le théâtre conserve son goût pour le comique sous toutes ses formes. Le roi du boulevard[1] est Sacha Guitry, qui excelle dans la comédie légère. L'Italien Pirandello, qui explore dans ses pièces la complexité du moi, domine un moment la scène française. Puis viennent tour à tour Jules Romains (également romancier) avec ses farces poétiques, Jean Cocteau qui crée ce qu'il appelle une « poésie de théâtre » et Roger Vitrac, marqué par le surréalisme. Mais le plus grand auteur dramatique de l'entre-deux guerres est Jean Giraudoux. Ses spectacles prennent l'allure d'une fête. Pleins de fantaisie, ils créent une atmosphère plutôt qu'ils ne développent une action et transportent le public dans un monde imaginaire, sans souci des règles conventionnelles du théâtre (vraisemblance, unités de temps, de lieu, etc.). Giraudoux veut être un « illusionniste » et demande au public de se laisser emporter par le spectacle. Plus directement que Giraudoux ou Cocteau, Armand Salacrou et Jean Anouilh reflètent l'inquiétude des années trente. A partir du *Voyageur sans bagage* (1937) celui-ci domine la scène du théâtre français conjointement avec Giraudoux. Dans le domaine de la mise en scène, Artaud essaie de renouveler le théâtre en revenant à ses sources, non pas grecques mais orientales.

Après la guerre, c'est un théâtre beaucoup plus sévère qui s'impose : celui de Montherlant,

---

1. *Théâtre comique destiné au plus large public.*

Camus, Sartre. C'est l'abandon de la fantaisie, le retour à des situations historiques, la marche vers un nouveau réalisme psychologique.

En 1953, un Irlandais alors inconnu, Samuel Beckett, soulève un débat avec sa pièce *En attendant Godot*. Il remet fondamentalement en cause le théâtre traditionnel. Le décor est réduit, les personnages sont dépersonnalisés, souvent même ils n'ont pas de nom, le dialogue est parfois réduit à de simples mots. Ce théâtre dit aussi « de l'absurde » est repris par Ionesco et Adamov. A côté d'eux, Jean Genet essaie une autre voie appelée le « théâtre de possession » où les parias et les puissants s'affrontent dans un rituel de messe noire.

Après 1960, le théâtre français se distingue davantage par la valeur de ses metteurs en scène (Planchon, Serreau, Maréchal, Vitez) que par ses auteurs, Armand Gatti et René de Obaldia mis à part. Paris accueille les successeurs de Beckett et de Ionesco qui sont tous des étrangers : Pinter, Albee, Dürrenmatt, Peter Weiss, Gombrowicz, et plus tard l'Autrichien Peter Handke. A la Cartoucherie de Vincennes, près de Paris, la troupe d'Ariane Mnouchkine monte des pièces à grand spectacle : variations sur la vie de Molière (repris plus tard dans un film) ou sur les événements de la Révolution française *(1789)*.

L'essai

Le genre de l'essai, imaginé quatre siècles plus tôt par Montaigne (voir premier volume, page 102) connaît au XXe siècle un spectaculaire épanouissement. Il permet toutes les remises en question et toutes les interrogations. Il est souvent devenu un instrument de polémique et de révolte contre la culture dont il est issu, comme en témoignent les manifestes surréalistes d'André Breton. Dans *La trahison des clercs*[1] (1927), Julien Benda (1867-1956), modèle du philosophe polémiste, attaque avec virulence le manque de rationalisme des attitudes culturelles de son temps, en particulier celle de Gide. Dans *Les grands cimetières sous la lune* (1938), Bernanos stigmatise[2] la dictature naissante du régime de Franco. Dans *Bagatelle pour un massacre* (1938) et *Les Beaux draps* (1941), Céline s'en prend violemment aux Juifs. Plus près de nous, Nizan[3], Sartre (dans certains de ses écrits publiés dans *Situations* V, VI et VII), Camus (dans *L'homme révolté*, 1951), Cioran[4], puis ceux que l'on a appelé dans les années 70 « les nouveaux philosophes » comme André Glucksmann (*La cuisinière et le mangeur d'hommes,* 1975) et Bernard-Henri Lévy (*La barbarie à visage humain,* 1977) semblent avoir fait de la polémique l'essence même du langage de l'essai. Roland Barthes, lui, prend des accents plus poétiques, qui accompagnent une constante interrogation sur la littérature et le langage.

LA CRITIQUE LITTÉRAIRE

Elle est devenue au fil du siècle un genre propre soutenu par une production abondante. Gustave Lanson (1857-1934) insiste, au début du siècle, sur l'importance des faits historiquement vérifiables (bibliographie, dates, sources, recherche des manuscrits) qui permettent d'aborder la critique objective d'un auteur.

Fondée en 1909, La Nouvelle Revue Française (NRF), dont Gide est un des cofondateurs, a élargi les horizons de la critique et l'a ouverte à la littérature étrangère. Entre les deux guerres il faut surtout mentionner les deux critiques rationalistes que sont Julien Benda et Paul Léautaud.

Après 1945, en même temps que le roman et le théâtre, la critique a cherché à se renouveler. Elle a emprunté à la psychanalyse (avec Bachelard), à la sociologie et surtout à la linguistique telle que Saussure l'avait explicitée dans son *Cours de linguistique générale*, en 1916. Finalement, c'est Barthes qui montrera la voie en 1953 avec *Le degré zéro de l'écriture* ; il essaie d'y démontrer que l'œuvre est une structure indépendante et qu'il ne faut pas, comme Lanson, chercher à l'expliquer par l'histoire de son auteur. De nos jours, des écrivains comme Sollers et le groupe de la revue *Tel Quel* s'efforcent de lier réflexion théorique et création.

EN MARGE DE LA LITTÉRATURE

La chanson

A côté de la chanson de variété où dominent largement les stéréotypes, il existe un genre plus spécifiquement français qui marie étroitement littérature et musique. L'association la plus remarquable est réalisée par le poète Jacques Prévert et le musicien Joseph Kosma. Ces poèmes métamorphosés en chanson (*Les feuilles mortes ; Les enfants qui s'aiment,* etc.) sont interprétés par Yves Montand, Juliette Gréco, Mouloudji, Barbara. L'exemple de Prévert a fait des émules : Sartre, Desnos, Queneau, Boris Vian, Aragon ont écrit pour la chanson.

Cette collaboration entre musique et littérature s'est intensifiée et élargie avec Georges Brassens et Léo Ferré qui ont chanté Villon, Hugo, Baudelaire, Verlaine, Rimbaud, mais qui ont écrit eux-mêmes, à la suite de Charles Trenet (né en 1913), et bien que chacun selon son style

---

1. *Terme qui désignait ceux qui détenaient le savoir au Moyen-Age.*
2. *Condamne, attaque violemment.*
3. *Nizan (1905-1940) : marxiste convaincu mais aussi anarchiste. Principales œuvres :* Les chiens de garde ; Aden Arabie ; Conspiration.
4. *Cioran : né en Roumanie en 1911, il se fixe à Paris en 1937. Tenant de « la volonté d'impuissance », il s'est voulu le continuateur mais aussi le négateur de Nietzsche. Principales œuvres :* Précis de décomposition ; La tentation d'exister *(1956) ;* De l'inconvénient d'être né *(1975).*

propre, des textes de chansons aux accents poétiques. Mais les sensibilités évoluent, les codes de langage se modifient avec les générations nouvelles. Si Serge Gainsbourg et Claude Nougaro savent attirer un public toujours nouveau par leurs jeux sur les rythmes et la langue, l'un à la manière d'un dandy, l'autre à la manière d'un puncheur, de nouveaux venus montent sur la scène des music-hall. Parmi eux, Yves Duteil et Alain Souchon cultivent le genre poéticonaïf, tandis que Renaud perpétue une tradition frondeuse de la chanson française aux couleurs argotiques, où l'insolence sous-tend la fraternité.

Le roman policier

Longtemps dominé par le genre de la *detective-story* anglo-saxonne, où il s'agit de résoudre un puzzle par une enquête systématique, le roman-policier prend un caractère résolument national avec Georges Simenon qui a écrit une œuvre colossale. Au lieu d'essayer d'imiter les héros anglo-américains, il crée un personnage bien français, Maigret. Cet inspecteur, perspicace mais sans panache, rappelle le profil du Français moyen ; il procède apparemment sans méthode, par intuition, en cherchant avant tout à comprendre la victime et son milieu plutôt qu'à répertorier les suspects possibles.

Le genre du roman policier est aussi illustré par Boileau-Narcejac (une association de deux auteurs), Demouzon, Léo Malet, San Antonio (aux textes très argotiques), et Jean Vautrin.

La bande dessinée

La bande dessinée (dite aussi B.D.) est longtemps restée un art mineur réservé aux enfants. Or depuis quelques dizaines d'années, elle est devenue un élément de la vie culturelle et rares sont aujourd'hui les journaux, quotidiens ou hebdomadaires, qui ne réservent pas dans leurs colonnes une place à ces histoires. Les revues spécialisées se multiplient et chaque année plusieurs dizaines d'albums sont publiés. Les plus connues sont : *Tintin*, dont l'auteur, Hergé, est de nationalité belge mais qui a beaucoup contribué à la popularité de la B.D. en France ; *Astérix*, qui s'est développé comme un véritable phénomène social ; *La rubrique-à-brac* ; *Achille Talon* ; *Le génie des alpages* ; *Les frustrés*...

BIBLIOGRAPHIE

Histoire et société
P. Sorlin, *La société française contemporaine*, t. 2, 1914/1968, Paris, Arthaud 1971 (très bonne étude de synthèse).
Pacaut et Bouju, *Le monde contemporain, 1945/1975*, Paris, Armand Colin, Coll. U, 1976.
Y. Trotignon, *La France au XXᵉ siècle*, 2 vol., Bordas, nouvelle édition 1978 (essai sur le climat social, économique et politique de la Belle Époque jusqu'à nos jours).

Études d'ensemble sur la littérature
A. Adam, C. Lerminier, E. Morot-Sir, *Littérature française*, t. 2, XIXᵉ et XXᵉ siècle, Paris, Larousse, 1968.

A. Therive, *Procès de la littérature*, La Renaissance du livre, 1970 (étude générale).
J. Bersani, M. Autrand, J. Lecarme et B. Vercier, *La littérature en France de 1945 à 1968*, Paris, Bordas, 4ᵉ édition, 1982.
B. Vercier, J. Lecarme, *La littérature en France depuis 1968*, Paris, Bordas, 1982.
Germaine Bree, Édouard Morot-Sir, *Littérature française*, tome 9 : « Du surréalisme à l'empire de la critique », Paris, Arthaud, 1984.

Le roman
Lucien Goldmann, *Pour une sociologie du roman*, Gallimard, 1964.
R.M. Alberes, *Le roman d'aujourd'hui, 1960/1970*, Albin Michel, 1970.
M. Nadeau, *Le roman français depuis la guerre*, Gallimard, 1970.
Marthe Robert, *Roman des origines et origines du roman*, Grasset, 1972.

La poésie
Alain Bosquet, *La poésie française depuis 1950*, Éd. de la Différence, 1970.
G.E. Glancier, *Panorama de la poésie française de Rimbaud au surréalisme*, 3ᵉ édition, Seghers, 1970.
W. Raibel, *Moderne Lyrik in Frankreich. Darstellung und Interpretationen*, Stuttgart, Kohlhammer, 1972.
R. Sabatier, *Histoire de la poésie française*, t. 4 : « La poésie du XXᵉ siècle », Albin Michel, 1982 (2 vol.).

Le théâtre
B. Dort, *Théâtre public, 1953/1966, essais de critique*, Paris, Seuil, 1967 ; *Théâtre réel, 1967/1970*, Seuil, 1971 ; *Théâtre en jeu, 1970/1978*, Seuil, 1979.
G. Godard, *Le théâtre depuis 1968*, Paris, J.C. Lattès, 1980.

La linguistique
O. Ducrot et T. Todorov, *Dictionnaire encyclopédique des sciences du langage*, Paris, Seuil, 1972.
G. Mounin, *La linguistique du XXᵉ siècle*, PUF, 1972 (étude d'ensemble, chronologie).
R.L. Wagner, *Essais de linguistique française*, Nathan, 1980.

Le structuralisme
F. Jameson, *The Prison-House of Language : a critical account of structuralism and Russian formalism*, Princeton, N.J., Princeton U.P. 1972 (sur la linguistique structuraliste).
H. Lefebvre, *L'idéologie structuraliste*, 2ᵉ éd. revue (édition originale : *Au-delà du structuralisme*, 1971), Anthropos, 1975 (polémique contre le structuralisme).

La critique littéraire
J. Paulhan, *Petite préface à toute critique*, Éditions de Minuit, 1951 (essai important).
B. Pivot, *Les critiques littéraires*, Flammarion, 1968.
J.-L. Cabanes, *Critique littéraire et sciences humaines*, Toulouse, Privat, 1974 (présentation de la critique psychologique, linguistique et marxiste).
R. Fayolle, *La critique*, Armand Colin, 1978.

La chanson
C. Brunschwig, L.-J. Calvet, J.-C. Klein : *Cent ans de chanson française*, Seuil, 1972, nouv. édit. 1981.
L. Cantaloube-Ferrieu : *Chanson et poésie des années 30 aux années 60*. Trenet, Brassens, Ferré... ou les « Enfants naturels » du surréalisme, Paris, Nizet, 1981.

La littérature d'expression française
G. Tougas, *Les écrivains d'expression française et la France*, Denoël, 1973.
A. Viatte, *Histoire comparée des littératures francophones*, Nathan, 1980.

La bande dessinée
Histoire mondiale de la bande dessinée, sous la direction de Claude Moliterni, Édition Pierre Horay, 315 pages.

LE XXᵉ SIÈCLE - CHRONOLOGIE

	Histoire	Littérature française	Littérature étrangère	Arts (cin.) = cinéma (mus.) = musique (pein.) = peinture (sculp.) = sculpture
1900		Barrès : *Les déracinés*		Puccini (mus.) : *La Tosca*
1901			Th. Mann (All.) : *Buddenbrooks*	
1902	Crises au Maroc (1902-1911)	Gide : *L'immoraliste*	Pirandello (Ital.) : *Feu Mathias Pascal* Tchekhov (Russie) : *La cerisaie*	Puccini (mus.) : *Madame Butterfly* Scriabine (mus.) : *Le poème divin*
1904		R. Rolland : *Jean-Christophe* (1904-1912)		Rodin (sculp.) : *Le Penseur*
1905			H. Mann (All.) : *Le professeur Unrat*	Debussy (mus.) : *La mer* Matisse (pein.) : *Luxe, calme et volupté*
1906	Fin de l'affaire Dreyfus (1897-1906)		Musil (Autriche) : *Les désarrois de l'élève Törless*	Klimt (pein.) (Autriche) : *Danae*
1907			Robert Walser (Suisse) : *Les enfants Tanner*	Picasso (pein.) : *Les demoiselles d'Avignon* (1906-1907)
1909		Gide : *La porte étroite*		
1910			Rilke (All.) : *Les cahiers de Malte Laurids Brigge*	Richard Strauss (mus.) : *Le chevalier à la rose* Igor Stravinsky (mus.) : *L'oiseau de feu*
1912	Crise dans les Balkans	Claudel : *L'annonce faite à Marie* A. France : *Les dieux ont soif*	G.B. Shaw (Angleterre) : *Pygmalion*	G. de Chirico (pein.) : *Mélancolie d'une rue*
1913	Suite de la crise balkanique	Alain-Fournier : *Le grand Meaulnes* Apollinaire : *Alcools* Barrès : *La colline inspirée* Proust : début de *A la recherche du temps perdu*	Th. Mann (All.) : *La mort à Venise*	Stravinsky (mus.)(Russie) : *Le sacre du printemps*
1914	Première Guerre mondiale	Gide : *Les caves du Vatican* R. Rolland : *Au-dessus de la mêlée*	H. Mann (Allemagne) : *Le sujet*	Peinture de Modigliani (1915) Kokoschka (pein.) : *Le tourbillon des veufs*
1916			Freud (Autriche) : *Introduction à la psychanalyse* Kafka (Tchécoslovaquie) : *La métamorphose*	Apparition du mouvement Dada.
1917	Révolution d'octobre en Russie	Valéry : *La jeune Parque*		Fin de l'époque cubiste de Picasso (1907-1917)
1918	Fin de la Première Guerre mondiale	Tzara : *Manifeste Dada*		
1919	Signature du traité de Versailles. Création de la SDN (Société des Nations)	Gide : *La symphonie pastorale* Proust : *A l'ombre des jeunes filles en fleurs*	H. Hesse (Allemagne) : *Demian*	Création du *Bauhaus*, école d'architecture par Walter Gropius
1920				Wiene (cin.) (Allemagne) : *Le cabinet du docteur Caligari*
1921		Proust : *Le côté de Guermantes* (1920/21)	Pirandello (Italie) : *6 personnages en quête d'auteur*	
1922	Marche sur Rome de Mussolini	R.M. du Gard : *Les Thibault* (fin en 1940) Valéry : *Charmes*	J. Joyce (Irl.) : *Ulysse* S. Lewis (USA) : *Babitt*	Murnau (cin.) (Allemagne) : *Nosferatu le vampire* F. Lang (cin.) (Allemagne) : *Docteur Mabuse*
1923		J. Romains : *Knock* Colette : *Le blé en herbe*	Italo Svevo (Italie) : *La conscience de Zeno*	Kandinsky (pein.) : *Dans le carré noir*

	Histoire	Littérature française	Littérature étrangère	Arts
1924		Breton : *Manifeste du sur-réalisme* Claudel : *Le soulier de satin* (joué en 1943) Saint-John Perse : *Anabase*	Th. Mann (Allemagne) : *La montagne magique*	Gershwin (mus.) (USA) : *Rhapsody in blue* Maillol (sculp.) : *Venus*
1925		Gide : *Les faux-monnayeurs*	Kafka (Tchécoslovaquie) : *Le procès* Dos Passos (USA) : *Manhattan Transfer*	A. Berg (mus.) : *Woyzeck* Ch. Chaplin (cin.) : *La ruée vers l'or* Eisenstein (cin.) : *Le cuirassé Potemkine*
1926		Aragon : *Le paysan de Paris.* Bernanos : *Sous le soleil de Satan*		Buster Keaton (cin.) : *Le mécano de la « Générale »* F. Lang (Allemagne) : *Metropolis*
1927	Première traversée de l'Atlantique en avion (Charles Lindbergh)	Proust : *Le temps retrouvé* F. Mauriac : *Thérèse Desqueyroux*	Hesse (Allemagne) : *Le loup des steppes* Kafka (Tchécoslovaquie) : *Le château*	Débuts du cinéma parlant
1928		Giraudoux : *Siegfried* Breton : *Nadja* Pagnol : *Topaze* Malraux : *Les conquérants* Colette : *La naissance du jour*	D.H. Lawrence (Angleterre) : *L'amant de Lady Chatterley* B. Brecht (Allemagne) : *L'opéra de quat' sous*	L. Buñuel (cin.) : *Le chien andalou* Ravel (mus.) : *Boléro* K. Weill (cin.) : *L'opéra de quat' sous*
1929	Krach boursier de Wall Street. Début de la grande crise	J. Cocteau : *Les enfants terribles* Eluard : *L'Amour, la poésie*	Hemingway (USA) : *L'adieu aux armes* Döblin (Allemagne) : *Berlin Alexanderplatz*	Dali (pein.)(Espagne) : *L'accommodation des désirs*
1930		Malraux : *La voie royale* Colette : *Sido*	Pirandello (Italie) : *Ce soir on improvise*	
1931		St-Exupéry : *Vol de nuit*		Fritz Lang (Allemagne) (cin.) : *M. le maudit*
1932		Céline : *Voyage au bout de la nuit* J. Romains : *Les hommes de bonne volonté* (fin en 47) Mauriac : *Le nœud de vipères*	A. Huxley (Angleterre) : *Le meilleur des mondes*	
1933	Adolf Hitler prend légalement le pouvoir et devient chancelier	A. Malraux : *La condition humaine*		F. Lang (Allemagne) (cin.) : *Le testament du docteur Mabuse* Matisse (pein.) : *La danse*
1935		Giraudoux : *La guerre de Troie n'aura pas lieu*	T.S. Eliot (G.B.) : *Meurtre dans la cathédrale* ·	
1936	Victoire du Front populaire aux électlions Guerre civile en Espagne.	Bernanos : *Journal d'un curé de campagne*		Chaplin (Angleterre) (cin.) : *Les Temps modernes* Picasso (pein.) : *Guernica*
1937		Anouilh : *Le voyageur sans bagage* Malraux : *L'espoir* Breton : *L'amour fou*	A.J. Cronin (Angleterre) : *La citadelle*	J. Renoir (cin.) : *La grande illusion* Carl Orff (mus.) : *Carmina burana*
1938	Accords de Munich	Sartre : *La nausée* Camus : *Noces* Michaux : *Plume*	B. Brecht (Allemagne) : *Galilée*	Carné (cin.) : *Quai des brumes*
1939	Seconde Guerre mondiale	Eluard : *Donner à voir* Sartre : *Le mur* Saint-Exupéry : *Terre des hommes*	E. Jünger (Allemagne) : *Sur les falaises de marbre* Steinbeck (USA) : *Les raisins de la colère*	J. Renoir (cin.) : *La règle du jeu*
1940	De Gaulle à Londres. L'Italie déclare la guerre à la France.		Dino Buzzati (Italie) : *Le désert des Tartares* Hemingway (USA) : *Pour qui sonne le glas* G. Greene (Angleterre) : *La puissance et la gloire* B. Brecht (Allemagne) : *Maître Puntila et son valet Matti*	Ch. Chaplin (Angleterre) (cin.) : *Le dictateur*

	Histoire	Littérature française	Littérature étrangère	Arts
1941	Pearl Harbor ; les USA entrent en guerre		B. Brecht (Allemagne) : *Mère Courage* A. Koestler (Angleterre) : *Le zéro et l'infini* J.L. Borges (Argentine) : *Fictions*	J. Ford (USA) (cin.) : *Les raisins de la colère* O. Welles (cin.) : *Citizen Kane.* Huston (cin.) : *Le Faucon maltais*
1942		Aragon : *Les yeux d'Elsa* Montherlant : *La reine morte* Camus : *L'étranger* Saint-John Perse : *Exil* Ponge : *Le parti pris des choses*	Musil (Autriche) : *L'homme sans qualités* (1910/42)	E. Lubitsch (USA) (cin.) : *To be or not to be* Carné (cin.) : *Les visiteurs du soir.* L. Visconti (Italie) (cin.) : *Ossessione*
1943		Saint-Exupéry : *Le petit prince* Sartre : *Les mouches ; L'être et le néant*		J. Delannoy (cin.) : *L'éternel retour* F. Poulenc (mus.) : *Les mamelles de Tiresias*
1944	Débarquement des Alliés en Normandie	Genet : *Querelle de Brest* Sartre : *Huis clos* Anouilh : *Antigone*	Malaparte (Italie) : *Kaputt* L. Hohl (Suisse) : *Notizen I*	
1945	Conférence de Yalta et Potsdam Capitulation de l'Allemagne Bombes atomiques sur Hiroshima et Nagasaki	Saint-John Perse : *Pluies, neiges et vents* Prévert : *Paroles* Valéry : *Mon Faust* Sartre : *Les chemins de la liberté* (3 vol. 1945/49)	Carlo Levi (Italie) : *Le Christ s'est arrêté à Eboli* H. Broch (Allemagne) : *La mort de Virgile*	Marcel Carné (cin.) : *Les enfants du paradis* Eisenstein (Russie) (cin.) : *Ivan le terrible* Rossellini (Italie) (cin.) : *Rome ville ouverte*
1946	Débuts de la IVe République	Prévert : *Paroles* Bernanos : *Monsieur Ouine* Eluard : *Poésie ininterrompue*		
1947	Début de la guerre d'Indochine	Vian : *L'Écume des jours* Camus : *La peste* Genet : *Les bonnes*	Moravia (Italie) : *La belle Romaine* Tennessee Williams (USA) : *Un tramway nommé désir*	P. Boulez (mus.) : *Le soleil des eaux* Tati (cin.) : *Jour de fête*
1948	Assassinat de Gandhi Blocus de Berlin	Sartre : *Les mains sales*	Orwell (Angleterre) : *1984*	Vittorio de Sica (Italie) (cin.) : *Le voleur de bicyclette*
1949	Naissance des deux Allemagnes Naissance de la République populaire de Chine	Beauvoir : *Le deuxième sexe* Camus : *Les justes*	H. Miller (USA) : *Sexus* Pavesse (Italie) : *Le bel été* J.L. Borges (Argentine) : *L'Aleph*	Picasso (pein.) : *Colombe*
1950	Début de la guerre de Corée	Ionesco : *La cantatrice chauve*	Bradbury (USA) : *Chroniques martiennes* G. Greene (Angleterre) : *Le troisième homme*	J. Cocteau (cin.) : *Orphée* A. Honegger (mus) : *Di tre re*
1951		J. Gracq : *Le rivage des Syrtes* Yourcenar : *Les mémoires d'Hadrien* Eluard : *Le Phénix*	Salinger (USA) : *L'attrape-cœur* Moravia (Italie) : *Le conformiste* Doderer (Autriche) : *L'Escalier de Strudelhof*	R. Bresson (cin.) ; *Le journal d'un curé de campagne* Hitchcock (Angleterre) (cin.) : *L'Inconnu du Nord-Express*
1952	Chute de la monarchie égyptienne	Beckett : *En attendant Godot* Céline : *Mort à crédit* Ionesco : *Amédée ou comment s'en débarrasser ; Les chaises*	Carlo Cassola (Italie) : *Fausto et Anna* Hemingway (USA) : *Le vieil homme et la mer*	A. Cayatte (cin.) : *Nous sommes tous des assassins* Zinnemann (cin.) : *Le train sifflera trois fois*
1953	Mort de Staline	Barthes : *Le degré zéro de l'écriture* Vian : *L'arrache-cœur* Robbe-Grillet : *Les gommes*		Olivier Messiaen (mus.) : *Le réveil des oiseaux* H.G. Clouzot (cin.) : *Le salaire de la peur* J. Tati (cin.) : *Les vacances de M. Hulot*
1954	Défaite française de Diên-Biên-Phû Premiers problèmes algériens	F. Sagan : *Bonjour tristesse* Ionesco : *La leçon*	Golding (Angleterre) : *Sa majesté des mouches* L. Hohl (Suisse) : *Notizen II*	Fellini (cin.) : *La Strada* Kurosawa (Japon) (cin.) : *Les sept samourais*

	Histoire	Littérature française	Littérature étrangère	Arts
1955		Adamov : *Ping-Pong* Robbe-Grillet : *Le voyeur*	I. Silone (Italie) : *Le pain et le vin* B. Pasternak : *Docteur Jivago*	Débuts du pop'art M. Ophüls (cin.) : *Lola Montès* Braque (pein.) : *Oiseaux*
1956		Camus : *La chute*	Dürrenmatt (Suisse) : *La panne* Doderer (Autriche) : *Les Démons*	R. Vadim (cin.) : *Et Dieu créa la femme* Bergman (cin.) : *Le 7e Sceau*
1957	Naissance de la Communauté économique européenne à Rome	Barthes : *Mythologies* Butor : *La modification* Robbe-Grillet : *La jalousie* Genet : *Le balcon* Saint-John Perse : *Amers*	Kerouac (USA) : *Sur la route* Frisch (Suisse) : *Homo Faber*	L. Malle (cin.) : *Ascenseur pour l'échafaud*
1958	Ve République : De Gaulle président Élection du pape Jean XXIII	M. Duras : *Moderato Cantabile* Simone de Beauvoir : *Mémoires d'une jeune fille rangée*	Nabokov (USA) : *Lolita*	Ingmar Bergman (Suède) : *Les fraises sauvages* Hitchcock (Angleterre) (cin.) : *La mort aux trousses*
1959		**Queneau :** *Zazie dans le métro* Sarraute : *Le planétarium* Genet : *Les nègres*	G. Grass (All.) : *Le tambour* Silitoe : *La solitude du coureur de fond*	Truffaut (cin.) : *Les 400 coups* Resnais (cin.) : *Hiroshima mon amour*
1960	Élection de J.-F. Kennedy (président des U.S.A.)	Ionesco : *Rhinocéros* Sartre : *Les séquestrés d'Altona* Saint-John Perse : *Chronique*	H. Pinter (Angleterre) : *Le gardien*	L. Malle (cin.) : *Zazie dans le métro* J.-L. Godard (cin.) : *A bout de souffle*
1961	Construction du « mur » de Berlin Gagarine, premier homme de l'espace	Cocteau : *le Testament d'Orphée*	M. Frisch (Suisse) : *Andorra*	Resnais + Robbe-Grillet (cin.) : *L'année dernière à Marienbad* Truffaut (cin.) : *Jules et Jim*
1962	Accords sur l'indépendance de l'Algérie	R. Char : *La parole en archipel* C. Simon : *Le palace* Saint-John Perse : *L'ordre des oiseaux*	A. Burgess : *Orange mécanique*	Pietro Germi (Italie) (cin.) : *Divorce à l'italienne* Visconti (Italie) (cin.) : *Le guépard* O. Welles (cin.) : *Le Procès*
1963	Crise de Cuba Assassinat du président américain J.F. Kennedy	Le Clézio : *Le procès-verbal* Saint-John Perse : *Oiseaux* Robbe-Grillet : *Pour un nouveau roman*	Cassola (Italie) : *Cœur aride* H. Böll (Allemagne) : *La grimace*	Hitchcock (cin.) : *Les oiseaux* Resnais + Robbe-Grillet : *Muriel*
1964	Début de l'engagement américain au Vietnam	Sartre : *Les mots*	I.B. Singer (USA) : *Le magicien de Lublin*	Chagall (pein.) : *plafond de l'opéra de Paris*
1965		Beckett : *Oh ! Les beaux jours* G. Perec : *Les choses*	T. Capote (USA) : *De sang-froid*	C. Lelouch (cin.) : *Un homme et une femme*
1966	Brejnev secrétaire général du Parti communiste soviétique La France quitte l'OTAN	Genet : *Les paravents*	P. Handke (Autriche) : *Outrage au public* Soljenitsyne (URSS) : *Le pavillon des cancéreux*	Antonioni (cin.) : *Blow up*
1967	Première transplantation cardiaque par le professeur Barnard	C. Simon : *Histoire* Malraux : *Antimémoires* Tournier : *Vendredi*	G.M. Marquez : *Cent ans de solitude* Kundera : *La plaisanterie*	
1968	Révolte de « mai ». Intervention militaire de l'URSS à Prague. Assassinat de Martin Luther King. Nixon élu président.	Yourcenar : *L'œuvre au noir* A. Cohen : *Belle du seigneur*	A. Soljenitsyne (Russie) : *Le premier cercle* U. Eco (Italie) : *La structure absente*	Pasolini (Italie) (cin.) : *Théorème* Costa-Gavras (cin.) : *Z* Truffaut (cin.) : *Baisers volés* D. Hopper (cin.) : *Easy Rider*
1969	Départ du général De Gaulle. Premiers pas de l'homme sur la lune (21 juillet)	Arrabal : *Le jardin des délices*	Eduardo Sanguinetti (Italie) : *Caprice italien*	Fellini (Italie) (cin.) : *Satyricon* Rohmer (cin.) : *Ma nuit chez Maud*
1970	« Ost Politik » du chancelier Willy Brandt	M. Tournier : *Le roi des Aulnes* Le Clézio : *La guerre*	Handke (Autriche) : *L'angoisse du gardien de but au moment du pénalty*	R. Altmann (USA) (cin.) : *Mash* K.H. Stockhausen (mus.) : *Opus*

1971	Naissance du Parti socialiste de F. Mitterrand. La Grande-Bretagne entre dans le Marché commun	Simon : *Les corps conducteurs* Malraux : *Les chênes qu'on abat*	Böll (Allemagne) : *Portrait de groupe avec dame* Soljenitsyne (Russie) : *L'archipel du goulag* Prix Nobel de littérature : Pablo Neruda (Chili)	L. Visconti (Italie) : *Mort à Venise* J. Losey (cin.) : *Le messager*
1972	Crise politique et sociale en Italie (grèves à Rome et Milan) Affaire du Watergate aux États-Unis	P. Modiano : *Les boulevards de ceinture* Le Clézio : *Les géants*	P. Neruda (Chili) : *Les pierres du Chili*	Bertolucci (cin.) : *Le dernier tango à Paris* Bergman (Suède) (cin.) : *Cris et chuchotements* Fellini (Italie) (cin.) : *Roma*
1973	Guerre du Kippour Cessez-le-feu au Vietnam Crise pétrolière Coup d'État du général Pinochet au Chili	Barthes : *Le plaisir du texte*		Truffaut (cin.) : *La nuit américaine* L. Malle (cin.) : *Lacombe Lucien*
1974	Mort de G. Pompidou Élection de Valéry Giscard d'Estaing		H. Böll (Allemagne) : *L'honneur perdu de Katharina Blum*	Wim Wenders (Allemagne) (cin.) : *Faux mouvement*
1975	Mort de Franco Fin de la guerre du Vietnam Sakharov, Prix Nobel de la Paix		Morante (Italie) : *La Storia* Prix Nobel de littérature : Eugenio Montale (Italie)	Milos Forman (USA) (cin.) : *Vol au-dessus d'un nid de coucou* M. Duras (cin.) : *India Song*
1976	Mort de Mao et de Chou-en-Laï	Char : *A une sérénité crispée, Aromates chasseurs*	P. Handke (Autriche) : *La femme gauchère* Prix Nobel de littérature : Saul Bellow (USA)	E. Rohmer (cin.) : *La Marquise d'O* Oshima (Japon) (cin.) : *L'empire des sens*
1977	Rencontre Sadate-Begin à Jérusalem	Barthes : *Fragments d'un discours amoureux*	G. Grass (Allemagne) : *Le turbot*	Inauguration du Centre Pompidou à Beaubourg
1978		Tournier : *Le vent Paraclet* Modiano : *Rue des boutiques obscures* Pérec : *La vie mode d'emploi*	Prix Nobel de littérature : Isaac Bashevis Singer (USA) Lars Gustafsson (Suède) : *La mort d'un apiculteur*	A. Wajda (Pologne) (cin.) : *L'homme de marbre* Bergman (Suède) (cin.) : *Sonate d'automne*
1979	Victoire de la révolution islamique en Iran			F. Coppola (USA) (cin.) : *Apocalypse Now*
1980	Ronald Reagan élu président des USA	Tournier : *Gaspard, Melchior et Balthazar* Ponge : *Lyres* Le Clézio : *Désert*	Umberto Eco (Italie) : *Le nom de la rose* Prix Nobel de littérature : Czeslaw Milosz (Pologne)	Fellini (cin.) : *La cité des femmes* W. Allen (cin.) : *Manhattan*
1981	Première élection de François Mitterrand		W. Styron (USA) : *Le choix de Sophie*	
1983				Wim Wenders (Allemagne) (cin.) : *Paris-Texas*
1984		Kundera (Tchèque vivant en France) : *L'Insoutenable légèreté de l'être* Marguerite Duras : *L'Amant*		
1985		Claude Simon, Prix Nobel de littérature		
1986	Explosion à Tchernobyl Début de la « cohabitation » en France		Wole Soyinka (Nigeria), premier Africain à obtenir le Prix Nobel de littérature	
1987	Krach à Wall Street	Char : *Le Gisant mis en lumière*	Suicide de Primo Levi (Ital.) Joseph Brodski (Russe vivant aux USA) : Prix Nobel de littérature	
1988	Réélection de F. Mitterrand à la présidence de la République	Char : *Éloge d'une soupçonnée*	Naguib Mahfouz (Égypte) : Prix Nobel de littérature	
1989	George Bush devient président des USA Les gouvernements communistes sont chassés du pouvoir en Europe de l'Est	Claude Simon : *L'Acacia*	Camilo José Cela (Esp.), Prix Nobel de littérature Mort de Thomas Bernhard (Autr.) et de Leonardo Sciascia (Ital.)	
1990				Peter Weir (cin.) : *Le Cercle des poètes disparus* Woody Allen (cin.) : *Crimes et délits*

ROMAIN ROLLAND (1866-1944)

Écrivain solitaire, Romain Rolland a défendu ses idéaux d'humanité et de fraternité, même lorsque l'histoire s'y opposait. Il demeure surtout connu par un grand roman (Jean-Christophe), retraçant la vie d'un musicien, qui établit une synthèse entre la France et l'Allemagne, deux pays ennemis à l'époque.

LA VIE

Né à Clamecy, dans le centre de la France, Romain Rolland est élève au lycée Louis Le Grand à Paris, puis à l'École normale Supérieure. Il fait des études de philosophie puis d'histoire. Très tôt il voue un culte aux grands hommes, principalement peintres et musiciens, c'est-à-dire à ceux qui ont assez de génie pour proposer à l'humanité un motif de dépassement spirituel. Pendant la guerre, ses écrits lui valent l'attribution du Prix Nobel de littérature (1916), mais aussi de nombreuses inimitiés. Après la guerre il entretient de nombreux contacts avec les hommes de son temps, entre autres Gorki et Gandhi.

PRINCIPALES ŒUVRES

Essais artistiques

— *Vie de Beethoven* (1903) : très tôt, Rolland s'intéresse à la biographie de ce compositeur allemand. On en retrouve le reflet dans *Jean-Christophe* et cela vient confirmer l'aveu de Rolland lui-même déplorant de n'avoir pas pu, faute d'une formation musicale suffisante, s'engager dans la création musicale.
— *Vie de Michel-Ange* (1905)
— *Vie de Tolstoï* (1911)
— *Péguy* (1944)
— *Les grandes époques créatrices* (1928-1944) : Rolland reprend ici la grande figure artistique de Beethoven à qui il consacre les six volumes de cet ouvrage.

Essais politiques

— *Au-dessus de la mêlée* (1915-1916) : la plupart de ses essais ont paru sous forme d'articles dans

Portrait de Romain Rolland.

le journal de Genève. Déplorant le choc de deux peuples civilisés, il veut « au-dessus de la haine » (c'était le titre primitif) rappeler les valeurs fondamentales qui auraient dû unir les deux peuples ennemis. Ces articles furent rejetés par l'opinion qui y voyait une trahison.

Romans

— *Jean-Christophe* (1904-1912) : c'est l'œuvre majeure de Rolland. Cette biographie fictive d'un grand compositeur inspirée de Beethoven occupe dix volumes. Jean-Christophe Krafft (le mot *Kraft* signifie puissance, énergie en allemand) est né en Allemagne, au bord du Rhin. Génie précoce, il est possédé par la passion de la musique, mais devant l'incompréhension de ses compatriotes, il s'exile en France et finit par connaître la gloire après de nombreuses épreuves.

— *Colas Breugnon* (1919) : ce roman surprend dans l'œuvre de Rolland car il ne provient pas d'une veine sérieuse. Souvent cocasse, il raconte la vie de paysans nivernais [1] au XVIIe siècle.

LA PENSÉE

Politique

Rolland est un idéaliste qui croit en la fraternité humaine. Son mérite est d'avoir su préserver et même affirmer à voix haute cet idéal humanitaire alors même que l'époque ne le tolérait pas. En pleine guerre mondiale, lorsque la propagande et l'état d'esprit général sont colorés par la haine de l'autre, lorsque l'idéologie française rejette les apports culturels de l'Allemagne, Romain Rolland affirme sa sympathie pour certaines valeurs allemandes. La distance qu'il prend par rapport à ses compatriotes n'est pas sans courage. Elle annonce le courage de ce même homme qui, en 1933, alors que ses compatriotes méconnaissent encore le péril montant du nazisme, refuse la médaille Goethe que lui propose le gouvernement du chancelier Hitler. Par la suite, Romain Rolland adopte toujours davantage l'attitude de l'intellectuel solitaire, mais sans cesse animé par le même idéal de fraternité et de générosité. Il est tenté un temps par l'expérience bolchevique de la Russie ; elle lui paraît concrétiser ses idées, et cela lui vaut d'être considéré comme un écrivain de gauche. Mais là encore, il se réserve la possibilité de prendre ses distances, dès que le mouvement menace de trahir son idéal. C'est ce qu'il dit aux communistes français en 1922 : « Avec le prolétariat toutes les fois qu'il respectera la vérité et l'humanité. Contre le prolétariat toute les fois qu'il violera la vérité et l'humanité. »

Morale et littéraire

La pensée littéraire de Romain Rolland est dominée par ses idées morales. Ennemi de tout sectarisme, il veut « tout comprender pour tout aimer », car il est convaincu que personne n'a le monopole de la vérité. Au lieu de mutiler la vie, le rôle de la morale est plutôt d'assumer l'harmonie des contraires. Toute vie est un devenir fait de continuité mais aussi d'oppositions et de revirements qu'il ne s'agit pas de réprimer mais de mettre en équilibre. Le héros majeur de Rolland, Jean-Christophe, est une image de cette recherche de l'harmonie. A travers les étapes du cycle romanesque, il est tour à tour brutal, égoïste, lâche, puis serein et humain. L'image du fleuve qui domine le roman résume bien cette pensée : le Rhin lui aussi présente des caractères différents selon les saisons et les endroits de son parcours. C'est d'ailleurs lui qui inspire à Romain Rolland le nom de « roman-fleuve », qui connaîtra par la suite un grand succès littéraire et désigne une importante suite romanesque.

1. *De la Nièvre, province d'où est originaire Romain Rolland.*

BIBLIOGRAPHIE
R. Arcos, *Romain Rolland*, Mercure de France.
M. Kempt, *Romain Rolland et l'Allemagne*, Debresse, 1962.
J.-B. Barrère, *Romain Rolland, l'âme et l'art*, Albin Michel, 1966.

JEAN-CHRISTOPHE

Un enfant dans le monde des adultes

Nous sommes en Allemagne, à la fin du siècle dernier. Le petit Christophe a montré très tôt des dispositions étonnantes pour la musique. Son père, Melchior, musicien sans génie, décide d'exploiter les talents de son fils. Il obtient du grand-duc de la principauté où il habite l'autorisation de donner un concert où pourra jouer le jeune virtuose. Pour l'occasion, Melchior a fait faire à Christophe qui n'a que sept ans et demi un frac noir, comme pour les grandes personnes. Il lui apprend à saluer et le fait répéter pendant des semaines. Enfin le grand jour arrive.

Melchior avait ingénieusement combiné le programme, de manière à mettre en valeur à la fois la virtuosité du fils et celle du père : ils devaient jouer ensemble une sonate de Mozart pour piano et violon. Afin de graduer les effets [1], il avait été décidé que Christophe entrerait seul d'abord. On le mena à l'entrée de la scène, on lui montra le piano sur le devant de l'estrade [2], on lui expliqua une dernière fois tout ce qu'il avait à faire, et on le poussa hors des coulisses [3].

Il n'avait pas trop peur, étant depuis longtemps habitué aux salles de théâtre ; mais quand il se trouva seul sur l'estrade [2], en présence de centaines
10 d'yeux, il fut brusquement si intimidé qu'il eut un mouvement instinctif de recul ; il se retourna même vers la coulisse [3] pour y rentrer ; il aperçut son père, qui lui faisait des gestes et des yeux furibonds [4]. Il fallait continuer. D'ailleurs, on l'avait aperçu dans la salle. A mesure qu'il avançait, montait un brouhaha [5] de curiosité, bientôt suivi de rires, qui gagnèrent de proche en proche. Melchior ne s'était pas trompé, et l'accoutrement [6] du petit produisit tout l'effet qu'on en pouvait attendre. La salle s'esclaffait [7] à l'apparition du bambin aux longs cheveux, au teint de petit tzigane, trottinant avec timidité dans le costume de soirée d'un gentleman correct. On se levait pour mieux le voir ; ce fut bientôt une hilarité générale, qui
20 n'avait rien de malveillant, mais qui eût fait perdre la tête au virtuose le plus résolu. Christophe, terrifié par le bruit, les regards, les lorgnettes [8] braquées, n'eut plus qu'une idée : arriver au plus vite au piano, qui lui apparaissait comme un îlot au milieu de la mer. Tête baissée, sans regarder ni à droite ni à gauche, il défila au pas accéléré le long de la rampe [9] ; et, arrivé au milieu de la scène, au lieu de saluer le public, comme c'était convenu, il lui tourna le dos et fonça droit sur le piano. La chaise était trop élevée pour qu'il pût s'y asseoir sans le secours de son père : au lieu d'attendre, dans son trouble, il la gravit sur les genoux. Cela ajouta à la gaieté de la salle. Mais maintenant, Christophe était sauvé : en face de son
21 instrument, il ne craignait personne.

Melchior arriva enfin ; il bénéficia de la bonne humeur du public, qui l'accueillit par des applaudissements assez chauds. La sonate commença. Le petit homme la joua avec une sûreté imperturbable, la bouche serrée d'attention, les yeux fixés sur les touches, ses petites jambes pendantes le long de la chaise. A mesure que les notes se déroulaient, il se sentait plus à l'aise ; il était comme au milieu d'amis qu'il connaissait. Un murmure d'approbation arrivait jusqu'à lui ; il lui montait à la tête des bouffées de satisfaction orgueilleuse, en pensant que tout ce monde se taisait pour l'entendre et l'admirait. Mais à peine eut-il fini, que la peur le reprit ; et
40 les acclamations qui le saluèrent lui firent plus de honte que de plaisir. Cette honte redoubla, quand Melchior, le prenant par la main, s'avança avec lui sur le bord de la rampe et lui fit saluer le public. Il obéit et salua très bas, avec une gaucherie [10] amusante ; mais il était humilié, il rougissait de ce qu'il faisait, comme d'une chose ridicule et vilaine.

On le rassit devant le piano ; et il joua seul *les Plaisirs du Jeune Age* [11]. Ce fut alors du délire. Après chaque morceau, on se récriait d'enthousiasme ; on voulait qu'il recommençât ; et il était fier d'avoir du succès et presque blessé en même temps par ces approbations qui étaient des ordres.

Jean Christophe,
Livre premier, Albin Michel.

1. Les effets à produire sur le public.
2. Plancher surélevé.
3. Côtés de la scène où attendent les acteurs avant d'entrer en scène.
4. Qui annoncent une grande fureur.
5. Bruit confus qui s'élève de la foule.
6. Habillement étrange.
7. Éclatait de rire.
8. Petites lunettes grossissantes que l'on utilise aux spectacles.
9. Rangée de lumière disposée au bord de la scène.
10. Maladresse.
11. Oeuvre composée par son grand-père.

PÉGUY (1873-1914)

Péguy est un passionné, un combattant. D'abord socialiste, il a mis son énergie et son talent de polémiste au service de ses idéaux catholiques qu'il associe à ses idéaux patriotiques. Presque ignoré de son vivant, il est à présent reconnu comme un des grands poètes du début du siècle.

LA VIE

Charles Péguy est né à Orléans. Issu des classes populaires, il s'est élevé dans l'échelle sociale grâce à ses études. Élève à l'École Normale Supérieure de Paris, il écrit un premier long poème sur Jeanne d'Arc. Bien qu'il ait perdu la foi et se soit orienté vers le socialisme, on trouve en germe dans ce poème son futur double engagement patriotique et catholique. Au moment où éclate l'affaire Dreyfus (voir page 164), il prend parti pour la révision du procès aux côtés de Zola et de Jaurès.

En 1900, il fonde une revue : *Les cahiers de la Quinzaine*, qu'ils dirige au milieu des pires difficultés financières et où il publie des auteurs de toutes tendances (notamment le *Jean-Christophe* de Romain Rolland) mais aussi ses propres écrits. Il s'y révèle un polémiste ardent. Lorsque le danger allemand commence à se manifester, il lance un cri d'alarme dans son livre *Notre patrie* et commence à s'éloigner des socialistes, orientés vers le pacifisme et l'internationalisme. Sa foi en la patrie le ramène à partir de 1908 à la foi religieuse, deux idéaux qui trouvent précisément leur union et leur incarnation dans la figure de Jeanne d'Arc. C'est le moment où il revient à la poésie. Le 5 septembre 1914, il meurt d'une balle en plein front au cours de la bataille de la Marne.

Portrait de Charles Péguy dans son bureau.

PRINCIPALES ŒUVRES

— *Jeanne d'Arc* (1897) : c'est un premier drame consacré à celle qui devait influer sur toute sa vie.
— *Notre patrie* (1905) : ouvrage inspiré par les menaces de guerre avec l'Allemagne.
— *Le mystère de la charité de Jeanne d'Arc* (1910)

— *Notre jeunesse* (1910) : il y rend compte de son évolution vers le catholicisme et de la dégradation de la mystique socialiste.
— *Le porche du mystère de la deuxième vertu* (1911) : poème où Péguy fait parler Dieu en un long monologue.
— *Le mystère des saints innocents* (1912)
— *La tapisserie de sainte Geneviève et de Jeanne d'Arc* (1912). *La tapisserie de Notre-Dame* (1913) : ce sont de longs poèmes qui se déroulent au rythme d'une litanie.
— *Note sur M. Bergson* (1914) : Péguy compare l'importance de Bergson à celle de Descartes.
— *Victor-Marie, comte Hugo* (1914) : œuvre en prose où il exprime son admiration pour Hugo et surtout pour Corneille.

LA PENSÉE

Le trait dominant du tempérament de Péguy est la passion, la ferveur d'un engagement total pour la cause socialiste et, plus tard, pour la cause religieuse et patriotique. Ennemi de toute frivolité, sa pensée a autant de sérieux que de sincérité. Né dans le peuple, il garde toute sa vie un attachement à la terre et aux choses concrètes. Même sa mystique n'est pas abstraite ; elle reste humaine et familière. Ses idéaux s'incarnent naturellement dans de grandes figures de l'histoire : Jeanne d'Arc, sainte Geneviève, saint Louis, Corneille, Victor Hugo.

LA POÉSIE

Qu'il use du vers libre ou d'une versification régulière, la poésie de Péguy est marquée par une progression extrêmement lente, par la reprise inlassable et comme incantatoire d'un thème ou même de quelques mots (voir extrait ci-dessous). Mais au lieu d'engendrer la monotonie, ce procédé donne une force simple à la poésie de Péguy, qui est devenu un classique de la littérature française.

BIBLIOGRAPHIE
J. Delaporte, *Péguy dans son temps et dans le nôtre*, coll. « 10/18 », U.G.E., 1967.
B. Guyon, *Péguy devant Dieu*, Desclée de Brouwer, 1974.

JEANNE D'ARC

L'attachement au pays natal

Cette première version de Jeanne d'Arc comprend trois pièces : A Domremy qui est le village natal de Jeanne, Les Batailles et Rouen où elle sera brûlée vive par les Anglais en 1431. Répondant à l'appel de voix qui lui demandent d'aller sauver la France, de voir le Dauphin et de le faire couronner roi à Reims (ce sera le futur Charles VII), Jeanne, qui a 13 ans, doit d'abord quitter sa maison, son village, son pays natal parcouru par la Meuse.

JEANNE
    Adieu, Meuse endormeuse et douce à mon enfance,
Qui demeures aux prés, où tu coules tout bas.
    Meuse, adieu : j'ai déjà commencé ma partance [1]
En des pays nouveaux où tu ne coules pas.

    Voici que je m'en vais en des pays nouveaux :
Je ferai la bataille et passerai les fleuves ;
Je m'en vais m'essayer à de nouveaux travaux,
Je m'en vais commencer là-bas les tâches neuves.

    Et pendant ce temps-là, Meuse ignorante et douce,
10 Tu couleras toujours, passante accoutumée,
Dans la vallée heureuse où l'herbe vive pousse,

O Meuse inépuisable et que j'avais aimée.

(*Un silence*).

    Tu couleras toujours dans l'heureuse vallée ;
Où tu coulais hier, tu couleras demain.
Tu ne sauras jamais la bergère en allée,

1. Voyage. Péguy aimait ces mots en -ance pour leur sonorité médiévale.

Le mystère de la charité de Jeanne d'Arc : *Denise Bosc et Catherine Morley dans les rôles de Madame Gervaise et de Jeannette (studio des Champs-Élysées, 1970).*

Qui s'amusait, enfant, à creuser de sa main
Des canaux dans la terre, — à jamais écroulés.

La bergère s'en va, délaissant les moutons,
Et la fileuse va, délaissant les fuseaux [2].
20 Voici que je m'en vais loin de tes bonnes eaux,
Voici que je m'en vais bien loin de nos maisons.

Meuse qui ne sais rien de la souffrance humaine,
O Meuse inaltérable et douce à toute enfance,
O toi qui ne sais pas l'émoi de la partance,
Toi qui passes toujours et qui ne pars jamais,
O toi qui ne sais rien de nos mensonges faux,

O Meuse inaltérable, ô Meuse que j'aimais,

(*Un silence.*)

Quand reviendrai-je ici filer encor la laine ?
Quand verrai-je tes flots qui passent par chez nous ?
30 Quand nous reverrons-nous ? et nous reverrons-nous ?

Meuse que j'aime encore, ô ma Meuse que j'aime.

(*Un assez long silence. Elle va voir si son oncle revient.*)

O maison de mon père où j'ai filé la laine,
Où, les longs soirs d'hiver, assise au coin du feu,
J'écoutais les chansons de la vieille Lorraine,
Le temps est arrivé que je vous dise adieu.

2. Instruments pour filer la laine.

Jeanne d'Arc, drame en 3 pièces, 1896-1897,
1re pièce en 3 parties : *A Domrémy*, 2e partie, acte III.

APOLLINAIRE (1880-1918)

Apollinaire est un poète curieux, avide de nouveautés. Au début du siècle il a été un des premiers à défendre l'art moderne, notamment en peinture (cubisme). Ses poèmes, souvent sans ponctuation, amorcent un esprit nouveau et tentent d'intégrer la diversité de la civilisation moderne en train de naître. Amant malheureux, ses poèmes d'amour sont empreints d'une atmosphère d'automne.

LA VIE

Guillaume Apollinaire est le pseudonyme de Guillelmus Apollinaris Albertus de Kostrowitzky, né à Rome d'un père allemand et d'une mère polonaise. Ses parents se séparent très tôt et la mère s'installe avec ses deux enfants à Monaco, puis à Nice où le jeune Guillaume fait ses études au lycée. La famille monte ensuite à Paris. Il a vingt et un ans lorsqu'il est engagé comme précepteur dans une famille franco-allemande en Rhénanie. L'empreinte de l'Allemagne marque nombre de ses poèmes.

Rentré à Paris, il prend le pseudonyme de Guillaume Apollinaire. Il se mêle à la bohème parisienne et se lie avec de jeunes écrivains (Alfred Jarry, Max Jacob) et de jeunes peintres (Picasso, Dufy, Vlaminck). Apollinaire défend les manifestations artistiques d'avant-garde, notamment le cubisme. Il adhère au futurisme de l'Italien Marinetti et se fait un nom comme critique d'art. Parallèlement, il publie des poèmes dans différentes revues. En 1907, il fait la rencontre de Marie Laurencin, une femme-peintre, amie de Picasso. Leur liaison dure jusqu'en 1912 ; la rupture lui inspire pourtant l'un de ses plus beaux poèmes : *Sous le pont Mirabeau* (voir extrait page 187). En 1913 paraît son recueil de poèmes le plus fameux : *Alcools*. Lorsqu'éclate la Première Guerre mondiale, Apollinaire s'engage dans l'armée française. Il est blessé à la tête par un éclat d'obus en 1916. Cette grave blessure le laisse affaibli et il meurt deux ans plus tard, quelques mois après s'être marié avec Jacqueline Kolb, « l'adorable rousse » dont il est question à la fin du recueil *Calligrammes*.

Apollinaire blessé à la tête en 1916.

PRINCIPALES ŒUVRES

Alcools (1913)

C'est le premier recueil en vers d'Apollinaire et aussi le plus connu. Il regroupe des poèmes écrits entre 1898 et 1913. Le titre primitif était *Eau de vie*. Le titre définitif d'*Alcools* ne fut trouvé qu'en octobre 1912.

Le poète assassiné (1916)

C'est une œuvre fantaisiste teintée d'autobiographie.

Les mamelles de Tiresias (1917)

Il s'agit d'un drame déjà surréaliste qui annonce un nouveau théâtre. Apollinaire innove et choque en demandant au public sa participation.

Calligrammes (1918)

Les calligrammes sont des pièces dont la disposition typographique reproduit la forme des objets évoqués : montre, cravate, jet d'eau, pluie... (voir extrait page 181). Mais les calligrammes proprement dits ne tiennent qu'une place restreinte dans le recueil qui est surtout dominé par les impressions de guerre du poète.

L'HOMME

Curieux

Cosmopolite, parlant plusieurs langues, Apollinaire est d'une curiosité insatiable. Il aime fouiner, il aime découvrir des choses nouvelles et ses poèmes sont remplis de cette réceptivité pour le monde moderne en pleine transformation au début du siècle. Lisant beaucoup, fréquentant assidûment les bibliothèques, aimant les livres rares, il s'est forgé une culture vaste.

Changeant

A cet appétit de nouveauté correspond un être instable, un « homme à l'âme multiple, flottante, vagabonde ». Même son écriture est à ce point changeante qu'il doit laisser cinq exemplaire différents de sa signature à sa banque. On retrouve cette diversité dans *Alcools*, qui aborde tous les genres et tous les styles poétiques.

Sociable

Doté d'un solide tempérament et d'un grand appétit de vie, Apollinaire est une figure marquante de la bohême parisienne de Montmartre. Sa gentillesse et sa gaieté lui valent « des amis en toute saison, sans lesquels, dit-il, je ne peux pas vivre ». Il a aussi beaucoup recherché l'affection des femmes, même s'il n'a pas été très heureux en amour comme le laisse supposer le ton de plusieurs de ses poèmes.

DIVERSITÉ D'ALCOOLS

Lors de la correction des épreuves d'*Alcools*, Apollinaire s'est décidé à supprimer toute ponctuation. « Avec cette suppression, Apollinaire obtient une nouvelle "couleur" typographique et nous oblige à une lecture différente, détachant chaque vers. Le fait, en particulier, que nous ne soyons pas prévenus par un point de la fin de la phrase nous amène à laisser celle-ci en

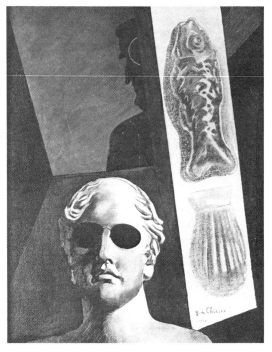

Guillaume Apollinaire : portrait prémonitoire *par Giorgio di Chirico (1914). (Musée national d'art moderne, C.G.P. Paris).*

suspens, alors que, dans une lecture normale, nous baisserions automatiquement la voix. Chacune de ces lignes, au lieu de subir la modulation de la phrase française, va se présenter à plat, telle qu'elle est imprimée ; les poèmes seront formés de facettes planes qui vont s'agencer selon différents angles de par leur "sens". On voit à quel point cette décision est déjà reliée au cubisme [1] »

Bien qu'*Alcools* soit le résultat de quinze ans de poésie et d'expérience, l'ordre retenu n'obéit pas à la chronologie. Ainsi le premier poème *Zone* a-t-il été composé le dernier. Les pièces courtes (le poème le plus court n'a qu'un seul vers) alternent avec les pièces longues (les 295 vers de *La chanson du mal-aimé*). Le ton élégiaque [2] et assez conventionnel du beau poème *Sous le pont Mirabeau* (voir extrait page 187) alterne avec des poèmes obscurs où le poète semble se plaire à dérouter le lecteur. Il est difficile de donner une explication rationnelle à l'ordre retenu par Apollinaire. Il semble tenir à l'être même du poète, homme complexe et changeant qui avait le goût de la surprise et de la variété.

1. Michel Butor, dans la Préface à Calligrammes, Gallimard. Passage se rapportant à Alcools.
2. Le ton de la plainte amoureuse.

BIBLIOGRAPHIE
M.-J. Durry, *Apollinaire*, « Alcools », 3 vol., S.E.D.E.S., 1956-1964.
C. Tournadre, *Les critiques de notre temps et Apollinaire*, Garnier, 1971.
P. Pia, *Apollinaire par lui-même*, le Seuil, 1954.

ALCOOLS

Une chanson triste

Ce poème est paru en 1912. Il associe le paysage parisien à la mélancolie de l'amour perdu. Apollinaire et Marie Laurencin viennent de se séparer. Le poète évoque le thème du temps qui passe et emporte tout, thème conventionnel puisqu'on le trouve aussi bien chez Ronsard que chez Lamartine. Mais le ton d'Apollinaire n'est ni celui de l'empressement à jouir de l'instant présent, ni celui de la révolte. Le poète chante tout simplement sa tristesse. Par sa simplicité, sa pureté, l'émotion qui s'en dégage et la musicalité qui le berce (il a été mis en musique), Le pont Mirabeau *est devenu le plus célèbre des poèmes d'Apollinaire.*

LE PONT MIRABEAU
Sous le pont Mirabeau coule la Seine
  Et nos amours
  Faut-il qu'il m'en souvienne
La joie venait toujours après la peine

  Vienne la nuit sonne l'heure
  Les jours s'en vont je demeure

Les mains dans les mains restons face à face
  Tandis que sous
  Le pont de nos bras passe
10 Des éternels regards l'onde si lasse

  Vienne la nuit sonne l'heure
  Les jours s'en vont je demeure

L'amour s'en va comme cette eau courante
  L'amour s'en va
  Comme la vie est lente
Et comme l'Espérance est violente

  Vienne la nuit sonne l'heure
  Les jours s'en vont je demeure

Passent les jours et passent les semaines
20 Ni temps passé
  Ni les amours reviennent
Sous le pont Mirabeau coule la Seine

  Vienne la nuit sonne l'heure
  Les jours s'en vont je demeure

Alcools.

Un tableau naïf

Les saltimbanques sont des artistes ambulants qui font des numéros d'acrobatie ou de souplesse en public. On peut comparer ce poème avec celui de Baudelaire Bohémiens en voyage, page 129.

SALTIMBANQUES

Dans la plaine les baladins [1]
S'éloignent au long des jardins
Devant l'huis [2] des auberges grises
Par les villages sans églises

Et les enfants s'en vont devant
Les autres suivent en rêvant
Chaque arbre fruitier se résigne
Quand de très loin ils lui font signe

Ils ont des poids ronds ou carrés
10 Des tambours des cerceaux dorés
L'ours et le singe animaux sages
Quêtent des sous sur leur passage

Alcools.

1. Comédiens ambulants.
2. La porte.

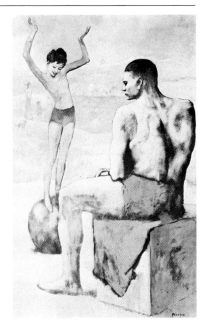

Picasso (1881-1973) : Acrobate à la boule (1905). C'est le début de ce que l'on appelle, dans la peinture de Picasso, « la période rose » (Musée Pouchkine, Moscou).

Une musique triste et douce

Symbole du passage de la vie à la mort, l'automne est la saison de prédilection d'Apollinaire. Le poète s'y sent soumis comme à une fatalité et l'atmosphère automnale caractérise sa nature profonde : « Mon automne éternelle, ô ma saison mentale. » L'atmosphère de l'automne chez Apollinaire est un mélange de mouvements et de sensations d'où se dégagent une mélancolie et une douceur poignantes.

AUTOMNE

Dans le brouillard s'en vont un paysan cagneux [1]
Et son bœuf lentement dans le brouillard d'automne
Qui cache les hameaux pauvres et vergogneux [2]

Et s'en allant là-bas le paysan chantonne
Une chanson d'amour et d'infidélité
Qui parle d'une bague et d'un cœur que l'on brise

Oh ! l'automne l'automne a fait mourir l'été
Dans le brouillard s'en vont deux silhouettes grises

1. Avec des jambes pas droites.
2. Invention d'Apollinaire ; la vergogne est une sorte de honte, de retenue.

Alcools.

CALLIGRAMMES

Un poème nature morte

Dans les compositions qui donnent son titre au recueil Calligrammes *(du grec : kalos, beau et gramma : lettre), Apollinaire dispose les mots de façon à suggérer graphiquement les objets évoqués.*

LA CRAVATE ET LA MONTRE

```
                                        L A
                                           C R A V A T E
                                        DOU
                                        LOU
                                        REUSE
                                        QUE TU
                                        PORTES
                                        ET QUI T'
                                        ORNE O CI
                                        VILISÉ
                                        OTE-    TU VEUX
                                        LA      BIEN
                                        SI      RESPI
                                                RER
                 COMME L'ON
               S'AMUSE                  la
                  BI
                  EN
                                                     beau
              les
              heures                       Mon
      et le                                cœur        té
      vers
      dantesque
    luisant et                                              de
    cadavérique
                                                                la
        le bel                                     les
        inconnu          Il                        yeux   vie
                         est    Et
                         —      tout                       pas
                         5      se
      les Muses          en     ra                          se
    aux portes de        fin    fi
    ton corps                   ni                   l'enfant  la
                                                               dou
        l'infini                                              leur
        redressé                              Agla
        par un fou                                            de
        de philosophe
                                                             mou
                                                             rir
            semaine                 la main
```

Tircis

Calligrammes.

189

La supplique du poète

C'est le dernier poème du recueil Calligrammes *où tous les poèmes ne sont pas en forme d'objets, et c'est l'un des derniers poèmes d'Apollinaire. Il trace une sorte de bilan de sa vie, sans aucune arrogance, et avec simplicité. Il veut simplement dire que les poètes sont les amis des hommes.*

LA JOLIE ROUSSE
Me voici devant tous un homme plein de sens
Connaissant la vie et de la mort ce qu'un vivant peut connaître
Ayant éprouvé les douleurs et les joies de l'amour
Ayant su quelquefois imposer ses idées
Connaissant plusieurs langages
Ayant pas mal voyagé
Ayant vu la guerre dans l'Artillerie et l'Infanterie
Blessé à la tête trépané[1] sous le chloroforme
Ayant perdu ses meilleurs amis dans l'effroyable lutte
10 Je sais d'ancien et de nouveau autant qu'un homme seul
               [pourrait des deux savoir
Et sans m'inquiéter aujourd'hui de cette guerre
Entre nous et pour nous mes amis
Je juge cette longue querelle de la tradition et de l'invention
        De l'Ordre et de l'Aventure

Vous dont la bouche est faite à l'image de celle de Dieu
Bouche qui est l'ordre même
Soyez indulgents quand vous nous comparez
A ceux qui furent la perfection de l'ordre
Nous qui quêtons partout l'aventure

20 Nous ne sommes pas vos ennemis
Nous voulons vous donner de vastes et d'étranges domaines
Où le mystère en fleurs s'offre à qui veut le cueillir
Il y a là des feux nouveaux des couleurs jamais vues
Mille phantasmes impondérables[2]
Auxquels il faut donner de la réalité

Nous voulons explorer la bonté contrée énorme où tout se tait
Il y a aussi le temps qu'on peut chasser ou faire revenir
Pitié pour nous qui combattons toujours aux frontières
De l'illimité et de l'avenir
30 Pitié pour nos erreurs pitié pour nos péchés

Voici que vient l'été la saison violente
Et ma jeunesse est morte ainsi que le printemps
O Soleil c'est le temps de la Raison ardente
        Et j'attends
Pour la suivre toujours la forme noble et douce
Qu'elle prend afin que je l'aime seulement
Elle vient et m'attire ainsi qu'un fer l'aimant

1. Opéré à la tête. Apollinaire a été blessé au combat en 1916.
2. Dont l'action ne peut être exactement évaluée. Mot à mot : que l'on ne peut peser même avec la balance la plus sensible.

CALLIGRAMMES

Elle a l'aspect charmant
D'une adorable rousse

40 Ses cheveux sont d'or on dirait
Un bel éclair qui durerait
Ou ces flammes qui se pavanent
Dans les roses-thé qui se fanent

Mais riez riez de moi
Hommes de partout surtout gens d'ici
Car il y a tant de choses que je n'ose vous dire
Tant de choses que vous ne me laisseriez pas dire
Ayez pitié de moi

Calligrammes, « La tête étoilée ».

Apollinaire en compagnie de sa femme, Jacqueline Kolb (« la jolie rousse ») sur la terrasse de leur appartement (mai-juin 1918).

MAX JACOB (1876-1944)

Ami d'Apollinaire, Max Jacob continue la veine d'une poésie moderniste et futuriste qui annonce le surréalisme. Poète démystificateur, il utilise toutes les ressources insolites et cocasses du langage.

Max Jacob, *dessin exécuté par Jean Cocteau en 1961. (Musée des Beaux-Arts, Quimper).*

© Collection particulière

LA VIE

Max Jacob est né en Bretagne en 1876, d'une famille juive. Installé à Paris, il fréquente la bohème de Montmartre, aussi bien les écrivains que les peintres. Après une vision du Christ dans sa chambre en 1909, il se convertit au catholicisme et a Picasso pour parrain. Pendant la Première Guerre mondiale, il se retire dans une abbaye près d'Orléans. C'est là que la police allemande le trouve pour l'envoyer dans un camp où il meurt en 1944.

PRINCIPALES ŒUVRES

Poésies

— *Le cornet à dés* (1917)
— *Défense de Tartuffe* (1919)
— *Le laboratoire central* (1921)
— *Sacrifice impérial* (1929)
— *Ballades* (1938)
— *Derniers poèmes* (posthumes, 1945)

Prose

— *Le Phanérogame* (1918)
— *Le Cinématorama* (1920-1929)
— *Vision des souffrances et de la mort de Jésus, fils de Dieu* (1928)
— *Tableau de la bourgeoisie* (1930)

LE POÈTE

La poésie de Max Jacob révèle un mélange de fantaisie et d'inquiétude. On y trouve côte à côte l'inspiration burlesque et l'inspiration religieuse, le goût du calembour, les souvenirs d'enfance et l'obsession de la mort. Son œuvre est faite d'instantanés poétiques et mystiques. Dès *Le cornet à dés* (1917), il esquisse les éléments de sa poétique : « Il y a longtemps que je suis appliqué à saisir en moi, de toutes manières, les données de l'inconscient : mots en liberté, associations hasardeuses des idées, rêves de la nuit et du jour, hallucinations. » (Préface du *Cornet à dés*).

BIBLIOGRAPHIE
Max Jacob, Coll. « Poètes d'aujourd'hui », Seghers, 1945.
R. Plantier, *Max Jacob*, Coll. « Les écrivains devant Dieu », Desclée de Brouwers.

LE CORNET A DÉS

Souvenirs et inquiétude

Le cornet à dés est une suite de poèmes en prose, très courts. L'image contenue dans le titre du recueil souligne l'importance du hasard objectif (celui que l'on trouve dans la réalité) et subjectif (les associations d'images et de pensée que le poète produit sans les contrôler). Sentiments, images, souvenirs, rêves, pensées se mêlent et s'entre-choquent comme dans un jeu de hasard et annoncent ainsi le surréalisme.

AU PAYS DES COLLINES

J'arrivai sur une colline couverte de prairies au sommet ; des arbres l'entouraient et on apercevait près de soi d'autres collines. Je trouvai à l'hôtel mon père, qui me dit : « Je t'ai fait venir ici pour te marier ! — Mais je n'ai pas mon habit noir ! — Ça ne fait rien ; tu te marieras, c'est l'essentiel ! » Je marchai vers l'église et je m'aperçus qu'on m'avait destiné une jeune dame pâle. L'après-midi, j'étais frappé du charme de la fête : la prairie était entourée de bancs ; des couples arrivaient, des nobles, quelques savants, des amis de collège, dans des replis de terrains, sous des arbres. Il me prit envie de dessiner. Mais ma femme ? Ah ! ce n'était qu'une
10 plaisanterie, n'est-ce pas ? on ne marie pas les gens sans habit noir, à l'anglaise. Le maire était un directeur d'école communale. Il fit un discours devant la prairie, dit qu'on s'était passé de moi pour me marier, parce qu'on connaissait l'état des fortunes. Alors, j'étouffai des sanglots d'humiliation et j'écrivis cette page-ci, mais avec beaucoup plus de littérature ridicule.

Le Cornet à dés,
Gallimard, 1917.

LE LABORATOIRE CENTRAL

Fantaisie et religion

Ce petit poème a la forme légère d'une chanson. Avec humour, le poète trace ici un portrait de lui-même jusqu'à la profession de foi finale en forme de pirouette.

1. Une oriflamme est un petit étendard, un drapeau.
2. Suppression du e final pour la rime. Max Jacob était breton, mais Collioure, située au bord de la Méditerranée près de la frontière espagnole était vers 1920 un lieu de rencontre pour les artistes.

Poète et ténor
L'oriflamme [1] au nord
Je chante la mort

Poète et tambour
Natif de Colliour [2]
Je chante l'amour

Poète et marin
Versez-moi du vin
Versez ! Versez ! Je divulgue
Le secret des algues

Poète et chrétien
Le Christ est mon bien
Je ne dis plus rien.

Le laboratoire central,
Au sans pareil, 1921.

CENDRARS (1887-1961)

Blaise Cendrars est un poète « en marge du surréalisme ». C'est aussi un romancier qui raconte sa vie mouvementée.

Portrait de Blaise Cendrars.

LA VIE

Blaise Cendrars, de son vrai nom Frédéric Sauser, est né en Suisse mais a choisi la France comme terre d'élection. A dix-sept ans, le besoin d'action et d'aventure l'emmène en Russie, en Extrême-Orient et aux États-Unis. Engagé en 1914 dans la légion étrangère, il perd un bras dans une bataille. Après la guerre il reprend sa vie vagabonde que résume bien le titre d'une de ses autobiographies : *Bourlinguer*[1]. Il meurt à Paris en 1961.

1. Voyager.

PRINCIPALES ŒUVRES

Poésie
— *Les Pâques à New York* (1912) : poème sans ponctuation dans sa version définitive (1926).
— *La prose du Transsibérien* (1913)
— *Feuille de route* (1924)
— *Au cœur du monde* (1944)

Prose
— *L'or* (1925)
— *Moravagine* (1926) et *Dan Yack* (1929) : deux romans qui illustrent la complexité de son personnage.
— *L'homme foudroyé* (1945)
— *Bourlinguer* (1948)

LE POÈTE

Cendrars est un novateur qui ne s'est pas soucié d'obéir aux règles poétiques du passé. Comme Apollinaire, il a cherché à créer une poésie moderne à une époque où, dans les arts plastiques, naissait le cubisme (Picasso) et le futurisme (Marinetti). Ses vers sont le reflet d'une réalité brutale qu'il enregistre en rythmes nerveux et inégaux. L'absence de ponctuation doit contribuer à donner aux poèmes l'allure rapide et heurtée de la vie moderne emportée par la technique.

BIBLIOGRAPHIE
M. Poupou, *Apollinaire et Cendrars*, Minard, 1969.
J. Chadourne, *Blaise Cendrars, poète du cosmos*, Seghers, 1973.

LA PROSE DU TRANSSIBÉRIEN

Un univers chaotique

La prose du Transsibérien et de la petite Jehanne de France est un poème de 446 vers au rythme syncopé. Il évoque le voyage que Cendrars dit avoir fait de Moscou en Mandchourie alors qu'il était adolescent. Il est accompagné par une fille de Montmartre, la petite Jehanne, dont le cœur a gardé sa pureté.

Je suis en route
J'ai toujours été en route
Je suis en route avec la petite Jehanne de France
Le train fait un saut périlleux et retombe sur toutes ses roues
Le train retombe sur ses roues
Le train retombe toujours sur toutes ses roues
« Dis, Blaise, sommes-nous bien loin de Montmartre [1] ? »
Les inquiétudes
Oublie les inquiétudes
10 Toutes les gares lézardées [2] obliques sur la route
Les fils téléphoniques auxquels elles pendent
Les poteaux grimaçants qui gesticulent et les étranglent
Le monde s'étire s'allonge et se retire comme un harmonica qu'une main
    sadique tourmente
Dans les déchirures du ciel, les locomotives en furie
S'enfuient
Et dans les trous
Les roues vertigineuses les bouches les voix
Et les chiens du malheur qui aboient à nos trousses
20 Les démons sont déchaînés
Ferrailles
Tout est un faux accord
Le *broun-roun-roun* des roues
Chocs
Rebondissements
Nous sommes un orage sous le crâne d'un sourd
« Dis, Blaise, sommes-nous bien loin de Montmartre ? »
Oui, nous le sommes nous le sommes
Tous les boucs émissaires [3] ont crevé dans ce désert
30 Entends les mauvaises cloches de ce troupeau galeux [4]
Tomsk Tchéliabinsk Kainsk Obi Taichet Verkné-Oudinsk
Kourgane Samara Pensa-Touloune [5]
La mort en Mandchourie
Est notre débarcadère.

La prose du Transsibérien, Gallimard.

1. Quartier des artistes à Paris.
2. Fendues par des lézardes (crevasses).
3. Les victimes, ceux qui payent pour le malheur des autres.
4. Qui a la gale (maladie contagieuse de la peau) ; par extension : de mauvaise fréquentation.
5. Villes de Russie.

JARRY (1873-1907)

Créateur d'une des figures théâtrales les plus originales de la scène française — le père Ubu — Alfred Jarry est aussi l'un des précurseurs de la littérature surréaliste en France.

LA VIE

Né dans la Mayenne, en 1873, Alfred Jarry fait ses études à Rennes, où il organise déjà des spectacles de marionnettes au lycée à partir de scénarios qu'il a lui-même rédigés. En 1891, il va à Paris où il se révèle brillant élève. A partir d'une caricature d'un des enseignants du lycée, Jarry élabore peu à peu un personnage de farce, Ubu, qui va dominer toute son activité de dramaturge.

Il se fait connaître comme un écrivain au carac-

Alfred Jarry quittant son domicile de Corbeil, dans la banlieue de Paris.

tère entier, amateur de toutes les provocations. Abusant de l'absinthe[1], ne soignant pas la tuberculose dont il commence à ressentir les attaques, il est emporté par la maladie à l'âge de 34 ans.

PRINCIPALES ŒUVRES

Théâtre

— *Ubu roi* (1896) : farce bouffonne mettant en scène un personnage petit bourgeois, Ubu, qui devient, un peu malgré lui, par mollesse et par lâcheté, un tyran sanguinaire.
— *Ubu enchaîné* (1899) et *Ubu sur la butte* (1906) : suites des aventures d'Ubu.
— *Ubu cocu*[2] (posthume, 1944).
Ces trois pièces ont été regroupées en 1960 par le T.N.P. (Théâtre national populaire) pour des commodités de représentation, et c'est sous cette forme que se présente en général l'œuvre théâtrale de Jarry.

Poésie

— *Les minutes de sable mémorial* (1894)
— *César antéchrist* (1895)

Romans

— *Les jours et les nuits, roman d'un déserteur* (1897) : la folie est présentée comme un moyen d'échapper à la réalité.
— *Geste et opinions du docteur Faustroll, pataphysicien* (1897, publié en 1911) : la pataphysique est la « science des solutions imaginaires », une discipline de fantaisie inventée par Jarry.
— *L'amour absolu* (1899).
— *Le surmâle, roman moderne* (1902) : roman au sujet provocant pour l'époque puisqu'il traite d'un érotisme poussé à l'extrême.

1. Alcool très fort dont l'abus peut rendre fou. Interdit de nos jours dans le commerce.
2. Mot familier pour désigner un mari trompé.

LE DRAMATURGE

Jarry a formulé ses théories sur le théâtre dans des textes aux titres et contenus délibérément provocateurs ; le théâtre doit être simple et même rudimentaire, il ne doit montrer aucun caractère exceptionnel ; les décors et les intrigues seront le plus sobres possible.

Ce cadre simple devait, selon Jarry, permettre l'épanouissement d'un théâtre de l'absurde, nouveau pour l'époque. Sous des dehors de farces d'étudiants, les caricatures développées, en particulier dans le cycle d'Ubu, masquent une satire féroce. Ubu roi est un personnage qui annonce les figures de dictateurs telles qu'on les rencontre chez Brecht (Arturo Ui), Camus et Sartre. L'objectif avoué d'Ubu est de faire payer deux à trois fois les mêmes impôts : « Avec ce système j'aurai vite fait fortune, alors je tuerai tout le monde, et je m'en irai. » *(Ubu roi,* III, 4.)

Outre la simplification extrême du cadre théâtral, Jarry utilise une langue bizarre et déconcertante. Ubu s'exprime en effet dans un langage mi-lettré, mi-vulgaire et il déforme volontiers les mots ; son expression favorite est « merdre », variante à peine masquée du plus familier juron de la langue française ; pour menacer quelqu'un, il dit qu'il va lui couper les « oneilles » (pour « oreilles »). Enfin, le père Ubu (et les autres personnages le lui rendent bien) prend plaisir à insulter copieusement ses partenaires ou à prendre le contrepied des banalités du langage quotidien : « Mère Ubu, tu es bien laide aujourd'hui. Est-ce parce que nous avons du monde ? » *(Ubu roi,* I, 2).

Le théâtre de Jarry, qui constitue la part la plus connue de son œuvre, est violemment provocateur. Il annonce les bouleversements scéniques mis en place par Artaud, les scandales surréalistes et l'engagement politique de la littérature qui sera caractéristique de la deuxième moitié du siècle.

BIBLIOGRAPHIE
H. Béhar, *Jarry, le monstre et la marionnette,* Larousse, 1973.
M. Arrivé, *Lire Jarry,* P.U.F., 1976.

UBU ROI

Ubu roi, champion d'absurdité

Ubu est un petit fonctionnaire au service du roi de Pologne, Venceslas. Sous la pression de sa femme ambitieuse, il décide de tuer Venceslas pour prendre sa place. On reconnaît au passage un thème emprunté au Macbeth de Shakespeare. Mais le père Ubu, lui, est lâche et veule. Une fois en place, il se révèle cruel et cupide, comme le montrent les deux scènes suivantes qui mettent aussi en lumière l'absurdité de sa pensée politique. Ubu s'est mis en tête de récupérer lui-même les impôts : il entre ici dans la demeure d'un paysan portant le nom d'un ancien roi de Lorraine.

ACTE III, SCÈNE 4

PÈRE UBU. — Qui de vous est le plus vieux ? *(un paysan s'avance).* Comment te nommes-tu ?

LE PAYSAN. — Stanislas Leczinski.

PÈRE UBU. — Eh bien, cornegidouille [1], écoute-moi bien, sinon ces messieurs te couperont les oneilles [2]. Mais, vas-tu m'écouter enfin ?

STANISLAS. — Mais Votre Excellence n'a encore rien dit.

PÈRE UBU. — Comment, je parle depuis une heure. Crois-tu que je vienne ici pour prêcher dans le désert ?

STANISLAS. — Loin de moi cette pensée.

PÈRE UBU. — Je viens donc te dire, t'ordonner et te signifier que tu aies [3] à

1. Juron typique d'Ubu.
2. Déformation de « oreilles ».
3. Subjonctif erroné.

produire et exhiber promptement ta finance, sinon tu seras massacré. Allons, messeigneurs les salopins de finance, voiturez ici le voiturin à phynances [4].

(On apporte le voiturin)

STANISLAS. — Sire, nous ne sommes inscrits sur le registre que pour cent cinquante-deux rixdales [5] que nous avons déjà payées, il y aura tantôt six semaines à la saint-Mathieu.

PÈRE UBU. — C'est fort possible, mais j'ai changé le gouvernement et j'ai fait mettre dans le journal qu'on paierait deux fois tous les impôts et trois fois ceux qui pourront être désignés ultérieurement. Avec ce système, j'aurai vite fait fortune, alors je tuerai tout le monde et je m'en irai.

PAYSANS. — Monsieur Ubu, de grâce, ayez pitié de nous. Nous sommes de pauvres citoyens.

PÈRE UBU. — Je m'en fiche [1]. Payez.

PAYSANS. — Nous ne pouvons, nous avons payé.

PÈRE UBU. — Payez ! ou ji [2] vous mets dans ma poche avec supplice et décollation du cou et de la tête ! Cornegidouille, je suis le roi peut-être !

TOUS. — Ah, c'est ainsi ! Aux armes ! Vive Bougrelas [3], par la grâce de Dieu, roi de Pologne et de Lithuanie !

PÈRE UBU. — En avant, messieurs des Finances, faites votre devoir. *(Une lutte s'engage, la maison est détruite et le vieux Stanislas s'enfuit seul à travers la plaine. Ubu reste à ramasser la finance.)*

SCÈNE 5

(Une casemate [4] des fortifications de Thorn.)

BORDURE [5] ENCHAINÉ, PÈRE UBU.

PÈRE UBU. — Ah ! Citoyen, voilà ce que c'est, tu as voulu que je te paye ce que je te devais, alors tu t'es révolté parce que je n'ai pas voulu, tu as conspiré et te voilà coffré [6]. Cornefinance, c'est bien fait et le tour est si bien joué que tu dois toi-même le trouver fort à ton goût.

BORDURE. — Prenez garde, Père Ubu. Depuis cinq jours que vous êtes roi, vous avez commis plus de meurtres qu'il n'en faudrait pour damner tous les saints du Paradis. Le sang du roi et des nobles crie vengeance et ses cris seront entendus.

PÈRE UBU. — Ah ! Mon bel ami, vous avez la langue fort bien pendue. Je ne doute pas que si vous vous échappiez il en pourrait résulter des complications, mais je ne crois pas que les casemates de Thorn aient jamais lâché quelqu'un des honnêtes garçons qu'on leur avait confiés. C'est pourquoi, bonne nuit, et je vous invite à dormir sur les deux oneilles, bien que les rats dansent ici une assez belle sarabande.

(Il sort. Les larbins [7] viennent verrouiller toutes les portes.)

4. Orthographe déformée, souvent reprise par la suite en littérature.
5. Monnaie fictive.

1. Familier ; je m'en moque, je ne m'en soucie pas.
2. Je ; déformation en patois.
3. Fils du roi Venceslas, qui a échappé aux massacres.
4. Ici ; cachot, prison.
5. Ancien officier et conspirateur qui a aidé Ubu à renverser le roi ; Ubu ne lui a pas donné en échange la récompense promise et il s'est soulevé.
6. Emprisonné.
7. Domestiques, serviteurs.

CLAUDEL (1868-1955)

Le théâtre français avant la Première Guerre mondiale ne se rénove guère. L'essentiel de la production théâtrale appartient au genre comique et manque de profondeur, seules quelques individualités comme Edmond Rostand, Alfred Jarry et Georges Courteline se distinguent par l'originalité de leurs œuvres. Mais le grand créateur de l'époque est le poète et dramaturge chrétien Paul Claudel.

LA VIE

Né en Champagne le 6 août 1868, Paul Claudel fait ses études à Paris où sa famille s'installe en 1882, mais il garde toute sa vie un attachement pour ses origines terriennes.

Profondément déçu par le naturalisme, qu'il juge trop attaché à la matière, Claudel s'intéresse à la poésie : la lecture de Rimbaud en 1886 est pour lui une révélation esthétique et religieuse : il existe une réalité au-delà de la matière. La même année à Noël, Paul Claudel reçoit un choc mystique : il se convertit totalement à la religion catholique. Parallèlement à son engagement de chrétien, Claudel commence une carrière de diplomate. Il séjourne aux États-Unis, en Chine, en Allemagne, en Italie, et occupe les fonctions d'ambassadeur de France jusqu'en 1935. Ses premières œuvres théâtrales remontent à cette époque.

Un amour impossible pour une femme rencontrée sur un bateau provoque une crise sentimentale qui inspire à Claudel certaines de ses pièces. A la fin de sa carrière diplomatique, Claudel se retire en province ; il ne vient à Paris que pour goûter le succès de ses pièces. Il est élu à l'Académie en 1946 et meurt neuf ans plus tard.

PRINCIPALES ŒUVRES

Poésie

Claudel crée une poésie lyrique, d'inspiration chrétienne. Il apprécie les poètes symbolistes parce qu'ils ont montré qu'il existait, au-delà des apparences, une réalité spirituelle. Toutefois, Claudel leur reproche de ne pas aller assez loin dans leur recherche. Il n'hésite pas à nommer

Portrait de Claudel à la plume par un artiste chinois. (Archives Paul Claudel).

cette réalité : Dieu.

— *Cinq grandes odes* (1910) : elles chantent la gloire divine. Elles se caractérisent par l'emploi d'une nouvelle forme de vers, le verset, sorte de phrase ressemblant à de la prose.

C'est toutefois par son activité de dramaturge que Paul Claudel reste le plus connu.

Théâtre

— *Le partage de Midi* (1906) : la pièce transpose au théâtre la crise amoureuse vécue par Claudel lui-même. Ce drame raconte l'amour de Mesa pour une femme mariée, Ysé, et leur renoncement volontaire l'un à l'autre.

— *L'otage* (1910) : ce drame fait partie d'une trilogie avec *Le pain dur* (1918) et *Le père humilié* (1920). Le portrait de plusieurs générations permet à Claudel de montrer que les hommes qui ont la foi progressent toujours plus sur la voie de la sainteté.

— *L'annonce faite à Marie* (1912) : l'action a pour cadre un Moyen Age de convention. Une jeune fille, Violaine, a donné par pitié un baiser à un lépreux. Devenue lépreuse, elle est abandonnée par son fiancé qu'épouse alors sa sœur, la méchante Mara. Huit ans se passent. L'enfant de Mara meurt. Mara le porte alors à sa sœur Violaine qui le ressuscite. Mara, jalouse, provoque alors un accident dans lequel Violaine trouve la mort. Avant de mourir, elle pardonne à sa sœur Mara qui est transformée par ce pardon.

— *Le soulier de satin* (1924) : l'œuvre est créée pour la première fois pendant la Seconde Guerre mondiale. Cette pièce mène le spectateur au XVIe siècle et a pour décor les pays du monde entier. Elle raconte l'amour impossible entre le conquérant Don Rodrigue et la Belle Doña Prouhèze, épouse d'un juge. Dans cette œuvre, les deux héros renoncent également au bonheur interdit.

La volonté de jouissance, de possession de biens matériels chez les « terrestres » est toujours opposée au renoncement et à la sainteté des « célestes ». Ceux-ci rachètent d'ailleurs souvent les premiers par leur sacrifice. Il arrive que Claudel fasse évoluer les personnages à l'intérieur d'une même pièce : terrestres et égoïstes au début, ils finissent leur vie au service d'autrui. C'est le cas de Doña Prouhèze et Don Rodrigue dans *Le soulier de satin*. Cette pièce démontre également le rôle important que Claudel donne à la femme ; l'amour sauve Don Rodrigue d'une vie de conquérant qui ne recherche que son bonheur individuel.

Le cadre des pièces de Claudel est à la mesure de sa vision du monde. L'homme et Dieu sont en relation permanente, où que ce soit. C'est pourquoi Claudel promène le spectateur à travers tous les continents et l'emmène dans des époques diverses. Dieu est partout et l'aspiration de l'homme vers la sainteté est permanente. L'intervention du surnaturel, sous la forme d'anges gardiens par exemple, donne au théâtre de Claudel une dimension cosmique.

LE MONDE THÉÂTRAL DE CLAUDEL

Deux types de personnages se partagent le théâtre de Claudel et c'est Jacques Hury, l'un des héros de *L'annonce faite à Marie*, qui les décrit dans une formule concise : « Aux célestes le ciel, et la terre aux terrestres. »

BIBLIOGRAPHIE
S. Fumet, *Claudel*, « Bibliothèque idéale », Gallimard, 1958.
P.A. Lesort, *Claudel par lui-même*, Seuil, 1963.
M. Lioure, *Le drame de Paul Claudel*, Colin, 1971.
J. Madaule, *Le génie de Paul Claudel*, Desclée de Brouwer, 1933.

LE SOULIER DE SATIN

L'offrande du soulier

Doña Prouhèze, la femme du juge Don Pelage, est tombée amoureuse d'un autre homme. Elle a conscience de la folie de cette passion et demande à la Vierge de l'aider à renoncer. Elle matérialise cette prière en donnant à la garde de la Sainte-Vierge un de ses souliers de satin.

(DOÑA PROUHÈZE *monte debout sur la selle et se déchaussant elle met son soulier de satin entre les mains de la Vierge. Diction poétique :).* — Vierge, patronne et mère de cette maison.

Répondante[1] et protectrice de cet homme dont le cœur vous est pénétrable plus qu'à moi et compagne de sa longue solitude,

Alors si ce n'est pas pour moi, que ce soit à cause de lui,

Puisque ce lien entre lui et moi n'a pas été mon fait[2], mais votre volonté intervenante[3] :

Empêchez que je sois à cette maison dont vous gardez la porte, auguste tourière[4], une cause de corruption !

1. Responsable.
2. Ma faute.
3. L'intervention de votre volonté.
4. Religieuse qui se charge des relations d'un couvent avec l'extérieur.

10

Que je manque à ce nom que vous m'avez donné à porter, et que je cesse d'être honorable aux yeux de ceux qui m'aiment.

Je ne puis dire que je comprends cet homme que vous m'avez choisi, mais vous, je comprends, qui êtes sa mère comme la mienne.

Alors, pendant qu'il est encore temps, tenant mon cœur dans une main et mon soulier dans l'autre,

Je me remets à vous ! Vierge mère, je vous donne mon soulier ! Vierge mère, gardez dans votre main mon malheureux petit pied !

Je vous préviens que tout à l'heure je ne vous verrai plus et que je vais tout
20   mettre en œuvre contre vous !

Mais quand j'essayerai de m'élancer vers le mal, que ce soit avec un pied boiteux [5] ! la barrière que vous avez mise,

Quand je voudrai la franchir, que ce soit avec une aile rognée ! [6]

J'ai fini ce que je pouvais faire, et vous, gardez mon pauvre petit soulier,

Gardez-le contre votre cœur, ô grande Maman effrayante !

Le soulier de satin, première journée,
scène V, Gallimard.

5. D'une démarche mal assurée, déséquilibrée.
6. *Ici*, entamée, presque brisée.

Le soulier de satin : *Catherine Sellers (décembre 1958, Palais-Royal), dans une mise en scène de J.-L. Barrault (Décors et costumes L. Coutaud).*

Le drame du désir

Dans un dialogue avec son ange gardien, Doña Prouhèze apprend qu'en fait l'amour qu'elle inspire à Rodrigue fait partie d'un vaste plan voulu par Dieu. Afin de sauver l'âme de cet homme qui risquait de s'adonner à l'égoïsme de la conquête, Dieu lui a fait aimer une femme : ainsi il est obligé, pour la première fois de sa vie, de regarder autrui.

DOÑA PROUHÈZE. — Rodrigue, c'est avec moi que tu veux le capturer ?

L'ANGE GARDIEN. — Cet orgueilleux, il n'y avait pas d'autre moyen de lui faire comprendre le prochain, de le lui entrer dans la chair ;

Il n'y avait pas d'autre moyen de lui faire comprendre la dépendance, la nécessité et le besoin, un autre sur lui,

La loi sur lui [1] de cet être différent pour aucune autre raison si ce n'est qu'il existe.

DOÑA PROUHÈZE. — Eh quoi ! Ainsi c'était permis ? cet amour des créatures l'une pour l'autre, il est donc vrai que Dieu n'en est pas jaloux ? L'homme entre les bras de la femme...

L'ANGE GARDIEN. — Comment serait-Il jaloux de ce qu'Il a fait et comment aurait-Il rien fait qui ne lui serve.

DOÑA PROUHÈZE. — L'homme entre les bras de la femme oublie Dieu.

L'ANGE GARDIEN. — Est-ce l'oublier que d'être avec Lui ? est-ce ailleurs qu'avec Lui d'être associé au mystère de Sa création.

Franchissant de nouveau pour un instant l'Eden [2] par la porte de l'humiliation et de la mort ?

DOÑA PROUHÈZE. — L'amour hors du sacrement n'est-il pas le péché ?

L'ANGE GARDIEN. — Même le péché ! Le péché aussi sert.

DOÑA PROUHÈZE. — Ainsi il était bon qu'il m'aime ?

L'ANGE GARDIEN. — Il était bon que tu lui apprennes le désir.

DOÑA PROUHÈZE. — Le désir d'une illusion ? d'une ombre qui pour toujours lui échappe ?

L'ANGE GARDIEN. — Le désir est de ce qui est, l'illusion est ce qui n'est pas.

Le désir au travers de l'illusion

Est de ce qui est au travers de ce qui n'est pas.

DOÑA PROUHÈZE. — Mais je ne suis pas une illusion, j'existe ! Le bien que je puis seule lui donner existe.

L'ANGE GARDIEN. — C'est pourquoi il faut lui donner le bien et aucunement le mal.

DOÑA PROUHÈZE. — Mais cruellement entraînée par toi je ne puis lui donner rien du tout.

L'ANGE GARDIEN. — Voudrais-tu lui donner le mal ?

DOÑA PROUHÈZE. — Oui, plutôt que de rester ainsi stérile et inféconde, ce que tu appelles le mal.

L'ANGE GARDIEN. — Le mal est ce qui n'existe pas.

DOÑA PROUHÈZE. — Unissons donc notre double néant !

L'ANGE GARDIEN. — Prouhèze, ma sœur, l'enfant de Dieu existe.

DOÑA PROUHÈZE. — Mais à quoi sert-il d'exister si je n'existe pour Rodrigue ?

L'ANGE GARDIEN. — C'est en lui que tu étais nécessaire.

DOÑA PROUHÈZE. — O parole bien douce à entendre ! laisse-moi la répéter après soi ! eh quoi ! je lui étais nécessaire ?

Le soulier de satin, deuxième partie,
scène IV, Gallimard.

1. La puissance sur lui, la supériorité qu'a sur lui.
2. Le paradis.

VALÉRY (1871-1945)

Le domaine poétique de l'après-guerre se divise en deux tendances : une poésie de l'intellect et une poésie de l'imagination. Si celle-ci est représentée par les surréalistes, la première a pour plus éminent représentant Valéry. Son œuvre (poèmes, essais) a le panache de la création mise toute entière au service de l'intelligence et de sa perfection.

Portrait de Paul Valéry.

Ses débuts littéraires remontent au temps du symbolisme lorsque Gide lui fit découvrir Mallarmé. Mais en 1892, à Gênes, il a la révélation de la vanité de son activité de poète ; il décide d'y renoncer et d'analyser en profondeur l'intelligence humaine et les mathématiques. Il s'isole pendant une vingtaine d'années, ne fréquentant que quelques artistes. Ceux-ci réussissent à le persuader de publier, en 1917, un poème, *La jeune Parque.*

C'est le succès qui stimule Valéry, et il recommence à écrire : ses œuvres lui valent d'entrer à l'Académie française en 1925. C'est le début d'une vie mondaine. Cependant, ses nombreuses activités ne l'empêchent pas de rédiger ses *Cahiers,* sorte de journal intellectuel. Le poète officiel qu'il était devenu adopte en 1940, face à l'occupant allemand, une attitude courageuse sur le plan littéraire. Il continue son travail de professeur de poétique au Collège de France où il avait été nommé en 1937 et meurt à la Libération, le 24 juillet 1945.

Le gouvernement du général de Gaulle organise des funérailles nationales et entreprend de publier comme dernier hommage les volumineux *Cahiers.*

LA VIE

Paul Valéry est un méditerranéen. Il naît à Sète en 1871 d'un père corse et d'une mère italienne.

PRINCIPALES ŒUVRES

La soirée avec Monsieur Teste (1896)

C'est le premier essai consacré au personnage imaginaire de M. Teste (latin *testis* : témoin, mais le nom évoque aussi la tête, la pensée). M. Teste est le prototype de l'intellectuel pur, une sorte de double de Valéry lui-même. Dédaigneux des succès et des apparences, cet homme recherche impitoyablement les principes essentiels de l'univers mental.

La jeune Parque (1917)

Valéry a écrit ce poème de 512 vers durant la Première Guerre mondiale. Il décrit les angoisses d'une conscience entre le rêve et le réveil.

Album des vers anciens (1920)

Ce recueil regroupe les premiers poèmes de Valéry, d'inspiration symboliste, écrits au XIXe siècle.

Charmes (1922)

Le titre de ce recueil a un sens double : les poèmes sont à la fois des poèmes (sens latin du mot *carmina* qui a donné « charmes ») et des enchantements, des incantations magiques (sens fort du mot « charme » qui signifie puissance magique). Parmi les vingt poèmes de ce recueil, le plus connu est sans doute *Le cimetière marin*. Le cadre en est un cimetière qui domine la mer, à midi, sous un soleil qui semble inciter à une lucidité totale. Valéry y mène une méditation hautaine sur la mort et sur l'absolu. Pour finir, le poète renonce à une métaphysique stérile et plonge dans la mer : « Courons à l'onde en rejaillir vivant. »

L'âme de la danse/Eupalinos ou l'architecte (1923)

Ces ouvrages marquent le retour de Valéry à la prose. Il y développe des réflexions sur l'esthétique.

Variété (1924-1944)

Cinq volumes d'essais.

Mon Faust (1946)

Variation sur le thème de Faust.

Les Cahiers

C'est une réflexion sur l'activité créatrice elle-même considérée comme un moyen d'exercer l'esprit.

LA PENSÉE

La production poétique de Valéry est relativement modeste si on la compare à l'ampleur de ses écrits consacrés à l'esprit humain. Ceci est révélateur de l'attitude de Valéry face à la littérature : son esprit a, sa vie durant, été le théâtre d'une lutte entre la création et la réflexion sur cette création. Souvent Valéry utilise d'ailleurs cette situation-limite de l'écrivain créant et s'observant dans son acte de création, du penseur réfléchissant et commentant sa propre réflexion. Cette forme d'auto-contrôle permanent trouve son expression poétique dans l'image fréquente du serpent et dans les références nombreuses à Narcisse [1].

Illustration d'Eupalinos ou l'architecte par Camille Josso ; éditions gallimard, 1923 (Bibliothèque Nationale, Paris).

La poétique

Partant du principe que les arts comme la musique et la peinture supposent au départ une bonne connaissance des techniques musicales et picturales, donc de la matière qui deviendra de l'art, Valéry constate que la littérature a pour matière le langage.

Or, rares sont ceux qui se rendent compte que le langage mérite lui aussi étude et réflexion : étant commun à tout le monde, il a tendance à être négligé, et on explique la création littéraire non par une maîtrise réfléchie du langage mais par des phénomènes confus comme l'inspiration. Valéry a toujours rejeté celle-ci, affirmant que son apport est minime, car totalement hasardeux : une bonne trouvaille « entre cent mille coups quelconques ». La poésie doit donc être avant tout un travail.

Il est même allé plus loin en définissant son concept de la poésie pure. « Pur » ne signifie pas ici chaste, bien au contraire, la sensualité est rarement absente de l'œuvre de Valéry ;

---

1. *Personnage de la mythologie grecque célèbre pour sa beauté. Rejetant l'amour des femmes, il ne se complaît que dans la contemplation de son propre visage et meurt de désespoir parce qu'il ne peut toucher cette beauté.*

« pur » signifie « absolu », c'est-à-dire que le langage poétique ne doit comporter aucun élément non poétique, chaque terme doit avoir une valeur poétique et ne pas évoquer dans l'esprit du lecteur la signification qu'il aurait dans un discours écrit en prose. Il se place au-dessus de la discussion poétique, sur l'importance relative du fond et de la forme. Pour lui, ce n'est pas le fond qui a la première place ; mais il ne crée pas non plus l'art pour l'art, en dépit de son admiration pour Mallarmé. La forme se sert du sens et c'est lorsqu'il est dit ou lu que le poème devient entier.

Les thèmes

Il décrit aussi bien la tentation de la sensualité, comme dans *La jeune Parque*, que l'angoisse devant la mort, comme dans *Le cimetière marin*. Séduit par l'art de la danse, Valéry était très sensible aux mouvements et décrit justement des danseuses, des insectes qui volent, le jeu des ombres sur les ruines.

Cependant, c'est dans les *Cahiers* que se révèle le mieux l'attitude de Valéry face aux problèmes de la création, et de la réflexion sur la création. Il s'agit beaucoup moins d'un journal intime que d'une « gymnastique » quotidienne de l'esprit, comme Valéry se plaisait lui-même à l'appeler. Valéry y développe sa tendance naturelle à la dissection des mécanismes et des conditions selon lesquels un esprit humain pense. Il avait l'ambition de découvrir un système, à la manière d'un savant, mais il semble que la tâche fût insurmontable. Il reste que Valéry a consacré une grande partie de ses efforts à des analyses linguistiques poussées, considérant le langage comme un code masquant des phénomènes profonds. En cela, il était un précurseur des analyses linguistiques modernes.

L'ART

Le travail poétique permet à Valéry d'atteindre à la perfection dans l'expression : la recherche du mot juste est une obsession chez Valéry, dont le vocabulaire est très étendu. La syntaxe est également le fruit d'une recherche perpétuelle, ainsi que le rythme des vers : l'alexandrin est à l'honneur comme l'est le décasyllabe dans *Le cimetière marin* par exemple. Valéry écrit aussi bien des odes que des sonnets ou des poèmes en prose ou à forme libre. En ce sens il réalise, en plein XX⁰ siècle, la synthèse totale de tout ce qui a été fait jusqu'à lui.

Le poète Valéry est sans doute le dernier représentant de la tradition classique dans la littérature française, même si sa poésie est plutôt hermétique et exige une grande tension d'esprit de la

COMPOSÉ D'OR, DE PIERRE ET D'ARBRES SOMBRES,
OU TANT DE MARBRE EST TREMBLANT SUR TANT D'OMBRES ;
LA MER FIDÈLE Y DORT SUR MES TOMBEAUX.

Dessin de Paul Valéry pour Le cimetière marin, *1926 (Bibliothèque Nationale, Paris).*

part du lecteur. L'intellectuel Paul Valéry est un être exigeant envers lui-même, assoiffé de perfection, cherchant à percer le mystère de la pensée humaine. Il peut être considéré à la fois comme un homme du passé par sa création littéraire et un homme de l'avenir par sa méditation sur celle-ci.

BIBLIOGRAPHIE
H. Mondor, *Précocité de Valéry*, Gallimard, 1957.
A. Berne-Joffroy, *Valéry*, Gallimard, 1960.
J. de Bourbon-Busset, *Paul Valéry ou la mystique sans Dieu*, Plon, 1964.
A. Thibaudet, *Paul Valéry*, Grasset, 1923.
G. Cohen, *Essai d'explication du Cimetière marin*, Gallimard, 1933.
J. Hytier, *La poétique de Valéry*, Colin, 1953.

CHARMES

L'inspiration méditerranéenne

Ce long poème de 144 vers est le plus connu du recueil Charmes *que Valéry publia en 1922. Le cadre géographique est le cimetière de bord de mer situé à Sète, la ville natale de Paul Valéry. « Le cimetière marin a commencé en moi par un certain rythme, qui est celui du vers français de dix syllabes, coupé en quatre et six. » Autour de ce rythme sont venues se grouper des images et des idées se rapportant au culte inconscient de trois ou quatre déités incontestables : la mer, le ciel, le soleil...*

Ce toit [1] tranquille, où marchent des colombes [2],
Entre les pins palpite, entre les tombes ;
Midi le juste [3] y compose de feux
La mer, la mer, toujours recommencée !
O récompense après une pensée
Qu'un long regard sur le calme des dieux [4] !

Quel pur travail de fins éclairs consume [5]
Maint [6] diamant d'imperceptible écume,
Et quelle paix semble se concevoir !
10 Quand sur l'abîme un soleil se repose,
Ouvrages purs [7] d'une éternelle cause,
Le Temps scintille et le Songe est savoir.

Stable trésor [8], temple simple à Minerve,
Masse de calme, et visible réserve,
Eau sourcilleuse, Œil qui gardes en toi
Tant de sommeil sous un voile de flamme [9],
O mon silence !... Édifice dans l'âme,
Mais comble [10] d'or aux mille tuiles, Toit !

Temple [11] du Temps, qu'un seul soupir résume,
20 A ce point pur je monte et m'accoutume,
Tout entouré de mon regard marin ;
Et comme aux dieux mon offrande suprême,
La scintillation sereine [12] sème
Sur l'altitude un dédain souverain.

Comme le fruit se fond en jouissance,
Comme en délice il change son absence
Dans une bouche où sa forme se meurt,
Je hume ici ma future fumée [13],
Et le ciel chante à l'âme consumée
30 Le changement des rives en rumeur [14].

1. La mer est comparée à un toit.
2. Ces « colombes » sont en fait les voiliers blancs naviguant sur la mer.
3. Le soleil de midi est juste au-dessus de l'observateur.
4. Le dieu de la mer est Neptune.
5. Brûle.
6. Plus d'un.
7. Annoncent les deux mots « temps » et « songe ».
8. Image qui désigne la mer.
9. Les reflets du soleil donnent l'illusion d'une masse en flammes.
10. Sommet.
11. Ce mot se rapporte au pronom personnel qui suit : je.
12. Claire, pure, calme.
13. Le bûcher sur lequel on brûle les morts.
14. Les rives changent car elles sont attaquées par les vagues (évoquées seulement par leur bruit, leur rumeur).

Charmes
Le cimetière marin, vers 1 à 30, Gallimard.

MONSIEUR TESTE

La satire de l'amour-propre

M. Teste analyse ici avec une acuité remarquable une déviation essentielle de la pensée humaine, l'amour-propre. Valéry a le goût des formules qui frappent comme le montrent les réflexions de M. Teste : l'esprit n'existe souvent que par l'effet produit (ou escompté, espéré) sur les autres. Mais Valéry ne se limite pas aux procédés abstraits, il utilise pour sa démonstration une image qu'il développe de façon très logique, celle de l'atome humain muré dans son égoïsme.

Imaginez-vous le désordre incomparable qu'entretiennent dix mille êtres essentiellement singuliers ? Songez à la *température* que peut produire dans ce lieu un si grand nombre d'*amours-propres* qui s'y comparent. Paris enferme et combine, et consomme ou consume la plupart des brillants infortunés que leurs destins ont appelés aux *professions délirantes...* Je nomme ainsi tous ces métiers dont le principal instrument est l'opinion que l'on a de soi-même, et dont la matière première est l'opinion que les autres ont de vous. Les personnes qui les exercent, vouées[1] à une éternelle candidature, sont nécessairement toujours affligées[2] d'un certain délire des

10 grandeurs qu'un certain délire de la persécution traverse et tourmente sans répit. Chez ce peuple d'uniques règne la loi de faire ce que nul n'a jamais fait, et que nul jamais ne fera. C'est du moins la loi des *meilleurs,* c'est-à-dire de ceux qui ont le cœur de vouloir nettement quelque chose d'absurde... Ils ne vivent que pour obtenir et rendre durable l'illusion d'être seuls, — car la supériorité n'est qu'une solitude située sur les limites actuelles d'une espèce. Ils fondent chacun son existence sur l'inexistence des autres, mais auxquels il faut arracher leur consentement qu'ils n'existent pas... Remarquez bien que je ne fais que de déduire ce qui est enveloppé dans ce qui se voit. Si vous doutez, cherchez donc à quoi tend un travail qui doit ne pouvoir

20 absolument être fait que par un individu déterminé, et qui dépend de la particularité des hommes ? Songez à la signification véritable d'une hiérarchie fondée sur la rareté. — Je m'amuse parfois d'une image *physique* de nos cœurs, qui sont faits intimement d'une énorme injustice et d'une petite justice combinées. J'imagine qu'il y a dans chacun de nous un atome important entre nos atomes, et constitué par deux *grains d'énergie* qui voudraient bien se séparer. Ce sont des énergies contradictoires, mais indivisibles. La nature les a jointes pour toujours, quoique furieusement ennemies. L'une est l'éternel mouvement d'un gros *électron positif,* et ce mouvement engendre une suite de sons graves où l'oreille intérieure distingue

30 sans nulle peine une profonde phrase monotone : *Il n'y a que moi. Il n'y a que moi. Il n'y a que moi, moi, moi...*

1. Soumises à, dominées par.
2. Victimes de.

Monsieur Teste. Lettre d'un ami, Gallimard.

PROUST (1871-1922)

Proust est surtout l'auteur d'une œuvre, A la recherche du temps perdu, monumentale par ses dimensions mais aussi par les perspectives qu'elle ouvre. Elle ne raconte pas les péripéties d'une action ou les agissements des hommes, mais elle s'intéresse à la manière dont un esprit humain peut réfléchir le monde. Il ne s'agit plus de raconter une histoire, mais d'éclairer le contenu d'une conscience, d'explorer un espace intérieur.

LA VIE

Issu d'une riche famille de la bourgeoisie parisienne, Marcel Proust, a une enfance choyée[1], aussi heureuse que lui permet sa nature émotive et anxieuse. A treize ans, son idéal de bonheur est de « vivre près de tous ceux que j'aime, avec les charmes de la nature, une quantité de livres et de partitions et, pas loin, un théâtre français. » Aucun rêve d'aventure ou d'exotisme.

Jeune homme, il fréquente les salons mondains où il rencontre des artistes, des écrivains, des compositeurs et où il peut observer la vie des riches. La fortune de sa famille lui permet de mener une vie de dilettante raffiné, n'exerçant aucun métier. Il écrit quelques articles et fait quelques traductions du critique d'art anglais Ruskin.

Très ébranlé, en 1905, par la mort de sa mère qu'il chérissait, il se retire peu à peu du monde et vit isolé dans son appartement parisien. Son existence est désormais entièrement consacrée à la composition de son œuvre maîtresse qu'il écrit, corrige et enrichit jusqu'à sa mort prématurée, en 1922.

Portrait de Marcel Proust à vingt ans par Jacques-Émile Blanche (Collection Madame Mante-Proust).

PRINCIPALES ŒUVRES

Jean Santeuil (1896-1904)

Il s'agit d'une ébauche de roman autobiographique que Proust n'a pas fait publier mais qui annonce son œuvre majeure.

A la recherche du temps perdu (1913-1927)

C'est une œuvre imposante dont les proportions font penser à celle de Balzac, mais avec des préoccupations toutes différentes. Proust « s'intéresse bien moins à l'action d'observer qu'à une certaine manière d'observer toute action » (André Maurois). L'œuvre se compose de sept livres qui n'ont pas tous été publiés du vivant de l'auteur.

---

1. *Gâtée, où l'on s'est beaucoup occupé de lui.*

— *Du côté de chez Swann* (1913) : Première partie, *Combray* ; le narrateur évoque son enfance dans le village de Combray (nom inventé). Deuxième partie, *Un amour de Swann* : Swann est un voisin, ami des parents du narrateur ; il tombe amoureux d'une jeune fille nommée Odette ; la fille de Swann, après avoir été une compagne de jeu, devient le premier amour du narrateur. Troisième partie, *Noms de pays : le nom*, une série d'évocation à partir des noms de pays.

— *A l'ombre des jeunes filles en fleurs* (1919) : Première partie, *Autour de Madame Swann,* la vie mondaine entre Combray et Paris. L'amour du narrateur pour Gilberte se dissipe jusqu'à l'indifférence. Deuxième partie, *Noms de pays : le pays,* premier séjour sur la côte normande à Balbec (qui représente la ville de Cabourg). Rencontre d'Albertine.

— *Le côté de Guermantes* (1920-1921) : le charme et le mystère de la grande famille des Guermantes. Début de sa liaison avec Albertine. Le narrateur réussit enfin à se faire introduire chez les Guermantes.

— *Sodome et Gomorrhe* (1921-1922) : c'est le dernier livre de *La recherche* publié du vivant de l'auteur. Le narrateur fait la rencontre d'un personnage étrange, le baron de Charlus ; il découvre ensuite que c'est un homosexuel. Il fréquente le salon bourgeois des Verdurin. Sa jalousie s'éveille à l'égard d'Albertine ; il veut rompre, puis l'épouser.

— *La prisonnière* (1923) : (Proust n'a pas eu le temps de corriger les épreuves avant l'édition.) Le narrateur raconte sa cohabitation avec Albertine pour qui il éprouve tour à tour de l'ennui et du désir mais qu'il n'aime pourtant plus ; il lui reste alors la jalousie.

— *La fugitive* (1925) : (il s'agit d'un manuscrit gonflé d'additions.) Albertine s'enfuit. Elle meurt accidentellement. Souffrance du narrateur qui cherche à connaître sa vraie vie en parlant avec ceux qu'elle a connus.

— *Le temps retrouvé* (1927) : texte établi d'après le manuscrit écrit de la main de Proust ; c'est le livre de *La recherche* qui se trouve à l'état le plus inachevé, et il donne l'impression que l'auteur a été pressé par la mort. Après plusieurs années passées en province, le narrateur revient à Paris. Beaucoup de changements se sont produits dans les cercles mondains qu'il fréquentait et qui ont perdu de leur prestige : vieillesse des uns, déchéance des autres. L'ouvrage se termine par une réflexion sur le temps.

LES THÈMES DE LA RECHERCHE

Le temps qui détruit

Proust est obsédé par une idée : le temps. Ce temps que rien n'arrête et qui transforme tout.

Les hommes ont beau essayer de se garantir contre le temps, se choisir des points d'ancrage, des certitudes, des amours, des amitiés, tout se transforme et tout passe. C'est en vain que nous retournerons, par exemple, sur les lieux de notre enfance où nous avons été heureux. Nous ne les reverrons jamais tels qu'ils ont été pour la simple raison que leur éloignement n'est pas tant spatial que temporel. Pourtant, toutes ces années passées ne sont pas perdues, elles sont inscrites quelque part en nous. C'est « cette notion du temps incorporé, des années passées non séparées de nous que j'avais maintenant l'intention de mettre si fort en relief » écrit Proust dans *Le temps retrouvé.*

La mémoire qui conserve

L'idée centrale de l'œuvre de Proust, c'est qu'il est possible de partir à la recherche de ce temps qui semble perdu et qui est pourtant toujours prêt à renaître. Cet effort de recherche ne peut être qu'une œuvre personnelle ; il y a en chacun de nous un espace intérieur qui s'appelle le passé, qui est une richesse intime, formée de ce que nous avons vécu. Il est possible, à certains moments privilégiés, par le mécanisme de la mémoire involontaire (déclenché par une vision, une sensation fortuites) de voir resurgir ce passé en accord avec les sentiments présents. Cette réunion du passé et du présent abolit la sensation de fuite du temps et donne un sentiment de plénitude, « l'intuition de nous-mêmes comme êtres absolus ». Proust va même plus loin en disant qu'il est nécessaire de perdre d'abord ce que nous avons aimé et de le retrouver ensuite par le souvenir, pour atteindre le bonheur : « Les seuls vrais paradis sont les paradis que l'on a perdus. »

La recherche du temps perdu n'est pas l'évocation nostalgique du passé. C'est l'aventure d'un être extrêmement sensible qui n'a trouvé de bonheur durable ni dans la famille, ni dans le grand monde, ni dans l'amour et qui a l'intuition de chercher cet absolu dans l'art. Par l'écriture, Proust essaie de récupérer la totalité de son expérience vécue : « Ne pas oublier qu'il est un motif qui revient dans ma vie (...) plus important que celui de l'amour d'Albertine, c'est le motif de la ressouvenance, matière de la vocation artistique. »

STRUCTURE DE L'ŒUVRE

Une œuvre close

La fin de l'œuvre de Proust raconte comment le narrateur décide de fuir le monde des illusions où il avait pourtant tant désiré pénétrer (réceptions, bals, aventures amoureuses) pour se consacrer à la seule chose qui ait un sens, l'art, et pour commencer son livre dont il nous dit qu'il a déjà fait « quelques esquisses ». A ces dernières pages du livre correspondent les premières pages de *La recherche* qui sont la mise en application de cette décision. L'œuvre terminée explique pourquoi elle a été commencée. L'auteur rejoint ici le narrateur, le passé rejoint le présent, l'œuvre se referme sur elle-même. Proust donne d'ailleurs l'indication suivante : « Le dernier chapitre du dernier volume a été écrit tout de suite après le premier chapitre du premier volume. Tout l'entre-deux a été écrit ensuite. » C'est donc le récit d'une expérience intérieure que nous avons ici. C'est un retour sur soi qui est à la fois la cause et le sujet du récit.

Une gigantesque construction

En dépit de sa longueur, l'œuvre possède un plan d'ensemble très rigoureux [1]. Au départ, il y a le village de Combray. C'est là qu'habitent, dans une maison de campagne, les parents du narrateur, sa famille et la servante Françoise. Tout autour de Combray s'étend une région, à la fois familière et mystérieuse, qui se divise en deux côtés : il y a le côté de chez Swann, un ami des parents du narrateur, et le côté de Guermantes, une famille de vieille noblesse, parfois entrevue le dimanche à l'église. Dès les premiers chapitres sont donc plantés les principaux personnages, comme sont aussi esquissés les principaux thèmes (amour, désir, jalousie, inquiétude). Entre ces personnages et ces thèmes inlassablement repris tout au long de l'œuvre et qui forment en quelque sorte la charpente de l'ouvrage, s'étendent de grandes plages d'analyse et de réflexion. En parlant de la structure de son œuvre Proust dit d'ailleurs lui-même : « Comme elle est une construction, forcément, il y a des pleins, des piliers, et dans l'intervalle des deux piliers, je peux me livrer aux minutieuses peintures. »

Une espèce de roman

Proust dit lui-même que son œuvre « ne ressemble pas du tout au classique roman ». Très tôt il a conscience de la singularité de son entreprise qui ne veut pas traiter un sujet précis mais dire tout ce qui lui tient à cœur, rendre compte de l'expérience de toute une vie (bien que ce ne soit pas à proprement parler une autobiographie).

Proust prend ainsi ses distances par rapport aux trois types de romans de l'époque : réaliste, engagé et symboliste.

Bien qu'il y ait une chronique sociale dans *La recherche,* une description très riche et nuancée d'une certaine société, le but du livre n'est pas là. Il ne s'agit pas d'un roman réaliste comme *La comédie humaine* de Balzac ou *Les Rougon-Macquart* de Zola. Dans *Le temps retrouvé,* il y a même une condamnation directe du roman qui se veut documentaire : « La littérature qui se contente de décrire les choses, d'en donner seulement un misérable relevé de lignes et de surfaces, est celle qui, tout en s'appelant réaliste, est la plus éloignée de la réalité ». Il faut se souvenir que pour Proust, la vraie réalité est intérieure.

S'il n'envisage pas le roman comme une photographie de la réalité, il n'accepte pas non plus les romans où les auteurs se servent des livres pour défendre un idéal ou une idéologie : « Une œuvre d'art où il y a des théories est comme un objet sur lequel on a laissé la marque du prix ». Quant au symbolisme, dont on a parfois dit que Proust était un continuateur, voici ce qu'on écrit dans un article intitulé « Contre l'obscurité » : « (…) en prétendant négliger les « accidents de temps et d'espace » pour ne nous montrer que des vérités éternelles, il méconnaît une autre loi de la vie, qui est de réaliser l'universel ou l'éternel, mais seulement dans des individus. Les œuvres purement symboliques risquent donc de manquer de vie et, par là, de profondeur ».

En fait, pour la première fois dans l'histoire de la littérature, ce qui devient important avec Proust est de s'attacher à ce qui rend possible l'écriture.

---

1. *Même si cette rigueur s'estompe dans les derniers chapitres que l'auteur n'a pas eu le temps de revoir avant sa mort.*

BIBLIOGRAPHIE
A. Maurois, *A la recherche de Marcel Proust,* Hachette, 1949.
G. Bree, *Du temps perdu au temps retrouvé,* Les Belles Lettres, 1950.
G. Picon, *Lecture de Proust,* Mercure de France, 1963.
G. Deleuze, *Proust et les signes,* P.U.F., 1970.
J.Y. Tadié, *Proust et le roman,* Gallimard, 1971.
J.-P. Richard, *Proust et le monde sensible,* Seuil 1972.

DU COTÉ DE CHEZ SWANN

Le baiser d'une mère

L'extrême sensibilité de l'enfant transforme le baiser que donne la mère à son enfant en une cérémonie douloureuse. On voit déjà apparaître le thème du temps qui amplifie jusqu'au drame une seconde de bonheur.

Ma seule consolation, quand je montais me coucher, était que maman viendrait m'embrasser quand je serais dans mon lit. Mais ce bonsoir durait si peu de temps, elle redescendait si vite, que le moment où je l'entendais monter, puis où passait dans le couloir à double porte le bruit léger de sa robe de jardin en mousseline [1] bleue, à laquelle pendaient de petits cordons de paille tressée, était pour moi un moment douloureux. Il annonçait celui qui allait le suivre, où elle m'aurait quitté, où elle serait redescendue. De sorte que ce bonsoir que j'aimais tant, j'en arrivais à souhaiter qu'il vînt le plus tard possible, à ce que se prolongeât le temps de répit où maman
10 n'était pas encore venue. Quelquefois quand, après m'avoir embrassé, elle ouvrait ma porte pour partir, je voulais la rappeler, lui dire « embrasse-moi une fois encore », mais je savais qu'aussitôt elle aurait son visage fâché, car la concession [2] qu'elle faisait à ma tristesse et à mon agitation en montant m'embrasser, en m'apportant ce baiser de paix, agaçait mon père qui trouvait ces rites absurdes, et elle eût voulu tâcher de m'en faire perdre le besoin, l'habitude, bien loin de me laisser prendre celle de lui demander, quand elle était déjà sur le pas de la porte, un baiser de plus. Or la voir fâchée détruisait tout le calme qu'elle m'avait apporté un instant avant, quand elle avait penché vers mon lit sa figure aimante, et me l'avait tendue
20 comme une hostie [3] pour une communion de paix où mes lèvres puiseraient sa présence réelle et le pouvoir de m'endormir. Mais ces soirs-là, où maman en somme restait si peu de temps dans ma chambre, étaient doux encore en comparaison de ceux où il y avait du monde à dîner et où, à cause de cela, elle ne montait pas me dire bonsoir.

« A la recherche du temps perdu »,
Du côté de chez Swann.

1. Toile de coton fine et légère.
2. Ce qu'elle m'accordait à cause de ma tristesse.
3. Pain consacré pour la communion.

Marcel Proust (à droite) et son frère Robert en 1877 (Collection Madame Mante-Proust).

Le mécanisme de la mémoire involontaire

L'œuvre de Marcel Proust est comparable à une cathédrale où les personnages et les thèmes se répondent d'un bout à l'autre de la construction. Ici, du premier livre, nous présentons un passage fameux qui trouvera son aboutissement à la fin de l'œuvre, dans Le temps retrouvé. *Ce passage est celui de la madeleine : une sensation présente, déclenchée par le goût d'un petit gâteau, fait resurgir une sensation analogue mais enfouie dans le passé. Il faut toute la ténacité du narrateur, qui ne veut pas laisser échapper ce bout de passé réapparu à l'improviste, pour que ce phénomène de mémoire involontaire, tributaire des sens, remonte à la conscience.*

Et tout d'un coup le souvenir m'est apparu. Ce goût, c'était celui du petit morceau de madeleine que le dimanche matin à Combray (parce que ce jour-là je ne sortais pas avant l'heure de la messe), quand j'allais lui dire bonjour dans sa chambre, ma tante Léonie m'offrait après l'avoir trempé dans son infusion[1] de thé ou de tilleul. La vue de la petite madeleine ne m'avait rien rappelé avant que je n'y eusse goûté ; peut-être parce que, en ayant souvent aperçu depuis, sans en manger, sur les tablettes des pâtissiers, leur image avait quitté ces jours de Combray pour se lier à d'autres plus récents ; peut-être parce que, de ces souvenirs abandonnés si longtemps

10 hors de la mémoire, rien ne survivait, tout s'était désagrégé[2] ; les formes — et celle aussi du petit coquillage de pâtisserie, si grassement sensuel sous son plissage sévère et dévot — s'étaient abolies, ou ensommeillées, avaient perdu la force d'expansion qui leur eût permis de rejoindre la conscience. Mais, quand d'un passé ancien rien ne subsiste, après la mort des êtres, après la destruction des choses, seules, plus frêles[3] mais plus vivaces, plus immatérielles, plus persistantes, plus fidèles, l'odeur et la saveur restent encore longtemps, comme des âmes, à se rappeler, à attendre, à espérer, sur la ruine de tout le reste, à porter sans fléchir, sur leur gouttelette presque impalpable, l'édifice immense du souvenir.

20 Et dès que j'eus reconnu le goût du morceau de madeleine trempé dans le tilleul que me donnait ma tante (quoique je ne susse pas encore et dusse remettre à bien plus tard de découvrir pourquoi ce souvenir me rendait si heureux), aussitôt la vieille maison grise sur la rue, où était sa chambre, vint comme un décor de théâtre s'appliquer au petit pavillon donnant sur le jardin, qu'on avait construit pour mes parents sur ses derrières (ce pan[4] tronqué que seul j'avais revu jusque-là) ; et avec la maison, la ville, depuis le matin jusqu'au soir et par tous les temps, la Place où on m'envoyait avant déjeuner, les rues où j'allais faire des courses, les chemins qu'on prenait si le temps était beau. Et comme dans ce jeu où les Japonais

30 s'amusent à tremper dans un bol de porcelaine rempli d'eau, de petits morceaux de papier jusque-là indistincts qui, à peine y sont-ils plongés, s'étirent, se contournent, se colorent, se différencient, deviennent des fleurs, des maisons, des personnes consistantes et reconnaissables, de même maintenant toutes les fleurs de notre jardin et celles du parc de M. Swann,

1. Tisane.
2. Détruit, dissout.
3. Fragiles.
4. Morceau de mur.

5. Nénuphars.
6. La rivière près de Combray.

et les nymphéas [5] de la Vivonne [6], et les bonnes gens du village et leurs petits logis et l'église et tout Combray et ses environs, tout cela qui prend forme et solidité, est sorti, ville et jardins, de ma tasse de thé.

« A la recherche du temps perdu »,
Du côté de chez Swann.

Chronique sociale

Le monde décrit par Proust n'est pas celui de la misère ou de la pauvreté. « Le côté de Guermantes » représente le monde de la noblesse, celui de la prestigieuse famille des Guermantes. Cet univers inconnu, fermé, difficilement accessible attire les gens qui, par leur naissance ou leur situation sociale en sont exclus. Legrandin est de ceux-là. Il en souffre et ne veut pas l'avouer jusqu'au jour où il se trahit au détour d'une phrase.

Mais à ce nom de Guermantes, je vis au milieu des yeux bleus de notre ami se ficher une petite encoche [1] brune comme s'ils venaient d'être percés par une pointe invisible, tandis que le reste de la prunelle réagissait en sécrétant des flots d'azur. Le cerne [2] de sa paupière noircit, s'abaissa. Et sa bouche marquée d'un pli amer se ressaisissant plus vite sourit, tandis que le regard restait douloureux, comme celui d'un beau martyr dont le corps est hérissé de flèches : « Non, je ne les connais pas », dit-il, mais au lieu de donner à un renseignement aussi simple, à une réponse aussi peu surprenante le ton naturel et courant qui convenait, il le débita en appuyant sur les

10 mots, en s'inclinant, en saluant de la tête, à la fois avec l'insistance qu'on apporte, pour être cru, à une affirmation invraisemblable — comme si ce fait qu'il ne connût pas les Guermantes ne pouvait être l'effet que d'un hasard singulier — et aussi avec l'emphase [3] de quelqu'un qui, ne pouvant pas taire une situation qui lui est pénible, préfère la proclamer pour donner

1. Petite entaille.
2. Cercle coloré qui entoure les yeux.
3. Exagération dans le ton.

Une réunion aristocratique comme en a connu Proust à l'époque de sa vie mondaine : Le cercle de la rue Royale, à Paris, en 1868. Peinture de James Tissot. A l'extrême-droite, Charles Haas, qui inspira l'écrivain pour le personnage de Swann (Collection Baron Hottinguer).

aux autres l'idée que l'aveu qu'il fait ne lui cause aucun embarras, est facile, agréable, spontané, que la situation elle-même — l'absence de relations avec les Guermantes — pourrait bien avoir été non pas subie, mais voulue par lui, résulter de quelque tradition de famille, principe de morale ou vœu mystique lui interdisant nommément la fréquentation des

20 Guermantes. « Non, reprit-il, expliquant par ses paroles sa propre intonation, non, je ne les connais pas, je n'ai jamais voulu, j'ai toujours tenu à sauvegarder ma pleine indépendance ; au fond je suis une tête jacobine [4], vous le savez. Beaucoup de gens sont venus à la rescousse [5], on me disait que j'avais tort de ne pas aller à Guermantes, que je me donnais l'air d'un malotru [6], d'un vieil ours. Mais voilà une réputation qui n'est pas pour m'effrayer, elle est si vraie ! Au fond, je n'aime plus au monde que quelques églises, deux ou trois livres, à peine davantage de tableaux, et le clair de lune quand la brise de votre jeunesse apporte jusqu'à moi l'odeur des parterres que mes vieilles prunelles ne distinguent plus. » Je ne comprenais

30 pas bien que, pour ne pas aller chez des gens qu'on ne connaît pas, il fût nécessaire de tenir à son indépendance, et en quoi cela pouvait vous donner l'air d'un sauvage ou d'un ours. Mais ce que je comprenais, c'est que Legrandin n'était pas tout à fait véridique quand il disait n'aimer que les églises, le clair de lune et la jeunesse ; il aimait beaucoup les gens des châteaux et se trouvait pris devant eux d'une si grande peur de leur déplaire qu'il n'osait pas leur laisser voir qu'il avait pour amis des bourgeois, des fils de notaires ou d'agents de change, préférant, si la vérité devait se découvrir, que ce fût en son absence, loin de lui et « par défaut [7] » ; il était snob. »

« A la recherche du temps perdu »,
Du côté de chez Swann.

4. Les Jacobins étaient des révolutionnaires intransigeants. Jacobin est devenu un adjectif qui signifie ardent, indépendant, intransigeant.
5. A l'aide, au secours.
6. Personne sans éducation, grossière.
7. Terme juridique : en l'absence du prévenu.

LE TEMPS RETROUVÉ

Comment l'auteur rejoint le narrateur

Après avoir raconté, dans les six livres précédents sa recherche du bonheur (dans l'enfance, dans les fréquentations mondaines, dans l'amour), le narrateur arrive à la conclusion, à la fin du septième livre, que la seule chose qui compte vraiment est de mettre par écrit ce qui vient de s'imposer à lui comme une illumination : seul le temps fait l'épaisseur et la cohérence des êtres. Or, à ce moment-là l'œuvre est déjà écrite : auteur et narrateur se rejoignent. Ces dernières pages sur le temps ne sont que la clef de voûte d'un gigantesque édifice patiemment construit depuis plusieurs milliers de pages, comme une cathédrale.

Enfin cette idée du Temps avait un dernier prix pour moi, elle était un aiguillon, elle me disait qu'il était temps de commencer si je voulais atteindre ce que j'avais quelquefois senti au cours de ma vie, dans de brefs éclairs, du côté de Guermantes, dans mes promenades en voiture avec

Mme de Villeparisis, et qui m'avait fait considérer la vie comme digne d'être vécue. Combien me le semblait-elle davantage, maintenant qu'elle me semblait pouvoir être éclaircie, elle qu'on vit dans les ténèbres, ramenée au vrai de ce qu'elle était, elle qu'on fausse sans cesse, en somme réalisée dans un livre ! Que celui qui pourrait écrire un tel livre serait heureux, pensais-je, quel labeur[1] devant lui ! Pour en donner une idée, c'est aux arts les plus élevés et les plus différents qu'il faudrait emprunter des comparaisons ; car cet écrivain, qui d'ailleurs pour chaque caractère en ferait apparaître les faces opposées pour montrer son volume, devrait préparer son livre minutieusement, avec de perpétuels regroupements de forces, comme une offensive, le supporter comme une fatigue, l'accepter comme une règle, le construire comme une église, le suivre comme un régime, le vaincre comme un obstacle, le conquérir comme une amitié, le suralimenter comme un enfant, le créer comme un monde sans laisser de côté ces mystères qui n'ont probablement leur explication que dans d'autres mondes et dont le pressentiment est ce qui nous émeut le plus dans la vie et dans l'art. Et dans ces grands livres-là, il y a des parties qui n'ont eu le temps que d'être esquissées, et qui ne seront sans doute jamais finies, à cause de l'ampleur même du plan de l'architecte. Combien de grandes cathédrales restent inachevées ! On le nourrit, on fortifie ses parties faibles, on le préserve, mais ensuite c'est lui qui grandit, qui désigne notre tombe, la protège contre les rumeurs et quelque temps contre l'oubli. Mais pour en revenir à moi-même, je pensais plus modestement à mon livre, et ce serait même inexact que de dire en pensant à ceux qui le liraient, à mes lecteurs. Car ils ne seraient pas, selon moi, mes lecteurs, mais les propres lecteurs d'eux-mêmes, mon livre n'étant qu'une sorte de ces verres grossissants comme ceux que tendait à un acheteur l'opticien[2] de Combray ; mon livre, grâce auquel je leur fournirais le moyen de lire en eux-mêmes. De sorte que je ne leur demanderais pas de me louer ou de me dénigrer[3], mais seulement de me dire si c'est bien cela, si les mots qu'ils lisent en eux-mêmes sont bien ceux que j'ai écrits (les divergences possibles à cet égard ne devant pas, du reste, provenir toujours de ce que je me serais trompé, mais quelquefois de ce que les yeux du lecteur ne seraient pas de ceux à qui mon livre conviendrait pour bien lire en soi-même). Et, changeant à chaque instant de comparaison selon que je me représentais mieux, et plus matériellement, la besogne à laquelle je me livrerais, je pensais que sur ma grande table de bois blanc, regardé par Françoise, comme tous les êtres sans prétention qui vivent à côté de nous ont une certaine intuition de nos tâches (et j'avais assez oublié Albertine pour avoir pardonné à Françoise ce qu'elle avait pu faire contre elle), je travaillerais auprès d'elle, et presque comme elle (du moins comme elle faisait autrefois : si vieille maintenant, elle n'y voyait plus goutte) ; car, épinglant ici un feuillet supplémentaire, je bâtirais mon livre, je n'ose pas dire ambitieusement comme une cathédrale, mais tout simplement comme une robe.

1. Travail.
2. L'artisan-commerçant qui monte des lunettes et autres appareil d'optique.
3. Blâmer, critiquer.

« A la recherche du temps perdu ».
Le temps retrouvé.

GIDE (1869-1951)

Gide est la figure marquante de la littérature des années trente. Bien que sa production littéraire soit abondante, ce n'est pas à proprement parler un auteur de romans. Il a écrit beaucoup d'œuvres courtes, qu'il appelait des récits, et un seul ouvrage qu'il qualifie de roman[1] (Les faux-monnayeurs). Il a moins cherché à décrire le monde des autres qu'à trouver une réponse à des problèmes personnels. Non conformiste, il s'est plu à inquiéter ses lecteurs et à troubler leur bonne conscience.

LA VIE

André Gide est né à Paris, dans une famille bourgeoise, protestante, cultivée, extrêmement puritaine[2]. Son éducation stricte le marque profondément. En 1893, pour soigner un début de tuberculose, il part pour l'Afrique du Nord. Loin de la tutelle familiale, il découvre la liberté et le dégoût de la vie confinée des hommes de lettres. « Il ne me suffit pas de lire que les sables des plages sont doux, je veux que mes pieds nus le sentent ; toute connaissance que n'a pas précédé une sensation m'est inutile. » Il semble que cette découverte de la sensualité l'ait marqué pour toujours, sans effacer pourtant totalement l'empreinte sévère de son éducation. A 26 ans, il épouse sa cousine, Madeleine, femme à principes mais pour qui il éprouve un attachement très tendre depuis l'enfance. Cette union est troublée par d'autres liaisons tant féminines que masculines. Mais à la mort de Madeleine, en 1938, il écrit : « Je compris aussitôt, l'ayant perdue, que c'en était fait de ma raison d'être, et je ne savais plus pourquoi je vivais. »

Si, au début de sa carrière, Gide ne touche qu'un public limité, il acquiert aux environs de 1900, une renommée grandissante. Il est l'ami des écrivains les plus célèbres de son temps : Mallarmé, Valéry, Claudel, Martin du Gard. En 1908, il fonde avec quelques amis la N.R.F. *(La Nouvelle Revue française)* qui deviendra vite la plus importante revue littéraire française.

En 1908, il part pour le Congo et à son retour, il publie le récit de son voyage et consacre une

Portrait d'André Gide.

grande partie de son activité à dénoncer le système colonialiste. Longtemps à l'écart des problèmes politiques et sociaux, il prend à cette époque une position d'écrivain engagé. A partir de 1932, il éprouve une sympathie grandissante pour le Parti communiste et les héritiers de la Révolution russe. En 1936, il est invité par le gouvernement soviétique à faire un séjour en

1. *Gide était très exigeant sur la définition de ce genre littéraire.*
2. *Austère, rigoriste, veillant sur les principes.*

216

URSS. A son retour, il exprime sa déception et publie ses critiques, dans *Retour de l'URSS* (1937) ; il rompt bientôt tout lien avec le Parti communiste. Après la guerre, malgré la montée d'une nouvelle génération d'écrivains, le prestige de Gide reste immense. Il élabore une sagesse humaniste fondée sur la tolérance, le dialogue, et teintée d'un certain humour. Il reçoit le prix Nobel en 1947 et meurt en 1951.

PRINCIPALES ŒUVRES

L'œuvre de Gide englobe plusieurs genres : récits, romans, essais, théâtre. Ses œuvres les plus connues sont :

Les nourritures terrestres (1897)

Gide s'adresse à un jeune homme qu'il nomme Nathanaël. Il se propose de lui révéler les beautés de la terre, évoquant les paysages d'Afrique du Nord, chers à son cœur. Il exalte les jouissances sensuelles, la volupté du désir, de l'attente (voir extrait page 219), la liberté du corps et de l'esprit. Il l'incite à rompre tous les liens : « Je haïssais les foyers, les familles, tous lieux où l'homme peut trouver du repos et les affections continues et fidélités amoureuses et les attachements aux idées. » Il invite son jeune disciple à découvrir sa propre voie : « Nathanaël jette mon livre : dis-toi bien que ce n'est ici qu'une des mille postures possibles, en face de la vie. Cherche la tienne. » Il le pousse à rejeter tout dogme religieux : « Ne souhaite pas Nathanaël trouver Dieu ailleurs que partout. » Il prône ainsi une sorte de panthéisme, foi dans l'omniprésence divine.

L'immoraliste (1902)

Ce récit est en partie autobiographique. Michel, le personnage principal, est un jeune professeur qui a reçu une éducation protestante sévère. Il a vécu dans un univers de livres et s'est marié sans avoir rien connu de la vie. La maladie qui met ses jours en danger va le métamorphoser. Guéri, il éprouve une soif intense de vie. Dans la deuxième partie du livre, il retrouve un ami d'autrefois, Ménalque, sorte d'aventurier, dénué de tout sens moral. Dans la troisième partie, Michel entraîne sa femme, tombée à son tour gravement malade, dans des voyages en Suisse, en Italie, en Afrique du Nord. Ayant rejeté son éducation morale et religieuse, il est attiré par la dépravation : « la société des pires gens m'était compagnie délectable. » Il ignore égoïstement la maladie et les souffrances morales de sa femme, qui meurt au cours du voyage.

La porte étroite (1909)

Alissa, l'héroïne du roman, semble profondément marquée par les paroles de l'Evangile : « Etroite est la porte et resserrée la voie qui conduisent à la Vie et il en est peu qui la trouvent. » Aspirant à la sainteté, elle renonce à son amour pour Jérôme qui veut l'épouser. « Grâce à vous, mon ami, mon rêve était monté si haut, que tout contentement humain l'eût fait déchoir. J'ai souvent réfléchi à ce qu'eût été notre vie l'un avec l'autre ; dès qu'il n'eût plus été parfait, je n'aurais pu supporter notre amour. » Mue par ce désir d'absolu, Alissa sacrifie le bonheur de Jérôme.

Les caves du Vatican (1914)

Cette œuvre s'apparente au genre littéraire du Moyen Age, la sotie, où moralité et comique s'entremêlent. L'intrigue est rocambolesque. Des escrocs font courir le bruit que le pape a été enlevé par des francs-maçons [1] et qu'il est retenu prisonnier dans les caves du Vatican, tandis qu'un usurpateur [2] aurait pris sa place. Un catholique français des plus grotesques, Amédée Fleurissoire, décide de libérer le prisonnier. Au milieu de ces personnages corrompus ou ridicules, un seul offre de la consistance et de la personnalité : Lafcadio. Ce personnage s'est affranchi de toute contrainte morale. Pour affirmer sa liberté à ses propres yeux, il décide de commettre un crime sans aucun mobile, ce qu'il appelle un « acte gratuit ». [3] Et au cours d'un voyage en chemin de fer, il jette par la portière un voyageur, qui n'est autre qu'Amédée Fleurissoire.

La symphonie pastorale (1919)

Ce livre est constitué de deux cahiers rédigés par le pasteur protestant d'un petit village du Jura suisse. Dans le premier, il raconte qu'il a recueilli Gertrude, une orpheline de quinze ans, aveugle, muette et qui passe pour arriérée mentale. Il s'occupe de la jeune fille, l'instruit, l'éveille peu à peu à la beauté du monde. C'est ainsi qu'il l'emmène un jour au concert entendre la *Symphonie pastorale* de Beethoven. Le pasteur croit agir par pur esprit de charité, mais un jour, il s'aperçoit que son fils aime Gertrude et la jalousie qu'il en éprouve l'éclaire sur ses propres sentiments.

Dans le deuxième cahier, Gertrude retrouve la vue après une opération. Tout en restant profondément liée au pasteur, elle se sent attirée par son fils ; elle comprend la souffrance de son bienfaiteur, et tout le mal que sa présence cause dans cette famille. Alors, de désespoir, elle se suicide.

Dans ce roman, Gide a montré avec beaucoup de subtilité la frontière très fragile qui sépare le Bien du Mal.

---

1. *Adeptes d'une société secrète appelée franc-maçonnerie.*
2. *Qui se fait passer pour un autre ; imposteur.*
3. *Acte sans motif ni utilité.*

Les faux-monnayeurs (1926)

C'est la seule de ses œuvres que Gide considère comme un roman. Ce vaste ouvrage synthétique a un double sujet : c'est d'abord un roman d'adolescents. Bernard Profitendieu quitte sa famille où il pense avoir vécu dans une atmosphère d'hypocrisie. Il va habiter chez son camarade, Olivier, où il rencontre Edouard, l'oncle d'Olivier, un romancier qui cherche les mobiles secrets des êtres humains. Les pages du journal d'Edouard alternent avec les extraits de la correspondance échangée entre Bernard et Olivier. De nombreux épisodes secondaires s'entremêlent au récit principal. Ainsi, le jeune frère d'Olivier se trouve mêlé à une histoire de fausse monnaie. Ce trafic justifie partiellement le titre du roman mais il fait surtout allusion aux sentiments nobles dont se parent de nombreux personnages du roman : magistrats, écrivains, jeunes gens qui se donnent des rôles.

L'autre aspect du roman est une réflexion d'ordre esthétique. En effet, Edouard écrit un roman intitulé aussi Les faux-monnayeurs, et il tient un journal de ses efforts, de ses progrès, de ses tâtonnements. Par cette mise « en abyme »[1] Gide montre comment un romancier élabore son œuvre, comment il substitue l'art à la réalité : le sujet profond, c'est le roman d'un roman.

LA PENSÉE

L'amour de la vérité, le culte de la sincérité sont peut-être les traits essentiels de la pensée de Gide. Toute sa vie, il a manifesté une méfiance à l'égard de tout système et prôné la recherche d'une vérité personnelle. Dans son désir d'authenticité, il n'a jamais craint le scandale ; il a parlé en toute franchise de son homosexualité par exemple, et surtout, il a dévoilé ses errances religieuses, ses contradictions politiques.

Les héros de ses romans appartiennent à diverses familles spirituelles : certains, comme le héros de L'immoraliste, aspirent à la liberté, rejettent toute contrainte morale, exaltent les jouissances physiques. Au contraire, l'héroïne de La porte étroite renonce aux biens de la terre, choisit l'abnégation, dans un désir d'élévation spirituelle. « Chacun de mes livres se retourne contre les amateurs du précédent », écrit Gide. L'ambiguïté existe parfois dans l'œuvre même, ambiguïté de l'attitude du pasteur dans La symphonie pastorale, ambiguïté du jugement de Gide sur ses personnages. Il laisse alors au lecteur le soin de conclure : « Inquiéter, tel est mon rôle », dit-il.

L'ART

« C'est avec de beaux sentiments que l'on fait de la mauvaise littérature », écrit Gide. Il condamne toute conception esthétique qui privilégie le sentiment, la pensée, au détriment de la forme, du style. « La forme est le secret de l'œuvre. » Si Les caves du Vatican lui ont valu le surnom d'« oncle dada », c'est que son héros accomplit un acte spontané, sans motif, mais ce jugement ne concerne pas la forme de l'œuvre. Gide n'a pas pris part à la révolution surréaliste ou dadaïste contre les règles de l'art. Pour lui, « l'art naît de contrainte, vit de lutte et meurt de liberté ».

Le style est la seule discipline à laquelle il se soit soumis. Dans toute son œuvre, on remarque la pureté, la fluidité, la sobriété de sa langue.

Cependant, cette rigueur n'exclut pas l'innovation : Les nourritures terrestres n'appartiennent pas aux genres traditionnels. Cette œuvre n'est ni un roman, ni un poème, c'est un récit en prose entrecoupé de poèmes (rondes et ballades.[2]) Pour Gide, « l'idée de l'œuvre, c'est la composition ». La structure des Nourritures terrestres est savante et subtile, elle suit le mouvement lyrique, un peu à la façon d'une composition musicale.

De L'immoraliste à La symphonie pastorale, Gide a écrit des récits respectant la tradition classique : peu de personnages, peu d'événements, le récit dépouillé d'une aventure spirituelle. C'est vers 1910 qu'il remet en question la forme du récit. Sous l'influence de Dostoïevsky, il conçoit le roman comme une œuvre de vastes dimensions, présentant une multiplicité de personnages et d'événements. Il veut traduire la vie, « toute la vie ». Il écrit Les faux-monnayeurs dans cet esprit. Il ne présente pas les événements d'un seul point de vue, celui du narrateur ou du héros du roman, mais du point de vue de différents personnages. Le récit ne suit pas l'ordre chronologique, mais nous oblige à des retours dans le passé. Les événements nombreux ont des répercussions les uns sur les autres, s'entrelacent. Le roman n'a pas véritablement de commencement ni de fin ; il serait possible de le prolonger à l'infini. Il a une structure ouverte. Par sa technique de composition, l'art de relancer sans cesse l'action, Les faux-monnayeurs peuvent être considérés comme le roman le plus original de l'entre-deux-guerres.

---

1. On appelle composition « en abyme » ce reflet de l'œuvre dans une partie de l'œuvre comme dans ces tableaux hollandais du XVIᵉ siècle où un miroir ou une cuirasse reflète la scène entière reproduite par le tableau.
2. Poèmes à forme fixe datant du Moyen Age.

BIBLIOGRAPHIE
L.P. Quint, André Gide, l'homme, sa vie, son œuvre, Stock.
J.J. Thierry, Gide, « La bibliothèque idéale », Gallimard.
C.-E. Maguy. Histoire du roman français, Le Seuil, 1950 (un très bon chapitre sur Les faux-monnayeurs).
C. Martin, André Gide par lui-même, Le Seuil, 1963.

LES NOURRITURES TERRESTRES

Un nouvel évangile

*Gide, menacé de tuberculose, a retrouvé la santé. Il s'ouvre à la joie de vivre.
Il propose de rejeter l'idée de péché pour goûter à tous les plaisirs de la terre.
Cette nouvelle façon de vivre est enseignée dans* Les nourritures terrestres *par
Ménalque, « le nouvel être ». Ménalque s'adresse à son jeune disciple, Nathanaël.
Par diverses images, il évoque le plaisir de l'attente afin de lui faire comprendre
ce que peut être l'état de désir, le désir de vivre et de profiter de tous les biens
de la terre.*

Nathanaël, je te parlerai des attentes. J'ai vu la plaine, pendant l'été,
attendre ; attendre un peu de pluie. La poussière des routes était devenue
trop légère et chaque souffle la soulevait. Ce n'était même plus un désir ;
c'était une appréhension. La terre se gerçait de sécheresse comme pour plus
d'accueil de l'eau. Les parfums des fleurs de la lande devenaient presque
intolérables. Sous le soleil tout se pâmait. Nous allions chaque après-midi
nous reposer sous la terrasse, abrités un peu de l'extraordinaire éclat du
jour. C'était le temps où les arbres à cônes, chargés de pollen, agitent
aisément leurs branches pour répandre au loin leur fécondation. Le ciel
10 s'était chargé d'orage et toute la nature attendait. L'instant était d'une
solennité trop oppressante, car tous les oiseaux s'étaient tus. Il monta de la
terre un souffle si brûlant que l'on sentit tout défaillir ; le pollen des
conifères sortit comme une fumée d'or des branches. — Puis il plut.
J'ai vu le ciel frémir de l'attente de l'aube. Une à une les étoiles se fanaient.
Les prés étaient inondés de rosée ; l'air n'avait que des caresses glaciales. Il
sembla quelque temps que l'indistincte vie voulût s'attarder au sommeil, et
ma tête encore lassée s'emplissait de torpeur. Je montai jusqu'à la lisière du
bois ; je m'assis ; chaque bête reprit son travail et sa joie dans la certitude
que le jour va venir, et le mystère de la vie commença de s'ébruiter par
20 chaque échancrure des feuilles. — Puis le jour vint.
J'ai vu d'autres aurores encore. — J'ai vu l'attente de la nuit...
Nathanaël, que chaque attente, en toi, ne soit même pas un désir, mais
simplement une disposition à l'accueil. Attends tout ce qui vient à toi ;
mais ne désire que ce qui vient à toi. Ne désire que ce que tu as. Comprends
qu'à chaque instant du jour tu peux posséder Dieu dans sa totalité. Que
ton désir soit de l'amour, et que ta possession soit amoureuse. Car qu'est-ce
qu'un désir qui n'est pas efficace ?
Eh quoi ! Nathanaël, tu possèdes Dieu et tu ne t'en étais pas aperçu !
Posséder Dieu, c'est le voir ; mais on ne le regarde pas. Au détour d'aucun
30 sentier, Balaam, n'as-tu vu Dieu, devant qui s'arrêtait ton âne ? parce que
toi tu te l'imaginais autrement.
Nathanaël, il n'y a que Dieu que l'on ne puisse pas attendre. Attendre
Dieu, Nathanaël, c'est ne comprendre pas que tu le possèdes déjà. Ne
distingue pas Dieu du bonheur et place tout ton bonheur dans l'instant.

Les nourritures terrestres,
Livre I, section III, Gallimard.

LES CAVES DU VATICAN

La tentation de l'acte gratuit

Lafcadio rêve d'accomplir un acte gratuit, c'est-à-dire sans raison ni profit. Amédée Fleurissoire, en pénétrant dans le wagon où il voyage, va lui donner l'occasion de réaliser son fantasme.

A-t-il bientôt fini de jouer avec la lumière ? pensait Lafcadio impatienté. Que fait-il à présent ? (Non ! Je ne lèverai pas les paupières.) Il est debout... Serait-il attiré par ma valise ? Bravo ! Il constate qu'elle est ouverte. Pour en perdre la clef aussitôt, c'était bien adroit d'y avoir fait mettre, à Milan, une serrure compliquée qu'on a dû crocheter [1] à Bologne ! Un cadenas du moins se remplace... Dieu me damne : il enlève sa veste ? Ah ! tout de même regardons.

Sans attention pour la valise de Lafcadio, Fleurissoire, occupé à son nouveau faux col, avait mis bas [2] sa veste pour pouvoir le boutonner plus
10 aisément ; mais le madapolam [3] empesé [4], dur comme du carton, résistait à tous ses efforts.

— Il n'a pas l'air heureux, reprenait à part soi Lafcadio. Il doit souffrir d'une fistule [5], ou de quelque affection cachée. L'aiderai-je ! Il n'y parviendra pas tout seul...

Si pourtant ! Le col enfin admit le bouton. Fleurissoire reprit alors, sur le coussin où il l'avait posée près de son chapeau, de sa veste et de ses manchettes, sa cravate et, s'approchant de la portière, chercha comme Narcisse sur l'onde, sur la vitre, à distinguer du paysage son reflet.

— Il n'y voit pas assez.

20 Lafcadio redonna de la lumière. Le train longeait alors un talus, qu'on voyait à travers la vitre, éclairé par cette lumière de chaque compartiment projetée ; cela formait une suite de carrés clairs qui dansaient le long de la voie et se déformaient tour à tour selon chaque accident du terrain. On apercevait, au milieu de l'un d'eux, danser l'ombre falote de Fleurissoire ; les autres carrés étaient vides.

Qui le verrait ? pensait Lafcadio. Là, tout près de ma main, sous ma main, cette double fermeture, que je peux faire jouer aisément ; cette porte qui, cédant tout à coup, le laisserait crouler en avant ; une petite poussée suffirait ; il tomberait dans la nuit comme une masse ; de même on
30 n'entendrait pas un cri... Et demain, en route pour les îles !... Qui le saurait ?

La cravate était mise, un petit nœud marin tout fait ; à présent Fleurissoire avait repris une manchette et l'assujettissait au poignet droit ; et, ce faisant, il examinait, au-dessus de la place qu'il occupait tout à l'heure la photographie (une des quatre qui décoraient le compartiment) de quelque palais près de la mer.

— Un crime immotivé [6], continuait Lafcadio : quel embarras pour la police ! Au demeurant, sur ce sacré talus, n'importe qui peut, d'un compartiment voisin, remarquer qu'une portière s'ouvre, et voir l'ombre
40 du Chinois [7] cabrioler. Du moins les rideaux du couloir sont tirés... Ce

1. Ouvrir avec autre chose qu'une clef, un crochet par exemple.
2. Enlevé, ôté.
3. Forte étoffe de coton.
4. Raidi avec un produit spécial, en général de l'amidon.
5. Abcès.
6. Sans motif.
7. On parle d'ombre chinoise pour désigner l'ombre d'une silhouette projetée sur un mur.

n'est pas tant des événements que j'ai curiosité, que de moi-même. Tel se croit capable de tout, qui, devant que d'agir, recule... Qu'il y a loin, entre l'imagination et le fait !... Et pas plus le droit de reprendre son coup qu'aux échecs. Bah ! qui prévoirait tous les risques, le jeu perdrait tout intérêt !... Entre l'imagination d'un fait et... Tiens ! Le talus cesse. Nous sommes sur un pont, je crois ; une rivière...

Sur le fond de la vitre, à présent noire, les reflets apparaissaient plus clairement. Fleurissoire se pencha pour rectifier la position de sa cravate.

— Là, sous ma main, cette double fermeture — tandis qu'il est distrait et
50 regarde au loin devant lui — joue, ma foi ! plus aisément encore qu'on eût cru. Si je puis compter jusqu'à douze, sans me presser, avant de voir dans la campagne quelque feu, le tapir est sauvé. Je commence : Une ; deux ; trois ; quatre ; (lentement ! lentement !) cinq ; six ; sept ; huit ; neuf... Dix, un feu !... Fleurissoire ne poussa pas un cri.

Les Caves du Vatican
(chap. IV) Gallimard.

L'acte gratuit : Lafcadio pousse Amédée Fleurissoire hors du train. Illustration pour Les caves du Vatican *(Gallimard, 1929) par Jean-Émile Laboureur (Bibliothèque Nationale, Paris).*

LA SYMPHONIE PASTORALE

Les interprétations de l'Écriture

Gertrude, petite enfant sauvage recueillie par un pasteur de village, est devenue une belle et intelligente jeune fille. Bien qu'elle soit aveugle, elle a très bien compris que l'amour que lui porte son protecteur n'est pas, comme il le prétend, de la charité pure de tout désir. Gide dit avoir voulu dans son livre dénoncer les dangers de « la libre interprétation des écritures ».

Je voulais vous demander, reprit-elle enfin — mais je ne sais comment le dire...

Certainement, elle faisait appel à tout son courage, comme je faisais appel au mien pour l'écouter. Mais comment eussé-je pu [1] prévoir la question qui la tourmentait :

— Est-ce que les enfants d'une aveugle naissent aveugles nécessairement ?

Je ne sais qui de nous deux cette conversation oppressait davantage ; mais à présent il fallait continuer.

— Non, Gertrude, lui dis-je ; à moins de cas très spéciaux. Il n'y a même
10 aucune raison pour qu'ils le soient.

Elle parut extrêmement rassurée. J'aurais voulu lui demander à mon tour pourquoi elle me demandait cela ; je n'en eus pas le courage et continuai maladroitement :

— Mais Gertrude, pour avoir des enfants, il faut être mariée.

— Ne me dites pas cela, Pasteur. Je sais que cela n'est pas vrai.

— Je t'ai dit ce qu'il était décent de te dire, protestai-je. Mais en effet les lois de la nature permettent ce qu'interdisent les lois des hommes et de Dieu.

— Vous m'avez dit souvent que les lois de Dieu étaient celles mêmes de
20 l'amour.

— L'amour qui parle ici n'est plus celui qu'on appelle aussi : charité.

— Est-ce par charité que vous m'aimez ?

— Tu sais bien que non, ma Gertrude.

— Mais alors vous reconnaissez que notre amour échappe aux lois de Dieu ?

— Que veux-tu dire ?

— Oh ! vous le savez bien, et ce ne devrait pas être à moi de parler.

En vain, je cherchais à biaiser ; mon cœur battait la retraite de mes arguments en déroute. Éperdument je m'écriai :

— Gertrude... tu penses que ton amour est coupable ?
30 Elle rectifia :

— Que *notre* amour... Je me dis que je devrais le penser.

— Et alors ?...

Je surpris comme une supplication dans ma voix, tandis que, sans reprendre haleine, elle achevait :

— Mais que je ne peux pas cesser de vous aimer.

Tout cela se passait hier. J'hésitais d'abord à l'écrire... Je ne sais plus comment s'acheva la promenade. Nous marchions à pas précipités, comme pour fuir, et je tenais son bras étroitement serré contre moi. Mon âme avait à ce point quitté mon corps — il me semblait que le moindre caillou
40 sur la route nous eût fait tous deux rouler à terre.

19 mai

1. Subjonctif passé. On dit plus communément *aurais-je pu.*
2. Martins et Roux sont deux médecins.
3. Présent du verbe « faillir ». On dirait plus communément *le cœur* ou *le courage me manque.*

Martins [2] est revenu ce matin. Gertrude est opérable. Roux l'affirme et demande qu'elle lui soit confiée quelque temps. Je ne puis m'opposer à cela, et pourtant, lâchement, j'ai demandé à réfléchir. J'ai demandé qu'on me laissât la préparer doucement... Mon cœur devrait bondir de joie, mais je le sens peser en moi, lourd d'une angoisse inexprimable. A l'idée de devoir annoncer à Gertrude que la vue pourrait lui être rendue, le cœur me faut [3].

La symphonie pastorale,
Gallimard.

Questions et recherches

UN ENFANT DANS LE MONDE DES ADULTES (P. 180)

1. Montrez la synchronisation entre les mouvements de Christophe et les réactions du public.
2. Le morceau commencé, quelles transformations se produisent chez Christophe et dans le public ?

L'ATTACHEMENT AU PAYS NATAL (P. 183)

1. *Première strophe* : sur le point de quitter son pays natal au bord de la Meuse, Jeanne d'Arc exprime sa mélancolie et son inquiétude : quels sont les deux mots qui marquent la séparation prochaine ? Comment est donnée une impression de monotonie et de douceur ?
2. *Deuxième strophe* : le ton paraît plus décidé, pourquoi ?
3. *Troisième et quatrième strophes* : montrez que la nature reste immuable et indifférente.
4. *Cinquième strophe* : que traduit le rythme plus martial ?
5. *Sixième strophe* : quels procédés traduisent l'émotion ? Quelle triple répétition exprime la bienheureuse ignorance de la Meuse ?
6. *Septième strophe* : montrez la progression de l'inquiétude.
7. *Huitième strophe* : après quelle évocation est prise la résolution finale courageuse ?

UNE CHANSON TRISTE (P. 187)

1. Comment est composé ce poème ? Quelle impression donne-t-il ?
2. Le spectacle de l'eau qui coule suggère deux idées contradictoires, lesquelles ?
3. Quels effets produisent les inversions des strophes et du refrain ?

UN TABLEAU NAÏF (P. 188)

1. Baladins, huis, sont des mots anciens qui ne sont plus employés couramment, quel effet produisent-ils ?
2. Expliquez les vers 7-8.
3. Quels mots des trois strophes montrent qu'il s'agit de l'évocation du passage d'une troupe errante, que les baladins ne s'arrêtent pas ?

UNE MUSIQUE TRISTE ET DOUCE (P. 188)

1. Quelles impressions nous donne ce petit poème ?
2. Par quels moyens ? (étudiez le choix et la place des mots, les répétitions, la construction des phrases, le rythme, les sonorités).

UN POÈME NATURE MORTE (P. 189)

Le dessin compte autant que les mots ; déchiffrez les textes (il y a plusieurs possibilités pour la Montre).

LA SUPPLIQUE DU POÈTE (P. 190)

1. Quel est le ton du bilan qu'établit la première strophe ?
2. Qu'implore l'auteur dans les trois suivantes ? Au nom de quoi ?
3. Qu'évoque-t-il dans la cinquième et la sixième ?
4. Quelle idée reprend-il dans la dernière ?

SOUVENIRS ET INQUIÉTUDE (P. 193)

1. Comment qualifier cette histoire ?
2. Quels détails justifient votre jugement ?

FANTAISIE ET RELIGION (P. 193)

1. En vous reportant à la vie du poète, montrez qu'ici il relate son itinéraire.
2. Sur quel ton le fait-il ?

UN UNIVERS CHAOTIQUE (P. 195)

1. Qu'a voulu suggérer l'auteur par les rythmes et les sonorités du poème ?
2. Quel effet produit la question répétée deux fois (vers 7-27) ?

UBU ROI, CHAMPION D'ABSURDITÉ (P. 197)

1. Analysez le langage du Père Ubu (jurons, mots déformés, mots créés, parodie du style solennel).
2. Quelle phrase résume son absurdité ?

L'OFFRANDE DU SOULIER (P. 200)

Pourquoi cette prière est-elle émouvante ?

LE DRAME DU DÉSIR (P. 201)

Comment l'ange gardien justifie-t-il l'amour de Dona Prouhèze et de Rodrigue ?

L'INSPIRATION MÉDITERRANÉENNE (P. 206)

1. Quelle impression donne la première strophe ?
2. Par quels procédés la mer et le soleil sont-ils évoqués ?
3. Dans la deuxième strophe, à quoi aboutit la contemplation du poète ?
4. Qu'évoque la suite d'images de la troisième strophe ?
5. Quelle correspondance établit le poète ?
6. Dans la quatrième strophe, le poète s'identifie aux dieux, montrez-le.
7. Qu'envisage-t-il dans la dernière strophe ?

LA SATIRE DE L'AMOUR-PROPRE (P. 207)

1. Pourquoi l'auteur utilise-t-il l'impératif ?
2. Quels traits caractérisent « les professions délirantes » ?
3. Quels délires affligent les personnes qui en font partie ?
4. Quelle image termine la démonstration ?

LE BAISER D'UNE MÈRE (P. 211)

1. Pourquoi le baiser de la mère a-t-il tant d'importance pour l'enfant ?
2. Qu'est-ce qui montre qu'il attendait avec une attention tendue ?
3. Quel est son état d'âme ?
4. A quelle envie renonce-t-il et pour quelle raison ?

LE MÉCANISME DE LA MÉMOIRE INVOLONTAIRE (P. 212)

1. Quelle sensation a fait ressurgir le passé ? Pourquoi ?
2. Montrez avec quelle force et quelle poésie l'auteur exprime son idée sur le pouvoir de l'odeur et de la saveur.
3. Comment s'exprime le pouvoir magique de sa tasse de thé ?

CHRONIQUE SOCIALE (P. 213)

1. De quelle manière le narrateur observe-t-il Legrandin ?
2. Comment interprète-t-il le ton du renseignement banal ?
3. Comment Legrandin explique-t-il lui-même sa propre intonation ?
4. Qu'a compris le narrateur et quel jugement porte-t-il sur Legrandin ?

COMMENT L'AUTEUR REJOINT LE NARRATEUR (P. 214)

1. Quelle est l'effet de l'idée du Temps ? Quel serait le résultat de la narration ?
2. Comment est envisagé le labeur de l'écrivain ?
3. Comment se comporteraient les lecteurs ?
4. Quelle vision termine le passage et l'éclaire ?

UN NOUVEL ÉVANGILE (P. 219)

1. Le texte part d'une série de sensations, visuelles, olfactives, auditives, tactiles, les relever.
2. Montrez la progression de l'intensité de l'attente qui devient presque insupportable.
3. Quel est l'effet produit par la très courte phrase qui termine ce premier paragraphe ?
4. Faites la même étude pour le paragraphe suivant.
5. Quelle conclusion philosophique est tirée de ces deux évocations ?

LA TENTATION DE L'ACTE GRATUIT (P. 220)

1. Quels paraissent être au début les sentiments de Lafcadio pour Fleurissoire ?
2. Comment naît, se développe et se réalise la tentation du crime ?
3. Quelle est la part du hasard ?
4. Quel est le vrai motif de cet acte gratuit ?

LES INTERPRÉTATIONS DE L'ÉCRITURE (P. 221)

1. Comment Gertrude passe-t-elle de la timidité hésitante à l'assurance et au raisonnement ?
2. Comment se manifeste le trouble du pasteur le jour même et le lendemain ?

LE SURRÉALISME

La guerre de 1914-1918 marque une cassure dans la vie intellectuelle française. Si certains poètes déjà connus avant-guerre, tels Valéry et Claudel, restent fidèles à eux-mêmes, une partie de la jeune génération se révolte contre une civilisation qui a pu permettre un tel massacre. Le mouvement surréaliste est issu de cette révolte. Il s'en est pris aux valeurs traditionnelles telles que la logique et la raison. De 1920 à la fin des années 30, il a produit des théories et des œuvres destinées à bouleverser la littérature et l'art en général. C'est André Breton, personnalité intransigeante et passionnée, qui en a jalonné les étapes par ses écrits et ses manifestes.

LES ÉTAPES DU SURRÉALISME

Le surréalisme prend forme entre 1919 et 1924 de la rencontre d'un groupe de trois jeunes poètes (Breton, Soupault et Aragon) avec Dada.

Le dadaïsme

Le nom de Dada (terme trouvé au hasard dans un dictionnaire) est donné par le poète d'origine roumaine, Tristan Tzara, à un mouvement nihiliste et provocateur établi à Zurich, et qui s'attaque à toutes les valeurs consacrées de l'art [1] et de la morale. Outre Tzara, on y rencontre des peintres comme Francis Picabia, Marcel Duchamp et Marx Ernst. Les poètes Queneau, Michaux et Vian subiront aussi son influence. La volonté de rupture de ce mouvement lui fait saisir toutes les occasions pour semer le scandale. Les adeptes de Dada organisent des spectacles-provocations comme ils en monteront plus tard à Paris : « Sur la scène on tapait sur des clés, des boîtes, pour faire de la musique jusqu'à ce que le public protestât, devenu fou. Serner, au lieu de réciter des poèmes, déposait un bouquet de fleurs au pied d'un mannequin de couturière. Une voix, sous un immense chapeau en forme de pain de sucre, disait des poèmes de Arp. Huelsenbeck hurlait ses poèmes de plus en plus fort, pendant que Tzara frappait en suivant le même rythme et le même crescendo sur la grosse caisse. » (Georges Hugnet, « L'esprit dada dans la peinture », *Cahiers d'art*, 1932-1934).

Dans le même temps, à Paris, de jeunes poètes héritiers de Lautréamont et de Jarry, désireux de créer un « art moderne » comme Apollinaire et Cendrars, s'essaient à une nouvelle forme de création poétique dictée par l'inconscient. Leur chef de file est André Breton. L'arrivée de Tzara à Paris en 1919 va leur donner le goût de la contestation et de l'agression.

Le surréalisme [2]

Ce parti pris de Dada de ne rien vouloir prendre au sérieux amène bientôt la rupture entre Breton et Tzara (1921). En effet, les surréalistes ont un but, changer le monde, et ils ne supportent pas le nihilisme dadaïste. Le groupe surréaliste formé à l'origine de Breton, Soupault et Aragon est ensuite rejoint par Éluard, Péret et Desnos. Le mouvement s'élargit aussi aux autres arts tels que la peinture et la photographie. Mais c'est avec son premier *Manifeste* de 1924 et sa revue *La révolution surréaliste* que le surréalisme s'affirme officiellement. De 1926 à 1928 paraissent des textes importants qui témoignent de la vitalité et de la cohésion du groupe : *Nadja* de Breton, *Le paysan de Paris* d'Aragon, *La liberté ou*

---

1. *« Il s'agissait de fournir la preuve que la poésie était une force vivante sous tous les aspects, même antipoétiques, l'écriture n'en étant qu'un véhicule occasionnel, nullement indispensable, et l'expression de cette spontanéité que, faute d'un qualificatif approprié, nous appelions dadaïste. » (Interview radiophonique, R.T.F., mai 1950).*
2. *Le mot a été inventé par Apollinaire.*

l'amour de Robert Desnos, *L'esprit contre la raison* de René Crevel et *Capitale de la douleur* d'Éluard.

L'éclatement

A partir de 1929 commence un processus de dispersion qui va s'accentuer au cours des années trente. Antonin Artaud, Roger Vitrac, Raymond Queneau, Georges Bataille quittent le mouvement, tandis que d'autres le rallient : René Char, Julien Gracq, mais aussi le peintre Salvador Dali et le cinéaste Buñuel. En 1930 paraît un second *Manifeste* du surréalisme et la revue elle-même change de nom et devient *Le surréalisme au service de la Révolution.* Mais l'union entre le surréalisme et le communisme est de courte durée ; la politique impose un choix qui va faire éclater le groupe. Si Aragon, un des surréalistes de la première heure, accepte une certaine discipline de parti, Breton refuse un engagement qui dénaturerait sa pensée. Il est exclu du Parti communiste en 1933, avec Éluard d'ailleurs, qui ne tardera pas à prendre à son tour ses distances par rapport au surréalisme. Le surréalisme atteint une audience internationale. Des groupes surréalistes se constituent à l'étranger. Mais en même temps le mouvement perd de son dynamisme et de son mordant. Devenu une sorte d'institution culturelle, le mouvement s'éteint après la guerre, même si en mai 1968 (deux ans après la mort de Breton), quelques slogans jetés sur les murs d'universités ont semblé vouloir le faire revivre.

André Breton, tête de file du mouvement surréaliste, dans son bureau (1958).

LES SURRÉALISTES

André Breton (1896-1966)

Toute sa vie se confond avec celle du surréalisme dont il a été le fondateur et le théoricien. Étudiant en médecine, il s'est très tôt intéressé à la psychiatrie et surtout à la psychanalyse de Freud, fondée sur l'étude de l'inconscient. En 1919, il fonde avec Aragon et Soupault la revue *Littérature* (1919-1921) qui va devenir le ferment du surréalisme. C'est lui aussi qui écrit les deux *Manifestes* du surréalisme (1924 et 1930). Jusqu'à sa mort, il reste l'animateur incontesté du mouvement.

Ses principales œuvres sont :
— *Les champs magnétiques* (1920) : premières expériences d'écriture automatique écrites en collaboration avec Soupault.
— *Clair de terre* (1923).
— *Nadja* (roman, 1928) : c'est le nom d'une jeune femme mystérieuse aux « yeux de fougères » qui est pour le narrateur une sorte d'initiatrice au monde surréel.
— *Les vases communicants* (1932).
— *L'amour fou* (1937).
— *Arcane 17* (1945).

Philippe Soupault (né en 1897)

Admirateur de Rimbaud et de Lautréamont, c'est l'un des trois fondateurs du mouvement. Il participe avec Breton à la première expérience d'écriture automatique. Mais dès 1923, il prend ses distances et cherche sa propre voie.

Ses principaux recueils poétiques sont :
— *Aquarium* (1917).
— *Rose des vents* (1920).
— *Westvego* (1917-1922).
De 1924 à la guerre, il s'est surtout soucié de son œuvre romanesque avant de revenir à la poésie après la Libération.

Robert Desnos (1900-1945)

Desnos participe d'abord au mouvement Dada. En 1922, il est présenté à Breton. Il a déjà l'habitude de noter ses rêves et il surprend par son génie de l'automatisme verbal. Très doué pour rendre compte de « rêves à l'état brut », il pratique à merveille l'écriture automatique. Mais trop indépendant pour s'enfermer dans l'orthodoxie surréaliste, il rompt avec Breton en 1930. Pendant l'occupation allemande, il entre dans la Résistance et devient avec Éluard et Aragon un des poètes de la liberté (voir page 225). Arrêté par la Gestapo [1], il meurt dans un camp en Tchécoslovaquie en 1945.
— *Domaine public* (1953) rassemble la plus grande partie de son œuvre.

1. *Un service de la police allemande pendant la guerre.*

Robert Desnos. Il pratiquait beaucoup les expériences de rêve éveillé et de sommeil hypnotique (Bibliothèque littéraire Jacques Doucet, Paris).

— *Corps et biens* (1930) regroupe les poèmes et les pièces en prose écrits entre 1919 et 1929.
— *Fortune* (1942).
— *État de veille* et *Le vin est tiré* (1943).

LA DOCTRINE SURRÉALISTE

Dès le premier *Manifeste*, Breton propose la définition suivante du surréalisme : « *Surréa-lisme* n. m. : automatisme psychique pur par lequel on se propose d'exprimer, soit verbale-ment, soit par écrit, soit de toute autre manière, le fonctionnement réel de la pensée. Dictée de la pensée, en dehors de toute préoccupation esthétique ou morale. » On voit que le surréa-lisme se pose comme une libération. Il s'agit de redécouvrir toute une part de l'homme qui a été masquée par la raison et les conventions de la logique. Cette part s'appelle l'inconscient. Il s'agit de jeter à bas la cloison qui sépare la vie ordinaire de la vie inconsciente, pour atteindre à cette unité perdue (et mythique), qui date de l'époque où l'homme n'était ni aliéné ni conditionné (projection qui n'est pas sans rappe-ler Rousseau). Le moyen privilégié pour que cet inconscient puisse monter à la surface et fécon-der la réalité est d'utiliser un langage délivré de la raison, tel qu'il se forme dans la transcription des rêves et dans l'écriture automatique. Les surréalistes forcent aussi le hasard en créant des images insolites qui doivent réveiller chez le lecteur des zones inconscientes et, pour Breton, plus l'image met en rapport des éléments éloi-gnés, plus elle est poétique ; plus elle est arbi-traire, plus elle est forte.

En proclamant que l'art a sa source dans une subjectivité libérée de toute contrainte, le surréa-lisme a déclenché une expérience unique dans les domaines de la poésie et de la peinture, mais il a aussi ouvert la voie à toutes les médiocrités. Éluard est l'un des premiers à avoir reconnu le danger et à souligner le caractère purement expérimental des divers exercices surréalistes : « On a pu penser que l'écriture automatique rendait les poèmes inutiles. Non : elle augmente, développe seulement le champ de l'examen de conscience poétique, en l'enrichissant. » Et de fait, l'expérience surréaliste ne sera jamais mieux servie que par ceux qui ont su prendre leur distance par rapport au mouvement (Éluard, Aragon, Char).

Dessin automatique (1925-1926) d'André Masson (Paru dans Chemins du surréalisme).

BIBLIOGRAPHIE
J. Gracq, *André Breton,* José Corti, 1948.
Y. Duplessis, *Le surréalisme,* PUF, « Que sais-je ? », 432, 1961.
A. Breton, *Les manifestes du surréalisme,* Pauvert, 1962.
M. Raymond, *De Baudelaire au surréalisme,* José Corti, 1962.
C. Abastado, *Introduction au surréalisme,* Bordas, Coll. Études, 1971.
B. Pompili, *Breton, Aragon : Problemi del surrea-lismo,* Bari, Sindia, 1972.
J.-J. Brochier, *L'aventure du surréalisme : 1914-1940,* Stock, 1977.
A. Biro, R. Passeron, *Dictionnaire du surréalisme,* Office du Livre, PUF, 1982.

SEPT MANIFESTES DADA

Le goût de la dérision

Le groupe dada aimait la provocation. Il se moquait de tout et même des poètes.

POUR FAIRE UN POÈME DADAÏSTE

Prenez un journal.

Prenez des ciseaux.

Choisissez dans ce journal un article ayant la longueur que vous comptez donner à votre poème.

Découpez l'article.

Découpez ensuite avec soin chacun des mots qui forment cet article et mettez-les dans un sac.

Agitez doucement.

Sortez ensuite chaque coupure l'une après l'autre.

10 Copiez consciencieusement.

Dans l'ordre où elles ont quitté le sac.

Le poème vous ressemblera.

Et vous voilà un écrivain infiniment original et d'une sensibilité charmante, encore qu'incomprise du vulgaire.

Sept manifestes dada,
Jean-Jacques Pauvert.

PREMIER MANIFESTE DU SURRÉALISME

La magie de la spontanéité

Après avoir fait le procès de la logique qui ne résoud jamais que des « problèmes d'intérêt secondaire », Breton défend le merveilleux « propre à remuer la sensibilité humaine. » Puis il passe à la description de l'écriture automatique, qui est la seule à pouvoir exprimer, sans interférence de la conscience, les richesses du moi profond.

Faites-vous apporter de quoi écrire, après vous être établi en un lieu aussi favorable que possible à la concentration de votre esprit sur lui-même. Placez-vous dans l'état le plus passif, ou réceptif, que vous pourrez. Faites abstraction de votre génie, de vos talents et de ceux de tous les autres. Dites-vous bien que la littérature est un des plus tristes chemins qui mènent à tout. Écrivez vite sans sujet préconçu, assez vite pour ne pas retenir et ne pas être tenté de vous relire. La première phrase viendra toute seule, tant il est vrai qu'à chaque seconde il est une phrase étrangère à notre pensée consciente qui ne demande qu'à s'extérioriser. Il est assez difficile de se

10 prononcer sur le cas de la phrase suivante ; elle participe sans doute à la fois de notre activité consciente et de l'autre, si l'on admet que le fait d'avoir écrit la première entraîne un minimum de perception. Peu doit vous importer, d'ailleurs ; c'est en cela que réside, pour la plus grande part, l'intérêt du jeu surréaliste.

André Breton,
Les manifestes du surréalisme, J.-J. Pauvert.

SECOND MANIFESTE DU SURRÉALISME

Fonction du surréalisme

Dans le second Manifeste, Breton précise encore sa pensée. Le surréalisme a pour fonction d'éviter le filtrage de l'inconscient par la raison et de mettre l'inspiration en prise directe avec l'expression, sans se soucier des formes : « ...il s'agit, non plus essentiellement de produire des œuvres d'art, mais d'éclairer la partie non révélée et pourtant révélable de notre être où toute beauté, tout amour, toute vertu, que nous nous connaissons à peine, luit d'une manière intense. »

On sait assez ce qu'est l'inspiration. Il n'y a pas à s'y méprendre ; c'est elle qui a pourvu aux besoins suprêmes d'expression en tout temps et en tous lieux. On dit communément qu'elle y est ou qu'elle n'y est pas, et, si elle n'y est pas, rien de ce que suggère auprès d'elle l'habileté humaine, qu'oblitèrent l'intérêt, l'intelligence discursive et le talent qui s'acquiert par le travail ne peut nous guérir de son absence. Nous la reconnaissons sans peine à cette prise de possession totale de notre esprit qui, de loin en loin, empêche que pour tout problème posé nous soyons le jouet d'une solution rationnelle plutôt que d'une autre solution rationnelle, à cette sorte de
10 court-circuit qu'elle provoque entre une idée donnée et sa répondante (écrite par exemple). Tout comme dans le monde physique, le court-circuit se produit quand les deux « pôles » de la machine se trouvent réunis par un conducteur de résistance nulle ou trop faible. En poésie, en peinture, le surréalisme a fait l'impossible pour multiplier ces courts-circuits. Il ne tient et il ne tiendra jamais à rien tant qu'à reproduire artificiellement ce moment idéal où l'homme, en proie à une émotion particulière, est soudain empoigné par ce « plus fort que lui » qui le jette, à son corps défendant, dans l'immortel.

André Breton,
Les manifestes du surréalisme, J.-J. Pauvert.

CLAIR DE TERRE

Le voyage surréaliste

Les surréalistes et Breton en particulier ont rêvé de retrouver l'unité du monde au-delà de la multiplicité des apparences, d'atteindre « un certain point de l'esprit d'où la vie et la mort, le réel et l'imaginaire, le passé et le futur, le communicable et l'incommunicable, le haut et le bas, cessent d'être perçus contradictoirement. » (Situation du surréalisme entre les deux guerres, Fontaine éditeur, 1945).

VIGILANCE

A Paris la tour Saint-Jacques chancelante
Pareille à un tournesol
Du front vient quelquefois heurter la Seine et son ombre glisse
    imperceptiblement parmi les remorqueurs
A ce moment sur la pointe des pieds dans mon sommeil
Je me dirige vers la chambre où je suis étendu
Et j'y mets le feu
Pour que rien ne subsiste de ce consentement qu'on m'a
    arraché
10 Les meubles font alors place à des animaux de même taille qui
    me regardent fraternellement
Lions dans les crinières desquels achèvent de se consumer
    les chaises
Squales dont le ventre blanc s'incorpore le dernier frisson
    des draps
A l'heure de l'amour et des paupières bleues
Je me vois brûler à mon tour je vois cette cachette solennelle
    de riens
Qui fut mon corps
20 Fouillée par les becs patients des ibis du feu
Lorsque tout est fini j'entre invisible dans l'arche
Sans prendre garde aux passants de la vie qui font
    sonner très loin leurs pas traînants
Je vois les arêtes du soleil
A travers l'aubépine de la pluie
J'entends se déchirer le linge humain comme une grande
    feuille
Sous l'ongle de l'absence et de la présence qui sont de
    connivence
30 Tous les métiers se fanent il ne reste d'eux qu'une dentelle
    parfumée
Une coquille de dentelle qui a la forme parfaite d'un sein
Je ne touche plus que le cœur des choses je tiens le fil

André Breton,
Clair de terre, Gallimard, 1923.

POÈMES ET POÉSIES

Charme et tendresse surréalistes

Un petit poème de Philippe Soupault, un surréaliste de la première heure.

RIEN QUE CETTE LUMIÈRE
Rien que cette lumière que sèment tes mains
rien que cette flamme et tes yeux
ces champs cette moisson sur ta peau
rien que cette chaleur de ta voix
rien que cet incendie
rien que toi

Car tu es l'eau qui rêve
et qui persévère
l'eau qui creuse et qui éclaire
10 l'eau douce comme l'air
l'eau qui chante
celle de tes larmes et de ta joie

Solitaire que les chansons poursuivent
heureux du ciel et de la terre
forte et secrète vivante
ressuscitée
Voici enfin ton heure tes saisons
tes années

Philippe Soupault,
Poèmes et poésies, Grasset.

Salvador Dali : Nu dans la plaine de Rosas, *1942 (Collection Madame P. de Gavardie, Paris).*

DESTINÉES ARBITRAIRES

Images insolites

Dans ce poème typiquement surréaliste, ce sont les associations de mots qui, dans leurs bizarreries, donnent l'impression du rêve. Les lois du temps et de l'espace sont transgressées. Les images s'associent sans lien rationnel, le passé, le présent et le futur se confondent. Le titre même du poème est fondé sur un renversement : « faire des gorges chaudes » (de quelque chose) est une expression qui signifie « se moquer ouvertement » (de quelque chose), mais ici l'auteur fait de l'humour à froid sur sa propre mort. En dépit de tous ces renversements, la forme du sonnet reste traditionnelle, soit pour créer une nouvelle tension, soit pour faire illusion.

1. Rapport inverse entre le futur du verbe et le passé de l'adverbe (hier).
2. Image que l'on pourrait voir dans un film surréaliste.
3. Transformation de la locution « à tire d'aile » et qui veut dire « très vite ». Ici on peut comprendre : vers elle.
4. Os de la jambe.
5. Jeux d'enfant où il faut sauter, en équilibre sur un pied, sur des cases dessinées sur le sol à la craie.
6. Ceux à qui on a enlevé un bras ou une jambe.
7. Inscription funéraire.
8. La femme porte le nom d'une rue de Paris dans le XIVe arrondissement. La même chose pour la « Folie-Méricourt » qui est une rue du XIe arrondissement.
9. Tordue.
10. Le retour à la vie ou le retour à la réalité puisqu'il s'agit d'une fausse mort.

LES GORGES FROIDES
A la poste d'hier tu télégraphieras [1]
que nous sommes bien morts avec les hirondelles
Facteur, triste facteur, un cercueil sous ton bras [2]
va-t'en porter ma lettre aux fleurs à tire d'elle [3].

La boussole est en os, mon cœur tu t'y fieras.
Quelque tibia [4] marque le pôle et les marelles [5]
pour amputés [6] ont un sinistre aspect d'opéras.
Que pour mon épitaphe [7] un dieu taille ses grêles !

C'est ce soir que je meurs, ma chère Tombe-Issoire [8],
10 ton regard le plus beau ne fut qu'un accessoire
de la machinerie étrange du bonjour.

Adieu ! Je vous aimai sans scrupule et sans ruse,
ma Folie-Méricourt, ma silencieuse intruse.
Boussole à flèche torse [9] annonce le retour [10].

Robert Desnos, *Destinées arbitraires,*
C'est les bottes de sept lieues cette phrase : « Je me vois », Gallimard, 1926.

ELUARD (1895-1952)

Eluard est « le poète de l'antisolitude », celui qui cherche toujours à rencontrer les autres, à leur tendre la main. Ses différents engagements, pour le surréalisme d'abord, pour le communisme ensuite, ont toujours répondu à un formidable désir de vie, de présence au monde et aux autres où l'amour tient toujours la plus grande place.

LA VIE

Eluard, de son vrai nom Eugène-Émile-Paul Grindel, est né dans une triste banlieue de Paris. Contraint d'arrêter ses études pour raisons de santé, il fait la connaissance, au sanatorium, de Gala, qui va devenir sa femme et son inspiratrice avant de devenir celle de Dali. L'expérience de la Première Guerre mondiale, qu'il vit comme infirmier, le révolte contre la société, responsable d'un tel massacre.

En 1918, il entre en rapport avec Breton, Soupault, Aragon et approuve le *Manifeste Dada*. En 1922, il rejoint le groupe surréaliste. En 1926 paraît son premier recueil important de poèmes *Capitale de la douleur*. En 1929, il rencontre Nusch « la parfaite », qu'il épouse et dont seule la mort le séparera. Cette période surréaliste se termine en 1936 avec *La rose publique*.

1936 marque le début d'une nouvelle période littéraire avec *Les yeux fertiles* : c'est le retour à plus de simplicité et d'authenticité. C'est aussi le moment où le poète s'engage dans la lutte politique : « Le temps est venu où tous les poètes ont le droit et le devoir de soutenir qu'ils sont profondément enfoncés dans la vie des autres hommes, dans la vie commune » *(L'évidence poétique)*. Dès le début de la guerre d'Espagne, il se rapproche des communistes. Pendant la Deuxième Guerre mondiale, il milite dans la Résistance et organise plusieurs éditions clandestines. Après la guerre, il continue à défendre la paix et participe à des congrès d'écrivains.

La mort de Nusch en novembre 1946 est pour lui un drame :

« Vingt-huit novembre mil neuf cent quarante-
[six

Nusch et le reflet de Paul Éluard dans la glace (1932).

Nous ne vieillirons pas ensemble.
 Voici le jour
  En trop : le temps déborde.
Mon amour si léger prend le poids d'un sup-
       [plice. »

En 1949, à Mexico, il rencontre Dominique et il chante dans *Le phénix* (1950) la renaissance de l'amour. Le 18 novembre 1952, une angine de poitrine enlève celui qu'un autre poète appelait le « sourcier [1] aux mains de lumière ».

1. *Celui qui trouve des sources.*

PRINCIPALES ŒUVRES

Eluard a écrit presque exclusivement des poèmes.

L'expérience de la guerre
— *Le devoir et l'inquiétude* (1917)
— *Poèmes pour la paix* (1918)

La période surréaliste
— *Mourir de ne pas mourir* (1924)
— *Au défaut du silence* (1925)
— *Capitale de la douleur* (1926)
— *L'amour, la poésie* (1929)

L'amour pour Nusch
— *La vie immédiate* (1932)
— *Facile, La barre d'appui* (1936)
— *Les yeux fertiles* (1936)

L'engagement politique
— *Donner à voir* (1939)
— *Poèmes politiques* (1948)
— *Grèce, ma rose de raison* (1949)
— *Une leçon de morale* (1950)
— *Poèmes pour tous* (1952)

Derniers poèmes d'amour
— *Poésie ininterrompue* (1946)
— *Le dur désir de durer* (1946)
— *Le temps déborde* (1947)
— *Corps mémorable* (1947)
— *Le phénix* (1951)

LE POÈTE DE L'AMOUR

L'amour est le thème central de la poésie d'Eluard. L'amour pour la femme, certes, mais aussi, par-delà cette relation privilégiée, un appel de solidarité à tout le genre humain. « Tant qu'il y a des prisons, nous ne sommes pas libres » écrit Eluard, porte-parole d'un lyrisme fraternel, jamais doctrinal, même au cœur de son engagement politique.

BIBLIOGRAPHIE
R. Jean, *Paul Eluard par lui-même*, Le Seuil, 1968.
A. Kittang, *Paul Eluard*, Lettres modernes, 1969.
S. Alexandrian, *Le rêve et le surréalisme*, Gallimard, 1974.

MOURIR DE NE PAS MOURIR

La poésie issue du surréalisme

C'est l'évocation de deux corps à la fois désarticulés et mêlés. Cette fusion dans l'amour abolit les différences, comme dans un rêve. Ce poème de 1924 date de la période surréaliste d'Eluard.

L'AMOUREUSE
Elle est debout sur mes paupières
Et ses cheveux sont dans les miens,
Elle a la forme de mes mains,
Elle a la couleur de mes yeux,
Elle s'engloutit dans mon ombre
Comme une pierre sur le ciel.

Elle a toujours les yeux ouverts
Et ne me laisse pas dormir.
Ses rêves en pleine lumière
10 Font s'évaporer les soleils,
Me font rire, pleurer et rire,
Parler sans avoir rien à dire.

Mourir de ne pas mourir, Gallimard, 1924.

POÉSIE ET VÉRITÉ

La poésie engagée

Pendant la guerre, Éluard s'engagea dans la Résistance. Avec Aragon, il est l'un des plus grands poètes de la liberté. Le recueil Poésie et Vérité *s'ouvre sur cet hymne à la liberté qui a aussi les intonations d'un hymne à l'amour.*

Composition de Fernand Léger pour illustrer le poème d'Éluard « Liberté », pour sa publication chez Seghers en 1953, dans Poésie et vérité 42 *(Bibliothèque Nationale, Paris).*

Il fut distribué par un avion, sur les maquis où se trouvaient les résistants avec d'autres poèmes de différents auteurs.

LIBERTÉ

Sur mes cahiers d'écolier
Sur mon pupitre et les arbres
Sur le sable sur la neige
J'écris ton nom

Sur toutes les pages lues
Sur toutes les pages blanches
Pierre sang papier ou cendre
J'écris ton nom

Sur les images dorées
10 Sur les armes des guerriers
Sur la couronne des rois
J'écris ton nom

Sur la jungle et le désert
Sur les nids sur les genêts [1]
Sur l'écho de mon enfance
J'écris ton nom

Sur les merveilles des nuits
Sur le pain blanc des journées
Sur les saisons fiancées
20 J'écris ton nom

Sur tous mes chiffons d'azur
Sur l'étang soleil moisi
Sur le lac lune vivante
J'écris ton nom

Sur les champs sur l'horizon
Sur les ailes des oiseaux
Et sur le moulin des ombres
J'écris ton nom

Sur chaque bouffée d'aurore
30 Sur la mer sur les bateaux
Sur la montagne démente
J'écris ton nom

Sur la mousse des nuages
Sur les sueurs de l'orage
Sur la pluie épaisse et fade
J'écris ton nom

Sur les formes scintillantes
Sur les cloches des couleurs
Sur la vérité physique
40 J'écris ton nom

1. Arbrisseaux à fleurs jaunes que l'on voit souvent le long des routes.

235

Sur les sentiers éveillés
Sur les routes déployées
Sur les places qui débordent
J'écris ton nom

Sur la lampe qui s'allume
Sur la lampe qui s'éteint
Sur mes maisons réunies
J'écris ton nom

50 Sur le fruit coupé en deux
Du miroir et de ma chambre
Sur mon lit coquille vide
J'écris ton nom

Sur mon chien gourmand et tendre
Sur ses oreilles dressées
Sur sa patte maladroite
J'écris ton nom

Sur le tremplin de ma porte
Sur les objets familiers
Sur le flot du feu béni
60 J'écris ton nom

Sur toute chair accordée
Sur le front de mes amis
Sur chaque main qui se tend
J'écris ton nom

Sur la vitre des surprises
Sur les lèvres attentives
Bien au-dessus du silence
J'écris ton nom

70 Sur mes refuges détruits
Sur mes phares écroulés
Sur les murs de mon ennui
J'écris ton nom

Sur l'absence sans désirs
Sur la solitude nue
Sur les marches de la mort
J'écris ton nom

Sur la santé revenue
Sur le risque disparu
Sur l'espoir sans souvenirs
80 J'écris ton nom

Et par le pouvoir d'un mot
Je recommence ma vie
Je suis né pour te connaître
Pour te nommer

Liberté [2].

Poésie et vérité, Éd. de Minuit.

2. « J'ai écrit ce poème pendant l'été de 1941. En composant les premières strophes (...) je pensais révéler pour conclure le nom de la femme que j'aimais, à qui ce poème était destiné. Mais je me suis vite aperçu que le seul mot que j'avais en tête était liberté.
  Et par le pouvoir d'un mot
  Je recommence ma vie
  Je suis né pour te connaître
    Pour te nommer
      Liberté
Ainsi la femme que j'aimais incarnait un désir plus grand qu'elle. Je la confondais avec mon aspiration la plus sublime. Et ce mot, liberté, n'était lui-même, dans tout mon poème, que pour éterniser une très simple volonté, très quotidienne, très appliquée, celle de se libérer de l'occupant... »
Conférence prononcée par Eluard le 7/1/52, Gallimard.

LE TEMPS DÉBORDE

La perte de l'autre

A partir de 1942, date de son adhésion au Parti communiste, Eluard développe une intense activité d'écrivain engagé. La mort de sa femme Nusch en novembre 1946 plonge le poète dans une solitude tragique.

MA MORTE VIVANTE
Dans mon chagrin rien n'est en mouvement
J'attends personne ne viendra
Ni de jour ni de nuit
Ni jamais plus de ce qui fut moi-même

LE TEMPS DÉBORDE

Mes yeux se sont séparés de tes yeux
Ils perdent leur confiance ils perdent leur lumière
Ma bouche s'est séparée de ta bouche
Ma bouche s'est séparée du plaisir
Et du sens de l'amour et du sens de la vie
10 Mes mains se sont séparées de tes mains
Mes mains laissent tout échapper
Mes pieds se sont séparés de tes pieds
Ils n'avanceront plus il n'y a plus de routes
Ils ne connaîtront plus mon poids ni le repos
Il m'est donné de voir ma vie finir
Avec la tienne
Ma vie en ton pouvoir
Que j'ai crue infinie

Et l'avenir mon seul espoir c'est mon tombeau
20 Pareil au tien cerné d'un monde indifférent

J'étais si près de toi que j'ai froid près des autres.

Le temps déborde, Seghers, 1947.

Les amants *par René Magritte
(1928). Huile sur toile (Collection particulière).*

ÉLUARD

LE PHÉNIX

La renaissance

En septembre 1949, Eluard rencontre Dominique à Mexico. Avec elle, il va retrouver le goût de vivre, il va réapprendre à vivre à deux. C'est ce bonheur de la renaissance que chante le recueil intitulé Le phénix *(animal mythique qui a la faculté de renaître de ses cendres).*

JE T'AIME
Je t'aime pour toutes les femmes que je n'ai pas connues
Je t'aime pour tous les temps où je n'ai pas vécu
Pour l'odeur du grand large et l'odeur du pain chaud
Pour la neige qui fond pour les premières fleurs
Pour les animaux purs que l'homme n'effraie pas
Je t'aime pour aimer
Je t'aime pour toutes les femmes que je n'aime pas

Qui me reflète sinon toi-même je me vois si peu
Sans toi je ne vois rien qu'une étendue déserte
10 Entre autrefois et aujourd'hui
Il y a eu toutes ces morts que j'ai franchies sur de la paille
Je n'ai pas pu percer le mur de mon miroir
Il m'a fallu apprendre mot par mot la vie
Comme on oublie

Je t'aime pour ta sagesse qui n'est pas la mienne
Pour la santé
Je t'aime contre tout ce qui n'est qu'illusion
Pour ce cœur immortel que je ne détiens pas
Tu crois être le doute et tu n'es que raison
20 Tu es le grand soleil qui me monte à la tête
Quand je suis sûr de moi.

ET UN SOURIRE
La nuit n'est jamais complète
Il y a toujours puisque je le dis
Puisque je l'affirme
Au bout du chagrin une fenêtre ouverte
Une fenêtre éclairée
Il y a toujours un rêve qui veille
Désir à combler faim à satisfaire
Un cœur généreux
Une main tendue une main ouverte
10 Des yeux attentifs
Une vie la vie à se partager

Le Phénix, Seghers, 1951.

ARAGON (1897-1982)

Poète surréaliste, puis romancier, Louis Aragon s'impose comme une des grandes figures de la littérature française du XXᵉ siècle. Écrivain « engagé », on retrouve dans la plupart de ses œuvres la marque de ses choix politiques et humains.

LA VIE

Louis Aragon naît en 1897 à Paris, ville qu'il décrit dans de nombreuses œuvres et à laquelle il reste très attaché. Il devient médecin en 1917 et fait la rencontre d'André Breton, qui détermine le début de sa carrière poétique. Il s'engage alors dans l'aventure du surréalisme.

Aragon prononçant un discours (1949).

En 1927, Aragon entre au Parti communiste français : cette adhésion marque toute sa carrière future. Il fait l'année suivante la rencontre d'une femme qui inspirera l'essentiel de sa poésie, Elsa Triolet.

Lorsqu'il meurt en 1982, le Parti communiste français lui organise des funérailles grandioses.

PRINCIPALES ŒUVRES

Œuvres poétiques

— *Feu de joie* (1920) et *Mouvement perpétuel* (1925) rassemblent les œuvres poétiques de ses débuts nettement surréalistes.

— *Traité du style* (1928) : Aragon y manifeste déjà sa volonté de prendre ses distances par rapport au surréalisme, dont il élargit la définition.

— *Hourra l'Oural* (1930-1931) glorifie le socialisme soviétique et est la première manifestation littéraire de l'adhésion d'Aragon au P.C.F.

Aragon rédige une série de poèmes qui seront publiés pendant la guerre et assurent la célébrité du poète résistant :

— *Le crève-cœur* (1941), *Le musée Grévin* (1943) et *La Diane française* (1945), où Aragon rend hommage au Parti communiste, assimilant la patrie française à une jeune femme.

— *Cantique à Elsa* (1942).

— *Les yeux d'Elsa* (1942).

— *Le nouveau crève-cœur* (1948).

— *Le roman inachevé* (1956) est un poème, comme son nom ne l'indique pas et marque le début d'une réflexion d'Aragon sur son passé ; on y sent un doute quant à son engagement pour une poésie au service de la politique.

— *Le fou d'Elsa* (1963) est un ensemble mi-poétique mi-romanesque évoquant la chute de

Grenade en 1494, reprise par les catholiques espagnols aux Arabes. C'est l'occasion pour Aragon de glorifier la richesse de la civilisation arabe à travers le personnage du poète Le Medjoun qui, dans des instants de délire poétique, voit une femme, Elsa, dont il est amoureux fou.

Œuvres romanesques

— *Le paysan de Paris* (1926) est une description très poétique de certains quartiers parisiens sur un mode très original, mêlant visions réelles et fictions.

— *Les cloches de Bâle* (1934) et *Les beaux quartiers* (1936) sont les deux premiers romans d'un cycle intitulé *Le monde réel,* destiné à illustrer le « réalisme socialiste ». Aragon y décrit la société française d'avant 1914 à travers le portrait d'une famille bourgeoise.

— *Les voyageurs de l'impériale* (1942) est le troisième roman du cycle *Le monde réel.* Il a pour thème la vie malheureuse d'un professeur, M. Mercandier, qui comprend à la fin de son existence qu'il n'a été qu'un « voyageur de l'impériale », c'est-à-dire qu'il a aussi peu dirigé le cours de sa vie que les voyageurs assis au premier étage (l'impériale) d'un autobus peuvent influencer sa route.

— *Aurélien* (1944) termine, semble-t-il, le cycle, en décrivant la faillite définitive de la bourgeoisie en 1940. Ce roman retrace l'évolution d'un individualiste pris d'un amour fou pour une femme de pharmacien. Désespéré par cette relation impossible, il cherche l'oubli en s'engageant aveuglément dans une carrière de grand industriel. Cette activité le rapproche inévitablement des milieux fascistes. C'est l'écrivain d'extrême-droite Drieu La Rochelle qui a servi de modèle pour le personnage central d'Aurélien Lentillois.

— *Les communistes* (1941-1951) est un recueil de plusieurs volumes vantant le courage exemplaire des militants communistes engagés dans la Résistance. Certains des personnages du cycle *Le monde réel* s'y retrouvent, comme dans les romans-fleuves de Jules Romains.

— *La semaine sainte* (1958) : Aragon crée un roman historique dont l'action se situe en 1815 et dont le héros est le peintre Géricault.

— *Blanche ou l'oubli* (1967) développe des réflexions sur le langage humain, mais montre surtout qu'Aragon vit constamment au contact de l'actualité de son époque, évoquant le cinéma, les engagements contemporains du Parti communiste et la linguistique.

LA POÉSIE D'ARAGON

La carrière poétique d'Aragon se confond au début avec l'histoire du surréalisme. Il a trouvé dans cette forme de poésie un moyen de se révolter contre les conventions bourgeoises, tant sociales que littéraires. Mais très vite le surréa-

Elsa Triolet, la compagne d'Aragon.

lisme lui paraît rigide et limité aux seules expériences de l'écriture automatique et de l'analyse des rêves. Cela le conduit à se détacher des surréalistes, qui lui reprochent son militantisme politique, devenu incompatible selon eux avec la poésie.

C'est la menace de la guerre, puis l'occupation et la Résistance qui donnent un nouvel élan au poète. Cependant, cette poésie de circonstance garde une valeur dépassant l'histoire événementielle, car Aragon associe constamment l'amour pour une femme à celui de la patrie.

La forme poétique évolue : Aragon renonce à une poésie de la rupture pour renouer avec des formes plus traditionnelles. Il reprend l'alexandrin, s'inspire de Victor Hugo et de Villon.

Le thème essentiel de la poésie d'Aragon reste en définitive l'amour, que la femme aimée soit Elsa Triolet ou un personnage féminin allégorique représentant la France ; c'est par ses poèmes d'amour qu'Aragon réussit à séduire même ceux qui réprouvent son militantisme communiste. Le rythme très mélodieux de ses plus beaux textes a inspiré de nombreux chanteurs, comme Jean Ferrat, Léo Ferré et Bernard Lavilliers.

BIBLIOGRAPHIE
H. Juin, *Aragon,* Gallimard, 1960.
R. Garaudy, *Du surréalisme au monde réel, l'itinéraire d'Aragon,* Gallimard, 1961.
B. Lecharbonnier, *Aragon,* Bordas, 1971.

LES CLOCHES DE BÂLE

Une fille de patron parmi les ouvriers

Les cloches de Bâle est le premier roman du cycle Le monde réel et fait allusion au congrès du Parti socialiste qui s'est tenu à Bâle en 1912. Chaque chapitre est consacré à un personnage précis. Cet extrait fait partie du chapitre consacré à Catherine Simonidzé, fille d'un industriel soviétique, qui lutte pour l'amélioration de la condition féminine : le spectacle de sa mère, totalement dépendante de son mari, l'a révoltée. L'émancipation passe pour elle par la révolution socialiste, aussi se met-elle à fréquenter le monde ouvrier et les milieux anarchistes. Catherine s'aperçoit ici du fossé social qui la sépare de ces ouvriers qu'elle ne connaît pas. Le désespoir l'amènera finalement au suicide, mais elle sera sauvée in extremis.

Que savait Catherine des ouvriers ? Rien. Ce n'était pas d'avoir fréquenté [1] quelques anarchistes, pour la plupart recrutés parmi les typographes [2], c'est-à-dire dans une catégorie qui a ses particularités, où s'est développée déjà une culture bien spéciale, et avec elle des traits idéologiques de la petite-bourgeoisie, ce n'était pas d'avoir connu Libertad [3] et quelques autres qui l'eût familiarisée vraiment avec les ouvriers.

Ils lui étaient au fond aussi lointains qu'à Mme Simonidzé [4] aussi parfaitement étrangers. Est-ce qu'elle se faisait une idée quelconque de leur vie ? Non. Elle ne savait rien de l'enfance ouvrière, différente de celle qu'elle
10   avait eue, comme le cauchemar d'un sommeil calme ; dans son monde, l'être humain rarement avant vingt ans acquérait ce sentiment de responsabilité qui fait l'adulte ; tandis que, garçons ou filles, dans le monde ouvrier la vie, à proprement parler l'enfer, commence bien avant l'achèvement de la croissance, avant même la puberté. Cela creusait encore entre Catherine

1. Ce n'était pas parce qu'elle avait fréquenté.
2. Métier de l'imprimerie.
3. Un personnage d'ouvrier.
4. Sa mère.

*Le monde ouvrier vers 1930 :
la rentrée des usines Renault.*

et *eux* un fossé de différences. Il y avait aussi *les problèmes,* les importants problèmes qui se posaient pour elle, et qu'elle avait l'impression toujours, parlant avec un ouvrier, que celui-ci ne comprenait pas : non pas tant qu'il n'en trouvât pas la solution, mais comme s'il ne fût même pas arrivé à se les poser.

20 Cela, se masquant derrière des difficultés de langage, de vocabulaire, en imposait à [5] Catherine pour une infériorité de leur part. Elle ne voyait pas que, bien souvent, tout était à l'inverse : c'était elle qui avait encore à discuter ce qui n'était en réalité que vestiges [6] d'un autre siècle, et c'est peu dire, d'un autre monde. Et ils n'avaient pas des heures non plus à donner aux arguties [7], ils avaient leurs problèmes à eux, autrement pressants et immédiats.

Catherine ne se faisait aucune idée de ce qu'est la journée de travail. C'est peut-être ce qui sépare avec la plus grande netteté la bourgeoisie du prolétariat. Les bourgeois parlent avec abondance de ceux d'entre eux qui 30 travaillent. Mais le travail au bout duquel la subsistance n'est pas seule assurée, le travail dont on ne sort pas avec juste le temps nécessaire pour récupérer les forces de la journée de travail du lendemain, le travail de celui qui possède, en un mot, de celui qui amasse ne peut être comparé au travail ouvrier que par l'effet d'un abominable jeu de mots.

Il y a particulièrement ce travail de l'usine, où l'homme, de la sirène de l'entrée à la sirène de la sortie, est possédé par le minutage, et les longues heures ainsi débitées à un geste près... Il y a le retour à la maison, mot ironique, et le dénuement, les difficultés de chaque chose, le long désir de chaque objet nécessaire ; il y a enfin la non-garantie du lendemain, 40 l'orage toujours possible, la boîte [8] qui ferme, le chômage. Cette chose incompréhensible et soudaine.

Les cloches de Bâle, Gallimard, 1934.

5. L'impressionnait, faisait grande impression sur elle.
6. Ruines, reliquats, restes, souvenirs.
7. Discussions oiseuses, sans but et sans utilité.
8. L'usine, l'entreprise (familier).

LA DIANE FRANÇAISE

De l'impossibilité d'être heureux

Écrit sous l'Occupation, ce poème est dédié à Elsa, la « Diane française » : la femme aimée tient le rôle d'inspiratrice semblable à celui de la dame dans la littérature courtoise. On perçoit des allusions assez nettes aux événements contemporains, mais on notera également que le poème garde toute sa vérité de nos jours : sa portée philosophique et humaine dépasse le cadre strict de l'histoire et c'est ce qui en fait la beauté. Ce poème a été mis en musique et chanté par Georges Brassens.

IL N'Y A PAS D'AMOUR HEUREUX
Rien n'est jamais acquis à l'homme Ni sa force
Ni sa faiblesse ni son cœur Et quand il croit
Ouvrir ses bras son ombre est celle d'une croix
Et quand il croit serrer son bonheur il le broie [1]

Sa vie est un étrange et douloureux divorce
Il n'y a pas d'amour heureux

Sa vie Elle ressemble à ces soldats sans armes
Qu'on avait habillés pour un autre destin
À quoi peut leur servir de se lever matin [2]
10 Eux qu'on retrouve au soir désœuvrés [3] incertains
Dites ces mots Ma vie Et retenez vos larmes
Il n'y a pas d'amour heureux

Mon bel amour mon cher amour ma déchirure
Je te porte dans moi comme un oiseau blessé
Et ceux-là sans savoir nous regardent passer
Répétant après moi les mots que j'ai tressés [4]
Et qui pour tes grands yeux tout aussitôt moururent
Il n'y a pas d'amour heureux

Le temps d'apprendre à vivre il est déjà trop tard
20 Que pleurent dans la nuit nos cœurs à l'unisson [5]
Ce qu'il faut de malheur pour la moindre chanson
Ce qu'il faut de regrets pour payer un frisson
Ce qu'il faut de sanglots pour un air de guitare
Il n'y a pas d'amour heureux

Il n'y a pas d'amour qui ne soit à douleur [6]
Il n'y a pas d'amour dont on ne soit meurtri [7]
Il n'y a pas d'amour dont on ne soit flétri
Et pas plus que de toi l'amour de la patrie
Il n'y a pas d'amour qui ne vive de pleurs
30 *Il n'y a pas d'amour heureux*
Mais c'est notre amour à tous deux

1. L'écrase, le détruit.
2. Se lever tôt, de bonne heure.
3. Sans travail, sans but, sans occupation.
4. Formés, créés (métaphore empruntée au domaine du textile).
5. En harmonie.
6. Qui ne fasse souffrir.
7. Blessé.

La Diane française, Seghers, 1945.

LE ROMAN INACHEVÉ

Le combat pour la liberté

Le 21 février 1944, une grande affiche rouge placardée sur les murs de Paris annonce qu'un groupe de résistants a été exécuté. Ces hommes dont on voit le portrait en médaillon sur l'affiche sont présentés comme des criminels et des terroristes. Pourtant, « sur l'une des affiches, la nuit, quelqu'un a écrit au charbon en lettres capitales ce seul mot : MARTYRS. C'est l'hommage de Paris à ceux qui se sont battus pour la liberté. » (Extrait du journal clandestin Les Lettres françaises, *n° 14, 1944). Onze ans après, Aragon leur dédie ce poème qui a ensuite été mis en musique.*

ARAGON

STROPHES POUR SE SOUVENIR

Vous n'avez réclamé la gloire ni les larmes [1]
Ni l'orgue ni la prière aux agonisants
Onze ans déjà que cela passe vite onze ans
Vous vous étiez servi simplement de vos armes
La mort n'éblouit pas les yeux des Partisans

Vous aviez vos portraits sur les murs de nos villes
Noirs de barbe et de nuit hirsutes menaçants
L'affiche qui semblait une tache de sang
Parce qu'à prononcer vos noms sont difficiles [2]
10 Y cherchait un effet de peur sur les passants

Nul ne semblait vous voir Français de préférence
Les gens allaient sans yeux pour vous le jour durant
Mais à l'heure du couvre-feu des doigts errants
Avaient écrit sous vos photos MORTS POUR LA FRANCE

Et les mornes matins en étaient différents

Tout avait la couleur uniforme du givre
A la fin février pour vos derniers moments
Et c'est alors que l'un de vous dit calmement
Bonheur à tous Bonheur à ceux qui vont survivre
20 *Je meurs sans haine en moi pour le peuple allemand*

Adieu la peine et le plaisir Adieu les roses
Adieu la vie adieu la lumière et le vent
Marie-toi sois heureuse et pense à moi souvent
Toi qui vas demeurer dans la beauté des choses
Quand tout sera fini plus tard en Erivan [3]

Un grand soleil d'hiver éclaire la colline
Que la nature est belle et que le cœur me fend
La justice viendra sur nos pas triomphants
Ma Mélinée ô mon amour mon orpheline
30 *Et je te dis de vivre et d'avoir un enfant*

Ils étaient vingt et trois quand les fusils fleurirent
Vingt et trois qui donnaient leur cœur avant le temps

Vingt et trois étrangers et nos frères pourtant
Vingt et trois amoureux de vivre à en mourir
Vingt et trois qui criaient la France en s'abattant

1. Ni la gloire, ni les larmes.
2. Il y avait un Hongrois, un Espagnol, un Arménien, un Italien, des Polonais.
3. Capitale de l'Arménie.

Le roman inachevé
Seghers, 1956.

COLETTE (1873-1954)

Dans la littérature française, Colette est l'une des femmes-écrivains les plus célèbres de ce siècle. Son écriture classique mais sensuelle et colorée nous parle d'amour : amour pour sa mère, pour la nature, pour les animaux, pour les autres, pour la vie.

LA VIE

Née dans l'Yonne, une région douce et vallonnée de Bourgogne, Colette excelle à évoquer les paysages de son enfance heureuse, la maison et le jardin qui l'entourait. Elle garde un souvenir émerveillé de sa mère, femme intelligente et fine, qu'elle appelle Sido dans ses romans. A vingt ans, Colette se marie avec Henri Gauthier-Villars, qui la pousse à écrire une série de romans dont l'héroïne s'appelle Claudine et qu'il signe de son pseudonyme Willy. Divorcée à 34 ans, elle devient danseuse de music-hall, tout en poursuivant son activité de romancière. Elle se remarie en 1912 et a une fille, Bel Gazou, présente aussi dans l'œuvre de la romancière. Les années qui suivent la Première Guerre mondiale sont les plus fécondes de sa carrière. Elle connaît les honneurs officiels, on vient lui demander conseil, elle préside l'Académie Goncourt. Elle meurt en 1954.

PRINCIPALES ŒUVRES

Claudine à l'école (1900) ; *Claudine à Paris* (1901) ; *Claudine en ménage* (1902) ; *Claudine s'en va* (1903) : romans autobiographiques sur sa jeunesse.
— *La retraite sentimentale* (1907) : une analyse de l'âme féminine.
— *Les vrilles de la vigne* (1908) : évocation de sa patrie bourguignonne.
— *La vagabonde* (1910) : souvenirs de sa vie d'artiste de music-hall.
— *La maison de Claudine* (1923).
— *La naissance du jour* (1928) : essai d'analyse sur le cœur masculin.
— *Sido* (1930) : nouvelle évocation de son enfance et de sa famille en Bourgogne.

SENSIBILITÉ DE COLETTE

Pour la nature

Née à la campagne où elle a passé une enfance heureuse, Colette a développé une grande sensibilité pour la nature, présente dans tous ses romans. Ce n'est pas la nature des grands espaces, c'est une nature beaucoup plus intime,

Colette à 15 ans

celle des clos et des jardins, avec tout son monde animal. Cet amour pour la nature qu'elle ressuscite dans ses moindres détails lui fit écrire dans *Les vrilles de la vigne :* « Vous n'imaginez pas quelle reine de la terre j'étais à douze ans. »

Pour le souvenir

Colette aime se pencher sur son passé et tous ses livres ont un fonds autobiographique marqué. Quand elle parle de son enfance et de sa famille, une figure se détache surtout, c'est celle de Sido, sa mère.

Pour l'amour

Tous les aspects de l'amour trouvent une place dans ses romans. Elle analyse avec lucidité la naissance de l'amour adolescent, le drame de la jalousie, les problèmes du couple *(la retraite sentimentale),* la sensualité, les déceptions, les apaisements. De ses œuvres se dégage finalement une sagesse : la chasse au plaisir est toujours décevante, et elle cite un mot de sa mère « L'amour, ce n'est pas un sentiment honorable ». En dépit des déceptions qu'elle a connues, il n'y a ni révolte, ni trace de religion chez Colette.

Elle est la représentante d'un humanisme serein et naturel.

L'ART DE COLETTE

Colette écrit de façon simple et nette. Elle traduit directement ses impressions en ayant recours à des images souvent délaissées par les hommes-écrivains : l'odorat, le goût, le toucher. A la fois très spontanée et consciente des artifices nécessaires à la littérature (voir extrait ci-dessous) sa phrase coule toujours naturellement. Elle aime employer les noms précis des fleurs, des insectes qu'elle observe, sans jamais paraître pédante. Elle excelle à trouver les comparaisons qui frappent par leur justesse, leur imprévu et révélatrices de son talent d'observation. Tout cela contribue à donner à son style une grande fraîcheur.

BIBLIOGRAPHIE
A.A. Ketchum, *Colette ou la naissance du jour,* Minard, 1968.
M. Biolley, *L'homme objet chez Colette,* Klincksieck, 1972.
M. Sarde, *Colette libre et entravée,* Stock, 1978.

SIDO

L'art de la mise en scène

Colette nous raconte une anecdote inspirée par la venue de son frère. Un détail, un changement anodin prend aux yeux de ce grand enfant les proportions d'un sacrilège commis contre le passé. La construction du récit de Colette ménage la surprise jusqu'à la fin.

LE VIEIL ENFANT SAUVAGE

A mes yeux, il n'a pas changé : c'est un sylphe[1] de soixante-trois ans. Comme un sylphe, il n'est attaché qu'au lieu natal, à quelque champignon tutélaire[2], à une feuille recroquevillée en manière de toit. On sait que les sylphes vivent de peu et méprisent les grossiers vêtements des hommes ; le mien erre parfois sans cravate, et long chevelu. De dos, il figure assez bien un pardessus vide, ensorcelé et vagabond.

Sa modeste besogne de scribe[3], il l'a élue entre toutes pour ce qu'elle retient, assis à sa table, sa seule et fallacieuse apparence d'homme. Tout le reste de lui, libre, chante, entend des orchestres, compose, et renvoie à la

10 rencontre du petit garçon de six ans qui ouvrait toutes les montres, hantait les horloges municipales, collectionnait les épitaphes, fouinait sans fatigue les mousses élastiques et jouait du piano de naissance... Il le retrouve aisément, revêt le petit corps agile et léger qu'il n'a jamais quitté longtemps, et il parcourt un domaine mental où tout est à la guise et à la mesure d'un enfant qui dure victorieusement depuis soixante années !

1. Génie de l'air dans la mythologie gauloise et germanique.
2. Protecteur ; ici : familier.
3. Homme qui écrit.

Il n'est pas — quel dommage !... — d'enfant invulnérable. Celui-ci, pour vouloir confronter son rêve exact avec une réalité infidèle m'en revient déchiré, parfois...

Certain crépuscule ruisselant à grandes draperies d'eau et d'ombre sous chaque arcade du Palais-Royal [4] me l'amena. Je ne l'avais pas vu depuis des mois. Il s'assit, mouillé, à mon feu, prit distraitement sa singulière subsistance — des bonbons fondants ; des gâteaux très sucrés, du sirop — ouvrit ma montre, puis mon réveil, les écouta longuement, et ne dit rien.

Je ne regardais qu'à la dérobée [5], dans sa longue figure, sa longue moustache quasi blanche, l'œil bleu de mon père, le nez, grossi, de « Sido » [6] — traits survivants, assemblés par des plans d'os, des muscles inconnus et sans origine lisible... une longue figure douce, éclairée par le feu, douce et désemparée... Mais les us et coutumes de l'enfance — réserve, discrétion, liberté — sont encore si vigoureux entre nous que je ne posai à mon frère aucune question.

Quand il eut assez séché les ailes tristes, alourdies de pluie, qu'il appelle son manteau, il fuma, l'œil cligné, et frotta ses mains sèches, rouges d'ignorer en toute saison l'eau chaude et les gants, et parla !

— Dis donc ?

— Oui...

— J'ai été là-bas, tu sais ?

— Non ? Quand ça ?

— J'en arrive.

— Ah !... dis-je avec admiration. Tu es allé à Saint-Sauveur ? Comment ?

Il me fit un petit œil fat.

— C'est Charles Faroux qui m'a emmené en auto.

— Mon vieux !... C'est joli en cette saison ?

— Pas mal, dit-il brièvement.

Il enfla les narines, redevint sombre et se tut. Je me remis à écrire.

— Dis donc ?

— Oui...

Un chemin montueux [7] de sable jaune se dressa devant ma mémoire comme un serpent le long d'une vitre...

— Là-bas, j'ai été aux Roches, tu sais ?

— Oh !... comment est-ce ? Et le bois, en haut ? Et le petit pavillon ? Les digitales... les bruyères...

Mon frère siffla.

— Fini. Coupé. Plus rien. Rasé. On voit la terre. On voit...

Il faucha l'air du tranchant de la main, et rit des épaules, en regardant le feu. Je respectai ce rire, et ne l'imitai pas ! Mais le vieux sylphe frémissant et lésé ne pouvait plus se taire. Il profita du clair-obscur, du feu rougeoyant.

— Ce n'est pas tout, chuchota-t-il. Je suis allé à la Cour du Pâté...

Nom naïf d'une chaude terrasse, au flanc du château ruiné, arceaux de rosiers maigris par l'âge, ombre, odeur de lierre fleuri, versées par la tour sarrasine, battants revêches et rougeâtres de la grille qui ferme la Cour du Pâté, accourez...

— Et alors, vieux, et alors ?

Mon frère se ramassa sur lui-même.

— Une minute, commanda-t-il. Commençons par le commencement. J'ar-

4. Jardin de Paris entouré d'arcades.
5. Sans qu'il ne le remarque.
6. Nom de la mère de Colette.
7. En pente.

rive au château. Il est toujours asile de vieillards, puisque Victor Gandrille l'a voulu. Bon, je n'ai rien à objecter. J'entre dans le parc, par l'entrée du bas, celle qui est près de Mme Billette...

— Comment, Mme Billette ? Mais elle doit être morte depuis quarante ans au moins !

70 — Peut-être, dit mon frère avec insouciance. Oui... C'est donc ça qu'on m'a dit un autre nom... un nom impossible... S'ILS croient que je vais retenir des noms que je ne connais pas !... Enfin j'entre par l'entrée du bas, je monte l'allée des tilleuls... Tiens, les chiens n'ont pas aboyé quand j'ai poussé la porte... fit-il avec irritation.

— Écoute, vieux, ça ne pourrait pas être les mêmes chiens... Songe donc...

— Bon, bon... Détail sans importance... Je te passe sous silence les pommes de terre qu'ILS ont plantées à la place des cœurs-de-Jeannette [8] et des pavots... Je passe même, poursuivit-il d'une voix intolérante, sur les fils de fer des pelouses, un quadrillage de fils de fer... on se demande ce qu'on
80 voit... Il paraît que c'est pour les vaches... Les vaches !...

Il berça un de ses genoux entre ses deux mains nouées, et sifflota d'un air artiste qui lui allait comme un chapeau haut de forme !

— C'est tout, vieux ?

— Minute ! répéta-t-il férocement. Je monte donc vers le canal — si j'ose, dit-il avec une recherche incisive, appeler canal cette mare infecte, cette soupe de moustiques et de bouse... Passons. Je m'en vais donc à la Cour du Pâté, et...

— Et ?

Il tourna vers moi, sans me voir, un sourire vindicatif.

90 — J'avoue que je n'ai d'abord pas aimé particulièrement qu'ILS fassent de la première cour — devant la grille, derrière les écuries aux chevaux — une espèce de préau à sécher la lessive... Oui, j'avoue !... Mais je n'y ai pas trop fait attention, parce que j'attendais le « moment de la grille ».

— Quel moment de la grille ?

Il claqua ses doigts, impatienté.

— Voyons... Tu vois le loquet de la grille ?

Comme si j'allais le saisir — de fer noir, poli et fondu — je le vois en effet...

— Bon. Depuis toujours, quand on le tourne comme ça —, il mimait —,
100 et qu'on laisse aller la grille, alors elle s'ouvre par son propre poids, et en tournant elle dit...

— « I-î-î-an... » chantâmes-nous d'une seule voix, sur quatre notes.

— Oui, dit mon frère en faisant danser fébrilement son genou gauche. J'ai tourné... J'ai laissé aller la grille... J'ai écouté... Tu sais ce qu'ILS ont fait ?

— Non...

— ILS ont huilé la grille, dit-il froidement !

Il partit presque aussitôt. Il n'avait pas autre chose à me dire. Il recroisa
110 les membranes humides de son grand vêtement, et s'en alla, dépossédé de quatre notes, son oreille musicienne tendue en vain, désormais, vers la plus délicate offrande, composée par un huis ancien, un grain de sable, une trace de rouille, et dédiée au seul enfant, enfant sauvage, qui en fût digne.

8. Fleurs : narcisses.

Sido, Hachette.

GIRAUDOUX (1882-1944)

Jean Giraudoux a débuté comme romancier, mais c'est surtout comme homme de théâtre qu'il est resté célèbre. Sa production a dominé la scène au début des années trente. Le thème profond de ses pièces est le conflit, impossible à résoudre, entre les grandes aspirations de l'homme et la réalité qu'il doit vivre. Pourtant, il n'y a rien d'austère dans le théâtre de Giraudoux, qui voit dans le dramaturge une sorte d'illusionniste dont le rôle est d'enchanter le spectateur et de l'arracher à ses horizons quotidiens.

LA VIE

Après un séjour en Allemagne et aux États-Unis, le jeune Giraudoux devient fonctionnaire au ministère des Affaires Étrangères. En même temps, il commence sa carrière de romancier. Il publie en 1909 un recueil de nouvelles sous le titre de *Provinciales*. Pendant la guerre, il est mobilisé et blessé une première fois dans l'Aisne [1], puis dans les Dardanelles [2]. Après la guerre, il reprend son poste de diplomate à Paris, puis à Berlin et en Turquie.

C'est seulement en 1928 qu'il aborde le théâtre avec *Siegfried*, qui est un grand succès. La rencontre avec l'acteur Louis Jouvet est déterminante : presque chaque année, Jouvet monte et joue une nouvelle pièce de Giraudoux.

Malgré ce succès, Giraudoux n'en poursuit pas moins sa carrière de diplomate. Giraudoux meurt en février 1944, sans avoir assisté à la Libération qu'il avait tant espérée.

Jean Giraudoux à sa table de travail

PRINCIPALES ŒUVRES

Romans

Suzanne et le Pacifique (1921), *Siegfried et le Limousin* (1922) et *Juliette aux pays des hommes* (1924) sont les romans de Giraudoux les plus connus.

Théâtre

Giraudoux a parfois repris les sujets des tragédies de l'Antiquité, mais il aborde aussi la comédie et ne dédaigne pas l'actualité. Ses grands succès ont été et demeurent : *Amphitryon 38* (1929), *Intermezzo* (1933), *La guerre de Troie n'aura pas lieu* (1935), *Electre* (1937), *La folle de Chaillot* (jouée en 1945).

— *Amphitryon 38 :* dans cette comédie, Alcmène déclare qu'elle est résolue à se donner la mort plutôt que de tromper son mari. Jupiter, pour la séduire, emprunte les traits de son mari,

1. *Département du nord de la France.*
2. *Détroit de Turquie entre l'Europe et l'Asie.*

Amphitryon, et réussit ainsi à se faire recevoir dans sa couche. Cependant, lorsque le dieu, désireux d'être aimé pour lui-même, croit l'éblouir en lui révélant son identité et en lui promettant l'éternité, il se voit opposer un refus catégorique. Jupiter se contente de l'amitié qu'elle lui offre et lui donne l'oubli de la nuit où elle a conçu Hercule. Ainsi restera-t-elle fidèle à son mari et à la condition humaine. Giraudoux a construit là un divertissement brillant, riche en mots d'auteur sur l'amour, l'amour-propre, la fidélité conjugale.

— *La guerre de Troie n'aura pas lieu* (pièce en deux actes et en prose, 1935) : Hector revient de guerre, victorieux mais surtout épris de paix. Il veut fermer « les portes de la guerre ». Mais un nouveau conflit menace d'éclater : son frère Pâris a enlevé Hélène, que les Grecs sont prêts à réclamer les armes à la main. Soutenu par les femmes, en particulier Andromaque, son épouse, qui déclare à Cassandre : « La guerre de Troie n'aura pas lieu », Hector fait taire les fauteurs de guerre, vieillards, juristes et surtout le poète nationaliste, Démokos ; il obtient même d'Hélène qu'elle regagne son pays. Mais un ultime incident réduit tous ses efforts à néant. La guerre aura lieu.

LA PENSÉE

Le théâtre de Giraudoux ne contient pas de thèse philosophique, cependant on retrouve un thème fondamental dans ses diverses pièces, le thème de l'harmonie de l'homme et du cosmos : « L'homme a voulu avoir son âme à soi. Il a morcelé stupidement l'âme générale. » Il place ses personnages dans une situation où ils peuvent retrouver cette harmonie perdue par l'intervention des Dieux ou du surnaturel. Mais l'homme qui souffre de l'étroitesse des institutions humaines et de la banalité de la vie quotidienne a-t-il le droit de se désolidariser de ses semblables, de se considérer comme une exception ? Giraudoux montre toute la force de cette tentation, mais c'est Alcmène (dans *Amphitryon 38),* qui, repoussant les offres séduisantes des dieux et choisissant son destin de mortelle, semble être le porte-parole de cet écrivain humaniste.

L'ART

Son théâtre peut sembler une parodie des grandes tragédies antiques ; il y mêle souvent des éléments comiques. Il semble nous dire que le tragique n'existe dans la vie que parce que nous l'acceptons. Cependant, de façon très subtile, on voit se dessiner une montée du tragique. Giraudoux pense surtout que le théâtre est fait pour purifier l'âme du public, pour effacer la banalité, le quotidien.

Katharine Hepburn dans le rôle d'Aurélie, personnage principal de La folle de Chaillot *(film de Bryan Forbes, 1969, tiré de la pièce de Giraudoux). Aurélie est une vieille « comtesse » extravagante ; elle décide de tendre un piège à des hommes d'affaires peu scrupuleux qui veulent chercher du pétrole sous Chaillot (un quartier de Paris). Elle réussit à mener à bien son projet ; tous ces hommes vont mourir.*

BIBLIOGRAPHIE
R.M. Alberes, *Esthétique et morale chez Jean Giraudoux,* Nizet, 1957.
M.J. Durry, *L'univers de Jean Giraudoux,* Mercure de France, 1961.
C. Marker, *Giraudoux par lui-même,* Le Seuil.

LA GUERRE DE TROIE N'AURA PAS LIEU

Le poids de la fatalité

Nous sommes à Troie. Pâris, un Troyen, a enlevé Hélène, la femme d'un roi grec, et la Grèce menace de déclarer la guerre à Troie. Hector, prince héritier et frère aîné de Pâris, veut à tout prix empêcher la guerre. Il reçoit ici Ulysse, envoyé par les Grecs et décidé à la guerre.

ULYSSE. — Vous êtes jeune, Hector !... A la veille de toute guerre, il est courant que deux chefs des peuples en conflit se rencontrent seuls dans quelque innocent village, sur la terrasse au bord d'un lac, dans l'angle d'un jardin. Et ils conviennent que la guerre est le pire fléau du monde, et tous deux, à suivre du regard ces reflets et ces rides sur les eaux, à recevoir sur l'épaule ces pétales de magnolias, ils sont pacifiques, modestes, loyaux. Et ils s'étudient. Ils se regardent. Et, tiédis par le soleil, attendris par un vin clairet, ils ne trouvent dans le visage d'en face aucun trait qui justifie la haine, aucun trait qui n'appelle l'amour humain, et rien d'incompatible

10 non plus dans leurs langages, dans leur façon de se gratter le nez ou de boire. Et ils sont vraiment comblés de paix, de désirs de paix. Et ils se quittent en se serrant les mains, en se sentant des frères. Et ils se retournent de leur calèche[1] pour se sourire... Et le lendemain pourtant éclate la guerre... Ainsi nous sommes tous deux maintenant... Nos peuples autour de l'entretien se taisent et s'écartent, mais ce n'est pas qu'ils attendent de nous une victoire sur l'inéluctable. C'est seulement qu'ils nous ont donné pleins pouvoirs, qu'ils nous ont isolés, pour que nous goûtions mieux, au-dessus de la catastrophe, notre fraternité d'ennemis. Goûtons-la. C'est un plat de riches. Savourons-la... Mais c'est tout. Le privilège des grands, c'est

20 de voir les catastrophes d'une terrasse.

HECTOR. — C'est une conversation d'ennemis que nous avons là ?

ULYSSE. — C'est un duo avant l'orchestre. C'est le duo des récitants avant la guerre. Parce que nous avons été créés sensés, justes et courtois, nous nous parlons, une heure avant la guerre, comme nous nous parlerons longtemps après, en anciens combattants. Nous nous réconcilions avant la lutte même, c'est toujours cela. Peut-être d'ailleurs avons-nous tort. Si l'un de nous doit un jour tuer l'autre et arracher pour reconnaître sa victime la visière de son casque, il vaudrait peut-être mieux qu'il ne lui donnât pas un visage de frère... Mais l'univers le sait, nous allons nous battre.

30 HECTOR. — L'univers peut se tromper. C'est à cela qu'on reconnaît l'erreur, elle est universelle.

ULYSSE. — Espérons-le. Mais quand le destin, depuis des années, a surélevé deux peuples, quand il leur a ouvert le même avenir d'invention et d'omnipotence, quand il a fait de chacun, comme nous l'étions tout à l'heure sur la bascule, un poids précieux et différent pour peser le plaisir, la conscience et jusqu'à la nature, quand par leurs architectes, leurs poètes, leurs teinturiers, il leur a donné à chacun un royaume opposé de volumes,

1. Élégante voiture à cheval.

251

de sons et de nuances, quand il leur a fait inventer le toit en charpente
troyen et la voûte thébaine, le rouge phrygien et l'indigo grec, l'univers
40 sait bien qu'il n'entend pas préparer ainsi aux hommes deux chemins de
couleur et d'épanouissement, mais se ménager son festival, le déchaînement
de cette brutalité et de cette folie humaines qui seules rassurent les dieux.
C'est de la petite politique, j'en conviens. Mais nous sommes chefs d'État,
nous pouvons bien entre nous deux le dire : c'est couramment celle du
Destin.

HECTOR. — Et c'est Troie et c'est la Grèce qu'il a choisies cette fois ?

ULYSSE. — Ce matin j'en doutais encore. J'ai posé le pied sur votre
estacade[2], et j'en suis sûr.

HECTOR. — Vous vous êtes senti sur un sol ennemi ?

50 ULYSSE. — Pourquoi toujours revenir à ce mot ennemi ! Faut-il vous le
redire ? Ce ne sont pas les ennemis naturels qui se battent. Il est des peuples
que tout désigne pour une guerre, leur peau, leur langue et leur odeur, ils
se jalousent, ils se haïssent, ils ne peuvent pas se sentir... Ceux-là ne se
battent jamais. Ceux qui se battent, ce sont ceux que le sort a lustrés[3] et
préparés pour une même guerre : ce sont les adversaires.

La guerre de Troie n'aura pas lieu
acte II, scène 13, Grasset.

2. Sorte de digue en bois.
3. Polis.

La guerre de Troie n'aura pas lieu (mise en scène de Jean Mercure, au Théâtre de la Ville, 1971). La rencontre entre Hector (José-Maria Flotats) et Ulysse (Michel de Ré).

MARTIN DU GARD (1881-1958)

*Roger Martin du Gard doit sa notoriété à un roman-fleuve [1] en huit volumes :
Les Thibault. Ce livre raconte l'histoire d'une famille bourgeoise à la veille
de la Première Guerre mondiale. C'est une œuvre qui aspire à l'objectivité
et qui se fonde sur une documentation rigoureuse.*

LA VIE

Roger Martin du Gard est né dans une famille
de la bourgeoisie parisienne. Après des études
à l'École des Chartes [2], il peut, grâce à sa fortune
personnelle, se consacrer à la littérature, qui est
sa passion depuis l'enfance. Il aime se retirer à
la campagne pour écrire dans la solitude. Son
premier roman, *Jean Barois*, publié alors qu'il
avait vingt-quatre ans, s'inspire de l'affaire Dreyfus (voir page 164.) Il rencontre Gide, qui
devient son ami et lui fait connaître la plupart
des écrivains célèbres de l'époque. Il participe
activement à la vie d'un théâtre d'avant-garde,
écrit des farces, accompagne la troupe qui va
jouer en Angleterre. Après cet intermède de
dramaturge, il prend ses distances vis-à-vis des
sphères parisiennes pour se consacrer à la création des *Thibault*, œuvre qui nécessitera vingt
ans de travail. Malgré le succès du roman, il
demeure un homme discret et effacé. En 1937,
il obtient le prix Nobel de littérature. Il meurt
en 1958.

Portrait de Roger Martin du
Gard en 1946. Dessin de Charles
Berthold-Mahn (Bibliothèque Na-
tionale, Paris).

PRINCIPALES ŒUVRES

Jean Barois (1913)
Histoire d'un intellectuel tourmenté.

Les Thibault (1922-1940)
Cette œuvre énorme se compose de huit livres.
Chacun porte un titre propre et correspond à
un volume du roman ; un dernier volume est
consacré à l'épilogue, c'est-à-dire la conclusion.
Les deux premiers volumes, *Le cahier gris* et *Le
pénitencier* sont publiés en 1922. Puis paraissent
successivement *La belle saison* (1923), *La consul-*

tation et *La Sorellina* (1928), *La mort du père*
(1929), *L'été 14* (1936) et l'*Épilogue* (1940).
C'est l'histoire des membres de la famille Thibault
qui donne son unité à ce vaste ensemble. Oscar
Thibault et ses deux fils Jacques et Antoine sont
les principaux protagonistes.
Le père est un grand bourgeois d'extrême-droite,
catholique, autoritaire, orgueilleux.
Le cahier gris s'ouvre sur la fugue de Jacques,
pensionnaire dans une école catholique. Les
prêtres ont violé son jardin secret en confisquant
le « cahier gris » où il échangeait une correspondance avec un jeune protestant, Daniel de Fonta-
nin. Ils se sont mépris sur le sens de cette amitié,
passionnée mais pure. Les adolescents sont arrêtés par la police à Marseille. Monsieur Thibault
place alors son fils dans une maison de redressement dont il est le fondateur et qu'il considère

---

1. *C'est Romain Rolland qui a comparé pour la première fois
son roman Jean-Christophe (voir page 172) à un fleuve, mais
l'expression a surtout été utilisée à partir des Thibault.*
2. *École parisienne où l'on apprend le métier d'archiviste.*

comme une de ses bonnes œuvres. Dans cet établissement, qui est un véritable pénitencier, Jacques se replie rageusement sur lui-même et devient un révolté.

Antoine est à l'opposé de ce jeune frère si sensible, passionné et instable. Médecin dans un hôpital de Paris, c'est un être réfléchi, équilibré qui exerce sa profession avec intelligence et dévouement. C'est lui qui fait sortir Jacques de la maison de redressement.

A partir de *L'été 14,* l'œuvre prend une dimension historique. On assiste aux préparatifs de la Première Guerre mondiale. On retrouve Jacques en Suisse, vivant dans un milieu d'anarchistes. Pendant la guerre, il participe à des raids sur les champs de bataille pour lancer des tracts pacifistes ; il est tué au cours d'une de ces missions. Quant à Antoine, il a été gazé pendant les combats et, se sachant perdu, il se suicide pour abréger ses souffrances.

Charles Vanel (dans le rôle du père) dans le feuilleton télévisé Les Thibault, *tiré de l'œuvre de Roger Martin du Gard (Collection Télé 7 jours).*

LA PENSÉE

Roger Martin du Gard n'a adhéré à aucun parti, n'a été le porte-parole d'aucune idéologie. Il sait s'effacer derrière ses personnages. Son premier roman, *Jean Barois,* montre l'évolution d'un biologiste à l'esprit matérialiste qui voit dans l'Église un obstacle à la science et à l'épanouissement de l'homme, mais qui, dans l'angoisse de la maladie, revient à la religion. Il est difficile de savoir quel est le sens de cette conversion dans l'esprit de l'auteur.

Cependant, dans *Les Thibault,* il est clair qu'il dénonce la grande bourgeoisie catholique et d'extrême-droite. Oscar Thibault, le père, apparaît comme un être intransigeant, figé dans ses convictions. Son catholicisme est étroit et sans charité véritable. La sympathie de Martin du Gard semble hésiter entre la fougue révolutionnaire de Jacques et l'humanisme d'Antoine, tout comme ses idées ont oscillé entre la tentation du socialisme et l'attachement au libéralisme.

L'ART

Martin du Gard s'est tenu à l'écart des mouvements littéraires de son temps. Admirateur de Tolstoï et de Zola, il a néanmoins un penchant pour la description réaliste. Formé à la recherche historique, à l'analyse des documents, il réunit une documentation énorme avant d'écrire son roman.

La construction du récit, selon l'ordre chronologique, est solide et harmonieuse. Même dans les moments les plus pathétiques, il ne cherche ni le pittoresque ni l'éclat et sait conserver un style sobre.

BIBLIOGRAPHIE

J. Brenner, *Martin du Gard,* Gallimard, coll. « La bibliothèque idéale », 1961.

R. Roza, *Roger Martin du Gard et la banalité retrouvée,* Didier, 1970.

LES THIBAULT

L'intransigeance d'un père

Jacques et son ami sont arrêtés par la police à Marseille au moment où ils espéraient s'embarquer pour la Tunisie. Ils sont ramenés à Paris par Antoine, le frère aîné de Jacques. Il s'agit maintenant d'affronter le père.

Mais la porte du cabinet s'ouvre à deux battants, et le père surgit dans l'embrasure.

Du premier coup d'œil il aperçoit Jacques et ne peut se défendre [1] d'être ému. Il s'arrête cependant et referme les paupières ; il semble attendre que le fils coupable se précipite à ses genoux, comme dans le Greuze [2], dont la gravure est au salon.

Le fils n'ose pas. Car le bureau, lui aussi, est éclairé comme pour une fête, et les deux bonnes viennent d'apparaître à la porte de l'office, et puis M. Thibault est en redingote [3], bien que ce soit l'heure de la vareuse [4] du soir :

10 tant de choses insolites paralysent l'enfant. Il s'est dégagé des embrassades de Mademoiselle ; il a reculé, et reste debout, baissant la tête, attendant il ne sait quoi, ayant envie, tant il y a de tendresse accumulée dans son cœur, de pleurer, et aussi d'éclater de rire !

Mais le premier mot de M. Thibault semble l'exclure de la famille. L'attitude de Jacques, en présence de témoins, a fait s'évanouir en un instant toute velléité [5] d'indulgence ; et, pour mater l'insubordonné, il affecte un complet détachement :

« Ah, te voilà, dit-il, s'adressant à Antoine seul. Je commençais à m'étonner.

20 Tout s'est normalement passé là-bas ? »

Et, sur la réponse affirmative d'Antoine, qui vient serrer la main molle que son père lui tend :

« Je te remercie, mon cher, de m'avoir épargné une démarche... Une démarche aussi humiliante ! »

Il hésite quelques secondes, il espère encore un élan du coupable ; il décoche un coup d'œil vers les bonnes, puis vers l'enfant, qui fixe le tapis avec une physionomie sournoise. Alors, décidément fâché, il déclare :

« Nous aviserons dès demain aux dispositions à prendre pour que de pareils scandales ne se renouvellent jamais. »

30 Et quand Mademoiselle fait un pas vers Jacques pour le pousser dans les bras de son père — mouvement que Jacques a deviné, sans lever la tête, et qu'il attend comme sa dernière chance de salut —, M. Thibault, tendant le bras, arrête Mademoiselle avec autorité :

« Laissez-le ! Laissez-le ! C'est un vaurien [6], un cœur de pierre ! Est-ce qu'il est digne des inquiétudes que nous avons traversées à cause de lui ? »

Et, s'adressant de nouveau à Antoine, qui cherche l'instant d'intervenir :

« Antoine, mon cher, rends-nous le service de t'occuper, pour cette nuit encore, de ce garnement [7]. Demain, je te promets, nous t'en délivrerons. »

Il y a un flottement : Antoine s'est approché de son père ; Jacques,

40 timidement, a relevé le front. Mais M. Thibault reprend sur un ton sans réplique :

« Allons, tu m'entends, Antoine ? Emmène-le dans sa chambre. Ce scandale n'a que trop duré. »

Puis, dès qu'Antoine, menant Jacques devant lui, a disparu dans le couloir où les bonnes s'effacent le long du mur comme sur le chemin du poteau d'exécution, M. Thibault, les yeux toujours clos, rentre dans son cabinet et referme la porte derrière lui.

Les Thibault,
« Le Cahier gris », chapitre IX, Gallimard.

1. S'empêcher de.
2. Peintre du XVIIIe siècle (voir vol. 1 page 273).
3. Veste longue que l'on met pour sortir.
4. Veste courte, moins habillée. Ici utilisée comme veste d'intérieur.
5. Désir, envie.
6. Mauvais garçon ; mot à mot : qui ne vaut rien.
7. Petit voyou.

JULES ROMAINS (1885-1972)

L'œuvre immense de Jules Romains s'étend sur plus de soixante ans. Elle est, de façon indissociable, liée à l'unanimisme. Cette théorie soutient que les hommes ne sont pas isolés, qu'ils peuvent créer des liens de solidarité et de fraternité qui permettront de faire progresser toute l'humanité.

LA VIE

Jules Romains, de son vrai nom Louis Farigoule, est né en Auvergne. Fils d'instituteur, il fait des études de philosophie à Paris. A vingt ans, il élabore une théorie, l'unanimisme, dont ses œuvres (poésies de jeunesse, théâtre puis romans) seront une illustration. D'abord professeur d'université, il quitte son poste en 1919 pour se consacrer à la littérature. Il se lance dans une double carrière de romancier et de dramaturge. En 1930, il abandonne le théâtre pour écrire un roman-fleuve de 27 volumes : *Les hommes de bonne volonté*. En 1940, il n'accepte pas la défaite et quitte la France. Il y revient en 1946 après avoir séjourné aux États-Unis puis au Mexique.

PRINCIPALES ŒUVRES

Théâtre
— *Monsieur le Trouhadec saisi par la débauche* (1923)
— *Knock ou Le triomphe de la médecine* (1923) : un médecin de campagne, avide de pouvoir et d'argent, impose sa volonté à des villageois fascinés et crédules. C'est à la fois une attaque de la médecine, dans le style de Molière, une satire de la publicité et de ses pièges et une caricature de la crédulité aveugle.
— *Le dictateur* (1926)
— *Donogoo* (1930)

Romans
— *Mort de quelqu'un* (1911)
— *Les copains* (1913) : une poignée de copains, liés par l'amitié, mettent sens dessus dessous deux tranquilles petites villes de province.

Portrait de Jules Romains en 1922 par Paul-Émile Bécat *(Collection Madame Lise Jules-Romains).*

— *Psyché* (1922-1929) : c'est une suite de trois romans sur l'amour conjugal.
— *Les hommes de bonne volonté* (1932-1947) : ce roman-fleuve dessine une vaste fresque de la vie politique, économique et sociale entre 1908 et 1933, principalement en France. On y trouve une foule de personnages (environ 600) dont les destinées se recoupent rarement.
— *Le fils de Jerphanion* (1956) : c'est la suite des *Hommes de bonne volonté* qui analyse le malaise moral après la Seconde Guerre mondiale.
— *Marc-Aurèle* (1968).

L'UNANIMISME

La clef de toute l'œuvre de Jules Romains nous est donnée par l'unanimisme, dont il a eu l'intuition un soir de 1903, alors qu'il était encore élève au lycée. L'unanimisme repose sur la constatation que nous ne sommes pas des « archipels [1] de solitude » mais que l'union entre les hommes est possible. Ainsi, lorsqu'un groupe se forme, il s'établit peu à peu entre les différents membres du groupe, et parfois à leur insu, des liens de solidarité, un esprit de groupe. Ces groupes forment des êtres collectifs qui sont autant d'embryons sur la voie de la fraternité humaine. C'est à la psychologie de ces groupes que Jules Romains s'intéresse, depuis le simple couple étudié dans *Psyché*, jusqu'à l'immense confrérie des hommes de bonne volonté animés du même esprit de générosité, en passant par la poignée d'amis décrits dans *Les copains*.

COMPOSITION DU ROMAN

La composition des *Hommes de bonne volonté* obéit à un dessein original. Jules Romains ne veut pas écrire un long roman centré sur « la personne et la vie du héros principal » comme dans *Les misérables* de Victor Hugo (voir page 55) ou *Jean-Christophe* de Romain Rolland (voir page 172), car ce moyen risque de faire disparaître la peinture du milieu et de la société. Jules Romains ne veut pas non plus faire une juxtaposition de peintures particulières qui « donne plus ou moins l'équivalent d'une peinture d'ensemble », comme chez Balzac. Jules Romains choisit une troisième voie en évoquant de vastes collectivités, « un vaste ensemble humain, avec une diversité de destinées individuelles qui y cheminent chacune pour leur propre compte, en s'ignorant la plupart du temps ». C'est ainsi qu'il dépeint « le million d'hommes » combattant à Verdun, ou encore les foules révolutionnaires faisant briller *Cette grande lueur à l'est* (1941). S'il n'y a pas de héros à proprement parler, deux personnages, dédoublement de la personnalité de l'auteur, dominent quand même les 27 volumes : Jallez et Jerphanion qui se sont liés d'amitié pendant leurs études.

Si l'œuvre de Jules Romains a eu un grand retentissement avant la guerre (notamment par son appel à la solidarité et au pacifisme), son prestige s'est un peu atténué après la Libération. La leçon des 27 volumes des *Hommes de bonne volonté* n'est pas tout à fait convaincante : il n'est pas facile de croire que l'enthousiasme et la cordialité peuvent mettre fin aux angoisses du XXe siècle.

1. *Ensemble d'îles.*

BIBLIOGRAPHIE
A. Bourin, *Connaissance de Jules Romains*, Flammarion, 1961.
A. Cuisenier, *Jules Romains et les hommes de bonne volonté*, Flammarion, 1969.

Affiche pour Knock au Théâtre de l'Athénée en 1936 (Département des arts du spectacle, Bibliothèque Nationale, Paris).

KNOCK

La crédulité, base du commerce

Le docteur Knock arrive dans un petit village ou il n'y a pas beaucoup de malades. Pour se procurer des clients, il a l'idée ingénieuse de donner une première consultation gratuite. Un grand nombre de personnes, qui n'allaient jamais chez le docteur auparavant, se font examiner. Trois mois après, tout le monde se croit malade. Knock s'enrichit. Voici un exemple de sa façon de se procurer des clients. Une dame vient en consultation.

KNOCK, *il l'ausculte.* [1] — Baissez la tête. Respirez. Toussez. Vous n'êtes jamais tombée d'une échelle, étant petite ?

LA DAME. — Je ne me souviens pas.

KNOCK, *il lui palpe et lui percute* [2] *le dos, lui presse brusquement les reins.* — Vous n'avez jamais mal ici le soir en vous couchant ? Une espèce de courbature ?

LA DAME. — Oui, des fois.

KNOCK, *il continue de l'ausculter.* — Essayez de vous rappeler. Ça devait être une grande échelle.

10 LA DAME. — Ça se peut bien.

KNOCK, *très affirmatif.* — C'était une échelle d'environ trois mètres cinquante, posée contre un mur. Vous êtes tombée à la renverse. C'est la fesse gauche, heureusement, qui a porté.

LA DAME. — Ah oui !

KNOCK. — Vous aviez déjà consulté le docteur Parpalaid ? [3]

LA DAME. — Non, jamais.

KNOCK. — Pourquoi ?

LA DAME. — Il ne donnait pas de consultations gratuites. *Un silence.*

KNOCK *la fait asseoir.* — Vous vous rendez compte de votre état ?

20 LA DAME. — Non.

KNOCK, *il s'assied en face d'elle.* — Tant mieux. Vous avez envie de guérir, ou vous n'avez pas envie ?

LA DAME. — J'ai envie.

KNOCK. — J'aime mieux vous prévenir tout de suite que ce sera très long et très coûteux.

LA DAME. — Ah ! mon Dieu ! Et pourquoi ça ?

KNOCK. — Parce qu'on ne guérit pas en cinq minutes un mal qu'on traîne depuis quarante ans.

LA DAME. — Depuis quarante ans ?

30 KNOCK. — Oui, depuis que vous êtes tombée de votre échelle.

LA DAME. — Et combien est-ce que ça me coûterait ?

KNOCK. — Qu'est-ce que valent les veaux, actuellement ?

LA DAME. — Ça dépend des marchés et de la grosseur. Mais on ne peut guère en avoir de propres [4] à moins de quatre ou cinq cents francs.

KNOCK. — Et les cochons gras ?

LA DAME. — Il y en a qui font plus de mille.

KNOCK. — Eh bien ! ça vous coûtera à peu près deux cochons et deux veaux.

1. Il l'examine (terme médical).
2. Lui donne des petits coups.
3. Le prédécesseur de Knock. Il avait très peu de clients parce qu'il était honnête.
4. De bons.

LA DAME. — Ah ! là là ! Près de trois mille francs ? C'est une désolation, Jésus Marie !

KNOCK. — Si vous aimez mieux faire un pèlerinage [5], je ne vous en empêche pas.

LA DAME. — Oh ! un pèlerinage, ça revient cher aussi et ça ne réussit pas souvent. *(Un silence.)* Mais qu'est-ce que je peux donc avoir de si terrible que ça ?

KNOCK, *avec une grande courtoisie.* — Je vais vous l'expliquer en une minute au tableau noir. *(Il va au tableau et commence un croquis [6].)* Voici votre moelle épinière [7], en coupe, très schématiquement, n'est-ce pas ? Vous reconnaissez ici votre faisceau de Türck et ici votre colonne de Clarke. Vous me suivez ? Eh bien ! quand vous êtes tombée de l'échelle, votre Türck et votre Clarke [8] ont glissé en sens inverse *(il trace des flèches de direction)* de quelques dixièmes de millimètres. Vous me direz que c'est très peu. Évidemment. Mais c'est très mal placé. Et puis vous avez ici un tiraillement continu qui s'exerce sur les multipolaires [9].

Il s'essuie les doigts.

LA DAME. — Mon Dieu ! Mon Dieu !

KNOCK. — Remarquez que vous ne mourrez pas du jour au lendemain. Vous pouvez attendre.

LA DAME. — Oh ! là là ! J'ai bien eu du malheur de tomber de cette échelle !

KNOCK. — Je me demande même s'il ne vaut pas mieux laisser les choses comme elles sont. L'argent est si dur à gagner. Tandis que les années de vieillesse, on en a toujours bien assez. Pour le plaisir qu'elles donnent !

LA DAME. — Et en faisant ça plus… grossièrement, vous ne pourriez pas me guérir à moins cher ?… à condition que ce soit bien fait tout de même.

KNOCK. — Ce que je puis vous proposer, c'est de vous mettre en observation. Ça ne vous coûtera presque rien. Au bout de quelques jours vous vous rendrez compte par vous-même de la tournure [10] que prendra le mal, et vous vous déciderez.

LA DAME. — Oui, c'est ça.

KNOCK. — Bien. Vous allez rentrer chez vous. Vous êtes venue en voiture ?

LA DAME. — Non, à pied.

KNOCK, *tandis qu'il rédige l'ordonnance, assis à sa table.* — Il faudra tâcher de trouver une voiture. Vous vous coucherez en arrivant. Une chambre où vous serez seule, autant que possible. Faites fermer les volets et les rideaux pour que la lumière ne vous gêne pas. Défendez qu'on vous parle. Aucune alimentation solide pendant une semaine. Un verre d'eau de Vichy [11] toutes les deux heures, et, à la rigueur, une moitié de biscuit, matin et soir, trempée dans un doigt de lait. Mais j'aimerais autant que vous vous passiez de biscuit. Vous ne direz pas que je vous ordonne des remèdes coûteux ! A la fin de la semaine, nous verrons comment vous vous sentez. Si vous êtes gaillarde, si vos forces et votre gaîté sont revenues, c'est que le mal est moins sérieux qu'on ne pouvait croire, et je serai le premier à vous rassurer. Si, au contraire, vous éprouvez une faiblesse générale, des lourdeurs de tête, et une certaine paresse à vous lever, l'hésitation ne sera plus permise, et nous commencerons le traitement [12]. C'est convenu ?

Knock,
Acte II, scène IV (extrait),
Gallimard.

5. Voyage que l'on fait par ferveur religieuse dans un lieu saint.
6. Dessin schématique.
7. La colonne nerveuse qui traverse les vertèbres.
8. Faisceaux nerveux de la moelle épinière, du nom des noms médecins qui les ont découverts.
9. Cellules nerveuses.
10. De l'orientation.
11. Eau minérale.
12. Cure.

BERNANOS (1888-1948)

Bernanos est comparable à un chevalier des temps modernes qui se bat pour affirmer sa foi catholique. Il s'est engagé « à fond, jusqu'au bout, jusqu'à la fin, jusqu'à la mort » dans la défense de son idéal, fait d'humilité, de charité et d'espoir.

LA VIE

Bernanos commence tard sa carrière d'écrivain. « J'ai commencé d'écrire à plus de quarante ans et l'extrême bienveillance du public à mon égard depuis quinze ans, ne me convaincra pas d'être un écrivain professionnel » *(Lettre aux Anglais).* Ce n'est en effet qu'en 1926 qu'il donne sa première grande œuvre : *Sous le soleil de Satan.* Elle le rend célèbre en peu de temps. Installé aux Baléares en 1934, il publie ensuite son roman le plus fameux : *Journal d'un curé de campagne.* Il suit de près la guerre civile espagnole et prend en aversion le régime franquiste, vers lequel le poussaient pourtant au début, ses convictions politiques. Devenu indésirable en Espagne après la victoire de Franco, Bernanos part pour le Brésil avec sa famille. Par ses écrits, il sert la cause de la Résistance française contre l'occupant allemand. Rappelé par le général de Gaulle, il rentre en France à la Libération. Il meurt peu après à l'âge de soixante ans.

PRINCIPALES ŒUVRES

Sous le soleil de Satan (1926)
C'est l'histoire d'un prêtre qui surmonte la tentation du désespoir et devient un véritable saint. En face de lui se dresse la figure de Mouchette, une jeune fille qui succombe au mal et va même jusqu'au meurtre.

L'imposture (1927) ; La joie (1929)
Ces deux romans qui se font suite mettent en scène les mêmes personnages. Un curé qui a perdu la foi continue à exercer son ministère avant de sombrer dans la folie. C'est une satire du mensonge et de l'imposture, particulièrement odieuse à Georges Bernanos.

Journal d'un curé de campagne (1936)
Un jeune prêtre est nommé dans une triste paroisse de campagne. Malgré le cancer qui le ronge, il cherche à mener à bien sa tâche. Dans son journal, il consigne ses efforts, ses échecs, ses angoisses, ses révoltes, ses espoirs.

Les grands cimetières sous la lune (1938)
Cet essai est une violente critique du régime de Franco en Espagne.

Monsieur Ouine (1946)

Dialogue des Carmélites (1949)
C'est le scénario d'un film inspiré d'un fait historique : l'exécution de seize carmélites[1] pendant la période de la Terreur de la Révolution française. Bernanos imagine leurs propos et leurs réactions en face de la mort.

LES THÈMES

Thème de l'enfance
L'enfance, pour Bernanos, est moins une période de la vie qu'un état d'esprit (voir extrait page 262). Elle doit demeurer dans le cœur des hommes un principe perpétuellement actif, qui sauve de l'ennui et du désespoir. L'esprit d'enfance, c'est la capacité pour tout homme, quel que soit son âge, de s'émerveiller, de s'enthousiasmer, de rêver. C'est cette force qui lutte et triomphe du désespoir, que l'on retrouve dans les héros de Bernanos.

Thème de la pauvreté
Il est présent dans toute l'œuvre de Bernanos,

1. *Religieuses de l'ordre du Carmel.*

qui montre que l'on ne doit pas avoir honte de sa pauvreté ; elle contient richesse et dignité. Ce principe de pauvreté est directement inspiré de l'Évangile.

Thème du désespoir

Le plus grand péché n'est pas de commettre le mal car l'homme n'étant pas parfait, il ne peut éviter de commettre des erreurs. Le plus grand péché c'est de se croire condamné pour avoir fait le mal, de ne pas faire l'effort de se racheter, de s'abandonner au désespoir. Même le Christ a connu la tentation du désespoir, mais il a su le surmonter et tout l'héroïsme de la vie consiste à ne pas désespérer. Ceux qui font l'effort d'espérer seront rachetés.

LES PERSONNAGES

Qu'il dépeigne des hommes ou des situations, Bernanos cherche toujours à montrer l'affrontement entre les forces du Bien et les forces du Mal, entre Dieu et Satan, car l'homme n'est pas d'une seule pièce, il est perpétuellement ballotté entre les deux tendances, qui ne sont jamais définitives. Le mal se manifeste par le crime mais il est bien plus dangereux quand il se manifeste par le péché de l'esprit : le mensonge et la malhonnêteté. Le triomphe de Satan, c'est de faire croire aux hommes qu'il est impossible, à cause de ses péchés, de retourner vers le Bien. Le Bien se manifeste par l'humilité, la charité et l'esprit d'enfance. Mais les personnages de Bernanos qui sont animés de ces qualités ne sont pas des héros invincibles, à l'abri de toutes les tentations. Ils sont souvent maladroits, incompris et leurs actes, animés de bonnes intentions, semblent souvent se retourner contre eux, comme si Dieu voulait constamment mettre les bons à l'épreuve et ne leur laisser aucun répit. La grâce n'est jamais acquise, c'est à l'homme de rester vigilant.

BIBLIOGRAPHIE
A. Beguin, *Bernanos par lui-même*, Le Seuil.
M. Estève, *Bernanos*, Gallimard, Coll. « La bibliothèque idéale », 1965.
M. Milner, *Georges Bernanos*, Desclée de Brouwer, 1967.

Claude Laydu dans le journal d'un curé de campagne, un film de Robert Bresson (1951).

JOURNAL
D'UN CURÉ DE CAMPAGNE

Un message d'espoir

Peu après son arrivée, le jeune prêtre est allé rendre visite au curé de Torcy qui peu à peu va devenir son ami et son confident. C'est un fils de riches paysans, équilibré et bien portant, qui a une conception vigoureuse, voire autoritaire, du rôle de l'Église. Il parle ici de « l'esprit d'enfance » si chère à Bernanos.

« D'où vient que le temps de notre petite enfance nous apparaît si doux, si rayonnant ? Un gosse a des peines comme tout le monde, et il est, en somme, si désarmé contre la douleur, la maladie ! L'enfance et l'extrême vieillesse devraient être les deux grandes épreuves de l'homme. Mais c'est du sentiment de sa propre impuissance que l'enfant tire humblement le principe même de sa joie. Il s'en rapporte[1] à sa mère, comprends-tu ? Présent, passé, avenir, toute sa vie, la vie entière tient dans un regard, et ce regard est un sourire. Eh bien, mon garçon, si l'on nous avait laissés faire, nous autres, l'Église eût donné aux hommes cette espèce de sécurité
10 souveraine. Retiens que chacun n'en aurait pas moins eu sa part d'embêtements. La faim, la soif, la pauvreté, la jalousie, nous ne serons jamais assez forts pour mettre le diable dans notre poche, tu penses ! Mais l'homme se serait su le fils de Dieu, voilà le miracle ! Il aurait vécu, il serait mort avec cette idée, dans la caboche[2] — et non pas une idée apprise seulement dans les livres, — non. Parce qu'elle eût inspiré, grâce à nous, les mœurs, les coutumes, les distractions, les plaisirs et jusqu'aux plus humbles nécessités. Ça n'aurait pas empêché l'ouvrier de gratter la terre, le savant de piocher sa table de logarithmes ou même l'ingénieur de construire ses joujoux[3] pour grandes personnes. Seulement nous aurions aboli, nous aurions arraché du
20 cœur d'Adam le sentiment de sa solitude. Avec leur ribambelle[4] de dieux, les païens n'étaient pas si bêtes : ils avaient tout de même réussi à donner au pauvre monde l'illusion d'une grossière entente avec l'invisible. Mais le truc maintenant ne vaudrait plus un clou[5]. Hors l'Église, un peuple sera toujours un peuple de bâtards, un peuple d'enfants trouvés. Évidemment, il leur reste encore l'espoir de se faire reconnaître par Satan. Bernique[6] ! Ils peuvent attendre longtemps leur petit Noël noir ! Ils peuvent les mettre dans la cheminée, leurs souliers ! Voilà déjà que le diable se lasse d'y déposer des tas de mécaniques aussi vite démodées qu'inventées, il n'y met plus maintenant qu'un minuscule paquet de cocaïne, d'héroïne, de mor-
30 phine, une saleté de poudre quelconque qui ne lui coûte pas cher. Pauvres types ! Ils auront usé jusqu'au péché. Ne s'amuse pas qui veut. La moindre poupée de quatre sous fait les délices d'un gosse toute une saison, tandis qu'un vieux bonhomme bâillera devant un jouet de cinq cents francs. Pourquoi ? Parce qu'il a perdu l'esprit d'enfance. Eh bien, l'Église a été chargée par le bon Dieu de maintenir dans le monde cet esprit d'enfance, cette ingénuité, cette fraîcheur.

1. Il fait confiance.
2. Dans la tête.
3. Diminutif de jouets.
4. Collection.
5. Ne vaudrait plus rien du tout.
6. Interjection : Rien à faire !

Journal d'un curé de campagne, I, Plon.

MAURIAC (1885-1970)

Le catholique Mauriac s'est refusé à n'être qu'un « romancier catholique ». Il a préféré se définir comme « un catholique qui écrit des romans », un homme qui nous présente le monde sans faire abstraction de sa sensibilité religieuse, mais sans vouloir convertir le lecteur. Il s'applique surtout à décrire les passions, les faiblesses, les vices, les inquiétudes, la misère de l'homme. Ce pénétrant analyste de l'âme[1] a aussi été un journaliste généreux et engagé, attentif aux problèmes de ses contemporains.

LA VIE

François Mauriac naît à Bordeaux en 1885. Son père meurt deux ans plus tard et c'est sa mère, fervente catholique, qui se consacre à l'éducation des cinq enfants. Il grandit dans la propriété familiale située dans les Landes, et fréquente les écoles religieuses. Toute sa vie, Mauriac gardera sa foi en la religion catholique et son attachement à sa province d'origine qui sert de cadre à la plupart de ses œuvres.

Il commence des études de lettres, puis vient s'installer à Paris en 1906. Il abandonne bientôt la vie d'étudiant pour se consacrer à la littérature. Après avoir commencé à écrire des vers, il passe à la narration. Il s'intéresse aussi aux problèmes politiques et sociaux de son époque et adhère à un mouvement de la démocratie chrétienne. Pendant la Première Guerre mondiale Mauriac, réformé, s'engage dans la Croix Rouge.

C'est dans les années 20 qu'il acquiert sa renommée d'écrivain. La guerre d'Espagne marque pour lui le début d'une carrière de journaliste politique qu'il poursuit jusqu'à sa mort en 1970.

PRINCIPALES ŒUVRES

Le baiser au lépreux (1922)

Comme la plupart des romans de Mauriac, *Le baiser au lépreux* a pour cadre la forêt landaise, le milieu catholique et bourgeois. Noémi, une belle jeune fille, pleine de gentillesse, a dû épouser Jean Peloueyre, être difforme et repoussant. Après la mort de son mari, elle doit

Portrait de François Mauriac.

renoncer à l'homme qu'elle aime et s'enfermer dans sa solitude de veuve. Elle a été sacrifiée à l'amour des propriétés terriennes, à des traditions familiales inflexibles.

Génitrix (1923)

Mauriac peint dans ce roman une mère abusive qui essaie de garder jalousement son fils près d'elle.

Le désert de l'amour (1925)

Mauriac traite dans cette œuvre du thème de la solitude qui fait de chaque être « un enterré vivant ».

1. *En 1952, l'Académie suédoise décerne le Prix Nobel de littérature à Mauriac pour « l'analyse pénétrante de l'âme et l'intensité artistique avec laquelle il a interprété dans la forme du roman la vie humaine ».*

Thérèse Desqueyroux (1927)

C'est le roman le plus populaire de Mauriac, une sorte de *Madame Bovary* (voir page 99) moderne. Thérèse appartient à une famille de propriétaires landais qui marient leurs enfants pour agrandir leurs propriétés. Pleine de finesse, d'intelligence, cultivée, elle a épousé son cousin Bernard qui est un rustre. Les confidences de sa belle-sœur, qui aime un poète, exaltent son imagination. Cette nostalgie de l'amour la pousse à tenter d'empoisonner Bernard. Elle est sauvée de la Cour d'Assises par l'intervention de la famille qui tient à sa respectabilité mais qui se charge de la punir en la tenant isolée dans une maison au cœur de la lande. Son état se dégrade à un tel point que son mari prend peur et accepte qu'elle aille vivre à Paris où il la laisse à une terrasse de café.

Le nœud de vipères (1932)

C'est l'histoire d'un homme que la haine et l'amour de l'argent ont durci jusqu'à faire de son cœur « un nœud de vipères ».

Le mystère Frontenac (1933)

Ce roman est nourri des souvenirs de jeunesse de Mauriac : « la vieille Chartreuse » ressemble à sa propriété familiale, dans les Landes, près de Bordeaux ; la mère de l'écrivain revit dans le personnage de Blanche Frontenac ; on reconnaît Mauriac, lui-même, dans le dernier des fils, Yves Frontenac, le révolté, le poète qu'attire très tôt la carrière littéraire. Mais la fiction se mêle aux souvenirs : Yves Frontenac, « monté » à Paris, tente de se suicider par désespoir amoureux. Il est sauvé par son frère aîné qui reprend auprès de lui le rôle qu'assumait autrefois leur mère. Il accomplit ainsi le « mystère Frontenac » c'est-à-dire cette mystérieuse union des membres d'une famille où s'incarne un peu de l'éternel Amour.

LA PENSÉE

La foi religieuse éclaire la pensée de Mauriac. Sa conception de la nature humaine est celle d'un chrétien qui considère que l'homme n'est pas un être pur, qu'il y a en lui un appel vers Dieu et un autre vers Satan. Il a une prédilection pour les âmes noires, les êtres corrompus, et il montre leur remontée ou leur chute. Il nous amène à comprendre, à ne pas condamner, à faire preuve de charité chrétienne. Mauriac a souvent été désigné comme « romancier catholique ». Cette appellation ne doit pas laisser croire que ses œuvres sont des écrits moralisateurs ou de propagande religieuse ; par sa profonde connaissance des êtres humains, la subtilité de ses analyses, il sait toucher les lecteurs de diverses familles spirituelles.

Mauriac n'a pas été un chrétien soumis, il a dénoncé l'Église romaine quand, à ses yeux, elle trahissait sa mission sociale. Chrétien de gauche, profondément attaché à la démocratie, il a pris sa défense chaque fois qu'elle a été menacée : il s'est attaqué au fascisme de Franco ; pendant l'occupation allemande, il a publié clandestinement *Le cahier noir*, dénonçant le nazisme et répandant un message d'espoir : « Eh bien, non, nous croyons en l'homme, il y a de notre raison de vivre, de survivre ». Après la guerre, il s'est engagé dans la lutte pour l'indépendance des colonies. A partir de 1958, il a été un des fidèles du général de Gaulle dont il partageait la foi chrétienne et les vues politiques, et à qui il a consacré un ouvrage important (1964).

L'ART

Le cadre

En 1933, Mauriac a écrit un ouvrage de réflexion sur son art, *Le romancier et ses personnages*. Il se définit comme un réaliste, soulignant qu'il éprouve le besoin de placer son récit dans un cadre extrêmement précis. « Je ne puis concevoir un roman sans avoir présente à l'esprit dans ses moindres recoins, la maison qui en sera le théâtre : il faut que les secrètes allées du jardin me soient familières et que tout le pays alentour me soit connu et non pas d'une connaissance superficielle. » Il donne ainsi la raison profonde qui l'a poussé à situer ses romans dans sa région d'origine.

Les personnages

Mauriac pense que le romancier crée ses personnages à partir d'éléments empruntés au réel, à l'observation des autres, à la connaissance de soi-même. Ils trouvent leur origine dans l'âme du romancier dont l'art consiste à combiner ces divers éléments. Mauriac montre qu'il connaît cependant les limites du réalisme, il sait que l'art ne peut rivaliser avec la complexité de la vie humaine, ni avec celle de la société : « Le romancier isole et immobilise dans l'individu, la passion, et dans le groupe il isole et immobilise un individu. »

Mauriac construit ses romans dans ces limites. Le récit bref et tendu a la sobriété et l'intensité des tragédies classiques. Son style est fluide et précis.

BIBLIOGRAPHIE

P.H. Simon, *François Mauriac par lui-même*, Le Seuil, 1953.
J. Robichon, *François Mauriac*, Éditions Universitaires, 1958.
A. Séailles, *Mauriac*, Bordas, 1972.
J. Lacouture, *François Mauriac*, Le Seuil, 1980.

THÉRÈSE DESQUEYROUX

L'analyse des mystères d'un destin

Thérèse a tenté d'empoisonner son mari. Par souci de la respectabilité, la famille a étouffé l'affaire. Le juge d'instruction vient de lui faire signer un non-lieu[1] de complaisance[2]. Retournant vers la propriété familiale, au fond de la forêt landaise, elle se prépare à tout expliquer à son mari et elle s'interroge pour voir clair en elle-même, pour « rendre ce drame intelligible ». Elle se demande d'abord pourquoi elle a épousé Bernard qu'elle n'aimait pas.

« Je l'ai épousé parce que... » Thérèse, les sourcils froncés, une main sur ses yeux, cherche à se souvenir. Il y avait cette joie puérile de devenir, par ce mariage, la belle-sœur d'Anne[3]. Mais c'était Anne surtout qui en éprouvait de l'amusement ; pour Thérèse, ce lien ne comptait guère. Au vrai, pourquoi en rougir ? Les deux mille hectares de Bernard ne l'avaient pas laissée indifférente. « Elle avait toujours eu la propriété dans le sang. » Lorsque, après les longs repas, sur la table desservie on apporte l'alcool, Thérèse était restée souvent avec les hommes, retenue par leurs propos touchant les métayers[4], les poteaux de mine[5], la gemme[6], la térébenthine[6].

10 Les évaluations de propriétés la passionnaient. Nul doute que cette domination sur une grande étendue de forêt l'ait séduite : « Lui aussi, d'ailleurs, était amoureux de mes pins... » Mais Thérèse avait obéi peut-être à un sentiment plus obscur qu'elle s'efforce de mettre à jour : peut-être cherchait-elle moins dans le mariage une domination, une possession, qu'un refuge. Ce qui l'y avait précipitée, n'était-ce pas une panique ? Petite fille pratique, enfant ménagère, elle avait hâte d'avoir pris son rang, trouvé sa place définitive ; elle voulait être rassurée contre elle ne savait quel péril. Jamais elle ne parut si raisonnable qu'à l'époque de ses fiançailles : elle s'incrustait dans un bloc familial, « elle se casait » ; elle entrait dans

20 un ordre. Elle se sauvait.

Thérèse Desqueyroux. Chapitre III, Grasset.

1. Décision qui ordonne de ne plus poursuivre l'inculpé.
2. Que l'on a fait par obligeance, sans souci de la vérité.
3. La sœur de Bernard.
4. Exploitants agricoles.
5. Les poteaux de mine étaient faits avec des pins.
6. La résine qui coule des pins.

Emmanuelle Riva et Philippe Noiret dans le film Thérèse Desqueyroux *de Georges Franju (1962) tiré du roman du même nom.*

L'impossibilité de la communication

A l'issue de sa confrontation avec la justice, Thérèse a été acquittée. Vient maintenant la confrontation avec la famille et d'abord avec son mari. Elle se heurte à un mur. Tous ses efforts pour essayer de parler sont anéantis.

Thérèse souriait. Dans le bref intervalle d'espace et de temps, entre l'écurie et la maison, marchant aux côtés de Bernard, soudain elle avait vu, elle avait cru voir ce qu'il importait qu'elle fît. La seule approche de cet homme avait réduit à néant son espoir de s'expliquer, de se confier. Les êtres que nous connaissons le mieux, comme nous les déformons dès qu'ils ne sont plus là ! Durant tout ce voyage, elle s'était efforcée, à son insu, de recréer un Bernard capable de la comprendre, d'essayer de la comprendre — mais, du premier coup d'œil, il lui apparaissait tel qu'il était réellement, celui qui ne s'est jamais mis, fût-ce une fois dans sa vie, à la place d'autrui ; qui
10 ignore cet effort pour sortir de soi-même, pour voir ce que l'adversaire voit. Au vrai, Bernard l'écouterait-il seulement ? Il arpentait[1] la grande pièce humide et basse, et le plancher pourri par endroits craquait sous ses pas. Il ne regardait pas sa femme — tout plein des paroles qu'il avait dès longtemps préméditées. Et Thérèse, elle aussi, savait ce qu'elle allait dire. La solution la plus simple, c'est toujours à celle-là que nous ne pensons jamais. Elle allait dire : « Je disparais, Bernard. Ne vous inquiétez pas de moi. Tout de suite, si vous voulez, je m'enfonce dans la nuit. La forêt ne me fait pas peur, ni les ténèbres. Elles me connaissent ; nous nous connaissons. J'ai été créée à l'image de ce pays aride et où rien n'est vivant,
20 hors les oiseaux qui passent, les sangliers nomades. Je consens à être rejetée ; brûlez toutes mes photographies ; que ma fille même ne sache plus mon nom, que je sois aux yeux de la famille comme si je n'avais jamais été. »
Et déjà Thérèse ouvre la bouche ; elle dit :
« Laissez-moi disparaître, Bernard. »
Au son de cette voix, Bernard s'est retourné. Du fond de la pièce, il se précipite, les veines de la face gonflées ; balbutie[2] :
« Quoi ? Vous osez avoir un avis ? émettre un vœu ? Assez. Pas un mot de plus. Vous n'avez qu'à écouter, qu'à recevoir mes ordres — à vous conformer à mes décisions irrévocables. »
30 Il ne bégaie plus, rejoint maintenant les phrases préparées avec soin. Appuyé à la cheminée, il s'exprime d'un ton grave, tire un papier de sa poche, le consulte. Thérèse n'a plus peur ; elle a envie de rire ; il est grotesque ; c'est un grotesque. Peu importe ce qu'il dit avec cet accent ignoble et qui fait rire partout ailleurs qu'à Saint-Clair, elle partira. Pourquoi tout ce drame ? Cela n'aurait eu aucune importance que cet imbécile disparût du nombre des vivants. Elle remarque, sur le papier qui tremble, ses ongles mal tenus ; il n'a pas de manchettes[3], il est de ces campagnards ridicules hors de leur trou, et dont la vie n'importe à aucune cause, à aucune idée, à aucun être. C'est par habitude que l'on donne une importance infinie à
40 l'existence d'un homme.

1. Allait et venait dans la grande pièce.
2. Prononce avec difficulté.
3. Garnitures au bas des manches de chemises.

Thérèse Desqueyroux. Chapitre IX, Grasset.

ARTAUD (1896-1948)

Homme tourmenté, souffrant dans son corps et dans son esprit de la maladie qui le ronge, Artaud a cherché à bousculer les conventions du théâtre. Il ne voulait pas un théâtre « qui raconte de la psychologie », mais un théâtre violent, provocateur, difficile, qu'il appelait « le théâtre de la cruauté ».

Antonin Artaud, dans le film Le juif errant, de Luitz-Morat (1926). (Bibliothèque Nationale, Paris).

LA VIE

Antonin Artaud est né à Marseille. « Je me souviens depuis l'âge de huit ans et même avant, m'être toujours demandé qui j'étais, ce que j'étais, et pourquoi vivre. » Très jeune, il souffre de troubles nerveux, et à vingt et un ans, il fait un premier séjour dans un hôpital psychiatrique.

En 1920, il arrive à Paris pour se consacrer au théâtre. En 1924, il rejoint le groupe surréaliste, mais on lui reproche son individualisme, et en 1926, il quitte le mouvement et participe à la formation du « Théâtre Alfred Jarry ». Peu à peu, il élabore ses propres théories théâtrales. Après l'échec de la pièce, *Les Cenci,* qui devait illustrer ses conceptions, il fait un voyage au Mexique où il découvre la culture indienne ; il se passionne pour les fêtes rituelles qui correspondent à ses propres conceptions du spectacle. Un voyage en Écosse finit de l'ébranler mentalement ; il est rapatrié de force et interné pour neuf ans. Il meurt deux ans après avoir quitté l'hôpital psychiatrique, rongé par un cancer.

PRINCIPALES ŒUVRES

Les Cenci (tragédie en quatre actes, inspirée de Shelley et Stendhal, 1935)

Le comte Cenci est un grand seigneur italien du XVIᵉ siècle. Profondément déséquilibré, il se croit persécuté par sa famille et sa haine grandissante pour les siens le pousse à faire tuer ses deux fils. Cynique et cruel, il terrorise son entourage et finit par violer sa propre fille qui le fait assassiner. Le pape, soucieux de faire respecter l'autorité du père, aussi monstrueux soit-il, fait condamner la jeune fille à mort.

Le théâtre et son double (1938)

Dans cet essai théorique, l'auteur expose sa conception révolutionnaire du théâtre. Artaud se méfie du langage : « Toute l'écriture est de la cochonnerie » ; il s'insurge contre le théâtre psychologique, le spectacle de divertissement. Il pense que le véritable propos du théâtre est la création du mythe, la représentation de la vie dans ce qu'elle a de plus sauvage et de plus universel. Les retrouvailles du corps et du cosmos doivent se faire dans une sorte de transe où s'abolissent les frontières entre le spectateur et le spectacle. Pour créer cet état de transe auquel devraient participer acteurs et spectateurs, il donne la primauté à la mise en scène : éclairages, décors, costumes, musiques, danses deviennent les moyens d'expression (d'envoûtement) essentiels. Le spectacle se joue partout. Les acteurs se trouvent mêlés au public et il leur arrive de se poursuivre dans les galeries pour permettre à l'action « de se déployer dans tous les sens de la perspective en hauteur et en profondeur ». Dans son désir d'authenticité, il va jusqu'à demander à une de ses comédiennes de se laisser pendre par les cheveux dans la scène de torture des *Cenci*. Artaud veut que le théâtre soit un spectacle total ; il doit devenir la célébration d'un rite, une cérémonie pour exorciser le mal. Son projet est de redonner à l'art la fonction sacrée qu'il a perdue.

L'INFLUENCE D'ARTAUD

Les conceptions d'Artaud ont eu une influence importante sur le théâtre moderne (mise en scène des pièces de Beckett : *En attendant Godot ; Fin de partie ; Oh ! Les beaux jours*) et en particulier sur le théâtre américain. Il est aussi à l'origine des « happenings », qui sont des improvisations sur des thèmes choisis instantanément. L'idée de chef-d'œuvre disparaît alors ; le théâtre cherche non plus à rendre compte de la vie mais à rejoindre la vie. « Le Living-Theatre », « la Mama de New York » ont monté des spectacles qui révèlent les idées d'Artaud. Dans *Electre* par exemple, présenté par « la Mama », se substitue au langage intelligible une langue créée artificiellement par des emprunts à plusieurs langues et dialectes. Cette langue n'est utilisée que pour sa valeur musicale et son pouvoir d'évocation, et coïncide avec la préoccupation d'Artaud qui disait : « Tout vrai langage est incompréhensible. »

Artaud est un révolté. Plus qu'aucun autre poète maudit, il incarne le refus. Ses premières œuvres poétiques et sa correspondance révèlent une sensibilité exacerbée et constituent un document humain émouvant. Mais c'est essentiellement grâce à son œuvre théorique sur le théâtre, longtemps ignorée, qu'il demeure important.

BIBLIOGRAPHIE
A. Virmaux, *Antonin Artaud et le théâtre*, Seghers, 1970.
H. Gouhier, *Artaud et l'essence du théâtre*, Vrim, 1974.
Th. Maeder, *Antonin Artaud*, Plon, 1978.

LE THÉATRE ET SON DOUBLE

Le désir d'un spectacle total

Le théâtre que souhaite Artaud ne doit plus copier maladroitement la réalité quotidienne mais devenir un brasier destructeur. Cessant d'être un divertissement et une représentation, il doit être considéré comme « l'exercice d'un acte dangereux et terrible. »

La longue habitude des spectacles de distraction nous a fait oublier l'idée d'un théâtre grave, qui, bousculant toutes nos représentations, nous insuffle le magnétisme ardent des images et agit finalement sur nous à l'instar d'une thérapeutique de l'âme dont le passage ne se laissera plus oublier.

Tout ce qui agit est une cruauté [1]. C'est sur cette idée d'action poussée à bout, et extrême que le théâtre doit se renouveler.

Pénétré de cette idée que la foule pense d'abord avec ses sens, et qu'il est absurde comme dans le théâtre psychologique ordinaire de s'adresser à son entendement, le Théâtre de la Cruauté se propose de recourir au spectacle de masses ; de rechercher dans l'agitation de masses importantes, mais

1. « J'emploie le mot de cruauté dans le sens d'appétit de vie, de rigueur cosmique et de nécessité implacable (...). » Extrait d'une lettre à Jean Paulhan (1932).

10

jetées l'une contre l'autre et convulsées, un peu de cette poésie qui est dans les fêtes et dans les foules, les jours, aujourd'hui trop rares, où le peuple descend dans la rue.

Tout ce qui est dans l'amour, dans le crime, dans la guerre, ou dans la folie, il faut que le théâtre nous le rende, s'il veut retrouver sa nécessité. (...)

Pratiquement, nous voulons ressusciter une idée du spectacle total, où le théâtre saura reprendre au cinéma, au music-hall, au cirque, et à la vie même, ce qui de tout temps lui a appartenu. Cette séparation entre le
20 théâtre d'analyse et le monde plastique nous apparaissant comme une stupidité. On ne sépare pas le corps de l'esprit, ni les sens de l'intelligence, surtout dans un domaine où la fatigue sans cesse renouvelée des organes a besoin de secousses brusques pour raviver notre entendement.

Donc, d'une part, la masse et l'étendue d'un spectacle qui s'adresse à l'organisme entier ; de l'autre, une mobilisation intensive d'objets, de gestes, de signes, utilisés dans un esprit nouveau. La part réduite faite à l'entendement conduit à une compression énergique du texte[2] ; la part active faite à l'émotion poétique obscure oblige à des signes concrets. Les mots parlent peu à l'esprit ; l'étendue et les objets parlent ; les images
30 nouvelles parlent, même faites avec des mots. Mais l'espace tonnant d'images, gorgé de sons, parle aussi, si l'on sait de temps en temps ménager des étendues suffisantes d'espace meublées de silence et d'immobilité.

Sur ce principe, nous envisageons de donner un spectacle où ces moyens d'action directe soient utilisés dans leur totalité ; donc un spectacle qui ne craigne pas d'aller aussi loin qu'il faut dans l'exploration de notre sensibilité nerveuse, avec des rythmes, des sons, des mots, des résonances et des ramages, dont la qualité et les surprenants alliages font partie d'une technique qui ne doit pas être divulguée.

2. La pièce d'Artaud *Les Cenci* est en effet marquée par une extrême réduction du texte des dialogues.

Le Théâtre de la cruauté, article de mai 1933 repris dans *Le Théâtre et son double*, Gallimard, 1938.

Antonin Artaud jouant dans sa propre pièce Les Cenci *(Folies Wagram, 1935). Cette pièce, qui devait montrer les ressources du Nouveau théâtre, notamment par la réduction des dialogues, conserve encore de nombreux aspects du théâtre traditionnel.*

Questions et recherches

LE GOÛT DE LA DÉRISION (P. 228)

1. Définissez la dérision.
2. Comparez le texte avec l'inspiration de Musset dans la Nuit de Mai p. 59, la méthode de l'Art poétique de Verlaine p. 136, l'impuissance de Mallarmé p. 158.

LA MAGIE DE LA SPONTANÉITÉ (P. 228)

1. Quelles conditions faut-il réunir pour aborder l'écriture automatique ?
2. Quel est « l'intérêt du jeu surréaliste » ?

FONCTION DU SURRÉALISME (P. 229)

1. Quel est le rôle de l'inspiration ?
2. Quelle est la fonction du surréalisme ?

LE VOYAGE SURRÉALISTE (P. 230)

1. Comment se justifie le titre ?
2. Quelles transformations se produisent ?
3. A quoi aboutissent-elles ?
4. Relevez des images poétiques.

CHARME ET TENDRESSE SURRÉALISTES (P. 231)

1. Quel est le procédé utilisé dans la première strophe ?
2. Comment l'image de la deuxième fait-elle une synthèse ?
3. Que constitue la troisième ?

IMAGES INSOLITES (P. 232)

1. Le titre est le renversement d'une expression courante, laquelle ?
2. Comment le premier vers nous plonge-t-il tout de suite dans le renversement du temps ?
3. Que doit annoncer le facteur ?
4. Quels termes créent l'atmosphère macabre ?
5. Quelle est la valeur du dernier vers ?

LA POÉSIE ISSUE DU SURRÉALISME (P. 234)

1. Chacun des vers traduit la même idée, laquelle ?
2. Qu'est-ce qui est évoqué dans la première strophe ? Dans la deuxième ?

LA POÉSIE ENGAGÉE (P. 235)

1. Ce poème est en forme de litanie, expliquez.
2. Quel est l'effet obtenu par cette construction ?

LA PERTE DE L'AUTRE (P. 236)

1. Expliquez le titre du recueil, comment le temps peut-il déborder ?
2. (vers 1-4) — Quel sentiment éprouve le poète ? Quelle expression montre la puissance de l'amour qu'il éprouvait ?
3. (vers 5-18) — Comment accentue-t-il la souffrance de la séparation ? Quelle était son illusion ?
4. (vers 11-21) — Comment ressent-il sa solitude ?

LA RENAISSANCE (P. 238)

1. Quels rôles joue la femme (vers 7 - 8 - 15 - 20) ?
2. La dernière strophe : quel est le résultat de ce nouvel amour ?

UNE FILLE DE PATRON PARMI LES OUVRIERS (P. 241)

1. Quelle est la construction du début (l. 1-19) ? Montrez sa logique.
2. Quelle est la première différence entre le monde ouvrier et celui de Catherine ?
3. Quelle est la seconde différence annoncée à la fin du deuxième paragraphe et développée dans le suivant ?
4. Enfin, quelle est l'énorme différence qui sépare ces deux mondes malgré l'utilisation « d'un abominable jeu de mots » ?

LE COMBAT POUR LA LIBERTÉ (P. 243)

1. Sur quelle idée insiste la première strophe ?
2. Qu'évoque la deuxième strophe ?
3. D'après la troisième strophe quelle était l'attitude des passants ?
4. Quels sont les différents sentiments traduits dans les paroles que le poète grec prête à l'un des fusillés ?
5. Comment est indiquée la valeur de leur sacrifice ?

L'ART DE LA MISE EN SCÈNE
(P. 246)

(l. 1-18 : portrait du vieux sylphe).

1. Qu'y a-t-il de commun entre le personnage et un sylphe ?
2. Quelle expression justifie le choix du mot sylphe en nous donnant l'impression d'une sorte d'être fantastique ?
3. Pourquoi a-t-il choisi sa « modeste besogne de scribe » ?
4. Qu'a-t-il conservé malgré le temps ?
5. Quelle expression annonce le sujet du récit ?

(l. 16-33 : l'arrivée du personnage)

6. Quelles expressions ou quels détails se rapportent au sylphe ? A l'enfant qu'il a été — et qu'il est resté ?
7. Quel est le comportement de l'auteur ?
8. (l. 34-44) Montrez que le frère et la sœur se comprennent à demi-mot. (l. 45-55)
9. Quel est l'effet produit par la reprise du dialogue dans les mêmes formes ? (l. 55 à la fin)
10. Pourquoi le dialogue s'est-il étoffé ?
11. Le vieux sylphe, qui va enfin fournir la raison de sa visite, attise la curiosité de sa sœur ; qu'est-ce qui le montre ?
12. Que suscite en lui les transformations qu'il a découvertes ?
13. Comment met-il sa sœur en communion avec lui au sujet de la grille ?
14. Comment retarde-t-il encore le secret de sa déconvenue ?
15. Montrez que c'était le seul motif de sa visite (cf. question 5) ?

LE POIDS DE LA FATALITÉ (P. 251)

1. Ulysse évoque les rencontres des chefs d'État avant la guerre : elles ont toujours les mêmes caractères, lesquels ?
2. Pourquoi peuvent-ils parler avant et après la guerre ?
3. Comment le Destin prépare-t-il la guerre ?

L'INTRANSIGEANCE D'UN PÈRE
(P. 254)

En suivant le texte, montrez le caractère dramatique et l'aspect théâtral de la scène entre l'ouverture et la fermeture de la porte du cabinet de M. Thibault.

LA CRÉDULITÉ, BASE DU COMMERCE (P. 258)

1. (l. 1-18) Quel est le ton du docteur Knock ?
2. Pourquoi donne-t-il tant de précision au sujet de l'échelle ?
3. Que révèle de la mentalité de la dame le fait qu'elle n'avait pas consulté le prédécesseur du docteur Knock ?
4. (l. 19-45) Comment ce passage est-il le développement de ce que vient d'apprendre le docteur Knock ?
5. (l. 46-56) Quel est le but des explications du docteur Knock ?
6. (l. 57-70) Comment le médecin rend-il la cliente indécise entre l'inquiétude et l'avarice ?
7. (l. 71 à la fin) Quel sentiment le médecin développe-t-il chez la cliente ?
8. Que peut-on penser des symptômes de faiblesse par rapport au traitement prescrit ?

UN MESSAGE D'ESPOIR (P. 262)

1. (l. 1-8) Comment le prêtre explique-t-il le bonheur de la petite enfance ?
2. (l. 8-20) D'après lui, que manque-t-il aux hommes et quelle aurait pu être l'action de l'Église ?
3. (l. 21-23) Qu'avaient réussi les païens ? Par quel moyen ?
4. (l. 24 à la fin) Quelles expressions assimilent les hommes aux enfants ?
5. Comment les hommes cherchent-ils à se sauver de l'ennui ? Pourquoi en sont-ils arrivés là ?
6. Quel est le rôle de l'Église ?

L'ANALYSE DES MYSTÈRES D'UN DESTIN (P. 265)

1. Pour quelles raisons Thérèse a-t-elle épousé Bernard ?
2. Quelle est la principale raison ?
3. Comment est mise en valeur la difficulté de la trouver ?

LE DÉSIR D'UN SPECTACLE TOTAL
(P. 268)

1. Quelle doit être l'action du théâtre sur nous ?
2. Sur quelle idée de la foule repose cette théorie ?
3. Quelle sera la première caractéristique de ce théâtre ?
4. Que va réunir le spectacle total ?
5. Quelles seront les deux conséquences logiques de ces principes ?

MONTHERLANT (1896-1972)

Montherlant a d'abord écrit des romans où il fait l'apologie de la compétition sportive et de la vigueur. Mais c'est ensuite au théâtre qu'il a donné le meilleur de ses œuvres, qui se distinguent par la perfection de leur style. Il est, avec Anouilh, le principal représentant du théâtre classique du XXᵉ siècle.

LA VIE

Henry de Montherlant, pseudonyme de Henry de Millon, est né à Paris dans une famille de noblesse ancienne. Il est attiré très tôt par des expériences d'action violente. A quinze ans, il affronte deux taureaux dans une arène de Burgos. Pendant la Première Guerre mondiale, il est grièvement blessé de sept éclats d'obus dans les reins. Ensuite, c'est dans les stades qu'il retrouve la fraternité de l'effort.

Il publie ses premières œuvres en 1920. De 1925 à 1934, il consacre sa vie à des voyages, principalement dans le Bassin méditerranéen. Pendant la Seconde Guerre mondiale, il est journaliste et fait des reportages sur le front. Blessé, il s'occupe ensuite de la Croix Rouge sans participer à la Résistance.

Après la guerre, il mène une vie à l'écart du monde. Cependant, son œuvre dramatique connaît un succès grandissant et en 1960 il est élu à l'Académie française. Menacé de cécité, redoutant d'être diminué physiquement, Montherlant se suicide en 1972.

PRINCIPALES ŒUVRES

De son œuvre, Montherlant a dit : « Il y a dans mon œuvre une veine chrétienne[1] et une veine profane (ou pis que profane) que je nourris alternativement, j'allais dire simultanément (...) De la première veine, *La Rose de Sable*, *Port-Royal*, *Le maître de Santiago*... etc. ; de la seconde, *Les olympiques*, *La petite Infante de Castille*, *Les jeunes filles*... »

Romans

Les deux plus connus (*Les célibataires* et *Les jeunes filles*) sont d'inspiration profane.

Portrait de Montherlant en septembre 1972, quelques semaines avant son suicide.

— *Les célibataires* (1934) : les deux héros de cette histoire sont à l'opposé de l'idéal de virilité que pouvait aimer Montherlant. Ils sont l'envers dérisoire d'une noblesse héroïque.

— *Les jeunes filles* (1939) : il s'agit d'un roman-fleuve en quatre parties dont le sujet est la place de la femme dans une vie d'écrivain. Le dernier volume *Les lépreuses* doit son titre à l'idée que son héros se fait de la femme : un être qui contamine tout ce qu'elle touche et qu'il rend responsable de quelques-uns des maux de l'Occident moderne. Ce roman a valu à son auteur une réputation de misogynie[2], malgré les quelques grandes figures féminines qui illuminent son œuvre.

Théâtre

Montherlant a publié quinze pièces dont nous citons les principales.

---

1. Montherland n'est pourtant pas croyant.
2. Haine ou mépris des femmes.

— *La reine morte* (pièce en trois actes et en prose, 1942) : Montherlant s'est inspiré très librement de la pièce d'un écrivain espagnol de la fin du XVIe siècle, Velez de Guevara. L'action se déroule au Portugal au XIVe siècle. Le vieux roi Ferrante désire, par souci de la raison d'État, que son fils Pedro, qu'il croit faible, épouse la fière infante de Navarre. Pedro, marié secrètement à une dame de la cour, Iñes de Castro, refuse le mariage. Le roi Ferrante fait alors emprisonner son fils et tente en vain de faire rompre le mariage par le pape. Un de ses ministres lui conseille alors de faire mourir Iñes. Bien qu'il éprouve de la sympathie pour la jeune fille et bien que celle-ci lui ait avoué qu'elle attendait un enfant, il décide de la sacrifier, par peur de paraître faible. Mais il meurt peu après et le premier geste de Pedro devenu roi est de faire couronner le corps d'Iñes, reine morte.

— *Malatesta* (1944) ;

— *Le maître de Santiago* (pièce en trois actes et en prose, 1947) ;

— *La ville dont le prince est un enfant* (1951) ;

— *Port-Royal* (pièce en un acte, 1954) : ces trois pièces forment la « trilogie catholique » de Montherlant.

— *La guerre civile* (1965).

LA PENSÉE

Montherlant est une personnalité complexe et multiple qui refuse de sacrifier une de ses « composantes ». Dans ses œuvres de jeunesse, il exalte l'exploit physique. Un certain scepticisme l'a aussi fait osciller entre la recherche des plaisirs du corps et de l'esprit *(Les fontaines du désir)* et une mélancolie proche du désespoir (qui va « du manque de foi en quoi que ce soit d'humain » à « manque de foi en quoi que ce soit de divin »). Ce nihilisme explique que cet engagé volontaire de la Première Guerre mondiale ait ensuite refusé tout engagement idéologique. L'unité de sa vie et de sa pensée s'exprime dans cette déclaration : « Je suis poète, je ne suis même que cela et j'ai besoin d'aimer et de vivre toute la diversité du monde et tous ses prétendus contraires parce qu'ils sont la matière de ma poésie qui mourrait d'inanition [3] dans un monde où ne régnerait que le vrai et le juste, comme nous mourrions de soif si nous ne buvions que de l'eau chimiquement pure. » En l'absence de tout enthousiasme, ce qui semble le séduire, ce sont les personnages nobles et durs, mais souvent désespérés au fond d'eux-mêmes.

L'ART DU DRAMATURGE

L'œuvre de Montherlant a les qualités propres aux œuvres classiques par la priorité qu'il donne à l'analyse de la nature humaine, à la psycholo-

Costume créé par Simonini pour P.-E. Deiber dans le rôle du roi Ferrante dans La reine morte *à la Comédie Française en décembre 1965 (Bibliothèque de la Comédie Française, Paris).*

gie. Par des actions centrées autour d'une crise, son but est de nous faire progresser dans la connaissance de quelques individualités et ses pièces ne sont « qu'un prétexte à l'exploration de l'homme ». Montherlant s'efface derrière ses personnages qui parlent une langue adaptée à leur condition. Cependant, même lorsqu'il fait parler des rois ou les grands de l'Église, sa langue reste sobre dans des phrases admirablement travaillées.

Montherlant n'a pas cherché à révolutionner les conceptions de l'art dramatique, et il s'est tenu à l'écart des courants d'avant-garde. Animé par l'esprit des grands classiques, il a néanmoins composé une œuvre très personnelle qui porte sa marque, celle d'un héroïsme stoïque.

3. *Faiblesse, épuisement. Ici manque d'inspiration.*

BIBLIOGRAPHIE
J. Sandelion, *Montherlant et les femmes*, Plon, 1950.
H. Perruchot, *Montherlant*, Gallimard, Coll. « La bibliothèque idéale », 1959.
A. Blanc, *Montherlant, un pessimisme heureux*, Le Centurion, 1968.

LA REINE MORTE

L'exigence de grandeur

Le roi Ferrante convoque son fils qui vient de refuser son mariage avec l'infante de Navarre parce qu'il en aime une autre. Le vieux roi, qui ne pense et n'agit qu'en fonction de la raison d'État (ce qui est utile à l'État doit primer sur toutes autres choses) interprète ce geste comme un manque de grandeur et il laisse exploser toute l'indignation d'un roi et toute la déception d'un père.

FERRANTE. — L'Infante m'a fait part des propos monstrueux que vous lui avez tenus. Maintenant écoutez-moi. Je suis las de mon trône, de ma cour, de mon peuple. Mais il y a aussi quelqu'un dont je suis particulièrement las, Pedro, c'est vous. Il y a tout juste treize ans que je suis las de vous, Pedro. Bébé, je l'avoue, vous ne me reteniez[1] guère. Puis, de cinq à treize ans, je vous ai tendrement aimé. La Reine, votre mère, était morte, bien jeune. Votre frère aîné allait tourner à l'hébétude[2], et entrer dans les ordres. Vous me restiez seul. Treize ans a été l'année de votre grande gloire ; vous avez eu à treize ans une grâce, une gentillesse, une finesse,

10 une intelligence que vous n'avez jamais retrouvées depuis ; c'était le dernier et merveilleux rayon du soleil qui se couche ; seulement on sait que, dans douze heures, le soleil réapparaîtra, tandis que le génie de l'enfance, quand il s'éteint, c'est à tout jamais. On dit toujours que c'est d'un ver que sort le papillon ; chez l'homme, c'est le papillon qui devient un ver. A quatorze ans, c'en était fait, vous vous étiez éteint ; vous étiez devenu médiocre et grossier. Avant, Dieu me pardonne, par moments j'étais presque jaloux de votre gouverneur[3] ; jaloux de vous voir prendre au sérieux ce que vous disait cette vieille bête de don Christoval, plus que ce que je vous disais moi-même. Je songeais aussi : « A cause des affaires de l'État, il me faut

20 perdre mon enfant : je n'ai pas le temps de m'occuper de lui. » A partir de vos quatorze ans, j'ai été bien content que votre gouverneur me débarrassât de vous. Je ne vous ai plus recherché, je vous ai fui. Vous avez aujourd'hui vingt-six ans : il y a treize ans que je n'ai plus rien à vous dire.

PEDRO. — Mon père...

FERRANTE. — « Mon père » : durant toute ma jeunesse, ces mots me faisaient vibrer. Il me semblait — en dehors de toute idée politique — qu'avoir un fils devait être quelque chose d'immense... Mais regardez-moi donc ! Vos yeux fuient sans cesse pour me cacher tout ce qu'il y a en vous qui ne m'aime pas.

30 PEDRO. — Ils fuient pour vous cacher la peine que vous me faites. Vous savez bien que je vous aime. Mais, ce que vous me reprochez, c'est de n'avoir pas votre caractère. Est-ce ma faute, si je ne suis pas vous ? Jamais, depuis combien d'années, jamais vous ne vous êtes intéressé à ce qui m'intéresse. Vous ne l'avez même pas feint[4]. Si, une fois... Quand vous aviez votre fièvre tierce, et croyiez que vous alliez mourir ; tandis que je vous disais quelques mots auprès de votre lit, vous m'avez demandé : « Et les loups, en êtes-vous content ? » Car c'était alors ma passion que la chasse

1. Vous ne m'intéressiez pas beaucoup.
2. Stupidité, abrutissement.
3. Celui qui s'occupait de votre éducation.
4. Simulé.

au loup. Oui, une fois seulement, quand vous étiez tout affaibli et désespéré par le mal, vous m'avez parlé de ce que j'aime.

40 FERRANTE. — Vous croyez que ce que je vous reproche est de n'être pas semblable à moi. Ce n'est pas tout à fait cela. Je vous reproche de ne pas respirer à la hauteur où je respire. On peut avoir de l'indulgence pour la médiocrité qu'on pressent chez un enfant. Non pour celle qui s'étale dans un homme.

PEDRO. — Vous me parliez avec intérêt, avec gravité, avec bonté, à l'âge où je ne pouvais pas vous comprendre. Et, à l'âge où je l'aurais pu, vous ne m'avez plus jamais parlé ainsi, — à moi que, dans les actes publics, vous nommez « mon bien-aimé fils » !

FERRANTE. — Parce qu'à cet âge-là non plus vous ne pouviez pas me 50 comprendre. Mes paroles avaient l'air de passer à travers vous comme à travers un fantôme, pour s'évanouir dans je ne sais quel monde : depuis longtemps déjà la partie était perdue. Vous êtes vide de tout, et d'abord de vous-même. Vous êtes petit, et rapetissez tout à votre mesure. Je vous ai toujours vu abaisser le motif de mes entreprises : croire que je faisais par avidité[5] ce que je faisais pour le bien du royaume ; croire que je faisais par ambition personnelle ce que je faisais pour la gloire de Dieu. De temps en temps vous me jetiez à la tête[6] votre fidélité. Mais je regardais à vos actes, et ils étaient toujours misérables.

PEDRO. — Mon père, si j'ai mal agi envers vous, je vous demande de me le 60 pardonner.

FERRANTE. — Je vous le pardonne. Mais que le pardon est vain ! Ce qui est fait est fait, et ce qui n'est pas fait n'est pas fait, irrémédiablement[7]. Et puis, j'ai tant pardonné, tout le long de ma vie ! Il n'y a rien de si usé pour moi, que le pardon. *(Pris d'un malaise, il porte la main à son cœur. Un temps.)* D'autres ont plaisir à pardonner ; pas moi. Enfin, nous voici dans une affaire où vous pouvez réparer beaucoup. Je ne reviens pas sur votre conduite incroyable, de vous refuser depuis des années à prendre l'esprit et les vues[8] de votre condition ; de vous échapper toutes les fois que je vous parle d'un mariage qui est nécessaire au trône ; de me celer[9] 70 encore votre détermination, ces jours derniers, pour la révéler brutalement à l'Infante, au risque du pire éclat, avec une inconvenance inouïe. Je connais peu Iñes de Castro. Elle a de la naissance[10], bien que fille naturelle. On parle d'elle avec sympathie, et je ne lui veux pas de mal. Mais il ne faut pas qu'elle me gêne. Un roi se gêne, mais n'est pas gêné.

La reine morte
Acte I, scène 2, Gallimard.

5. Envie, convoitise, désir.
6. Vous m'assuriez de.
7. Sans remède, sans qu'on puisse y remédier et revenir en arrière.
8. Opinions.
9. Cacher.
10. Elle est de bonne noblesse.

ANTOINE DE SAINT-EXUPÉRY (1900-1944)

« Pour moi, voler ou écrire, c'est tout un. » Pour cet aviateur-poète, familièrement appelé Saint-Ex, l'avion fut l'outil privilégié qui mêle *« l'homme à tous les vieux problèmes »*.

LA VIE

De père limousin et de mère provençale, il naît à Lyon. Après un échec à l'entrée de l'École Navale, il fait son service militaire dans l'aviation avant de devenir, en 1926, l'un des premiers pilotes de ligne. Il assure la liaison Toulouse/Dakar puis est nommé chef d'une petite base aérienne dans le Maroc espagnol.

Après plusieurs équipées dont le raid Paris-Saigon, on le retrouve aux États-Unis aux premières heures de la guerre. Un appel à l'union des Français lancé à la radio des États-Unis lui aliène de nombreux compatriotes. Brûlant de reprendre le combat, il revient en France en 1943 et disparaît le 31 juillet 1944 au cours d'une mission de reconnaissance.

LES ŒUVRES

Courrier Sud (1930) : première œuvre influencée sur le plan romanesque par la manière de Gide.

Vol de nuit (1931) : livre écrit en Argentine, où il est directeur d'une filiale de l'Aéropostale, et centré autour de l'attente de trois courriers à l'aérodrome de Buenos Aires.

Terre des hommes (1939) : bilan de ses souvenirs et exaltation de la solidarité humaine.

Pilote de guerre (1942) : rédigé à New York. Affirmation de la nécessité du combat, par-delà l'absurdité de la guerre.

Le Petit Prince (1943) : publié pour la première fois à New York. La simplicité touchante, la fraîcheur naïve de ce comte, qui occupe une place à part dans l'œuvre de Saint-Exupéry, explique son immense succès.

Citadelle (1948) : livre inachevé, fait de notes et de carnets, qui apparaît comme l'ébauche de son testament spirituel.

BIBLIOGRAPHIE
R. Tavernier, *Saint-Exupéry en procès*, Paris, 1967.
E. Deschodt, *Saint-Exupéry*, Biographie. J.C. Lattès, 1980.
Cahiers Saint-Exupéry, Gallimard : n° 1 (1980) ; n° 2 (1981).

LA PENSÉE

C'est toujours dans le vécu que s'enracine l'humanisme de Saint-Exupéry. Centrées sur l'expérience d'un homme, ses œuvres ne gardent pourtant que ce qui intéresse tous les hommes. Au-delà du témoignage, ses romans sont une méditation sur l'action qui affermit la volonté et exalte le dépassement de soi, le sentiment de fraternité entre des hommes lancés dans une œuvre commune. « Le Petit Prince » reprend ces thèmes sous forme de parabole poétique.

Certains n'ont pas manqué de relever les limites de cette morale virile plutôt paternaliste et aristocratique, oscillant constamment « entre l'Évangile du Christ et le contre-Évangile de Nietzsche ». Mais l'honnêteté de ce poète de l'aviation le sauve du dogmatisme dans sa quête de l'absolu.

LE PETIT PRINCE

Donner son temps

Au fil de ses rencontres, le petit prince, par ses questions désarmantes de naïveté, nous fait toucher du doigt ce qui apparaît essentiel à Saint-Exupéry : le privilège des relations humaines. C'est ainsi que l'amitié, en créant des liens irremplaçables entre les êtres, peut faire oublier la monotonie de la vie.

— Bonjour, dit le renard.

— Bonjour, répondit poliment le petit prince, qui se retourna mais ne vit rien.

— Je suis là, dit la voix, sous le pommier.

— Non, dit le petit prince. Je cherche des amis. Qu'est-ce que signifie « apprivoiser » ?

— C'est une chose trop oubliée, dit le renard. Ça signifie « créer des liens... »

— Créer des liens ?

— Bien sûr, dit le renard. Tu n'es encore pour moi qu'un petit garçon tout
10   semblable à cent mille petits garçons. Et je n'ai pas besoin de toi. Et tu n'as pas besoin de moi non plus. Je ne suis pour toi qu'un renard semblable à cent mille renards. Mais, si tu m'apprivoises, nous aurons besoin l'un de l'autre. Tu seras pour moi unique au monde. Je serai pour toi unique au monde...

— Je commence à comprendre, dit le petit prince. Il y a une fleur... je crois qu'elle m'a apprivoisé...

— C'est possible, dit le renard. On voit sur la Terre toutes sortes de choses...

— Oh ! ce n'est pas sur la Terre, dit le petit prince.

Le renard parut très intrigué :
20   — Sur une autre planète ?

— Oui.

— Il y a des chasseurs, sur cette planète-là ?

— Non.

— Ça, c'est intéressant ! Et des poules ?

— Non.

— Rien n'est parfait, soupira le renard.

Mais le renard revint à son idée :

— Ma vie est monotone. Je chasse les poules, les hommes me chassent.

Toutes les poules se ressemblent, et tous les hommes se ressemblent. Je
30 m'ennuie donc un peu. Mais, si tu m'apprivoises, ma vie sera comme
ensoleillée. Je connaîtrai un bruit de pas qui sera différent de tous les autres.
Les autres pas me font rentrer sous terre. Le tien m'appellera hors du terrier,
comme une musique. Et puis regarde ! Tu vois, là-bas, les champs de blé ? Je
ne mange pas de pain. Le blé pour moi est inutile. Les champs de blé ne me
rappellent rien. Et ça, c'est triste ! Mais tu as des cheveux couleur d'or. Alors
ce sera merveilleux quand tu m'auras apprivoisé ! Le blé, qui est doré, me
fera souvenir de toi. Et j'aimerai le bruit du vent dans le blé...
Le renard se tut et regarda longtemps le petit prince :
— S'il te plaît... apprivoise-moi ! dit-il.
40 — Je veux bien, répondit le petit prince, mais je n'ai pas beaucoup de temps.
J'ai des amis à découvrir et beaucoup de choses à connaître.
— On ne connaît que les choses que l'on apprivoise, dit le renard. Les
hommes n'ont plus le temps de rien connaître. Ils achètent des choses toutes
faites chez les marchands. Mais comme il n'existe point de marchands d'amis,
les hommes n'ont plus d'amis. Si tu veux un ami, apprivoise-moi !
— Que faut-il faire ? dit le petit prince.
— Il faut être très patient, répondit le renard. Tu t'assoiras d'abord un peu
loin de moi, comme ça, dans l'herbe. Je te regarderai du coin de l'œil et tu
ne diras rien. Le langage est source de malentendus. Mais, chaque jour, tu
50 pourras t'asseoir un peu plus près...
Le lendemain revint le petit prince.
— Il eût mieux valu revenir à la même heure, dit le renard. Si tu viens, par
exemple, à quatre heures de l'après-midi, dès trois heures je commencerai
d'être heureux. Plus l'heure avancera, plus je me sentirai heureux. À quatre
heures, déjà, je m'agiterai et m'inquiéterai ; je découvrirai le prix du bonheur !
Mais si tu viens n'importe quand, je ne saurai jamais à quelle heure m'habiller
le cœur... Il faut des rites.

Gallimard, 1946, Chapitre XXI.

MALRAUX (1901-1976)

Véritable écrivain de combat, André Malraux mène une vie aventureuse qui se reflète dans son œuvre de romancier. Cet homme d'action est aussi un esthète qui considère que l'art est pour l'homme un moyen de vaincre la mort. Son engagement politique aux côtés du général De Gaulle en fait une personnalité éminente de la Vᵉ République.

LA VIE

Malraux naît à Paris en 1901. Très tôt, il se passionne pour l'archéologie et se rend au Cambodge pour, semble-t-il, s'emparer de trésors archéologiques de la dynastie khmère. Sa tentative ayant échoué, Malraux rejoint des mouvements politiques proches des communistes et participe à la guerre civile en Chine. Cet engagement et ces luttes armées fournissent à Malraux la matière de ses premiers romans, comme *La condition humaine* couronnée par le prix Goncourt, en 1933.

De retour en Europe, il s'engage dans la lutte contre le nazisme menaçant et le fascisme. En 1936, il est aviateur dans l'armée républicaine en lutte contre le dictateur fasciste espagnol Franco. Il participe ensuite à la Deuxième Guerre mondiale. Fait prisonnier, il s'évade, prend part à la Résistance et commande une brigade lors de la Libération.

L'année 1945 marque son entrée dans la vie politique et la fin de son activité de romancier : il s'engage aux côtés du général De Gaulle qui en fait son ministre de l'Information. Malraux se retire de la vie publique en 1946 pour y revenir en même temps que le général en 1958, en qualité de ministre des Affaires culturelles. Ses écrits sont alors essentiellement consacrés à la critique d'art. Malraux meurt six ans après le général, en 1976.

PRINCIPALES ŒUVRES

Romans

— *Les conquérants* (1928) : c'est le premier roman que Malraux consacre à un mouvement

André Malraux sur la terrasse de l'immeuble du journal Combat *en 1944.*

révolutionnaire ; il a pour cadre la Chine. Le héros, Garine, est un humaniste. Il s'oppose au communiste Borodine qui affirme que l'individu doit s'effacer derrière l'idée politique.

— *La voie royale* (1930) : l'action se déroule en Indochine. Cette histoire de deux aventuriers qui essaient de découvrir des objets de valeur dans la jungle cambodgienne se termine par un constat d'échec : l'un des deux meurt, l'autre rentre en France, sans trésor et sans illusions. Malraux a en partie utilisé dans ce roman son expérience personnelle.

— *La condition humaine* (1933) : ce roman a aussi pour cadre l'Extrême-Orient agité par la Révolution. C'est le récit de la lutte de terroristes communistes contre les capitalistes de Shangaï en 1927. Finalement, les révolutionnaires communistes sont sacrifiés par la direction de leur propre parti, pour des raisons politiques. Malraux met en relief la solitude de l'homme engagé dans l'action, solitude face à la peur et à la mort.

— *L'espoir* (1937) : ce livre raconte le combat des Républicains espagnols contre le général Franco (de 1936 à 1937). L'originalité de ce roman vient de son allure de reportage ; Malraux a lui-même réalisé un film l'année suivante d'après cet ouvrage.

Réflexion sur l'art

Dans *Les voix du silence* (1951), *Le musée imaginaire de la sculpture mondiale* (1953-1955) et *La métamorphose des dieux* (1957), Malraux se livre à une réflexion sur l'art qui est une façon pour l'individu d'accéder à l'éternité et d'échapper à son destin de mortel. C'est le sens de la formule qu'emploie Malraux : « L'art est un anti-destin ».

En 1967, Malraux a commencé la publication de ses *Antimémoires* qui, comme leur titre l'indique, n'ont pas pour objet de rappeler des événements de façon conventionnelle mais s'intéressent plutôt aux êtres humains, aux personnalités qui ont été au centre de l'histoire contemporaine.

Malraux ne fut pas seulement un écrivain et un homme politique, mais aussi un critique d'art qui s'est intéressé à toutes les époques et tous les pays. Ici, devant le buste monumental de Civa dans l'île indienne d'Elephanta Gharapari (1958). (Collection Sophie de Vilmorin).

LES THÈMES

Évolution de l'héroïsme

L'ensemble de l'œuvre romanesque de Malraux affirme la nécessité pour l'être humain de participer activement à l'histoire de son temps et de ne pas rêver celle-ci mais de la faire.

Il y a certes une évolution de ses personnages mais le message de l'héroïsme demeure. Ses premières œuvres montrent des individus isolés ou trahis, face à l'angoisse de la mort : le héros de *La voie royale*, Charles Vennec, se retrouve seul à la fin ; le révolutionnaire Kyo de *La condition humaine* est certes seul lui aussi, mais dans son sacrifice final [1], il découvre une sorte de fraternité. Cette découverte d'un humanisme dépassant l'individualisme donne tout son sens à l'action et permet l'espoir.

LA TECHNIQUE ROMANESQUE

Cherchant moins à convaincre ses lecteurs qu'à faire revivre à leurs yeux des actions concrètes,

Malraux utilise une technique très souple et nouvelle qui évoque nettement le langage cinématographique. Les scènes d'action très vives et mouvementées chassent les dialogues très brefs, créant un rythme rapide. Malraux parvient à plonger le lecteur dans l'action de façon immédiate en lui montrant ce que voient les héros des romans et comment ils le voient.

André Malraux est un des grands romanciers du XXe siècle par son culte de l'action héroïque et son affirmation d'une fraternité entre les hommes engagés. On constate à travers son œuvre l'abandon à partir de 1945 des idéaux révolutionnaires pour ceux de patrie ou même de nation, qu'il défend à travers la personne du général De Gaulle. Mais il serait faux de voir dans ses essais glorifiant la création artistique un repli sur une vue plus sage de la vie : au contraire, l'individu engagé dans un processus créateur mène lui aussi un combat à sa manière.

BIBLIOGRAPHIE

Malraux par lui-même, Le Seuil, 1952.
J. Hoffmann, *L'humanisme de Malraux*, Klincksieck, 1963.
J.R. Carduner, *La création romanesque chez Malraux*, Nizet, 1968 (esthétique et éthique).
I. Juilland, *Dictionnaire des idées dans l'œuvre d'André Malraux*, Mouton, 1968.
J. Lacouture, *André Malraux, une vie dans le siècle*, Le Seuil, 1973.

---

1. *En prison, Kyo donne à deux hommes, condamnés à la torture comme lui, sa dose de cyanure pour leur éviter de souffrir. Il donne aussi une leçon de bonté puisqu'il ne reste plus de poison pour lui et qu'il sera brûlé vif.*

LA CONDITION HUMAINE

Tuer un homme n'est pas facile

Le révolutionnaire chinois Tchen se dispose dans cette scène à tuer de sang-froid un trafiquant d'armes pour s'emparer de ses papiers. Ceux-ci permettront au mouvement auquel il appartient (proche des communistes) de mettre la main sur un stock d'armes. Mais au moment de passer à l'acte, Tchen hésite : tuer cet être endormi n'est pas si simple. Malraux décrit d'abord avec beaucoup de finesse le conflit psychologique de Tchen puis il rend de façon très visuelle, cinématographique (description précise du geste meurtrier) l'acte proprement dit et il ménage même un suspense final.

Un seul geste, et l'homme serait mort. Le tuer n'était rien : c'était le toucher qui était impossible. Et il fallait frapper avec précision. Le dormeur, couché sur le dos, au milieu du lit à l'européenne, n'était habillé que d'un caleçon [1] court, mais, sous la peau grasse, les côtes n'étaient pas visibles. Tchen devait prendre pour repères [2] les pointes sombres des seins. Il savait combien il est difficile de frapper de haut en bas. Il tenait donc le poignard [3] la lame en l'air, mais le sein gauche était le plus éloigné : à travers le filet de la moustiquaire [4], il eût dû frapper à longueur de bras, d'un mouvement courbe comme celui du swing [5]. Il changea la position du poignard : la

10 lame horizontale. Toucher ce corps immobile était aussi difficile que frapper un cadavre, peut-être pour les mêmes raisons. Comme appelé par cette idée de cadavre, un râle [6] s'éleva. Tchen ne pouvait plus même reculer, jambes et bras devenus complètement mous. Mais le râle s'ordonna : l'homme ne râlait pas, il ronflait. Il redevint vivant, vulnérable [7], et, en même temps, Tchen se sentit bafoué [8]. Le corps glissa d'un léger mouvement vers la droite. Allait-il s'éveiller maintenant ! D'un coup à traverser [9] une planche, Tchen l'arrêta dans un bruit de mousseline [10] déchirée, mêlé à un choc sourd. Sensible jusqu'au bout de la lame, il sentit le corps rebondir vers lui, relancé par le sommier [11] métallique. Il raidit rageusement son

20 bras pour le maintenir, les jambes revenaient ensemble vers la poitrine, comme attachées ; elles se détendirent d'un coup. Il eût fallu frapper de nouveau, mais comment retirer le poignard ? Le corps était toujours sur le côté, instable, et, malgré la convulsion qui venait de le secouer, Tchen avait l'impression de le tenir fixé au lit par son arme courte sur quoi pesait toute sa masse. Dans le grand trou de la moustiquaire, il le voyait fort bien : les paupières s'étaient ouvertes, — avait-il pu s'éveiller ? — les yeux étaient blancs. Le long du poignard le sang commençait à sourdre [12], noir dans cette fausse lumière. Dans son poids, le corps, prêt à retomber à droite ou à gauche, trouvait encore de la vie. Tchen ne pouvait lâcher le

30 poignard. A travers l'arme, son bras raidi, son épaule douloureuse, un courant d'angoisse s'établissait entre le corps et lui jusqu'au fond de sa poitrine, jusqu'à son cœur convulsif, seule chose qui bougeât dans la pièce. Il était absolument immobile ; le sang qui continuait à couler de son bras gauche lui semblait celui de l'homme couché ; sans que rien de nouveau fût survenu, il eut soudain la certitude que cet homme était mort. Respirant

1. Sous-vêtement.
2. Points d'orientation.
3. Grand couteau.
4. Rideau dont on entoure les lits pour se protéger des moustiques.
5. Boxe : coup de poing porté horizontalement en ramenant le bras de l'extérieur vers l'intérieur.
6. Plainte rauque.
7. Faible, susceptible d'être attaqué.
8. Humilié.
9. Capable de, si violent qu'il traverserait.
10. Tissu léger utilisé pour la fabrication de moustiquaires.
11. Partie du lit où repose le matelas.
12. Couler.

à peine, il continuait à le maintenir sur le côté, dans la lumière immobile et trouble, dans la solitude de la chambre. Rien n'y indiquait le combat, pas même la déchirure de la mousseline qui semblait séparée en deux pans [13] : il n'y avait que le silence et une ivresse écrasante où il sombrait,
40 séparé du monde des vivants, accroché à son arme. Ses doigts étaient de plus en plus serrés, mais les muscles du bras se relâchaient et le bras tout entier commença à trembler par secousses, comme une corde. Ce n'était pas la peur, c'était une épouvante à la fois atroce et solennelle qu'il ne connaissait plus depuis son enfance : il était seul avec la mort, seul dans un lieu sans hommes, mollement écrasé à la fois par l'horreur et par le goût du sang.

Il parvint à ouvrir la main. Le corps s'inclina doucement sur le ventre : le manche du poignard ayant porté à faux [14], sur le drap une tache sombre commença à s'étendre, grandit comme un être vivant. Et à côté d'elle,
50 grandissant comme elle, parut l'ombre de deux oreilles pointues [15].

13. En deux parties.
14. Ayant été mal ajusté.
15. C'est l'ombre d'un chat qui s'approche.

La condition humaine, Gallimard.

L'ESPOIR

Engagement politique et humanisme

Les Républicains espagnols en lutte contre le général Franco connaissent au début du roman une illusion de fraternité. Mais rapidement leur désorganisation entraîne des défaites et il leur faut réagir. Le cinéaste Manuel, membre du Parti communiste (appelé simplement le Parti dans le texte) apprend, par son engagement dans l'action, que la fraternité doit parfois être sacrifiée. C'est le sens de ce dialogue entre le prêtre Ximénès et lui.

On disait qu'il y avait de grands incendies vers l'Escurial [1], et des nuages très sombres s'accrochaient aux pentes de la Sierra. Plus loin, vers Ségovie, un village brûlait : à la jumelle, Manuel vit des paysans et des ânes courir.

— Je savais ce qu'il fallait faire, et je l'ai fait. Je suis résolu à servir mon parti, et ne me laisserai pas arrêter par des réactions psychologiques. Je ne suis pas un homme à remords. Il s'agit d'autre chose. Vous m'avez dit un jour, il y a plus de noblesse à être un chef qu'un individu. La musique, n'en parlons plus ; j'ai couché la semaine dernière avec une femme que j'avais aimée en vain, enfin... des années ; et j'avais envie de m'en aller...
10 Je ne regrette rien de tout cela ; mais si je l'abandonne, c'est pour quelque chose. On ne peut commander que pour servir, sinon... Je prends sur moi [2] ces exécutions : elles ont été faites pour sauver les autres, *les nôtres*. Seulement, écoutez : il n'est pas un des échelons que j'ai gravis dans le sens d'une efficacité plus grande, d'un commandement meilleur, qui ne m'écarte davantage des hommes. Je suis chaque jour un peu moins humain. Vous avez nécessairement rencontré, enfin, les mêmes...

— Je ne puis vous dire que des choses que vous ne pouvez entendre, mon fils. Vous voulez agir et ne rien perdre de la fraternité ; je pense que l'homme est trop petit pour cela.

1. Ancienne résidence d'été des rois d'Espagne au nord-ouest de Madrid.
2. Je prends la responsabilité de.

20 Il pensait que cette fraternité-là ne peut être retrouvée qu'à travers le Christ.

« Mais il me semble que l'homme se défend toujours mieux qu'il ne semble, et que tout ce qui vous sépare des hommes doit vous rapprocher de votre parti... »

Manuel aussi avait pensé cela ; non sans peur parfois.

— Être rapproché du Parti ne vaut rien si c'est être séparé de ceux pour qui le Parti travaille. Quel que soit l'effort du Parti, peut-être ce lien-là ne vit-il que de l'effort de chacun de nous...

« L'un des deux condamnés m'a dit : « Tu n'as plus de voix pour nous, 30 maintenant ? »

Il ne dit pas qu'il avait réellement perdu sa voix. Ximénès passa son bras sous le sien. De cette hauteur, tout des hommes de la plaine était dérisoire [3], sauf les lents rideaux de feu qui montaient sur le ciel où les nuages informes avançaient lentement ; il semblait qu'au regard des dieux les hommes ne fussent [4] que la matière des incendies.

— Eh ! que voulez-vous donc, fils ? Condamner tranquille ?

Il le regardait avec une expression affectueuse, pleine de mille expériences contradictoires et peut-être amères :

« Vous vous habituerez même à cela... »

40 Comme un malade choisit pour parler de la mort un autre malade, Manuel parlait d'un drame moral avec un homme à qui ce monde était familier ; mais bien plus pour l'humanité de ses réponses que pour leur sens. Communiste, Manuel ne s'interrogeait pas sur le bien-fondé [5] de sa décision, il ne mettait pas en question son acte ; toute question de ce genre, à ses yeux, devait se résoudre, ou par la modification de ses actes (et il n'était pas question qu'il les modifiât) ou par le refus de la question. Mais le propre [6] des questions insolubles [7] est d'être usées par la parole.

— Le vrai combat, dit Ximénès, commence lorsqu'on doit combattre une part de soi-même...

L'espoir, Gallimard.

3. Ridicule.
4. Subjonctif imparfait du verbe être.
5. Bon droit, légitimité.
6. La caractéristique de, ce qui est spécifique à.
7. Qui ne peuvent être résolues.

L'affiche du film Espoir - Sierra de Teruel *réalisé par Malraux en 1937-1938 à partir de son roman* L'espoir, *sur la guerre d'Espagne (C.N.E. Archives du film, Bois d'Arcy).*

CÉLINE (1894-1961)

Louis-Ferdinand Céline est un des auteurs français les plus originaux de la première moitié du XXᵉ siècle. Il a foncièrement rénové le langage utilisé dans le roman en accordant la primauté au français parlé ; en ce sens, c'est un vrai novateur. Il s'oppose ainsi à des romanciers comme Gide ou Malraux qui utilisent une langue très classique.

LA VIE

Né en 1894 près de Paris, Louis Destouches commence des études de médecine puis s'engage comme soldat pendant la guerre de 1914. Il en revient gravement blessé, termine ses études et exerce la médecine en Afrique puis en Amérique de 1919 à 1924. De retour en région parisienne, il travaille à la fois comme médecin et comme écrivain : il prend pour nom d'auteur le prénom de sa mère, Céline. Il devient célèbre avec deux romans, *Le voyage au bout de la nuit* et *Mort à crédit,* mais ses positions féroces et racistes, notamment contre les Juifs, le forcent à s'exiler en Allemagne, puis au Danemark, où il est emprisonné par les autorités danoises qui le jugent gênant. Il rentre en France en 1951 et s'installe dans la banlieue parisienne. Il meurt en 1961.

PRINCIPALES ŒUVRES

Les œuvres de Céline, romans et pamphlets ont une caractéristique commune : elles ont toutes provoqué un scandale.

Voyage au bout de la nuit (1932)

Ce livre a révélé Céline au public. Les aventures de Ferdinand Bardamu, le héros, sont en fait une transposition romanesque d'événements qui sont arrivés à Céline lui-même. Engagé au Cameroun, il quitte l'Afrique coloniale pour fuir en Amérique ; le travail à la chaîne l'y attend. Il retourne à Paris où il pratique la médecine dans un milieu peuplé d'une humanité pitoyable. C'est par la violence des accusations et la vivacité du langage utilisé que *Le voyage* est resté célèbre.

Céline vers 1955.

Mort à crédit (1936)

C'est le prétexte à une série d'accusations toujours plus violentes contre tout ce qui déshumanise l'homme, l'argent en particulier, notamment sous sa forme la plus trompeuse : le crédit (d'où le titre). Céline écrit à la première personne et ne s'exprime plus à travers un personnage comme Bardamu.

Céline écrit toute une série de pamphlets politiques et racistes qui lui valent de sérieux ennuis : *Mea culpa* en 1936 est dirigé contre le communisme ; dans *Bagatelles pour un massacre* (1937), *L'école des cadavres* (1937) et *Les beaux draps* (1941) il dirige son invective contre les Juifs.

De retour en France, Céline termine une trilogie publiée en partie après sa mort seulement : *D'un château à l'autre* (1957), *Nord* (1959) et *Rigodon* (1961).

LES THÈMES

De l'aveu même de Céline, les idées importent moins que le style. Les thèmes de ses œuvres sont toujours polémiques, car pour lui, l'émotion est essentielle. Les romans de Céline ont donc tous un point commun, tous expriment une condamnation : condamnation des travers du colonialisme dans le *Voyage au bout de la nuit* ; condamnation de l'injustice sociale, de l'exploitation de l'homme par l'homme dans les usines américaines *(Voyage)* ou dans la société soviétique *(Mea culpa)* ; condamnation sans appel du militarisme et de la guerre en général, dans le *Voyage* ou *Mort à crédit*, où Céline se plaît à souligner l'aspect dérisoire des massacres collectifs.

LE STYLE

Céline est un poète du parti pris. Il ne se contente toutefois pas d'être engagé, il fait tout pour engager aussi, même contre sa volonté, le lecteur. C'est en cela que Céline est vraiment original : il interpelle constamment celui qui le lit. Les écrits de Céline sont marqués par une brusquerie voulue, calculée : personne ne peut y rester indifférent. D'autant plus que Céline n'hésite pas à insulter le lecteur pour le déranger dans sa tranquillité.

Pour obtenir cet effet, Céline fait exploser le langage de la littérature traditionnelle. Il introduit volontairement des fautes de grammaire dans ses phrases pour tenter de retrouver la fraîcheur et la sincérité du langage parlé : « j'attends donc la Mireille qu'elle rentre... »[1] *(Mort à crédit)*.

C'est également la raison de l'emploi presque systématique chez Céline de l'argot, destiné à briser une certaine routine de la lecture : « Elle me branle des grands coups de riflard[2] en plein dans la tronche[3]. Le manche lui en pète[4] dans la main. » *(Mort à crédit)*.

Le langage parlé est utilisé pour donner la plus grande sensation de vie, la plus grande charge émotive possible. Ceci n'exclut pas une maîtrise souveraine de toutes les ressources de la langue française.

Louis-Ferdinand Céline est un écrivain polémique qui a fait exploser le langage littéraire conventionnel, en y introduisant l'argot et les accents du langage parlé. En cela, c'est un des plus grands novateurs de la littérature française contemporaine, au même titre que James Joyce en Angleterre et Faulkner aux États-Unis. Sur le fond, ses invectives ressemblent au cri de désespoir de quelqu'un qui n'a foi en aucune institution (politique, religion, etc.) et qui n'en finit pas de chercher.

1. *J'attends donc que Mireille rentre chez elle.*
2. *Le riflard (arg.) = le parapluie (branler signifie ici frapper).*
3. *La tronche (arg.) = le visage.*
4. *Péter (arg.) = ici, se casser.*

BIBLIOGRAPHIE
M. Hanrez, *Céline*, Bibliothèque idéale, Gallimard, 1961.
Les cahiers de l'Herne, « *Céline* », n° 3, 1963 et n° 5, 1965.
D. de Roux, *La mort de Louis-Ferdinand Céline*, Christian Bourgois, 1966.
A. Smith, *La nuit de Ferdinand Céline*, Grasset, 1973.
Annie-Claude et Jean-Pierre Damour, Louis Ferdinand Céline « Voyage au bout de la nuit », PUF, collection « Études littéraires » n° 7, Paris, 1989.

Céline écrit toute une série de pamphlets politiques et racistes qui lui valent de sérieux ennuis : *Mea culpa* en 1936 est dirigé contre le communisme ; dans *Bagatelles pour un massacre* (1937), *L'école des cadavres* (1937) et *Les beaux draps* (1941) il dirige son invective contre les Juifs.

De retour en France, Céline termine une trilogie publiée en partie après sa mort seulement : *D'un château à l'autre* (1957), *Nord* (1959) et *Rigodon* (1961).

LES THÈMES

De l'aveu même de Céline, les idées importent moins que le style. Les thèmes de ses œuvres sont toujours polémiques, car pour lui, l'émotion est essentielle. Les romans de Céline ont donc tous un point commun, tous expriment une condamnation : condamnation des travers du colonialisme dans le *Voyage au bout de la nuit* ; condamnation de l'injustice sociale, de l'exploitation de l'homme par l'homme dans les usines américaines *(Voyage)* ou dans la société soviétique *(Mea culpa)* ; condamnation sans appel du militarisme et de la guerre en général, dans le *Voyage* ou *Mort à crédit,* où Céline se plaît à souligner l'aspect dérisoire des massacres collectifs.

LE STYLE

Céline est un poète du parti pris. Il ne se contente toutefois pas d'être engagé, il fait tout pour engager aussi, même contre sa volonté, le lecteur. C'est en cela que Céline est vraiment original : il interpelle constamment celui qui le lit. Les écrits de Céline sont marqués par une brusquerie voulue, calculée : personne ne peut y rester indifférent. D'autant plus que Céline n'hésite pas à insulter le lecteur pour le déranger dans sa tranquillité.

Pour obtenir cet effet, Céline fait exploser le langage de la littérature traditionnelle. Il intro-duit volontairement des fautes de grammaire dans ses phrases pour tenter de retrouver la fraîcheur et la sincérité du langage parlé : « j'attends donc la Mireille qu'elle rentre... »[1] *(Mort à crédit).*

C'est également la raison de l'emploi presque systématique chez Céline de l'argot, destiné à briser une certaine routine de la lecture : « Elle me branle des grands coups de riflard[2] en plein dans la tronche[3]. Le manche lui en pète[4] dans la main. » *(Mort à crédit).*

Le langage parlé est utilisé pour donner la plus grande sensation de vie, la plus grande charge émotive possible. Ceci n'exclut pas une maîtrise souveraine de toutes les ressources de la langue française.

Louis-Ferdinand Céline est un écrivain polémique qui a fait exploser le langage littéraire conventionnel, en y introduisant l'argot et les accents du langage parlé. En cela, c'est un des plus grands novateurs de la littérature française contemporaine, au même titre que James Joyce en Angleterre et Faulkner aux États-Unis. Sur le fond, ses invectives ressemblent au cri de désespoir de quelqu'un qui n'a foi en aucune institution (politique, religion, etc.) et qui n'en finit pas de chercher.

1. *J'attends donc que Mireille rentre chez elle.*
2. *Le riflard (arg.) = le parapluie (branler signifie ici frapper).*
3. *La tronche (arg.) = le visage.*
4. *Péter (arg.) = ici, se casser.*

BIBLIOGRAPHIE

M. Hanrez, *Céline,* Bibliothèque idéale, Gallimard, 1961.

Les cahiers de l'Herne, « *Céline* », n° 3, 1963 et n° 5, 1965.

D. de Roux, *La mort de Louis-Ferdinand Céline,* Christian Bourgois, 1966.

A. Smith, *La nuit de Ferdinand Céline,* Grasset, 1973.

VOYAGE AU BOUT DE LA NUIT

Condamnation de la guerre

Lola, la petite amie de Bardamu, vient lui rendre visite dans l'hôpital psychiatrique où il est soigné pour sa « folie ». Leur discussion tourne autour de la guerre, que Bardamu condamne comme étant la véritable folie. Mais son amie le méprise pour sa lâcheté et son absence de foi patriotique. Pour rendre plus agressive et vivante la tirade de Bardamu, Céline multiplie les termes d'argot, les points d'exclamation, d'interrogation et de suspension. Il obtient ainsi un rythme haletant, évoquant celui du langage parlé.

— Est-ce vrai que vous soyez réellement devenu fou, Ferdinand ? me demande-t-elle un jeudi.

— Je le suis ! avouai-je.

— Alors, ils vont vous soigner ici ?

— On ne soigne pas la peur, Lola.

— Vous avez donc peur tant que ça ?

— Et plus que ça encore, Lola, si peur, voyez-vous, que si je meurs de ma mort à moi, plus tard, je ne veux surtout pas qu'on me brûle ! Je voudrais qu'on me laisse en terre, pourrir au cimetière, tranquillement, là, prêt à
10 revivre peut-être... Sait-on jamais ! Tandis que si on me brûlait en cendres, Lola, comprenez-vous, ça serait fini, bien fini... Un squelette, malgré tout, ça ressemble encore un peu à un homme... C'est toujours plus prêt à revivre que des cendres... Des cendres c'est fini !... Qu'en dites-vous ?... Alors, n'est-ce pas, la guerre...

— Oh ! Vous êtes donc tout à fait lâche, Ferdinand ! Vous êtes répugnant comme un rat...

— Oui, tout à fait lâche, Lola, je refuse la guerre et tout ce qu'il y a dedans... Je ne la déplore[1] pas moi... je ne me résigne pas moi... Je ne pleurniche pas dessus moi... Je la refuse tout net, avec tous les hommes
20 qu'elle contient, je ne veux rien avoir à faire avec eux, avec elle. Seraient-ils neuf cent quatre-vingt-quinze millions et moi tout seul, c'est eux qui ont tort, Lola, et c'est moi qui ai raison, parce que je suis le seul à savoir ce que je veux : je ne veux plus mourir.

— Mais c'est impossible de refuser la guerre, Ferdinand ! Il n'y a que les fous et les lâches qui refusent la guerre quand leur Patrie est en danger...

— Alors vivent les fous et les lâches ! Ou plutôt survivent les fous et les lâches ! Vous souvenez-vous d'un seul nom par exemple, Lola, d'un de ces soldats tués pendant la guerre de Cent ans ?... Avez-vous jamais cherché à en connaître un seul de ces noms ?... Non, n'est-ce pas ?... Vous n'avez
30 jamais cherché ? Ils vous sont aussi anonymes, indifférents et plus inconnus que le dernier atome de ce presse-papiers devant nous, que votre crotte du matin... Voyez donc bien qu'ils sont morts pour rien, Lola ! Pour absolument rien du tout, ces crétins ! Je vous l'affirme ! La preuve est faite ! Il n'y a que la vie qui compte. Dans dix mille ans d'ici, je vous fais le pari que cette guerre, si remarquable qu'elle nous paraisse à présent, sera complètement oubliée...

1. Regrette.

Voyage au bout de la nuit, Gallimard.

L'interminable errance du voyageur

Après l'Europe et l'Afrique, Bardamu arrive aux États-Unis. Il travaille à la chaîne chez Ford, dans un univers de misère. Et puis, un jour, il fait la rencontre de Molly, dans une maison de passe[1]. Ils se prennent de tendresse l'un pour l'autre. « Pour la première fois un être humain s'intéressait à moi, du dedans si j'ose dire, à mon égoïsme, se mettait à ma place à moi et pas seulement me jugeait de la sienne, comme tous les autres. » Mais bientôt, l'envie de repartir le reprend. Il veut rentrer en France. Il se sent comme honteux de devoir abandonner Molly qui a toujours été si gentille avec lui et avec qui il aurait peut-être été heureux.

Elle était bien en chair[2] pourtant Molly, bien tentante. Mais j'avais ce sale penchant aussi pour les fantômes. Peut-être pas tout à fait par ma faute. La vie vous force à rester beaucoup trop souvent avec les fantômes.

— Vous êtes bien affectueux, Ferdinand, me rassurait-elle, ne pleurez pas à mon sujet... Vous en êtes comme malade de votre désir d'en savoir toujours davantage... Voilà tout... Enfin, ça doit être votre chemin à vous... Par là, tout seul... C'est le voyageur solitaire qui va le plus loin... Vous allez partir bientôt alors ?

— Oui, je vais finir mes études en France, et puis je reviendrai lui assurais-
10 je avec culot[3].

— Non, Ferdinand, vous ne reviendrez plus... Et puis je ne serai plus ici non plus...

Elle n'était pas dupe[4].

Le moment du départ arriva. Nous allâmes un soir vers la gare un peu avant l'heure où elle rentrait à la maison. Dans la journée j'avais été faire mes adieux à Robinson[5]. Il n'était pas fier non plus que je le quitte. Je n'en finissais pas de quitter tout le monde. Sur le quai de la gare, comme nous attendions le train avec Molly, passèrent des hommes qui firent semblant de ne pas la reconnaître, mais ils chuchotaient des choses.

20 — Vous voilà déjà loin, Ferdinand. Vous faites, n'est-ce pas, Ferdinand, exactement ce que vous avez bien envie de faire ? Voilà ce qui est important... C'est cela seulement qui compte...

Le train est entré en gare. Je n'étais plus très sûr de mon aventure quand j'ai vu la machine[6]. Je l'ai embrassée Molly avec tout ce que j'avais encore de courage dans la carcasse[7]. J'avais de la peine, de la vraie, pour une fois, pour tout le monde, pour moi, pour elle, pour tous les hommes.

C'est peut-être ça qu'on cherche à travers la vie, rien que cela, le plus grand chagrin possible pour devenir soi-même avant de mourir.

Des années ont passé depuis ce départ et puis des années encore... J'ai écrit
30 souvent à Detroit et puis ailleurs à toutes les adresses dont je me souvenais et où l'on pouvait la connaître, la suivre Molly. Jamais je n'ai reçu de réponse.

Voyage au bout de la nuit, Gallimard.

1. Une maison de prostitution.
2. Elle avait de belles formes féminines.
3. Avec audace, avec aplomb.
4. Elle ne se laissait pas tromper.
5. Le meilleur ami de Bardamu, Français comme lui, qu'il a connu pendant la guerre en Europe. Il l'a retrouvé quelques jours auparavant.
6. La locomotive.
7. Dans le corps.

PAGNOL (1895-1974)

L'immense popularité de Marcel Pagnol peut s'expliquer en partie par le succès des films tirés de ses pièces de théâtre. De plus, les qualités littéraires de son œuvre lui ont valu d'être reçu à l'Académie française.

Marcel Pagnol chez lui, à Paris.

LA VIE

Marcel Pagnol est né à Aubagne, dans le sud de la France, où son père était instituteur. Il a évoqué dans son œuvre son enfance heureuse dans cette Provence pour laquelle il gardera toujours un attachement profond. Pendant ses études, il écrit des poèmes et fonde une revue littéraire, *Fortunio,* avant de devenir répétiteur. En 1925, il débute dans le théâtre avec *Les marchands de gloire,* mais c'est *Topaze* et *Marius* (1928) qui lui assurent une large renommée. Après le succès de ces deux pièces, Pagnol s'intéresse au cinéma qui devient parlant ; il tourne *Marius, Fanny* et *César,* puis trois films d'après des œuvres de Jean Giono[1] : *Angèle* (1934), *Regain* (1937) et *La femme du boulanger* (1939). Membre de l'Académie française depuis 1946, il meurt en 1974.

PRINCIPALES ŒUVRES

Topaze (pièce en quatre actes, 1928)
Cette pièce raconte l'ascension puis le triomphe d'un médiocre et honnête professeur de cours privé qui devient un homme d'affaires cynique et sans scrupules.

Marius, Fanny et César
Ces trois pièces constituent autour des années trente une trilogie marseillaise dont l'adaptation au cinéma a encore élargi l'audience.

Romans
La gloire de mon père (1957), *Le château de ma mère* (1958), *Le temps des secrets* (1960) et *Le temps des amours* (posthume, 1977) composent une série romanesque où Pagnol évoque sa jeunesse. Le charme du récit tient aussi beaucoup à l'évocation de la garrigue d'Aubagne et à l'humour malicieux qui se mêle à la poésie de la Provence.

1. *Giono (1895-1970) : écrivain français contemporain de Pagnol qui a aussi beaucoup écrit sur la Provence. Inquiet devant la civilisation industrielle moderne, il s'est fait le défenseur du retour à la terre.*

L'ART

Dans ses pièces de théâtre, Pagnol observe la société avec lucidité mais sans méchanceté. Sa critique est plus malicieuse que radicale et il a su à merveille rendre les types savoureux d'une région qu'il aime et qu'il connaît bien.

BIBLIOGRAPHIE

Y. Georges, *Les Provençalismes dans l'Eau des collines*, Aix-en-Provence, La pensée universitaire, 1966.
C.E.J. Caldicott, *Marcel Pagnol*, Boston, Twayne, 1977.

Affiche pour la pièce Topaze. (Collection particulière).

TOPAZE

La comédie satirique

Le début de la pièce nous montre Topaze, professeur dans une école privée, la pension Muche. C'est un maître scrupuleux et honnête qui enseigne que l'argent ne fait pas le bonheur. La suite lui prouvera, sinon le contraire, du moins que seul l'argent permet d'avoir une place respectée dans la société.

TOPAZE. — Pour nous préparer à la composition[1] de morale qui aura lieu *(il montre l'inscription au tableau)*, demain mercredi, nous allons faire aujourd'hui, oralement, une sorte de révision générale. Toutefois, avant de commencer cette révision, je veux parler à l'un d'entre vous, à celui qui depuis quelques jours trouble nos classes par une musique inopportune[2]. Je le prie, pour la dernière fois, de ne point recommencer aujourd'hui sa petite plaisanterie que je lui pardonne bien volontiers. Je suis sûr qu'il a compris et que je n'aurai pas fait appel en vain à son sens moral. *(Un très court silence. Puis la musique commence, plus ironique que jamais. Topaze*
10 *rougit de colère, mais se contient.)* Bien : désormais, j'ai les mains libres. *(Un silence).* Travaillons. *(Un court silence).* Je vous préviens tout de suite. La question que vous aurez à traiter demain, et qui décidera de votre rang,

1. Devoir écrit fait en classe.
2. Qui n'est pas à sa place.

ne sera pas une question particulière et limitée comme le serait une question sur la patrie, le civisme, les devoirs envers les parents ou les animaux. Non. Ce sera plutôt, si j'ose dire, une question fondamentale sur les notions de bien et de mal, ou sur le vice ou la vertu. Pour vous préparer à cette épreuve, nous allons nous pencher sur les mœurs des peuples civilisés, et nous allons voir ensemble quelles sont les nécessités *vitales* qui nous forcent d'obéir à la loi *morale*, même si notre esprit n'était pas *naturellement porté*
20 à la respecter. *(On entend chanter la musique. Topaze ne bronche pas).* Prenons des exemples dans la réalité quotidienne. Voyons. *(Il cherche un nom sur son carnet.)* Élève Tronche-Bobine.[3] *(L'élève Tronche-Bobine se lève, il est emmitouflé de cache-nez ; il a des bas à grosses côtes, et un sweater de laine sous sa blouse.)* Pour réussir dans la vie, c'est-à-dire pour y occuper une situation qui corresponde à votre mérite, que faut-il faire ? L'ÉLÈVE TRONCHE *réfléchit fortement.* — Il faut faire attention.
TOPAZE. — Si vous voulez. Il faut faire...attention à quoi ?
L'ÉLÈVE TRONCHE, *décisif.* — Aux courants d'air.
Toute la classe rit.
30 TOPAZE, *il frappe à petits coups rapides sur son bureau pour rétablir le silence.* — Élève Tronche, ce que vous dites n'est pas entièrement absurde, puisque vous répétez un conseil que vous a donné madame votre mère, mais vous ne touchez pas au fond même de la question. Pour réussir dans la vie, il faut être... Il faut être ?... *(L'élève Tronche sue horriblement, plusieurs élèves lèvent le doigt pour répondre en disant : « M'sieu... M'sieu »Topaze repousse ces avances.)* Laissez répondre celui que j'interroge. Élève Tronche, votre dernière note fut un zéro. Essayez de l'améliorer... Il faut être ho... ho...
(Toute la classe attend la réponse de l'élève Tronche. Topaze se penche
40 vers lui.
L'ÉLÈVE TRONCHE, *perdu.* — Horrible !
Éclat de rire général accompagné d'une ritournelle de boîte à musique.
TOPAZE, *découragé.* — Zéro, asseyez-vous. *(Il inscrit le zéro.)* Il faut être *honnête.* Et nous allons vous en donner quelques exemples décisifs. D'abord toute entreprise malhonnête est vouée par avance à un échec certain. *(Musique. Topaze ne bronche pas.)* Chaque jour, nous voyons dans les journaux que l'on ne brave point impunément[4] les lois humaines. Tantôt, c'est le crime horrible d'un fou qui égorge l'un de ses semblables, pour s'approprier le contenu d'un portefeuille ; d'autres fois, c'est un homme
50 alerte, qui, muni d'une grande prudence et d'outils spéciaux, ouvre illégalement la serrure d'un coffre-fort pour y dérober des titres de rente ; tantôt, enfin, c'est un caissier qui a perdu l'argent de son patron en l'engageant à tort sur le résultat futur d'une course chevaline. *(Avec force.)* Tous ces malheureux sont aussitôt arrêtés, et traînés par les gendarmes aux pieds de leurs juges. De là, ils seront emmenés dans une prison pour y être péniblement régénérés.[5] Ces exemples prouvent que le mal reçoit une punition immédiate et que s'écarter du droit chemin, c'est tomber dans un gouffre sans fond. *(Musique.)* Supposons maintenant que par extraordinaire un malhonnête homme...ait réussi à s'enrichir. Représentons-nous cet
60 homme, jouissant d'un luxe mal gagné. Il est admirablement vêtu, il habite à lui seul plusieurs étages. Deux laquais veillent sur lui. Il a de plus une

3. Deux mots populaires pour désigner la figure.
4. Sans être puni.
5. Remis dans le droit chemin.

Fernandel dans le rôle de Topaze, dans le film de Marcel Pagnol (1936).

servante qui ne fait que la cuisine, et un domestique spécialiste pour conduire son automobile. Cet homme a-t-il des amis ?

L'élève Cordier lève le doigt. Topaze lui fait signe. Il se lève.

CORDIER. — Oui, il a des amis.

TOPAZE, *ironique.* — Ah ? vous croyez qu'il a des amis ?

CORDIER. — Oui, il a beaucoup d'amis.

TOPAZE. — Et pourquoi aurait-il des amis ?

CORDIER. — Pour monter dans son automobile.

70 TOPAZE, *avec feu.* — Non, monsieur Cordier... Des gens pareils... s'il en existait, ne seraient que de vils courtisans... L'homme dont nous parlons n'a point d'amis. Ceux qui l'ont connu jadis savent que sa fortune n'est point légitime. On le fuit comme un pestiféré[6]. Alors, que fait-il ?

ÉLÈVE DURANT-VICTOR. — Il déménage.

TOPAZE. — Peut-être. Mais qu'arrivera-t-il dans sa nouvelle résidence ?

DURANT-VICTOR. — Ça s'arrangera.

TOPAZE. — Non, monsieur Durant-Victor, ça ne peut pas s'arranger, parce que, quoi qu'il fasse, où qu'il aille, il lui manquera toujours l'approbation de sa cons...de sa cons...

80 *Il cherche des yeux l'élève qui va répondre. L'élève Pitart-Vergniolles lève le doigt.*

PITART-VERGNIOLLES. — De sa concierge.

(Explosion de rires.)

TOPAZE, *grave.* — Monsieur Pitart-Vergniolles, j'aime à croire que cette réponse saugrenue n'était point préméditée. Mais vous pourriez réfléchir avant de parler. Vous eussiez ainsi évité un zéro qui porte à votre moyenne un coup sensible. *(Il inscrit le zéro fatal.[7])* Ce malhonnête homme n'aura jamais l'approbation de sa *conscience*.

Topaze - acte I, scène 12 (extrait), éd. Fasquelle.

6. Qui est malade de la peste.

7. Topaze sera renvoyé de la pension pour avoir refusé de retirer cette note qu'il juge méritée. Entraîné alors dans une affaire d'argent douteuse, il va devenir malhonnête mais riche et respecté.

JOUVE (1887-1976)

Jouve est un auteur secret qui n'a jamais connu l'hommage du grand public. Son œuvre qui mêle métaphysique et poésie n'échappe pas en effet à un certain hermétisme. Elle tente de réaliser une synthèse entre la notion chrétienne de péché et la notion freudienne de libido.

LA VIE

Pierre-Jean Jouve a mis longtemps à trouver sa voie, celle d'une poésie qui puisse rendre compte de sa recherche de l'absolu, un peu comme Mallarmé, le poète symboliste qu'il admirait dans sa jeunesse.

Son objectif avoué est de « trouver dans l'acte poétique une perspective religieuse — seule réponse au néant du temps ». En 1924, il se convertit au catholicisme. Dès lors, les mouvements littéraires et artistiques qui vont jalonner l'époque ne seront pour lui que du tohu-bohu. Même s'il a quelques affinités avec le surréalisme, il reste un poète solitaire, jaloux de son indépendance. Cependant il est impossible de considérer Jouve comme un simple écrivain catholique, il s'est efforcé de faire la liaison entre la parole biblique et l'analyse freudienne [1] et apparaît comme un poète de l'angoisse, cherchant désespérément à retrouver l'unité perdue de l'homme.

PRINCIPALES ŒUVRES

Le poète a renié et détruit ses œuvres antérieures à 1925 qui ne satisfaisaient pas sa quête d'absolu.

Romans

Jouve a écrit quelques romans qui sont une sorte de prélude à sa poésie.
Paulina 1880 (1925) : c'est le roman de la faute. Paulina se définit à la fois par son péché et par son amour de Dieu. C'est cette union intime — dans un seul être — de la faute et de l'amour qui fait la complexité de sa personnalité.
Le monde désert (1927) ; *Hécate* (1928) ; *Histoires sanglantes* (1932) ; *La scène capitale* (1935).

Poésie

Mystérieuses Noces suivies de *Nouvelles Noces* (1926) ; *Noces* (1928) ; *Sueur de Sang* (1933) : ce recueil marque l'orientation définitive du poète ; *Gloire* (1942) ; *Hélène* (1946) ; *Diadème* (1949) ; *Mélodrame* (1957).

LA PENSÉE

Jouve perçoit l'homme comme un être soumis à un double désir : chercher Dieu et s'abandonner à l'Eros.

La puissance d'Eros

C'est dans l'inconscient de l'homme que se loge Eros, considéré tout à la fois comme le péché, la fatalité de l'espèce humaine, l'instinct de mort (« Le désir de la chair est désir de la mort »). Cette force qui tire vers le bas, ce « Dieu à l'envers » n'est pas absolument condamnable car il est source d'énergie spirituelle, mais il faut savoir s'en dégager pour répondre à l'appel de la lumière.

La recherche de l'absolu

La spiritualité est présentée comme « l'antagonisme à l'érotisme ». C'est une tentative d'élévations hors des fantasmes, vers la Lumière, et portée par le langage poétique.

Le rôle du poète

Le poète est celui qui ressent le mieux l'angoisse de la chute. Le travail et la réalité poétiques se constituent pour qu'advienne la réconciliation avec le Père, le retour à l'origine, à l'unité perdue : « Nous devons donc, poètes, produire

---

1. *En 1922, il a épousé la psychanalyste Blanche Reverchon.*

cette « sueur de sang » qu'est l'élévation à des substances si profondes ou si élevées, qui dérivent de la pauvre, de la belle puissance érotique humaine ». Le poète est celui qui assume la liaison entre les deux tendances fondamentales de l'homme.

Portrait de Pierre-Jean Jouve par Henri Le Fauconnier (1909). (Musée National d'Art Moderne, C.G.P. Paris).

LA POÉSIE

Les premiers poèmes laissent deviner l'âpreté de la lutte que l'homme doit livrer à lui-même ; les symboles se font obscurs et inquiétants ; la parole est hachée, comme essoufflée. Mais peu à peu, la parole poétique parvient à exorciser les forces du mal, des visions d'apocalypse déferlent et la lutte se résout dans la musique du chant. Cette poésie visionnaire et prophétique qui fait penser à d'Aubigné (voir tome I, page 99) et déroule le drame de la mort est soutenue par la répétition des thèmes : la sexualité, le sang, la nuit, l'orage, l'arbre.

BIBLIOGRAPHIE
R. Micha, *Pierre-Jean Jouve*, Seghers, 1971.
J. Starobinski, P. Alexandre et M. Eigeldinger ; *Pierre-Jean Jouve, poète et romancier*, Neuchâtel, La Baconnière, 1972.
M. Broda, *Pierre-Jean Jouve*, Lausanne, L'Age d'Homme, 1981.

GLOIRE

Nouvelle poésie visionnaire

P.-J. Jouve renoue avec la puissance du style épique tel que l'avait pratiqué Agrippa d'Aubigné au XVIᵉ siècle. Cette pièce peut être considérée comme le centre de la poésie visionnaire de Jouve car on y trouve confondus tous les contraires qui font le drame de la vie humaine : la vie et la mort, l'absence et l'éternité, la poussière et l'or, la chute et l'ascension.

Je vois
Les morts ressortant des ombres de leurs ombres
Renaissant de leur matière furieuse et noire
Où sèche ainsi la poussière du vent
Avec des yeux reparus dans les trous augustes
Se lever balanciers perpendiculaires
Dépouiller lentement une rigueur du temps ;
Je les vois chercher toute la poitrine ardente
De la trompette ouvragée par le vent [1].

1. La trompette du Jugement dernier.
2. L'or des peintures religieuses du Moyen Age.

10 Je vois
Le tableau de Justice ancien et tous ses ors [2]

Et titubant dans le réveil se rétablir
Les ors originels ! Morts vrais, morts claironnés,
Morts changés en colère, effondrez, rendez morts
Les œuvres déclinant, les monstres enfantés
Par l'homme douloureux et qui fut le dernier,
Morts énormes que l'on croyait remis en forme
Dans la matrice de la terre.

Morts purifiés dans la matière intense de la gloire [3],
20 Qu'il en sorte et qu'il en sorte encor, des morts enfantés
Soulevant notre terre comme des taupes rutilantes,
Qu'ils naissent ! Comme ils sont forts, de chairs armés !
Le renouveau des morts éclatés en miroirs
Le renouveau des chairs verdies et des os muets
En lourdes grappes de raisin sensuel et larmes
En élasticité prodigieuse de charme,
Qu'ils naissent ! Comme ils sont forts, de chairs armés.

3. La gloire de la Résurrection.

Gloire, in *La vierge de Paris*, Mercure de France.

MÉLODRAME

La double aspiration

Ce poème présente le conflit entre l'aspiration à la spiritualité, à l'unité, et la séduction des plaisirs charnels. Le poète est le foyer de ce conflit.

INTÉRIEUR EXTÉRIEUR
On écoute au profond du monde intérieur
Se produire les étendues, plaines montagnes
Lacs et mers bleuités somptueuses couleurs
Chaque lieu chassant l'autre au gouffre de notre âme ;

Cirque des cirques d'or ! On erre sur les lieux
Aspirant à l'éther qui s'enfuit par le nombre
Regrettant des amours laissés sur les rocs bleus
Ou des villes immenses aux pavillons d'ombre,

Regrettant, désirant ; jusqu'au jour entrevu
10 Abîmé brusquement, où l'on quitte la scène
Scène continuant dans ses amours charnus.

Pourtant depuis longtemps je vis et m'écartèle
Entre deux formes engagées jusqu'au tombeau
Dans une lutte à mort aux beautés éternelles.

Mélodrame, Mercure de France, 1957.

SAINT-JOHN PERSE (1887-1975)

Tour à tour poète et diplomate, Saint-John Perse est l'auteur d'une œuvre difficile mais somptueuse. Ses longs poèmes développent une vaste épopée cosmique où toujours revient la mer, élément de prédilection du poète.

LA VIE

Nulle part dans sa poésie, Saint-John Perse ne parle clairement de lui-même. Il estime que « la personne de l'auteur n'appartient pas à son public, qui n'a droit qu'à l'œuvre publiée comme un fruit détaché de l'arbre. » Ce souci de discrétion personnelle se manifeste jusque dans le choix du pseudonyme Saint-John Perse. Derrière ce nom de poète se cache Alexis Léger, qui naît en Guadeloupe en 1887. Son enfance se déroule dans les plantations familiales de sucre et de café.

En 1899, sa famille regagne la France. En 1924, la publication du recueil *Anabase* le révèle comme poète. Reçu au concours des Affaires Étrangères, Alexis Léger est envoyé en mission diplomatique en Asie et cesse d'écrire. Après la défaite française de 1940, Saint-John Perse s'embarque pour l'Angleterre. Il gagne ensuite les États-Unis où il recommence à écrire.

A la sortie de la guerre, il prend sa retraite d'ambassadeur. Se consacrant à son œuvre, il publie successivement *Vents* (1946), *Amers* (1957) et *Chroniques* (1959). En 1960, il reçoit le prix Nobel. Il meurt en 1975.

PRINCIPALES ŒUVRES

Tout entière consacrée à la poésie, l'œuvre de Saint-John Perse est remarquable dès l'abord par son ampleur et son homogénéité. De *Éloges* au *Chant pour un équinoxe,* c'est le même fleuve qui suit son cours et les recueils successifs semblent autant d'affluents d'une pensée toujours plus large. Tous ces ensembles de poèmes qui finissent par n'en former qu'un seul sont une sorte d'épopée sans héros, à travers laquelle le poète invoque les éléments naturels qu'il connaît bien, comme l'eau ou le vent. Cependant, Saint-

Saint-John Perse photographié par Gisèle Freund.

John Perse nous avertit que « de la mer elle-même, il ne sera question, mais de son règne au cœur de l'homme ».

LA PENSÉE

A l'écart des modes et des courants littéraires, la poésie de Saint-John Perse est un regard posé sur tous les aspects du monde et de la pensée. Si la poésie de Perse peut sembler de prime abord d'un accès difficile, il faut cependant comprendre qu'il est l'ennemi acharné de toute imprécision ; l'extrême exactitude de son vocabulaire l'atteste. Il est de ceux pour qui, suivant

296

sa propre formule, « la poésie entend traiter l'obscur par le clair, et non le clair par l'obscur. » La lucidité implique, selon Perse, de ne pas privilégier la raison au détriment de l'intuition, mais de les considérer l'une et l'autre comme les moyens essentiels pour comprendre le mystère de l'existence. La poésie est donc une technique du langage qui fait se répondre le réel et l'imaginaire en un balancement mesuré. « L'obscurité que l'on reproche à la poésie ne tient pas à sa nature propre, qui est d'éclairer, mais à la nuit même qu'elle explore et qu'elle se doit d'explorer : celle de l'âme elle-même et du mystère où baigne l'être humain. » (Discours du prix Nobel).

L'ART

Le verset, qui est la forme préférée de Saint-John Perse, confère à ses immenses poèmes le rythme envoûtant des incantations sacrées. Très

musical, son verbe se signale par la complexité d'une métrique où alternent assonances, rimes et allitérations savamment disposés. Perse interrompt souvent le cours de ces strophes pour faire entendre un vers bref qui revient fréquemment comme un refrain obsédant :

« O Mer sans hâte ni raison, ô Mer sans hâte ni
[saison. »

A ces qualités oratoires s'ajoute l'intensité des images audacieuses. Visionnaire et symphoniste, Saint-John Perse nous offre une poésie d'une puissance absolument nouvelle.

BIBLIOGRAPHIE
A. Bosquet, *Saint-John Perse*, Seghers, 1953.
R. Caillois, *Poétique de Saint-John Perse*, Gallimard, 1954.
P. Guerre, *Saint-John Perse et l'homme*, Gallimard, 1955.
J. Robichez, *Sur Saint-John Perse. Éloges, La gloire des rois, Anabase*, S.E.D.E.S., 1977.
Depuis 1978, les éditions Gallimard publient les *Cahiers Saint-John Perse* qui réunissent des études sur la vie et l'œuvre du poète.

AMERS

La poésie explique son objet

Le recueil Amers *s'ouvre par six invocations où le poète définit son propos. Outre cette façon inhabituelle de présenter la poésie, la « puissance énigmatique » de ces mots qui célèbrent la mer est très surprenante.*

Poésie pour accompagner la marche d'une récitation en l'honneur de la Mer.

Poésie pour assister le chant d'une marche au pourtour de la Mer.

Comme l'entreprise du tour d'autel et la gravitation du chœur au circuit de la strophe.

Et c'est un chant de mer comme il n'en fut jamais chanté, et c'est la Mer en nous qui le chantera :

La Mer, en nous portée, jusqu'à la satiété du souffle et la péroraison du souffle,

10   La Mer, en nous, portant son bruit soyeux du large et toute sa grande fraîcheur d'aubaine par le monde.

Poésie pour apaiser la fièvre d'une veille au périple de mer. Poésie pour mieux vivre notre veille au délice de mer.

Et c'est un songe en mer comme il n'en fut jamais songé, et c'est la Mer en nous qui le songera :

La Mer, en nous tissée, jusqu'à ses ronceraies d'abîme, la Mer, en nous, tissant ses grandes heures de lumière et ses grandes pistes de ténèbres —

Une des photos de Genèse, un recueil de photos de Lucien Clergue sur le thème de la mer, accompagnées de textes de Saint-John Perse.

Toute licence, toute naissance et toute résipiscence, la Mer ! la Mer ! à son afflux de mer,

20 Dans l'affluence de ses bulles et la sagesse infuse de son lait, ah ! dans l'ébullition sacrée de ses voyelles — les saintes filles ! les saintes filles ! —

La Mer elle-même tout écume, comme Sibylle en fleurs sur sa chaise de fer...

Amers,
« Invocation 3 » (intégrale). Galllimard.

OISEAUX

La poésie, langage de la peinture

Saint-John Perse nous parle ici d'un des nombreux tableaux de Braque représentant un oiseau. Mais il ne parle pas en tant que critique d'art mais en tant que poète. La poésie devient le seul moyen de rendre avec des mots la force de la peinture. Ce n'est pas une explication mais une nouvelle création, vibrante et insolite.

OISEAUX

... Rien là d'inerte ni de passif. Dans cette fixité du vol qui n'est que laconisme[1], l'activité demeure combustion. Tout à l'actif du vol, et virements de compte à cet actif !

L'oiseau succinct de Braque n'est point simple motif. Il n'est point filigrane[2] dans la feuille du jour, ni même empreinte de main fraîche dans l'argile des murs. Il n'habite point, fossile, le bloc d'ambre ni de houille. Il vit, il vogue, se consume — concentration sur l'être et constance dans l'être. Il s'adjoint, comme la plante, l'énergie lumineuse, et son avidité est telle qu'il ne perçoit, du spectre solaire, le violet ni le bleu. Son aventure est aventure
10 de guerre, sa patience « vertu » au sens antique du mot. Il rompt, à force d'âme, le fil de sa gravitation. Son ombre au sol est congédiée. Et l'homme gagné de même abréviation se couvre en songe du plus clair de l'épée.

Ascétisme du vol !... L'être de plume et de conquête, l'oiseau, né sous le signe de la dissipation, a rassemblé ses lignes de force. Le vol lui tranche les pattes et l'excès de sa plume. Plus bref qu'un alérion[3], il tend à la nudité lisse de l'engin, et porté d'un seul jet jusqu'à la limite spectrale du vol, il semble près d'y laisser l'aile, comme l'insecte après le vol nuptial.

C'est une poésie d'action qui s'est engagée là.

Oiseaux,
VII (intégral), Gallimard.

1. Manière de s'exprimer en peu de mots.
2. Dessin imprimé dans une feuille de papier et que l'on peut voir par transparence.
3. Petit aigle sans bec ni pattes (sur un blason).

Eau-forte en couleur de Georges Braque pour illustrer L'ordre des oiseaux (1962). (Bibliothèque Nationale, Paris).

GEORGES BATAILLE (1897-1962)

Bataille fait partie des écrivains « en marge », comme Lautréamont ou Artaud. Son œuvre, longtemps restée maudite parce que jugée scandaleuse, développe un érotisme violent qui est l'expression paradoxale d'une angoisse, d'une recherche de l'absolu. La quête de celui que Sartre a appelé avec quelque dédain un « nouveau mystique », est constamment jalonnée par la notion de transgression et par l'obsession de la mort qui conduit au néant.

LA VIE

L'enfance de Bataille est marquée par la présence-absence d'un père aveugle et paralysé. On peut y voir le point de départ d'une œuvre hantée par la décomposition des corps. Tout jeune il se convertit au catholicisme avant de perdre ensuite la foi en 1920. À la même époque, il découvre l'œuvre de Nietzsche. Un moment il fréquente les surréalistes, avant de rompre avec Breton (p. 225) en 1930. Il s'engage ensuite dans le « Cercle communiste démocratique », qui n'épargne pas ses critiques envers Staline. Peu à peu, il se détourne de l'engagement immédiat dans ce monde qui, « comparé avec les mondes disparus..., est hideux et apparaît comme le plus manqué de tous » (1936). Le salut passera désormais par une quête de l'extase. En 1934, il rencontre Laure qui sera sa maîtresse et sa principale inspiratrice jusqu'à sa mort, en 1938. Lorsqu'il meurt en 1962, il jouit d'un prestige considérable auprès des intellectuels de l'époque : Blanchot, Derrida et même Sartre.

PRINCIPALES ŒUVRES

Récits

Histoire de l'œil (1928).
L'Anus solaire (1931).
Le Bleu du ciel (1935).
Madame Edwarda (1941).
L'Abbé C. (1950).
L'Impossible (1962).
Ma Mère (publié en 1966).

Écrits théoriques

L'Expérience intérieure (1942).
La Part maudite (1949).
La Littérature et le Mal (1957).
L'Érotisme (1957).
Les Larmes d'Éros (1961).
Théorie de la religion (publié en 1973).

LA PENSÉE

Torturé par la tension qui écartèle la nature humaine entre un pôle animal et un pôle spirituel, obsédé par la loi de décomposition des corps, par l'imminence de la mort et son caractère de fin absolue, Bataille choisit de subordonner la recherche de l'absolu à la souillure et à l'extase sexuel. « *Pas de mur entre érotisme et mystique* » proclame-t-il.

Cette aventure du corps et de l'esprit, ce « voyage au bout du possible de l'homme », ne porte pourtant aucune trace de jubilation sadienne. La sexualité est vécue comme une ascèse, avec l'obligation d'aller toujours au-delà de la répulsion et de la souffrance. Car seule la dépense sexuelle désordonnée et violente, telle qu'elle s'exprime dans l'érotisme, peut préparer à l'ultime déflagration de la chair affranchie du contrôle de l'esprit : l'agonie. En jugulant les pulsions au contraire, les tabous et les interdits ont toujours cherché, à nous faire oublier que, par la frénésie sexuelle, le corps peut nous initier à la mort, nous apprendre à subir cette violence ultime qui, un jour, nécessairement, nous engloutira. « *L'agonie, ce n'est nullement une joie érotique, c'est beaucoup plus. Mais sans issue. Ce n'est pas non plus masochiste, et, profondément, cette exaltation est plus grande que l'imagination ne peut la représenter, elle dépasse tout. Mais c'est la solitude et l'absence de sens qui la fondent.* »

Dans cet univers, la femme occupe naturellement une place primordiale, puisque l'un des rares tabous à ne pas être transgressé par Bataille est celui de l'homosexualité masculine. D'apparence souvent fragile, comme une sainte prenant sur elle toute la souffrance de la transgression, elle a un rôle d'initiatrice sur le chemin de l'excès ; ainsi apparaissent Simone dans *Histoire de l'œil*, Dirty dans *Le Bleu du ciel*, Edwarda dans *Madame Edwarda* et Éponine dans *L'Abbé C.*

L'ÉCRITURE

Il serait pourtant faux de réduire le discours de Bataille à la défense d'une thèse philosophique. Son œuvre n'est pas un système cohérent, harmonieux, complet. Inclassable, refusant bien naturellement de se laisser guider par la tradition, il a exigé du langage qu'il reconquiert son intériorité, sa souveraineté. À chaque page, Bataille se montre tout à la fois poète, essayiste, romancier et philosophe. Sa langue dense et elliptique, fragmentée, éclatée comme les barrières du moi, écartelée à l'image du corps érotique, suscite une sorte de vertige. Cette transgression des mots par les mots permet à la pensée d'entreprendre ce « voyage au bout du possible de l'homme ».

BIBLIOGRAPHIE
J. Derrida, *L'Écriture et la Différence*, Seuil, « Hommage à Georges Bataille », Nᵣ spécial de la revue *Critique*, août/septembre 1963.

L'EXPÉRIENCE INTÉRIEURE

L'ascèse de la liberté

Publié en 1943, le livre Expérience intérieure *rend compte de l'originalité de la démarche de Bataille. Refusant à la fois la morale et l'esthétique, l'expérience intérieure est un humanisme radical où s'accomplit le « moi ». Cette extase n'est pas le moyen d'accéder à une vérité révélée comme dans le mysticisme ; ne recherchant rien d'autre qu'elle-même, ne s'appliquant à aucune valeur extérieure, elle est à elle seule sa propre justification.*

J'entends par *expérience intérieure* ce que d'habitude on nomme *expérience mystique* ; les états d'extase, de ravissement, au moins d'émotion méditée. Mais je songe moins à l'expérience *confessionnelle*, à laquelle on a dû se tenir jusqu'ici, qu'à une expérience nue, libre d'attaches, même d'origine, à quelque confession que ce soit. C'est pourquoi je n'aime pas le mot *mystique*. [...]

L'expérience intérieure ne pouvant avoir de principe ni dans un dogme (attitude morale), ni dans la science (le savoir n'en peut être ni la fin ni l'origine), ni dans une recherche d'états enrichissants (attitude esthétique, 10 expérimentale), ne peut avoir d'autre souci ni d'autre fin qu'elle-même.

M'ouvrant à l'expérience intérieure, j'en ai posé par là la valeur, l'autorité. Je ne puis désormais avoir d'autre valeur ni d'autre autorité. Valeur, autorité, impliquent la rigueur d'une méthode, l'existence d'une communauté.

J'appelle expérience un voyage au bout du possible de l'homme. Chacun peut ne pas faire ce voyage, mais, s'il le fait, cela suppose niées les autorités, les valeurs existantes, qui limitent le possible. Du fait qu'elle est négation d'autres valeurs, d'autres autorités, l'expérience ayant l'existence positive devient elle-même positivement la valeur et l'autorité.

Toujours l'expérience intérieure eut d'autres fins qu'elle-même, où l'on plaçait la valeur, l'autorité. Dieu dans l'Islam ou dans l'Église chrétienne ; dans l'Église bouddhique cette fin négative : la suppression de la douleur (il fut possible aussi de la subordonner à la connaissance, comme le fait la phénoménologie de Heidegger). Mais que Dieu, la connaissance, la suppression de la douleur cessent d'être à mes yeux des fins convaincantes, si le plaisir, à tirer d'un ravissement m'importune, me heurte même, l'expérience intérieure devra-t-elle aussitôt me sembler vide, désormais impossible étant sans raison d'être ? [...]

Je posai la question devant quelques amis, laissant voir une partie de mon désarroi : l'un d'eux énonça simplement ce principe, que l'expérience elle-même est l'autorité (mais que l'autorité s'expie.) [...]

Le développement de l'intelligence mène à un assèchement de la vie, par retour, a rétréci l'intelligence. C'est seulement si j'énonce ce principe : « L'expérience intérieure est elle-même l'autorité », que je sors de cette impuissance. L'intelligence avait détruit l'autorité nécessaire à l'expérience : par cette façon de trancher, l'homme dispose à nouveau de son possible et ce n'est plus le vieux, le limité, mais l'extrême du possible. [...]

C'est la séparation de la transe des domaines du savoir, du sentiment, de la morale, qui oblige à *construire* des valeurs réunissant *au-dehors* les éléments de ces domaines sous formes d'entités autoritaires, quand il fallait ne pas chercher loin, rentrer en soi-même au contraire pour y trouver ce qui manqua du jour où l'on constata les constructions. « Soi-même », ce n'est pas le sujet s'isolant du monde, mais un lieu de communication, de fusion du sujet et de l'objet.

L'Expérience intérieure, Gallimard, 1943.

MA MÈRE

L'initiation

Ma Mère, ouvrage paru après la mort de l'auteur, est un récit à la première personne. Il est fait par un adolescent qui vient de perdre son père qu'il méprisait. Il ne va pas tarder à découvrir la véritable nature de celle qu'il adore. La scène suivante présente le jeune homme, Pierre, avec sa mère et une amie de sa mère, Réa.

Quand j'entrai dans le grand salon et que, sur le fond de tentures luxueuses et de voiles, j'aperçus, l'une et l'autre en robe rouge, et riantes ma mère et son amie, un instant je restai muet : j'étais déjà cloué, mais bien d'admiration. Je m'avançai en souriant. Je rencontrai le regard de ma mère, où je pus lire l'approbation. Je m'étais en effet habillé, je m'étais coiffé, avec un soin que je n'avais pas d'habitude. Quand je m'approchai, je ne tremblais pas. Je baisai, même un peu longuement, la main de la jolie Réa, dont le parfum, le décolleté — et le clin d'œil — ne me touchèrent pas moins, ni moins intimement, que ne l'aurait fait l'exécution des rêveries qui m'avaient travaillé dans ma chambre.

— Ne m'en veuillez pas, Madame, dis-je à Réa, si je suis, comment dire ? interdit, mais je serais plus gêné, devant vous, si la tête ne me tournait pas.

— Qu'il est amusant ! fit Réa langoureuse. Si jeune, si bien savoir parler aux femmes, si bien mentir...

Décidément, j'étais né pour le monde que Réa m'ouvrait. Mais comme ma mère éclata bruyamment de rire, je l'entendis et je la vis : sa présence, à laquelle, à l'instant, je ne songeais plus, et ce rire indécent me choquèrent. Je ressentis soudain un terrible malaise.

— Je vous fâche, dit Réa, mais, Pierre, — vous permettez, ma chère que je l'appelle ainsi, par son nom ? — si vous ne mentiez pas, Pierre, je serais heureuse.

La méprise de Réa me déconcerta.

— Pierre, enchaîna ma mère, assieds-toi près de mon amie : si je l'entends, c'est aussi la tienne.

Elle désigna la place sur le sofa.

Ma mère et Réa étaient bien telles que j'imaginais deux noceuses [1] en compagnie d'un partenaire. Réa me fit place auprès d'elle. Puis se rapprocha. Déjà montait la griserie du champagne coulant à flots.

Le décolleté de ma voisine me crispait. J'étais devenu cramoisi.

— Mais, Pierre, disait Réa, vous n'aimez pas vous amuser ? Votre maman aime aussi s'amuser...

— Madame...

— Mais d'abord dites Réa. C'est promis ?

Elle me prit la main, puis l'ayant caressée, la plaça sur sa jambe. C'était trop ! sans la profondeur du sofa, j'aurais fui. Mais j'aurais eu la certitude d'être faible, et de ne pas devoir lui échapper...

Réa abandonna le peu d'affection qu'elle avait dans la voix.

— C'est vrai, dit-elle, je fais la noce, mais jamais, voyez-vous, je ne l'ai regretté, quoiqu'étant de famille aisée... Voyez-vous, Pierre, les femmes qui font la noce ne doivent pas vous effrayer. Ainsi votre maman est meilleure que nous...

— Meilleure ? interrompit ma mère. Elle était brusquement, le masque du rire tombé, redevenue ce qu'elle était. Qui connaissez-vous qui soit pire ? Je veux que Pierre le sache...

— Ma chérie, vous lui faites de la peine, et pourquoi ?

— Réa je veux le déniaiser. Pierre, du champagne !

Je pris la bouteille et j'emplis les verres, alarmé de l'état où ma mère se mettait. Elle était grande, fragile, et tout à coup elle me donna le sentiment de n'en plus pouvoir. Ses yeux brillaient de haine, et déjà ses traits se brouillaient.

— Je veux que tu le saches une fois pour toutes.

Elle attira Réa vers elle et, sans s'attarder, l'embrassa convulsivement.

Elle se tourna vers moi.

— Je suis heureuse ! me cria-t-elle. Je veux que tu le saches : je suis la pire des mères...

1. noceur/noceuse : personne qui aime faire la noce, c. à. d. s'amuser.

Ma Mère, Jean-Jacques Pauvert, 1966.

JEAN ANOUILH (1910-1987)

À partir de 1937[1], Jean Anouilh a dominé la scène théâtrale avec plus d'une trentaine de pièces. Dans la variété de sa production qui va du simple divertissement à la grande fresque historique (Becket ou l'honneur de Dieu), la fantaisie et le comique alternent avec le pessimisme le plus noir.

LA VIE

Jean Anouilh, homme très secret, a écrit : « Je n'ai pas de biographie et j'en suis très content. Je suis né le 23 juin à Bordeaux, je suis venu jeune à Paris, j'ai été à l'École primaire supérieure Colbert, au Collège Chaptal. Un an et demi à la Faculté de droit de Paris, deux ans dans une maison de publicité, où j'ai pris des leçons de précision et d'ingéniosité qui m'ont tenu lieu d'études poétiques. Après *L'hermine*[2], j'ai décidé de ne vivre que du théâtre, et un peu du cinéma. C'était une folie que j'ai tout de même bien fait de décider. J'ai réussi à ne jamais faire de journalisme, et je n'ai sur la conscience, au cinéma, qu'un ou deux vaudevilles et quelques mélos oubliés et non signés. Le reste de ma vie, et tant que le Ciel voudra que ce soit encore mon affaire personnelle, j'en réserve les détails. »

Jean Anouilh.

PRINCIPALES ŒUVRES

Anouilh a lui-même donné une classification à son théâtre :
— Pièces roses : *Le bal des voleurs, Le rendez-vous de Senlis, Léocadia.*
— Pièces noires : *L'hermine, La sauvage, Le Voyageur sans bagage, Eurydice.*
— Nouvelles pièces noires : *Jézabel, Antigone, Roméo et Jeannette, Médée.*
— Pièces brillantes : *L'invitation au château, Colombe, La répétition ou L'amour puni, Cécile ou L'école des pères.*
— Pièces grinçantes : *Ardèle ou la Marguerite, La valse des toréadors, Ornifle ou Le courant d'air, Pauvre Bitos ou Le dîner de têtes.*

— Pièces costumées : *L'Alouette, Becket ou l'honneur de Dieu, La foire d'empoigne*[3].
— Nouvelles pièces grinçantes : *L'hurluberlu*[4] *ou Le réactionnaire amoureux, La grotte, L'orchestre, Le boulanger, la boulangère et le petit mitron*[5], *Les poissons rouges ou Mon père ce héros.*

1. Date du Voyageur sans bagage.
2. Première pièce d'Anouilh, 1932.
3. Expression qui désigne un affrontement d'intérêts peu honnêtes.
4. Personne extravagante, écervelée.
5. Garçon boulanger.

LES THÈMES

Malgré les différences de tonalités scéniques, certaines constantes apparaissent dans le théâtre d'Anouilh :

— pureté de la jeunesse : l'enfance représente le moment privilégié de la vie, mais le temps qui passe dégrade tout et impose des compromissions. Même l'amour n'échappe pas à cette dégradation que seule la mort peut éviter.

— opposition manichéenne [1] du Bien et du Mal : dans le théâtre d'Anouilh, il y a deux races d'hommes, les héros nobles et fiers promis au bonheur et une humanité minable et sans honneur qui empêche les héros d'accomplir leur destin. Son théâtre n'est pourtant pas statique et il nous présente toute une série de personnages qui essaient de sortir de la situation dramatique où ils se trouvent.

1. En rapport avec le dualisme entre le Bien et le Mal établi par le persan Manès ou Mani (IIIe siècle) et qui mêle au christianisme des éléments pris au boudhisme.

L'ART DU DRAMATURGE

Le langage des personnages est peu marqué par leurs origines sociales, contrairement à celui des personnages de Molière. Cependant Anouilh ne tombe jamais dans le théâtre à thèse ; il sait que la scène n'est pas la vie mais un jeu de masques et il n'hésite pas à faire discuter ses propres personnages des problèmes du théâtre, de l'illusion, etc.

BIBLIOGRAPHIE

H. Gignoux, *Jean Anouilh*, Éditions du temps présent, 1947.
P. Vandromme, *Jean Anouilh, un auteur et ses personnages*, La Table ronde, 1965.
R. de Luppe, *Anouilh*, Éditions Universitaires, 1967.

ANTIGONE

La volonté de pureté

Anouilh a emprunté son sujet à Sophocle (496-406 av. J.-C.) ; il imite même le découpage de la pièce (pas de scènes numérotées) et introduit un chœur comme dans l'Antiquité.

Les fils d'Œdipe, Étéocle et Polynice, viennent de s'entre-tuer pour le trône de Thèbes. Afin de sauver l'ordre, Créon, le nouveau roi (qui est aussi leur oncle) a fait d'Étéocle un héros national, mais il interdit, sous peine de mort, de donner une sépulture à Polynice, désigné comme rebelle. Bravant l'interdiction de Créon, Antigone va jeter un peu de terre sur le cadavre de son frère. Saisie par les gardes, elle est conduite devant Créon. Anouilh prend ici ses distances par rapport à la pièce de Sophocle dans laquelle Créon condamne Antigone à mort, sans écouter les arguments de son fils Hémon, fiancé d'Antigone. Chez Anouilh, au contraire, Créon veut sauver la fière Antigone, il lui suffirait de nier son acte : « Te faire mourir ! Tu ne t'es pas regardée, moineau ! Tu es trop maigre. Grossis un peu, plutôt, pour faire un gros garçon à Hémon. Thèbes en a besoin plus que de ta mort, je te l'assure. » Il lui révèle aussi l'envers du décor, la comédie du pouvoir et lui explique qu'Étéocle ne valait pas mieux que Polynice, mais que pour sauver l'ordre, il avait besoin d'un bouc-émissaire.

CRÉON *se rapproche*. — Je veux te sauver, Antigone.

ANTIGONE. — Vous êtes le roi, vous pouvez tout, mais cela, vous ne le pouvez pas.

Antigone *(au théâtre des Mathurins en 1975)* ; Michel Auclair dans le rôle de Créon et Annick Blancheteau dans le rôle d'Antigone.

CRÉON. — Tu crois ?

ANTIGONE. — Ni me sauver, ni me contraindre.

CRÉON. — Orgueilleuse ! Petite Œdipe !

ANTIGONE. — Vous pouvez seulement me faire mourir.

CRÉON. — Et si je te fais torturer ?

ANTIGONE. — Pourquoi ? Pour que je pleure, que je demande grâce, pour
10 que je jure tout ce qu'on voudra, et que je recommence après, quand je
n'aurai plus mal ?

CRÉON *lui serre le bras.* — Écoute-moi bien. J'ai le mauvais rôle, c'est
entendu, et tu as le bon. Et tu le sens. Mais n'en profite pas trop, petite
peste... Si j'étais une bonne brute ordinaire de tyran, il y aurait déjà
longtemps qu'on t'aurait arraché la langue, tiré les membres aux tenailles,
ou jetée dans un trou. Mais tu vois dans mes yeux quelque chose qui hésite,
tu vois que je te laisse parler au lieu d'appeler mes soldats ; alors, tu
nargues [1], tu attaques tant que tu peux. Où veux-tu en venir, petite furie ?

ANTIGONE. — Lâchez-moi. Vous me faites mal au bras avec votre main.

20 CRÉON, *qui serre plus fort.* — Non. Moi, je suis le plus fort comme cela,
j'en profite aussi.

ANTIGONE, *pousse un petit cri.* — Aïe !

CRÉON, *dont les yeux rient.* — C'est peut-être ce que je devrais faire après
tout, tout simplement, te tordre le poignet, te tirer les cheveux comme on
fait aux filles dans les jeux. Je suis ton oncle, c'est entendu, mais nous ne
sommes pas tendres les uns pour les autres dans la famille. Cela ne te
semble pas drôle, tout de même, ce roi bafoué [2] qui t'écoute, ce vieux
homme qui peut tout et qui en a vu tuer d'autres, je t'assure, et d'aussi
attendrissants que toi, et qui est là, à se donner toute cette peine pour
30 essayer de t'empêcher de mourir.

1. Tu provoques.
2. Traité avec mépris, tourné en ridicule (par Antigone).

306

ANTIGONE, *après un temps.* — Vous serrez trop, maintenant. Cela ne me fait même plus mal. Je n'ai plus de bras.

CRÉON. — Dieu sait pourtant si j'ai autre chose à faire aujourd'hui, mais je vais tout de même perdre le temps qu'il faudra et te sauver, petite peste. Au lendemain d'une révolution ratée, il y a du pain sur la planche[3], je te l'assure. Mais les affaires urgentes attendront. Je ne veux pas te laisser mourir dans une histoire de politique. Tu vaux mieux que cela. Parce que ton Polynice, cette ombre éplorée et ce corps qui se décompose entre ses gardes et tout ce pathétique qui t'enflamme, ce n'est qu'une histoire de
40 politique. D'abord, je ne suis pas tendre, mais je suis délicat ; j'aime ce qui est propre, net, bien lavé. Tu crois que cela ne me dégoûte pas autant que toi, cette viande qui pourrit au soleil ? Le soir, quand le vent vient de la mer, on la sent déjà du palais. Cela me soulève le cœur. Pourtant, je ne vais même pas fermer la fenêtre. C'est ignoble, et je peux te le dire à toi, c'est bête, monstrueusement bête, mais il faut que tout Thèbes sente cela pendant quelque temps. Tu penses bien que je l'aurais fait enterrer, ton frère, ne fût-ce que pour l'hygiène ! Mais pour que les brutes que je gouverne comprennent, il faut que cela pue le cadavre de Polynice dans toute la ville, pendant un mois.

50 ANTIGONE. — Vous êtes odieux !

CRÉON. — Oui, mon petit. C'est le métier qui le veut. Ce qu'on peut discuter, c'est s'il faut le faire ou ne pas le faire. Mais si on le fait, il faut le faire comme cela.

ANTIGONE. — Pourquoi le faites-vous ?

CRÉON. — Un matin, je me suis réveillé roi de Thèbes. Et Dieu sait si j'aimais autre chose dans la vie que d'être puissant...

ANTIGONE. — Il fallait dire non, alors !

CRÉON. — Je le pouvais. Seulement je me suis senti tout d'un coup comme un ouvrier qui refusait un ouvrage. Cela ne m'a pas paru honnête. J'ai dit
60 oui.

ANTIGONE. — Eh bien, tant pis pour vous. Moi, je n'ai pas dit « oui » ! Qu'est-ce que vous voulez que cela me fasse, à moi, votre politique, votre nécessité, vos pauvres histoires ? Moi, je peux dire « non » encore à tout ce que je n'aime pas et je suis seul juge. Et vous, avec votre couronne, avec vos gardes, avec votre attirail, vous pouvez seulement me faire mourir, parce que vous avez dit « oui ».

Antigone, La Table ronde 1944.

3. Expression qui signifie : il y a beaucoup à faire.

En dépit de toutes les explications de Créon, Antigone refuse de renoncer à son idéal, à la pureté qu'elle a gardée de son enfance. À ses yeux, entrer dans le jeu des adultes, c'est trahir sa jeunesse. Antigone choisit de mourir pour témoigner de son exigence.

SARTRE (1905-1980)

Sartre est l'auteur d'une œuvre monumentale qui illustre une pensée philosophique animée par les notions de liberté et d'engagement. Sa philosophie, ses essais, ses romans, son théâtre et ses interventions de militant dans les grandes questions politiques et sociales du monde ont fait de lui l'écrivain français certainement le plus influent de son temps.

LA VIE

Très tôt orphelin de père, Sartre a été élevé par sa mère et ses grands-parents. Brillant lycéen et brillant normalien[1], Sartre passe l'agrégation[2] de philosophie en 1929. C'est à cette époque qu'il rencontre Simone de Beauvoir qui restera sa compagne pendant toute sa vie. Sartre est d'abord professeur de philosophie au Havre, puis à Paris. De 1933 à 1934, il séjourne à Berlin où il se familiarise avec la philosophie de Husserl. En 1938, sa première œuvre, *La nausée,* est saluée comme un événement littéraire.

En 1942, il démissionne de l'enseignement. Après la Libération, Sartre, qui a acquis une gloire internationale, s'engage activement dans la politique. En 1945, il fonde la revue *Les temps modernes,* dont le propos essentiel est d'ouvrir la voie à une transformation de la société bourgeoise. Il s'engage contre le plan Marshall, contre la guerre d'Algérie, contre le général de Gaulle et, après 1968, contre les Partis communistes soviétique et français. En 1964, il refuse le prix Nobel de littérature. En 1973, Sartre prend la direction du journal alors d'extrême-gauche *Libération,* que la maladie l'oblige à quitter un an plus tard. Cependant, jusqu'à sa mort en 1980, il multiplie les prises de position en faveur du gauchisme.

PRINCIPALES ŒUVRES

Sartre s'est essayé à tous les genres, sauf à la poésie. Son œuvre de romancier et d'auteur dramatique est dominée par la philosophie, sans en être écrasée.

Jean-Paul Sartre au Café de Flore en 1945 photographié par Brassaï.

Romans

— *La nausée* (1938) : c'est son premier roman. Il y impose son style et ses préoccupations avec une magistrale assurance. C'est une variation sur le thème de l'absurde qui se présente sous la forme d'un journal tenu par le héros Antoine Roquentin. L'action se passe à Bouville, ville

1. *Élève à l'École Normale Supérieure.*
2. *Concours national pour être professeur.*

fictive, qui évoque pourtant Le Havre, où Sartre a été professeur. Roquentin est venu achever des recherches historiques qui lui paraissent vaines et qu'il finira d'ailleurs par abandonner. Il note dans son journal ses réflexions désabusées, car il ne voit plus que le côté grotesque et conventionnel des choses. Dans ses moments de crise, il éprouve une « nausée » à l'égard des objets, des hommes et de lui-même, tant toute existence lui paraît vaine : « Nous étions un tas d'existants, gênés, embarrassés de nous-même ». Roquentin s'apprête à quitter Bouville lorsqu'un disque de jazz familier, entendu le jour de son départ, lui fait goûter « une espèce de joie ». Peut-être est-ce cette joie qui lui fait entrevoir son salut dans l'écriture.

— *Le mur* (1939) : il s'agit d'un ensemble de cinq nouvelles où les situations évoquées reflètent l'absurdité du monde et de la condition humaine.

— *Les chemins de la liberté :* ils forment une trilogie romanesque (*L'âge de raison, Le sursis, La mort dans l'âme*) où Sartre, qui a vécu la guerre, la captivité, la Résistance, aborde le problème de l'engagement et de la responsabilité de l'écrivain.

— *L'âge de raison* (1943) : le héros du roman, Mathieu Delarue, est un professeur de philosophie de trente-cinq ans, chez qui l'esprit critique a ruiné le sens de l'action. Il a refusé de se marier ; il exerce sa profession sans enthousiasme ; il aime écrire mais ne se décide pas à faire un ouvrage ; il a rompu avec son milieu bourgeois et éprouve des sympathies pour le communisme sans être pourtant membre du Parti. Mathieu ressemble à Roquentin, il est individualiste et désespéré. Sartre lui oppose son ami Brunet, ouvrier communiste militant.

— *Le sursis* (1945) : Sartre introduit ici la notion de « situation », cadre par rapport auquel se déterminent les individus. La situation dans laquelle il place ici ses personnages est la crise européenne de 1938, la conférence de Munich, l'approche de la guerre. Mathieu ressent l'approche de la guerre comme une délivrance, un nouveau point de départ. Mais la guerre n'a pas lieu, c'est le « sursis » et Mathieu en éprouve une déception car il se retrouve seul avec ses conflits intérieurs.

— *La mort dans l'âme* (1947) : la guerre a éclaté et Mathieu est mobilisé. En juin 1940, au cours de la débâcle de l'armée française, il prend part à une mission pour retarder l'ennemi. Cette décision correspond au désir d'accomplir « un acte qui engage et qu'on ne comprend jamais tout à fait ». Il découvre dans l'action le chemin de la vraie liberté.

— *Les mots* (1964) : c'est une œuvre autobiographique où Sartre évoque les dix premières années de sa vie. Il part à la recherche de ses débuts d'écrivain en montrant que les mots, les lignes,

l'écriture, ont toujours joué un grand rôle dans sa vie d'enfant.

Théâtre

Au théâtre de caractères qui montre des conflits psychologiques (Molière par exemple) Sartre oppose le théâtre de situations ; on y voit des personnages placés devant des choix imposés par la situation du moment. C'est alors à eux de prendre parti.

— *Les mouches* (tragédie en 3 actes, 1942) : Sartre utilise la légende grecque des Atrides pour proposer une réflexion sur la liberté.

Oreste voyage en Grèce en compagnie d'un philosophe qui a été son précepteur et a formé son esprit au scepticisme pour qu'il soit « libre de tous les engagements ». Les voyageurs arrivent à Argos ; c'est là qu'Oreste est né et d'où il a été chassé, encore enfant, après que sa mère Clytemnestre eut tué son père Agamemnon pour prendre le pouvoir en compagnie d'Égyste. Depuis le meurtre, quinze années se sont écoulées et la ville est plongée dans le deuil et envahie par « les mouches », qui symbolisent le remords. Oreste cependant s'apprête à quitter la ville lorsque sa sœur Électre le gagne à sa révolte contre Égyste. Reniant tous les principes de son éducation, Oreste décide d'intervenir ; il tue Clytemnestre et Égyste et venge ainsi son père. Le meurtre accompli, il assume pleinement cet acte et prouve de cette façon qu'il est libre. Les mouches s'abattent alors sur lui et il quitte la ville ainsi libérée, sans céder au remords. Cette pièce expose les principes essentiels de la morale sartrienne : la vraie liberté ne réside pas dans l'indifférence mais dans l'engagement et l'action.

— *Huis clos* (pièce en un acte, 1944) : Trois personnages (Garcin, Estelle et Inès) se retrouvent après leur mort dans un enfer qui a l'aspect d'un petit salon d'où ils ne peuvent sortir. Toutes leurs actions passées et présentes sont exposées au regard et au jugement des autres, d'où la formule célèbre : « L'enfer, c'est les autres ». Garcin, qui s'est conduit lâchement pendant la guerre, essaie par exemple de faire valoir ses bonnes intentions : « On ne m'a pas laissé le temps de faire mes actes », mais Inès lui répond, implacable : « Tu n'es rien d'autre que ta vie ». Un homme se juge par ses actes et ne peut éluder sa responsabilité par l'excuse des intentions.

— *Les mains sales* (tragédie en 7 tableaux, 1948) : la pièce se déroule au cours de la Seconde Guerre mondiale dans un pays imaginaire : l'Illyrie. Sartre oppose deux types de révolutionnaires : l'un, Hugo, est un jeune intellectuel d'origine bourgeoise (« J'ai besoin d'obéir... Je suis dans le Parti pour m'oublier ») ; l'autre, Hoederer, est un chef politique dont la conduite est dictée par le souci d'efficacité.

Hoederer n'a que mépris pour les principes et la pureté idéologique : « Moi, j'ai les mains sales ». Communiste, il tente cependant un rapprochement avec ses adversaires politiques, les fascistes, par tactique politique et parce qu'il pense que la situation l'exige. Mais, considéré par les siens comme un traître, il est condamné par le parti à être abattu. Hugo est chargé de cette mission, mais il réfléchit trop pour être un tueur et ne peut se décider. Un jour, il surprend sa femme dans les bras d'Hoederer et il tire, par jalousie. Après sa mort, Hoederer est réhabilité. Le crime d'Hugo est devenu absurde, d'autant plus qu'il n'a même pas affirmé sa liberté en tirant : « Le hasard a tiré ». Il refuse pourtant de dire qu'il s'agissait d'un meurtre passionnel et revendique pour son acte le sens qu'il aurait dû avoir. La nouvelle situation politique ayant fait d'Hoederer un héros, Hugo est livré aux tueurs. Cette pièce montre les rapports difficiles qui existent entre l'action révolutionnaire et l'affirmation de sa liberté individuelle.

— *Le diable et le bon dieu* (1951) : cette pièce met en scène les guerres civiles qui ont marqué les débuts de la Réforme de Luther en Allemagne. Elle montre qu'il est parfois nécessaire de faire ce qu'on appelle le mal pour mener à bien une entreprise collective.

— *Les séquestrés d'Altona* (1959) : l'action se déroule en Allemagne en 1959, à Altona, port sur l'Elbe. Frantz von Gerlach, fils d'un riche armateur qui a admiré Hitler, se séquestre volontairement dans sa chambre, tourmenté par son sentiment de culpabilité et n'ayant pu oublier les horreurs du nazisme dont il a souffert mais auxquelles il a aussi participé. Dans cette tragédie de l'histoire, c'est la question de la responsabilité individuelle qui est posée. Finalement Frantz et son père se suicideront à 180 km à l'heure dans leur Porsche.

LA PENSÉE DE SARTRE

L'existentialisme

L'essentiel de la pensée de Sartre se rattache à un mouvement très à la mode après la guerre : l'existentialisme. A l'origine, il s'agit d'un mouvement qui appartient davantage à l'histoire de la philosophie qu'à la littérature et dont les initiateurs s'appellent Kierkegaard, Heidegger et Husserl. Dans *L'existentialisme est un humanisme,* Sartre soutient que chez l'homme, l'existence précède l'essence. « Cela signifie que l'homme existe d'abord, se rencontre, surgit dans le monde, et qu'il se définit après. L'homme (...), s'il n'est pas définissable, c'est qu'il n'est d'abord rien. Il ne sera qu'ensuite, et il sera tel qu'il se sera fait. » Ainsi pour Sartre l'homme existe d'abord, ensuite seulement il est ceci ou cela :

il est donc « ce qu'il se fait ». Il ne saurait être alors question de nature humaine, de prédispositions, l'homme est ce qu'il se fait dans un monde à plat, sans transcendance, sans Dieu. La solitude de l'homme apparaît comme un thème fondamental de l'existentialisme ; il n'y a aucune aide à attendre de l'extérieur puisque chacun est muré dans son existence.

Liberté et situations

Tout ce que fait l'homme est donc un acte de liberté puisqu'il est seul à décider. Obligé d'assumer sa propre liberté, il est « condamné à être libre » *(L'être et le néant)*. Le problème de la liberté ne se pose pas dans l'abstrait car nous sommes toujours « en situation » et obligés de prendre position par rapport à une situation donnée. Si nous ne prenons pas position, c'est encore un choix : « Ne pas choisir, en effet, c'est choisir de ne pas choisir » *(L'être et le néant).* Seuls donc nos actes nous jugent et ils sont irréversibles. L'existentialisme de Sartre est, on le voit, une philosophie qui tend vers l'action.

Liberté et valeurs

Sartre rejette les valeurs consacrées qu'il appelle bourgeoises. Dans ce monde sans Dieu, le Bien et le Mal n'existent plus en soi et les actes humains ne peuvent être jugés hors situation. Celui qui, par commodité, accepte les valeurs traditionnelles uniquement parce qu'elles sont héritées du passé et ont la caution du plus grand nombre, ne se comporte pas comme un être libre. Fidèle à lui-même, Sartre s'est fait le défenseur de l'écrivain Jean Genet (voir page 377), condamné de droit commun qui a passé une partie de sa vie en prison ; il a fait son apologie dans un essai : *Saint Genet, comédien et martyr ;* il présente Genet comme un être authentique qui assume jusqu'au bout la responsabilité de ses actes. La valeur suprême apparaît donc comme la nécessité d'affirmer sa liberté, qui est elle-même un appel à l'action. Le risque est bien entendu celui de l'action pour l'action : « Une doctrine qui affirme le primat absolu de l'action a ceci de redoutable qu'elle presse l'homme de s'engager sans lui dire en quoi, pourquoi. » (Jean Grenier,[1] *Entretien sur le bon usage de la liberté).*

L'ART

Du romancier

Dès sa plus tendre enfance, Sartre a voué son existence à l'écriture (voir extrait de Simone de Beauvoir p. 319) et comme la plupart des écrivains de sa génération, il s'est d'abord senti

---

1. *Maître à penser de Camus.*

A la fin de sa vie, Jean-Paul Sartre s'est fait le défenseur de l'extrême-gauche. On le voit ici en compagnie de Simone de Beauvoir (à droite) distribuer La cause du peuple, *journal maoïste.*

le roman. *La nausée* marque une rupture avec les romans antérieurs : il ne s'agit pas d'un roman d'aventures comme chez Malraux, il ne s'agit pas de l'analyse d'instants privilégiés comme chez Proust, il écarte aussi la narration historique puisque le héros renonce à son projet d'écrire la vie du marquis de Rollebon. Le style n'est pourtant pas révolutionnaire et rappelle Céline. Quant au ton, il est d'une extrême variété : satirique, cynique, brutal, halluciné... Les nouvelles du *Mur* ne présentent pas de grandes innovations par rapport à *La nausée.* Dans *Les chemins de la liberté,* Sartre remplace la technique du journal intime par celle du roman collectif. L'intrigue devient plus touffue et Sartre multiplie les personnages qui représentent chacun une position sociale et un point de vue différent. On reconnaît là la technique de Dos Passos dans *Manhattan transfer.* L'éparpillement des actions dans des lieux différents contribue aussi à donner une vue globale et objective d'une situation historique. *Les chemins de la liberté* est resté inachevé et, à partir de 1949,

Sartre n'écrit plus que des essais, des articles et des pièces de théâtre.

Du dramaturge
De 1943 à 1965, Sartre a écrit quelque dix drames. Conformément aux impératifs de la littérature engagée, Sartre a voulu toucher de la manière la plus directe possible un large public, « réaliser l'unité de tous les spectateurs ». Ceci explique qu'il n'ait pas fait œuvre novatrice dans la forme et qu'il se soit conformé aux lois du genre, contrairement à Beckett, Ionesco et Genet. L'originalité de son théâtre vient donc bien moins des formes que des thèmes : liberté, engagement, responsabilité.

Bibliographie
R.M. Albères, *Jean-Paul Sartre,* Éditions Universitaires, 1964.
M. D. Boros, *Un séquestré, l'homme sartrien,* Nizet, 1968 (étude thématique).
F. Jeanson, *Sartre par lui-même,* Seuil, 1970.
M. Contat et M. Rybalka, *Les écrits de Sartre,* Gallimard, 1970 (chronologie, bibliographie commentée).
A. Cohen-Solal, *Sartre,* Gallimard, 1985.

LA NAUSÉE

L'obsession de l'existence

La révélation de l'existence n'est pas accompagnée d'un sentiment de plénitude mais plutôt d'un sentiment de gêne, comme s'il s'agissait d'une chose pénible, insidieuse, qui colle à la peau et dont on ne peut se débarrasser.

Surtout ne pas bouger, *ne pas bouger...*Ah !
Ce mouvement d'épaules, je n'ai pas pu le retenir...

La chose, qui attendait, s'est alertée, elle a fondu sur moi, elle se coule en moi, j'en suis plein. — Ce n'est rien : la Chose, c'est moi. L'existence, libérée, dégagée, reflue sur moi. J'existe.

J'existe. C'est doux, si doux, si lent. Et léger : on dirait que ça tient en l'air tout seul. Ça remue. Ce sont des effleurements partout qui fondent et s'évanouissent. Tout doux, tout doux. Il y a de l'eau mousseuse dans ma bouche. Je l'avale, elle glisse dans ma gorge, elle me caresse — et la voilà
10 qui renaît dans ma bouche, j'ai dans la bouche à perpétuité une petite mare d'eau blanchâtre — discrète — qui frôle ma langue. Et cette mare, c'est encore moi. Et la langue. Et la gorge, c'est moi.

Je vois ma main, qui s'épanouit sur la table. Elle vit — c'est moi. Elle s'ouvre, les doigts se déploient et pointent. Elle est sur le dos. Elle me montre son ventre gras. Elle a l'air d'une bête à la renverse. Les doigts, ce sont les pattes. Je m'amuse à les faire remuer, très vite, comme les pattes d'un crabe qui est tombé sur le dos. Le crabe est mort : les pattes se recroquevillent, se ramènent sur le ventre de ma main. Je vois les ongles — la seule chose de moi qui ne vit pas. Et encore. Ma main se
20 retourne, s'étale à plat ventre, elle m'offre à présent son dos. Un dos argenté, un peu brillant — on dirait un poisson, s'il n'y avait pas les poils roux à la naissance des phalanges. Je sens ma main. C'est moi, ces deux bêtes qui s'agitent au bout de mes bras. Ma main gratte une de ses pattes, avec l'ongle d'une autre patte ; je sens son poids sur la table qui n'est pas moi. C'est long, long, cette impression de poids, ça ne passe pas. Il n'y a pas de raison pour que ça passe. A la longue, c'est intolérable... Je retire ma main, je la mets dans ma poche. Mais je sens tout de suite, à travers l'étoffe, la chaleur de ma cuisse. Aussitôt, je fais sauter ma main de ma poche ; je la laisse pendre contre le dossier de la chaise. Maintenant, je
30 sens son poids au bout de mon bras. Elle tire un peu, à peine, mollement, moelleusement, elle existe. Je n'insiste pas : où que je la mette, elle continuera d'exister et je continuerai de sentir qu'elle existe ; je ne peux pas la supprimer, ni supprimer le reste de mon corps, la chaleur humide qui salit ma chemise, ni toute cette graisse chaude qui tourne paresseusement, comme si on la remuait à la cuiller, ni toutes les sensations qui se promènent là-dedans, qui vont et viennent, remontent de mon flanc à mon aisselle ou bien qui végètent doucement, du matin jusqu'au soir, dans leur coin habituel.

Je me lève en sursaut : si seulement je pouvais m'arrêter de penser, ça irait déjà mieux. Les pensées, c'est ce qu'il y a de plus fade. Plus fade encore
40 que de la chair. Ça s'étire à n'en plus finir et ça laisse un drôle de goût. Et puis il y a les mots, au-dedans des pensées, les mots inachevés, les ébauches de phrase qui reviennent tout le temps : « Il faut que je fini... J'ex... Mort... M. de Roll est mort... Je ne suis pas... J'ex... » Ça va, ça va... et ça ne finit jamais. C'est pis que le reste parce que je me sens responsable et complice. Par exemple, cette espèce de rumination douloureuse : j'existe, c'est moi qui l'entretiens. Moi. Le corps, ça vit tout seul, une fois que ça a commencé. Mais la pensée, c'est moi qui la continue, qui la déroule. J'existe. Je pense que j'existe. Oh ! le long serpentin, ce sentiment d'exister — et je le déroule, tout doucement... Si je pouvais m'empêcher de penser ! J'essaie,
50 je réussis : il me semble que ma tête s'emplit de fumée... et voilà que ça

recommence : « Fumée... ne pas penser... Je ne veux pas penser... Je pense que je ne veux pas penser. Il ne faut pas que je pense que je ne veux pas penser. Parce que c'est encore une pensée. » On n'en finira donc jamais ?

La nausée
Gallimard, 1938.

LES MOTS

Douloureux souvenirs d'enfance

Les expériences de l'enfance expliquent bien des choses. Cette page peut, en partie, nous faire comprendre pourquoi Sartre trouvait un refuge dans la lecture et pourquoi il choisit plus tard de briller par ses livres (voir extrait Simone de Beauvoir page 319).

Sartre Les mots

Caricature de Jean-Paul Sartre par David Levine, en couverture de Les mots, *publié aux éditions Gallimard. (Collection Folio, 1967).*

1. Néologisme formé sur le substantif « spadassin » : homme d'épée.
2. Je m'appuyais de côté.
3. Homme de petite taille.
4. Sot, nigaud.

Il y avait une autre vérité. Sur les terrasses du Luxembourg, des enfants jouaient, je m'approchais d'eux, ils me frôlaient sans me voir, je les regardais avec des yeux de pauvre : comme ils étaient forts et rapides ! comme ils étaient beaux ! Devant ces héros de chair et d'os, je perdais mon intelligence prodigieuse, mon savoir universel, ma musculature athlétique, mon adresse spadassine [1] ; je m'accotais [2] à un arbre, j'attendais. Sur un mot du chef de la bande, brutalement jeté : « Avance, Pardaillan, c'est toi qui feras le prisonnier », j'aurais abandonné mes privilèges. Même un rôle muet m'eût comblé ; j'aurais accepté dans l'enthousiasme de faire un blessé sur une
10 civière, un mort. L'occasion ne m'en fut pas donnée : j'avais rencontré mes vrais juges, mes contemporains, mes pairs, et leur indifférence me condamnait. Je n'en revenais pas de me découvrir par eux : ni merveille ni méduse, un gringalet [3] qui n'intéressait personne. Ma mère cachait mal son indignation : cette grande et belle femme s'arrangeait fort bien de ma courte taille, elle n'y voyait rien que de naturel : les Schweitzer sont grands et les Sartre petits, je tenais de mon père, voilà tout. Elle aimait que je fusse, à huit ans, resté portatif et d'un maniement aisé : mon format réduit passait à ses yeux pour un premier âge prolongé. Mais, voyant que nul ne m'invitait à jouer, elle poussait l'amour jusqu'à deviner que je risquais de
20 me prendre pour un nain — ce que je ne suis pas tout à fait — et d'en souffrir. Pour me sauver du désespoir elle feignait l'impatience : « Qu'est-ce que tu attends, gros benêt [4] ? Demande-leur s'ils veulent jouer avec toi. » Je secouais la tête : j'aurais accepté les besognes les plus basses, je mettais mon orgueil à ne pas les solliciter. Elle désignait des dames qui tricotaient sur des fauteuils de fer : « Veux-tu que je parle à leurs mamans ? » Je la suppliais de n'en rien faire ; elle prenait ma main, nous repartions, nous allions d'arbre en arbre et de groupe en groupe, toujours implorants, toujours exclus.

Les mots,
Gallimard, 1964.

LES MOUCHES

La fausse liberté

Au moment où il retrouve Argos où il est né et d'où il a été chassé, Oreste éprouve un sentiment de vide. Il se sent comme déraciné. Le pédagogue qui l'accompagne ne comprend pas cette inquiétude. Il lui rappelle sa conception de la liberté qui devrait justement le mettre à l'abri de tout souci : cette liberté repose sur le scepticisme et l'absence de tout engagement. Or c'est justement cette indifférence au monde qui pèse à Oreste : être libre pour ne rien faire ne lui apparaît pas comme la vraie liberté.

LE PÉDAGOGUE. — [...] A présent vous voilà jeune, riche et beau, avisé comme un vieillard, affranchi de toutes les servitudes et de toutes les croyances, sans famille, sans patrie, sans religion, sans métier, libre pour tous les engagements et sachant qu'il ne faut jamais s'engager, un homme supérieur enfin, capable par surcroît d'enseigner la philosophie ou l'architecture dans une grande ville universitaire, et vous vous plaignez !

ORESTE. — Mais non : je ne me plains pas. Je ne peux pas me plaindre : tu m'as laissé la liberté de ces fils que le vent arrache aux toiles d'araignée et qui flottent à dix pieds du sol ; je ne pèse pas plus qu'un fil et je vis en
10 l'air. Je sais que c'est une chance et je l'apprécie comme il convient *(Un temps.)* Il y a des hommes qui naissent engagés : ils n'ont pas le choix, on les a jetés sur un chemin, au bout du chemin, il y a un acte qui les attend *leur* acte ; ils vont, et leurs pieds nus pressent fortement la terre et s'écorchent aux cailloux. Ça te paraît vulgaire, à toi, la joie d'aller *quelque part* ? Et il y en a d'autres, des silencieux, qui sentent au fond de leur cœur le poids d'images troubles et terrestres ; leur vie a été changée parce que, un jour de leur enfance, à cinq ans, à sept ans... C'est bon : ce ne sont pas des hommes supérieurs. Je savais déjà, moi, à sept ans, que j'étais

Les mouches : *Gabriel Cattand dans le rôle d'Oreste et Jean-Roger Caussimon dans le rôle du pédagogue. Mise en scène de Vera Korene au Théâtre antique de Fourvière, à Lyon, en 1955.*

exilé ; les odeurs et les sons, le bruit de la pluie sur les toits, les tremblements
20 de la lumière, je les laissais glisser le long de mon corps et tomber autour
de moi ; je savais qu'ils appartenaient aux autres, et que je ne pourrais
jamais en faire *mes* souvenirs. Car les souvenirs sont de grasses nourritures
pour ceux qui possèdent les maisons, les bêtes, les domestiques et les champs.
Mais moi... Moi, je suis libre, Dieu merci. Ah ! comme je suis libre. Et
quelle superbe absence que mon âme.

Les mouches,
acte I, scène 2, Gallimard.

LES MAINS SALES

Il n'y a pas d'action sans risques

*Hoederer veut que les communistes soient représentés dans le gouvernement
d'union nationale. Le parti qui n'est pas d'accord a décidé de le supprimer.
Hugo a été chargé de le tuer. Rempli de scrupules, il voudrait amener Hoederer
à changer d'avis. Cette scène montre l'opposition des deux hommes : Hugo est
le représentant de l'idéalisme ; Hoederer incarne l'opportunisme politique.*

JESSICA, *à Hoederer.* — Il dit que vous êtes un social-traître [1].

HOEDERER. — Un social-traître ! Rien que ça !

JESSICA. — Objectivement. Il a dit : objectivement [2].

HOEDERER, *changeant de ton et de visage.* — Ça va. Eh bien, mon petit
gars, dis-moi ce que tu as sur le cœur, puisqu'on ne peut pas l'empêcher. Il
faut que je règle cette affaire avant d'aller me coucher. Pourquoi suis-je un
traître ?

HUGO. — Parce que vous n'avez pas le droit d'entraîner le Parti dans vos
combines [3].

10 HOEDERER. — Pourquoi pas ?

HUGO. — C'est une organisation révolutionnaire et vous allez en faire un
parti de gouvernement.

HOEDERER. — Les partis révolutionnaires sont faits pour prendre le pouvoir.

HUGO. — Pour le prendre. Oui. Pour s'en emparer par les armes. Pas pour
l'acheter par un maquignonnage [4].

HOEDERER. — C'est le sang que tu regrettes ? J'en suis fâché mais tu
devrais savoir que nous ne pouvons pas nous imposer par la force. En cas
de guerre civile, le Pentagone a les armes et les chefs militaires. Il servirait
de cadre aux troupes contre-révolutionnaires.

20 HUGO. — Qui parle de guerre civile ? Hoederer, je ne vous comprends
pas ; il suffirait d'un peu de patience. Vous l'avez dit vous-même : l'Armée
rouge chassera le Régent et nous aurons le pouvoir pour nous seuls.

HOEDERER. — Et comment ferons-nous pour le garder ? *(Un temps.)*
Quand l'Armée rouge aura franchi nos frontières, je te garantis qu'il y aura
de durs moments à passer.

HUGO. — L'Armée rouge...

1. Terminologie marxiste
pour désigner un traître à sa
classe.
2. Terminologie marxiste :
indépendamment de l'éti-
quette que veut se donner
le sujet ; vu par rapport à
l'histoire.
3. Moyens souvent peu honnêtes pour arriver à ses fins.
4. Manœuvre malhonnête.

HOEDERER. — Oui, oui. Je sais. Moi aussi, je l'attends. Et avec impatience. Mais il faut bien que tu te le dises : toutes les armées en guerre, libératrices ou non, se ressemblent ; elles vivent sur le pays occupé. Nos paysans

30 détesteront les Russes, c'est fatal, comment veux-tu qu'ils nous aiment, nous que les Russes auront imposés ? On nous appellera le parti de l'étranger ou peut-être pis. Le Pentagone rentrera dans la clandestinité ; il n'aura même pas besoin de changer ses slogans.

HUGO. — Le Pentagone, je...

HOEDERER. — Et puis, il y a autre chose : le pays est ruiné ; il se peut même qu'il serve de champ de bataille. Quel que soit le gouvernement qui succèdera à celui du Régent, il devra prendre des mesures terribles qui le feront haïr. Au lendemain du départ de l'Armée rouge, nous serons balayés par une insurrection.

40 HUGO. — Une insurrection, ça se brise. Nous établirons un ordre de fer.

HOEDERER. — Un ordre de fer ? Avec quoi ? Même après la Révolution le prolétariat restera le plus faible et pour longtemps. Un ordre de fer ! Avec un parti bourgeois qui fera du sabotage et une population paysanne qui brûlera ses récoltes pour nous affamer ?

HUGO. — Et après ? Le Parti bolchevik en a vu d'autres en 17.

HOEDERER. — Il n'était pas imposé par l'étranger. Maintenant écoute, petit, et tâche de comprendre ; nous prendrons le pouvoir avec les libéraux de Karsky et les conservateurs du Régent. Pas d'histoires, pas de casse : l'Union nationale. Personne ne pourra nous reprocher d'être installé par

50 l'étranger. J'ai demandé la moitié des voix au Comité de Résistance mais je ne ferai pas la sottise de demander la moitié des portefeuilles[5]. Une minorité, voilà ce que nous devons être. Une minorité qui laissera aux autres partis la responsabilité des mesures impopulaires et qui gagnera la population en faisant de l'opposition à l'intérieur du gouvernement. Ils sont coincés : en deux ans tu verras la faillite de la politique libérale et c'est le pays tout entier qui nous demandera de faire notre expérience.

HUGO. — Et à ce moment-là le parti sera foutu[6].

HOEDERER. — Foutu ? Pourquoi ?

HUGO. — Le Parti a un programme : la réalisation d'une économie

60 socialiste, et un moyen : l'utilisation de la lutte de classes. Vous allez vous servir de lui pour faire une politique de collaboration de classes dans le cadre d'une économie capitaliste. Pendant des années vous allez mentir, ruser, louvoyer, vous irez de compromis en compromis ; vous défendrez devant nos camarades des mesures réactionnaires prises par un gouvernement dont vous ferez partie. Personne ne comprendra : les durs nous quitteront, les autres perdront la culture politique qu'ils viennent d'acquérir. Nous serons contaminés, amollis, désorientés ; nous deviendrons réformistes[7] et nationalistes[8], pour finir, les partis bourgeois n'auront qu'à prendre la peine de nous liquider. Hoederer ! ce Parti, c'est le vôtre, vous ne pouvez

70 pas avoir oublié la peine que vous avez prise pour le forger, les sacrifices qu'il a fallu demander, la discipline qu'il a fallu imposer. Je vous en supplie : ne le sacrifiez pas de vos propres mains.

HOEDERER. — Que de bavardages ! Si tu ne veux pas courir de risques il ne faut pas faire de politique.

5. Postes de ministres.
6. Perdu, condamné (langage argotique).
7. Qui n'aspirent plus à la révolution mais simplement à des réformes de la société telle qu'elle est.
8. Qui défendent les intérêts d'un seul pays et non plus par exemple ceux d'une internationale révolutionnaire.

Les mains sales,
Gallimard, 1948.

SIMONE DE BEAUVOIR
(1908-1986)

Dans ses essais, ses romans, Simone de Beauvoir a traduit les principes essentiels de l'existentialisme et a tenté de leur donner un contenu moral. Elle s'est attachée à témoigner de la condition féminine ainsi que de la situation intellectuelle du moment dans ses Mémoires.

LA VIE

Simone de Beauvoir est née à Paris dans une famille aisée. Après avoir reçu une éducation conformiste, elle perd la foi à quatorze ans. Dès lors commence la révolte contre les valeurs traditionnelles. En 1929, elle rencontre Jean-Paul Sartre : « Je savais que jamais plus il ne sortirait de ma vie ».

PRINCIPALES ŒUVRES

Essais
— *Pyrrhus et Cineas* (1945)
— *Pour une morale de l'ambiguïté* (1945)
— *Le deuxième sexe* (1949)

Romans
— *L'invitée* (1943) : c'est à ce premier roman que Simone de Beauvoir doit sa célébrité. Elle y évoque ces intellectuels qui passent une grande partie de leur temps à discuter dans les cafés et qu'elle a bien connus dans sa jeunesse. Deux d'entre eux, Françoise et Pierre, sont liés par un amour très fort jusqu'au moment où une jeune fille, Xavière, s'introduit dans la vie du couple. La jalousie entre les deux femmes ruine toute tentative d'amitié à trois. Françoise finit par tuer sa rivale. Ainsi est vérifiée la phrase d'Hegel qui sert d'épigraphe au livre : « Chaque conscience poursuit la mort de l'autre ».
— *Le sang des autres* (1944) : ce roman décrit la prise de conscience de deux intellectuels de gauche hésitant entre l'engagement et la tentation de l'individualisme.

— *Les mandarins* (1954) : ce roman lui a valu le prix Goncourt.

Mémoires
— *Les mémoires d'une jeune fille rangée* (1958) : elles décrivent les vingt premières années de l'auteur. Elles se terminent par la rencontre avec Jean-Paul Sartre.

Simone de Beauvoir, militant pour la liberté et la gratuité de la contraception et de l'avortement.

La publication des *Mémoires d'une jeune fille rangée* marque le début d'une nouvelle orientation. Simone de Beauvoir se consacre désormais essentiellement à la chronique de sa vie :
— *La force de l'âge* (1960)
— *La force des choses* (1963)
— *Une mort très douce* (1964) : le récit à la fois glacé et passionné de la mort de sa mère.
— *Tout compte fait* (1972) : à la fois biographie de « Sartre par un témoin de sa vie » et autobiographie.
— *La cérémonie des adieux* (1981) où elle raconte les dix dernières années de Sartre et sa mort avec un impitoyable souci d'exactitude.

LA PENSÉE

Simone de Beauvoir a contribué avec Sartre à populariser les principaux thèmes de l'existentialisme. Elle insiste sur le pouvoir qu'a l'homme de donner un sens à ce qu'il fait : « Déjà à dix-neuf ans j'étais persuadée qu'il appartient à l'homme, à lui seul, de donner un sens à sa vie et qu'il y suffit ».
Dans *Le deuxième sexe* qui a fait scandale à sa parution, elle s'est attachée à étudier la notion de féminité. Elle arrive à la conclusion que cette notion n'est pas naturelle mais créée par la société : « On ne naît pas femme, on le devient ».

Aucune loi biologique, psychique ne détermine la condition féminine, c'est la société qui a permis à l'homme de reléguer la femme au rang de créature « frivole, puérile, irresponsable ». La condition de la femme opprimée est comparable à celle du Noir ou du Juif, parias de la société. L'auteur pense que seul le travail peut garantir à la femme sa liberté.

LE STYLE

Récusant l'art pour l'art, Simone de Beauvoir a opté pour une littérature engagée. Ses romans ont pour trait commun l'illustration d'un thème philosophique. Classiques dans la forme, ils sont riches de beaucoup d'expérience et d'analyses bien menées. Dans les Mémoires, il arrive que le témoin se laisse envahir par le souci de ne rien omettre, mais la passion de l'authentique devient à la longue sa propre justification et éclaire la prose de cette chroniqueuse minutieuse, qui voulait « dévoiler le monde ».

BIBLIOGRAPHIE
F. Jeanson, *Simone de Beauvoir ou l'entreprise de vivre,* Le Seuil, 1966.
C.L. Van der Bergh, *Dictionnaire des idées dans l'œuvre de Simone de Beauvoir,* Mouton, 1966.
« Simone de Beauvoir et la lutte des femmes », *L'Arc,* n° 61, 1975.

Manifestation féministe à Paris en 1979. Par son action et par ses ouvrages, Simone de Beauvoir a joué un grand rôle dans le mouvement d'émancipation des femmes.

MÉMOIRES
D'UNE JEUNE FILLE RANGÉE

La rencontre de deux intelligences

C'est dans l'évocation de ses souvenirs que le style de Simone de Beauvoir trouve son expression la plus vigoureuse. Le premier ouvrage de ses mémoires s'achève sur ses années d'étudiante à la Sorbonne. Simone de Beauvoir raconte notamment sa rencontre avec Jean-Paul Sartre dont l'influence fut décisive sur l'orientation de sa pensée et de sa vie.

Nous parlions d'un tas de choses, mais particulièrement d'un sujet qui m'intéressait entre tous : moi-même. Quand ils prétendaient m'expliquer, les autres gens m'annexaient à leur monde, ils m'irritaient ; Sartre au contraire essayait de me situer dans mon propre système, il me comprenait à la lumière de mes valeurs, de mes projets. Il m'écouta sans enthousiasme quand je lui racontai mon histoire avec Jacques ; pour une femme, élevée comme je l'avais été, il était peut-être difficile d'éviter le mariage : mais il n'en pensait pas grand-chose de bon. En tout cas, je devais préserver ce qu'il y avait de plus estimable en moi : mon goût de la liberté, mon amour
10 de la vie, ma curiosité, ma volonté d'écrire. Non seulement il m'encourageait dans cette entreprise mais il proposait de m'aider. Plus âgé que moi de deux ans — deux ans qu'il avait mis à profit — ayant pris beaucoup plus tôt un meilleur départ, il en savait plus long sur tout : mais la véritable supériorité qu'il se reconnaissait, et qui me sautait aux yeux, c'était la passion tranquille et forcenée qui le jetait vers ses livres à venir. Autrefois, je méprisais les enfants qui mettaient moins d'ardeur que moi à jouer au croquet [1] ou à étudier : voilà que je rencontrais quelqu'un aux yeux de qui mes frénésies paraissaient timides. Et en effet, si je me comparais à lui, quelle tiédeur dans mes fièvres ! Je m'étais crue exceptionnelle parce que je
20 ne concevais pas de vivre sans écrire : il ne vivait que pour écrire.
Il ne comptait pas, certes, mener une existence d'homme de cabinet [2], il détestait les routines et les hiérarchies, les carrières, les foyers, les droits et les devoirs, tout le sérieux de la vie. Il se résignait mal à l'idée d'avoir un métier, des collègues, des supérieurs, des règles à observer et à imposer ; il ne deviendrait jamais un père de famille, ni même un homme marié. Avec le romantisme de l'époque et de ses vingt-trois ans, il rêvait à de grands voyages : à Constantinople, il fraterniserait avec les débardeurs [3] ; il se saoulerait, dans les bas-fonds, avec les souteneurs [4] ; il ferait le tour du globe et ni les parias des Indes, ni les popes du mont Atlas, ni les pêcheurs
30 de Terre-Neuve n'auraient de secrets pour lui. Il ne s'enracinerait nulle part, il ne s'encombrerait d'aucune passion : non pour se garder vainement disponible, mais afin de témoigner de tout. Toutes ses expériences devaient profiter à son œuvre et il écartait catégoriquement celles qui auraient pu la diminuer.

Mémoires d'une jeune fille rangée, Gallimard.

1. Jeu de plein air qui consiste à faire passer des boules de bois sous des arceaux à l'aide d'un maillet.
2. Cabinet d'études.
3. Dockers.
4. Individu qui vit aux dépens d'une prostituée et qui se présente comme son protecteur.

LA FORCE DES CHOSES

L'œuvre du temps

L'une des forces de l'écriture de Simone de Beauvoir, c'est l'exactitude de l'analyse qu'elle opère sur elle-même. Dans cette réflexion sur la vieillesse, elle décrit avec une lucidité dévorante l'œuvre du temps sur le corps et l'esprit.

La vieillesse : de loin on la prend pour une institution : mais ce sont des gens jeunes qui soudain se trouvent être vieux. Un jour, je me suis dit : « J'ai quarante ans ! » Quand je me suis réveillée de cet étonnement, j'en avais cinquante. La stupeur qui me saisit alors ne s'est pas dissipée.

Je n'arrive pas à y croire. Quand je lis imprimé : Simone de Beauvoir, on me parle d'une jeune femme qui est moi. Souvent quand je dors je rêve que j'ai en rêve cinquante-quatre ans, que j'ouvre les yeux et que j'en ai trente : « Quel affreux cauchemar j'ai fait ! » se dit la jeune femme faussement réveillée. Parfois aussi, avant que je revienne au monde, une bête géante s'assied sur

10 ma poitrine : « C'est vrai ! C'est le cauchemar d'avoir plus de cinquante ans qui est vrai ! » Comment ce qui n'a ni forme ni substance, le temps, peut-il m'écraser d'un poids si lourd que je cesse de respirer ? Comment ce qui n'existe pas, l'avenir, peut-il si implacablement se calculer ? Mon soixante-douzième anniversaire est aussi proche que le jour si proche de la Libération [1]. Pour m'en convaincre, je n'ai qu'à me planter devant la glace. A quarante ans, un jour, j'ai pensé : « Au fond du miroir la vieillesse guette ; et c'est fatal, elle m'aura. » Elle m'a. Souvent je m'arrête, éberluée [2], devant cette chose incroyable qui me sert de visage. Je comprends la Castiglione [3] qui avait brisé tous les miroirs. Il me semblait que je me souciais peu de mon apparence.

20 Ainsi les gens qui mangent à leur faim et qui se portent bien oublient leur estomac ; tant que j'ai pu regarder ma figure sans déplaisir, je l'oubliais, elle allait de soi. Rien ne va plus, je déteste mon image : au-dessus des yeux, la casquette, les poches en dessous, la face trop pleine, et cet air de tristesse autour de la bouche que donnent les rides. Peut-être les gens qui me croisent voient-ils simplement une quinquagénaire qui n'est ni bien, ni mal, elle a l'âge qu'elle a. Mais moi je vois mon ancienne tête où une vérole s'est mise dont je ne guérirai pas.

Elle m'infecte aussi le cœur. J'ai perdu ce pouvoir que j'avais de séparer les ténèbres de la lumière, me ménageant, au prix de quelques tornades, des

30 ciels radieux. Mes révoltes sont découragées par l'imminence de ma fin et la fatalité des dégradations ; mais aussi mes bonheurs ont pâli. La mort n'est plus dans les lointains une aventure brutale ; elle hante mon sommeil ; éveillée, je sens son ombre entre le monde et moi : elle a déjà commencé. Voilà ce que je ne prévoyais pas : ça commence tôt et ça ronge. Peut-être s'achèvera-t-elle sans beaucoup de douleur, toute chose m'ayant quittée, si bien que cette présence à laquelle je ne voulais pas renoncer, la mienne, ne sera plus présence à rien, ne sera plus rien et se laissera balayer avec indifférence. L'un après l'autre ils sont grignotés, ils craquent, ils vont craquer les liens qui me retenaient à la terre.

40 Oui, le moment est arrivé de dire : jamais plus ! Ce n'est pas moi qui me

1. Libération de Paris (août 1944).
2. Très étonnée.
3. Comtesse de Castiglione (1837-1899), surnommée la « divina contessa » pour son charme et sa beauté.

détache de mes anciens bonheurs, ce sont eux qui se détachent de moi : les chemins de montagne se refusent à mes pieds. Jamais plus je ne m'écroulerai, grisée de fatigue, dans l'odeur du foin ; jamais plus je ne glisserai solitaire sur la neige des matins. Jamais plus un homme. Maintenant, autant que mon corps mon imagination en a pris son parti. Malgré tout, c'est étrange de n'être plus un corps ; il y a des moments où cette bizarrerie, par son caractère définitif, me glace le sang. Ce qui me navre, bien plus que ces privations, c'est de ne plus rencontrer en moi de désirs neufs : ils se flétrissent avant de naître dans ce temps raréfié qui est désormais le mien. Jadis les jours glissaient
50 sans hâte, j'allais plus vite qu'eux, mes projets m'emportaient. Maintenant, les heures trop courtes me mènent à bride abattue vers ma tombe. J'évite de penser : dans dix ans, dans un an. Les souvenirs s'exténuent, les mythes s'écaillent, les projets avortent dans l'œuf : je suis là et les choses sont là. Si ce silence doit durer, qu'il semble long, mon bref avenir !

La Force des Choses II, Gallimard 1969.

CAMUS (1913-1960)

De l'absurde à la révolte (L'étranger) *et de la révolte à la solidarité* (La peste) *l'œuvre de Camus témoigne avant tout de l'amour de la vie, de la nature, ensoleillée et méditerranéenne. Mais le goût du bonheur ne se dissocie pas de l'angoisse de vivre ; il faut assumer l'un et l'autre. Partagé entre l'espoir et le nihilisme, la confiance et le désespoir, Camus est resté fidèle à lui-même à travers tous ses engagements.*

LA VIE

Albert Camus est né en Algérie. Il n'a pas connu son père, mort à la guerre en 1914. En 1937, atteint de tuberculose, il vient se soigner dans les Alpes. A son retour en Algérie, il publie un essai, *L'envers et l'endroit*, qui marque le début de sa carrière d'écrivain. Il devient journaliste et se fait connaître par son *Enquête en Kabylie*[1] où il montre l'atroce misère qui « lui enlève le droit de jouir de la beauté du monde ».

Au moment de la déclaration de guerre, il s'engage, mais est réformé[2] pour raison de santé. Il est obligé de quitter l'Algérie à cause de ses opinions politiques et il s'installe à Paris où il travaille comme journaliste. En 1941, il entre dans le mouvement de Résistance « Combat », où il est chargé de missions de renseignements et de la rédaction d'un journal clandestin, *Combat*. Pendant la guerre d'Algérie, il écrit des articles sur les problèmes de l'Afrique du Nord et devient le porte-parole des libéraux d'Algérie. En 1957, Camus reçoit le prix Nobel. Le 4 janvier 1960, il est tué dans un accident d'automobile. Il laissait un roman inachevé, *Le premier homme*.

PRINCIPALES ŒUVRES

Essais

— *L'envers et l'endroit* (1937)
— *Noces* (1938)
— *Le mythe de Sisyphe* (1942) : le monde est absurde ; sur cette constatation prise comme point de départ, l'homme cherche pourtant à construire sa vérité et son bonheur.
— *L'homme révolté* (1951) : la publication de cet essai l'oppose à Sartre qui lui reproche une « attitude idéaliste, moraliste, anticommuniste ».

Romans

— *L'étranger* (1942) : ce récit met en scène avec une grande économie de moyens un homme, Meursault, qui, dans un langage simple, prend la mesure de l'absurdité de la vie.

Le hasard et les circonstances font de Meursault un meurtrier malgré lui (voir extrait page 302). Au tribunal, il reste indifférent, comme « étranger » à son procès. Condamné à mort, il crie le non-sens de tout, lorsqu'un aumônier vient lui parler dans sa cellule. Ayant exprimé sa colère, il trouve finalement l'apaisement face à « la tendre indifférence du monde » qui lui fait écrire : « De l'éprouver si pareil à moi, si fraternel enfin, j'ai senti que j'avais été heureux, que je l'étais encore ». Et dans la préface à l'édition américaine, Camus présente ainsi son héros : « Loin qu'il soit privé de toute sensibilité, une passion profonde, parce que tenace, l'anime, la passion de l'absolu et de la vérité... On ne se tromperait donc pas beaucoup en lisant dans *L'étranger* l'histoire d'un homme qui, sans aucune attitude héroïque, accepte de mourir pour la vérité ».

— *La peste* (1947) : Il s'agit d'un récit symbolique où tous les faits concourent à figurer l'affron-

---

1. Province de l'Algérie.
2. Dispensé de service militaire.

Albert Camus par Henri Cartier-Bresson.

tement de l'homme et de l'absurde. Camus a imaginé une épidémie de peste à Oran (en Algérie) en 194.. Ce fléau meurtrier montre aux hommes la fragilité de leur condition. Un salut peut être trouvé dans la solidarité qui unit les hommes pour venir à bout de ce mal qui symbolise ici le nazisme, mais peut s'élargir à d'autres interprétations. Camus a souligné lui-même la signification de son livre : « Comparée à *L'étranger*, *La peste* marque (...) le passage d'une attitude de révolte solitaire à la reconnaissance d'une communauté dont il faut partager les luttes. S'il y a une révolution de *L'étranger* à *La peste*, elle s'est faite dans le sens de la solidarité et de la participation ». (Lettre à Roland Barthes, 11 juillet 1955).

— *La chute* (1956) : c'est sans doute le récit le plus complexe et le plus secret de l'œuvre de Camus. Le héros, Clamence, est une sorte de représentant des intellectuels des années 50, empêtrés dans leurs contradictions pour accuser leur propre siècle (et Camus pense ici certainement à Sartre). Mais *La chute*, c'est aussi l'histoire d'un innocent qui se sent coupable [1], d'un homme qui n'a rien fait pour empêcher un suicide et qui est tour à tour accablé par la mauvaise conscience et désireux de se justifier en accusant ses semblables : « Puisqu'on ne pouvait pas condamner les autres sans aussitôt se juger, il fallait s'accabler soi-même pour avoir le droit de juger ». Ce virtuose de la mauvaise foi, ce pénitent complaisant, ce juge cynique est le reflet de la mauvaise conscience d'une époque qui, au nom du réalisme, cherchait à justifier toutes les erreurs (en particulier politiques), ce qui scandalisait Camus.

Théâtre

— *Caligula* (pièce en 4 actes, écrite en 1938, publiée en 1944) : l'empereur romain Caligula a laissé dans l'histoire le souvenir d'un souverain fou. Camus choisit d'expliquer la conduite de ce dément par la révolte contre la condition humaine et d'en faire une « tragédie de l'intelligence ».

— *Les justes* (1949) : c'est l'histoire d'un groupe de jeunes révolutionnaires ; l'un d'eux assassine un despote. Camus se demande s'il est juste d'assassiner pour construire un monde meilleur.

LA PENSÉE

L'absurde

Le thème fondamental de la pensée de Camus est le sentiment de l'absurde qu'il développe dans *le mythe de Sisyphe* et qui apparaît dans ses romans et son théâtre. Comme Sisyphe, condamné par les dieux à pousser inlassablement son rocher jusqu'au sommet de la montagne, pour le voir rouler en bas ensuite, les hommes sont voués à des tâches répétitives, à des gestes automatiques. Pourtant, on peut imaginer Sisyphe heureux : la conscience de son destin absurde le libère de la servitude et lui donne la grandeur tragique du héros qui accepte son sort. Mais l'homme doit-il s'en contenter ?

De l'absurde à la révolte

Camus refuse d'abord toute solution tendant à masquer cette conscience de l'absurde : le sui-

---

1. *L'étranger, au contraire, était l'histoire d'un coupable qui se sentait innocent.*

cide, la religion et toute métaphysique, qui prétend donner un sens à la vie. La révolte contre les dieux délie l'homme des règles morales. Meursault et Caligula représentent l'absence de remords dans un monde qu'ils savent dépourvu de sens. Dans *L'homme révolté*, Camus médite sur le sens de cette révolte et il a cette intuition : « Je me révolte, donc nous sommes ». La révolte lui apparaît comme le signe qu'il existe une nature humaine qu'il s'agit de préserver. Il prend ainsi encore davantage ses distances avec l'existentialisme qui refuse toute notion de nature humaine.

De la révolte à la solidarité

Sur cette certitude que les hommes représentent malgré tout une valeur à préserver, Camus fonde son humanisme. A l'indifférence de *L'étranger* et à la recherche solitaire du bonheur, il substitue le sentiment de solidarité qui est le thème central de *La peste* et de *L'exil et le royaume*. Le dernier livre de Camus, *La chute*, semble ruiner toute cette philosophie et effacer l'idée d'un bonheur possible. En fait l'angoisse n'est jamais évacuée et la vie nous impose d'assumer l'envers et l'endroit de l'existence.

L'ART

Les œuvres de Camus frappent par leur densité. *L'étranger* est le type de l'œuvre riche et brève. Cette densité est liée à sa conception esthétique. Il a déclaré qu'il ne croyait pas au réalisme en art ; on ne trouve pas chez lui de longues descriptions minutieuses ; il concentre la lumière sur les principaux traits d'un personnage, sur ses attitudes marquantes propres à révéler sa personnalité. Le style de Camus répond aux exigences de l'art classique : rigueur, harmonie de la cadence, juste choix du mot.

BIBLIOGRAPHIE
J. Sarrochi, *Camus*, P.U.F., 1968.
C. Treil, *L'indifférence dans l'œuvre d'Albert Camus*, Cosmos, 1971.
E. Barilier, *Albert Camus, Philosophie et littérature*, L'Age d'homme, Lausanne, 1977.
H.R. Lottman, *Camus*, Le Seuil, 1978 (bibliographie).

L'ÉTRANGER

La puissance vertigineuse de la nature

Déjà dans les essais lyriques de Noces, *apparaît le double visage de la nature : derrière l'accord parfait de l'homme avec la nature se cache la mort absurde toujours présente. Dans* l'Étranger, *Camus insiste davantage sur le second aspect : « Tout ce qui exalte la vie accroît en même temps son absurdité ». Il n'y a peut-être pas d'autre explication au meurtre que va commettre Meursault, que cette gigantesque fournaise de midi, sur la plage, qui embrase et écrase tout.*

Je marchais lentement vers les rochers et je sentais mon front se gonfler sous le soleil. Toute cette chaleur s'appuyait sur moi et s'opposait à mon avance. Et chaque fois que je sentais son grand souffle chaud sur mon visage, je serrais les dents, je fermais les poings dans les poches de mon pantalon, je me tendais tout entier pour triompher du soleil et de cette ivresse opaque qu'il me déversait. A chaque épée de lumière jaillie du sable, d'un coquillage blanchi ou d'un débris de verre, mes mâchoires se crispaient. J'ai marché longtemps.

Je voyais de loin la petite masse sombre du rocher entourée d'un halo [1]
10 aveuglant par la lumière et la poussière de mer. Je pensais à la source fraîche derrière le rocher. J'avais envie de retrouver le murmure de son eau, envie de fuir le soleil, l'effort et les pleurs de femme, envie de retrouver

1. Auréole, couronne de lumière.

Lithographie de Sadequain pour illustrer L'étranger, *pour l'édition des Bibliophiles de l'Automobile Club de France, 1966. (Bibliothèque Nationale, Paris).*

l'ombre et son repos. Mais quand j'ai été plus près, j'ai vu que le type de Raymond [2] était revenu.

Il était seul. Il reposait sur le dos, les mains sous la nuque, le front dans les ombres du rocher, tout le corps au soleil. Son bleu de chauffe [3] fumait dans la chaleur. J'ai été un peu surpris. Pour moi, c'était une histoire finie et j'étais venu là sans y penser.

Dès qu'il m'a vu, il s'est soulevé un peu et a mis la main dans sa poche.
20 Moi, naturellement, j'ai serré le revolver de Raymond dans mon veston. Alors de nouveau, il s'est laissé aller en arrière, mais sans retirer la main de sa poche. J'étais assez loin de lui, à une dizaine de mètres. Je devinais son regard par instants, entre ses paupières mi-closes. Mais le plus souvent, son image dansait devant mes yeux, dans l'air enflammé. Le bruit des vagues était encore plus paresseux, plus étale [4] qu'à midi. C'était le même soleil, la même lumière sur le même sable qui se prolongeait ici. Il y avait deux heures que la journée n'avançait plus, deux heures qu'elle avait jeté l'ancre dans un océan de métal brouillant. A l'horizon, un petit vapeur [5] est passé et j'en ai deviné la tache noire au bord de mon regard, parce que
30 je n'avais pas cessé de regarder l'Arabe.

J'ai pensé que je n'avais qu'un demi-tour à faire et ce serait fini. Mais toute une plage vibrante de soleil se pressait derrière moi. J'ai fait quelques pas vers la source. L'Arabe n'a pas bougé. Malgré tout, il était encore assez loin. Peut-être à cause des ombres sur son visage, il avait l'air de rire. J'ai attendu. La brûlure du soleil gagnait mes joues et j'ai senti des gouttes de sueur s'amasser dans mes sourcils. C'était le même soleil que le jour où j'avais enterré maman [6] et, comme alors, le front surtout me faisait mal et toutes ses veines battaient ensemble sous la peau. A cause de cette brûlure que je ne pouvais plus supporter, j'ai fait un mouvement en avant. Je savais
40 que c'était stupide, que je ne me débarrasserais pas du soleil en me déplaçant d'un pas. Mais j'ai fait un pas, un seul pas en avant. Et cette fois, sans se soulever, l'Arabe a tiré son couteau qu'il m'a présenté dans le soleil. La lumière a giclé sur l'acier et c'était comme une longue lame étincelante qui m'atteignait au front. Au même instant, la sueur amassée dans mes sourcils a coulé d'un coup sur les paupières et les a recouvertes

2. L'ami de Meursault qui a eu une dispute avec un Arabe.
3. Vêtement de travail.
4. Calme.
5. Bateau à vapeur.
6. Le roman commence par la mort de sa mère.

d'un voile tiède et épais. Mes yeux étaient aveuglés derrière ce rideau de larmes et de sel. Je ne sentais plus que les cymbales du soleil sur mon front et, indistinctement, le glaive éclatant jailli du couteau toujours en face de moi. Cette épée brûlante rongeait mes cils et fouillait mes yeux douloureux.

50 C'est alors que tout a vacillé. La mer a charrié un souffle épais et ardent. Il m'a semblé que le ciel s'ouvrait sur toute son étendue pour laisser pleuvoir du feu. Tout mon être s'est tendu et j'ai crispé ma main sur le revolver. La gâchette a cédé, j'ai touché le ventre poli de la crosse et c'est là dans le bruit à la fois sec et assourdissant, que tout a commencé. J'ai secoué la sueur et le soleil. J'ai compris que j'avais détruit l'équilibre du jour, le silence exceptionnel d'une plage où j'avais été heureux. Alors, j'ai tiré encore quatre fois sur un corps inerte où les balles s'enfonçaient sans qu'il y parût. Et c'était comme quatre coups brefs que je frappais sur la porte du malheur.

L'étranger, première partie, Gallimard.

Le moment de la révolte

Meursault se sent innocent de son crime. Il a assisté à son procès comme si on condamnait un autre que lui, comme un étranger. Mais peu à peu il accède à la conscience et à la révolte. Dans la dernière page du roman, il reçoit dans sa cellule la visite de l'aumônier.

Il voulait encore me parler de Dieu, mais je me suis avancé vers lui et j'ai tenté de lui expliquer une dernière fois qu'il me restait peu de temps. Je ne voulais pas le perdre avec Dieu. Il a essayé de changer de sujet en me demandant pourquoi je l'appelais « monsieur » et non pas « mon père ». Cela m'a énervé et je lui ai répondu qu'il n'était pas mon père : il était avec les autres.

« Non, mon fils, a-t-il dit en mettant la main sur mon épaule. Je suis avec vous. Mais vous ne pouvez pas le savoir parce que vous avez un cœur aveugle. Je prierai pour vous. »

10 Alors, je ne sais pas pourquoi, il y a quelque chose qui a crevé en moi. Je me suis mis à crier à plein gosier et je l'ai insulté et je lui ai dit de ne pas prier. Je l'avais pris par le collet [1] de sa soutane [2]. Je déversais sur lui tout le fond de mon cœur avec des bondissements mêlés de joie et de colère. Il avait l'air si certain, n'est-ce pas ? Pourtant, aucune de ses certitudes ne valait un cheveu de femme. Il n'était même pas sûr d'être en vie puisqu'il vivait comme un mort. Moi, j'avais l'air d'avoir les mains vides. Mais j'étais sûr de moi, sûr de tout, plus sûr que lui, sûr de ma vie et de cette mort qui allait venir. Oui, je n'avais que cela. Mais du moins, je tenais cette vérité autant qu'elle me tenait. J'avais eu raison, j'avais encore raison, j'avais

20 toujours raison. J'avais vécu de telle façon et j'aurais pu vivre de telle autre. J'avais fait ceci et je n'avais pas fait cela. Je n'avais pas fait telle chose alors que j'avais fait cette autre. Et après ? C'était comme si j'avais attendu pendant tout le temps cette minute et cette petite aube où je serais justifié. Rien, rien n'avait d'importance et je savais bien pourquoi. Lui

1. Le col.
2. L'habit d'un prêtre.

aussi savait pourquoi. Du fond de mon avenir, pendant toute cette vie absurde que j'avais menée, un souffle obscur remontait vers moi à travers des années qui n'étaient pas encore venues et ce souffle égalisait sur son passage tout ce qu'on me proposait alors dans les années pas plus réelles que je vivais. Que m'importaient la mort des autres, l'amour d'une mère,

30 que m'importaient son Dieu, les vies qu'on choisit, les destins qu'on élit, puisqu'un seul destin devait m'élire moi-même et avec moi des milliards de privilégiés qui, comme lui, se disaient mes frères. Comprenait-il, comprenait-il donc ? Tout le monde était privilégié. Il n'y avait que des priviligiés. Les autres aussi, on les condamnerait un jour. Lui aussi, on le condamnerait. Qu'importait si, accusé de meurtre, il était exécuté pour n'avoir pas pleuré à l'enterrement de sa mère [3] ? Le chien de Salamano valait autant que sa femme. Le petite femme automatique était aussi coupable que la Parisienne que Masson avait épousée ou que Marie qui avait envie que je l'épouse. Qu'importait que Raymond fût mon copain autant que Céleste qui valait

40 mieux que lui ? Qu'importait que Marie donnât aujourd'hui sa bouche à un nouveau Meursault ? Comprenait-il donc, ce condamné, et que du fond de mon avenir… J'étouffais en criant tout ceci. Mais, déjà, on m'arrachait l'aumônier des mains et les gardiens me menaçaient. Lui, cependant, les a calmés et m'a regardé un moment en silence. Il avait les yeux pleins de larmes. Il s'est détourné et il a disparu.

L'étranger, deuxième partie, Gallimard.

3. Le fait que Meursault, au début du livre, ait paru indifférent, à la mort de sa mère, a pesé lourd dans sa condamnation : à cause de cela, il est passé aux yeux des jurés pour un être totalement insensible.

Eau-forte de Mayo pour illustrer L'étranger, *Gallimard, 1946. (Bibliothèque Nationale, Paris).*

CAMUS

LA PESTE

L'absurde sous les traits du mal

Nous sommes au début du récit. À Oran, personne ne croit à une épidémie de peste, c'est absurde, c'est un fléau disparu. Et pourtant, le mal s'installe, rompant toutes les attaches, toutes les habitudes. Le docteur Rieux est le premier à en prendre conscience.

Le mot de « peste » venait d'être prononcé pour la première fois. A ce point du récit qui laisse Bernard Rieux derrière sa fenêtre, on permettra au narrateur de justifier l'incertitude et la surprise du docteur [1], puisque, avec des nuances, sa réaction fut celle de la plupart de nos concitoyens. Les fléaux, en effet, sont une chose commune, mais on croit difficilement aux fléaux lorsqu'ils vous tombent sur la tête. Il y a eu dans le monde autant de pestes que de guerres. Et pourtant pestes et guerres trouvent les gens toujours aussi dépourvus. Le docteur Rieux était dépourvu, comme l'étaient nos concitoyens, et c'est ainsi qu'il faut comprendre ses hésitations. C'est
10 ainsi qu'il faut comprendre aussi qu'il fut partagé entre l'inquiétude et la confiance. Quand une guerre éclate, les gens disent : « Ça ne durera pas, c'est trop bête. » Et sans doute une guerre est certainement trop bête, mais cela ne l'empêche pas de durer. La bêtise insiste toujours, on s'en apercevrait si l'on ne pensait pas toujours à soi. Nos concitoyens à cet égard étaient comme tout le monde, ils pensaient à eux-mêmes, autrement dit ils étaient humanistes : ils ne croyaient pas aux fléaux. Le fléau n'est pas à la mesure de l'homme, on se dit donc que le fléau est irréel, c'est un mauvais rêve qui va passer. Mais il ne passe pas toujours et, de mauvais rêve en mauvais rêve, ce sont les hommes qui passent, et les humanistes, en premier lieu,
20 parce qu'ils n'ont pas pris leurs précautions. Nos concitoyens n'étaient pas plus coupables que d'autres, ils oubliaient d'être modestes, voilà tout, et ils pensaient que tout était encore possible pour eux, ce qui supposait que les fléaux étaient impossibles. Ils continuaient de faire des affaires, ils préparaient des voyages et ils avaient des opinions. Comment auraient-ils pensé à la peste qui supprime l'avenir, les déplacements et les discussions ? Ils se croyaient libres et personne ne sera jamais libre tant qu'il y aura des fléaux.

La peste, chapitre premier, Gallimard.

1. Bernard Rieux est médecin.

BORIS VIAN (1920-1959)

Boris Vian est une figure marquante de la vie parisienne à Saint-Germain-des-Prés dans les années 50. Ingénieur, musicien de jazz, écrivain, il est surtout l'auteur de formes romanesques nouvelles, pleines de fantaisie et de créations verbales.

LA VIE

Boris Vian, issu de la bourgeoisie aisée, a incarné une certaine jeunesse de l'après-guerre. Il joue de la trompette dans les caves à la mode de Saint-Germain, fréquente Queneau, Sartre, Camus, Prévert. Il a été un précurseur du nouveau théâtre avec *Équarrissage pour tous* et un romancier original, bien que presque toutes ses œuvres soient passées inaperçues de son vivant. Il a aussi écrit des poèmes dont certains sont devenus des chansons qu'il a lui-même interprétées. Il est mort en 1959, victime d'une crise cardiaque.

PRINCIPALES ŒUVRES

Romans
— *L'écume des jours* (1947), *L'automne à Pékin* (1947), *L'herbe rouge* (1950), *L'arrache-cœur* (1953).

Poésie
— *Je voudrais pas crever* (1950) : ce recueil traduit un amour ardent de la vie et son angoisse devant la mort.

Théâtre
— *L'équarrissage pour tous* (1950) : farce explosive au nihilisme joyeux.
— *Le goûter des généraux* (1951) : caricature politique.
— *Les bâtisseurs d'empire* (1959).

Boris Vian en 1948.

LA PENSÉE

Dans toute son œuvre, Boris Vian dénonce ce qui porte atteinte au bonheur : la guerre, le travail à la chaîne, l'intolérance, l'injustice. Son arme favorite est l'ironie ; il s'emploie à ramener ce qu'il attaque aux dimensions du grotesque,

329

du banal, de l'absurde. Vian n'a jamais été à proprement parler un écrivain engagé ; son scepticisme et son individualisme ne l'incitent pas à s'engager dans un mouvement, à proposer des solutions. Malgré le pessimisme qui l'imprègne, l'œuvre de Vian est un hommage à la vie : « Voyez-vous, M. Brul, mon point de vue est simple ; aussi longtemps qu'il existe un endroit où il y a de l'air, du soleil et de l'herbe, on doit avoir regret de ne pas y être. ».

L'ART

Boris Vian joue avec le langage comme il joue avec le monde. Il a su créer un univers très

particulier, tout à la fois merveilleux et familier. Dans cet univers magique, les carreaux de fenêtres repoussent dès qu'ils sont brisés, les chambres changent de formes, les arbres pleurent quand on les abat, sans que jamais les héros ne manifestent le moindre étonnement vis-à-vis de ces phénomènes. Dans le registre verbal, Vian multiplie les calembours, les déformations (il dit Jean-Sol Partre pour Jean-Paul Sartre), les dérivations, les néologismes.

BIBLIOGRAPHIE
F. de Vree, *Boris Vian,* Eric Losfeld éd., 1966.
J. Duchateau, *Boris Vian,* La Table ronde, 1969.
M. Fauré, *Les vies posthumes de Boris Vian,* « 10/18 », U.G.E., 1975.

L'ÉCUME DES JOURS

Fantaisie dans la mort même

Colin et Chloé s'aiment d'un amour éperdu. Mais Chloé tombe malade : un nénuphar lui pousse dans la poitrine et elle meurt. Après son enterrement, où les croque-morts se sont comportés comme des brutes, la souris grise vient trouver le chat et lui demande un ultime service. Nous découvrons peu à peu de quoi il s'agit.

— Vraiment, dit le chat, ça ne m'intéresse pas énormément.

— Tu as tort, dit la souris. Je suis encore jeune, et jusqu'au dernier moment, j'étais bien nourrie.

— Mais je suis bien nourri aussi, dit le chat, et je n'ai pas du tout envie de me suicider, alors tu vois pourquoi je trouve ça normal.

— C'est que tu ne l'as pas vu, dit la souris.

— Qu'est-ce qu'il[1] fait ? demanda le chat.

Il n'avait pas très envie de le savoir. Il faisait chaud et ses poils étaient tous bien élastiques.

10 — Il est au bord de l'eau, dit la souris, il attend, et quand c'est l'heure, il va sur la planche et il s'arrête au milieu. Il voit quelque chose.

— Il ne peut pas voir grand-chose dit le chat. Un nénuphar, peut-être.

— Oui, dit la souris, il attend qu'il remonte pour le tuer.

— C'est idiot, dit le chat. Ça ne présente aucun intérêt.

— Quand l'heure est passée, continua la souris, il revient sur le bord et il regarde la photo.

— Il ne mange jamais ? demanda le chat.

— Non, dit la souris, et il devient très faible, et je ne peux pas supporter ça. Un de ces jours, il va faire un faux pas en allant sur cette grande 20 planche.

1. Il s'agit de Colin.

— Qu'est-ce que ça peut te faire ? demanda le chat. Il est malheureux, alors ?...

— Il n'est pas malheureux, dit la souris, il a de la peine. C'est ça que je ne peux pas supporter. Et puis il va tomber dans l'eau, il se penche trop.

— Alors, dit le chat, si c'est comme ça je veux bien te rendre ce service, mais je ne sais pas pourquoi je dis « si c'est comme ça », parce que je ne comprends pas du tout.

— Tu es bien bon, dit la souris.

— Mets ta tête dans ma gueule, dit le chat, et attends.

30 — Ça peut durer longtemps ? demanda la souris.

— Le temps que quelqu'un me marche sur la queue, dit le chat ; il me faut un réflexe rapide. Mais je la laisserai dépasser, n'aie pas peur.

La souris écarta les mâchoires du chat et fourra sa tête entre les dents aiguës. Elle la retira presque aussitôt.

— Dis donc, dit-elle, tu as mangé du requin, ce matin ?

— Écoute, dit le chat, si ça ne te plaît pas, tu peux t'en aller. Moi, ce truc-là, ça m'assomme [2]. Tu te débrouilleras toute seule.

Il paraissait fâché.

— Ne te vexe pas, dit la souris.

40 Elle ferma ses petits yeux noirs et replaça sa tête en position. Le chat laissa reposer avec précaution ses canines [3] acérées sur le cou doux et gris. Les moustaches noires de la souris se mêlaient aux siennes. Il déroula sa queue touffue et la laissa traîner sur le trottoir.

Il venait, en chantant, onze petites filles aveugles de l'orphelinat de Jules l'Apostolique.

2. Ça m'énerve.
3. Les grandes dents des animaux carnassiers.

L'écume des jours
Dernier chapitre (LXVIII, intégral), Société Nouvelle des Éditions Pauvert

TEXTES ET CHANSONS

Boris Vian, poète et chanteur

Ce poème de protestation contre la guerre, présenté sous la forme de la complainte d'un déserteur, est devenu une chanson très populaire.

LE DÉSERTEUR
Monsieur le Président
Je vous fais une lettre
Que vous lirez peut-être
Si vous avez le temps
Je viens de recevoir
Mes papiers militaires
Pour partir à la guerre
Avant mercredi soir

VIAN

Monsieur le Président
10 Je ne veux pas la faire
Je ne suis pas sur terre
pour tuer des pauvres gens
C'est pas pour vous fâcher
Il faut que je vous dise
Ma décision est prise
Je m'en vais déserter

Depuis que je suis né
J'ai vu mourir mon père
J'ai vu partir mes frères
20 Et pleurer mes enfants
Ma mère a tant souffert
Qu'elle est dedans sa tombe
Et se moque des bombes
Et se moque des vers
Quand j'étais prisonnier
On m'a volé ma femme
On m'a volé mon âme
Et tout mon cher passé

Demain de bon matin
30 Je fermerai ma porte
Au nez des années mortes
J'irai sur les chemins

Je mendierai ma vie
Sur les routes de France
De Bretagne en Provence
Et je dirai aux gens
Refusez d'obéir
Refusez de la faire
N'allez pas à la guerre
40 Refusez de partir
S'il faut donner son sang
Allez donner le vôtre
Vous êtez bon apôtre
Monsieur le Président
Si vous me poursuivez
Prévenez vos gendarmes
Que je n'aurai pas d'armes
Et qu'ils pourront tirer

Textes et chansons,
Julliard et 10/18.

Tableau d'Émile Binnet (Patria : Saint-Germain-des-Prés, 1948) représentant les figures marquantes de la période existentialiste. On reconnaît, au second plan, de gauche à droite Jacques Prévert, Boris Vian et de droite à gauche Jean-Paul Sartre, la chanteuse Juliette Gréco et Jean Genet. (Collection particulière).

JULIEN GRACQ (né en 1910)

Julien Gracq est un écrivain « appliqué [1] » qui cherche à envoûter le lecteur par des descriptions et des évocations lentes et somptueuses. « Le thème du Graal, transposé et laïcisé, la quête d'un salut obscur, précaire et révocable, est le fil d'Ariane de ces romans souterrains et mystérieux » (Pierre de Boisdeffre).

LA VIE

Julien Gracq, de son vrai nom Louis Poirier, est né à Saint-Florent le Vieil dans le Maine-et-Loire. En 1930, il est admis à l'École Normale Supérieure. En 1934, il est reçu à l'agrégation [2] d'histoire et de géographie et commence sa carrière d'enseignant. Au moment de la guerre, il est mobilisé puis fait prisonnier. Après la Libération, il poursuit sa carrière d'enseignant. En 1946, il publie sa première œuvre, un recueil de poèmes en prose, *Liberté grande*, qui ne touche qu'un public limité. En 1951, son roman, *Le rivage des Syrtes*, lui vaut le prix Goncourt, qu'il refuse.

Julien Gracq chez lui.

PRINCIPALES ŒUVRES

Poésie

— *Liberté grande* (1946) : un recueil de poèmes en prose où Gracq évoque des paysages et exprime son désir d'évasion : « Il y a un allégement pour le cœur qui s'abandonne au pur voyage et pour l'âme en migration, ne fût-ce que pour une saison brève, loin des maisons, des hommes, un éventail d'ailes, une fraîcheur de résurrection ».

Essais

André Breton (1948) ; *La littérature à l'estomac* (1950) ; *Préférences* (1961).

Théâtre

— *Le roi pêcheur* (1948) : Gracq a repris ici le thème du Graal emprunté au cycle des chevaliers de la Table Ronde (Voir tome I, page 11). C'est à la fin de la pièce que la signification qu'il prête au mythe apparaît le mieux. Lorsque Perceval, jeune chevalier de seize ans, qui a quitté le roi Artus pour retrouver le Graal, atteint son but, le roi Amfortas, chargé de veiller sur le Graal, l'avertit : « Tu n'auras plus d'aventures. Il n'en est plus à qui possède tout. Le Graal dévaste... Là où tu entres finit l'espoir et commence la possession... Il est terrible pour un homme que Dieu l'appelle vivant à respirer le même air que lui ». Perceval n'ose plus approcher le Graal et quitte le château mais d'autres viendront car la recherche de l'idéal ne cesse de susciter des vocations.

Romans

— *Le rivage des Syrtes* (1951) : dans l'Antiquité, Syrtes était le nom d'un golfe de Tunisie ; il désigne dans le roman de Gracq un lieu imagi-

1. Le terme est de Jean Paulhan.
2. Concours national pour être professeur titulaire.

naire qui évoque tout à la fois la Bretagne et Venise. Les événements ne sont pas datés ; le temps s'y déroule au ralenti dans une atmosphère d'angoisse lourde et d'attente mélancolique.

— *Un balcon en forêt* (1958) : ce roman reprend le thème de l'attente mais cette fois le cadre est réel. A l'automne 1939, l'aspirant [1] Grange est affecté dans un blockhaus, dans la forêt des Ardennes, où les hommes sont chargés de surveiller les bords de la Meuse. A la fin de ce récit sans action, le blockhaus est bombardé, des soldats sont tués et Grange, grièvement blessé, ne réussit pas à croire à la réalité de l'événement.

LA PENSÉE

Pour cet écrivain, le mystère de la condition humaine est soigneusement dissimulé et il faut s'abstenir de croire que l'on pourrait en dévoiler les mécanismes. Il ne reste plus alors qu'à se mettre à l'écoute de soi-même, à dégager de ses propres incertitudes d'incertaines lueurs, sans tirer de leçon ni proposer de solutions.

L'ART

Le cadre des romans de Julien Gracq rappelle celui des romans d'aventures ; c'est la mer d'où viennent les envahisseurs, c'est la forêt mystérieuse où l'on tend des embuscades. Cependant, l'aventure n'a pas lieu ; seule l'attente existe ; sous cet aspect, les œuvres de Gracq s'apparentent au nouveau Roman, bien que l'auteur s'en soit déclaré étranger. L'essentiel n'est pas de conter une aventure mais de suggérer

une atmosphère étrange, comme hors du temps et de l'histoire. A l'action se substituent donc de longues descriptions somptueuses qui ont des allures de poèmes en prose.

1. *Grade militaire.*

BIBLIOGRAPHIE
J.-L. Leutrat, *Jules Gracq*, Éditions Universitaires, 1966.
A.-Cl. Dobbs, Dramaturgie et liturgie dans l'œuvre de Julien Gracq, José Corti, 1972.

Illustration de Camille Josso (1957) pour Le rivage des Syrtes, 1957. (Bibliothèque Nationale, Paris).

LE RIVAGE DES SYRTES

L'atmosphère lourde de l'attente

Aldo, le narrateur, appartient à l'une des plus vieilles familles de la ville d'Orsenna. Il est envoyé en observateur dans la province des Syrtes, au sud du pays. De l'autre côté de la mer des Syrtes, mer peu profonde faite de lagunes mortes, se trouve le Farghestan, pays ennemi. Aldo, qui est envoyé ici en observateur, retrouve la princesse Vanessa Aldobrandi qu'il avait connue jadis. Sous l'influence de cette jeune femme passionnée et aventureuse, Aldo va être l'instrument du destin et rallumer la guerre entre Orsenna et le Farghestan.

Un malaise me dressait tout debout au milieu de la chambre ; il me semblait sentir entre les objets et moi comme un imperceptible surcroît de distance, et le mouvement de retrait léger d'une hostilité murée et chagrine, je tâtonnais vers un appui familier qui manquait soudain à mon équilibre, comme un vide se creuse devant nous au milieu d'amis qui savent déjà une mauvaise nouvelle. Ma main serrait malgré elle l'épaule de Vanessa ; elle s'éveillait toute lourde ; sur son visage renversé je voyais flotter au-dessous de moi ses yeux d'un gris plus pâle, comme tapis[1] au fond d'une curiosité sombre et endormie — ces yeux m'engluaient, me halaient[2] comme un plongeur vers leurs reflets visqueux d'eaux profondes ; ses bras se dépliaient, se nouaient à moi en tâtonnant dans le noir ; je sombrais avec elle dans l'eau plombée[3] d'un étang triste, une pierre au cou.

Je trouvais une délectation[4] lugubre dans ces nuits de Maremma, passées parfois tout entières auprès d'elle, qui sombraient par le bout — comme les pilotis de la lagune dans le gonflement matinal de l'eau noire — au creux d'un déferlement de lassitude, comme si la perte de ma substance qui me laissait exténué[5] et vide m'eût accordé à la défaite fiévreuse du paysage, à sa soumission et à son accablement. Au travers de l'atmosphère saturée de ce pays des eaux, le fourmillement des étoiles par la fenêtre ne scintillait plus ; il semblait que de la terre prostrée[6] ne pût désormais se soulever même le faible souffle qui s'échappe d'un poumon crevé : la nuit pesait de tout son poids sur elle dans son gîte creusé de bête lourde et chaude. Quelquefois, derrière la barre de la lagune, un aviron par intervalles tâtait l'eau gluante, ou tout près s'étranglait le cri falot et obscène d'un rat ou de quelque bête menue comme il en rôde aux abords des charniers. Je me retournais sous cette nuit oppressante comme dans le suint[7] d'une laine, bâillonné, isolé, cherchant l'air, roulé dans une moiteur suffocante ; Vanessa sous ma main reposait près de moi comme l'accroissement d'une nuit plus lourde et plus close : fermée, plombée, aveugle sous mes paumes, elle était cette nuit où je n'entrais pas, un ensevelissement vivace, une ténèbre ardente et plus lointaine, et toute étoilée de sa chevelure, une grande rose noire dénouée et offerte, et pourtant durement serrée sur son cœur lourd. On eût dit que ces nuits à la douceur trop moite couvaient interminablement un orage qui ne voulait pas mûrir — je me levais, je marchais nu dans les enfilades de pièces aussi abandonnées qu'au cœur d'une forêt, presque gémissantes de solitude, comme si quelque chose d'alourdi et de faiblement voletant m'eût fait signe à la fois et fui de porte en porte à travers l'air stagnant de ces hautes galeries moisies — le sommeil se refermait mal sur mon oreille tendue, comme quand nous a éveillé dans la nuit la rumeur et la lueur lointaine d'un incendie. Quelquefois, en revenant, je voyais de loin une ombre remuer sur le sol, et, à la lueur de la lampe, les mains de Vanessa qui soulevait ses cheveux emmêlés sitôt qu'elle s'éveillait faisaient voleter sur les murs de gros papillons de nuit.

Le rivage des Syrtes, chap. VIII. José Corti, 1951.

1. Retirés, cachés.
2. Tiraient avec force.
3. Couleur de plomb.
4. Un plaisir.
5. Vidé de mes forces.
6. Accablée.
7. Matière que produit la peau du mouton et qui se mêle à la laine.

Questions et recherches

L'EXIGENCE DE GRANDEUR (P. 274)

1. (l. 1-23) Le roi s'exprime en père : quels sentiments a-t-il successivement éprouvés pour son fils ? Pourquoi ?
2. Comment a-t-on l'impression d'un jugement définitif ?
3. (l. 24-39) Quelle déception ressent particulièrement Ferrante ?
4. Comment Pedro essaie-t-il de se justifier ?
5. (l. 40-58) Ferrante précise son reproche : de quoi s'agit-il ?
6. (l. 59 à la fin) Après les généralités précédentes à quel fait précis arrive-t-on ?

LE PETIT PRINCE (P. 277)

1. Que cherche le petit prince ?
2. Que symbolisent les poules pour le renard ?
3. Quel sens particulier prend le mot « apprivoiser » par rapport au sens habituel ? Comment est-il mis en valeur ?
4. Quel est le premier effet des liens créés par l'apprivoisement ?
5. Commentez la réflexion du renard : « rien n'est parfait ».
6. Qu'est-ce qui montre son besoin d'amitié ?
7. Quel est l'effet commun de l'apprivoisement et des rites ?
8. Pourquoi le renard gagne-t-il à cause de la couleur du blé ?

TUER UN HOMME N'EST PAS FACILE (P. 281)

1. (l. 1-16) Quelles sont les conditions nécessaires — si l'on peut dire ! — qui paralysent Tchen ?
2. (l. 16-18) Comment est traduite la soudaineté du geste ?
3. (l. 18-42) Quelles sont les impressions et les gestes de Tchen ?
4. (l. 43-46) Qu'éprouve-t-il enfin ?
5. (l. 47-50) Quel effet produit la comparaison de la tache ? Et l'ombre qui apparaît ?

ENGAGEMENT POLITIQUE ET HUMANISME (P. 282)

1. (l. 1-16) Quelle responsabilité a prises Manuel ? Pour quelle raison ?
2. Quelle aurait pu être sa réaction ?

3. Quelle constatation fait-il ?
4. (l. 17-28) Quelle est l'opinion du prêtre ?
5. Quelle est l'objection de Manuel ?
6. (l. 29 à la fin) Fort de son expérience, qu'essaie de faire Ximénès ?
7. A quelle révélation arrive-t-il ?

CONDAMNATION DE LA GUERRE (P. 287)

(l. 1-14)
1. De quoi Bardamu est-il fou ?
2. Que signifie « si je meurs de ma mort à moi » ? A quoi s'oppose cette expression ?
3. Que souhaite-t-il dans ce cas ?
(l. 15 à la fin)
4. Bardamu rejette-t-il les accusations de Lola ?
5. Comment les transforme-t-il ?
6. Comment démontre-t-il l'inutilité de la guerre ?

L'INTERMINABLE ERRANCE DU VOYAGEUR (P. 288)

1. Pourquoi Bardamu s'en va-t-il ?
2. Quel est le comportement de Molly à son égard ?
3. Qu'éprouve Bardamu au moment de partir ?
4. Pourquoi plus tard a-t-il essayé d'écrire à Molly ?

LA COMÉDIE SATIRIQUE (P. 290)

1. Que dénote chez le professeur ce souci de faire une révision générale ?
2. Relevez les procédés comiques.

NOUVELLE POÉSIE VISIONNAIRE (P. 294)

1. Quel titre pourrait-on donner à ce poème ?
2. Quelle est la vision qu'évoque la première strophe ?
3. Quelles expressions montrent la profondeur d'où les morts reviennent ? Leur lenteur à revivre ?
4. Quelle est la vision de la deuxième strophe ?
5. Quelle impression donne la troisième strophe ?

LA DOUBLE ASPIRATION (P. 295)

1. Qu'est-ce qui symbolise le monde intérieur toujours changeant ?
2. Quelle aspiration poursuit le poète ?
3. Comment se termine ce conflit ?

LA POÉSIE EXPLIQUE SON OBJET (P. 297)

1. Qu'annonce l'auteur dès le début du poème ?
2. Qu'est-ce qui donne un caractère religieux à cette première strophe ?
3. Comment l'auteur souligne-t-il le caractère exceptionnel de cette célébration ?
4. Le chant de la Mer : quels mots s'y rapportent ?
5. Même question pour le songe en Mer.
6. Analysez la construction symétrique de ces évocations.

LA POÉSIE, LANGAGE DE LA PEINTURE (P. 298)

1. Quelle est l'impression éprouvée par l'auteur (premier paragraphe) ?
2. Comment développe-t-il ensuite cette idée et conclut-il ?

L'ASCÈSE DE LA LIBERTÉ (P. 301)

1. Quelle précision préliminaire donne l'auteur ?
2. Comment définit-il alors l'expérience intérieure ? Que devient-elle ?
3. Pourquoi l'expérience intérieure est-elle justifiée ?

L'INITIATION (P. 302)

1. Quelles impressions éprouve l'adolescent entrant dans le salon ?
2. Pourquoi est-il déconcerté ?
3. Quelle impression lui fait sa mère ?

LA VOLONTÉ DE PURETÉ (P. 305)

1. Que souhaite Créon ?
2. Quelle est la réaction d'Antigone ?
3. Quels sont les sentiments contradictoires de Créon ?
4. Comment, et avec quelle sorte de détails révèle-t-il la comédie du pouvoir ?

L'OBSESSION DE L'EXISTENCE (P. 311)

1. Que se produit-il tout d'un coup ?
2. Quelle impression est d'abord ressentie ? (l. 6-12)
3. Que découvre ensuite le personnage ?
4. La main : comment est rendue sa métamorphose ?
5. Que traduit la répétition de « existe » ?

LA FAUSSE LIBERTÉ (P. 314)

1. Qu'est-ce qui fait l'étonnement du pédagogue ?
2. Comment Oreste juge-t-il sa liberté ?
3. Quels autres types d'hommes existent ?
4. De quoi Oreste a-t-il pris conscience très tôt ?
5. Quel sentiment s'exprime dans les deux dernières lignes ?

IL N'Y A PAS D'ACTION (P. 315)

Résumez les arguments de l'opportunisme habile et ceux de la rigidité doctrinaire.

MÉMOIRES (P. 319)

1. Pour Simone de Beauvoir qu'est-ce qui rend Sartre différent des autres gens ?
2. Que lui conseille-t-il ?
3. Quelle comparaison fait-elle ?
4. Comment Sartre envisage-t-il son avenir ?

L'ŒUVRE DU TEMPS (P. 320)

Texte paru en 1969, l'auteur a 61 ans.
1. Qu'est-ce qui caractérise la vieillesse ?
2. Pourquoi Simone de Beauvoir est-elle étonnée ?
3. Que constate-t-elle devant son miroir ?
4. Quel est l'effet sur son cœur ?
5. Quelle est la conclusion ?

LA PUISSANCE (P. 324)

1. 1er paragraphe — Quels sont les effets du soleil sur le personnage ?
2. De quoi a-t-il envie ?
3. Que fait-il naturellement en découvrant l'arabe ? Pourquoi ?
4. Comment peut s'expliquer le meurtre ?

L'ABSURDE (P. 328)

1. Qu'est-ce qui justifie la surprise du Docteur Rieux ?
2. Pourquoi est-il partagé entre l'inquiétude et la confiance ?
3. Que pensaient les hommes ?
4. Quelle était leur illusion ?

FANTAISIE DANS LA MORT MÊME (P. 330)

Quel service la souris demande-t-elle au chat ? Pourquoi ?

LE NOUVEAU ROMAN

Née dans les années 50, l'expression « nouveau roman » désigne tout d'abord une série d'écrits théoriques qui se proposent de renouveler une certaine idée de la littérature. Le terme « nouveau » n'implique pas que les romans antérieurs soient rejetés dans le domaine de la littérature ancienne, ni rabaissés au rang de vieilleries. De plus, les auteurs les plus représentatifs du Nouveau Roman n'ont à aucun moment exprimé qu'ils avaient l'impression d'appartenir à une école ou un mouvement littéraire. Il convient donc de bien circonscrire le terme lui-même et l'expérience littéraire qu'il décrit.

LE CADRE THÉORIQUE COMMUN

L'impression de « nouvelle famille » de romanciers a été renforcée par le fait que les auteurs de « romans nouveaux », Nathalie Sarraute, Alain Robbe-Grillet, Michel Butor et Claude Simon ont tous les quatre été édités par les Éditions de Minuit ; leur public était, au début du moins, un public de critiques littéraires et de spécialistes. Par-delà leurs différences spécifiques, ces écrivains se retrouvent dans une prise de conscience commune qui est avant tout une réaction contre les tendances du roman existentialiste (comme *La nausée* de Sartre) et contre une littérature du

Pendant la période où se développent de nouvelles tendances romanesques se manifeste aussi une nouvelle façon d'envisager le cinéma. Cette tendance cinématographique, parallèle au Nouveau Roman s'appelle la Nouvelle Vague, et les principaux représentants en sont : Claude Chabrol, Jean-Luc Godard, Alain Resnais et François Truffaut. Ci-contre : Anna Karina et Jean-Paul Belmondo dans Pierrot le fou *de J.-L. Godard (1965).*

message, c'est-à-dire une littérature dont l'auteur donnerait somme toute une leçon à un lecteur. Ils profitent d'impulsions nouvelles venues de l'étranger, celles de Joyce, Faulkner, Kafka, Borges. Le cinéma intervient pour beaucoup lui aussi dans cette hostilité croissante aux structures traditionnelles. Les nouveaux romanciers rejettent un certain nombre de postulats concernant le contenu et la forme du roman.

Dans le roman traditionnel	Dans le Nouveau Roman
— La vie d'un ou de plusieurs personnages est au centre de toute l'intrigue ; le lecteur est invité à s'identifier avec lui ou à s'en démarquer	— Il n'y a plus de personnage ou du moins n'est-il plus central. Il n'y a pas d'identification possible : le lecteur est confronté à un malaise, à un vide. En revanche, est affirmé le primat de l'objet. La seule existence objective est celle des objets.
— La notion même d'histoire est fondamentale : l'écrivain raconte quelque chose à son lecteur.	— Le Nouveau Roman refuse la notion d'intrigue : l'action est nulle ou à peu près insignifiante. Elle risque au contraire de distraire le lecteur, de dissiper son attention.
— L'auteur est souverain : il sait au départ ce qui arrivera, il connaît la psychologie de ses héros et nous la dévoile progressivement.	— L'auteur est un collaborateur du lecteur, il lui propose une situation écrite et exige du lecteur, un effort de participation. La plupart du temps, il autorise plusieurs types de comportements possibles chez ses héros, présentés successivement (d'où le procédé de la répétition de scènes, fréquentes chez Robbe-Grillet par exemple).
— L'auteur est un maître à penser : il véhicule une idéologie, une morale ou une philosophie.	— L'auteur n'a aucune idée préconçue ou du moins ne cherche-t-il pas à s'imposer au lecteur : au contraire, il éduque le lecteur pour en faire un critique littéraire.
— Le roman est théorie : il cherche à défendre une thèse naturaliste, symboliste, religieuse...	— Le roman est recherche : ce n'est plus un genre nettement délimité, il ne renvoie à rien d'autre qu'à lui-même.
— Le temps est chronologique et linéaire. L'écrivain a pour tâche de l'organiser, de l'ordonner, de combler la sensation de « creux » dans le temps que donne le rêve à la conscience humaine.	— Le temps n'est pas cohérent, sans failles : le nouveau romancier ne triche pas, il juxtapose les instants de rêve et de réalité, tels qu'ils se présentent à l'état brut.

Il va de soi que l'opposition entre tenants du roman traditionnel et adeptes du Nouveau Roman n'a pas été aussi brutale et qu'il convient de nuancer chacune de ces positions. Ainsi l'attitude de l'auteur souverain, qui sait tout et joue avec ses personnages — et avec le lecteur — a-t-elle été de plus en plus modeste : entre Balzac qui manipule ses héros comme des marionnettes et Camus qui leur donne une relative autonomie, la distance est grande. Néanmoins ces deux auteurs pris comme exemple ont en commun un mode d'écriture qui ne laisse pas de place au doute chez l'auteur : tout est programmé d'avance.

Il ne faut pas chercher non plus chez tous les nouveaux romanciers l'illustration de chacune des « thèses » du Nouveau Roman : chaque auteur a insisté davantage sur l'un ou l'autre de ces aspects, jugé pour lui essentiel : Claude Simon sur la nature du temps humain ; Robbe-Grillet sur le primat de l'objet.

Toutefois, entre la théorie et la mise en pratique des ambitions littéraires, il y a un certain nombre de différences, tenant à la personnalité de chacun.

(On laissera ici de côté certains écrivains qui ont joué un rôle de précurseurs et qui sont traités dans cet ouvrage pour leur œuvre essentiellement théâtrale, à savoir Marguerite Duras et Samuel Beckett, voir pages 349 et 376.)

NATHALIE SARRAUTE
(NÉE EN 1902)

Née en 1902 à Ivanovo en Russie, Nathalie Sarraute vit dès 1910 à Paris, où elle fait des études de droit. Devenue avocate au tribunal de Paris, elle exerce cette fonction tout en commençant à écrire. Son premier roman, *Tropismes,* paraît en 1938 mais n'attire pas l'attention. Elle abandonne néanmoins sa carrière juridique en 1941 pour se consacrer uniquement à la création romanesque.

Elle publie deux romans : *Portrait d'un inconnu* (1948) puis *Martereau* (1953) avant d'exprimer en 1956 dans un essai théorique intitulé *L'ère du soupçon,* ses idées sur le roman, sa méfiance (le « soupçon ») face à certains concepts trop traditionnels comme celui de personnage.

Depuis lors, sa production, si elle n'est pas très abondante, est continue : *Le planétarium* (1952), *Les fruits d'or,* qui lui valut en 1963 le grand prix international de littérature, *Entre la vie et la mort* (1968), *Vous les entendez ?* (1972) et, *Disent les imbéciles* en 1976.

N. Sarraute et l'idée de personnage

Le point de départ du nouveau roman selon Nathalie Sarraute est l'idée de personnage. Elle analyse dans ses premiers écrits et en particulier dans *L'ère du soupçon* la manière dont les auteurs classiques comme Tolstoï ont traité leurs personnages : ce sont des prototypes, des modèles, représentatifs d'un caractère précis, achevé. Or c'est justement cette notion d'achèvement que conteste N. Sarraute : pour elle, un héros inscrit dans le cadre d'une définition est figé, c'est une forme creuse.

Elle s'attache à la réalité profonde des êtres, telle qu'elle transparaît en particulier dans la conversation ou plutôt ce qu'elle appelle la « sous-conversation ». Il s'agit de mouvements imperceptibles de la conscience qu'elle laisse percer à travers les conventions du langage. Chacun se trahit en parlant, par exemple en répétant plusieurs fois la même expression ou la même idée, et c'est cette vie discrète de la conscience qui semble infiniment plus précieuse à Nathalie Sarraute que l'idée de caractère. Ces mouvements de la conscience, elle les baptise « tropismes », comme le suggère le titre de son premier roman : l'individu ne s'exprime que face aux autres et le terme scientifique utilisé désigne ce phénomène d'éloignement ou de rapprochement de deux organismes.

Cette attention vigilante amène N. Sarraute à démonter non seulement les conventions du langage mais aussi celles de la société.

Technique

La technique utilisée par N. Sarraute varie au fil de son œuvre. La phrase narrative simple qui raconte ou décrit ne se retrouve que dans quelques œuvres du début, comme *Portrait d'un inconnu,* dans lequel Nathalie Sarraute fait justement une description de personnage.

Mais pour faire sentir au lecteur ce qui se cache derrière le langage que tient un personnage, elle introduit des coupures révélatrices, des points d'exclamation, de suspension : ceux-ci indiquent souvent que le personnage allait se dévoiler mais qu'au dernier moment il se ressaisit et se masque à nouveau. Dans ses ouvrages plus récents comme *Les fruits d'or,* N. Sarraute n'hésite pas à faire la synthèse entre ces différents procédés, synthèse d'autant plus cohérente que le sujet de ses romans ne tourne plus autour d'un personnage (même s'il s'agit de démonter les mécanismes de défense de sa conscience contre le jugement d'autrui) mais autour du roman lui-même, de la littérature : dans *Les fruits d'or,* c'est un certain mode de perception de la littérature qu'elle analyse.

Considérée comme la pionnière du Nouveau Roman, Nathalie Sarraute illustre bien certains des thèmes de cette nouvelle manière d'écrire : la notion apparemment inébranlable de personnage de roman subit une analyse sévère, N. Sarraute n'insiste jamais sur l'action et le lecteur n'a jamais l'impression qu'on cherche à lui imposer une certaine vision du monde. Au contraire, l'œuvre de Nathalie Sarraute est une tentative perpétuelle d'approcher une réalité subtile, au-delà des apparences mondaines : en ce sens elle est, paradoxalement, plus « réaliste » que Balzac ou Flaubert.

ALAIN ROBBE-GRILLET
(NÉ EN 1922)

Né à Brest en 1922, Alain Robbe-Grillet exerce la profession d'ingénieur-agronome qui l'amène à beaucoup voyager et lui donne le goût de l'observation précise et méticuleuse des choses et des hommes. Il se tourne entièrement vers la littérature lorsqu'il a 30 ans et il publie son premier roman, *Les gommes,* en 1953. Cette histoire policière est suivie d'un roman plus nettement engagé sur la voie du Nouveau Roman, *Les voyeurs* en 1955. L'année suivante, dans l'essai *Voie pour le roman futur,* Robbe-Grillet définit sa conception d'un roman détaché du mensonge qu'est, selon lui, l'analyse psychologique.

Il publie encore trois romans, *La jalousie* (1957), *Dans le labyrinthe* (1959) et *La maison de rendez-vous* (1965), entre la rédaction desquels il fait des premières tentatives cinématographiques. En effet, il collabore en 1961 à la création du film *L'année dernière à Marienbad* d'Alain Resnais pour tourner deux ans plus tard *L'immortelle*. Mais, depuis 1965, Robbe-Grillet semble s'être détourné du roman et lui préférer le cinéma : *Trans-Europ-Express* en 1966, *L'homme qui meurt* en 1968, *L'Eden et après* (1970), *Glissements progressifs du plaisir* (1973) et enfin *La belle captive* en 1980. Cet abandon du roman est-il un constat d'échec du nouveau roman ? Il est en effet assez troublant de constater que celui qui est considéré comme le théoricien et le maître à penser du Nouveau Roman a fini par délaisser un genre qu'il s'était pourtant proposé de renouveler.

L'année dernière à Marienbad *(1961) film franco-italien d'Alain Resnais, sur un texte d'Alain Robbe-Grillet, avec Delphine Seyrig et Giorgio Albertazzi.*

Primat de l'objet

Alors que Nathalie Sarraute part du concept de personnage et de caractère, Robbe-Grillet, lui, dénonce violemment en 1956 une littérature fondée sur la psychologie, une littérature qui soutient une vision humaniste du monde. Pour Robbe-Grillet, le monde n'est ni pourvu d'un sens religieux ou moral, ni politique, ni philosophique, ni même absurde (ce qui était la thèse d'un des précurseurs du Nouveau Roman, Samuel Beckett) : le monde *est* tout simplement. C'est dans cette affirmation de l'être que réside la spécificité de Robbe-Grillet, qui se vérifie jusque dans son style (emploi fréquent du verbe être) : face à la littérature de la psychologie, il privilégie très nettement, et non sans une volonté déclarée de provocation, les objets ; sa littérature sera donc délibérément descriptive. Ce radicalisme a fait l'objet de vigoureuses critiques qui ont méconnu les intentions véritables de l'auteur : il ne s'agissait pas pour lui de décrire les objets pour en faire de nouvelles idoles, mais d'insister sur leur présence immuable, face aux états changeant de la conscience humaine. Ils représentent la stabilité, les objets ont donc une fonction temporelle chez Robbe-Grillet.

Le temps et la conscience humaine

Le temps est chez Robbe-Grillet un ensemble de situations qui se répètent avec des variantes. Les personnages vivent des événements ou voient des objets plusieurs fois dans le même roman (par exemple un mille-pattes dans *La jalousie*, les lieux d'un crime dans *Le voyeur*) mais chaque fois la vision varie un peu, avec la conscience du personnage ou le degré de rêverie dans lequel il est plongé. Le temps apparaît cyclique chez Robbe-Grillet, ce qui explique la fréquence des structures répétitives.

Les techniques et leur signification

Le temps étant toujours égal à lui-même, il ne faut pas s'étonner que le présent de l'indicatif soit privilégié par Robbe-Grillet. La personne utilisée est la 3e du singulier : cet « il » renvoie dans les premiers romans à un narrateur qui, s'il ne domine pas son héros comme dans la littérature traditionnelle, reste néanmoins un héritier du passé ; dans les derniers romans, le « il » est celui utilisé, semble-t-il, par le héros lui-même en parlant de soi. Par ce procédé, le lecteur est contraint de suivre étroitement le cheminement de la pensée du personnage et de s'associer au processus de création. L'activité imaginaire devient ainsi un lien, un trait commun entre lecteur et auteur, dont les statuts se trouvent redéfinis.

MICHEL BUTOR (NÉ EN 1926)

Michel Butor est né en 1926 à Mons-en-Barœul dans le nord de la France. Professeur de philosophie, il exerce beaucoup à l'étranger. Il doit au succès de *La modification* en 1957 de pouvoir abandonner sa carrière d'enseignant. Ses 2 précédents romans, *Le passage de Milan* (1954) et *L'emploi du temps* (1956) avaient eu moins de succès tout en révélant un écrivain désireux de renouveler lui aussi le roman.

Avec *Degrés*, Michel Butor franchit en 1960 une nouvelle étape dans sa conception du roman total, qui doit être capable de rendre le temps dans sa discontinuité : sur la base de l'emploi du temps des élèves d'un lycée parisien, l'auteur se livre à une réflexion sur la sensation du temps chez l'homme. La suite de l'œuvre de Butor prend une tournure délibérément poétique, comme le montrent *Mobile* et *Réseau aérien* en 1962, puis *6 810 000 litres d'eau par seconde* (1965) et *Portrait de l'artiste en jeune singe* (1967).

Michel Butor photographié par Robert Doisneau.

La structure romanesque

L'œuvre de Butor, dans toute sa diversité, apparaît comme étant déterminée par une intention unique : rendre la globalité du réel, en jouant sur les structures du temps et de l'espace. Dans *Le passage de Milan,* la structure est géographique et nettement délimitée : ce sont les différents étages d'un immeuble parisien, et c'est à l'intérieur de cette structure que Butor met en évidence les comportements individuels des habitants. Dans *La modification,* la structure est spatio-temporelle : tout est inscrit dans un trajet nettement circonscrit entre Paris et Rome que le héros parcourt, mais aussi dans le temps que met le train à le parcourir : la conscience du héros, sa rêverie, sa promenade dans son passé se placent dans ce cadre mais Butor laisse très clairement entendre qu'elle le dépasse. *Degrés* a pour cadre temporel l'emploi du temps d'une classe, qui sert le prétexte de réflexions sur le temps en général et la manière dont il est ressenti. La structure romanesque chez Butor évolue dans le sens de l'élargissement le plus grand possible : dans *6 810 000 litres d'eau par seconde*, l'écrit semble se diluer et revêtir des formes très proches de la poésie. En effet, on trouve juxtaposés des dialogues, des descriptions, des citations de textes classiques (un extrait de Chateaubriand par exemple) : c'est que pour Butor la poésie est l'aboutissement ultime du roman « stéréoscopique », c'est-à-dire rendant compte de la pluralité du monde. Il n'est donc pas surprenant que les dernières œuvres de Butor tiennent plus de ce genre que du roman.

Procédés

Ils varient en fonction de l'évolution générale de l'œuvre. Butor utilise tantôt la phrase brève tantôt la phrase longue, complexe, avec de nombreuses virgules pour marquer la fragmentation du temps en épisodes. Dans *La modification,* Butor ne fait pas directement parler son héros et utilise le « vous », qui invite le lecteur à se mettre à la place du personnage central, mais en même temps introduit une distance du héros vis-à-vis de lui-même, car c'est en définitive lui-même qui se vouvoie.

Beaucoup plus tard, dans ses dernières œuvres, plus nettement poétiques, Butor utilise des phrases toutes faites qu'il tire de documents contemporains ou de textes de littérature classique et qu'il juxtapose, qu'il « colle » les unes aux autres. Il contraint par ce procédé le lecteur à adopter un mode personnel de lecture.

CLAUDE SIMON (NÉ EN 1913)

Claude Simon est né en 1913 à Tananarive (Madagascar) où son père était officier des troupes coloniales. Il a été élevé à Perpignan par sa mère, qu'il a perdue à l'âge de onze ans. En 1936, il part pour l'Espagne, attiré par ses sympathies pour les Républicains espagnols. Après la courte guerre de 1940 où il sert dans les rangs de la cavalerie, sa vie se confond avec son œuvre. En 1946 paraît *Le Tricheur* (écrit en 1941). Puis viennent *La Corde raide* (1947), *Gulliver* (1952) et *Le Sacre du printemps* (1954), trois romans d'inspiration encore conventionnelle.

A partir de 1957, l'écrivain s'oriente nettement vers un style d'écriture le rapprochant des nouveaux romanciers avec *Le Vent* (1957), *Tentative de restitution d'un retable baroque* (1957), bien qu'il soit le seul écrivain du « mouvement » à n'avoir jamais théorisé sur l'écriture. Il a toujours placé au premier rang l'œuvre elle-même. Après *L'Herbe* (1958), vient *La route des Flandres* (1960), où il reconstitue son expérience personnelle de la débâcle de 1940, *Le Palace* (1962), où il part en quête de son aventure en Espagne. En 1967 paraît *Histoire*, en 1969 *La Bataille de Pharsale*, en 1971 *Les Corps conducteurs*, en 1973 *Triptyque*, en 1976 *Leçon de choses*, en 1981 *Les Géorgiques*, et en 1983 *La Chevelure de Bérénice*. Son œuvre, abondamment traduite, fut couronnée par le Prix Nobel de littérature en 1985.

Le temps

De tous les auteurs du Nouveau Roman, Claude Simon est sans conteste celui qui est le plus fasciné par le problème du temps dans le roman. Il estime que les romanciers conventionnels trichent dans la mesure où ils donnent au lecteur l'illusion que le temps est un phénomène continu.

Alors que selon Simon, il y a des « trous » dans le temps, des moments où rien ne se passe qui fasse avancer l'action : or il est malhonnête de faire croire le contraire en gommant ces phases de vide, en accommodant les éléments de façon à en faire une histoire parfaitement cohérente.

Comme la réalité n'est pas ordonnée selon une suite logique, Claude Simon adopte toujours davantage, au fil de son œuvre, un type de phrase qui l'identifie à la première lecture. C'est une phrase démesurément longue, presque dépourvue de ponctuation, sautant d'un paragraphe à l'autre et couvrant souvent des pages entières. Au lecteur d'y retrouver des états vécus de sa conscience, qui elle non plus ne s'embarrasse pas de points ou de virgules. Pour échapper aux liens logiques qu'implique l'emploi de temps grammaticaux comme le présent, le passé simple, l'imparfait, Claude Simon affectionne tout particulièrement le participe présent, comme dans l'exemple qui suit, représentatif de toute l'œuvre récente de Simon : « pouvant entendre dans le silence le pas claudiquant de la vieille bonne traversant la maison vide frappant ouvrant la porte du salon avançant sa tête de Méduse lançant d'une voix brusque furieuse et comme outragée elle aussi les noms aux consonances rêches médiévales — Amalrik, Willum, Gouarbia — assortis de titres de générales ou de marquises, puis s'effaçant laissant pénétrer... » *Histoire* (1967).

Cette absence de rupture dans la phrase permet à Claude Simon de rapprocher des éléments sans lien logique apparent sinon celui que veut bien établir le narrateur. La conscience humaine rapproche en effet souvent, par l'association d'images ou de sons, des situations que la chronologie ne permet pas de rendre.

La grande différence entre le temps chez Simon et Butor est que chez Simon le temps n'est jamais abstrait. Dans *La route des Flandres,* la réflexion qui constitue le fond du roman se situe très précisément en mai 1940, après l'invasion de la France par l'armée hitlérienne. Dans *Histoire* Simon recompose la vie d'un homme de cinquante ans, le narrateur, qui revient dans sa maison familiale. Au cours d'une seule journée pendant laquelle on le suit dans ses occupations banales, il évoque son enfance, ses parents, son milieu, et le drame qu'un de ses oncles a vécu. Le texte de vieilles cartes postales effectivement retrouvées par Claude Simon émaille le récit, l'élargissant jusqu'aux confins du monde. Dans *les Géorgiques,* le thème de l'histoire est repris et approfondi, faisant du roman une épopée, un poème, une méditation sur ce qui relie l'histoire — les guerres et les révolutions qui la font — à la terre. Cette façon de mener le narrateur à travers les siècles et les frontières a fait dire parfois que Claude Simon était un écrivain baroque.

Quelle est la situation du Nouveau Roman à l'heure actuelle ? Il semble bien qu'il faille situer les heures de gloire de ce nouveau style dans le passé : quand on songe à l'abandon total du genre par Robbe-Grillet, la conversion de Butor vers la poésie, on est en droit de s'interroger sur la vitalité de ce courant. Il a néanmoins suscité quelques vocations et parmi les jeunes auteurs que l'on peut rapprocher du Nouveau Roman, il faut citer Claude Mauriac et Jean-Marie Le Clezio.

Certes, le roman néo-classique ne peut négliger l'apport du Nouveau Roman, mais ce dernier apparaît en définitive comme une recherche très intellectuelle, peu accessible à un large public.

Claude Simon.

BIBLIOGRAPHIE

J.H. Matthews, *Un nouveau roman ?* Situations, La revue des Lettres modernes 1964.
J. Ricardou, *Problèmes du nouveau roman,* Le Seuil, 1967.
J. Blot, *Le roman et son langage,* NRF, 1969.
M. Nadeau, *Le roman français depuis la guerre,* Collection Idées, Gallimard, 1970.
M. Cranaki et Y. Belaval, *Sarraute,* Bibliothèque idéale, Gallimard, 1965.
B. Morissette, *Alain Robbe-Grillet,* 1965, Traduction française, Éd. de Minuit, 1971.
G. Raillard, *Butor,* Bibliothèque idéale, Gallimard, 1968.
S. Sykes, *Les romans de Claude Simon,* Éd. de Minuit, 1979.

NATHALIE SARRAUTE

LES FRUITS D'OR

Un dialogue de Nouveau Roman

Ce passage est caractéristique de l'atmosphère générale du Nouveau Roman. Un personnage parlant à la première personne lutte dans le roman contre l'enthousiasme irréfléchi du public pour une œuvre d'art intitulée Les fruits d'or. *Le succès de cette œuvre dans le roman s'explique par l'action des critiques d'art qui, par leur discours, influencent les gens. Le «je» du narrateur essaie au contraire de démonter le langage, de découvrir ce qui se cache derrière les mots, comme dans cette scène où le « je » tente de dissiper un malentendu.*

Le doigt se tend vers le bouton de la sonnette. Appuie. Sonnerie. C'est déclenché. Les pas se rapprochent... Mais je ne veux pas, arrêtez... la porte s'ouvre... se raidir de toutes ses forces, se cramponner... « Ce n'est rien, ne vous effrayez pas, j'ai vu de la lumière, j'ai cru que je pouvais... j'ai oublié mon écharpe... mes gants... j'ai dû laisser... » Non, trop tard, impossible de reculer. Mais qu'on ne me pousse donc pas comme ça, qu'on me laisse juste encore un instant pour me ressaisir, me décider, voilà, je desserre mes doigts, je me penche au-dessus du vide, je m'arrache, mes pieds décollent, je bascule... « Voilà... ce n'est pas ça... Je suis revenue pour vous
10 demander... Vous allez rire... C'est de la folie... Mais je veux savoir. Cela me fait souffrir, vous comprenez. Je veux que vous me disiez.. Tout à l'heure, quand vous avez répondu : Les Fruits d'Or, oui, c'est bien... d'un ton qui m'a semblé... Je vous en supplie, dites-moi, vous ne pouvez pas refuser. Vous seul pouvez me donner... Il me le faut à tout prix... Je suis revenue... »

Dans la salle commune des femmes échevelées aux longues mèches rêches[1] se frappent la poitrine, grimacent, rient, soulèvent leurs jupes, montrent leurs cuisses grises, agitent leur arrière-train, des femmes, le bras tendu, au milieu du tintamarre[2], restent immobiles, figées comme au jeu des statues,
20 catatonie[3], épilepsie, hystérie, camisole de force[4], douches, coups, féroces gardiens... Mais cela ne fait rien, cela ne compte pas, je n'ai pas peur, je veux que vous me disiez... Vous étiez froissé, n'est-ce pas ? Dites-le. Répondez-moi. Vous vous êtes écarté de nous ? Vous avez cru... Qu'est-ce que vous avez cru ? Sûrement vous avez cru comme moi... Répondez, il le faut. Vous ne dites rien. Ah qui ne dit mot consent... voyez, je le sais déjà... Vous avez pensé qu'on vous trouvait... Tout brûle autour de moi, tout mon corps, mon visage sont brûlants. Mais je dois saisir, retirer du brasier, je dois sauver... c'est là... laissez-moi approcher... c'est à portée de ma main, laissez-moi... voilà, je vais le toucher, l'arracher... permettez-
30 moi... Vous étiez vexé, tout à l'heure, à cause du Courbet[5], vous avez voulu vous écarter, rompre les ponts... Quand j'ai essayé de me rapprocher, quand j'ai tendu les bras vers vous, quand je vous ai demandé pour les Fruits d'Or... vous avez voulu nous repousser, marquer que c'était trop tard, que la rupture était consommée... Ne dites pas un mot, si vous ne le voulez pas... Juste un petit signe, je n'en demande pas plus, un simple clignement, un cillement... Et ce sera la sécurité. La paix. Je serai sauvée.

Nathalie Sarraute, *Les fruits d'or*, Gallimard.

1. Rudes au toucher, mal soignées.
2. Tumulte, tapage, grand bruit.
3. État de passivité, d'inertie.
4. Veste spéciale utilisée pour bloquer dans leurs mouvements les malades mentaux.
5. Une discussion avait porté sur un tableau du peintre français Courbet.

ALAIN ROBBE-GRILLET

LA JALOUSIE

Une réalité cinématographique

Robbe-Grillet reproche au romancier traditionnel, dont Balzac a fixé le modèle, de se placer en narrateur omniscient au-dessus du champ d'observation. A ses yeux, « la continuité temporelle et spatiale » que suppose l'histoire est « contraire au mode de pensée actuel ». D'après le titre de l'ouvrage, on peut croire que c'est le début d'une intrigue sur le thème de la jalousie, d'autant plus que le narrateur anonyme soupçonne sa femme A. d'avoir une liaison avec Franck, lui-même marié avec Christiane. Or, nous entrons très peu dans les pensées du narrateur, nous suivons surtout son regard qui découpe l'espace en plans successifs. N'oublions pas que la jalousie c'est aussi un store où jouent l'ombre et la lumière qui découpent, contruisent et reconstruisent l'espace et donc le temps. Robbe-Grillet dit d'ailleurs lui-même : « Ce n'est pas plus la description du sentiment de jalousie que la description de la façon dont on construisait les maisons à la Martinique en 1910 » (Interview télévisée, 1969). Ainsi voit-on défiler, dans un ordre variable, une succession d'images en plus ou moins gros plan : images de la terrasse, de la maison, d'une femme aperçue par une fenêtre, d'un rituel de repas, d'un mille-pattes écrasé.

La porte de l'office [1] est fermée. Entre elle et l'ouverture béante du couloir, il y a le mille-pattes [2]. Il est gigantesque : un des plus gros qui puissent se rencontrer sous ces climats. Ses antennes allongées, ses pattes immenses étalées autour du corps, il couvre presque la surface d'une assiette ordinaire. L'ombre des divers appendices double sur la peinture mate leur nombre déjà considérable.

Le corps est recourbé vers le bas : sa partie antérieure s'infléchit en direction de la plinthe [3], tandis que les derniers anneaux conservent leur orientation primitive — celle d'un trajet rectiligne coupant en biais le panneau depuis
10 le seuil du couloir jusqu'au coin du plafond, au-dessus de la porte close de l'office.

La bête est immobile, comme en attente, droite encore, bien qu'ayant peut-être flairé le danger. Seules ses antennes se couchent l'une après l'autre et se relèvent, dans un mouvement de bascule alterné, lent mais continu.

Soudain l'avant du corps se met en marche, exécutant un rotation sur place qui incurve le trait oblique vers le bas du mur. Et aussitôt, sans avoir le temps d'aller plus loin, la bestiole choit [4] sur le carrelage, se tordant à demi et crispant par degrés ses longues pattes, cependant que les mâchoires s'ouvrent et se ferment à toute vitesse autour de la bouche, à vide, dans un
20 tremblement réflexe... Il est possible, en approchant l'oreille, de percevoir le grésillement léger qu'elles produisent.

Le bruit est celui du peigne dans la longue chevelure. Les dents d'écaille passent et repassent du haut en bas de l'épaisse masse noire aux reflets

1. Pièce attenante à la cuisine.
2. Nom courant d'insectes de la famille des myriapodes (qui ont beaucoup de pieds).
3. Dans les appartements : latte de bois qui protège les murs au niveau du plancher.
4. Tombe (du verbe « choir »).

roux, électrisant les pointes et s'électrisant elles-mêmes, faisant crépiter les cheveux souples, fraîchement lavés, durant toute la descente de la main fine — la main fine aux doigts effilés qui se referment progressivement.

Les deux longues antennes accélèrent leur balancement alterné. L'animal s'est arrêté au beau milieu du mur, juste à la hauteur du regard. Le grand développement des pattes, à la partie postérieure du corps, fait reconnaître 30 sans risque d'erreur la scutigère, ou « mille-pattes-araignée ». Dans le silence, par instant, se laisse entendre le grésillement caractéristique, émis probablement à l'aide des appendices bucaux.

Franck, sans dire un mot, se relève, prend sa serviette ; il la roule en bouchon, tout en s'approchant à pas feutrés, écrase la bête contre le mur. Puis, avec le pied écrase la bête sur le plancher de la chambre.

Ensuite il revient vers le lit et remet au passage la serviette de toilette sur sa tige métallique, près du lavabo.

La main aux phalanges effilées s'est crispée sur le drap blanc. Les cinq doigts écartés se sont refermés sur eux-mêmes, en appuyant avec tant de 40 force qu'ils ont entraîné la toile avec eux : celle-ci demeure plissée de cinq faisceaux de sillons convergents... Mais la moustiquaire retombe, tout autour du lit, interposant le voile opaque de ses mailles innombrables, où des pièces rectangulaires renforcent les endroits déchirés.

Dans la hâte d'arriver au but, Franck accélère encore l'allure. Les cahots deviennent plus violents. Il continue néanmoins d'accélérer. Il n'a pas vu, dans la nuit, le trou qui coupe la moitié de la piste. La voiture fait un saut, une embardée... Sur cette chaussée défectueuse le conducteur ne peut redresser à temps. La conduite-intérieure [5] bleue va s'écraser, sur le bas côté, contre un arbre au feuillage rigide qui tremble à peine sous le choc, 50 malgré sa violence.

Aussitôt des flammes jaillissent. Toute la brousse en est illuminée, dans le crépitement de l'incendie qui se propage. C'est le bruit que fait le mille-pattes, de nouveau immobile sur le mur, en plein milieu du panneau.

A le mieux écouter, ce bruit tient du souffle autant que du crépitement : la brosse maintenant descend à son tour le long de la chevelure défaite. A peine arrivée au bas de la course, très vite elle remonte la branche ascendante du cycle, décrivant dans l'air une courbe qui la ramène à son point de départ, sur les cheveux lisses de la tête, où elle commence à glisser derechef [6].

5. L'automobile.
6. Encore une fois.

Alain Robbe-Grillet, La jalousie, Éd. de Minuit, 1957.

LA MODIFICATION

Comment Butor s'adresse au lecteur

Écrit en 1957, ce prototype du Nouveau Roman est formé des rêveries du personnage principal. La grande originalité de Butor est d'avoir utilisé pour rendre ce monologue intérieur la 2ᵉ personne du pluriel : ce « vous » interpelle le lecteur, en même temps qu'il est la forme déclinée de l'impersonnel « on ». On remarquera aussi la préférence marquée chez Butor pour les longues phrases s'étalant sur tout un paragraphe. Ce texte se situe au tout début du roman : un homme monte dans le train Paris-Rome pour retrouver sa maîtresse, Cécile. Il veut lui annoncer qu'il se sépare de sa femme, Henriette, pour vivre avec elle.

Vous avez mis le pied gauche sur la rainure [1] de cuivre, et de votre épaule droite vous essayez en vain de pousser un peu plus le panneau coulissant.

Vous vous introduisez par l'étroite ouverture en vous frottant contre ses bords, puis, votre valise couverte de granuleux [2] cuir sombre couleur d'épaisse bouteille, votre valise assez petite d'homme habitué aux longs voyages, vous l'arrachez par sa poignée collante, avec vos doigts qui se sont échauffés, si peu lourde qu'elle soit, de l'avoir portée jusqu'ici, vous la soulevez et vous sentez vos muscles et vos tendons se dessiner non seulement dans vos phalanges, dans votre paume, votre poignet et votre bras, mais
10 dans votre épaule aussi, dans toute la moitié du dos et dans vos vertèbres depuis votre cou jusqu'aux reins.

Non, ce n'est pas seulement l'heure, à peine matinale, qui est responsable de cette faiblesse inhabituelle, c'est déjà l'âge qui cherche à vous convaincre de sa domination sur votre corps, et pourtant, vous venez seulement d'atteindre les quarante-cinq ans.

Vos yeux sont mal ouverts, comme voilés de fumée légère, vos paupières sensibles et mal lubréfiées [3], vos tempes crispées, à la peau tendue et comme raidie en plis minces, vos cheveux, qui se clairsèment [4] et grisonnent [4], insensiblement pour autrui mais non pour vous, pour Henriette et pour
20 Cécile, ni même pour les enfants désormais, sont un peu hérissés et tout votre corps à l'intérieur de vos habits qui le gênent, le serrent et lui pèsent, est comme baigné, dans son réveil imparfait d'une eau agitée et gazeuse pleine d'animalcules [5] en suspension.

Si vous êtes entré dans ce compartiment, c'est que le coin couloir face à la marche à votre gauche est libre, cette place même que vous auriez fait demander par Marnal comme à l'habitude s'il avait été encore temps de retenir, mais non, que vous auriez demandé vous-même par téléphone, car il ne fallait pas que quelqu'un sût chez Scabelli [6] que c'était vers Rome que vous vous échappiez pour ces quelques jours.

Michel Butor, La modification, éditions de Minuit.

1. Bordure, rail sur lequel est fixée une porte de train.
2. Rugueux.
3. En fait, *lubrifiées* : rendues glissantes.
4. Deviennent rares et gris.
5. Animaux microscopiques.
6. Le bureau où il travaille à Paris.

Mais à la fin du voyage, il opère une « modification » de son projet initial et rentre à Paris sans rien changer à sa vie.

CLAUDE SIMON

HISTOIRE

Les fantômes du souvenir

*Dans ce roman, Claude Simon évoque des souvenirs d'enfance du narrateur,
qui s'enchaînent par associations : de couleurs, de sons, associations éveillées
par de vieilles cartes postales. Le roman commence par cette page où un arbre
voisin semble communiquer sa vie profonde et réveiller ainsi les fantômes
endormis. Ce sont ceux de sa grand-mère et d'un oncle mort en 1940, sans
doute d'un suicide. On notera le passage d'une association à l'autre, l'absence
de ponctuation le favorisant ; la répétition des « comme si » en tête de paragraphe
renforce la présence obsédante de ces associations.*

L'une [1] d'elles touchait presque la maison et l'été quand je travaillais tard
dans la nuit assis devant la fenêtre ouverte je pouvais la voir ou du moins
ses derniers rameaux éclairés par la lampe avec leurs feuilles semblables à
des plumes palpitant faiblement sur le fond de ténèbres, les folioles [2] ovales
teintées d'un vert cru irréel par la lumière électrique remuant par moments
comme des aigrettes [3] comme animées soudain d'un mouvement propre (et
derrière on pouvait percevoir se communiquant de proche en proche une
mystérieuse et délicate rumeur invisible se propageant dans l'obscur fouillis [4]
des branches), comme si l'arbre tout entier se réveillait s'ébrouait [5] se
secouait, puis tout s'apaisait et elles reprenaient leur immobilité, les
premières que frappaient directement les rayons de l'ampoule se détachant
avec précision en avant des rameaux plus lointains de plus en plus faiblement
éclairés de moins en moins distincts entrevus puis seulement devinés puis
complètement invisibles quoiqu'on pût les sentir nombreux s'entrecroisant
se succédant se superposant dans les épaisseurs d'obscurité d'où parvenaient
de faibles froissements de faibles cris d'oiseaux endormis tressaillant [6]
s'agitant gémissant dans leur sommeil

comme si elles se tenaient toujours là, mystérieuses et geignardes [7], quelque
part dans la vaste maison délabrée [8], avec ses pièces maintenant à demi
vides où flottaient non plus les senteurs des eaux de toilette des vieilles
dames en visite mais cette violente odeur de moisi [9] de cave ou plutôt de
caveau comme si quelque cadavre de quelque bête morte quelque rat coincé
sous une lame de parquet ou derrière une plinthe [10] n'en finissait plus de
pourrir exhalant [11] ces âcres relents [12] de plâtre effrité de tristesse et de
chair momifiée

comme si ces invisibles frémissements ces invisibles soupirs cette invisible
palpitation qui peuplait l'obscurité n'étaient pas simplement les bruits
d'ailes, de gorges d'oiseaux, mais les plaintives et véhémentes protestations
que persistaient à émettre les débiles [13] fantômes bâillonnés par le temps la
mort mais invincibles invaincus continuant de chuchoter, se tenant là, les
yeux grands ouverts dans le noir, jacassant autour de grand-mère dans ce
seul registre qui leur était maintenant permis, c'est-à-dire au-dessous
du silence que quelques éclats quelques faibles rires quelques sursauts
d'indignation ou de frayeur crevaient parfois

Claude Simon, *Histoire*, éditions de Minuit.

1. Une branche de l'arbre.
2. Feuilles minuscules.
3. Groupes de petites plumes sur la tête de certains oiseaux.
4. Désordre, confusion.
5. Soufflait, s'agitait. (S'emploie en général pour les animaux.)
6. Tremblant.
7. Qui geignent, se plaignent, se lamentent.
8. En ruines.
9. De pourriture.
10. Petite planchette au bas d'une cloison.
11. Dégageant et répandant.
12. Mauvaises odeurs.
13. Faibles, fragiles.

MARGUERITE DURAS (née en 1914)

On a pu constater un parallélisme entre le Nouveau Roman et le Nouveau Théâtre qui rejettent tous deux les conventions du passé. Certains écrivains travaillent dans les deux directions à la fois : Marguerite Duras réalise la jonction entre les deux genres.

LA VIE

Née en Indochine au début de la Première Guerre mondiale, Marguerite Duras arrive à Paris en 1927 et y fait des études de droit et de mathématiques. Pendant la guerre, elle s'engage dans la Résistance et publie ses premiers livres. A la Libération, elle s'inscrit au Parti communiste dont elle sera exclue en 1955. Elle s'engage aussi contre la guerre d'Algérie. Parallèlement à son activité de militante, Marguerite Duras publie ses premières pièces. Depuis 1959, elle écrit aussi des scénarios pour le cinéma.

PRINCIPALES ŒUVRES

Romans

Les impudents (1943) ; *La vie tranquille* (1944) ; *Barrage contre le Pacifique* (1950) ; *Le marin de Gibraltar* (1952) ; *Les petits chevaux de Tarquinia* (1953) ; *Le square* (1955) ; *Moderato cantabile* (1958) ; *Dix heures et demie du soir en été* (1960) ; *Le vice-consul* (1966) ; *L'amante anglaise* (1967); *Détruire dit-elle* (1969); *L'Amant* (1984).

Théâtre

Les viaducs de Seine-et-Oise (1960) ; *La bête de la jungle* (1962) ; *Vera Baxter* (1983).

Cinéma

— *Hiroshima mon amour* (1959) ; *Une aussi longue absence* (1961) ; *India Song* (1975) ; *Le camion* (1977).

L'ORIGINALITÉ DE M. DURAS

La romancière ne se confond jamais avec ses personnages et elle se garde de les dominer

Marguerite Duras à sa table de travail.

comme les romanciers du XIXe siècle. Elle se tient près d'eux, comme « leur double familier » ; on n'a pas l'impression qu'elle les fasse agir, elle les écoute. Car ce qui compte dans son œuvre, ce ne sont pas les descriptions, ce n'est pas l'intrigue qui s'amenuise avec chaque œuvre nouvelle, ce sont les dialogues, tantôt abondants *(Le square)*, tantôt entrecoupés *(Moderato*

Emmanuelle Riva et E. Okada dans le film d'Alain Resnais, sur un texte de Marguerite Duras : Hiroshima mon amour (1959).

LES THÈMES

Dans ses romans, au théâtre ou au cinéma revient toujours le double thème de l'amour et de la mort.

L'amour

Ce sont des dialogues entre deux êtres qui se séparent ou se retrouvent, qui se déchirent ou s'inventent. Histoires qui tiennent en peu de temps, l'espace d'un banal entretien sur un banc ou de quelques conversations au fond d'un café. Amours violentes, déchirantes mais sans romantisme, sans déclarations éternelles : « Aucun amour au monde ne peut tenir lieu de l'amour » écrit Marguerite Duras.

La mort

La mort et le crime tiennent aussi leur place dans l'univers de Duras et ils sont souvent à l'arrière-plan de tout récit, que ce soit des crimes commis ou simplement des crimes pensés.

BIBLIOGRAPHIE
L. Bernheim, *Marguerite Duras tourne un film*, Albatros, 1975 (à propos d'*India song*).
M. Duras et M. Porte, *Les lieux de Marguerite Duras*, Éditions de Minuit, 1977 (Interviews).

cantabile). Les moments les plus révélateurs de l'originalité du talent de M. Duras sont ceux où il ne se passe rien d'autre qu'une conversation apparemment banale. C'est aussi cette primauté accordée au dialogue qui situe son œuvre à égale distance du roman et du théâtre. Elle a d'ailleurs tiré elle-même des pièces de ses romans ou de ses nouvelles, avant de composer directement pour le théâtre et de faire des dialogues de films.

MODERATO CANTABILE

Le fait-divers, prétexte à l'écriture

Anne Desbaresdes est une jeune femme désœuvrée qui a épousé un riche industriel. Chaque semaine, elle conduit son jeune fils chez Mlle Giraud, professeur de piano. Un jour, dans le café d'en bas, a lieu un crime passionnel. Anne Desbaresdes se mêle aux curieux et s'approche.

La foule obstruait[1] le café de part et d'autre de l'entrée, elle se grossissait encore, mais plus faiblement, des apports des rues voisines, elle était beaucoup plus importante qu'on n'eût pu le prévoir. La ville s'était multipliée. Les gens s'écartèrent, un courant se creusa au milieu d'eux pour laisser le passage à un fourgon[2] noir. Trois hommes en descendirent et pénétrèrent dans le café.

1. Encombrait, bouchait.
2. Une camionnette de la police.

— La police, dit quelqu'un.

Anne Desbaresdes se renseigna.

— Quelqu'un qui a été tué. Une femme.

10 Elle laissa son enfant devant le porche de Mademoiselle Giraud, rejoignit le gros de la foule devant le café, s'y faufila et atteignit le dernier rang des gens qui, le long des vitres ouvertes, immobilisés par le spectacle, voyaient. Au fond du café, dans la pénombre de l'arrière-salle, une femme était étendue par terre, inerte. Un homme, couché sur elle, agrippé à ses épaules, l'appelait calmement.

— Mon amour. Mon amour.

Il se tourna vers la foule, la regarda, et on vit ses yeux. Toute expression en avait disparu, exceptée celle foudroyée, indélébile [3], inversée du monde, de son désir. La police entra. La patronne, dignement dressée près de son 20 comptoir, l'attendait.

— Trois fois que j'essaye de vous appeler.

— Pauvre femme, dit quelqu'un.

— Pourquoi ? demanda Anne Desbaresdes.

— On ne sait pas.

L'homme, dans son délire, se vautrait sur le corps étendu de la femme. Un inspecteur le prit par le bras et le releva. Il se laissa faire. Apparemment, toute dignité l'avait quitté à jamais. Il scruta l'inspecteur d'un regard toujours absent du reste du monde. L'inspecteur le lâcha, sortit un carnet de sa poche, un crayon, lui demanda de décliner [4] son identité, attendit.

30 — Ce n'est pas la peine, je ne répondrai pas maintenant, dit l'homme.

L'inspecteur n'insista pas et alla rejoindre ses collègues qui questionnaient la patronne, assis à la dernière table de l'arrière-salle.

L'homme s'assit près de la femme morte, lui caressa les cheveux et lui sourit. Un jeune homme arriva en courant à la porte du café, un appareil-photo en bandoulière et le photographia ainsi, assis et souriant. Dans la lueur du magnésium [5], on put voir que la femme était jeune encore et qu'il y avait du sang qui coulait de sa bouche en minces filets épars et qu'il y en avait aussi sur le visage de l'homme qui l'avait embrassée. Dans la foule, quelqu'un dit :

40 — C'est dégoûtant, et s'en alla.

L'homme se recoucha de nouveau le long du corps de sa femme, mais un temps très court. Puis, comme si cela l'eût lassé, il se releva encore.

— Empêchez-le de partir, cria la patronne.

Mais l'homme ne s'était relevé que pour mieux s'allonger encore, de plus près, le long du corps. Il resta là, dans une résolution apparemment tranquille, agrippé de nouveau à elle de ses deux bras, le visage collé au sien, dans le sang de sa bouche.

Mais les inspecteurs en eurent fini d'écrire sous la dictée de la patronne et, à pas lents, tous trois marchant de front, un air identique d'intense ennui 50 sur leur visage, ils arrivèrent devant lui.

L'enfant, sagement assis sous le porche de Mademoiselle Giraud avait un peu oublié. Il fredonnait la sonatine de Diabelli.

Ce n'était rien [6], dit Anne Desbaresdes, maintenant il faut rentrer.

Moderato cantabile, 1958. Éditions de Minuit.

3. Qui ne peut s'enlever.
4. Indiquer.
5. Le magnésium du flash.
6. Loin d'oublier ce fait divers, Anne Desbaresdes cherche à en savoir plus. Elle revient et interroge la patronne du café. Chauvin, un ouvrier qui a travaillé dans l'usine de son mari, se mêle à la conversation : « Arrachés par le cri d'agonie à l'ordre du quotidien, à cette « vie tranquille » où il n'y a plus de respiration pour l'espoir, l'homme et la femme se rencontrent chaque jour dans le bar qui reçut le sacre de l'événement. Ils se parlent ; ils imaginent que ce fut le vœu de cette femme d'être tuée par l'homme qu'elle aimait, et le sentiment qui, entre eux, prend naissance retrouve, assume ce désir. Peut-être vont-ils revivre la même légende de la mort et de l'amour. Peut-être... Mais le romancier lui-même n'en sait rien. Qui peut donner un nom à ce qui s'est passé entre les inconnus, à ce qui se passe maintenant entre Anne Desbaresdes et Chauvin ? » (Gaëtan Picon, *L'usage de la lecture*, 1958, Mercure de France).

QUENEAU (1903-1976)

L'œuvre de Queneau est inspirée par le désir de réformer le langage qui lui semble mal rendre compte de la vie moderne. Comme Céline, Queneau s'attaque au langage littéraire, resté prisonnier de l'écrit.

LA VIE

De son enfance, il dira simplement : « Ma mère était mercière, et mon père mercier ». Après avoir participé à l'aventure surréaliste, il rompt avec Breton en 1929. Après ses premiers romans, de nature autobiographique, il s'adonne surtout à des recherches sur le langage.

PRINCIPALES ŒUVRES

Le chiendent (1933) : roman-poème.
Les derniers jours (1936), *Odile* (1937), *Les enfants du limon* (1938) : trois récits autobiographiques.
Pierrot mon ami (1942)
Exercices de style (1947)
Saint-Glinglin (1948) : roman.
Zazie dans le métro (1959)
Cent mille milliards de poèmes (1961) : ils s'obtiennent à partir de 10 sonnets imprimés sur dix pages, construits sur les mêmes rimes et selon les mêmes structures grammaticales et à partir de treize coups de ciseaux, un sous chaque vers.

LES PRÉOCCUPATIONS

Queneau ne se reconnaît qu'un prédécesseur, c'est Céline : « Ici, enfin, on a le français parlé moderne, tel qu'il est, tel qu'il existe. » Queneau est convaincu de la nécessité d'une réforme du langage qui convienne à la vie moderne. Il distingue trois étapes dans la langue française : le premier français ne fut que du latin déformé ; le second fut le français de la Renaissance, transformé puis codifié par des grammairiens austères ; reste le français que nous parlons mais que nous n'écrivons pas. Queneau va forger un instrument qu'il appelle le troisième ou le néo-français. La réforme va porter sur trois points : vocabulaire, orthographe, syntaxe.
— vocabulaire : invention de mots, introduction de l'argot.
— orthographe : aussi simplifiée et phonétique que possible : « Moi j'mégris du bout des douas/ Seskilya dplus distinglé » (Moi je maigris du bout des doigts/ C'est ce qu'il y a de plus distingué.)
— syntaxe : le néo-français essaie de rendre la souplesse et la diversité du langage parlé, en supprimant le subjonctif par exemple.
Cet usage nouveau du langage est cependant soumis aux formes traditionnelles de la rhétorique : sonnet, alexandrin, octosyllabes, etc. L'écart ainsi produit rend d'autant plus comiques les effets mais fonctionne aussi comme un appel au renouvellement de toutes les formes littéraires : « Plus de livres ? pourquoi pas ? Il y a bien eu des œuvres littéraires avant l'imprimerie, pourquoi n'y en aurait-il pas après ? Ou pourquoi pas pas de littérature du tout ? »

BIBLIOGRAPHIE
J. Guicharnaud, *Raymond Queneau*, New York, Columbia U.P., 1965.
J. Queval, J. Bens, *Queneau*, Gallimard, 1962. *Raymond Queneau*, Seghers, 1971.
Œuvres complètes de Raymond Queneau, tome I, édition de Claude Debon, « Bibliothèque de la Pléiade », Gallimard, 1989.

EXERCICES DE STYLE

Le jeu avec le langage

Dans Exercices de style, *Queneau propose 99 versions d'une même anecdote, dans des styles différents. Voici quelques exemples.*

RÉCIT

Un jour vers midi du côté du parc Monceau [1], sur la plate-forme arrière d'un autobus à peu près complet de la ligne S (aujourd'hui 84), j'aperçus un personnage au cou fort long qui portait un feutre mou [2] entouré d'un galon tressé au lieu de ruban. Cet individu interpella tout à coup son voisin en prétendant que celui-ci faisait exprès de lui marcher sur les pieds chaque fois qu'il montait ou descendait des voyageurs. Il abandonna d'ailleurs rapidement la discussion pour se jeter sur une place devenue libre.

Deux heures plus tard, je le revis devant la gare Saint-Lazare en grande conversation avec un ami qui lui conseillait de diminuer l'échancrure [3] de
10 son pardessus en en faisant remonter le bouton supérieur par quelque tailleur compétent.

SURPRISES

Ce que nous étions serrés sur cette plate-forme d'autobus ! Et ce que ce garçon pouvait avoir l'air bête et ridicule ! Et que fait-il ? Ne le voilà-t-il pas qui se met à vouloir se quereller avec un bonhomme qui — prétendait-il ! ce damoiseau ! — le bousculait ! Et ensuite il ne trouve rien de mieux à faire que d'aller vite occuper une place laissée libre ! Au lieu de la laisser à une dame !

Deux heures après, devinez qui je rencontre devant la gare Saint-Lazare ?
20 Le même godelureau ! En train de se faire donner des conseils vestimentaires ! Par un camarade !

A ne pas croire !

RÊVE

Il me semblait que tout fût brumeux et nacré autour de moi, avec des présences multiples et indistinctes, parmi lesquelles cependant se dessinait assez nettement la seule figure d'un homme jeune dont le cou trop long semblait annoncer déjà par lui-même le caractère à la fois lâche et rouspéteur du personnage. Le ruban de son chapeau était remplacé par une ficelle tressée. Il se disputait ensuite avec un individu que je ne voyais
30 pas, puis, comme pris de peur, il se jetait dans l'ombre d'un couloir. Une autre partie du rêve me le montre marchant devant la gare Saint-Lazare. Il est avec un compagnon qui lui dit : « Tu devrais faire ajouter un bouton à ton pardessus ». Là-dessus je m'éveillai.

1. Un petit parc à Paris.
2. Un chapeau en feutre mou.
3. Espace libre laissé par le vêtement sur la poitrine ; décolleté.

NOTATIONS

Dans l'S, à une heure d'affluence. Un type dans les vingt-six ans, chapeau mou avec cordon remplaçant le ruban, cou trop long comme si on lui avait tiré dessus. Les gens descendent. Le type en question s'irrite contre un

353

voisin. Il lui reproche de le bousculer chaque fois qu'il passe quelqu'un. Ton pleurnichard qui se veut méchant. Comme il voit une place libre, se
40 précipite dessus.

Deux heures plus tard, je le rencontre Cour de Rome, devant la gare Saint-Lazare. Il est avec un camarade qui lui dit : « Tu devrais faire mettre un bouton supplémentaire à ton pardessus ». Il lui montre où (à l'échancrure) et pourquoi.

GÉOMÉTRIQUE

Dans un parallélépipède rectangle se déplaçant le long d'une ligne droite d'équation $84 \, x + S = y$, un homoïde A présentant une calotte sphérique entourée de deux sinusoïdes, au-dessus d'une partie cylindrique de longueur $l > n$, présente un point de contact avec un homoïde trivial B. Démontrer
50 que ce point de contact est un point de rebroussement.

Si l'homoïde A rencontre un homoïde homologue C, alors le point de contact est un disque de rayon $r < l$. Déterminer la hauteur h de ce point de contact par rapport à l'axe vertical de l'homoïde A.

Exercices de style,
Gallimard, 1947.

SAINT-GLINGLIN

Imagination, humour, angoisse

Pierre Nabonide, fils du maire de la Ville Natale, est envoyé par ses parents à la Ville Étrangère, pour en apprendre la langue. Mais plutôt que d'étudier, Pierre préfère passer son temps dans le jardin zoologique. Il est fasciné par les poissons et encore plus par les homards, dont il aimerait bien savoir à quoi ils pensent.

Je m'imagine qu'un homme et un guépard restent seuls au monde. Tous deux marchent à la surface de la terre, fiers et libres compagnons. Il en serait probablement ainsi. Supposons maintenant un homme et un homard, seuls survivants de quelque catastrophe. Les flammes brouillent l'horizon. L'homme épuisé se dépouille de ses chaussures déchiquetées, de ses chaussettes effilochées [1]. Il trempe ses pieds sanglants dans la mer pour y chercher quelque douceur. Le homard vient alors et lui brise le gros orteil [2]. L'homme qui a perdu l'habitude de hurler se penche à la surface de l'eau et dit à l'homard : « Nous sommes les deux seuls êtres vivants sur cette
10 terre dévastée, homard ! Nous sommes les seuls vivants de l'univers, nous sommes seuls à lutter contre l'universel désastre, veux-tu faire alliance, homard ? » Mais l'animal dédaigneux lui tourne la carapace et se dirige vers d'autres océans. Car sait-on à quoi songe un homard ? Et que peut-on penser de son incompréhensible hainesistence [3]. L'image du homard inflexible et imperturbable transperce le ciel des humains de ses pinces inintelligibles. Par-dessus les toits brumeux de ma fenêtre ouverte, je crois voir se dresser soudain ses deux pattes menaçantes, ouvrant et refermant leurs tenailles gigantesques pour sectionner les constellations [4].

Saint-Glinglin, chap. I, Gallimard, 1948.

1. Effrangées, abîmées sur le bord.
2. Le gros doigt de pied.
3. Mot forgé par Queneau sur « haine » et « existence ».
4. Groupes d'étoiles.

GEORGES PEREC (1936-1982)

Comme Queneau (p. 352), Perec est un expérimentateur du langage. Dénon-çant la société de consommation, il se garde pourtant de tout message, de tout jugement moral. Par le jeu des mots et des choses, il s'applique à proposer des voies nouvelles de penser, mais aussi de rêver.

LA VIE

Georges Perec naît à Paris, de parents juifs émigrés polonais. Son père meurt au combat en juin 40 et sa mère à Auschwitz en 1943. Après la guerre, élevé par son oncle et sa tante, il fait des études de lettres à la faculté de Paris. De 1961 à 1978, il exerce une profession de documentaliste qui lui permet d'enrichir ses connaissances et de commencer à écrire. Son premier ouvrage *Les Choses* obtient un prix littéraire en 1965. En 1970, il entre à l'OULIPO (Ouvroir de littérature potentielle), dont l'un des fondateurs est Raymond Queneau et dont le propos est de créer des formes littéraires suscep-tibles d'engendrer des créations inédites [1]. Il succombe à un cancer à l'âge de 46 ans.

PRINCIPALES ŒUVRES

Les Choses (1965) : histoire d'un jeune couple, Jérôme et Sylvie, pris dans l'engrenage de la société de consommation. Fascinés par le bien-être matériel, ils en refusent néanmoins les compromissions.

Quel petit vélo à guidon chromé au fond de la cour (1966) : histoire gaie d'une bande de jeunes Parisiens qui essaient d'empêcher le départ d'un des leurs pour la guerre d'Algérie.

Un homme qui dort (1967) : écrit à la deuxième personne du singulier il relate la vie d'un étudiant qui abandonne ses études et se perd peu à peu dans la morosité de la vie.

La Disparition (1969) : ouvrage lipogrammatique où n'intervient jamais (où disparaît) la voyelle « e », statistiquement dominante en français.

La Boutique obscure (1973) : ouvrage autobio-graphique, récit de rêves.

Les Revenentes (1972) : aucune voyelle n'y appa-raît, sauf le « e ».

La Vie mode d'emploi (1978) : voir p. 356.

L'ORIGINALITÉ

Perec pratique la littérature comme un jeu mathé-matique. Toutes ses recherches, surtout depuis son adhésion à l'OULIPO en 1967, sont allées dans le même sens : réhabiliter l'artifice litté-raire, la contrainte gratuite qui devient jeu créatif. S'imposer des lois qui n'ont de justifica-tion qu'en elles-mêmes, est à ses yeux une façon radicale de s'éloigner de contraintes beaucoup plus pesantes : celles de la thèse, du message, qui emprisonnent la littérature dans une tradition culturelle et empêchent l'écrivain de développer son originalité.

Dans cette réhabilitation du jeu avec le langage, Perec adore pratiquer la collection : autant celle des mots que celle des choses. Et si l'on a parfois qualifié l'œuvre de Perec de baroque, c'est en partie à cause des formidables inventaires qui envahissent ses ouvrages et qui en font comme une « récitation du monde ». Par ces accumulations ironiques et maniaques, Perec ne vise pas — ou pas seulement — l'hyperréalisme, il cherche à vider les choses de leur sens, de leur connotation sociale, de la magie du signe : car tout est signe dans la société d'abondance, tous ces objets superflus que rêvent de posséder Jérôme et Sylvie par exemple dans *Les Choses*. Pour l'écrivain, il s'agit de conduire la littérature sur un terrain où le signe est neutralisé par les jeux du langage. En mimant les apparences de la société conformiste, il mine les valeurs qu'elle impose, sans passer par un discours d'accusation. La forme ne sert pas à faire passer un message de fond, elle est le message. Pour éviter toutes les récupérations, cette forme devient foisonnante, multipliant les histoires, englobant tous les genres : policier, fantastique, psychologique, ethnologique, etc., donnant à son œuvre la valeur d'une somme ou d'une utopie littéraire.

1. La leçon de l'OULIPO est simple, c'est en se soumettant au carcan d'une règle stricte que l'on peut créer du neuf. « Nous appelons littérature potentielle, explique Queneau, la recherche des formes et des structures nouvelles qui pourront être utilisées par les écrivains de la façon qu'il leur plaira (...), dans laquelle le poète ira choisir à partir du moment où il aura envie de sortir de ce qu'on appelle l'inspiration. »

BIBLIOGRAPHIE
Cahiers Georges Perec I, colloque de Cerisy de 1984, dirigé par B. Mague, Paris, P.O.L., 1985.
C. Burgelin *Georges Perec*, Éditions du Seuil, coll. Les contemporains, 1988.

LA VIE MODE D'EMPLOI

Une nouvelle topographie du roman

Dans La Vie mode d'emploi, *Perec raconte la vie d'un immeuble et de ses habitants. Les différentes perspectives, la structure multidimensionnelle donnent à ce récit l'apparence d'un puzzle. Le lecteur ne cernera l'ensemble qu'à la fin. La description s'amorce, un personnage apparaît : une femme qui vient visiter un appartement laissé vacant après la mort du précédent locataire, Gaspard Winckler. Le lecteur n'en sait pas plus qu'elle.*

Oui, cela pourrait commencer ainsi, ici, comme ça, d'une manière un peu lourde et lente, dans cet endroit neutre qui est à tous et à personne, où les gens se croisent presque sans se voir, où la vie de l'immeuble se répercute, lointaine et régulière. De ce qui se passe derrière les lourdes portes des appartements, on ne perçoit le plus souvent que ces échos éclatés, ces bribes, ces débris, ces esquisses, ces amorces, ces incidents ou accidents qui se déroulent dans ce que l'on appelle les « parties communes », ces petits bruits feutrés que le tapis de laine rouge passé étouffe, ces embryons de vie communautaire qui s'arrêtent toujours aux paliers. Les habitants d'un même

10 immeuble vivent à quelques centimètres les uns des autres, une simple cloison les sépare, ils se partagent les mêmes gestes en même temps, ouvrir le robinet, tirer la chasse d'eau, allumer la lumière, mettre la table, quelques dizaines d'existences simultanées qui se répètent d'étage en étage, et d'immeuble en immeuble, et de rue en rue. Ils se barricadent dans leurs parties privatives — puisque c'est comme ça que ça s'appelle — et ils aimeraient bien que rien n'en sorte, mais si peu qu'ils en laissent sortir, le chien en laisse, l'enfant qui va au pain, le reconduit ou l'éconduit, c'est par l'escalier que ça sort. Car tout ce qui se passe passe par l'escalier, tout ce qui arrive arrive par l'escalier, les lettres, les faire-part, les meubles que les

20 déménageurs apportent ou emportent, le médecin appelé en urgence, le voyageur qui revient d'un long voyage. C'est à cause de cela que l'escalier reste un lieu anonyme, froid, presque hostile. Dans les anciennes maisons, il y avait encore des marches de pierre, des rampes en fer forgé, des sculptures, des torchères[1] ; une banquette parfois pour permettre aux gens âgés de se reposer entre deux étages. Dans les immeubles modernes, il y a des ascenseurs aux parois couvertes de graffiti qui se voudraient obscènes et des escaliers dits « de secours », en béton brut, sales et sonores. Dans cet immeuble-ci, où il y a un vieil ascenseur presque toujours en panne, l'escalier est un lieu vétuste, d'une propreté douteuse, qui d'étage en étage se dégrade selon les

30 conventions de la respectabilité bourgeoise : deux épaisseurs de tapis jusqu'au troisième, une seule ensuite, et plus du tout pour les deux étages de combles. Oui, ça commencera ici : entre le troisième et le quatrième étage, 11, rue Simon-Crubellier. Une femme d'une quarantaine d'années est en train de monter l'escalier ; elle est vêtue d'un long imperméable de skaï et porte sur la tête une sorte de bonnet de feutre, en forme de pain de sucre, un peu l'idée que l'on se fait d'un chapeau de lutin, et qui est divisé en carreaux rouges et gris. Un grand fourre-tout de toile bise, un de ces sacs que l'on appelle vulgairement un baise-en-ville, pend à son épaule droite. Un petit mouchoir de batiste est noué autour d'un des anneaux de métal chromé

40 rattachant le sac à sa bretelle. Trois motifs imprimés comme au pochoir se répètent régulièrement sur toute la surface du sac : une grosse horloge à balancier, un pain de campagne coupé en son milieu, et une sorte de récipient en cuivre sans anses.

La femme regarde un plan qu'elle tient dans la main gauche. C'est une simple feuille de papier dont les cassures encore visibles attestent qu'elle fut pliée en quatre, et qui est fixée au moyen d'un trombone sur un épais volume multigraphié : le règlement de copropriété concernant l'appartement que cette femme va visiter. Sur la feuille ont été en fait esquissés non pas un, mais trois plans : le premier, en haut à droite, permet de localiser l'immeuble, à

50 peu près au milieu de la rue Simon-Crubellier qui partage obliquement le quadrilatère que forment entre elles, dans le quartier de la Plaine Monceau, XVIIᵉ arrondissement, les rues Médéric, Jadin, De Chazelles et Léon Jost ; le second, en haut et à gauche, est un plan en coupe de l'immeuble indiquant schématiquement la disposition des appartements, précisant le nom de quelques occupants : Madame Nochère, concierge ; Madame de Beaumont, deuxième droite ; Bartlebooth, troisième gauche, Rémi Rorschash, producteur de télévision, quatrième gauche ; Docteur Dinteville, sixième gauche, ainsi que l'appartement vacant, au sixième droite, qu'occupa jusqu'à sa mort Gaspard Winckler, artisan ; le troisième plan, sur la moitié inférieure de la

60 feuille, est celui de l'appartement de Winckler : trois pièces en façade sur la rue, une cuisine et un cabinet de toilette donnant sur la cour, un débarras sans fenêtre.

La femme tient dans sa main droite un volumineux trousseau de clés, celles, sans doute, de tous les appartements qu'elle a visités dans la journée ; plusieurs sont pendues à des porte-clés fantaisie : une bouteille miniature de Marie-Brizard, un tee de golf et une guêpe, un domino représentant un double-six, et un jeton de plastique, octogonal, dans lequel a été enchâssée une fleur de tubéreuse.

1. Récipients destinés à accueillir du combustible pour éclairer les allées.

La Vie mode d'emploi, Hachette, 1978.

357

PRÉVERT (1900-1977)

Prévert est un poète différent de tous les autres. Son nom, associé à des films à succès, des poèmes, des chansons fredonnées par tous, a fait de lui le poète français le plus populaire du XXᵉ siècle.

LA VIE

Jacques Prévert est né près de Paris, dans une famille très modeste. Dès l'âge de 15 ans, il commence à gagner sa vie en faisant divers petits métiers. Pendant son service militaire, il se lie d'amitié avec le peintre Yves Tanguy. A son retour à Paris, il s'installe avec lui chez un ami, à Montparnasse, où ils vivent une vie de bohème. C'est à cette époque qu'il fait connaissance de Breton, Desnos, Queneau et leurs amis. En 1925, il adhère au groupe surréaliste ; il en est exclu en 1928, mais son œuvre en restera imprégnée.

A partir de 1930, Prévert commence à écrire des scénarios et des dialogues de films. C'est d'ailleurs le cinéma qui le fait connaître au grand public avec le film réalisé par Marcel Carné, *Drôle de drame*. Ce n'est qu'après la guerre que les textes de Prévert sont réunis et publiés dans un premier recueil sous le titre de *Paroles*.

PRINCIPALES ŒUVRES

Cinéma

De 1936 à 1946, Prévert a collaboré à plusieurs films avec Carné :
Drôle de drame (1937) ; *Quai des brumes* (1938) ; *Le jour se lève* (1939) ; *Les enfants du paradis* (1943) ; *Les portes de la nuit* (1946).

Jacques Prévert.

Poésie

Paroles (1945) ; *Spectacle* (1951) ; *Le grand bal du printemps* (1951) ; *La pluie et le beau temps* (1953) ; *Histoires* (1963) ; *Fatras* (1965) ; *Choses et autres* (1972).

LES THÈMES

Ses thèmes favoris sont : l'amour, l'enfance, la nature, les animaux et surtout les oiseaux, symboles de liberté. Il dit aussi la peine des hommes, la faim, la guerre qui sépare, le travail qui use.

LA PENSÉE

Prévert, individualiste, ne se reconnaît dans aucun système philosophique ou politique. Comme tous les surréalistes, il a d'abord été un anarchiste et en a gardé l'esprit de révolte et l'anticonformisme. Dans ses chansons, il se met toujours du côté des faibles, des opprimés, des affamés. Son optimisme plonge ses racines dans l'amour des choses simples et naturelles.

L'ART

Prévert rafraîchit la vision de notre quotidien et nous invite à nous émerveiller. Il a gardé du surréalisme le goût des images surprises, des néologismes. Le charme de la musique de Joseph Kosma associé à sa poésie ont contribué à lancer la chanson française.

BIBLIOGRAPHIE
J. Gueval, *Prévert*, Mercure de France.
J. Sadeler, *A travers Prévert*, Larousse, 1975.

PAROLES

Un monde de fantaisie

Il y a beaucoup d'oiseaux dans les poèmes de Prévert. Ils expriment l'envol mais aussi la fragilité de la liberté.

QUARTIER LIBRE
J'ai mis mon képi dans la cage
et je suis sorti avec l'oiseau sur la tête
Alors
on ne salue plus
a demandé le commandant
Non
on ne salue plus
a répondu l'oiseau
Ah bon
10 excusez-moi je croyais qu'on saluait
a dit le commandant
Vous êtes tout excusé tout le monde peut se tromper
a dit l'oiseau

POUR FAIRE LE PORTRAIT D'UN OISEAU
Peindre d'abord une cage
avec une porte ouverte
peindre ensuite
quelque chose de joli
quelque chose de simple
quelque chose de beau
quelque chose d'utile
pour l'oiseau
placer ensuite la toile contre un arbre
10 dans un jardin
dans un bois
ou dans une forêt
se cacher derrière l'arbre
sans rien dire
sans bouger...
Parfois l'oiseau arrive vite
mais il peut aussi bien mettre de longues années
avant de se décider
Ne pas se décourager
20 attendre
attendre s'il le faut pendant des années
la vitesse ou la lenteur de l'arrivée de l'oiseau
n'ayant aucun rapport
avec la réussite du tableau
quand l'oiseau arrive
s'il arrive
observer le plus profond silence
attendre que l'oiseau entre dans la cage
et quand il est entré
30 fermer doucement la porte avec le pinceau
puis
effacer un à un tous les barreaux
en ayant soin de ne toucher aucune des plumes de l'oiseau
Faire ensuite le portrait de l'arbre
en choisissant la plus belle de ses branches
pour l'oiseau
peindre aussi le vert feuillage et la fraîcheur du vent
la poussière du soleil
et le bruit des bêtes de l'herbe dans la chaleur de l'été
40 et puis attendre que l'oiseau se décide à chanter
Si l'oiseau ne chante pas
c'est mauvais signe
signe que le tableau est mauvais
mais s'il chante c'est bon signe
signe que vous pouvez signer
Alors vous arrachez tout doucement
une des plumes de l'oiseau
et vous écrivez votre nom dans un coin du tableau.

Paroles, Gallimard, 1945.

SPECTACLE

L'amour

Ce poème a été écrit pour le film Les portes de la nuit *et mis en musique par Joseph Kosma. L'amour partagé permet d'échapper à la triste réalité quotidienne.*

LES ENFANTS QUI S'AIMENT
Les enfants qui s'aiment s'embrassent debout
Contre les portes de la nuit
Et les passants qui passent les désignent du doigt
Mais les enfants qui s'aiment
Ne sont là pour personne
Et seulement leur ombre
Qui tremble dans la nuit
Excitant la rage des passants
Leur rage leur mépris leurs rires et leur envie
10 Les enfants qui s'aiment ne sont là pour personne
Ils sont ailleurs bien plus loin que la nuit
Bien plus haut que le jour
Dans l'éblouissante clarté de leur premier amour.

Spectacle, Gallimard, 1951.

Photo du film de Marcel Carné, Les portes de la nuit *(1946), avec Nathalie Nattier et Yves Montand.*

LES FEUILLES MORTES

Poésie et musique

Peu d'associations ont été aussi fécondes que celle du poète Prévert et du musicien Kosma. Yves Montand a admirablement interprété cette chanson.

LES FEUILLES MORTES
Oh ! Je voudrais tant que tu te souviennes
des jours heureux où nous étions amis
En ce temps-là la vie était plus belle
et le soleil plus brûlant qu'aujourd'hui
Les feuilles mortes se ramassent à la pelle...
Tu vois je n'ai pas oublié
Les feuilles mortes se ramassent à la pelle
les souvenirs et les regrets aussi
et le vent du nord les emporte
10 dans la nuit froide de l'oubli
Tu vois je n'ai pas oublié
la chanson que tu me chantais

C'est une chanson qui nous ressemble
Toi tu m'aimais
et je t'aimais
Et nous vivions tous deux ensemble
toi qui m'aimais
et que j'aimais
Mais la vie sépare ceux qui s'aiment
20 tout doucement
sans faire de bruit
et la mer efface sur le sable
les pas des amants désunis

Les feuilles mortes se ramassent à la pelle
les souvenirs et les regrets aussi
Mais mon amour silencieux et fidèle
sourit toujours et remercie la vie
Je t'aimais tant tu était si jolie
Comment veux-tu que je t'oublie
30 En ce temps-là la vie était plus belle
et le soleil plus brûlant qu'aujourd'hui
Tu étais ma plus douce amie...
Mais je n'ai que faire des regrets
Et la chanson que tu chantais
toujours toujours je l'entendrai

C'est une chanson qui nous ressemble
Toi tu m'aimais
et je t'aimais
Et nous vivions tous deux ensemble
40 toi qui m'aimais
et que j'aimais
Mais la vie sépare ceux qui s'aiment
tout doucement
sans faire de bruit
et la mer efface sur le sable
les pas des amants désunis.

Éditions Enoch.

FRANCIS PONGE (1899-1988)

Poète des objets, Francis Ponge nous offre l'œuvre singulière d'un matérialiste épris de sensualité et fasciné par les rapports qu'entretiennent les mots avec les choses qu'ils désignent.

LA VIE

Francis Ponge est né à Montpellier. Après avoir fréquenté les surréalistes, Ponge suit la voie originale d'un homme secret et exigeant. Malgré l'admiration témoignée à l'égard de son œuvre par des personnalités telles que Sartre et Camus, F. Ponge est demeuré longtemps inconnu du grand public. Ces dernières années l'ont reconnu comme un des poètes les plus importants de notre époque.

LE POÈTE

Bien qu'il lui soit arrivé de réfuter la qualification de poète, Francis Ponge a dédié toute son œuvre à la poésie, à laquelle il a donné une définition toute personnelle. Réagissant à la fois contre le lyrisme et la métaphysique, il voulut écrire une sorte de poésie objective.

PRINCIPALES ŒUVRES

Le parti-pris des choses (1942) ; *Proêmes* (1948) ; *La Seine* (1950) ; *Le grand recueil* (1961) ; *Pour un Malherbe* (1965) ; *Le savon* (1967) ; *Le nouveau recueil* (1967) ; *La fabrique du pré* (1971) ; *Comment une figue de parole et pourquoi* (1977).

LA PENSÉE

Francis Ponge conteste au poète un pouvoir quelconque sur les choses ; son rôle est de se soumettre au monde, de « reconnaître le plus grand droit à l'objet, son droit imprescriptible opposable à tout poème ». A la lecture du *Parti pris de choses,* Sartre reconnut en F. Ponge le poète de l'existentialisme. Francis Ponge essaye en effet de poser un regard aussi objectif que possible sur la nature, afin de donner des choses

Portrait de Francis Ponge.

l'image la plus exacte. Cette « entrée dans les choses » n'est alourdie par aucune métamorphose, aucune surcharge symbolique ou métaphysique. Il est à noter que Francis Ponge ne choisit jamais des objets pittoresques ou uniques mais qu'il s'intéresse à la chose en soi, à son essence : la bougie, la valise, l'huître (voir extrait ci-dessous).

L'ART

Conscient de l'imprécision et de l'usure des mots, F. Ponge s'efforce de créer un système de relation — presque de traduction — entre les paroles et les objets, entre la richesse de la langue française dont il célèbre la qualité et le monde secret des choses, de telle sorte que les paroles se transforment en objets et réciproquement. Le poème est un assemblage de paroles, reproduisant, mimant les objets et n'ayant d'autre but que de donner du plaisir, « donner à jouir » comme il le dit lui-même.

BIBLIOGRAPHIE
J.-P. Sartre, *Situations I*, Gallimard.
Ph. Sollers, *Entretiens avec Francis Ponge*, Gallimard, 1970.
Ponge inventeur et classique. Colloque de Cerisy-la-Salle, avril 1975, « 10/18 », U.G.E., 1977.

LE PARTI PRIS DES CHOSES

Un nouvel art poétique

Les choses sur lesquelles Ponge se penche sont toutes familières et ne se veulent pas porteuses de messages. Ponge se fait constructeur, il procède à l'assemblage d'un texte aussi singulier et spécifique que l'objet lui-même. Le poème est suivi d'une analyse qu'en a fait plus tard le poète pour expliquer sa démarche. Nous reproduisons ici l'explication qu'il donne de la première partie.

L'HUÎTRE

« L'huître, de la grosseur d'un galet moyen, est d'une apparence plus rugueuse, d'une couleur moins unie, brillamment blanchâtre. C'est un monde opiniâtrement clos. Pourtant, on peut l'ouvrir. Il faut alors la tenir au creux d'un torchon, se servir d'un couteau ébréché et peu franc, s'y reprendre à plusieurs fois. Les doigts curieux s'y coupent, s'y cassent les ongles. C'est un travail grossier. Les coups qu'on lui porte marquent son enveloppe de ronds blancs, d'une sorte de halos.

« A l'intérieur, l'on trouve tout un monde, à boire et à manger. Sous un firmament (à proprement parler) de nacre, les cieux d'en dessus s'affaissent
10 sur les cieux d'en dessous, pour ne plus former qu'une mare, un sachet visqueux et verdâtre, qui flue et reflue à l'odeur et à la vue, frangé d'une dentelle noirâtre sur les bords.

« Parfois, très rare, une formule perle à leur gosier de nacre, d'où l'on trouve aussitôt à s'orner. »

Le parti-pris des choses, Gallimard, 1942.

Voilà le texte. Je le reprends. J'indique d'abord qu'il se divise, typographiquement, sur la page, en trois paragraphes.

Le premier décrit l'huître close et la façon de l'ouvrir. Le second, l'intérieur de l'huître et le troisième, beaucoup plus court et qui ne fait que deux lignes, la perle qu'on y trouve parfois ; beaucoup plus court, évidemment, le troisième, parce que la perle est proportionnellement beaucoup moins importante, du point de vue du volume, enfin de l'importance quantitative, que l'huître elle-même.

Donc, la division en trois paragraphes est déjà adéquate, si vous voulez, à l'objet.

« L'huître, de la grosseur d'un galet moyen, est d'une apparence plus rugueuse, d'une couleur moins unie, brillamment blanchâtre. »

Il y a là évidemment une sorte de comparaison, le rapport de l'huître et du galet. Mais traitée, notez-le, de la façon la plus froide ; enfin, il me semble. (Vous avez entendu aussi la façon dont je lis ce texte, c'est-à-dire sans faire de trémolos, sans tremblement sentimental.) On peut croire, en effet, qu'il s'agit d'une pure description. Je définis sa taille, « de la grosseur d'un galet moyen », son apparence : plus rugueuse, sa couleur : moins unie brillamment blanchâtre.

Ici, j'insiste sur « brillamment blanchâtre ». Pourquoi ? parce qu'il se trouve que les mots, quels qu'ils soient, même les mots abstraits, sont tous affectés d'un coefficient de valeur. C'est quelque chose d'un peu absurde, mais c'est comme cela.

En français actuel, « briller », « brillamment » est affecté d'un coefficient positif (comme valeur morale, si vous voulez, ou esthétique). C'est *bien*, d'être brillant ; c'est beau. Briller, c'est positif. C'est affecté d'un coefficient positif.

Au contraire, « blanchâtre », comme beaucoup de mots se terminant en « âtre », est affecté d'un coefficient négatif, péjoratif. C'est comme cela.

Eh bien ! le seul fait d'agencer un mot de coefficient positif, comme « brillant », et un mot de coefficient négatif, péjoratif, comme « blanchâtre », nous fait sortir du lieu commun. C'est-à-dire que « brillamment blanchâtre » est exactement le contraire d'un lieu commun.

« C'est un monde opiniâtrement clos. »

Comment se fait-il que, dans ce texte, et il y a d'autres mots du même ordre plus loin, il y ait autant de mots qui se terminent par « âtre », c'est-à-dire par a (accent circonflexe), t, r, e.

Eh bien ! ce n'est pas du tout par hasard, bien sûr. Je ne l'ai pas, non plus, fait exprès, bien sûr, mais j'ai été amené à laisser passer, à accepter des mots de ce genre. Pourquoi ? Eh bien ! parce que l'huître aussi, l'huître elle-même est un mot qui comporte une voyelle, ou plutôt une diphtongue si on veut : enfin, *uî-t-r-e*. Il est évident que si, dans mon texte, se trouvent des mots comme « blanchâtre », « opiniâtre », « verdâtre », ou dieu sait quoi, c'est aussi parce que je suis déterminé par le mot « huître », par le fait qu'il y a là accent circonflexe, sur voyelle (ou diphtongue), t, r, e. Voilà.

Ph. Sollers, Entretiens avec Francis Ponge, Le Seuil.

LE GRAND RECUEIL

L'écriture devient inspiration

À partir de la forme écrite des chiffres et des lettres d'une date célèbre dans l'histoire de France (le 14 juillet 1789 marque la prise de la Bastille et le début de la Révolution) Francis Ponge imagine toute une mise en scène, où le nom comme objet (comme vocable) participe au jeu du langage.

1. Certains.
2. Les révolutionnaires étaient ainsi appelés parce qu'ils portaient des pantalons rayés qui descendaient jusqu'aux pieds et non plus des culottes, comme les nobles, qui s'arrêtaient au genou.
3. Quartier de Paris proche de l'emplacement de la Bastille maintenant détruite.
4. Gouverneur de la Bastille. Ayant refusé de livrer les armes au peuple, il fut massacré après la prise de la Bastille.
5. Prévôt des marchands de Paris. Il fut tué par les émeutiers car il était un opposant aux mouvements révolutionnaires.

14 JUILLET

Tout un peuple accourut écrire cette journée sur l'album de l'histoire, sur le ciel de Paris.

D'abord c'est une pique, puis un drapeau tendu par le vent de l'assaut (d'aucuns[1] y voient une baïonnette), puis — parmi d'autres piques, deux fléaux, un râteau — sur les rayures verticales du pantalon des sans-culottes[2] un bonnet en signe de joie jeté en l'air.

Tout un peuple au matin le soleil dans le dos. Et quelque chose en l'air à cela qui préside, quelque chose de neuf, d'un peu vain, de candide : c'est l'odeur du bois blanc du Faubourg Saint-Antoine[3], — et ce J a d'ailleurs la forme du rabot.

Le tout penche en avant dans l'écriture anglaise, mais à le prononcer ça commence comme Justice et finit comme ça y est, et ce ne sont pas au bout de leurs piques les têtes renfrognées de Launay[4] et de Flesselles[5] qui, à cette futaie de hautes lettres, à ce frémissant bois de peupliers à jamais remplaçant dans la mémoire des hommes les tours massives d'une prison, ôteront leur aspect joyeux.

Le grand recueil, Gallimard, 1961.

Une description-évocation

La parole de Francis Ponge est une saisie des objets ; elle veut éviter deux écueils : se laisser prendre au piège des mots, succomber au piège des sentiments. L'écriture de F. Ponge est toujours une forme contrôlée, qui serre l'objet au plus près.

LA VALISE

Ma valise m'accompagne au massif de la Vanoise, et déjà ses nickels brillent et son cuir épais embaume. Je l'empaume, je lui flatte le dos, l'encolure et le plat. Car ce coffre comme un livre plein d'un trésor de plis blancs : ma vêture singulière, ma lecture familière et mon plus simple attirail, oui, ce coffre comme un livre est aussi comme un cheval, fidèle contre mes jambes, que je selle, je harnache, pose sur un petit banc, selle et bride, bride et sangle ou dessangle dans la chambre de l'hôtel proverbial.

Oui, au voyageur moderne sa valise en somme reste comme un reste de cheval.

Le grand recueil, Gallimard, 1961.

HENRI MICHAUX (né en 1899)

L'œuvre de Henri Michaux est avant tout l'expression d'une inlassable recherche pour découvrir à l'aide de l'écriture le secret de l'existence et exorciser la difficulté d'être. A la fois poésie et récit, elle raconte sur un mode singulier des explorations réelles ou imaginaires, parfois sous l'emprise de la drogue.

LA VIE

Henri Michaux est né à Namur en Belgique. A 21 ans, il interrompt des études de médecine et s'embarque comme matelot sur un bateau. A partir de 1924, il vit à Paris, séjour entrecoupé de voyages (Équateur, Inde, Chine, Brésil, Égypte). Il se sent des affinités avec Lautréamont et les surréalistes sans pourtant jamais adhérer à leur mouvement. H. Michaux a toujours suivi un itinéraire très personnel. Il accompagne de plus en plus souvent ses écrits de dessins et de lithographies. En 1956, il expérimente sur lui-même les effets de la drogue, en particulier de la mescaline. En 1965, le Grand Prix National des Lettres lui est attribué mais il le refuse.

PRINCIPALES ŒUVRES

Ecuador (1929) : cette découverte de l'Équateur, même si elle correspond à un voyage réel effectué en 1927, est surtout une découverte de soi-même.
Mes propriétés (1929).
Un barbare en Asie (1933) : récit de voyage plus traditionnel.
Voyage en Grande Garabagne (1936)
Plume, précédé de *Lointain intérieur* (1938) : H. Michaux crée un personnage Plume, qui est à l'opposé du monde réel.
Meidosems (1948) : des êtres qui ne ressemblent plus du tout à des personnages.
L'infini turbulent (1957) : révélations des découvertes puisées dans la mescaline.
Connaissance par les gouffres (1961)
Les grandes épreuves de l'esprit (1966)
Poteaux d'angle (1981) : une suite de réflexions en forme d'aphorismes.
Le jardin exalté (1984)

Aquarelle et encre de Chine de Henri Michaux (1946-1948). Michaux a essayé de donner corps à l'exploration des espaces intérieurs non seulement par le texte mais aussi par le dessin. (Musée National d'Art Moderne, centre Georges Pompidou, Paris).

LES PRÉOCCUPATIONS

Toute l'œuvre de H. Michaux est une recherche de l'essentiel. « Quel essentiel ? Le secret qu'il [1] a depuis sa première enfance soupçonné d'exister quelque part et dont visiblement ceux de son entourage ne sont pas au courant ». [2] Cette obsession de la découverte fait que tous ses livres sont des récits de voyages, des comptes rendus d'exploration.

Découverte de l'étranger

Ecuador, Un barbare en Asie mêlent les descriptions de ce qu'il voit à des rêveries, des poèmes, des réflexions sur Mme de Sévigné, car il ne voyage pas pour le plaisir mais pour se chercher. D'ailleurs il dit dans *Ecuador* : « Aucune contrée ne me plaît : voilà le voyageur que je suis ». Il continuera certes à voyager mais il n'en parlera plus.

Découvertes intérieures

Henri Michaux se tourne alors vers « l'espace du dedans » et ses écrits parlent d'un monde fantastique, inquiétant, parfois menaçant. L'usage méthodique des drogues lui permet d'analyser des états mentaux inconnus. Mais comme le recours à l'imaginaire, le voyage intérieur n'est pas une fuite mais un moyen de connaissance, un moyen d'atteindre « l'essentiel ».

1. *Michaux parle de lui à la troisième personne.*
2. *« De quelques renseignements sur cinquante-neuf années d'existence », 1958, cité par B. Vercier dans* La littérature en France de 1945 à 1968, *Bordas, 1970.*

LE TON

L'unité de base des écrits de H. Michaux est le fragment, parce qu'il permet toutes les échappées. Le style du fragment est déjà un univers cosmopolite qui permet de rendre compte de tous les imprévus du « voyage ».

Une écriture « blanche »

Michaux ne recherche pas les effets de style. La description se fait volontiers neutre. Les phrases sont courtes et simples, comme des notations cliniques juxtaposées.

L'humour

Cet élément permet à Michaux de dépasser le stade du simple compte rendu. Mais c'est un humour distant, qui ne recherche pas l'effet : « Quand les autos penseront, les Rolls Royce seront plus angoissées que les taxis ». Mais l'humour, on le trouve surtout dans le personnage de Plume, double pitoyable de l'auteur, qui fait penser à Chaplin et Kafka. Victime résignée, il n'oppose au monde qu'une indifférence ahurie.

BIBLIOGRAPHIE
R. Bellour, *Henri Michaux ou la mesure de l'être*, Gallimard, 1965.
Cahier de l'Herne N° 8 (sous la direction de R. Bellour), 1966.
M. Bowie, *Henri Michaux, A study of his literary works*, Oxford, Clarendon Press, 1973.
M. Beguelin, *Henri Michaux, esclave et démiurge, essai sur la loi de domination-subordination*, Lausanne, L'Age d'Homme, 1974.
J.M. Maulpoix, *Michaux, passager clandestin*, Paris, Champ Vallon, « Champ poétique », 1984.

UN BARBARE EN ASIE

La découverte de l'étranger

Henri Michaux a beaucoup voyagé, en Amérique comme en Asie. Après l'Inde et la Chine (« Quand je vis l'Inde et quand je vis la Chine, pour la première fois, des peuples, sur cette terre, me parurent mériter d'être réels. »), il découvre le Japon.

1. Drame lyrique traditionnel japonais.
2. Province d'Asie, enjeu de la guerre avec l'U.R.S.S.

Tandis que beaucoup de pays qu'on a aimés tendent à s'effacer à mesure qu'on s'en éloigne, le Japon que j'ai rejeté prend maintenant plus d'importance. Le souvenir d'un admirable « Nô [1] » s'est glissé et s'étend en moi.

C'est leur faute aussi avec leur maudite police. Mais voilà, la police ne gêne pas le Japonais, il l'aime. Il veut l'ordre avant tout. Il ne veut pas nécessairement la Mandchourie [2], mais il veut de l'ordre et de la discipline

en Mandchourie. Il ne veut pas nécessairement la guerre avec la Russie et les États-Unis (ce n'est qu'une conséquence), il veut *éclaircir* l'horizon
10 politique.

« Donnez-nous la Mandchourie, battons la Russie et les États-Unis, *et puis* nous serons tranquilles. » Cette déclaration d'un Japonais m'avait tellement frappé, ce désir de *nettoyer.*

Le Japon a la manie de nettoyer.

Or, un lavage, comme une guerre, a quelque chose de puéril, parce qu'il faut recommencer après quelque temps.

Mais le Japonais aime l'eau, et le « Samouraï [3] », l'honneur, et la vengeance. Le « Samouraï » lave dans le sang. Le Japonais lave même le ciel. Dans quel tableau japonais avez-vous vu un ciel sale ? Et pourtant !
20 Il ratisse aussi les vagues.

Un éther [4] pur et glacé règne entre les objets qu'il dessine ; son extraordinaire pureté est arrivée à faire croire merveilleusement clair leur pays où il pleut énormément.

Plus claires seraient encore si c'est possible leur musique, leurs voix de jeunes filles, pointues et déchirantes, sorte d'aiguilles à tricoter dans l'espace musical.

Comme c'est loin de nos orchestres à *vagues de fond,* où dernièrement est apparu ce noceur sentimental appelé saxophone.

Ce qui me glaçait tellement au théâtre japonais, c'était encore ce vide,
30 qu'on aime pour finir et qui fait mal d'abord, qui est autoritaire, et les personnages immobiles, situés aux deux extrémités de la scène, gueulant et se déchargeant alternativement, avec une tension proprement effroyable, sorte de *bouteilles de Leyde* [5] vivantes.

3. Ancien guerrier japonais.
4. Ciel.
5. Condensateur électrique.

Un barbare en Asie, Gallimard, 1933.

PLUME

L'arme de la dérision

Michaux a créé Plume qui est un personnage dérisoire, toujours décalé par rapport à la réalité. L'humour de ce personnage permet d'opposer une certaine résistance aux agressions venues de l'extérieur.

Étendant les mains hors du lit, Plume fut étonné de ne pas rencontrer le mur. « Tiens, pensa-t-il, les fourmis l'auront mangé... » et il se rendormit.

Peu après sa femme l'attrapa et le secoua : « Regarde, dit-elle, fainéant ! pendant que tu étais occupé à dormir on nous a volé notre maison. » En effet, un ciel intact s'étendait de tous côtés. « Bah ! la chose est faite », pensa-t-il.

Peu après un bruit se fit entendre. C'était un train qui arrivait sur eux à toute allure. « De l'air pressé qu'il a, pensa-t-il, il arrivera sûrement avant nous » et il se rendormit.

10 Ensuite le froid le réveilla. Il était tout trempé de sang. Quelques morceaux de sa femme gisaient près de lui. « Avec le sang, pensa-t-il, surgissent toujours quantité de désagréments ; si ce train pouvait n'être pas passé, j'en serais fort heureux. Mais puisqu'il est déjà passé... » et il se rendormit.

— Voyons, disait le juge, comment expliquez-vous que votre femme se soit blessée au point qu'on l'ait trouvée partagée en huit morceaux, sans que vous, qui étiez à côté, ayez pu faire un geste pour l'en empêcher, sans même vous en être aperçu ? Voilà le mystère. Toute l'affaire est là-dedans.

— Sur ce chemin, je ne peux pas l'aider, pensa Plume, et il se rendormit.

— L'exécution aura lieu demain. Accusé, avez-vous quelque chose à
20 ajouter ?

— Excusez-moi, dit-il, je n'ai pas suivi l'affaire. Et il se rendormit.

Plume, Gallimard, 1938.

POTEAUX D'ANGLE

Les fruits de la découverte

Dans ces aphorismes, Henri Michaux nous livre les résultats d'un long apprentissage de l'homme en quête de la sagesse. Il s'agit moins de se transformer pour s'adapter au monde extérieur que de conserver consciemment l'intégrité de son être, avec ses ombres et ses lumières.

C'est à un combat sans corps qu'il faut te préparer, tel que tu puisses faire front en tout cas, combat abstrait qui, au contraire des autres, s'apprend par rêverie.

N'apprends qu'avec réserve.
Toute une vie ne suffit pas pour désapprendre, ce que naïf, soumis, tu t'es laissé mettre dans la tête — innocent ! — sans songer aux conséquences.

Avec tes défauts, pas de hâte. Ne va pas à la légère les corriger.
Qu'irais-tu mettre à la place ?

Garde ta mauvaise mémoire. Elle a sa raison d'être, sans doute.

10 Garde intacte ta faiblesse. Ne cherche pas à acquérir des forces, de celles surtout qui ne sont pas pour toi, qui ne te sont pas destinées, dont la nature te préservait, te préparant à autre chose.

On n'est pas allé dans la lune en l'admirant. Sinon, il y a des millénaires qu'on y serait déjà.

Le loup qui comprend l'agneau est perdu, mourra de faim, n'aura pas compris l'agneau, se sera mépris sur le loup... et presque tout lui reste à connaître sur l'être.

Poteaux d'angle, Gallimard, 1981.

RENÉ CHAR (1907-1988)

Héritier du surréalisme, René Char fut l'un des initiateurs de la poésie moderne. Son œuvre, à la fois simple et difficile, est aussi une réflexion sur la poésie, un témoignage du créateur sur le geste de la création et sur la signification de ce geste.

LA VIE

Venu à la poésie comme beaucoup pendant l'adolescence, René Char se mêle dans les années 30 au mouvement surréaliste. Breton et Éluard l'estiment et l'associent à leurs travaux poétiques. Pendant la guerre, il s'engage dans la Résistance. A partir de 1945, il se tient à l'écart de la vie publique, menant en Provence une vie de poète-paysan coupée de séjours parisiens.

PRINCIPALES ŒUVRES

— *Le marteau sans maître* (1934)
— *Le poème pulvérisé* (1947)
— *Fureur et mystère* (1948)
— *Les matinaux* (1950)
— *A une sérénité crispée* (1951)
— *La bibliothèque est en feu* (1956)
— *La parole en archipel* (1962)
— *Commune présence* (1964)
— *Dans la pluie giboyeuse* [1] (1968)
— *Le nu perdu* (1971)
— *Les Voisinages de Van Gogh* (1985)
— *Le Gisant mis en lumière* (1987)
— *Éloge d'une soupçonnée* (1988)

LA FORME POÉTIQUE

L'œuvre de René Char offre l'exemple d'une poésie difficile, inhabituelle, dont les titres de ses recueils sont déjà le reflet. S'il a été influencé dans sa jeunesse par André Breton, on ne peut pas dire qu'il pratique une poésie surréaliste. La difficulté vient de ce qu'il exige de lui-même en tant que poète : « Le poète ne peut pas longtemps demeurer dans la stratosphère du verbe. Il doit se lover dans de nouvelles larmes et pousser plus avant dans son ordre ». Cela veut dire qu'être

René Char chez lui.

poète ne signifie pas seulement être capable d'écrire ; si l'on ne fait qu'écrire, on tombe dans la routine des mots. Être poète, c'est essayer de découvrir le monde tel qu'il nous est caché par les apparences. Ennemi de tout développement, René Char affectionne le « raccourci fascinateur ». Ses courts poèmes, « parole en archipel », ont souvent la forme d'aphorismes [2] qui touchent à un mystère, tout en le préservant. Les images déroutent le lecteur et « accentuent l'obscur en lui ». René Char ne veut pas être le poète de la satisfaction et de la bonne conscience : « La poésie est à la fois parole et provocation silencieuse ».

1. *Riche en gibier.*
2. *Énoncé sous une forme concise et frappante d'une vérité générale ou d'une règle morale.*

371

LES THÈMES

Souvent les poèmes de René Char sont violents. Si cette violence a fait parfois de lui un poète de combat, lorsque par exemple, révolté par la brutalité du franquisme, il écrit en 1937 *Placard pour le chemin des écoliers,* elle en fait surtout un poète qui résiste à toute oppression quotidienne et admise (violence contre les enfants, violence contre la nature, etc.). Il dit lui-même : « Je n'écrirai pas de poème d'acquiescement ».

L'enfant lui apparaît comme l'être qui est le plus en accord avec la nature (voir extrait page 374) et c'est en retournant vers son enfance provençale qu'il découvre le mieux cet accord avec les animaux, les fleurs, les arbres. Cette nostalgie de l'enfance exprime la nostalgie d'une unité perdue dont la poésie est une quête éperdue : « L'été et notre vie étions d'un seul tenant (...) C'était au début d'adorables années. La terre nous aimait un peu, je me souviens ».

La poésie de René Char, hantée par la nostalgie de l'unité perdue marque une fêlure entre la vie authentique et notre mode d'existence souvent frelaté [1] : « Je suis né, comme le rocher, avec mes blessures. Sans guérir de ma jeunesse superstitieuse, à bout de fermeté limpide, j'entrerai dans l'âge cassant ». Ses poèmes, faits pour secouer la quiétude, ne sont pourtant pas désespérés : « A chaque effondrement de preuves, le poète répond par une salve d'avenir ».

1. *Corrompu.*

BIBLIOGRAPHIE
J. Starobinski, *René Char et la définition du poème,* n° spécial de la revue *Liberté,* 1968.
G. Mounin, *Avez-vous lu Char ?,* Gallimard, 1966.
Cahier de l'Herne n° 15 : « René Char », L'Herne, 1971.
P. Guerre, *René Char,* Seghers, Poètes d'aujourd'hui, 1972.

FUREUR ET MYSTÈRE

Sonder sans dévoiler

La poésie ne doit pas lever les mystères mais cerner l'inconnu sans qu'il cesse d'être inconnu. Char excelle dans cet art. Au lieu de nous éclairer, ses poèmes semblent se refermer sur eux-même en nous laissant une interrogation. La vérité est dans cette interrogation qui nous déroute.

A LA SANTÉ DU SERPENT

I

Je chante la chaleur à visage de nouveau-né, la chaleur désespérée.

IV

Dans la boucle de l'hirondelle un orage s'informe, un jardin se construit.

VI

Produis ce que la connaissance veut garder secret, la connaissance aux cent passages.

XIII

Pouvoir marcher, sans tromper l'oiseau, du cœur de l'arbre à l'extase du fruit.

XXII

Néglige ceux aux yeux de qui l'homme passe pour n'être qu'une étape de la couleur sur le dos tourmenté de la terre. Qu'ils dévident leur longue remontrance. L'encre du tisonnier et la rougeur du nuage ne font qu'un.

XXIV

Si nous habitons un éclair, il est le cœur de l'éternel.

XXVI

La poésie est de toutes les eaux claires celle qui s'attarde le moins aux reflets de ses ponts.

Poésie, la vie future à l'intérieur de l'homme requalifié.

Fureur et mystère,
Gallimard, 1948.

Je chante la chaleur à visage
de nouveau - né, la chaleur
désespérée.

Illustration de Joan Miró pour une composition poétique de René Char « A la santé du serpent » (1954). Le graphisme tend à montrer l'isolement de la parole qui se trouve alors « en archipel ». (Bibliothèque Nationale, Paris).

LES MATINAUX

Appel à la résistance

Meurtri par les hommes, l'adolescent trouve refuge auprès de la nature. Cet accord entre l'enfance et la nature est un thème fondamental de la poésie de René Char car elle symbolise l'unité profonde de l'être à jamais perdue. Cette faiblesse de l'enfant est une richesse, une force. Elle disparaîtra quand il sera devenu adulte.

L'ADOLESCENT SOUFFLETÉ

Les mêmes coups qui l'envoyaient au sol le lançaient en même temps loin devant sa vie, vers les futures années où, quand il saignerait, ce ne serait plus à cause de l'iniquité[1] d'un seul. Tel l'arbuste que réconfortent ses racines et qui presse ses rameaux meurtris contre son fût résistant, il descendait ensuite à reculons dans le mutisme de ce savoir et dans son innocence. Enfin il s'échappait, s'enfuyait et devenait souverainement heureux.. Il atteignait la prairie et la barrière des roseaux dont il cajolait la vase et percevait le sec frémissement. Il semblait que ce que la terre avait produit de plus noble et de plus persévérant, l'avait, en compensation,
10 adopté.

Il recommencerait ainsi jusqu'au moment où, la nécessité de rompre disparue, il se tiendrait droit et attentif parmi les hommes, à la fois plus vulnérable et plus fort.

1. L'injustice.

Les matinaux, Gallimard, 1950.

DANS LA PLUIE GIBOYEUSE

Désillusion devant la réalité

Le poème s'articule sur trois éléments : une question deux fois répétées (De quoi souffres-tu ?) ; une série d'impressions et d'hypothèses (Comme si...) ; une réponse (ligne 12 à 16) faite d'images successives. Si la poésie de Char se partage entre une espérance dans l'avenir et une nostalgie désespérée, c'est bien cette dernière qui semble ici l'emporter.

RÉMANENCE[1]

De quoi souffres-tu ? Comme si s'éveillait dans la maison sans bruit l'ascendant d'un visage qu'un aigre miroir semblait avoir figé. Comme si, la haute lampe et son éclat abaissés sur une assiette aveugle, tu soulevais vers ta gorge serrée la table ancienne avec ses fruits. Comme si tu revivais tes fugues dans la vapeur du matin à la rencontre de la révolte tant chérie, elle qui sut, mieux que toute tendresse, te secourir et t'élever. Comme si tu condamnais, tandis que ton amour dort, le portail souverain et le chemin qui y conduit.

De quoi souffres-tu ?

1. La rémanence est la persistance d'un phénomène après la disparition de sa cause. Ce peut être la rémanence de l'aimantation après le retrait de l'aimant ou encore la rémanence d'images visuelles sur la rétine après disparition de l'objet vu. Ici, il s'agit de la rémanence du passé dans le présent.

10 De l'irréel intact dans le réel dévasté. De leurs détours aventureux cerclés d'appels et de sang. De ce qui fut choisi et ne fut pas touché, de la rive du bond au rivage gagné, du présent irréfléchi qui disparaît. D'une étoile qui s'est, la folle, rapprochée et qui va mourir avant moi.

Dans la pluie giboyeuse, Gallimard, 1968.

LE NOUVEAU THÉÂTRE

En même temps que l'on assiste (à partir de 1950) à un renouvellement du roman, un Nouveau Théâtre apparaît. Il se développe spontanément, sans que les artisans de ce renouveau se soient concertés. Il a pour espace de petites scènes parisiennes[1] et est donc peu connu à ses débuts. Seul un public d'intellectuels à la recherche de formes artistiques nouvelles s'y intéresse, puis s'y attache. Cependant on ne peut pas dire que ce théâtre ait réussi depuis ses origines à conquérir vraiment un public populaire.

UN THÉÂTRE DU REFUS

Quels sont ses objectifs ? Ils se caractérisent globalement par un refus :
— refus des règles sur l'unité de temps, de lieu et d'action, ce qui n'est pas nouveau en soi, il est vrai. Claudel avait déjà en son temps rejetté ces conventions formelles.
— refus de la psychologie et refus d'une certaine idée du langage surtout : c'est par là que le nouveau théâtre est un théâtre nouveau. Les personnages n'ont aucune réalité sociale, ils ne sont pas typés psychologiquement : il n'y a plus de « vieil avare », de « jeune ambitieux ». Les êtres humains sont des sortes d'abstractions, donc parfaitement anonymes.
Le langage n'est plus un moyen de communiquer avec les autres. Il est incohérent et creux ; tous les auteurs aboutissent à cette constatation, même si les moyens qu'ils utilisent pour y parvenir divergent.
Théâtre très exigeant au plan intellectuel, le Nouveau Théâtre ne dédaigne pas cependant de recourir aux procédés comiques.
Les quatre principaux créateurs que l'on peut réunir sous cette appellation sont Arthur Adamov, Samuel Beckett, Jean Genet et Eugène Ionesco.

ARTHUR ADAMOV (1908-1970)

La vie et l'œuvre

D'origine russe, Arthur Adamov s'installe très tôt à Paris. Sa première pièce de théâtre date de 1949 : *L'invasion* a été représentée pour la

Arthur Adamov dans la chambre de son hôtel parisien.

première fois l'année suivante. A sa suite il écrit *La grande et la petite manœuvre* (1950), *La parodie* (1952), *Le professeur Taranne* (1953), *Tous contre tous* (1953). Puis Adamov s'écarte d'une technique et de thèmes typiques du Nouveau Théâtre pour retrouver un certain réalisme : *Ping-pong* (1955), *Paolo-Paoli* (1957), *Off limits* (1962) et *La politique des restes* (1963) sont des productions de cette deuxième étape.

---

1. *Presque toutes sur la rive gauche de la Seine : le théâtre de la Huchette, le théâtre de Poche, le théâtre des Noctambules, le théâtre de Babylone...*

Les thèmes

Les pièces d'Adamov soulignent la condition misérable de l'homme, enfermé dans la solitude ou victime de la persécution. Dans *Tous contre tous,* la persécution prend un caractère raciste et frappe les hommes qui ne peuvent marcher qu'en boîtant, accusés de provoquer le chômage et de ruiner le pays.

L'univers d'Adamov est totalement absurde, les personnages semblent prisonniers d'un mauvais rêve où tout ce qu'ils entreprennent échoue.

Les techniques et l'expression

Adamov utilise toujours des décors très concrets et suggestifs. Il établit des liens entre le cadre qu'il donne aux personnages et leur état d'âme : s'il veut traduire le trouble et l'angoisse d'un homme pourchassé par des puissances mystérieuses, il introduit des objets menaçants sur scène.

Dans *Ping-pong* (1955), il construit la pièce autour d'une machine à sous ; le hasard auquel est soumis le joueur a une valeur symbolique : les chances de faire correspondre 2 ou 3 motifs sur la machine sont comparables à celles qu'a l'homme de correspondre avec autrui.

Cette difficulté de communication se retrouve dans le langage d'Adamov. Les dialogues sont creux, vides de sens. Les personnages s'échangent des répliques de façon très mécanique, sans s'engager. Souvent même les dialogues sont en fait deux monologues parallèles, chacun opposant ses idées sans tenir compte des répliques de l'autre.

Arthur Adamov est l'observateur lucide et ironique d'une condition humaine qu'il juge menacée et dérisoire.

SAMUEL BECKETT (1906-1989)

La vie et l'œuvre

Il est lui aussi d'origine étrangère, puisqu'il est Irlandais. A l'âge de 30 ans environ, il s'installe en France et commence par écrire des romans, offrant l'image d'une humanité en pleine décomposition. A partir de 1945, il choisit la langue française pour s'exprimer. Peu à peu, il s'intéresse également au théâtre.

En attendant Godot lui assure un vrai triomphe en 1953, national d'abord, puis mondial. Par la suite, Samuel Beckett écrit *Tous ceux qui tombent, Fin de partie* (1957), *La dernière bande* (1959), *Oh, les beaux jours* (1963) et enfin *Comédie* (1966).

L'art

En attendant Godot est une sorte de farce métaphysique en deux actes. Deux clochards, Vladimir et Estragon, attendent sur une route

Samuel Beckett.

déserte un certain Godot. Leur attente remplie de considérations sur la vie, le suicide, est interrompue par l'arrivée de deux nouveaux personnages : Pozzo et son esclave Lucky. Survient ensuite un garçon qui annonce que Godot ne viendra que le lendemain. Mais le jour suivant, l'attente est tout aussi vaine : Godot ne vient pas.

Cette pièce symbolise parfaitement l'univers essentiellement absurde des œuvres de Beckett. Beckett rompt avec la tradition théâtrale :

— Les personnages de Vladimir et Estragon, mais aussi ceux des pièces ultérieures, n'ont pas d'identité ni de statut social (ils sont clochards semble-t-il). Même le personnage attendu, Godot[1], n'a pas de consistance. D'ailleurs, Vladimir et Estragon ne savent même plus ce qu'ils en attendent. Ce sont les caricatures d'une humanité misérable et inquiète.

— L'action n'est pas claire : on ne sait pas ce que font les quatre personnages de *En attendant Godot,* pas plus qu'on ne comprend ce que cherchent dans leurs poubelles ceux de *Fin de partie.*

— Le décor est mal déterminé : une route déserte, une scène presque vide à l'exception de

---

1. *Nom composé sans doute par analogie au mot anglais god, signifiant Dieu.*

grandes amphores où sont enfoncés les personnages de *Comédie* dont on ne voit plus que les têtes. Ou encore les espèces de sables mouvants où sont enterrés les acteurs de *Oh, les beaux jours*.

— Le langage est le seul lieu de refuge possible dans un tel univers. Mais là encore, Beckett refuse toute concession. Les propos échangés sont ambigus ou mensongers. L'homme ne peut pas communiquer avec autrui.

La gravité de la situation est paradoxalement soulignée par le comique, qui va des jeux de clown à l'humour macabre.

Les personnages de Beckett sont des clowns tristes, comme le malheureux Lucky qui trébuche, s'endort sur scène, et est contraint par Pozzo de penser sur commande.

Le comique est celui des gestes aussi et des jeux de scènes, avec coups de pieds, bagarres et jeux de mots, parfois vulgaires. Dans *Fin de partie,* un tailleur qui doit faire un pantalon dit par exemple à son client : « Désolé, revenez dans dix jours, j'ai salopé [1] l'entrejambes »... « Navré, revenez dans quinze jours, j'ai bousillé [1] la braguette ».

Samuel Beckett présente une vision absurde de l'existence humaine dans des pièces peuplées de personnages bouffons.

JEAN GENET (1910-1986)

La vie et l'œuvre

Enfant de l'assistance publique, il est d'abord confié à des paysans du Morvan (nord du Massif central). A seize ans, il est envoyé en maison de correction. En 1942, il se retrouve en prison. Cette incapacité de s'adapter a alimenté en lui une farouche haine de l'ordre social. Jean Genet n'a évité aucune provocation : vols (qui le conduisent en prison), homosexualité...

Il écrit d'abord des romans, *Notre-Dame des fleurs* (1948) et *Le miracle de la rose* (1947) où il glorifie le mal et montre la fascination qu'exerce sur lui la mort.

Il se consacre ensuite au théâtre. Sa première pièce *Les bonnes* (1947) raconte les fantasmes de deux bonnes, Claire et Solange, qui ont l'habitude de jouer l'une à la maîtresse et l'autre à la servante. Un jour, elles décident d'empoisonner leur vraie maîtresse mais échouent : Claire joue alors le rôle de Madame et meurt à sa place, Solange goûtant le plaisir d'avoir tué.

Les pièces suivantes sont toutes remarquées par le scandale qu'elles provoquent, comme c'était le cas pour *Les bonnes* : *Haute surveillance* (1949), *Le balcon* (1956), *Les nègres* (1959) où une troupe de Noirs se libère par le jeu théâtral de fantasmes racistes, et surtout *Les paravents* (1966), évoquant la guerre d'Algérie.

Les thèmes

L'idée essentielle Jean Genet est une inversion totale des valeurs, le Bien est mauvais, c'est faire le Mal qui est bien. Un des personnages féminins des *Paravents*, Leila, l'exprime clairement : « Je veux... que tu sois sans espoir... Je veux que tu choisisses le mal et toujours le mal. Je veux que tu ne connaisses que la haine et jamais l'amour. »

L'art

Les techniques de Jean Genet sont très significatives de cette inversion des valeurs. Il utilise constamment les jeux de miroirs, les reflets, les images renvoyées par des doubles. Dans *Les nègres,* l'action principale est jouée par des Noirs, mimant l'assassinat d'une Blanche, et observés par d'autres Noirs (leur reflet donc) mais déguisés en Blancs (leur contraire aussi). Par ces moyens scéniques assez déroutants, il veut suggérer que le monde que nous voyons n'est qu'illusion.

La langue de Jean Genet révèle une extraordinaire maîtrise. Les personnages peuvent être d'une extrême grossièreté : la fonction de provocation est alors mise en avant. Mais en même temps, l'expression est d'une grande justesse et peut être très élégante comme dans certains passages poétiques des *Nègres* ou des *Paravents.*

EUGÈNE IONESCO (né en 1912)

La vie et l'œuvre

Eugène Ionesco est né en Roumanie en 1912. Définitivement installé en France depuis 1938, Eugène Ionesco est le représentant le plus typique du Nouveau Théâtre.

Il fait ses débuts avec *La cantatrice chauve* (1950), sorte de réflexion sur l'absurdité du langage, qui entraîne des effets comiques. *La leçon* puis *Jacques ou la soumission* font partie elles aussi des premières pièces de Ionesco, brèves, avec un décor sommaire et des personnages rudimentaires, presque des robots.

Ionesco élargit ensuite ses pièces et donne plus de consistance aux personnages : *Les chaises* (1952), *Victimes du devoir* (1953).

Cette évolution se concrétise avec les pièces appartenant à la deuxième étape de l'œuvre : *Amédée ou comment s'en débarrasser* (1954), et surtout *Tueur sans gages* (1959), *Rhinocéros* (1959) et *Le roi se meurt* (1963).

Depuis, Ionesco semble être revenu à un certain humanisme : *Le piéton de l'air* (1963), *La soif et la faim* (1966) et surtout *Jeux de massacre* (1970) en témoignent.

---

1. *J'ai mal fait, j'ai abîmé (argot).*

Une scène de La leçon *au théâtre de la Huchette, en mai 1978 (avec Frédérique Villedent, Claude Debord, Anne Alexandre, dans une mise en scène de Marcel Cuvelier). Ce minuscule théâtre du Quartier latin ne joue depuis des années que des pièces de Ionesco.*

C'est l'absurde qui est au cœur des pièces de Ionesco. La vie des personnages n'a aucun sens ; les deux vieux des *Chaises* se suicident, confiants dans le message que va apporter un orateur : ils meurent pour rien car le message est incompréhensible.

Les techniques

Elles varient de la première à la troisième étape, mais une constante se dégage : les jeux sur le langage. Dans *La cantatrice chauve*, Ionesco reprend et met bout à bout des phrases banales extraites d'une méthode d'apprentissage de l'anglais.

C'est un langage fondé sur la répétition, l'action elle-même étant d'ailleurs répétitive.

Les mêmes scènes se retrouvent au début et à la fin de *La leçon* par exemple.

Par la suite, la langue des personnages est moins sclérosée, et devient aussi plus cohérente.

Ionesco se détourne de ceux qui croient aveuglément à la justesse des mots. Il exprime davantage, par le biais de ses personnages, les difficultés à communiquer.

Les personnages

Robots inconsistants dans ses premières pièces, les personnages d'Ionesco ont une psychologie rudimentaire. Ce sont des guignols agissant de façon mécanique comme madame et monsieur Smith dans *La cantatrice chauve*.

Progressivement, au fil de l'évolution d'Ionesco, ils s'humanisent. Ionesco crée le personnage de Bérenger dont il fera le héros de plusieurs pièces *(Rhinocéros, Le roi se meurt)*.

Le comique des œuvres de Ionesco est toujours très sarcastique. Il est provoqué par le ridicule des personnages ou par les conformismes du langage.

Eugène Ionesco est un maître du théâtre de l'absurde et un théoricien du Nouveau Théâtre. Il a d'ailleurs écrit un recueil de réflexions sur le théâtre contemporain : *Notes et contre-notes* (1963).

BIBLIOGRAPHIE
M. Esslin, *Le théâtre de l'absurde,* Buchet-Chastel, 1963.
L.C. Pronko, *Théâtre d'avant-garde,* Denoël, 1963.
P. Surer, *Le théâtre français contemporain,* SEDES, 1964.
M. Corvin, *Le théâtre nouveau en France,* « Que-sais-je » 1072, PUF 1966.
G. Serreau, *Histoire du « nouveau théâtre »,* Collection « Idées », Gallimard, 1966.
S. Assad Chahine, *Regards sur le théâtre d'Adamov,* Nizet, 1981.
J. Onimus, *Beckett,* Desclée de Brouwer, 1967.
G. Durozoi, *Beckett,* Bordas, 1972.
L. Janvier, *Pour Samuel Beckett,* U.G.E., 1973.
Jean Genet, Revue *Obliques,* 1972.
J.H. Donnard, *Ionesco dramaturge,* Minard, 1966.

ARTHUR ADAMOV

LA POLITIQUE DES RESTES

Le théâtre du malaise

Un Blanc, Johnnie, est accusé du meurtre d'un homme de couleur, Tom Guinness.
Au lieu de nous présenter le triomphe du Bien, Adamov semble ne pas s'engager
du côté des victimes auxquelles il oppose la morgue et la mauvaise foi de la
défense de l'accusé.

Johnnie s'avance vers la barre, suivi, comme d'habitude, par son policier[1].

LE GREFFIER. — Vous jurez sur la sainte Bible de dire la vérité, toute la vérité et rien que la vérité ? Levez la main, dites : je le jure.

JOHNNIE. — Bien sûr, bien sûr, que je le jure !

L'AVOCAT GÉNÉRAL. — Vous vous êtes, n'est-ce pas rendu au domicile de Tom Guinness le 17 novembre, à 21 h 30, et ce, muni d'un revolver à cran d'arrêt ?

JOHNNIE, *rectifiant*. — D'un silencieux.

L'AVOCAT GÉNÉRAL. — Autrement dit, d'un revolver de type spécial.

10 LA DÉFENSE. — Du type de revolver le plus fréquemment porté par la police.

L'AVOCAT GÉNÉRAL. — La Cour ne vous a pas donné la parole, maître Count.

LA DÉFENSE. — Et quand me la donnera-t-elle ?

L'AVOCAT GÉNÉRAL. — Quand elle le jugera bon. Persistez-vous, Mr Brown, dans vos déclarations précédentes, selon lesquelles vous auriez agi sans préméditation aucune ?

JOHNNIE. — Je persiste.

L'AVOCAT GÉNÉRAL. — Vous ne devez pourtant pas être sans savoir que le
20 port du revolver, depuis le 15 novembre, n'est plus recommandé, ni même conseillé aux colons.

JOHNNIE. — Monsieur l'Accusateur Général, je vous accuse de mauvaises intentions, et je dirais même de provocation, car tout le monde sait bien — et vous le savez donc pertinemment, vous aussi — que je ne pensais, de prime abord, qu'à entreprendre une expédition punitive.

L'AVOCAT GÉNÉRAL. — Sans doute. Seulement, comme vous étiez armé...

JOHNNIE. — Bien sûr, que j'étais armé ! Vous n'auriez pas voulu, quand même, que je me promène dans un quartier plein de noirs, les poches vides, les mains vides, la tête vide ?...

30 LA DÉFENSE. — Si le Fifty Act avait été encore en vigueur, si la ségrégation complète de l'habitat avait été encore respectée, et les nègres encore parqués dans les zones-tampon, Mr Brown aurait eu fort peu de chances de rencontrer Tom Guinness et, partant, de l'abattre.

L'AVOCAT GÉNÉRAL. — Quoi qu'il en soit, la Cour est dans l'obligation, Mr Brown, de constater que votre expédition punitive, pour reprendre votre expression, ne présentait pas un caractère absolument pacifique.

LA DÉFENSE. — Je ne vois pas pourquoi elle ne présentait pas ce caractère.

(L'Avocat général a un geste de découragement, ou du moins qui se veut tel.)

1. Conformément à l'usage aux États-Unis, l'accusé est cité comme son propre témoin.

40 JOHNNIE. — Je n'aime pas beaucoup les répétitions. Aussi ne vous reparlerai-je pas des déchets, des ordures, des déjections que Tom Guinness — en cheville avec ma très chère famille, du reste — crut bon de déposer devant ma porte.[...]

L'AVOCAT GÉNÉRAL. — Je ne pense pas non plus qu'il faille reparler de ces choses, sur lesquelles nous nous sommes, en effet, suffisamment étendus.

JOHNNIE. — C'est bien pourquoi, Monsieur l'Accusateur général, je vous parlerai d'autres choses, mais tout aussi effrayantes, et je dirais même, j'irais même jusqu'à dire plus effrayantes. *(Pause).* Je ne pensais d'abord qu'à frapper Tom Guinness, mais lorsque je le vis à demi-nu, avec ses pieds
50 noirs, et la plante de ses pieds à demi blanche, je ne pus me contenir davantage. Du noir, du jaune, du blanc sur un même pied, c'est, il me semble, beaucoup.

L'AVOCAT GÉNÉRAL. — En effet. Mais il demeure que déjà, quittant votre domicile, vous aviez l'intention de vous en prendre à Tom Guinness et, je vous le répète, la loi du 15 novembre — à tort ou à raison, ce n'est pas à nous d'en décider ici — est, sur ce point, formelle.

LA DÉFENSE, *se promenant.* — Je tiens à vous rappeler, Messieurs, que si effectivement, depuis le 15 novembre, le port des armes n'est plus recommandé aux citoyens de race blanche, il reste toutefois toléré. Et je me
60 permettrai d'ajouter que, s'il n'avait plus été toléré, la sécurité des personnes et des biens n'aurait pu être assurée.

LE PRÉSIDENT, *convaincu.* — Cela me paraît indubitable.

L'AVOCAT GÉNÉRAL, *à Johnnie.* — Je vous remercie, Mr Brown.

(Johnnie suivi de son policier, revient à sa place, ricanant, triomphant.)

A. Adamov, *La politique des restes*
Gallimard, 1963.

Gérard Darrieu dans La politique des restes, *mise en scène par José Valverde au théâtre Gérard Philipe (à Saint-Denis) en 1967.*

JEAN GENET

LES NÈGRES

Le racisme au théâtre

Le succès de Jean Genet a été confirmé par Les nègres, *joués dans la remarquable mise en scène de Roger Blin en 1959. L'action est, comme dans la plupart des pièces du théâtre moderne, inexistante : une troupe d'acteurs noirs se débarrasse des souffrances provoquées par le racisme en simulant le meurtre d'une femme blanche. Certains Noirs sont masqués en Blancs et jouent les rôles de personnages tyranniques et dominateurs, comme celui du gouverneur, de la reine.*

La compagnie africaine « Les Griots » interprète Les nègres de Jean Genet. Théâtre de Lutèce, 1959, mise en scène de Roger Blin.

LE GOUVERNEUR, *soudain.* — On vous l'a dit : faites donner Village, faites donner [1] Vertu ! [2]

Les Nègres se regardent un instant, interloqués, puis se résignent.

VILLAGE [3], *à Vertu et s'inclinant avec un soupir énorme devant elle.* — Madame, je ne vous porte rien de comparable à ce qu'on nomme l'amour. Ce qui se passe en moi est très mystérieux, et ma couleur ne saurait en rendre compte [4]. Quand je vous vis...

ARCHIBALD. — Attention, VILLAGE, n'allez pas évoquer votre vie hors d'ici.

VILLAGE, *un genou en terre.* — Quand je vous vis, sur de hauts talons vous
10 marchiez dans la pluie. Vous aviez une robe de soie noire, des bas noirs, un parapluie noir et des souliers vernis. Oh, si je n'étais né en esclavage ! Une étrange émotion m'eût bouleversé, mais nous nous déplacions, vous et moi, à côté du monde, dans sa marge. Nous étions l'ombre, ou l'envers des êtres lumineux... Quand je vous vis, j'eus tout à coup, je crois, durant une seconde, la force de nier tout ce qui n'était pas vous, et de rire devant

1. Ici : faites venir.
2. Nom d'une jeune femme noire.
3. Nom d'un jeune Noir.
4. L'expliquer.

l'illusion, hélas mes épaules sont bien fragiles. Je ne pus supporter la condamnation du monde. Et je me suis mis à vous haïr quand tout en vous m'eût fait entrevoir l'amour, et que l'amour m'eût rendu insupportable le mépris des hommes, et ce mépris insupportable mon amour pour vous. Exactement, je vous hais.

Mais depuis un moment la Cour paraît s'agiter. Le Valet semble hurler en silence quelques mots à l'oreille du Gouverneur qui, dans sa direction, a mis sa main en cornet[5].

ARCHIBALD, *à la Cour.* — Je vous en prie !

LE VALET, *hurlant.* — M'Zaita 20010 ![6]

LE GOUVERNEUR. — Les Cafés ?

LE VALET, *cependant que toute la Cour est très attentive à ce qu'il dit.* — Arabica extra-prima 608-627. Robusta 327-327. Kouilou 315-317.

VILLAGE, *qui avait baissé la tête, la relève pour reprendre son récit.* — Je ne sais pas si vous êtes belle — j'ai peur que vous ne le soyez. J'ai peur de la ténèbre, crépitante d'étincelles, que vous êtes ! Ténèbres, mère auguste de ma Race, Ombre, tunique exacte qui me gante[7] de l'orteil à la paupière, long sommeil où le plus fragile de vos enfants voudrait s'enrouler, je ne sais pas si vous êtes belle, mais vous êtes l'Afrique, ô Nuit monumentale, et je vous hais. Je vous hais de remplir de douceur mes yeux noirs. Je vous hais de m'obliger à ce dur travail qui consiste à vous écarter de moi, à vous haïr. Il suffirait de peu de chose pour que me réjouissent votre visage, votre corps, vos mouvements, votre cœur...

ARCHIBALD. — Prenez garde, Village !

VILLAGE, *à Vertu.* — Mais je vous hais ! *(Aux autres)* Mais laissez-moi lui dire et vous dire tout le mal que j'endure. Si l'amour nous est refusé, qu'on sache...

BOBO. — Nous le savions déjà. Nous aussi nous sommes noirs. Mais nous, pour nous désigner, ce n'est pas de profondeur nocturne que nous parons nos métaphores. Ni d'étoiles. La suie, le cirage, le charbon, le goudron nous suffisent.

J. Genet, *Les nègres*,
Éditions Marc Barbezat, L'Arbalète

5. A joint ses mains devant sa bouche pour augmenter sa puissance sonore.
6. Ces interruptions de l'action proprement dite rappellent l'exploitation des colonies par les Blancs : il s'agit des cours des actions de café.
7. Me revêt, m'habille.

SAMUEL BECKETT

EN ATTENDANT GODOT

Une condition humaine dérisoire

Dans cette pièce, la plus jouée de Samuel Beckett, l'action est réduite à une attente, comme l'indique le titre. Le personnage attendu, Godot, revêt un caractère mythique et religieux, justement par son absence physique (il n'apparaît jamais). L'étymologie anglaise (Beckett était Irlandais) suggère d'ailleurs cette interprétation puisque « god » signifie « dieu ». Vladimir et Estragon sont deux clochards qui symbolisent une humanité en proie au doute mais qui s'entête dans une attente vaine.

ESTRAGON. — Je suis fatigué. *(Un temps.)* Allons-nous en.

VLADIMIR. — On ne peut pas.

ESTRAGON. — Pourquoi ?

VLADIMIR. — On attend Godot.

ESTRAGON. — C'est vrai. *(Un temps.)* Alors comment faire ?

VLADIMIR. — Il n'y a rien à faire.

ESTRAGON. — Mais moi je n'en peux plus.

VLADIMIR. — Veux-tu un radis ?

ESTRAGON. — C'est tout ce qu'il y a ?

10 VLADIMIR. — Il y a des radis et des navets.

ESTRAGON. — Il n'y a plus de carottes ?

VLADIMIR. — Non. D'ailleurs tu exagères [1] avec les carottes.

ESTRAGON. — Alors donne-moi un radis. *(Vladimir fouille dans ses poches, ne trouve que des navets, sort finalement un radis qu'il donne à Estragon qui l'examine, le renifle.)* Il est noir !

VLADIMIR. — C'est un radis.

ESTRAGON. — Je n'aime que les roses, tu le sais bien !

VLADIMIR. — Alors tu n'en veux pas ?

ESTRAGON. — Je n'aime que les roses !

20 VLADIMIR. — Alors rends-le moi. *(Estragon le lui rend.)*

ESTRAGON. — Je vais chercher une carotte. *(Il ne bouge pas.)*

VLADIMIR. — Ceci devient vraiment insignifiant.

ESTRAGON. — Pas encore assez.

(Silence)

VLADIMIR. — Si tu les essayais ?

ESTRAGON. — J'ai tout essayé.

VLADIMIR. — Je veux dire les chaussures.

ESTRAGON. — Tu crois ?

VLADIMIR. — Ça fera passer le temps. *(Estragon hésite.)* Je t'assure, ce
30 sera une diversion.

ESTRAGON. — Un délassement.

VLADIMIR. — Une distraction.

ESTRAGON. — Un délassement.

VLADIMIR. — Essaie.

ESTRAGON. — Tu m'aideras ?

VLADIMIR. — Bien sûr.

1. Vladimir a tendance à jouer le grand frère protecteur.

ESTRAGON. — On ne se débrouille pas trop mal, hein, Didi, tous les deux ensemble ?

VLADIMIR. — Mais oui, mais oui. Allez, on va essayer la gauche d'abord.

40 ESTRAGON. — On trouve toujours quelque chose, hein, Didi, pour nous donner l'impression d'exister ?

S. Beckett, *En attendant Godot,* 1953, acte II
Éd. de Minuit.

Pierre Latour et Lucien Raimbourg interprètent En attendant Godot. *Mise en scène de Roger Blin au théâtre de Babylone en 1953.*

EUGÈNE IONESCO

LA CANTATRICE CHAUVE

La dégénérescence du réel

L'absence complète de rapport entre le titre de la pièce et le contenu est déjà très révélateur de la démarche de Ionesco qui a donné à La cantatrice chauve *le sous-titre d'anti-pièce. Il y bouleverse en effet le langage et les structures du drame. Deux couples d'Anglais, les Smith et les Martin, se rendent mutuellement visite et échangent des propos absurdes, comme en dehors de tout contexte. Les personnages sont vidés de toute psychologie et le monde apparaît « dans une lumière insolite, peut-être dans sa véritable lumière, au-delà des interprétations et d'une causalité arbitraire »* (Notes et contre-notes).

M. SMITH. — Hm.

Silence.

Mme SMITH. — Hm, hm.

Silence.

Mme MARTIN. — Hm, hm, hm.

Silence.

M. MARTIN. — Hm, hm, hm, hm.

Silence.

Mme MARTIN. — Oh, décidément.

Silence.

10   M. MARTIN. — Nous sommes tous enrhumés.

Silence.

M. SMITH. — Pourtant il ne fait pas froid.

Silence.

Mme SMITH. — Il n'y a pas de courant d'air.

Silence.

M. MARTIN. — Oh non, heureusement.

Silence.

M. SMITH. — Ah, la la la la.

Silence.

20   M. MARTIN. — Vous avez du chagrin ?

Silence

Mme SMITH. — Non. Il s'emmerde.

Silence.

Mme MARTIN. — Oh, Monsieur, à votre âge, vous ne devriez pas.

Silence.

M. SMITH. — Le cœur n'a pas d'âge.

Silence.

M. MARTIN. — C'est vrai.

Silence.

30   Mme SMITH. — On le dit.

Silence.

Mme MARTIN. — On dit aussi le contraire.

Silence.

M. SMITH. — La vérité est entre les deux.

385

Silence.

M. MARTIN. — C'est juste.

Silence.

Mme SMITH, *aux époux Martin.*— Vous qui voyagez beaucoup, vous devriez pourtant avoir des choses intéressantes à nous raconter.

M. MARTIN, *à sa femme.* — Dis, chérie, qu'est-ce que tu as vu aujourd'hui ?

Mme MARTIN. — Ce n'est pas la peine, on ne me croirait pas.

M. SMITH. — Nous n'allons pas mettre en doute votre bonne foi !

Mme SMITH. — Vous nous offenseriez si vous le pensiez.

M. MARTIN, *à sa femme.* — Tu les offenserais, chérie, si tu le pensais...

Mme MARTIN, *gracieuse.*— Eh bien, j'ai assisté aujourd'hui à une chose extraordinaire. Une chose incroyable.

M. MARTIN. — Dis vite, chérie.

M. SMITH. — Ah, on va s'amuser.

Mme SMITH. — Enfin.

Mme MARTIN. — Eh bien, aujourd'hui, en allant au marché pour acheter des légumes qui sont de plus en plus chers...

Mme SMITH. — Qu'est-ce que ça va devenir !

M. SMITH. — Il ne faut pas interrompre, chérie, vilaine.

Mme MARTIN. — J'ai vu, dans la rue, à côté d'un café, un Monsieur, convenablement vêtu, âgé d'une cinquante d'années, même pas, qui...

M. SMITH. — Qui, quoi ?

Mme SMITH. — Qui, quoi ?

M. SMITH, *à sa femme.* — Faut pas interrompre, chérie, tu es dégoûtante.

Mme SMITH. — Chéri, c'est toi qui as interrompu le premier, mufle.

M. MARTIN. — Chut. *(A sa femme.)* Qu'est-ce qu'il faisait, le Monsieur ?

Mme MARTIN. — Eh bien, vous allez dire que j'invente, il avait mis un genou par terre et se tenait penché.

M. MARTIN, M. SMITH, Mme SMITH. — Oh !

Mme MARTIN. — Oui, penché.

M. SMITH. — Pas possible.

Mme MARTIN. — Si, penché. Je me suis approchée de lui pour voir ce qu'il faisait...

M. SMITH. — Eh bien ?

Mme MARTIN. — Il nouait les lacets de sa chaussure qui s'étaient défaits.

LES TROIS AUTRES. — Fantastique !

M. SMITH. — Si ce n'était pas vous, je ne le croirais pas.

M. MARTIN. — Pourquoi pas ? On voit des choses encore plus extraordinaires, quand on circule. Ainsi, aujourd'hui, moi-même, j'ai vu dans le métro, assis sur une banquette, un monsieur qui lisait tranquillement son journal.

Mme SMITH. — Quel original !

M. SMITH. — C'était peut-être le même !

E. Ionesco, La cantatrice chauve, 1950, scène VII,
Gallimard.

ROLAND BARTHES (1915-1981)

Jusqu'à sa mort accidentelle en 1981, Roland Barthes a été perçu comme le chef de file de la Nouvelle critique. Mais son plaisir d'écrire, son ironie et sa sensibilité l'ont toujours empêché de se perdre dans le jargon de beaucoup de ses contemporains.

LA VIE

Il naît à Cherbourg mais passe son enfance de fils d'officier de marine à Bayonne. Ses premiers écrits paraissent dans les pages littéraires de *Combat*, le journal dirigé par Camus. D'abord lecteur dans les universités de Bucarest et d'Alexandrie, il entre ensuite au C.N.R.S.[1] et s'occupe de lexicologie. C'est en 1953 qu'il devient célèbre avec la publication du *Degré Zéro de l'écriture*.

PRINCIPALES ŒUVRES

Barthes n'a pas écrit de romans mais uniquement des essais critiques.
Le degré zéro de l'écriture (1953) ; *Mythologies* (1957) ; *Sur Racine* (1963) ; *Éléments de sémiologie* (1965) ; *S/Z* (1970) ; *L'empire des signes* (1972) ; *Le plaisir du texte* (1973) ; *Roland Barthes par lui-même* (1975) ; *Fragments d'un discours amoureux* (1977).

LA PENSÉE

Portrait de Roland Barthes.

La critique littéraire

La linguistique de Ferdinand de Saussure *(Cours de linguistique générale,* 1906-1911) amène à considérer la langue comme un système autonome avec ses propres lois, ses propres structures. La révélation de ce fonctionnement autonome du langage n'a pas manqué d'influencer la critique littéraire, qui refusa alors de considérer l'œuvre par filiation, comme le produit d'une époque ou d'une vie par exemple. Pour la nouvelle critique l'œuvre littéraire apparaît comme un système suffisant qui n'a pas besoin d'informations extérieures pour être décriptée. Dès *Le degré zéro de l'écriture*, Barthes définit en conséquence son champ d'investigation : ce qu'il est intéressant de différencier dans un texte littéraire c'est la « langue » (ensemble linguistique commun à tous les écrivains d'une époque), le « style » (intime à chaque écrivain) et « l'écriture » (« produite par la réflexion de l'écrivain sur l'usage social de sa forme et le choix qu'il

1. Centre National de la Recherche Scientifique.

387

en assume »). Peu à peu Barthes s'aperçoit que non seulement le langage est un ensemble de signes mais que le fonctionnement de la société regorge lui aussi de signes [1].

La critique sociale

Dans *Mythologies*, Barthes décrit le fonctionnement des codes qui régissent notre société et ce qui s'y cache : code de la mode, code sportif, code gastronomique (voir extrait ci-dessous). Les éléments de la vie quotidienne qui paraissent les plus naturels correspondent en fait à un rituel, à une mythologie cachée et il essaie d'expliquer pourquoi on attache tant de valeur à l'automobile, à la vitesse, aux succès sportifs, etc.

1. *L'étude des signes s'appelle la sémiologie.*

BIBLIOGRAPHIE
R. Barthes, Roland Barthes par lui-même, Le Seuil, 1975.
J.-B. Fages, *Comprendre Roland Barthes*, Privat, 1979.

MYTHOLOGIES

Sémiologie et ironie

Dans son avant-propos, Barthes définit ainsi son entreprise : « Le départ de cette réflexion était le plus souvent un sentiment d'impatience devant le « naturel » dont la presse, l'art, le sens commun affublent sans cesse une réalité qui, pour être celle dans laquelle nous vivons, n'en est pas moins parfaitement historique : en un mot, je souffrais de voir à tout moment confondues dans le récit de notre actualité, Nature et Histoire, et je voulais ressaisir dans l'exposition décorative de ce-qui-va-de-soi, l'abus idéologique qui, à mon sens, s'y trouve caché ». Il n'y a donc pas de neutralité dans les comportements, tout a un sens.

LE BIFTECK ET LES FRITES

Le bifteck participe à la même mythologie sanguine que le vin. C'est le cœur de la viande, c'est la viande à l'état pur, et quiconque en prend, s'assimile la force taurine [1]. De toute évidence, le prestige du bifteck tient à sa quasi-crudité : le sang y est visible, naturel, dense, compact et sécable [2] à la fois ; on imagine bien l'ambroisie [3] antique sous cette espèce de matière lourde qui diminue sous la dent de façon à bien faire sentir dans le même temps sa force d'origine et sa plasticité à s'épancher dans le sang même de l'homme. Le sanguin est la raison d'être du bifteck : les degrés de sa cuisson sont exprimés, non pas en unités caloriques, mais en images de sang ; le
10 bifteck est *saignant* (rappelant alors le flot artériel de l'animal égorgé), ou *bleu* (et c'est le sang lourd, le sang pléthorique des veines qui est ici suggéré par le violine, état superlatif du rouge). La cuisson, même modérée, ne peut s'exprimer franchement ; à cet état contre-nature, il faut un euphémisme [4] : on dit que le bifteck est *à point*, ce qui est à vrai dire donné plus comme une limite que comme une perfection.

Manger le bifteck saignant représente donc à la fois une nature et une morale. Tous les tempéraments sont censés y trouver leur compte, les sanguins par identité, les nerveux et les lymphatiques par complément. Et de même que le vin devient pour bon nombre d'intellectuels une substance

1. Adjectif rare : relatif au taureau.
2. Adjectif rare : qui peut être coupé.
3. Nourriture des dieux de l'Olympe.
4. Formule de rhétorique : atténuation, adoucissement d'une notion.

Le royaume du bifteck : une grande boucherie parisienne vers 1910, boulevard Saint-Germain.

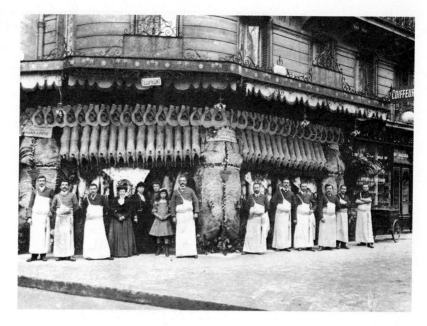

médiumnique[5] qui les conduit vers la force originelle de la nature, de même le bifteck est pour eux un aliment de rachat, grâce auquel ils prosaïsent[6] leur cérébralité et conjurent par le sang et la pulpe molle, la sécheresse stérile dont sans cesse on les accuse. La vogue du steak tartare[7], par exemple, est une opération d'exorcisme contre l'association romantique de la sensibilité et de la maladivité : il y a dans cette préparation tous les états germinants de la matière : la purée sanguine et le glaireux[8] de l'œuf, tout un concert de substances molles et vives, une sorte de compendium[9] significatif des images de la pré-parturition[10].

Comme le vin, le bifteck est, en France, élément de base, nationalisé plus encore que socialisé ; il figure dans tous les décors de la vie alimentaire : plat, bordé de jaune, semelloïde[11], dans les restaurants bon marché ; épais, juteux, dans les bistrots spécialisés ; cubique, le cœur tout humecté sous une légère croûte carbonisée, dans la haute cuisine ; il participe à tous les rythmes, au confortable repas bourgeois et au casse-croûte bohème du célibataire ; c'est la nourriture à la fois expéditive et dense, il accomplit le meilleur rapport possible entre l'économie et l'efficacité, la mythologie et la plasticité de sa consommation.

De plus, c'est un bien français (circonscrit, il est vrai, aujourd'hui par l'invasion des steaks américains). Comme pour le vin, pas de contrainte alimentaire qui ne fasse rêver le Français de bifteck. A peine à l'étranger, la nostalgie s'en déclare, le bifteck est ici paré d'une vertu supplémentaire d'élégance, car dans la complication apparente des cuisines exotiques, c'est une nourriture qui joint, pense-t-on, la succulence à la simplicité. National, il suit la cote des valeurs patriotiques : il les renfloue en temps de guerre, il est la chair même du combattant français, le bien inaliénable qui ne peut passer à l'ennemi que par trahison. Dans un film ancien *(Deuxième Bureau contre Kommandantur)*, la bonne du curé patriote offre à manger

5. Relatif au medium, personne qui, selon les doctrines spirites, est censée servir d'intermédiaire entre le monde des vivants et le monde des esprits. Ici : pouvoir attribué au vin.
6. Verbe formé par Barthes sur le mot « prosaïque » qui signifie commun, banal, rabaissé.
7. Viande hâchée crue avec un œuf cru dessus.
8. Qui est visqueux et clair.
9. Résumé, abrégé.
10. Parturition : enfantement, accouchement.
11. Adjectif formé par Barthes sur le substantif « semelle » ; ici : qui a l'apparence de la semelle. On peut dire d'une viande qu'elle est dure comme de la semelle.

à l'espion boche [12] déguisé en clandestin français : « *Ah, c'est vous, Laurent !* *Je vais vous donner de mon bifteck.* » Et puis, quand l'espion est démasqué :
50 « *Et moi qui lui ai donné de mon bifteck !* ». Suprême abus de confiance.

Associé communément aux frites, le bifteck leur transmet son lustre [13] national : la frite est nostalgique et patriote comme le bifteck. *Match* [14] nous a appris qu'après l'armistice indochinois, « *le général de Castries pour son premier repas demanda des pommes de terre frites* ». Et le Président des Anciens Combattants d'Indochine, commentant plus tard cette information, ajoutait : «*On n'a pas toujours compris le geste du général de Castries demandant pour son premier repas des pommes de terre frites.* » Ce que l'on nous demandait de comprendre, c'est que l'appel du Général n'était certes pas un vulgaire réflexe matérialiste, mais un épisode rituel d'appropria-
60 tion de l'ethnie française retrouvée. Le Général connaissait bien notre symbolique nationale, il savait que la frite est le signe alimentaire de la « francité ».

Mythologies, Le Seuil.

12. Terme argotique pour désigner un Allemand.
13. Éclat, valeur.
14. Il s'agit de « Paris-Match », magazine hebdomadaire à grande diffusion.

GEORGES SIMENON (1903-1989)

Il est difficile de se défaire d'une réputation et le nom de Simenon apparaît surtout comme celui d'un auteur de romans policiers, l'auteur des « Maigret ». Mais il a également écrit de très nombreux romans psychologiques qui ont permis à certains critiques de le comparer à Balzac.

LA VIE

Georges Simenon est né à Liège en Belgique. A onze ans, il signe ses devoirs de français du pseudonyme Georges Sim et ses professeurs lui laissent le choix du sujet. En 1918, il renonce à ses études pour subvenir aux besoins de sa famille. En 1922, il s'installe à Paris et travaille pour différents journaux. C'est en 1929 qu'il crée le personnage du commissaire Maigret, qui va assurer sa célébrité. G. Simenon voyage beaucoup, surtout aux États-Unis et en Suisse où il a fini par s'établir.

PRINCIPALES ŒUVRES

L'œuvre de G. Simenon apparaît colossale et aucune bibliographie n'a encore pu être établie de façon exacte. Il a écrit plusieurs centaines de romans. Nous n'en citons que quelques-uns :

Série des « Maigrets »

Pietr Le Letton (1930) : le premier de la série des « Maigret ».
Le chien jaune (1931) : porté à l'écran par Jean Renoir ; *La pipe de Maigret* (1947) ; *Maigret et son mort* (1948) ; *Maigret et le voleur paresseux* (1961).

Romans psychologiques

La maison du canal (1933) ; *L'homme de Londres* (1934) ; *Le clan des Ostendais* (1947) ; *Strip-tease* (1958) ; *Le train de Venise* (1965).

LES PERSONNAGES

L'inspecteur Maigret

Il y a plus de soixante-dix volumes construits autour de ce personnage : « Il était grand et

Georges Simenon.

large, large surtout, épais, solide et ses vêtements sans recherche soulignaient ce qu'il y avait de plébéien dans sa structure. Un visage lourd, où les yeux étaient capables de garder une immobilité bovine... Quelque chose d'implacable, d'inhumain, évoquant un pachyderme en marche vers un but dont rien ne le détournera. » *(Le pendu de Saint-Pholien).*

Maigret conduit ses enquêtes avec plus d'intuition que de méthode apparente. Lorsqu'il a une énigme à résoudre, il se plonge dans le milieu où a eu lieu le crime pour mieux saisir l'atmosphère, se mettre dans la peau des gens.

Les autres

Georges Simenon aime s'attacher à la vie secrète des gens. Il sait qu'il est impossible de vraiment comprendre autrui et que de ce fait il est impossible de le juger. Pour lui, il n'y a pas d'innocents, mais il n'y a pas non plus vraiment de coupables : « Un personnage de roman, c'est n'importe qui dans la rue, mais qui va jusqu'au bout de lui-même ». Tous les personnages de G. Simenon ont d'abord une vie banale dont ils subissent la routine jusqu'au jour où ils découvrent une vérité nouvelle qui leur extirpe ce qu'ils ont de plus secret, d'inavoué. Il est le romancier du couple, de la sexualité désordonnée, de la jalousie mais aussi de la solitude, il se fait le confident de l'homme qui a peur, qui se cache.

Georges Simenon connaît admirablement bien l'humanité et on a pu le présenter comme « l'avocat des hommes ». Il vit en sympathie avec le monde.

Du talent de Georges Simenon, Gide a dit : « Je déclare que je tiens Simenon pour un grand romancier, le plus grand peut-être et le plus vraiment romancier que nous ayons en littérature française aujourd'hui. »

BIBLIOGRAPHIE
Boileau-Narcejac, *Le roman policier*, Payot, 1964.
B. de Fallois, *Simenon*, Gallimard.

L'OMBRE CHINOISE

Maigret sur les lieux du crime

Comme dans tous ses romans policiers, Georges Simenon commence par situer le décor de l'action : c'est là que réside l'intérêt réel des Maigret *car G. Simenon excelle dans l'art de rendre une atmosphère, de transposer le lecteur dans la situation même des personnages du roman. En ce sens, Simenon est moins un auteur de romans policiers que de romans réalistes et même populistes.*

Dans ce roman publié en 1963, Maigret vient d'être appelé par la concierge d'un immeuble de la place des Vosges, à Paris, qui croit avoir assisté à un meurtre.

Il était dix heures du soir. Les grilles du square étaient fermées, la place des Vosges déserte, avec les pistes luisantes des voitures tracées sur l'asphalte [1] et le chant continu des fontaines, les arbres sans feuilles et la découpe [2] monotone sur le ciel des toits tous pareils.

Sous les arcades [3], qui font une ceinture prodigieuse à la place, peu de lumières. A peine trois ou quatre boutiques. Le commissaire Maigret vit une famille qui mangeait dans l'une d'elles, encombrée de couronnes mortuaires en perles.

Il essayait de lire les numéros au-dessus des portes, mais à peine avait-il 10 dépassé la boutique aux couronnes qu'une petite personne sortit de l'ombre. « C'est à vous que je viens de téléphoner ? »

1. Le revêtement de la route.
2. La silhouette, la ligne, le profil.
3. Galerie entourée d'arcs qui court tout autour de la place.

Il devait y avoir longtemps qu'elle guettait. Malgré le froid de novembre, elle n'avait pas passé de manteau sur son tablier. Son nez était rouge, ses yeux inquiets.

A moins de cent mètres, à l'angle de la rue de Béarn, un agent en uniforme était en faction[4].

« Vous ne l'avez pas averti ? grommela Maigret.

— Non ! à cause de Mme de Saint-Marc, qui va accoucher[5]... Tenez ! C'est l'auto du docteur, qu'on a appelé d'urgence... »

20 Il y avait trois voitures au bord du trottoir, lanternes allumées, feu rouge à l'arrière. Le ciel, où passaient des nuages sur un fond baigné de lune, avait des pâleurs équivoques. On eût dit que la première neige était dans l'air.

La concierge s'engageait sous la voûte de l'immeuble, éclairée par une ampoule de vingt-cinq bougies[6] toute ternie[7] par la poussière.

« Je vais vous expliquer... Ici, c'est la cour... On doit traverser pour aller dans n'importe quelle partie de la maison, sauf dans les deux boutiques... Voici ma loge, à gauche... Ne faites pas attention... Je n'ai pas eu le temps de mettre les enfants au lit... »

Ils étaient deux, un garçon et une fille, dans la cuisine en désordre. Mais la
30 concierge n'y entrait pas. Elle désignait un long bâtiment, au fond de la cour qui était vaste, de proportions harmonieuses.

« C'est là... Vous allez comprendre... »

Maigret regardait curieusement ce drôle de bout de femme dont les mains agitées trahissaient la fièvre.

« On demande un commissaire à l'appareil ! » lui avait-on dit un peu plus tôt au Quai des Orfèvres[8].

Il avait entendu une voix assourdie. Il avait répété trois ou quatre fois :

« Mais parlez donc plus fort !... Je ne vous entends pas !...

— Je ne peux pas... Je vous téléphone du bureau de tabac... Alors... »
40 Et c'était un message à bâtons rompus[9].

« Il faudrait venir tout de suite au 61, place des Vosges... Oui... Je crois que c'est un crime... Mais que cela ne se sache pas encore !... »

Et maintenant la concierge désignait les grandes fenêtres du premier étage. Derrière les rideaux, on voyait des ombres aller et venir.

L'ombre chinoise
Fayard, 1963.

4. De garde, en poste.
5. Elle va avoir un enfant.
6. Ce terme exprime la puissance d'éclairage de l'ampoule.
7. Décolorée.
8. Les locaux de la police criminelle à Paris.
9. Sans lien logique, improvisé.

MARGUERITE YOURCENAR
(1903-1987)

Dans toute l'œuvre de Marguerite Yourcenar transparaissent sa vaste culture et son érudition, qui font d'elle un écrivain classique. Poète, dramaturge, traductrice, romancière, c'est à travers ses romans historiques, qui ont contribué au renouveau du genre, que s'est manifestée avec le plus d'éclat l'originalité de son talent. L'ensemble de son œuvre invite à une méditation sur la nature humaine.

LA VIE

Née dans une famille aristocratique à Bruxelles, d'un père français et d'une mère belge, Marguerite de Crayencour a formé avec son nom l'anagramme « Yourcenar ». Sa mère étant morte dix jours après sa naissance, c'est son père, esprit libre et aventureux, qui se chargea de son éducation. Elle eut le privilège d'une adolescence de voyages et d'études, où les langues anciennes et modernes occupaient une place importante. Elle passa ainsi le baccalauréat sans avoir fréquenté l'école. A vingt-six ans, à la mort de son père, elle commence une vie de voyages qui la mènent en Italie, en Grèce et aux États-Unis, où elle restera jusqu'à sa mort. Marguerite Yourcenar fut la première femme admise à l'Académie Française, en 1980.

PRINCIPALES ŒUVRES

Romans et nouvelles
Alexis ou le traité du vain combat (1929)
La Nouvelle Eurydice (1931)
Denier du rêve (1934) - seconde version en 1959.
Nouvelles orientales (1938) - seconde version en 1963.
Le coup de grâce (1939).
Les mémoires d'Hadrien (1951). Hadrien est né d'une phrase de Flaubert : « Les dieux n'étant plus et le Christ n'étant pas encore, il y eut, de Cicéron à Marc-Aurèle, un moment unique où l'homme seul a été. » Par ces mémoires imaginai-

Marguerite Yourcenar.

res, Marguerite Yourcenar a voulu réinventer cette sensation de solitude philosophique. Elle nous montre le souverain vieillissant, méditant sur ce que fut sa vie et sur son amour passionné pour son jeune favori, mort prématurément. Hadrien est un sage qui a su tirer de l'existence tous les plaisirs de l'esprit, du cœur et des sens qu'elle peut offrir, tout en conservant sa lucidité sur le monde et sur lui-même.

L'œuvre au noir (1968) : l'action se déroule au 16e siècle. Marguerite Yourcenar montre la Renaissance comme une période de crise dans tous les domaines : l'art, l'économie, la religion, la science, etc. Elle évoque la vie quotidienne et les événements importants : la guerre, les massacres de l'Inquisition, la peste. Le héros du roman est Zénon, personnage imaginaire. Il est tout à la fois médecin, chirurgien ambulant, théologien et alchimiste. Zénon entend poursuivre ses travaux en toute liberté, malgré la menace de l'Église. Mais vaincu dans cette lutte entre la science, l'alchimie et la religion, il met fin à ses jours pour échapper à la torture des tribunaux de l'Inquisition qui l'ont condamné comme hérétique.

Comme l'eau qui coule (1982) : réédition de différents textes.

Essais et Mémoires

Pindare (1932).
Les Songes et les Sorts (1938).
Sous bénéfice d'inventaire (1962) : recueil de six essais.
Le Labyrinthe du Monde, I : *Souvenirs pieux* (1974) ; II : *Archives du Nord* (1977) : Deux volumes d'une trilogie inachevée sur l'histoire de sa famille.
Mishima ou la vision du vide (1981).
Le Temps, ce grand sculpteur (1983).
En Pèlerin et en Étranger (posthume : 1989) : textes de mémoires et de réflexions.

Théâtre

Théâtre I : *Rendre à César, La Petite Sirène, le Dialogue dans le marécage.*
Théâtre II : *Électre ou la Chute des masques, le Mystère d'Alceste, Qui n'a pas son Minotaure ?*

Poèmes

Les jardins des chimères.
Les dieux ne sont pas morts.
Feux (1985).
Les Charités d'Alcippe (1956).
Marguerite Yourcenar est également l'auteur de nombreuses traductions de textes grecs, anglais et américains.

LA PENSÉE

Marguerite Yourcenar s'intéresse à l'histoire et en particulier aux époques de transition où se pose le problème de la continuité ou de la rupture avec le passé. Tout en montrant les caractéristiques d'une période historique, elle perçoit les constantes de la nature humaine. Croyant à l'universalité de certains modes de pensée, elle confère à ses personnages la capacité de raisonner et de juger. Elle exprime surtout la quête désespérée de l'homme seul face aux autres, seul face à la mort.

L'ART

Avec un extrême souci de perfection, Marguerite Yourcenar n'a cessé de remanier ses œuvres et c'est souvent l'adjectif « classique » qui a prévalu pour caractériser ses œuvres. Elle le récusait. D'ailleurs le classicisme français, c'est-à-dire le dix-septième siècle, ne figure guère parmi les modèles déclarés de l'auteur. Elle préférait Montaigne, Saint-Simon, Balzac et Proust. Elle concéda pourtant dans une interview : « *Si, par classicisme, on veut exprimer qu'un auteur n'écrit pas dans un style salopé ou plein d'acrobaties inutiles, disons-le.* » Cette exigence l'a conduit à écrire dans un style limpide et dépouillé de toute confidence personnelle. Son écriture frappe par son étonnant pouvoir de ressusciter une situation historique et les pensées qui l'accompagnent.

BIBLIOGRAPHIE
J. Blot, *Marguerite Yourcenar*, Seghers, 1980.

MÉMOIRES D'HADRIEN

Une archéologie de la conscience

Dans cette œuvre qui tient à la fois du roman, de l'histoire et de la poésie, Marguerite Yourcenar imagine les Mémoires *d'un grand empereur romain, voulant ainsi « refaire du dedans ce que les archéologues du XIXe siècle ont fait du dehors ». Jugeant sans complaisance sa vie d'homme, le vieil Hadrien réfléchit sur son œuvre politique mais se penche aussi sur les préoccupations qui sont celles des hommes de tous les temps : la santé, l'amour, le bonheur, la liberté.*

Je ne méprise pas les hommes. Si je le faisais, je n'aurais aucun droit, ni aucune raison, d'essayer de les gouverner. Je les sais vains, ignorants, avides, inquiets, capables de presque tout pour réussir, pour se faire valoir, même à leurs propres yeux, ou tout simplement pour éviter de souffrir. Je le sais : je suis comme eux, du moins par moment, ou j'aurais pu l'être. Entre autrui et moi, les différences que j'aperçois sont trop négligeables pour compter dans l'addition finale. Je m'efforce donc que mon attitude soit aussi éloignée de la froide supériorité du philosophe que de l'arrogance du César. Les plus opaques des hommes ne sont pas sans lueurs : cet assassin
10 joue proprement de la flûte ; ce contremaître déchirant à coups de fouet le dos des esclaves est peut-être un bon fils ; cet idiot partagerait avec moi son dernier morceau de pain. Et il y en a peu auxquels on ne puisse apprendre convenablement quelque chose. Notre grande erreur est d'essayer d'obtenir de chacun en particulier les vertus qu'il n'a pas, et de négliger de cultiver celles qu'il possède. J'appliquerai ici à la recherche de ces vertus fragmentaires ce que je disais plus haut, voluptueusement, de la recherche de la beauté. J'ai connu des êtres infiniment plus nobles, plus parfaits que moi-même, comme ton père Antonin ; j'ai fréquenté bon nombre de héros, et même quelques sages. J'ai rencontré chez la plupart des hommes peu de
20 consistance dans le bien, mais pas davantage dans le mal ; leur méfiance, leur indifférence plus ou moins hostile cédait presque trop vite, presque honteusement, se changeait presque trop facilement en gratitude, en respect, d'ailleurs sans doute aussi peu durables ; leur égoïsme même pouvait être tourné à des fins utiles. Je m'étonne toujours que si peu m'aient haï ; je n'ai eu que deux ou trois ennemis acharnés dont j'étais, comme toujours, en partie responsable. Quelques-uns m'ont aimé : ceux-là m'ont donné beaucoup plus que je n'avais le droit d'exiger, ni même d'espérer d'eux, leur mort, quelquefois leur vie. Et le dieu qu'ils portent en eux se révèle souvent lorsqu'ils meurent.
30 Il n'y a qu'un seul point sur lequel je me sens supérieur au commun des hommes : je suis tout ensemble plus libre et plus soumis qu'ils n'osent l'être. Presque tous méconnaissent également leur juste liberté et leur vraie servitude. Ils maudissent leurs fers[1] ; ils semblent parfois s'en vanter. D'autre part, leur temps s'écoule en vaines licences[2] ; ils ne savent pas se tresser à eux-mêmes le joug le plus léger. Pour moi, j'ai cherché la liberté plus que la puissance, et la puissance seulement parce qu'en partie elle favorisait la liberté. Ce qui m'intéressait n'était pas une philosophie de

1. Les chaînes qui les entravent.
2. Débauches, libertinages, désordres.

396

l'homme libre (tous ceux qui s'y essayent m'ennuyèrent) mais une technique : je voulais trouver la charnière où notre volonté s'articule au destin, où la 40 discipline seconde, au lieu de la freiner, la nature.

3. Divers, multiple, multiforme.

Mémoires d'Hadrien, chapitre : Varius multiplex multiformis [3], Gallimard, 1951.

L'ŒUVRE AU NOIR

La fragilité de la pensée

Le titre du livre, L'œuvre au noir, *est emprunté au langage des alchimistes et désigne les épreuves de l'esprit qui veut se libérer de la routine et des préjugés. Zénon, le héros de l'histoire, est un médecin-alchimiste de la Renaissance qui rappelle tout à la fois Erasme, Paracelse, Campanella, Léonard de Vinci et Giodano Bruno. Il cherche ici à sonder les mystères de la pensée.*

L'acte de penser l'intéressait maintenant plus que les douteux produits de la pensée elle-même. Il s'examinait pensant, comme il eût pu compter du doigt à son poignet les pulsations de l'artère radiale [1], ou sous ses côtes le va-et-vient de son souffle. Toute sa vie, il s'était ébahi [2] de cette faculté qu'ont les idées de s'agglomérer froidement comme des cristaux en d'étranges figures vaines, de croître comme des tumeurs dévorant la chair qui les a conçues, ou encore d'assumer monstrueusement certains linéaments [3] de la personne humaine, comme ces masses inertes dont accouchent certaines femmes, et qui ne sont en somme que de la matière qui rêve. Bon nombre 10 des produits de l'esprit n'étaient eux aussi que de difformes veaux-de-lune [4]. D'autres notions, plus propres et plus nettes, forgées comme par un maître ouvrier, étaient de ces objets qui font illusion à distance ; on ne se lassait pas d'admirer leurs angles et leurs parallèles ; elles n'étaient néanmoins que les barreaux dans lesquels l'entendement s'enferme lui-même, et la rouille du faux mangeait déjà ces abstraites ferrailles. Par instants, on tremblait comme sur le bord d'une transmutation : un peu d'or semblait naître dans le creuset de la cervelle humaine ; on n'aboutissait pourtant qu'à une équivalence ; comme dans ces expériences malhonnêtes par lesquelles les alchimistes de cour [5] s'efforcent de prouver à leurs clients princiers qu'ils 20 ont trouvé quelque chose, l'or au fond de la cornue n'était que celui d'un banal ducat [6] ayant passé par toutes les mains, et qu'avant la cuisson le souffleur y avait mis. Les notions mouraient comme les hommes : il avait vu au cours d'un demi-siècle plusieurs générations d'idées tomber en poussière.

1. Une partie de l'artère du bras.
2. Étonné.
3. Lignes rudimentaires, traits vagues.
4. Très rare : produits d'une fausse-couche, enfants morts-nés.
5. Alchimistes des cours princières.
6. Ancienne monnaie d'or.

L'œuvre au noir, 2e partie, chapitre II, Gallimard, 1968.

Julien GREEN (né en 1900)

Bien que de nationalité américaine, Julien Green peut être considéré comme un romancier français. Né à Paris, il écrit presque exclusivement en français. Auteur prolifique et discret, tourmenté par le problème du mal et l'opposition entre la chair et l'esprit, il est l'auteur d'une œuvre souvent qualifiée de sombre et mystérieuse, à la fois réaliste et métaphysique.

LA VIE

Bien qu'élevé dans une atmosphère puritaine, Julien Green a connu une enfance heureuse. À seize ans, après la mort de sa mère qu'il adorait, il se convertit au catholicisme. De son propre aveu, c'est elle — beaucoup plus jeune que son père — qui a exercé sur lui une influence déterminante : importance de la foi chrétienne, goût de la littérature et de l'invisible. Engagé comme ambulancier durant la Première Guerre mondiale, il poursuit ensuite des études supérieures aux États-Unis. Il s'installe aux États-Unis pendant la Seconde Guerre.
Il est élu à l'Académie Française en 1972.

PRINCIPALES ŒUVRES

Romans

Mont Cinère (1926) ; *Adrienne Mesurat* (1927) ; *Le Visionnaire* (1934) ; *Minuit* (1936) ; *Varouna* (1940) ; *Si j'étais vous* (1947) ; *Moïra* (1950) ; *Le Malfaiteur* (1956) ; *Chaque homme dans sa nuit* (1960) ; *Partir avant le jour* (1963) ; *Mille Chemins ouverts* (1964) ; *L'Autre* (1971) ; *Jeunesse* (1974) ; *Dans la Gueule du Temps* (1978) ; *Frère François* (1983) ; *Les Pays lointains* (1987) ; *Les Étoiles du Sud* (1989).

Théâtre

Sud (1953) ; *L'Ennemi* (1954) ; *L'Ombre* (1956) ; *Demain n'existe pas* ; *L'Automate.*

Nouvelles

Christine (1927). *Léviathan* (1929). *Le Voyageur sur la terre* (1930). *Histoire de vertige.*

Journal
Une partie importante de son œuvre est due à la publication de son journal (plus de dix volumes) tenu régulièrement depuis 60 ans.

LA PENSÉE

Julien Green se montre très sensible aux problèmes de la spiritualité, ce qui l'a fait rapprocher de Bernanos (p. 260) ; mais chez lui prédomine la notion de péché individuel, et surtout charnel, alors que le drame de Bernanos est celui d'une société désacralisée. Tourmenté par le mal, il nous présente souvent des personnages désespérés, prisonniers d'eux-mêmes dans une société indifférente à leurs souffrances intérieures. Cette perspective *« est due à l'hérédité anglo-saxonne, c'est une vue protestante de la vie, la lutte perpétuelle entre le Bien et le Mal ».* Le mal c'est le sexe, et le drame, rarement avoué, est souvent celui de l'homosexualité. Même si l'écriture est une libération, elle se fixe à elle-même ses propres limites : *« J'ai compris que nous sommes aveugles et sourds, que nous venons de la nuit pour retourner sans rien concevoir à notre destin. »*

398

LE STYLE

Précision, simplicité caractérisent le style de ce grand lecteur de poésie. Deux leçons qu'il a reçues de la lecture de Baudelaire et Pascal. *« L'amour de la langue française, c'est cette économie de mots. »* Une grande partie de l'art de Green vient justement de cette écriture classique, presque tranquille, qui masque et démasque tour à tour un univers fiévreux et convulsé.

BIBLIOGRAPHIE

Robert de Saint-Jean : *Julien Green par lui-même*, Le Seuil, 1967.
Jacques Petit : *Julien Green, l'homme qui venait d'ailleurs*, Éditions Desclée de Brouwer, 1969.

L'ENNEMI

La vraie vie est ailleurs

L'Ennemi est la seconde pièce de Green. L'histoire se passe au XVIIIe siècle, en province, à la veille de la Révolution française. Élisabeth est mariée à Philippe de Silleranges, mari impuissant qu'elle trompe avec son beau-frère, Jacques. Survient Pierre, ancien moine, demi-frère de Philippe et de Jacques. Elle se laisse séduire par la personnalité du nouveau venu.

ÉLISABETH, *elle ôte son manteau.* — Oh, Pierre, tout cela m'est égal. Que m'importe ce qui se passe dans le cerveau confus de cet homme sombre[1] ? À peine existe-t-il à mes yeux. Quand nous faisons notre partie de whist avec lui, dans ce grand salon glacial et solennel, je me demande si je ne suis pas le jouet d'une illusion absurde et si en criant : « Pierre, je t'aime ! » je ne vais pas faire s'évanouir autour de moi ces miroirs qui ne reflètent que l'ennui, ces portraits qui ne parlent que de mort, et le seigneur de Silleranges lui-même avec son habit, sa perruque, son épée et ses grandes manchettes de dentelle d'où sortent ces doigts aigus dont les ongles crissent sur les cartes,
10 avez-vous remarqué ? Comment tout cela peut-il être à la fois aussi vrai et aussi faux ? Comment peut-il être vrai que je vous aime et vrai que je tienne entre les mains ces morceaux de carton peints sur lesquels je dois fixer mon attention parce qu'un homme que je méprise a le droit d'exiger que je me livre à ce jeu ridicule ? Qui a raison dans cette histoire ? Est-ce que ce sont les pierres de ce château, le plancher sur lequel je marche, ces bougies qui se consument dans leurs flambeaux, ces mains qui sont mes mains, ce visage que je touche et que j'adore,

(Elle touche le visage de Pierre.)

ou tout ce que je sens en moi d'indiscutable et de sûr, cette voix que rien ne
20 fait taire et qui, nuit et jour, me redit que le monde est comme s'il n'était pas, que la vie est ailleurs et que, même dans tes bras, je suis l'étrangère que la terre regarde comme une intruse, que les arbres, les maisons, les routes ne reconnaissent pas, parce qu'elle vient d'ailleurs.

PIERRE. — Moi aussi, je viens d'ailleurs et c'est pour cela que je vous ai reconnue.

ÉLISABETH. — Quelquefois il me semble que nous sommes pareils à deux enfants qui auraient entendu un secret chuchoté à travers une porte. Oh, Pierre, écoutez-moi : cette porte, c'est la création tout entière, c'est la vitre

derrière laquelle brillent les étoiles, c'est le cri de l'oiseau qui monte des
30 abîmes de l'aurore, c'est le chant du petit garçon qui prend peur tout à coup
dans sa solitude, et derrière cette porte, il y a quelque chose qui fait que tout
ceci n'est rien. Ce secret, c'est cela, et ce secret nous lie pour toujours. Et
cependant, jamais personne ne jeta sur ce monde illusoire un regard à la fois
plus attentif et plus ébloui que le nôtre. Personne n'admira comme vous ni
comme moi ces flammes qui s'étirent dans l'âtre et ces cavernes roses qu'elles
creusent dans la braise. Personne avec plus d'amour n'a considéré l'inépuisable
merveille du visage humain, le gouffre d'ombre et de lumière qui se voit
dans les yeux, où il semble que le ciel se mire et que l'océan déferle, que la
nuit se referme et que l'aube craintive sorte des noires profondeurs. Si rien
40 n'existe, ce rien, adorons-le par tous les sens qui nous furent donnés. Oh,
Pierre, avant de vous connaître, je ne regardais pas, j'étais comme une
aveugle qui eût deviné autour d'elle un univers, tissu de couleurs d'une beauté
magique.

1. Son mari.

L'Ennemi.

Mais cette passion, qui lui ouvre les horizons d'un monde nouveau, lui fait aussi comprendre qu'elle s'abandonne à Satan en se liant à Pierre. Elle s'arrache alors à lui, et sombre dans la folie.

MICHEL TOURNIER (né en 1924)

Écrivain classique très attaché à la tradition romanesque, Michel Tournier a su s'imposer à un très large public. La solitude, la vie civilisée et la vie sauvage, le problème de l'autre, du double, du temps et de l'espace sont les points de départ à un déploiement du jeu romanesque où l'humour et la poésie prennent une dimension cosmique.

LA VIE

Michel Tournier est né à Paris dans un milieu cultivé. Dès l'enfance, ses parents lui ont fait découvrir l'Allemagne et la culture germanique, qui occupent une place importante dans sa pensée. Passionné par la philosophie, il a fait en outre des études universitaires de lettres et de droit. Il a ensuite été traducteur (entre autres de R.-M. Rilke), a travaillé à la radio et a été attaché de presse de 1955 à 1958. Puis il a été nommé chef des services littéraires d'une maison d'édition.

C'est seulement en 1967 que Michel Tournier a publié son premier roman, *Vendredi ou les limbes du Pacifique*. La réussite a été foudroyante et il a obtenu le Grand Prix du roman de l'Académie française. En 1970, le prix Goncourt a couronné *Le roi des Aulnes*.

Michel Tournier chez lui en Ile-de-France.

PRINCIPALES ŒUVRES

Vendredi ou les limbes du Pacifique (1967)

Vendredi est une variation sur le thème de Robinson Crusoë. Dans l'œuvre de l'Anglais Daniel Defoë, Robinson Crusoë, naufragé solitaire sur une île déserte, essaie de reconstituer la civilisation dont il est issu. Quand il recueille Vendredi, il se conduit en colonisateur et l'éduque pour en faire son domestique.

Michel Tournier nous montre au contraire comment son héros se libère peu à peu de son éducation et découvre de nouveaux rapports avec le monde. Vendredi n'apparaît pas comme appartenant à une race inférieure ; au contraire, il a le prestige d'être proche de la nature et conduit Robinson à découvrir les joies naturel-

les : la mer, le feu, la nudité, le rire... Quand un bateau aborde l'île, Robinson refuse de retourner au pays natal.

Le roi des Aulnes (1970)

Michel Tournier a emprunté le titre de son second roman à une ballade de Gœthe. Abel Tiffauges est un homme modeste qui tient un garage à Paris ; mais c'est aussi un pervers qui s'intéresse aux écoliers. « Le goût de la chair fraîche » l'amène aussi à se délecter de l'odeur des boucheries. Il va être traduit en justice pour une affaire de mœurs quand éclate la guerre de 40, et il bénéfice d'un non-lieu [1]. Envoyé sur le front, il est fait prisonnier et se retrouve en Prusse orientale où les maîtres du moment sont des « ogres » : Gœring, grand chasseur, gros

---

1. *Décision du tribunal qui fait arrêter les poursuites contre l'inculpé pour insuffisance de preuves.*

mangeur de gibier et Hitler « qui pétrit sa chair à canon avec les enfants allemands ». Tiffauges est envoyé dans une forteresse, transformée en école militaire pour enfants. Il est enthousiasmé par l'idéologie nazie. A la fin du roman, cependant, Tiffauges est sauvé de sa bestialité par le pouvoir mystérieux d'un enfant juif.

Les Météores (1975) ; *Le vent Paraclet* (1977) ; *Le coq de bruyère* (1978) ; *Gaspard, Melchior et Balthazar* (1980); *La goutte d'or* (1985).

C'est un enfant aussi qui métamorphose l'ogre, Tiffauges. Il apparaît dans son œuvre que la nature et l'enfant ont ce pouvoir de faire retrouver à l'homme sa pureté originelle.

Cette fascination a conduit Michel Tournier à adapter ses romans à un public d'enfants (de *Vendredi ou les limbes du Pacifique* il a tiré *Vendredi ou la vie sauvage).* « Que vaut un livre si un auteur est incapable d'en communiquer la substance à un auditoire de dix ans », écrit-il.

LA PENSÉE

L'œuvre de Michel Tournier est une réflexion sur quelques grandes figures mythiques : Robinson, l'ogre, les rois mages (dans son dernier roman, *Gaspard, Melchior et Balthazar).* La mythologie fait apparaître la singularité de l'homme actuel et les constantes de la nature humaine.

Le mythe révèle l'ambivalence de l'être humain : à son arrivée sur l'île, Robinson se dégrade progressivement jusqu'à s'ébattre dans la boue avec les pécaris, avant de s'épanouir dans une véritable communion avec la nature sous l'influence du jeune Vendredi.

L'ART

« J'utilise toujours la mythologie car elle a ceci de merveilleux que vous pouvez la pousser dans le sens du conte enfantin comme dans le sens de l'abstraction métaphysique. » Ainsi, Michel Tournier définit-il son esthétique. Son œuvre révèle son pouvoir de créer des images symboliques qui ont véritablement cette double fonction.

BIBLIOGRAPHIE
Sud, n° hors série, printemps 1980 (avec bibliographie).

VENDREDI OU LES LIMBES DU PACIFIQUE

Le temps suspendu

En provoquant l'explosion de la dynamite entreposée par Robinson dans une grotte, Vendredi a involontairement aboli les derniers vestiges d'une civilisation dont Robinson se dégageait progressivement. Robinson exprime ici son sentiment de communion avec les éléments, dans une éternité retrouvée.

Log-book[1]. — Ce qui a le plus changé dans ma vie, c'est l'écoulement du temps, sa vitesse et même son orientation. Jadis chaque journée, chaque heure, chaque minute était *inclinée* en quelque sorte vers la journée, l'heure ou la minute suivante, et toutes ensemble étaient aspirées par le dessein du moment dont l'inexistence provisoire créait comme un *vacuum.* Ainsi le temps passait vite et utilement, d'autant plus vite qu'il était plus utilement employé, et il laissait derrière lui un amas de monuments et de détritus qui s'appelait mon histoire. Peut-être cette chronique dans laquelle j'étais embarqué aurait-elle fini après des millénaires de péripéties par « boucler » et par revenir à son origine. Mais cette circularité du temps demeurait le

10 secret des dieux, et ma courte vie était pour moi un segment rectiligne dont les deux bouts pointaient absurdement vers l'infini, de même que rien dans un jardin de quelques arpents ne révèle la sphéricité de la terre. Pourtant certains indices nous enseignent qu'il y a des clefs pour l'éternité :

1. Journal de bord.

l'almanach, par exemple, dont les saisons sont un éternel retour à l'échelle humaine, et même la modeste ronde des heures.

Pour moi désormais, le cycle s'est rétréci au point qu'il se confond avec l'instant. Le mouvement circulaire est devenu si rapide qu'il ne se distingue plus de l'immobilité. On dirait, par suite, que mes journées se sont redressées. Elles ne basculent plus les unes sur les autres. Elles se tiennent debout, verticales, et s'affirment fièrement dans leur valeur intrinsèque. Et comme elles ne sont plus différenciées par les étapes successives d'un plan en voie d'exécution, elles se ressemblent au point qu'elles se superposent exactement dans ma mémoire et qu'il me semble revivre sans cesse la même journée. Depuis que l'explosion a détruit le mât-calendrier, je n'ai pas éprouvé le besoin de tenir le compte de mon temps. Le souvenir de cet accident mémorable et de tout ce qui l'a préparé demeure dans mon esprit avec une vivacité et une fraîcheur inaltérables, preuve supplémentaire que le temps s'est figé au moment où la clepsydre [2] volait en éclats. Dès lors n'est-ce pas dans l'éternité que nous sommes installés, Vendredi et moi ?

Je n'ai pas fini d'éprouver toutes les implications de cette étrange découverte. Il convient d'abord de rappeler que cette révolution — pour soudaine, et littéralement *explosive* qu'elle fût — avait été annoncée et peut-être anticipée par quelques prodromes [3]. Par exemple cette habitude que j'avais prise, pour échapper au calendrier tyrannique de l'île administrée, d'arrêter la clepsydre. Ce fut d'abord pour descendre dans les entrailles de l'île [4], comme on plonge dans l'intemporel. Mais n'est-ce pas cette éternité lovée [5] dans les profondeurs de la terre que l'explosion a chassée au-dehors, et qui étend maintenant sa bénédiction sur tous nos rivages ? Ou mieux, l'explosion n'est-elle pas l'épanouissement volcanique de la paix des profondeurs, d'abord prisonnière du roc, comme une graine enfouie, et maintenant maîtresse de toute l'île, tel un grand arbre qui étend son ombre sur une aire de plus en plus vaste ? Plus j'y songe, plus il me paraît que les tonneaux de poudre, la pipe de Van Deyssel et la maladroite désobéissance de Vendredi ne forment qu'un manteau d'anecdotes qui recouvre une nécessité fatidique en marche depuis le naufrage de la *Virginie*.

*Vendredi ou les limbes
du Pacifique*, Gallimard, 1967.

2. Horloge antique, d'origine égyptienne.
3. Signes précurseurs.
4. Robinson avait découvert l'entrée d'une grotte profonde et aimait y séjourner.
5. Enroulée en spirales comme un serpent.

Gene Anthony Ray dans le rôle de Vendredi dans l'adaptation du roman de Michel Tournier pour la télévision, réalisée par Gérard Vergez.

J.M.G. LE CLÉZIO (né en 1940)

J.M.G. Le Clézio, un des jeunes romanciers contemporains les plus remarqués de sa génération par l'originalité de son écriture, est l'écrivain du regard. Il essaie de donner vie aux petites choses, aux objets familiers, pour révéler justement le fantastique du quotidien.

LA VIE

J.M.G. Le Clézio est né à Nice en 1940 d'un père anglais et d'une mère française. Il enseigne quelques années à l'université de Bristol puis de Londres avant d'être révélé au public pour son premier roman, *Le procès-verbal*. Par cette œuvre d'où l'action est absente et dont le héros ne s'inscrit dans aucun schéma conventionnel, J.M.G. Le Clézio a tendance à se rapprocher de certaines orientations du Nouveau Roman.

PRINCIPALES ŒUVRES

Le procès-verbal (1963) ; *La fièvre* (1965) ; *Le déluge* (1966) ; *Terra Amata* (1967) ; *Le livre des fuites* (1969) ; *La guerre* (1970) ; *Les géants* (1973) ; *Voyages de l'autre côté* (1975) ; *Les prophéties de Chilam Balam* (1976) ; *L'inconnu sur la terre* (1978) ; *Mondo et autres histoires* (1978) ; *Désert* (1980).

L'UNIVERS DE J.M.G. LE CLÉZIO

C'est un univers angoissant et proche de l'absurde, empreint de pessimisme. Les héros de Le Clézio ne semblent pas avoir d'histoire personnelle ni d'identité, comme le montre Adam Pollo dans *Le procès-verbal* : on ne sait presque rien de lui, sinon qu'il habite provisoirement dans une villa qui ne lui appartient pas et d'où il observe la mer. Le héros lui-même cherche constamment des signes dans le monde extérieur lui révélant sa destination : « Pas à pas, il prenait sa position de repli, devant la fenêtre ouverte, tapi sur le sol entre les deux chaises longues vides, et il s'apercevait qu'il ne comprenait rien. Il n'y avait rien, dans la composition même de

ces choses horribles, qui lui indiquât de façon certaine s'il sortait de l'asile ou de l'armée. »
Cette peur devant sa propre identité ou plutôt devant l'absence d'identité touche à la peur de l'homme devant la mort. C'est pourquoi les héros de Le Clézio sont constamment en état de fuite comme l'indique le titre du récit *Le livre des fuites*.
En même temps, ils posent sur le monde un regard très intellectuel, celui d'observateurs méticuleux qui cherchent à décoder le monde. Celui-ci n'est pour eux qu'un assemblage de signes, de gestes, qu'il faut apprendre à comprendre ; dans *Les géants,* le langage à déchiffrer est celui de l'univers des supermarchés par exemple. Les signes ne sont pas forcément très visibles, le héros les perçoit par l'intermédiaire d'une sensibilité et d'une imagination très vives qui lui font voir des phénomènes comme dans un délire ; ainsi Adam Pollo est-il le seul à voir et surtout à entendre une cigarette tomber, dans un bar : « (...) une cigarette qu'il avait oubliée sur la table, et qui roula en sursautant, jusqu'à l'angle opposé, d'où elle tomba sur le plancher, toute seule, sans produire le moindre bruit de son impact ; la cigarette qu'Adam, pour imiter, poussa sur le comptoir de duralumin jusqu'à son point de chute, fit un fracas au moins mille fois plus fort. »
Le monde que perçoit le héros hypersensible est toujours un monde où il est seul, un monde qui l'écrase ou menace de l'écraser.

TECHNIQUES D'EXPRESSION

La langue de J.M.G. Le Clézio est très classique par son vocabulaire. Afin de rendre l'extrême sensibilité des héros solitaires aux objets et au

Portrait de J.-M. G. Le Clézio.

monde, J.M.G. Le Clézio a très fréquemment recours aux métaphores, aux images.

La technique du collage est aussi souvent employée pour montrer la juxtaposition d'états dans l'univers et insister sur la nécessité pour le héros de les déchiffrer. Dans leurs promenades qui sont plutôt des errances à travers les paysages urbains, les héros lisent par exemple des affiches à demi effacées par la pluie ou les intempéries, et leur texte vient se mêler au texte du récit proprement dit.

Les dialogues des premiers récits et romans de J.M.G. Le Clézio sont souvent à la limite de l'absurde et évoquent l'atmosphère de certaines pièces et romans de Samuel Beckett.

Il est remarquable que la seule issue hors de cet univers absurde semble être le langage et l'écriture. Le titre *Le procès-verbal* met en lumière cette tendance à fixer, à consigner toutes les observations par le verbe, au sens latin du mot. En même temps, il insiste sur l'aspect très fouillé et précis de la description.

Adam Pollo couvre sans cesse des petits morceaux de papier de l'en-tête « Chère Michèle » comme pour écrire une lettre, et le Martin de *La fièvre* prend, lui, directement position pour affirmer la force de l'acte d'écriture face à l'impuissance humaine.

J.M.G. Le Clézio est un des jeunes romanciers français contemporains les plus remarqués. Se rapprochant du Nouveau Roman par certains aspects de son œuvre, il s'attache à la description minutieuse, quasi microscopique de la réalité telle que la perçoit la conscience humaine.

BIBLIOGRAPHIE
Jennifer R. Waelti-Walters, *J.M.G. Le Clézio*, Boston, Twayne, 1977.

J.M.G. LE CLÉZIO

LA GUERRE

L'envers de la vie

Derrière le quotidien que l'on ne voit plus à force de le regarder, Le Clézio découvre la violence qui fait de la vie une guerre sans merci. L'écriture se rapproche ici du constat mais est animée par le souffle de la suggestion poétique qui naît de l'accumulation même des objets. Une jeune fille se promène en ville. Elle suit d'abord un camion qui l'emmène près d'un dépôt d'ordures. Ailleurs elle découvre un cimetière de voitures.

Ailleurs, un autre matin, la jeune fille voit un champ de bataille. Tout à coup, en contrebas de la route, elle l'aperçoit qui s'étend sur plusieurs hectares. Ce sont des carcasses de voitures empilées les unes par-dessus les autres, montagnes de coques aux couleurs rouillées, qui attendent en silence. Il n'y a personne. Personne ne bouge. Les voitures renversées montrent ce qu'on ne doit jamais voir, l'envers mystérieux, les essieux, les ponts, les axes. Les quatre roues sont tournées vers le ciel, des lambeaux de pneus accrochés aux jantes. Les moteurs sont arrachés. Tout est ouvert. Les capots, les coffres, les portières, les toits, il y a partout de grands trous
10 noirs béants. Tous les signes effrayants de la mutilation. Ici aussi, pense la jeune fille, ici aussi. Il faut venir un jour, n'importe quand, demain, après-demain, dans un an, pour se recueillir. Ceux qui disent qu'il n'y a pas de guerre, que le monde n'a jamais été aussi paisible, qu'ils viennent ! La jeune fille descend le talus, elle s'arrête devant le grillage et elle regarde les tas de carcasses qui montent jusqu'au ciel gris. Elle regarde chaque roue, chaque châssis, chaque calandre éventrée ; et ces phares crevés, et ces sièges défoncés, ces enjoliveurs, ces vitres cassées, ces lambeaux de pneus, ces radiateurs, ces boîtes de vitesses, ces volants, ces carters. Elle voit tout ça, et elle sait que la guerre gronde de tous les côtés, la guerre inconnue.
20 Dans les cités merveilleuses, au bord de la mer, les immeubles et les monuments étincellent. Il y a tellement de blancheur et de lumière qu'il faut mettre des lunettes noires pour entrer dans les magasins et dans les bars. Mais de temps à autre, les murs s'écartent, et la jeune fille aperçoit les terrains sombres où l'on vient de se battre, et les amoncellements de cadavres cachés. Tout cela, on aurait bien voulu le faire oublier. On ne voulait pas qu'elle le voie. Les boutiques illuminées avaient de grandes affiches pour séduire, des affiches qui disaient doucement : « Achetez ! Achetez-moi ! Achetez-moi ! Soyez toujours jeune et belle ! C'est *extra* ! Achetez-moi ! » Il y avait partout des éclairs de lumière rouge orange, ou
30 ultra-violette, qui vous frappaient droit au fond de l'œil au moment où vous alliez peut-être voir. Pour cacher les bruits de la guerre, on avait inventé des musiques tonitruantes, faites de tam-tams et de gongs, des musiques douces et fracassantes qui vous hypnotisaient au moment où vous alliez peut-être entendre la voix de Monsieur X. en train de crier : au secours ! Tout était lisse et doux. Il y avait des parfums si délectables, des tapis si moelleux, des liqueurs, des mets si bons pour les papilles, des eaux si pures jaillissant des robinets, que c'était difficile de croire à la faim, à la soif, au froid, aux sols de boue et d'ordures.

La guerre,
Gallimard, 1970.

Questions et recherches

UN DIALOGUE DE NOUVEAU ROMAN (P. 344)

1. Quelle est l'intention du personnage ?
2. De quelle manière est-elle poursuivie ?

UNE RÉALITÉ CINÉMATOGRAPHIQUE (P. 345)

1. Comment l'auteur passe-t-il de la description minutieuse à l'évocation de la femme et inversement ?
2. Quelle association de bruits ramène à l'image de la femme ?

COMMENT BUTOR S'ADRESSE AU LECTEUR (P. 347)

Quel effet obtient l'auteur en utilisant « vous » et en accumulant les détails minutieux ?

LES FANTÔMES DU SOUVENIR (P. 348)

1. Quel est le thème de chaque paragraphe ?
2. Comment le troisième réunit-il les deux précédents ?

LE FAIT DIVERS, PRÉTEXTE À L'ÉCRITURE (P. 350)

1. Quels détails montrent la curiosité d'Anne Desbaresdes ?
2. Pourquoi n'est-il plus question d'elle ensuite (l. 24-52) ?
3. Que peut-on 'imaginer de sa future attitude d'après sa dernière remarque ?

LE JEU AVEC LE LANGAGE (P. 353)

Montrez comment le style de chaque version de la même anecdote correspond bien au titre qui lui a été donné.

SAINT-GLINGLIN (P. 354)

1. Quelle image donneraient l'homme et le guépard restés seuls au monde ?
2. Quel est l'effet des adjectifs dans les lignes 5 et 6 ?

UNE NOUVELLE TOPOGRAPHIE DU ROMAN (P. 356)

1. Quel est le ton du début, donné par quel procédé de style ?
2. Qu'y a-t-il de commun entre les habitants de l'immeuble ?
3. Quel rôle joue l'escalier ?
4. Comment le ton change-t-il brusquement à partir du deuxième paragraphe ?

POUR FAIRE LE PORTRAIT D'UN OISEAU (P. 360)

1. Au lieu de peindre l'oiseau, pourquoi faut-il peindre quelque chose de joli, d'utile pour l'oiseau ?
2. Que faut-il faire ensuite ?
3. Lorsque l'oiseau est arrivé, pourquoi effacer les barreaux ?
4. Pourquoi le peintre fait-il ensuite le portrait de l'arbre pour l'oiseau ?

SPECTACLE — L'AMOUR (P. 361)

Comment se montre l'indifférence au monde des « enfants qui s'aiment » ?

LES FEUILLES MORTES (P. 362)

1. Quel est le ton des deux premiers vers ? Quelle impression donne la première strophe ? La troisième ?
2. En plus du refrain proprement dit qui sépare les strophes, certains vers sont repris, lesquels ? Quelle impression en résulte-t-il ?

L'ÉCRITURE DEVIENT INSPIRATION (P. 366)

Suivez l'adéquation entre le dessin des lettres ou la prononciation des mots d'une part, et les événements évoqués par la date d'autre part.

LA VALISE (P. 366)

1. Quels sont les deux aspects de la valise retenus par l'auteur ?
2. Quelles sont les comparaisons qu'il utilise ensuite ? Justifiez-les.

LA DÉCOUVERTE DE L'ÉTRANGER (P. 368)

1. Quelle sorte de souvenir l'auteur garde-t-il du Japon ?
2. Quel est le désir fondamental des Japonais ?
3. Relevez des traits d'humour.

L'ARME DE LA DÉRISION (P. 369)

1. Quelle est l'attitude de Plume devant le fantastique ? Comprend-il ce qui lui arrive ?
2. Quel est son moyen de défense en face de chaque événement ?

SONDER SANS DÉVOILER (P. 372)

Appréciez ces aphorismes en vous aidant du jugement d'un critique à leur propos : « Les aphorismes semblent au premier abord se refermer sur une définition... Mais prêtons-leur toute notre attention, nous verrons peu à peu la réponse se faire interrogative... Le resserrement de la parole engendre l'élargissement du sens ».

APPEL À LA RÉSISTANCE (P. 373)

1. A quoi est comparé l'enfant ? Où trouve-t-il refuge ?
2. A quoi est-il ainsi préparé ?

DÉSILLUSION DEVANT LA RÉALITÉ (P. 374)

1. Par quel moyen le poète répond-il à la première question.
2. Quelles sont les images du passé ?
3. Quelles sont les images du présent ?
4. Comment répond-il à la deuxième question ?

LE THÉÂTRE DU MALAISE (P. 379)

Johnnie paraît triompher : caractérisez le ton de ses réponses successives.

LE RACISME AU THÉÂTRE (P. 381)

1. Quelle est la signification symbolique des noms des deux personnages ?
2. Quelle est la constatation faite par Village ?
3. Par quoi est-il interrompu ?
4. Comment son exaltation devient-elle poétique et comment est-elle réfutée ?

LA DÉGÉNÉRESCENCE DU RÉEL (P. 385)

1. Comment les répliques évoquent-elles une vie banale ?
2. Comment deviennent-elles une parodie de la vie quotidienne ?
3. Comment les révélations sont-elles savamment graduées ?

SÉMIOLOGIE ET IRONIE (P. 388)

Le bifteck et les frites.
1. Le bifteck saignant : suivez la logique du développement.
2. Quelle est la conséquence pour l'usage individuel ?
3. Comment est-il un élément nationalisé en France et peut-il devenir nostalgique ?

MAIGRET SUR LES LIEUX DU CRIME (P. 392)

1. Dès le début quels détails créent l'atmosphère ?
2. Comment le mystère va-t-il en s'épaississant ?

UNE ARCHÉOLOGIE DE LA CONSCIENCE (P. 396)

1. Quels sont les deux aspects de la nature humaine qu'envisage Hadrien ?
2. Quelles conclusions découlent de chacune d'elles ?
3. En quoi Hadrien se sent-il supérieur au commun des hommes ?

LA VRAIE VIE EST AILLEURS (P. 399)

1. Comment Élisabeth analyse-t-elle sa situation ?
2. Que découvre-t-elle maintenant ?

LE TEMPS SUSPENDU (P. 402)

1. Quelles expressions montrent ce qu'étaient « l'écoulement du temps », sa vitesse et même son orientation ?
2. Quel mystère subsistait ? Quels indices le faisaient pressentir ?
3. Dans le deuxième paragraphe quelles sont les différences avec le temps caractérisé au début ?
4. A quelle constatation aboutit l'auteur ? Sous quelle forme ?
5. Quelles en sont les conséquences ?

INDEX

Les chiffres en caractères gras renvoient au chapitre propre à chaque auteur.

TABLE DES MATIÈRES

RÉFÉRENCES DES PHOTOGRAPHIES/ ARCHIVES

Imprimerie G. Canale & C. S.p.A. - Borgaro T.se (Turin)

Dépôt légal : octobre 1991

Imprimé en Italie